Ästhetische Theorie

Theodor W. Adorno

美の理論

テオドール・W・アドルノ
大久保健治 訳

河出書房新社

美の理論／目次

美の理論

凡　例

一、本書は Theodor W. Adorno: *Ästhetische Theorie*（Gesammelte Schriften Bd. 7）Suhrkamp 1970 の全訳である。底本として全集版の初版を用いた。

一、各章あるいは段落のそれぞれに与えられている表題はいずれも底本のものである。奇数項の柱は各段落の表題である。

一、原註は底本とは異なり各章の最後に纏めて置いた。また邦訳のあるものについてはその表題、出版社名、該当するページ等を記した。

一、原著に見られる多くの外来語は煩雑になるため一部を除き訳しわけなかった。特に必要な場合のみ、その訳語にルビを附して他の語と区別した。

一、人名、地名の表記については大旨慣行に従った。

一、原著中の引用文は既訳がある場合可能なかぎり参照して訳したが、文体の統一のためそのまま利用することはしなかった。

一、訳註は一切作成せず、言葉を加えるなどして可能なかぎり訳文の一部とすることをもってかえた。また人名、地名等についても本文を理解するために不可欠と思われず、逆に煩雑になるため、あえて註をそえることはしなかった。

一、原著の全集第二版には詳細な索引がそえられているが、本書の性格上研究者以外には必ずしも必要と思われないため訳さず、またあらためて作成することも行なわなかった。

一、訳者あとがきの執筆に際して次の文献を参照した。Lindner/Lüdke (Hrsg.): Materialien zur ästhetischen Theorie Th. W. Adornos（Suhrkamp taschenbuch wissenschaft; 122）Frankfurt 1980.

芸術、社会、美学

芸術にかんすることで自明なことは、もはや何一つないことが自明になった。芸術のうちにおいても、芸術と全体との関係においても、もはや何一つ自明でないばかりか、芸術の生存権すらも自明ではないことが。反省することなく、あるいは問題視することなしに処理しうるものが失われることによって、無限に開かれたものを反省の対象とすることが可能となったが、こうした無限に開かれたものも損失を埋めあわせるものとはならなかった。拡大は多くの分野において収縮として現れている。一九一〇年前後、革命的芸術運動はかつて予感されることすらなかったものの大海を目指して大胆に船出したが、こうした冒険も約束していた成功をもたらしはしなかった。その当時すべり出した過程は成功をもたらす代りに、自己自身が当初旗じるしとしてかかげていた範疇を腐蝕させる結果を生み出したにすぎなかった。あらたにタブー化されたものは渦となり、その渦の中へ巻きこまれていくものの数がたえず増大していった。芸術家たちはいたるところで自由の王国を新たに獲得するとそれを享受するよりは、むしろすぐさま再び名目だけの、それぞれが生産力の乏しい秩序を求め出した。というのも、芸術における絶対的な自由は、それがたとえ芸術という部分における自由であろうと、つねに全体における拘束という消えてはまた出現する多年生的状態と矛盾するためにほかならない。全体において芸術が占める場は曖昧なものとなってしまった。芸術は礼拝に奉仕する機能やそれに類似した機能を振り落すことによってそれ以後自律性を獲得することになったが、こうした自律性もかろうじて人間性という理念を支えとして生き永らえてきたにすぎない。社会が非人間化されるにつれて、自律性も激しくゆさぶられることになった。人間性の理想から芽ばえ、芸術をおおいつくしていた芸術の本質を規定していたものは、芸術自身の運動法則によって生気を失ってしまった。芸術の自律性とは言葉の誤用であり、またそうありつづけるかもしれない。芸術が疑っているものであり、芸術がそれに対する疑念を表現しているもの、それを芸術の社会的機能を通して取り戻そうとする試みはことごとく水泡に帰した。だが芸術の自律性は盲目性という契機をあざやかに示し始めている。この契機は過去の芸術に特有のものにほかならなかった。芸術解放の時代においては、盲目性という契機は芸術から素朴さが失われたにもかかわらず、たとえそのためではないとしても、その他のすべての契機を覆い隠すようになる。こうした喪失はすでにヘーゲルの見解によっても、芸術が避けて通ることを許されないものとされている。素朴さの喪失は新たな素朴さと、つまり美的目的が曖昧であることと結びついている。芸術はそもそもいまなお可能なのか、芸術は自己の完全な解放以後自己の前提を掘りくずし、前提を失ったのではないのか、その点が曖昧なのだ。過去における芸術の姿を眺めるにつけて、こうした問が蒸し返されることになる。芸術作品は経験的世界を離脱し、経験的世界とは対立的な独自の本質を持つ世界を創造し、あたかもこの世界もまた存在するかのように示す。芸術作品はそれによって、たとえどのように悲劇的な身振りを示そうともアプリオリに、現状肯定を目指すものとなる。芸術作品による反映は現実を超えて拡大していく宥和的な反映である、といったきまり文句は不快感を与えるが、それは、こうしたきまり文句が芸術をブルジョワ的に利用するために整備しなおすことによって芸術という強調された概念をパロディ化し、芸術を憂さ晴らしのための日曜日の催し物の一部に組み入れるためばかりではない。こうしたきまり文句は芸術の傷そのものに触れるためでもある。芸術は神学をやむをえず放棄することによって、つまり救済という真実を求める要求をけずることができないにもかかわらず、この要求をやむをえず放棄することによって、要するに芸術の発展にとっては不可欠なものであった世俗化を通して、存在するものや既存のものに慰めの言葉を贈るという罰を与えられている。だがこうした慰めの言葉は異質のものとなる希望を欠くために、芸術が自律性を獲得するために自己を解放しようとしているものの呪縛を強化することになる。自律性の原理には、それ自体がこうした慰めの言葉ではないのかといった嫌疑すらかけられている。自律性の原理が不遜にも自己のうちから全体性を、つまり纏まったもの、それ自体として完結したものを取り出すことによって、こうした形象は芸術が存在し、芸術を成熟させる世界へ持ちこまれることになる。芸術は経験と絶縁することによって――こうした絶縁は芸術の概念からするならたんなる経験からの逃亡ではなく、芸術に内在する法則にほかならないが——経験の優位を認める。ヘルムート・クーンは芸術の栄誉をたたえた論文のなかで、芸術作品はいずれも経験を賞賛するものにほかならないことを、原註(1)芸術のために証明している。彼の命題は、それが批判的な意味であるなら真実といえる。現実が成長した結果たどりついた状態を目にしたとき、芸術にとって避けようのないものである芸術の現状肯定的な本質は、耐えがたいものとなった。芸術は芸術自身の概念を決定するものに背を向けざるをえなくなり、そうすることによって骨の髄まで曖昧となる。だが抽象的に否定することで、芸術を片づけてはならない。芸術はその伝統の全体を通して芸術の地層として保証されていたかに思われていたものに手をつけることで質的に変り、それ自体が異質のものとなる。芸術が異質のものとなることができるのは、芸術が既存のものを構成する要素を形式化するものとして既存のものを援助してきたと同様にさまざまな時代を通じて形式の力により、ただ単に存在し存続してきたにすぎないものに背を向けたためであった。芸術は一般的な公式を用いて慰めであると割り切るべきでもなければ、慰めではないときめつけるべきでもない。

芸術の概念はさまざまな契機の配置の歴史的変化に応じて変化する。芸術の概念は定義に抵抗する。芸術の本質をその起源から、あたかも最初のものはそれに続くすべてのものがその上に築かれる地層であって、地層が揺り動かされるならたちまちその上に立つすべてのものも崩壊するかのように、演繹的に導き出すことは不可能なのだ。最初の芸術作品こそ最高のもっとも純粋な作品であるとする信念は、奥手のロマン主義にすぎない。同様に魔術的な道具や歴史的な記録とも未分化であり、呼び声や笛の音を用いて遠方と連絡を取り合うところに見られる実用的な目的とも未分化のごく初期の芸術作品の場合も、それを濁った不純なものときめつけ、踏みにじってもかまわないということにはならない。こうした発想は、擬古典主義によって好んで論拠として用いられたものであった。資料は歴史的に用いられようとも乱暴に取り扱われるなら、曖昧な結果しかえられないこととなる。原註(2)最高の動因を求め、芸術の歴史的な起源をこの動因のうちに存在論的に含める試みは、必然的にその狙いとかけ離れた結果に至り失敗に終らざるをえないが、理論はこうした場合、次のような洞察以外は、もちろんこれも重要な洞察ではあるが、何一つ手に入れることができないであろう。つまりさまざまな芸術をそのまま同一の芸術と見なし、違反することなく整理することなどできない[原註(3)]という洞察以外は。美の起源に向けられた考察においては、実証主義的な資料収集と、いつもは科学によって目の敵にされている思弁との目にあまる野合が見られる。バハオーフェンなどその最たる例と言えるであろう。それに代って哲学的慣例に従い、いわゆる起源の問題を本質の問題として捉え、太古史を問う発生学的問題と範疇的に区別しようとするなら、起源の概念をこの概念の抵抗する語義に逆らって用いることになり、それによって自らの恣意的なやり口を証明することになる。芸術とは何かという定義はつねに、芸術とはかつて何であったかということによってあらかじめ決定されているものの、だがこうした定義は芸術が生成することによってたどりついた結果によって、たんに正当化されているにすぎず、芸術がなろうと意図しまたおそらくなりうるかもしれない状態を含むものではない。芸術とたんなる経験との差異はしっかり取り押えなければならないが、他方芸術はそれ自体が質的に変化する。たとえばかつては芸術ではなかった礼拝用図像などのうちには歴史的に変化して芸術となったものも少くないし、またかつては芸術であったもののうちでもはや芸術ではなくなってしまったものも少くない。映画のような現象がいまなお芸術でありつづけているのか否かといった問は映画の頭越しに提出された問であって、こうした問からはいかなる結論も引き出されることはない。芸術が変貌した結果、芸術の概念は芸術から追放され、芸術を含むことがないものと結びつけられている。かつては芸術であったが、芸術ではなくなったものと過去の芸術との間に緊張関係が生れることによって、いわゆる美的構造問題は書きかえられることになる。芸術はただ芸術の運動法則によってのみ解釈しうるのであって、定数的部分によって解釈しうるのではない。芸術は現在の芸術とそれが失ったものとの関係によって定義される。芸術における芸術特有のところは芸術の他者から、つまり内容的に導き出されねばならない。そうすることによってのみ唯物論的で弁証法的な美学を求める要求は、まがりなりにもみたされることになるであろう。芸術は自己を生み出したものから自己を切り離してくれるものを通して、芸術として特殊化される。芸術の運動法則が芸術本来の形式法則なのだ。芸術はその他者との関係においてのみ存在し、そうした他者を巻きこむ過程にほかならない。美学が方向を転換するなら、そうした美学にとっては晩年のニーチェが伝統的な哲学に対抗して展開した認識が、つまり結果もまた真実となりうるという認識が公理となる。ニーチェによって破壊された伝統的見解は完全に転倒させて、真実はただ結果としてのみ存在すると言うべきなのかもしれない。芸術作品においてそれ独自の法則として出現するものは、芸術が押し寄せる世俗化の真只中で取った態度から生み出され、同様に芸術の技術内的進化を通して生み出された後年の結果でもある。それにもかかわらず芸術作品は自己の起源を否定し、ただ起源を否定することによってのみ芸術作品となったという事実には疑問の余地はない。芸術作品がかつて過去に溯って自己の素姓を取り消している以上、それが昔、従属物であり、いかがわしい呪術、夫役、憂さ晴らしの一種であったという恥辱を、原罪として芸術作品に突きつけるといったことは差し控えなければならない。現在の解放された音楽から必ず宴会用音楽《ターフェルムジーク》が生れてくるわけでもなければ、また宴会用音楽《ターフェルムジーク》が、たとえ自律的な芸術であれ求めに応じなければ罪を問われるような人間に、うやうやしく奉仕するものであったわけでもない。今日、人間に芸術として届けられているものすべてにおける圧倒的な部分が宴会用音楽の騒々しい響きに手を加えたものであるからと言って、そのためにその人を軽蔑するような騒々しい響きがましなものとなるわけでもない。

芸術は死滅するかもしれないというヘーゲルの見通しは、芸術が今日たどりついた結果と一致している。彼が芸術を過ぎ去るものと考え、それにもかかわらず芸術を絶対精神に帰属させたことは彼の体系の二重特性とは調和しているものの、それによって彼は、彼ならけっして引き出すはずがないような結論へと導かれることになる。つまり芸術の内容は彼の考えによるなら芸術にとって絶対的なものであるため、芸術の生死の次元に解消されることはないという結論へと。芸術は自己自身の儚さを内容としているのかもしれない。偉大な音楽は——後年のものであるが——人類の限られた一時期においてのみ可能であったということは十分想像できるし、またそれは単に抽象的なものにすぎないような可能性でもない。芸術の反逆は〈客観性を目指す姿勢〉、つまり歴史的世界を目指す姿勢を目標としていたが、こうした反逆は今日では芸術に対する反逆へと変ってしまった。芸術がこのような事態を超えて生きのびるかどうかについて、予言することは徒労にすぎない。かつて反動的な文化厭世主義によってののしられた事態は、百五十年前にヘーゲルが考察したような、芸術は没落の時代に足を踏み入れたのかもしれないといった文化批判によっては食い止めようがない。ランボーの不気味な言葉がすでに百年前に新しい芸術の歴史を先取りする形で究極のところまでたどっていたように、彼の沈黙、つまり彼のサラリーマン生活への順応は、同様にこの傾向を先取りするものであった。今日の美学が芸術への哀悼の辞となるのかどうか、その点について決着をつけようにも、今日の美学はそのための力を持たない。しかも弔辞を述べることすら、今日の美学は許されていない。許されているのは、一般的に終末を確認すること、過去の芸術によって元気を回復すること、どのような標題をかかげるかは問わず文化に背を向け、文化よりすぐれたものではない野蛮の側へ寝返ること、つまり文化が文化と呼ばれるに値しない野蛮なものとなったため、それに対する報復として身につけたところの野蛮の側へ寝返ることにすぎない。過去の芸術の内容は、たとえ芸術自体が廃止されたり、自ら自己を破棄するとか、消滅するとか、あるいは絶望にかられながら自己を継続することはあるとしても、だが必然的に消滅することを余儀なくされるようなことはない。過去の芸術の内容は、その文化が野蛮状態から解放されているような社会が実現されるなら、芸術の死を超えて生き永らえることもできるかもしれない。今日では、たんに形式だけでなく、無数の素材もまたすでに死滅してしまった。十九世紀から二十世紀初頭にかけてのヴィクトリア朝時代に多く見られる姦通文学にしても、市民時代の爛熟期における小市民的家庭の解体や一夫一婦制度の弛緩後は、そのままの形で踏襲することはもはや不可能も同然となってしまった。姦通文学は週刊誌の通俗的読物のうちで細々と裏返されて生き永らえているにすぎない。同様にかつて事実の内容のうちに埋めこまれていた『ボヴァリー夫人』の真正なところは、とうに事実内容が没落したにもかかわらず、それを乗りこえて来たのだった。だがこの事実から精神は無敵であると信じる歴史哲学的な楽観主義を引き出すのは誤りであるし、また許されないことは言うまでもない。素材内容が崩壊するなら、内容だけでなくそれ以上のものもまた巻きぞえにされるのかもしれない。だが芸術や芸術作品が虚弱になったのは、芸術や芸術作品がたんに他律的に依存するものとして芸術であるだけでなく、自らの自律性を形成しそれによって分業的に引き裂かれた精神の社会的措定を承認する点を含めて芸術であり、しかもそれだけでなく芸術にとって疎遠なもの、芸術とは対立するものでもあるためである。芸術それ自体の概念のうちに、この概念を無効にする酵素が混入しているのだ。

美的切断にとっては、断ち切られるものが不可欠なものでありつづける。想像力にとっては、想像力によって表象されるものが必要となる。このことは第一に、内在的な合目的性にあてはまる。芸術は経験的現実と係りつつ、この現実において支配している自己保存の原理を昇華して理想化し、創造された原理をそれ自体が存在であるかのように示す。シェーンベルクの言葉によるならば、表象が描かれることはあっても、表象を描くものが描かれることはない。

どのような芸術作品も、自己自身のうちから自己自身と一致した状態を生み出そうとするが、こうした一致は経験的現実においては主観との一致として、暴力的にあらゆる対象に強制的に与えられることによって失われている。美的な一致は、現実において一致を強要するものによって抑圧されている、一致することがないものに加担することにほかならない。芸術作品は経験的現実から分離することによって、その必要に応じて全体と部分との関係をなぞることができるようになるが、このように経験から分離することによってのみ、新たな存在となるにすぎない。芸術作品は経験的に生きているものの写しであるが、それは経験的現実において芸術作品に拒まれているものを、経験的に生きているものに手渡し、手渡すことによって、芸術作品がそうした拒まれているものを、芸術作品を物的で外的な経験によって仕上げようとする傾向から、解放する場合にかぎられる。芸術と経験とを分離する境界線を芸術家を英雄化することによって最終的に消し去ることは許されないが、それにもかかわらず芸術作品は独自の生命を持つ。この生命は芸術作品にとってたんに外的な運命ではない。すぐれた芸術作品はたえず新しい層をきわだたせ、老化し、冷やかになり、死んで行く。作られたものであり人間の創造物にすぎない芸術作品は、人間のように直接的に生きるものではないと言われているが、この言葉は同語反復にすぎない。だが芸術における人工物としての契機を強調することは、それが創造されたものである面に向けられているよりは、芸術がどのようにして成立したのかという点については問うことなしに、芸術特有の性質に向けられている。芸術作品は語りかけるものとして、つまり自然における客体やそのような客体に手を加える主体には拒まれているような方法を用いて、語りかけるものとして生きている。芸術作品は芸術作品におけるすべての細部を相互に結びつけることによって語る。芸術作品はそうすることによって、纏りを欠くたんに存在するだけのものとは対照的なものとなる。だがほかならぬ作られたものとして、つまり社会的労働の結果として、芸術作品は経験を拒みながらその経験とも結びつき、経験から内容を引き出す。芸術は経験に範疇として刻みこまれている規定を否定するが、経験的に存在するものを自己の実質のうちに秘めている。芸術は形式という契機を通して経験に反対するが、また形式と内容とを媒介するものは両者を区別するものがなければ捉えようがないのだが、こうした媒介はある程度概括的ではあるものの、美的な形式は内容の沈澱したものであるという点に求められる。伝統的な音楽形式のような一見ごく純粋に見える形式ですら、慣用的なすべての細部を含めて舞踏のような内容的なものに由来している。装飾も往々にしてかつては礼拝用の象徴《シンボル》にほかならなかった。ワールブルク研究所学派は古代的なものが生き永らえている特殊な対象を取り上げ、美的形式の起源を追究しそれを内容と関連づけてみせたが、こうした方法にとってそれが対象として取り扱う範囲をさらに拡大することも不可能ではない。だが外的なものと芸術作品との結びつきは、つまり芸術作品が幸福もしくは不幸な気分を抱いてはねつける世界との結びつきは、結びつきを欠くものを通して出現する。芸術作品はほかならぬその点によって、自己が切断されていることを立証する。芸術作品という自律的な領域には、外的世界と、この世界から借用した要素以外何一つ共通するところがないし、これらの要素も芸術作品のうちでは全く別の連関を作り上げていることも容易に考えられる。それにもかかわらず芸術的方法をたいていは様式概念によって包括し、こうした方法の発達は社会的発達と軌を一にしていると述べる精神史的な言い回しが、陳腐であることは疑いようがない。もっとも洗練された芸術作品ですら、経験的現実の呪縛から抜け出すことによって、現実に対して特定の態度をとるが、それはその呪縛から決定的に抜け出すことによってではなく、たえず繰り返し具体的に歴史的時間による呪縛に対して、無意識に論争的な態度をとりつつ抜け出すことによる。窓のないモナドとしての芸術作品が、自己自身ではないものを〈表象する〉ということは、次のように理解する以外にほとんど理解のしようがない。芸術作品に固有の力学、つまり自然と自然支配との弁証法として芸術作品に内在する歴史性は、外的歴史性と同一の本質を持つだけでなく、外的歴史性を模倣することがなくともそれ自体が外的歴史性に似たものであると理解する以外には。美的創造力は実用的な労働に等しい生産力であって、自己のうちに実用的な労働と同一の目的を含んでいる。また美的生産関係と呼ぶことが許されているものも、つまり創造力が埋めこまれていたり、創造力が関与しているものはことごとく、社会的生産力が沈澱しているものであるか、その刻印を帯びているものにほかならない。自律的なものであって、しかも社会的事実でもあるという芸術作品の二重特性は、たえずその自律性の領域にも伝えられていく。芸術作品は、こうした経験との関係によって中立化され、人間がかつて生活において逐一分離することなく経験したものや、この生活から精神によって追放されたものを救い出す。芸術作品は啓蒙と係り合っているが、それは芸術作品が嘘をつかないため、つまり芸術作品から語りかけているものは、一言一句見せかけではないためである。だが芸術作品は現実的なものであっても、それは問いかけの形をとって外部から芸術作品に近づいてくるものへの解答として現実的であるにすぎない。芸術作品に固有の緊張は、外部にある緊張との関係によって意味深いものとなる。芸術の動因となる経験の地層は、芸術を尻込みさせる対象的世界と密接に結びついている。未解決のままの現実の敵対関係は、芸術作品のうちでは形式に内在する問題となって繰り返し出現する。このことによって、つまり対象的契機を芸術作品のうちへ混合する点ではなく、それを形式の内在的問題として出現させる点によって、芸術と社会との関係は定義される。芸術作品における緊張関係は、芸術作品のうちで純粋に結晶化され、外的な状態から、つまり表面的事実にすぎない状態から解放されることによって現実的本質に突き当る。芸術には経験的に存在するものが欠けていると考える立場は、カントに反対するヘーゲルの論拠を拠りどころにしているが、この論拠によるなら制限を行うということは、それだけでたちまち制限の枠をすでに乗りこえ、枠によって阻止されたものを自己のうちへ取りこむことを意味している。道徳談義を持ち出すことではなく、ただこの論拠だけが、芸術のための芸術の原理に対する、つまり経験的なものを抽象的に否定し、芸術の分離をその唯一の切り札にしている芸術のための芸術の原理に対する批判となる。芸術作品の自由は、芸術作品の自意識が誇りとするものであり、この自由を欠くなら芸術作品は存在することすらおぼつかなくなるが、こうした自由は、芸術作品に固有の理性の奸智にほかならない。芸術作品は自らのすべての要素を、飛びこえることによって自己の幸福が決定されるが、いつ何時またしても自ら沈下して行くかもしれないものに縛りつける。芸術作品は、経験的現実との関係という点において神学的命題を想起させる。この命題によるなら、救済された状態においては、すべては現実と何ら異るところはないが、それにもかかわらずすべてが現実と完全に異っている。芸術作品はその点においてまたまぎれもなく、聖なる領域を、この領域だけが世俗的なものとして保たれるところまで世俗化するという冒瀆の傾向とも類似している。聖なる領域はいわば対象化され、くい打ちされて限定されるが、それはこの領域に固有の虚偽の契機が、祈願しながら世俗化を食い止める一方で、同時に世俗化を待ちのぞんでいるためでもある。こうした点によるなら、芸術の純粋な概念とは、決定的に確保された領域の範囲を示すものではなく、自我とイドとの心理的な均衡とのみ比較しうる、そのつど初めて作られるが作り出された瞬間に崩壊するような均衡を保つものと言ってよいであろう。反撥し合う過程は永久に更新されねばならない。どのような芸術作品も瞬間的なものにすぎない。どのような成功した作品も均衡状態にほかならず、過程の瞬間的停止であって、作品はそれを執拗に見つめる目にはそのような過程として現れる。芸術作品は自己自身の問に対する答であるが、答となるためにそれ自体がまず最初に問となる。芸術を美以外のもの、あるいは美以前のものとして知覚する傾向は、それ自体としては言うまでもなく失敗に終った教養によって今日にいたるまで損われずにきたが、こうした傾向は退歩的な人々の、たんに野蛮であるにすぎない遅れている意識、あるいは意識の欠如を示すものではない。芸術のうちには、こうした傾向に迎合する何かがある。芸術は厳密に美的に知覚されるなら、美的に十分には知覚されなくなる。芸術の他者が芸術経験の最初の層の一つとして同時に感じられる場合にのみ、芸術そのものを無視することなしに、芸術経験は純化され、素材によって拘束された状態から解放されることが可能となる。芸術は芸術のために存在するものであって、しかも芸術のために存在するものではないが、芸術にとって異質のものを欠くなら自己の自律性を失う。忘却を免れた偉大な叙事詩も、その時代においては歴史的報告や地理上の報告も兼ねていた。ホメーロスの叙事詩においては形式法則と融け合うことのない多くのものが、異教的、ゲルマン的叙事詩やキリスト教的叙事詩の場合と同様に、自己の存在を主張しているが、それにもかかわらずこれらの叙事詩は、こうした滓を含むことがない作品とくらべても見劣りすることがないと述べ、振り返ってわが身を非難したのは職人的芸術家であるヴァレリーその人であった。悲劇からは美的自律性の理念を取り去ることが許されるが、悲劇も叙事詩と同様に、現実的作用連関としての意味を持つ礼拝行為の写しにすぎなかった。自律性の進歩の歴史としての芸術史は、非自律的な契機を根絶することはできなかったが、根絶できなかったのはたんに芸術が束縛されていたためだけではない。十九世紀に形式としての頂点に達した写実小説は、いわゆる社会主義リアリズム理論によって後に計画的に生み出されることになる堕落的結果を、つまりルポルタージュ的なものというやがて社会科学によって探究されることになるものを、幾分かではあるが先取りする形で含んでいた。『ボヴァリー夫人』に見られる狂気に近い言葉の彫琢は、おそらくほかならぬそれとは逆の契機によってひきおこされた作用なのかもしれない。これらの二つの契機が統一されていることによって、この作品は現実的《アクチュアル》で古びることがないものとなる。芸術作品を判断する基準は二面的なのだ。素材の層と細部とを統合し、それを芸術作品にとって内在的な形式法則に変えること、この統合のうちに統合に逆らうものをたとえ断片であろうと保存しつづけること、この二つのことに芸術作品が成功しているかどうかということが基準となる。統合そのものによって質が守られるわけではない。芸術作品の歴史においては、往々にして二つの契機の分離が見られる。なぜなら個別的に選び出された範疇は、たとえそれが形式法則という美的に中心的な範疇であろうと、芸術の本質を命名するものではないし、芸術作品について判断を下すものとしては不十分であるから。芸術についての固定的な芸術哲学的概念と矛盾するさまざまな規定も、芸術の本質的な一部をなしている。ヘーゲルの内容美学は芸術の他者という、芸術に内在する契機を認識することによって形式美学を乗りこえた。形式美学は内容美学よりも純粋な概念を操作するかに見えるものであり、また言うまでもなく、非対象的絵画へと至る発展のような、ヘーゲルやキルケゴールの内容美学によって阻止されている歴史的発展のために道を開くものでもある。だが形式美学を乗りこえるにせよ、形式を内容として捉えるヘーゲルの観念論的弁証法は、同時に美以前の粗雑な弁証法へと後退している。ヘーゲルの弁証法は素材の模写的な処理あるいは論証的な処理を、芸術にとって本質的な他者と取り違える。ヘーゲルはいわば美学についての彼の弁証法的な考え方に違反し、彼には見通しえない結論を引き出す。彼は芸術の支配的イデオロギーへの俗物的移行に手を貸しているのだ。逆に、芸術における非現実的なもの、存在することがないものという契機は、存在するものに対して自由ではない。こうした契機は恣意的に措定されるものでもなければ、慣習的に好んで主張されているように発明されるものでもなく、存在するものの間におけるさまざまな釣合いによって構成される。だがこうした釣合い自体は存在するものと、つまり存在するものが持つ不完全さ、欠如、矛盾と、存在するものが持つ可能性によって要求されるものであって、こうした釣合いのうちからは現実的連関の残響が聴き取られる。芸術とその他者との関係は、磁石と紙の上の鉄粉との関係に似ている。芸術の要素だけでなく、それらの要素の配置も、つまり通例芸術の精神に帰属するものとされている美学に特有のものもまた、その背後に存在する他者を示しているのだ。芸術と存在している現実とが一致しているということはまた、芸術作品に中心を与える力と存在する現実とが一致していることであって、こうした力は芸術作品の散在する部分を、つまり存在するものの痕跡を自己の周囲に取り集める。芸術作品は芸術作品を世界と対照的なものにする原理、精神が世界自体に装備として与えた原理を通して、世界と密接に結びついている。また芸術作品による綜合は、芸術作品の要素にたんに添えられたものではない。綜合は要素がどの点において相互に結びついているかを復唱するものであり、その限りにおいてそれ自体も他者の一部にすぎない。綜合もまた精神から遠くかけ離れた作品の物質的な側面のうちに、つまり自己が従事しているもののうちに基礎を持つのであって、たんに自己自身のうちに持つことはない。それによって形式の美的契機は、非暴力と結びつくことになる。芸術作品は存在とは異るものの、必然的に以下のものによって、つまり存在ではあるが芸術作品としての存在ではなく、存在をしてはじめて芸術作品たらしめるものによって、相対的にではあるが自己を構成する。芸術には意図が欠けていることが力説されているが、このような強調は芸術の隠された地層の現われに対する共感として、歴史の一瞬から観察されねばならないが――こうした強調は芸術的芸術家を嘲笑したヴェーデキントやアポリネール、またおそらくはキュービズムの起源のうちに見られるであろう――それは芸術が芸術に反するものに関与していることについての、無意識的な自覚のあらわれにほかならない。こうした自覚を動機として芸術は文化批判的転換を行い、純粋に精神的な存在であるかのような幻想を放棄することになった。

芸術は社会に対する社会的なアンチテーゼであるが、こうしたアンチテーゼは社会から直接演繹することはできない。芸術の領域の構造は人間の表象空間としての人間の内的領域の構造と一致している。芸術は前もって昇華と係り合っている。そのため芸術とは何かという定義が精神生活の理論から紡ぎ出されることは、謂れのないことではない。人間学的な不変説が疑われ、それに代って精神分析的な不変説が推奨されている。だが精神分析的な不変説は美学においてよりは心理学において成果をあげている。精神分析的不変説は芸術作品を、それを創造した人間の無意識の投影として本質的なものと見なすが、素材の解釈に走るあまり形式の範疇を忘れ、いわば感覚は繊細ではあっても俗物にすぎない精神分析医の俗物性を、もっともふさわしくない対象の上に、つまりレオナルドやボードレールの上にまで投影する。芸術家はその作品によって存在の否定性を評価することなしに客観化するが、精神分析医は往々にして流行の自伝的方法の一部をなす関係資料を収集し、それをもとにこれらの芸術家を神経症患者ときめつけて非難する。こうした点から精神分析医の仮面をはぎ、性を強調するにもかかわらず、彼らが俗物的人間にすぎないことを暴露することが必要となる。ラフォルグの著書などは大まじめに、ボードレールがマザーコンプレックスにかかっていた証拠を列挙している。精神的に健康であったなら彼が『悪の華』を書くことができたかどうか、いわんや神経症によって詩が悪くなったかどうかといった疑問すら、そのどこを探しても見当らない。ボードレールの場合、美的水準は健康な精神の不在によって同時に条件づけられていることは一目瞭然であるが、こうした場合にもボードレールを侮辱するかのように、正常な精神生活が賞揚され、基準として用いられている。精神分析的な特殊研究《モノグラフ》はおおむね、芸術は経験の否定性を現状肯定的に扱うべきであるとしている。これらの研究にとっては、否定的契機は芸術作品のうちへも言うまでもなく入りこんでくる、あの抑圧的過程の目印にすぎない。精神分析にとって芸術作品は白昼夢にほかならない。精神分析は芸術作品を記録と取り違え、芸術作品を夢見る人たちの記録と見なす。他方、精神分析は自ら取り去った取っておきの特に精神的な領域の穴を埋めるために、芸術作品を生の素材である要素へと還元するが、こうしたやり方は〈夢の作業〉にかんするフロイト独自の説から、異常なまでに後退したものと言わなければならない。芸術作品における虚構の契機は、すべての実証主義者がそう見るように夢と類似するものと仮定され、途方もなく過大に評価されることになる。芸術家の創作過程における投影的なところは、作品との関係においてはたんなる一契機にすぎず、決定的な契機となることは難しい。慣用語法《イディオム》、材料といったものはそれ独自の重量を持っているが、とりわけこうした重量は、精神分析家自身にはほとんど夢想することだにしえないような創造の結果そのものにほかならない。音楽を偏執狂的強迫から身を守る防衛装置であると見なす精神分析的命題は、臨床的にはおそらく広範囲にわたってあてはまる命題かもしれないが、だが唯一無二の形態を持つ曲の水準や内容についてはなに一つ語ることはない。精神分析的芸術理論は芸術の内側にあるが、それ自体は芸術ではないものを明るみに引き出す点においては、観念論的芸術論にまさっている。精神分析的芸術理論は芸術を絶対精神による呪縛から引き出すことに役立っている。芸術についての認識や、芸術は衝動と絡み合っているといった認識に対してとりわけ憎悪を抱いている俗流観念論は、芸術を隔離しいわゆるより高級な領域に属するものへと祭り上げようとするが、精神分析的芸術理論はこうした観念論に対して啓蒙の精神によって対抗する。精神分析的芸術理論は、作品から語りかけ作者の社会的特性をさまざまな形で明らかにしている社会的特性を解読することによって、作品の構造と社会的構造を具体的に媒介している関節を示してくれる。だがこの理論自体も観念論に似た呪縛を、つまり主観的な衝動の動きに見合う絶対的に主観的な記号体系が存在するという呪縛を広める。この芸術理論はさまざまな現象を解読することはあっても、芸術という現象に近づくことはできない。この芸術理論にとって芸術作品は事実以外の何物でもないが、だがそう考えるために事実に特有の客観性、芸術作品の一致状態、芸術作品の形式水準、芸術作品の批判的衝動、芸術作品と非精神的現実との関係、要するに真実についての芸術作品の理念を見落す。ある女流画家の話がある。この患者は分析医に対して腹蔵なく話をすることを約束していたため、分析医が壁にかけていたウィーンを描いた下手くそな銅版画をからかったところ、医者はこれは彼女が自分に向けた攻撃にほかならないと受け取り、彼女にそう説明したという。診察室の寝椅子に横になっている芸術家しか知らないような医者にはとうてい想像もつかないことであるが、芸術作品には芸術家自身を示す肖像めいたところや持物めいたところなどほとんど含まれていない。半可通《ディレッタント》だけが芸術のうちにあるすべてを芸術家の無意識と結びつける。こうした人間はその感情は純粋であるとしても、説得力を失ったきまり文句を繰り返し口にしているにすぎない。芸術的創造過程において無意識の心の動きに当るものは、なによりもまず衝動と素材である。それらは形式法則に媒介されて芸術作品のうちへ入りこむ。作品を仕上げる文字通りの主観などは、絵に描かれた馬と同様にあって無きがごときものに等しい。芸術作品はその作者を調べるための主題統覚検査の材料ではない。精神分析の審美眼の不足は、それが現実原理を崇拝するところに原因がある。現実原理に従わぬものはつねにたんなる〈逃避〉と見なされ、現実適応が最高の善とされる。現実によって現実を逃避させるあまりにも多くの現実的動機が提供されているため、調和を重んじるイデオロギーは逃避を目にするとたちまち憤激にかられる。ほかならぬ心理学者も心理学が認める以上に、芸術をすぐれたものとして認めているのかもしれない。想像力もまた逃避であるとしても、かならずしも逃避ということにつきるものではない。現実原理を超越させ超越的なものに変えるものがつねに想像力の下には隠されているが、それに指を触れることは底意地の悪いこととして非難される。大目に見られるものとしての芸術家の成像《イマーゴ》は、つまり分業社会に組み入れられている神経症患者としての芸術家の成像は歪められたものにすぎない。ベートーベンあるいはレンブラントといった最高の芸術家たちの場合、とりわけ鋭敏な現実意識と現実からの疎外感とが結びついていた。芸術心理学にふさわしい対象となるのはまずこの点であろう。芸術心理学はたんに芸術作品を芸術家に等しいものとして判読するだけでなく、芸術家と等しからぬものとして、芸術家に抵抗するものによる作業として判読すべきであろう。芸術は精神分析学的な根を持つが、その場合でも想像力という根は芸術において万能とも言える力を発揮することができるのだ。だが芸術のうちにはよりよい世界を作ろうとする願望もまた作用している。すべての弁証法はこの願望によって生み出されるのであるが、他方、芸術作品を無意識によって作り上げられるたんなる主観的な言語と見なす芸術作品観は、この弁証法に到達することはとうていありえない。

フロイトの芸術理論は芸術を願望を実現するものと見るが、カントの芸術理論はそれに対するアンチテーゼと言うことができる。趣味判断の第一契機は無関心の満足であると『判断力批判』の美の分析論は語っている。原註(4)この場合、「われわれが対象の現存在の表象に結びつける満足」は関心とよばれる。原註(5)〈対象の現存在の表象〉という言葉によって考えられているのは、芸術作品によって芸術作品の素材として取り扱われる対象のことなのか、それとも芸術作品そのものであるのか明白ではない。絵の美しいヌード・モデルとか、あるいは音楽の心地よい甘い音色といったものは際物であるかもしれないが、また芸術的質を決定する全体的な契機となっているかもしれない。〈表象〉の強調は深い意味において主観主義的な、カントの性向に由来する当然の結果にほかならないが、彼は合理主義的伝統、とりわけモーゼス・メンデルスゾーンの合理主義的伝統に同調して美的質を、暗黙のうちに芸術作品が見る者に与える作用のうちに求める。『判断力批判』の革命的な点は次の点にあると言える。この批判はそれ以前の作用美学の枠を超えることはないが、それでいて同時に内在的批判を通じて作用美学に限定を加えている点、また彼の主観主義は全体としてその客観的意図に、つまり主観的契機の分析による客観性の救済の試みに特有の力点を置いている点に。無関心ということは満足が保存しようとする直接的作用から遠ざかることであるが、直接的作用から遠ざかることは満足の至上権を断ち切るための準備にほかならない。なぜならカントにおいて関心と呼ばれているものが欠けるなら、満足はきわめて曖昧なものとなり、もはや美の定義には役立たなくなるから。関心を欠く満足という原則は美的現象の前ではみすぼらしく見える。この原則は美的現象を、直接的作用から切り離されるならきわめていかがわしいものとなる形式的美か、あるいはいわゆる崇高な自然的対象へと還元する。美的現象を純化して絶対的形式に変えるなら、芸術作品の精神を捉えるために純化を行いながら、当の精神を取り逃すことになる。「満足の対象に関する判断はまったく関心を離れたものでありながら、また他方では甚しく関心をひくものでありうる、原註(6)——換言すれば、そのような判断は関心に基づくものではないが、しかし関心を生ぜしめるものである」とカントは脚註で強弁しているが、この脚註は誠実にではあるが心ならずもこの間の事情を物語っている。カントは美的感情を――それと共に彼の考え方によるなら可能性として芸術それ自体もまた――〈対象の現存在の表象〉によって狙いとされている欲求能力から分離する。このような表象による満足は「同時に欲求能力に関係する」原註(7)。カントは美的態度が直接的な欲求から自由であることを認識した最初の人間であるが、この認識は彼によって獲得されるとそれ以後はふたたび見失われることはなかった。彼は芸術をたえず繰り返しなめるかのようにさするかのようにして愛玩する、貪欲な俗物根性から救い出した。それにもかかわらずカントの動機は心理学的芸術理論と完全には無縁ではない。芸術作品はフロイトにとってもまた願望を直接的に実現するものではなく、それは元来充たされていないリビドーを社会的に創造的な行為へと変えるものにほかならない。この場合言うまでもなく芸術の世間的評価に無批判的に敬意がはらわれ、芸術の社会的価値が問うこともなく前提とされている。カントは芸術と欲求能力との差異と共に芸術と経験的現実との差異も、フロイト以上にはるかに精力的に強調しているが、それによって芸術はたんに理想化されるだけではなく、美的分野を経験から分離することが芸術の本質と見なされることになる。だがカントはそれ自体歴史的なものであるこうした構造を先験的に固定し、単純な論理によって芸術的なものの本質と同一視するが、芸術の主観的なものである衝動的な構成要素がこの構成要素を否定するようなもっとも純粋な芸術の形態においてすら、姿をかえて繰り返し出現してくることについては意に介すことがない。フロイトの昇華理論ははるかにとらわれることなく、芸術的なものの動的な特性を認める。フロイトはこの特性を認めるかわりに、カントと同程度の代償を支払うことを余儀なくされる。カントにおいては芸術作品の精神的本質は感覚的な直観に対して優位を持つにもかかわらず、美的態度と実践的で欲求的な態度とを区別するところから流れ出してくるものであるが、フロイトは美学を衝動理論へ順応させ、そうした区別を行うことに対して抵抗するかに見える。彼においては芸術作品はたとえ純化された芸術作品であろうと、感覚的な心の動きの代理をつとめるもの以外の何ものでもなく、芸術作品は一種の夢の作業を通じて感覚的な心の動きを、せいぜいそれとは見分けのつかぬものへと変形するにすぎない。両者は質的に異る思想家であるが――カントは哲学的心理主義を拒否したばかりでなく、老年にはさらにすべての心理学を拒否している――それにもかかわらずこの両者を対比するのは相違以上に重要な共通性が見出されるためにほかならない。カントにおける先験的主観の構造と、フロイトが依拠する経験的に心理学的なものとは重なり合う。両者は根本的に主観的な傾向を持つのであって、欲求能力の否定的性向を取り上げるのか、それとも肯定的な性向を取り上げるのかという点において異るにすぎない。芸術作品は両者にとっては実際上、芸術作品を観察するものか、あるいは芸術作品を生み出すものとのみ関連づけられているにすぎない。カントもまた道徳哲学のために同様に土台として用いているメカニズムのために、先験的主観の理念と一致しうる限度以上に存在している個人を、つまり存在的なものを考慮することを余儀なくされている。対象に喜びを感じる生きた人間が存在することがないなら、満足などありえない。生きた人間は批判の対象として取り扱われることがないとしても、判断力批判全体の舞台にほかならず、そのため理論的な純粋理性と実践的な純粋理性とをつなぐ橋として計画されたものは、両者にとって無縁なものに留まる。芸術においては客体にたいして動物的に振舞い、客体を肉体として捉えようとすることは禁止されている。それはおそらく芸術のタブーによるのであろうが、芸術は限定されているかぎりタブーに従い、限定は合理的タブーにほかならない。だがタブーの力はタブーを課されている状況の力に等しい。芸術を突き放すものを自己のうちに契機として含み、そのような自己を否定することがないような芸術など見られない。もし関心を離れたものがたんなる取るに足りないものに留まらずそれ以上のものであるべきなら、関心を離れたものにはきわめて荒々しい関心が影としてそえられていなければならないし、また芸術作品の品位は芸術作品が無理やり引き離された関心の大きさによって左右されていることを、証明しているものも少くない。カントはこの点を自由概念のために、つまりつねに主観の所有ではないものを他律的なものとして罰する自由概念のために否定する。彼の芸術理論は実践理性の理論が不十分なためにゆがんだものとなる。美は彼の思想によるなら、卓越した自我に対して若干の自立性を持つか、あるいは獲得しているものとされているが、こうした美の思想は彼の哲学の基調にそって英知界への逸脱として出現する。しかも芸術をアンチテーゼとして出現させたものを含めて、芸術からはいかなる内容も切り離されて、内容の代りに満足といったあまりにも形式的なものの存在が仮定される。美学はカントにとっては、まったくの逆説であるが、去勢された快楽説、快感を欠く快感となっていると言ってよい。美学こうした美学は、満足が共に活動することはあってもけっして全体的なものとなることがないような芸術的経験にとっても適当ではないし、具体的な関心にとっても、つまり抑圧された充たされることがない欲求にとっても適当ではない。こうした欲求は美的に否定されようとも、その否定のうちで共鳴しつづけ、作品を空虚なひな型以上のものに変える。美的な関心を離れたものは、関心を拡大しその部分性を乗りこえたものと言わなければならない。美的全体性への関心は客観的に、全体の真の構造への関心となることを意図するものであった。この関心は個別的な充足を目指すことはなかったが、だが個別的充足を欠くなら存在しえない束縛されることのない可能性を目指していた。カントの芸術理論の弱点と相関的であるが、フロイトの芸術理論はそれが予感する以上にはるかに観念論的なものなのだ。フロイトの芸術理論は芸術作品を完全に精神に内在するものとして捉え直すために、芸術作品は非我に対するアンチテーゼとなることを断念させられる。非我は芸術作品のとげによって煩わされることがない。芸術作品は衝動を断念して克服するという心的行為に、つまり適応という心的行為にすぎなくなる。美的問題の解釈に見られる心理主義は芸術作品を調和主義的に対立を和らげるものとして眺める芸術観と、つまりより良き生活への幻影を見ることはあってもその背後にあった悪しき生活のことは考えることがない俗物的な芸術観と、相通じるところがある。精神分析は芸術作品を有益な文化財と見なす流行の芸術作品観を体制順応主義的に継承する点において、美的快楽説と、つまり芸術におけるすべての否定性を芸術を生み出す衝動の葛藤にすりかえ、結果だけをかすめ取る美的快楽説と重なり合う。実現された昇華と統合とが芸術作品をして芸術作品たらしめる唯一のものとされるなら、芸術作品はただ単に存在するということによって現存在との結びつきを断つにもかかわらず、こうした現存在を凌駕する力を失うことになる。だが芸術作品の態度が現実の否定性を保持しつづけ、こうした否定性に対して態度をとるものとなるならたちまち関心を離れたものという概念もまた変更されることになる。芸術作品はそれ自体が芸術作品のカント的解釈やフロイト的解釈に反して、関心と関心の取消しとの間の関係を包含している。行為の対象から無理やり切り離されたものである芸術作品に対する観想的態度ですらも、自らの態度を直接的な実践に対する絶縁通知として感じているのであって、その限りにおいて実践に加わることに対する抵抗であり、そうした抵抗としてそれ自体が実践的なものにほかならない。行動方法として感じうる芸術作品だけがその存在理由《レゾンデートル》を持つ。芸術は今日にいたるまで支配をつづけてきた実践にまさる実践を代表するものであるばかりでなく、既存のものの真只中において既存のもののために行われている、野蛮な自己保存という支配としての実践に対する批判にほかならない。芸術は創造のための創造ということを嘘として罰し、労働の呪縛を超えた実践の立場を自らの立場として選択する。幸福の約束という言葉は従来の実践によって幸福が妨げられていることを意味しているだけでなく、それ以上のことを、つまり幸福は実践を超えたところにあるのかもしれないということを意味している。芸術における否定の力は実践と幸福との間の断絶の大きさを示している。たしかにカフカの作品は欲求能力を目覚ませることはない。だが『変身』あるいは『流刑地』のような散文的作品によって与えられる現実の不安やはっとさせるような衝撃、全身をゆさぶる嫌悪感といったものは緩衝物であって、それはカフカやカフカにつづくものたちによって無効にされる古びた関心を離れたものといったものよりは、むしろ欲求と関係がある。関心を離れたものといった言葉を彼の作品に対して用いることは乱暴であるし、ふさわしくないと言ってよい。関心を離れたものという言葉を芸術に用いるなら、芸術は軽んじられ、徐々にヘーゲルが嘲笑するものに、つまりホーラティウスの『詩論』が言う楽しい玩具ないしは有用な玩具といったものにすぎなくなる。観念論哲学の時代の美学は芸術そのものと並んで、自らを関心を離れたものと見なすことから解放してきた。享楽的趣味を投げすてる場合にのみ芸術経験は自律的になる。芸術経験にいたる道は関心を離れた状態を経過する。芸術が菓子や料理、あるいはポルノグラフィーの類から解放されたものであるということは取り消しようがない。だがこうした解放の過程が関心を離れた状態のうちに留まることはない。関心を離れた状態は変形され内在的に関心を再生産する。いつわりの世界においては一切の享楽は虚偽にすぎない。幸福のために幸福は断念されることになる。断念することによって幸福を求める欲求は芸術のうちに生き永らえる。

定かではないが、カントの関心を離れたもののうちには身をやつすかのように享楽が潜んでいる。一般的意識やそれに従順な美学は現実の享楽をモデルとして、芸術享受といったことが存在するかのような想像をたくましくしているが、そうしたものは名のみでおそらく全く存在することがないと言えるであろう。経験的主観は本来の芸術経験と関係することがあっても、たんに限定され変更されることによって関係しているにすぎない。作品のランクが高ければ高いほど経験的主観との係り合いは減少すると言えよう。芸術作品を具体的なものとして享受するものは野暮な人間と言える。こうした人間は耳の保養といった言葉によってたぶらかされているにすぎない。だが芸術作品から享楽という点をあますところなく消し去るなら、それでは芸術作品は一体何のために存在するのかと問われても答えられず、当惑することになろう。事実、芸術作品は理解されるにつれて、享楽されることが少くなる。むしろ芸術作品に対する伝統的な処し方とは、それがそもそも芸術作品にとって全く重要なものとされている場合には、感嘆の念を禁じえぬという態度であった。つまり芸術作品はそれ自体として存在するのであり、観照者のために存在するのではないとする態度であった。芸術作品から出現しそれを眺める者の心を捉えたものはカフカ的類型《タイプ》の作品においては、その他のすべての契機をしのぐ作品の真実という契機にほかならなかった。芸術作品は高級な嗜好品といった代物ではなかった。芸術作品と観照者との関係は芸術作品を自己にひきつける同化の関係ではなく、逆に見る者が物によって物のうちへ引きこまれ消滅する関係であった。こうした関係は映画でよく見かける機関車のように、見る者目がけて突き進んで来る現代的作品の場合、特に当てはまる。音楽家に音楽は楽しみを与えてくれるかどうか聞くなら、音楽家はむしろトスカニーニ指揮のもとで緊張のあまりしかめ面をして演奏していたと言われる、チェロ奏者のアメリカ流のウィットを真似て「わたしはまさに音楽を憎んでいるところだ」と答えるであろう。芸術に対して自己自身を消滅するにまかせるこうした正真正銘の関係を持つ者にとっては、芸術は客体ではない。こうした人にとっては芸術から離れることは耐えがたいことかもしれないが、だがその人にとっては発表される個々の芸術は快楽の源泉とはならない。世間には芸術のことは皆目判らないという人がいるが、その人が芸術とは無縁の人であることは文句のつけようがないほど真実であるとしても、だがそれとは逆に今晩『第九』を聴いてかくかくしかじか大いに楽しんだといった物の言い方をする人間が、芸術と係り合いのある人ということにはならない。だがこうした愚にもつかぬ物の考え方がいつしか常識として定着してしまった。世間の人は芸術に対して贅沢であり、生活に対しては禁欲的であろうとする。その逆であるならまだしもなのだが。物象化した意識は人間に対しては不当にも感性的に直接的なものを与えず、その代り感性的に直接的なものの領分のうちへ直接的なものとは無縁なものを引き入れる。芸術作品は一見感性的魅力によって消費者に身近なものとなっているように見えるが、実際は消費者から疎外されている。芸術作品は消費者のものではあっても、消費者がたえず失うのではないかと恐れているもの、つまり商品にほかならない。芸術に対する偽りの関係は所有をめぐる不安と密接に結びついている。芸術作品を所有される持物として、また反省されるなら破壊されるかもしれないような持物として眺める呪物崇拝的な芸術作品観と、心理学の内部で用いるような呪物崇拝的な財産観とは厳密に一致している。芸術は芸術自体の概念からして生成の結果にほかならないが、そうであるなら芸術作品の享楽手段としての位置づけもまた同じく芸術生成の結果にほかならない。芸術作品はおそらく祭式を挙行する際の備品として誕生したのであろうが、こうした芸術作品の魔術的でアニミズム的先行形式は芸術作品の自律性にほど遠いものであったと言えよう。だがこうした先行形式がほかならぬ聖なる形式として、享受の対象でなかったことも確かなことと言ってよい。芸術は精神化することによって文化から排除された人々を生み出しこうした人人の憎悪をかき立て、消費芸術というジャンルを生み出すきっかけを作り出したが、その反面、芸術家たちはこのジャンルの芸術に対する嫌悪感にかられて、ますます大胆に精神化の方向をたどることを余儀なくされた。裸のギリシア彫刻はピンアップではなかった。もしそうしたものであるなら、なぜ現代人が古代や異国的なものに対して共感を抱くのか、説明しようがなくなるであろう。芸術家は欲望の対象となる自然物に反応し、それを抽象化する。ちなみにヘーゲルは〈象徴芸術〉の構造のうちに、古代的様式という非感性的契機が存在することを見逃さなかった。芸術における快感という契機は普遍的に媒介されている商品特性に対する異議であり、自らのやり方で媒介されることが可能なのだ。芸術作品に没頭するものは没頭することによって、つねにあまりにも貧しすぎるみじめな生から解放される。こうした快感は強められて陶酔に変ることもありうる。享楽といった貧弱な概念は他方、陶酔にはほど遠いものであり、それは要するに享楽の習慣を断ち切るのにむしろ適したものと言ってよいであろう。奇妙なことに主観的な感覚は、それをすべての美の基礎として繰り返し強調する美学によって、けっして真剣に分析されることがなかった。この感覚について記述することは無条件に、ほとんど野暮なこととされていた。それはおそらく主観的な傾向によって目を覆われ、芸術的経験についてはそれを事柄と関係させることによってのみ的確な判断が下されるのであって、芸術愛好家の気分を拠りどころにして下されるのではないということが見えなかったためであろう。芸術享受という概念は芸術の社会的本質と、社会に対して対立的な芸術の本質とを妥協させたものにすぎない。芸術は所詮、自己保存の営みにとっては無用なものであるとしても——市民社会は芸術が完全に無用なものであることをけっして許さないが——少くとも官能的快感をひき写した一種の使用価値であり、有用なものであることを証明させられる。それとともに官能的快感と同様にその肉体的充足の偽造まで行われるが、芸術の美的代表者たちがこうした充足を与えることはない。感覚的差異を区別する能力を欠くもの、美しい音色と死んだような音色、輝くような色彩とさえない色彩とを区別することができないものは、芸術を経験することは困難であるとしても、このことは実体化しえぬことなのに実体化されている。芸術経験は強化されるなら、区別された感覚を形成の媒体として自己のうちに受け入れることはあるにせよ、そのような感覚による快楽をそのままの形で出現させることはない。こうした快楽が芸術において持つ重みは時代によって変化した。ルネサンスのような禁欲的な時代の後に続く時代においては、快楽は解放の手段であり、生気あるものであったが、それはヴィクトリア朝時代的様式に反対した印象主義の場合と似ていた。エロチックな魅力が形式に浸透することによって、生物特有の悲哀が形而上的な内容となってにじみ出ていることも往々にして見られる。だが快楽の契機は逆行させる力が強力であって、快楽の契機が芸術によって断ち切られることなくそのまま出現しているところでは、この契機は幼児的なところを持ちつづけている。ただ回想と憧憬のうちにおいてのみ、つまりひき写されたり直接的な効果を狙うことがない場合にのみ、快楽の契機は芸術のうちへ吸収される。露骨な肉欲はアレルギーを生み出し、快楽に充たされたものと形式とがより直接的に結びつこうとしていた時代ですらも、結局のところろうとましいものとしてしまう。印象主義についてもそれが見捨てられることになったのは、とりわけこうしたアレルギーのためであったと言えるかもしれない。

美的快楽主義における真実契機は、芸術における手段は完全に目的のための手段となることはないということに支えられている。両者の弁証法においては、手段はつねにある程度自主的なものであることを、しかも媒介されながら主張する。芸術作品にとって本質的なものである現象は、感性にとって快適なものとなることによって一つに結び合される。アルバン・ベルクの言葉によるなら、形式化されたものは釘が突き出ているとか、にかわの臭がするといった感じを与えないが、このことは客体の一部なのだ。またモーツァルトの多くの作品に見られる甘美な表現は、本文としての作品のうちへ引用された甘美な声にほかならない。すぐれた作品においては、感性的なものそれ自体が作品の技巧によって輝きを与えられて精神となるが、同様に抽象的な細部はたとえ現象に対してどのように無関心であろうと、逆に作品の精神から感性的輝きを獲得する。それ自体がみがき抜かれ分節化されている芸術作品が自らの組織された形式言語の力によって二次的にではあるが、感性にとって快適なものへと移行していることも珍しくない。モダニズム全体の記号であるところの不協和音は、モダニズムの絵画においてもそうであるが、感覚を誘うものをそのアンチテーゼである苦痛に、つまり両面価値《アンビバレンツ》という美的原現象に変形することによってこの感性的なものを受け入れる。すべての不協和音がボードレールやワーグナーの『トリスタン』以後の新しい芸術に対して持つ測り知れない影響は——不協和音は実際上現代芸術の一種の定数となっているが——芸術作品の内在的な作用と反作用とが不協和音を通して外的現実へと、つまり芸術作品の自律性と並行する形で力によって主観を乗りこえて行く外的現実へと収斂して行くことに由来している。不協和音は通俗社会学によって芸術作品の社会的疎外と呼ばれているものを、内部から芸術作品にもたらす。芸術作品は従来、精神によって媒介された快適なものまでも通俗的なものに酷似しているとしてタブー化してきた。事態はさらに進んで、感覚的なもののタブー化はさらに強化されるかもしれない。こうしたタブー化がどの程度まで形式法則に基づくものであり、どの程度までたんに技巧《メチエ》の欠陥に基づくものにすぎないのか、この点について区別することは多くの場合容易ではない。こうした問はとりわけ美的論争において多く見られる問の一つにすぎないが、おびただしく問が繰り返されているのに反して、それに見合うだけの成果はほとんどえられていない。感覚的なもののタブー化は結局のところ、快適なものとは逆のものをタブー化するという結果を生み出すが、それはタブーがたとえ何に向けられようとも、タブーに特有の否定はそれとはかけ離れたものにまで及ぶことが同時に感じられるためである。不協和音はこうした反作用的形式のためにそれとは逆のものに、つまり和解にごく近いものとなる。不協和音は、非人間性のイデオロギーにすぎない人間的なものの仮象に対して冷淡な態度をとり、むしろ物象化した意識の側に加担する。不協和音は冷やかなものとなることによって中立的な材料となる。この材料は自己を生み出したものを想起させるいかなる痕跡も欠く直接性の新しい形態であるが、だが自己を生み出したものに対して耳を貸すことがないし、質を欠いている。社会がいつか芸術にもはや存在の場を与えず、芸術に対するいかなる反応も妨げるような社会となることがあるなら、芸術は引き裂かれて、物に凝固した文化的持物となるか、顧客によって買い求められることはあっても、客体とは何の係り合いもないような快楽の種となるかのいずれかとなる。芸術作品によって与えられる主観的快感は、対他存在の全体性としての経験から放逐されたものが持つ状態に近づくことはあっても、経験に近づくことはありえないであろう。その点に気づいた最初の人間がショーペンハウアーなのかもしれない。芸術作品が与える幸福とは突如として流れ出すものであって、芸術が流れ出したあとに残されるかけらではない。こうした幸福はつねにたんに偶然的なものであって、芸術にとって芸術認識の幸福以上に非本質的なものにすぎない。芸術享受という概念は本質的な概念としては廃棄されねばならない。美的対象をめぐるすべての感情にはヘーゲルの洞察によるなら、たいていは心理学的投影にすぎない偶然的なものがつきまとっているが、こうした偶然的なものは観照者に対して認識を、しかも正しい認識を行うよう要求する。偶然的なものは自己の真実と虚偽とを見分けるよう望んでいるのだ。芸術から当惑気に崇高なものを除外しているカントの崇高説に見られる箇所は、美的快楽説と対照的なものと言えるかもしれないが、彼はその箇所で、芸術作品が与える幸福とはせいぜいのところ芸術作品が媒介する持続の感情にすぎないと述べている。この言葉は個々の作品よりも、全体としての美的領域にあてはまる。

原註

（1）ヘルムート・クーン『美学論集』 Helmut Kuhn, Schriften zur Ästhetik, München 1966, S. 236 ff. 参照。

（2）『芸術起源に関する諸理論』所収の付説 den Exkurs: Theorien über den Ursprung der Kunst. unten S. 480 ff (Anm. d. Hrsg.) 参照。

（3）アドルノ『模範像はご免だ・小美学』 Theodor W. Adorno, Ohne Leitbild. Parva Aesthetica, 2. Aufl., Frankfurt a. M. 1968, S. 168 ff. 参照。

（4）カント『判断力批判』 Immanuel Kant, Sämtliche Werke, Bd. 6 : Ästhetische und religions-Philosophische Schriften, hg. von F. Gross, Leipzig 1924, S. 54 f. (Kritik der Urteilskraft. § 2). 〔邦訳、（河出書房新社刊）一七五頁〕参照。

（5）a. a. O., S. 54. 〔邦訳、一七五頁〕参照。

（6）a. a. O., S. 55 f. 〔邦訳、一七六頁〕参照。

（7）a. a. O., S. 54. 〔邦訳、一七五頁〕参照。

状況

範疇《カテゴリー》とともに材料もアプリオリに自明なものではなくなったが、文学の言葉もまたアプリオリに自明なものではなくなった。材料の崩壊は材料の対他存在の勝利にほかならない。その最初の強烈な証言として有名になったものに、ホーフマンスタールの『チャンドス卿の手紙』がある。新ロマン主義文学は全体として、こうした事態に抵抗して言語や言語以外の材料の自立性を幾分なりとも取り戻そうとする試みと見なされるかもしれない。だが新ロマン主義文学にはユーゲント様式を忌みきらう病的嫌忌が抜きがたくつきまとい、こうした試みは失敗に終った。今日当時を振り返って眺める目にこの試みは、カフカの言葉を用いて述べるなら、人を乗せない快適なドライブのように見えてくる。ゲオルゲ[原註(1)]は『第七の輪』における「夢の暗闇」の詩の導入部分のなかで森に呼びかけながら、黄金、紅玉髄といった言葉だけを並置しなければならなかったが、それは彼の様式原理に従うなら、選ばれた言葉は詩的に輝くことが期待されたためであった。ワイルドから六十年後に行われたこうした言葉の選択には、装飾的な言葉の配列という側面があるのはまぎれもない事実であるが、ゲオルゲがこの面において『ドリアン・グレイ』におけるワイルドをしのいでいるとはとうてい言い難い。ワイルドはこの作品においてありとあらゆる高級な材料を生の素材のまま積み上げているため、とびきりの審美主義によって飾り立てられているこの作品の内部装飾《インテリア》は、古美術品店めいたもの、競売所めいたものとなり、それと共にほかならぬ醜悪な商品倉庫めいたものとなっている。シェーンベルクも同様の指摘を行っている。ショパンは幸福だった、当時はいまだ使い古されていなかった嬰ヘ長調を用いるだけで、もうすばらしい音楽が出来上がったのだからと。それに加えて、初期ロマン派の音楽においてはショパンの風変りな音調のような材料も、事実、人跡未踏のもののみが持つ力を若干ではあるが発揮していたが、この同じ力も一九〇〇年頃の言語においてはすでに退化し、精選されたものとなってしまったという歴史哲学上の相違も見られる。だが新ロマン主義の言葉やその言葉の並置あるいは音調に生じたことは止ることなく、高級なもの一般、聖別されたもの一般としての詩的なものという伝統的概念にも及んだ。文学は後退して何一つ容赦することがない現実暴露の過程となり、詩的なものという概念はこの過程によって台無しにされた。ベケットの作品の抗い難い魅力を作り上げているのもその点にほかならない。

芸術は自明なものでなくなったという事態に対して、自己の行動様式や方法を具体的に変更することによって反応するだけでなく、鎖を引きずるように自己自身の概念を引きずりながら、つまり自己が芸術であるという概念を引きずりながら反応する。この点をもっとも明白に確認させてくれるものに低級な芸術とか、あるいは今日文化産業によって管理、統合され、質的に変形されつつあるかつての娯楽芸術がある。なぜなら低級芸術の分野は、純粋芸術といったそれ自体からして変化の結果であり後年出現したものにすぎない概念にはけっして従ったことがないからである。この分野は、文化が純粋芸術へ移行することに失敗したことを証言するものとしてつねに抜きんでていたが、すべてのユーモアと等しく純粋芸術を失敗に終らせることを自らの意思としていた。ユーモアは例外なしに、ユーモアの伝統的形態と現在の形態とを幸福に調和させ、その調和によって純粋芸術をして失敗に終らせることを目論むものにほかならない。文化産業によって欺かれ、文化産業によって提供される商品を渇望する人々はいまだ芸術を知らない。そのためこれらの人々は現在の社会的生活過程に——生活過程それ自体の虚偽にではなく——適合していないということを、芸術作品の過去の姿をいまだ記憶しているために逆に目を覆われかねない人々以上に、はっきりと感じ取る。こうした人々は芸術を非芸術的なものに変えることを迫る。原註(2) 手でもって触れてみようとする情熱、どのような作品もたんなる作品のままの状態に留めることなく、どのような作品も自己に引きつけて見る者と作品との距離を縮めようとする情熱は、非芸術化の傾向を示すまぎれもない徴候にほかならない。自らが生きる人生において心を乱されたくないと思うために、これらの人々は生活と芸術とが異っていることを恥辱と見なし、心を乱されるなら嫌悪感に耐えられなくなると考えるため、こうした相違を消滅すべきものと見なす。この点が確定的権利を通して芸術を消費財へ組み入れる際の主観的基礎をなす。芸術がそれにもかかわらず単純に消費しうるものとはならないとしても、少くとも芸術に対する関係は本来の消費財との関係を手本として、それに依拠することが可能となる。消費財の使用価値は過剰生産の時代においてはそれ自体がいかがわしいものとなり、誇示《プレステージ》という、つまり身の回りに持つといった二次的享楽にその場を譲り、結局は商品特性自体の享楽に、言い換えれば美的仮象のパロディにその場を譲るために、本来の消費財との関係を手本にすることは可能になるだけでなく、容易にもなる。自律的な芸術作品は文化の顧客たちが信じている以上に一般にすぐれたものと見なされているため、これらの顧客たちはいらだち憤激するが、こうした芸術作品にしても商品としての呪物的特性を除いては、つまり芸術の起源としての古代的呪物崇拝への後退を意味する点を除いては、自律的なところは何一つとして残されていない。その限りにおいて芸術に対する現代的態度は後退的であると言うことができる。商品としての文化のうちで消費されるのはその商品の抽象的な対他的側面であるとしても、商品としての文化が真に他者のために存在することはない。商品としての文化は他者の意のままになることによって、他者を欺くと言ってよいであろう。見る人と見られるものとの間に古くから存在してきた密接な関係は、ねじ曲げられているのだ。芸術作品をたんなる事実と見なすことは今日における典型的な態度であるが、それによって物としてのすべての本質と一致しえない模倣《ミメーシス》的な契機まで、商品として安売りされることになる。消費者は思いのまま自己の心の動きを、つまり模倣《ミメーシス》の残り滓を提供されたものの上に投影することを許される。かつて作品を見たり、聴いたり、読んだりした主体は全面的に管理される段階にいたると、自己を忘れ、自己に対して無関心になり、作品によって自己を失うことになる。主体によってかつて成し遂げられた同化は、芸術作品を自己に等しいものとするのではなく、自己を芸術作品に等しいものとすることを理想としていた。こうした同化には美的昇華が含まれていた。ヘーゲルはこうした行動様式を一般的に、客体に対する自由と呼んだ。彼はまさにそう呼ぶことによって主体に対して敬意を表したのであって、芸術作品は主体に対して何かを与えるべきであるという俗物的要求とは逆に、主体は自己を放棄することによって精神的な経験を手に入れ、それを通して主体となる。しかしこの場合、芸術作品は主体が投影される白紙《タブラ・ラサ》としての性質をうばわれることになる。芸術作品が眺める者の心理の担い手となることと、数ある物のうちの一つの物となることとは、芸術作品の非芸術化がたどりつく両極にほかならない。眺める者は物象化した芸術作品がもはや何も語らないために、自らが芸術作品から聴き取る自己自身の規格化された言葉のこだまにすぎないものによって、その空白をおぎなう。このメカニズムは文化産業によって利用され乱用されている。文化産業はほかならぬ人間から疎外されたもの、人間に返還されても他律的に意のままに処理されることになるものを人間に身近なもの、人間に属するものとして出現させる。さらに文化産業に反対する直接的に社会的な論拠のうちにすら、文化産業のイデオロギーを構成する構成要素が含まれているのだ。自律的な芸術も文化産業による権威主義的なはずかしめから完全に自由ではなかった。芸術の自律性は生成の帰結であるが、この帰結は芸術の概念を規定することはあってもアプリオリに規定することはない。もっとも真正な作品において内在的形式法則となっているものは、かつて礼拝用の作品が氏族社会の構成員に対して行使していたと言われる権威にほかならない。自由の理念は美的自立性と密接に結びついているが、この理念はこの理念を普遍的なものとした権力によって形成されてきた。芸術作品についてもまた同じことが言える。芸術作品は外的目的から自由になればなるだけそれだけ一層完全に自己を、それ自体が権力によって組織化されたものとして定義した。しかし芸術作品はその一面をつねに社会に向けているため、芸術作品の内部において内面化されている権力もまた外部に向けられていた。この連関を意識するなら芸術については口を閉ざし、文化産業にのみ批判を加えるといったことは不可能になる。しかし当然のことながら、あらゆる芸術の中に束縛のにおいを嗅ぎ取るものはともすれば気力を失い、しのびよる管理体制を前にしてあきらめの気分に陥りがちになるが、それは他者の仮象のうちには他者を実現する可能性もまた出現していたのに、事態はつねにこうしたものであったときめつけてしまったためにほかならない。殺風景な世界の真只中において芸術への需要が増大しつつあること、複製という機械的手段によってはじめて芸術と対決させられることになった大衆もまた芸術を求め、その需要は増大しつつあるということ、こうした事態もむしろ疑問をつのらせることはあっても、いずれにせよ芸術にとっては外的な現象にすぎず、芸術を擁護しその存続を主張するための根拠としては不十分であると言わなければならない。芸術に対する需要が持つ補足的特性、つまり魔術からの解放という事態に対する慰めとしての魔術の模倣は芸術をおとしめ、「欺かれることを欲している世界」の実例に変えて芸術をゆがめる。これらの特徴は偽りの意識に基づく存在論の一部に数えられるが、精神を制御しあわせて解放する市民階級もまたそのような特徴を帯びているのであって、自己自身に対しても冷やかな態度をとり、こうした偽りの意識が自らに完全に信じこませることができないものを精神から受け取り、ほかならぬそうした代物を享受する。芸術は社会的に存在している需要に応えるかぎり、大半が利益によって操られる営利事業にすぎなくなっているが、こうした事業は利益を生み出すかぎり継続され、自己がすでに死んだものであるという事実には目をふさぎ、ひたすらその事業の完成に向けて邁進する。伝統的オペラのような繁栄を謳歌している芸術ジャンルや芸術修業の部門にしても、文化として公認されているためそうとは見えないものの、今日では価値のないものとなってしまった。だが公認の文化は完成という自己の理想をひたすら追い求めることによってさまざまな困難をかかえることになるだけでなく、それにもまして精神の不足が直接、実際面の不備としてあらわれるという困難に直面している。公認の文化が実際に没落することは時間の問題と言ってよい。人間の需要は生産力を強化しつつ全体をより高度の形態へ導くものとされているが、こうした需要を信頼しようとしても需要が偽りの社会によって統合され、偽りの需要に変り果てて以来、こうした信頼からはもはや何一つとして生れようがなくなってしまった。かつて予測されていたような需要はたしかに繰り返し充足されることはあるかもしれないが、だがこうした充足はそれ自体が偽りであって、人間から人間としての権利をだまし取るものにすぎない。

カント的な言い方をするなら、今日の芸術に対してはおそらく所与のものとして対処するのがふさわしいのかもしれない。今日の芸術を弁護しようとするものはすでにイデオロギーを作り上げていることになり、今日の芸術自体をイデオロギーに変えることになる。今日の芸術に言及することができるのはせいぜい、制度と偽りの需要とが協力して織り上げるベールに包まれた現実のうちに、客観的に芸術を要求している何かが存在すると考える思想、つまりベールによって覆い隠されているもののために語るような芸術を要求している何かが、存在していると考える思想にすぎない。論証的認識は現実に接近し、それ自体が現実の運動法則から生れ出る現実の非合理性に接近するとしても、他方、現実には合理的認識に対して冷淡な何かがある。苦悩は合理的認識にとっては無縁なものであるが、合理的認識は苦悩を包含しながら規定し、苦悩を緩和する手段をそえることはできても、苦悩を経験を通して表現することは不可能に近い。まさに苦悩こそ合理的認識にとって不合理的なものを意味すると言えるであろう。苦悩は概念化されるなら沈黙するもの、いかなる結果も伴わないものでありつづける。それはヒトラー後のドイツにおいて見られた事態にほかならない。ブレヒトは真理は具体的であるというヘーゲルの命題をモットーとして掲げていたが、理解を絶した恐怖の時代においてこの命題を十分に充たしているのは、おそらくひとり芸術だけであろう。欠乏の意識としての芸術というヘーゲルによって立てられた主題は、彼のすべての予想を超えて真実であることが証明された。それによってこの主題は、芸術に対して下されたヘーゲル自身の決定に異議を唱えるものとなった。それは世俗化されることすら皆無に近い神学的楽観主義を浮彫りにしている、つまり現実的に実現される自由への期待を浮彫りにしている、文化悲観主義に対する異議にほかならない。世界が暗黒となることによって、芸術の非合理性は合理的なものに、つまり極端なまでに暗黒なものに変えられた芸術は合理的なものとなる。新芸術の敵たちが臆病な弁護者たちにまさる本能によって新芸術の否定性と呼んでいるものは、文化が確立されることによって抑圧されてきたものの総体にほかならない。抑圧されたものが芸術を否定的なものへと誘うのだ。芸術は災い、つまり抑圧的原理に対して無益な抗議を行う代りに、抑圧されたものを楽しみつつ同時にそれを受け入れる。芸術が災いに同化して、災いを表現することは、災いを無力なものに変えて先取りすることにほかならない。災いを写真のように写し取るのでもなければ偽りの幸福を描くのでもなく、このように先取りすることによって、真正の現在の芸術の態度は陰鬱で客観的なものに書きかえられる。それ以外のどのような態度も甘さをのぞかせることによって、自らが偽りであることを証明することになる。

　幻想芸術、つまりマニエリスムスやバロック芸術に見られる幻想芸術的特徴のようなロマン主義的特徴は、存在せざるものを存在するものとして示す。こうした発明は経験的に存在するものに変更を加える。こうした変更を通して経験的ならざるものをあたかも経験的なものであるかのように示すという効果が生れる。こうした効果は経験に由来しているものであるため、手に入れることが容易になる。新芸術は経験を取り入れそれを重荷として担うが、そのあまりの重さに虚構の楽しみは消滅してしまう。新芸術はなによりもまず、虚構という表看板を取り戻すことを好まない。芸術はたんに存在するにすぎないものが混入することを防ぐことによって、たんに存在するにすぎないものの痕跡をそれだけ一層仮借なくわが身に受け入れる。カフカの作品の力からしてすでに、否定的な現実感覚の力にほかならない。カフカを理解しえない人間にとっては幻想的なものに思われるものも、ありのままのものにすぎない。経験的世界によって担われることを通して、新芸術は幻想的なものであることをやめる。カフカとマイリンクとを結びつけて同一の範疇に帰属させることができたのは文学史の専門家だけであり、美術史家だけがクレーとクビーンとを結びつけ、同一範疇に属すものと見なすことができたにすぎない。もちろん幻想芸術もそのもっともすぐれた作品の場合には、モダニズムの作品が規格品特有の座標系を欠くことによって身につけていたものと同一のものが見られる。ポーの『アーサー・ゴードン・ピム物語』やキュルンベルガーの『アメリカに疲れた人』から、ヴェーデキントの『ミーネ／ハーハー』にいたる一連の作品のうちのいくつかの章のように。それにもかかわらず現代芸術を理論的に認識する場合、類似点を捉えて現代芸術をそれ以前の芸術へと還元することほど有害なことはない。〈この世に新しきものはなし〉という図式を用いるなら、現代芸術に特有な点は見失われる。現代芸術は平均化され、穏やかな発展という非弁証法的で飛躍を欠く連続性を破壊するものであるのに、こうした連続性の一部をなすものと見なされることになる。精神的現象の解釈は新しいものをある程度まで古いものへ置き換えることがなければ不可能であるし、こうした宿命まで否定し去ることは不可能であると言ってよい。宿命にはまた宿命に対する裏切り的要素が含まれている。宿命を訂正するのは二次的反省の役割であると言えるかもしれない。現代の芸術作品とそれに似た古い芸術作品との関係から取り出すべきものは、むしろ相違点であろう。歴史の分野に没頭するなら、かつて未解決のまま残されていたものが発見されるかもしれない。こうした発見によって結びつける以外、現在と過去とを結合することは不可能であると言ってよい。これとは逆に流行の精神史的態度は潜勢的に新しいもの一般を直接、世界から導き出して示そうとする。だが潜勢的に新しいものという範疇は十九世紀中葉以来——資本主義の最盛期以来——中心的なものとされてきた、言うまでもなく、新しいもの一般がすでに存在していたかどうかという問と結びつけられてであるが。モダニズムの概念がたとえどのように不確かなものであろうと、この概念に対して冷淡な芸術作品は十九世紀中葉以後、もはや成功したためしはなかった。モダニズムの出現以後、モダニズムが問題を含むことが立証されているにもかかわらず問題を回避することを考えていた芸術作品は、成功はおろか急速に破滅した。モダニズムの嫌疑をかけられる気づかいのないアントン・ブルックナーのような作曲家にしても、彼の時代のもっとも進歩した材料を用いることがなかったなら、つまりワーグナーの和声法を用い、その機能に、勿論逆説的にであるが、変更を加えるということがなかったなら、彼の音楽のもっともすぐれた効果も発揮されることなく、不発に終ったことであろう。彼の交響曲は古いものが古いなりにいまなおどこまで通用しうるか、つまり新しいものとしてどこまで通用しうるかという問題を提出している。この問題はモダニズム的傾向が抵抗しがたいものであること、古いものなりに通用するということからしてすでに虚偽にほかならないことを証明しているが、虚偽とは不一致のことであると悪意をもって解釈していたのはほかならぬ彼の時代の保守主義者たちであった。新しさという範疇は芸術とは無縁な、大向うをうならせようとする気持の現れとして片づけられているが、このようにして片づけられるものではないことは、新しさが抵抗しようのないものであることからも知ることができる。第一次大戦前、保守的ではあるがきわめて鋭い感受性の持主であったイギリスの音楽批評家アーネスト・ニューマンは、シェーンベルクの『交響的作品・作品16』を聴いたさいに、シェーンベルクのこの曲を過小評価してはいけない、この曲の狙いは音楽全体に向けられている、と警告した。新しさの契機は破壊的なものとして記録されたわけであるが、それを記録したのは皮肉にも、この契機を弁護するものよりもすぐれた本能に恵まれていた憎悪の持主であった。すでに老サンサーンスもドビュッシーの与える印象を受けとめようとはしなかったが、こうした音楽とは別の音楽もまた必要なのだと説明したさいに、新しさの契機を多少なりとも感じ取っていたと言うことができる。重要な革新をともなう材料面における変更を回避したり、そうした変更から遠ざかろうとするなら、そのような作品はたちまち空疎で無力なものとなる。ニューマンは、シェーンベルクがその交響的作品によって解放した響きは、どう考えてももはやこの世から除外しようのないものであること、この響きはひとたび存在するなら作曲という行為全体を巻き添えにし、最後には伝統的言語をも一掃しかねないことに気づいていたに相違ない。こうした事態は今日においても持続している。ベケットの作品の上演にただ一度出かけそのあとで穏健な現代の作品を見物するというただそれだけのことをするだけで、新しさがどこまで判断を必要としない判断となっているかということをいや応なしに思い知らされることになる。極端な復古主義者であったルドルフ・ボルヒァルトですら、芸術家はその時代がすでに獲得した基準を自由に処理すべきことを認めていた。新しさが抽象的なものであることは必然的であって、新しさにはポーの大渦巻が持つぞっとするような秘密と同様にえたいの知れないところがある。だが抽象的な新しさのうちには内容を決定するものが覆い隠されている。老ヴィクトル・ユーゴーがランボーに触れて、彼は文学に新たな戦慄を与えたと語ったとき、彼の言葉は的確にこの決定的なものを捉えていたと言うことができる。戦慄は不確定という契機が機能として持つ、底知れぬ沈黙によってひきおこされる反応にほかならない。だが戦慄は同時に、抽象性に対して模倣《ミメーシス》として反応する模倣《ミメーシス》的な行動方式なのだ。模倣《ミメーシス》は新しさのうちにおいてのみ、逆行することなく合理性と結びつく。理性《ラーチオ》それ自体が新しさによる戦慄のうちで模倣《ミメーシス》的なものとなる。エドガー・アラン・ポーは真にボードレールやモダニズム全体にとって道しるべのうちの一つとなったが、それはポーにおいては、前代未聞の力によって理性《ラーチオ》が模倣《ミメーシス》的なものに変えられているためである。新しさとは完全にその場にあるものでありながら目には見えない盲点にほかならない。どのような歴史哲学的範疇も永遠に継続されるリレー競技であるかのように、一つの世代、一つの様式、一人の名人がその後につづくものに自らの技術を手渡すものとして捉えることができないように、伝統もまたそのようにして捉えることはできない。マックス・ウェーバーとゾンバルト以来、時代を社会科学的、経済学的に伝統主義的時代と非伝統主義的時代とにわける時代区分が行われてきた。歴史的運動の媒介物としての伝統はそれ自体のあり方からして経済的、社会的構造に依存するものであって、これらの構造とともに質的に変化する。伝統に対して現在の芸術が取る態度は往々にして伝統を喪失したものというレッテルを貼られているが、こうした態度は伝統という範疇そのものの内部において出現した変化によって、条件づけられているものにほかならない。本質的に非伝統主義的な社会においては、美的伝統はアプリオリに疑わしいものとなる。新しさが持つ権威は歴史的に不可避のものが持つ権威にほかならない。その限りにおいて新しさは個人に対する批判を、つまり新しさの担い手に対する批判を客観的に内包している。新しさによって個人と社会とを結ぶ結び目が美的に作られるのだ。モダニズムについての経験は、その経験について概念的に語るならたとえ質的にではあるにせよ、概念の抽象性に苦しまざるをえないが、それ以上のことを語っている。モダニズムの概念は欠如概念であって、元来、肯定的な言葉であるというよりはむしろ、いまや存在すべきではないとされているものを否定するものにほかならない。だがこの概念はつとに様式がそうであるように、先行する芸術的行為そのものを否定するのではなく、先行する芸術的行為としての伝統を否定する。その限りにおいてこの概念は、芸術における市民的原理をまず承認するものにほかならない。この概念の抽象性は芸術の商品特性と結びついている。そのためモダニズムはモダニズムがはじめて理論的に明晰なものとなるところにおいて、つまりボードレールにおいていち早く災いの音調を帯びる。新しさは死の兄弟なのだ。ボードレールにおける悪魔主義的な振舞いは社会状態の否定的現実との、自己自身を否定的なものとして反映しながら行われる同化にほかならない。世界苦は一転して敵とされ、世界となる。世界苦は若干ではあるが、酵素としてモダニズム全体に混入しつづけていた。なぜなら自らが糾弾するものにわが身を委ねることがないような直接的な異議申立ては、芸術においては反動的なものになりかねないからである。そのためボードレールにおいては自然の成像《イマーゴ》は厳しく禁止されている。モダニズムはこの点を今日にいたるまで否認しているが、モダニズムはその部分において敗北を喫している。頽廃をかぎつけそれに反対するようにけしかけるすべての煽動的行為、つまりモダニズムに執拗につきまとう騒音は、モダニズムが頽廃に身を委ねているところからひきおこされる。新《ヌヴォテ》しさは美的には一つの帰結であり、芸術が消費財から横取りした特徴であるが、消費財は変りばえのしない供給品でありながら新しさによって自らを目立たせ、資本の必要に従いながら需要を刺激する。資本は拡大されない場合、つまり流通市場用語を用いるなら新製品を提供することがない場合、それは欠損を意味する。新しさは拡大される再生産を示す美的記号であり、減少することがない再生産を約束している。ボードレールの詩は、完全に発展した商品社会の真只中にある芸術は無力なため、こうした社会傾向を無視することしかなしえないことを最初に成文化した作品にほかならない。彼の詩はただ自らのイメージを自律的なものに高めることによって、自らにとって他律的なものである市場を乗りこえているにすぎない。モダニズムは、硬化したものや疎外されたものの模倣《ミメーシス》による芸術なのだ。モダニズムは沈黙するものを否認することによってではなく、模倣することによって雄弁になる。そのためモダニズムはもはや無害なものの存在を許さなくなる。ボードレールは物象化に反対することもなければ、それを引き写すこともない。彼は物象化の原型を経験するなかで物象化に抗議するが、この経験の媒体が詩的形式にほかならない。ボードレールをしてセンチメンタルな後期ロマン派の全体を凌ぐ、その上に位する作家たらしめているのはこの点なのだ。彼の作品は、一切の人間的なものをその残り滓にいたるまで吸い取ってしまう商品特性の客観性に、生きた主観に先行する作品それ自体の客観性を結びつけてアクセントの位置を変えるが、そこに彼の作品を作品にする瞬間がある。ボードレールにおいては絶対的な芸術作品と絶対的な商品とが共存している。絶対的芸術作品は抽象的なものとなることによって絶対的商品と結びつくが、そのためモダニズムの概念には抽象性がつきまとうことになる。独占資本主義のもとにおいて広く享受されているのは交換価値という抽象性であって、もはや使用価値が享受されることはない。[原註(3)] 同様に現代的な芸術作品にとっても自己の抽象性が、つまり芸術作品とはいかなるものであるべきか、何のために存在すべきなのかという点についての苛立たしいまでの曖昧さが、芸術作品とは何かを示す暗号となっている。こうした抽象性はカントの美的規範のような過去の抽象性と、形式的特性という点においては何ら共通するところがない。むしろこうした抽象性は挑発的なものであり、挑戦的な幻想、つまり伝統的な想像力によってはもはや実現されることがないものこそ生であり、同時に生から隔絶した美的世界を生み出す手段であると主張する幻想にほかならない。ボードレールにおいては元来、美的抽象性はいまだ未発達なものであり、抽象化した世界に対する反作用としてアレゴリー的なものに留まり、むしろ形象を禁止するものにすぎなかった。こうした形象の禁止は、時流に取り残されたものたちが結局のところ、報告という名目のもとで自己のために救い出そうとしていたもの、つまり意味あるものとしての現象に向けられている。現象は意味の破局後は、抽象的なものとなる。こうした意味に対して冷淡な態度は、ランボーから現在の前衛芸術にいたる芸術において、きわめて明確なものとなっている。意味に対する冷淡さは社会という芸術の地層と同様に、いささかも変化をこうむらずに来た。モダニズムは抽象的であっても、それはかつて存在していたものとの関係によって抽象的であるにすぎない。魔術に対して非妥協的なモダニズムは、いまだ存在することがなかったものを語ることはできないが、永遠に同一のものに留まるという恥辱を避けるために、いまだ存在することがなかったものを求めることを余儀なくされる。そのためボードレール的暗号文はモダニズムの新しさを未知のものと等しいものにする、つまり秘密の目的《テロス》や、永遠に同一なものであって新しいものであるという測り難さのために無気味なものに、つまり無の様式と等しいものにする。美的な新しがりやに反対するものはその論拠としてもっともらしく、新しさという範疇には内容が欠如していることを指摘することはできるが、こうした論拠は根本的な点において偽善的なのだ。新しさは主観的な範疇ではなく、事象によって強制されたものであって、こうした事象は新しさとなる以外には、他律性を離れて自己自身に到ることはできない。古いものの力によって新しさは強要されているのであって、古さは自己を実現するために新しさを必要とする。芸術を直接の対象としている実践はその実践の宣言とともども、ことさらこうした点を引合いに出すやいなや、たちまちいかがわしいものとなる。芸術的実践はたとえ古くからのものを持ち続けているにせよ、古くからのものを引合いに出すなら、自己に特有の、古くからのものとの差異を自ら否定することになるからである。だが美的反省は、古さと新しさとの絡み合いに対して無関心ではいられない。古さはもっぱら先端的な新しさを自らの隠れ処とする。だが自らを断ち切ることによって隠れるのであって、連続性を保ちながら隠れることはできない。探求なくして発見なしというシェーンベルクの単純な言葉は、新しさのスローガンにほかならない。内在的にではなく、つまり芸術作品の関連《コンテクスト》のうちでこのスローガンに従うことがないような芸術作品は、不十分な作品となる。創造過程のうちで作品を損うような残り滓を見つけ出す能力は、さまざまな美的能力のうちでもっとも取るに足りない能力というわけではない。新しさを通して批判は、つまり拒絶は芸術そのものの客観的契機となる。時流の同調者はすべての人間によって一致して目の敵にされるが、こうしたものたちにしても、大胆に不易であることを自慢する連中に較べるならそれ以上の力を持ち合せていると言ってよい。新しさはそのモデルである商品の呪物的特性にならって呪物となる以上、新しさに対する批判は事物における新しさに加えられるべきであり、事物は呪物となるからといって事物を離れて、外側から加えられるべきではない。外側からの批判はおおむね、古い目的と新しい手段とのくい違いを指摘するに留まる。革新の可能性がくみつくされ、革新が同工異曲に機械的に繰り返されるなら、革新の方向は変えられ、別の次元へ移し変えられることになる。抽象的な新しさが停滞したり、永遠に同一なものへと一変することもありうる。呪物化ということは、もはやそれ自体にとっても自明なものでなくなった芸術全体の逆説の表現にほかならない。芸術は作られたものでありながらそれ自体のために存在すべきであるという逆説であるが、ほかならぬこの逆説こそが新しい芸術の生命線なのだ。新しさは必要に迫られて意図的なものとなるが、新しさの他者は意図的なものではあるまい。意図的なものであって意図的なものではないという中途半端な性質によって、新しさは永遠に同一であるものと結びつけられる。そこからモダニズムと神話との結びつきが生じてくる。新しさは非同一のものとなることを志しているが、しかし意図されたものであることによって同一のものとなる。現代芸術は腕をみがき、非同一のものを同一のものに変えるというミュンヒハウゼン的離れ業を演じる。

破壊的であるということを示すしるしは、モダニズムが本物であることを保証するしるしにほかならない。モダニズムが永遠に同一なるものの完結性を死にもの狂いになって否定する際に用いるもの、つまり爆発はモダニズムの定数の一つに当る。反伝統的なエネルギーは渦となって伝統を呑みこむ。そのかぎりにおいてモダニズムは自己自身へ向けて逆流する神話であると言ってよい。この神話の超時間性は破局として、時間的連続性を破壊する瞬間となる。弁証法的像というベンヤミンの概念にはこうした契機が含まれている。モダニズムが伝統的成果を技術的成果として保持する場合ですら、伝統的成果はいかなる遺産も免れえない衝撃によって止揚されることになる。新しさの範疇は、特殊な伝統をまず解体しつづいてすべての伝統を解体する歴史的過程から結果として生じたが、それと同様にモダニズムも大地に立ち返るなら、つまりもはや存在することもなければ存在すべきでもない大地の上に立ち返るなら、矯正されるかもしれないような精神錯乱的なものではない。新しさは歴史的過程によって生み出されたものであるというのが、逆説的であるが、モダニズムのよって立つ基盤であって、モダニズムはそれによって規範的なものとしての特性を与えられることになる。美学においてもまた、いくつかの定数の存在を否定することはできないが、しかしこれらの定数も美学全体から切り離されるなら、取り出すまでの値打すらないものとなる。音楽がそのモデルとなるかもしれない。音楽が時間芸術であること、たとえ音楽的時間がいかに現実の経験的時間と直接的に一致することがないとしても、現実の経験的時間と同様に可逆的ではないということはわかり切ったことであって、ことさら異を唱えたところで時間の浪費にすぎないことは言うまでもない。だが音楽が自己の〈内容〉、つまり自己の時間内的契機と時間との関係を分節化することを課題としているという指摘は、ごく漠然とした一般的なものにすぎないが、もしこうした点がわかり切ったこととして無視されるようなことがあるなら、たちまち偏狭な見方、あるいは詭弁をろうする事態に立ち至ることとなるであろう。なぜなら音楽と形式的な音楽的時間との関係は、もっぱら音楽と音楽的に具体的に生起するものとの関係によって決定されているからである。音楽は、時間内的に連続する自らの出来事を意味を持つよう組織化しなければならないこと、つまり時間そのものと同様に逆行を許さぬようなやり方を用いて、一つ一つの出来事を連続させるということは、たしかに長年にわたって有効であるとされてきた。だがこうした時間的継起の、時間に従うものとしての必然性はけっして文字通りの必然性ではなく、それは虚構的な必然性であって、芸術の仮象特性と係り合いを持つものであった。芸術は今日、慣習的な時間秩序に対して反乱しつつある。いずれにせよ音楽的時間の処理には種々様々な解決法があり、そのための余地が残されている。音楽が時間という定数を振り切ることができるかどうか、その見通しはかなり疑わしいと言わざるをえないが、逆に時間はひとたび反省されるならアプリオリなものであることをやめ、そのかわりに契機となることは、かなり確実なことと言うことができる。契機とは、一般に実験的なものという名称を与えられている新しさが持つ暴力的なもののことであるが、この契機を芸術家の主観的志向、あるいは心理学的素質に基づくものと見なしてはならない。衝動にかられながらも、その衝動に形式においても内容においても信頼しうるものがあらかじめ与えられていないような場合には、創造的芸術家は実験を行うことを客観的に余儀なくされる。実験の概念はそのようなものであるにもかかわらず概念それ自体が変化して、モダニズムの範疇を具体的に説明する範例にすぎないものとなってしまった。元来、実験という概念は、自己自身を意識する意志が未知であるかあるいはいまだ認められていない方法を試すことを意味しているにすぎなかった。潜在的に伝統主義的な実験の観念は、実験の結果、その結果が確定されたことに見合うことが明らかになるなら正当なものとして認められるという信念に依拠していた。こうした芸術的実験観が自明なものとなるに従って、芸術の連続性に対する信頼が問題視されるようになった。実験的と呼ばれる態度は新しさを義務として課す芸術的方法を示す名称として用いられてきたが、この名称も現在では、美的関心が主体性の伝達ということから一致した客体を作り出すことへと移行するとともに、往々にして質的に異るものを示すようになった。つまり実験的な態度とは、芸術的主体がその方法を用いるならどのような結果が物として生じてくるのか、あらかじめ知ることなしに方法を実施に移すことを意味している。実験的態度という表現もまた絶対的に新しいものではない。モダニズムの地層の一部をなす構造という概念は、構造的方法を主観的想像力よりも優先させるという意味をつねに含んでいた。構造は、耳あるいは目が直接的にまた痛切に思い描くことがないような解決を必要としている。予想されなかったのはどのような効果をひきおこすかということだけでなく、予想されることがなかったことのうちにはそれ自体の客観的側面もまた含まれている。予想されることがないということ自体が新しい質となった。主体は技術が主体から解放されることによって無力なものになったが、自らの無力を意識のうちに受け入れ、それを逆手にとって自らの綱領とした。それはおそらく、自らが他律的なものへ転ずる危険すらも主観的企ての一部に変え、創造過程の契機とすることによって他律的なものとなる危険を抑制しようとする、無意識の衝動のあらわれであると言えるかもしれない。想像力、つまりシュトックハウゼンの指摘によるなら作品をして主観を通過させる力は、その大きさが固定したものではなく、それ自体が鮮明であるか鮮明でないかによって多様に区別されるものであるが、このことは主観が自らの無力を綱領化するためには好都合であった。不鮮明に想像されたものもそれ自体が芸術手段に特有のものであって、漠然としたまま想像することが可能なのだ。こうした場合、実験的な行動様式は綱渡り的な芸当を行うことになる。こうした行動様式はマラルメに発しヴァレリーによって形式化された意図に従うものなのかどうか、つまり主観は他律的なものの側に身を投じることによってかろうじて自己自身を支配しつづけ、その支配によって自己の美的力を確認しようとしているのか、それとも主観は離れ業的行為によって主観を放棄した自己を追認するにすぎないのか、そのいずれであるかについては決着はつけがたい。いずれにせよ最新の意味において実験的な方法は、こうしたすべてにもかかわらず主観的に準備されたものであることに変りはないが、その限りにおいて以下のような信念も妄想にすぎない。つまり芸術はこうした方法を通じて自己の主観性を放棄し、いつもはたんに即自的なものであるかのように装っているにすぎないが、いまや仮象をかなぐり捨てて即自的なものとなると考えているような信念のことである。

実験的なものに対して敵意を抱くものは実験における弱点を突く。敵意は、敵意を抱くものたちによって主義《イズム》と呼ばれているもの、つまり綱領を持ち、自己自身によって自覚され、あるいはグループによって擁護されることがあるような芸術方針に向けられている。こうした敵意は、〈印象主義者たちや表現主義者ども〉を向うにまわして暴虐の限りをつくすことを好んだヒトラーや、政治的前衛であることを振り廻して美的前衛の概念に疑いをさしはさんだ著述家たちを両極として、いたるところに見出される。ピカソは第一次大戦前の立体派《キュービズム》の時代に、こうした敵意の存在をはっきりと確認していた。流派の独自性をもっとも明瞭に刻印しているような作品は、簡単に綱領によって割り切れないような作品と較べて、たとえば印象主義時代のピサロの作品などと較べて最初はとかく過大に評価されがちであるが、同じ主義《イズム》の上に立つ作品であっても、質まで同一であるということにはならない。むしろ質は千差万別であると言わなければならない。主義《イズム》という用語は政治的信念や決意の上に立って、芸術から本能的なものという契機を追放するような作品に対して使用されているように見えるが、こうした意味に従って用いられるかぎり、おそらくそこにはかすかではあるが、矛盾が含まれることになる。もちろん、本能的な創造行為を意図的な綱領としているにもかかわらず、主義《イズム》であるとして誹謗されている表現主義や超現実主義のような流派にとっては、こうした異論は形式主義的なものにすぎない。数十年にわたって多くの流派が出現し、そのつどわれこそもっとも進歩的な流派であると宣言してきたが、こうした流派も数十年にわたって前衛を名乗りつづけるなら、前衛の概念も老けた青年特有の滑稽感を帯びてくる。いわゆる主義《イズム》が巻きこまれている障害は、自明性から解放された芸術につきまとう障害のあらわれにほかならない。芸術にとって義務的なものはすべて意識によって反省されたものであるが、こうした意識が同時に美的義務を解体した。そのため主義《イズム》は憎悪の対象とされているだけでなく、中途半端なものにすぎないかのような印象まで与えている。おそらく自覚的な意志が欠けていたならば、いかなるすぐれた芸術的行為もかつて見られることはなかったであろうということ、この点は集中攻撃にさらされていた主義《イズム》のうちにおいてのみ自覚されているにすぎない。自覚は芸術作品そのものの組織化を強要する。また芸術作品が独占資本によってすみずみまで組織化されている社会において自己を主張しようとするかぎり、自覚は芸術作品を外的にも組織化することを強要する。芸術における本物の有機体と比較してもなおかつ真実であるものは、主体と主体の理性によって媒介されたものにほかならない。こうした真実はとうに、合理化された社会の非合理主義的なイデオロギーに奉仕するものにすぎなくなってしまった。そのためこうした真実を拒否する主義《イズム》は、そうした真実以上に真実であると言うことができる。主義《イズム》は個人の創造力を束縛するものではなく、それを強化したものに、しかも集団的な協力を通して強化したものにほかならない。

主義《イズム》のさまざまな局面のうちには、今日はじめて現実性《アクチュアリテート》を獲得することになった一面がある。芸術運動のうちにはその真実内容がかならずしも偉大な芸術作品において、その頂点をきわめているわけではないといった類の芸術運動も少くない。ベンヤミンはこのことをドイツ・バロック演劇によって証明して見せた。原註(4) おそらくそれに類したことは、ドイツにおける表現主義とフランスにおけるシュールリアリズムにもあてはまるかもしれないが、これらの主義《イズム》が芸術という概念そのものに挑戦したのは偶然ではなかった。こうした挑戦的なところはそれ以来契機として、すべての真正の新しい芸術に一貫して混入しつづけていた。だが芸術はそれにもかかわらず芸術でありつづけたところからして、こうした挑発は、芸術を芸術作品に優先させることをその核心としていたと言うことを許されるかもしれない。芸術は主義《イズム》によって具体化される。作品という観点から見るなら失敗作あるいは単なる主義《イズム》の実例にすぎないものも、個々の作品によってはほとんど客観化されがたい衝動を明瞭に示していることがある。つまり自己自身を超越的なものに変える芸術の衝動のことであるが、こうした芸術の理念は救済を待ち受けているのである。このような主《イズ》義《ム》に対して不快感を抱くものも、歴史における主義《イズム》に当る流派に対してはめったに不快感を抱くことがないことは、注目に値する。主義《イズム》はいわば流派の世俗化された姿であって、流派を伝統主義的なものとして破壊した時代における流派にほかならない。主義《イズム》は絶対的な個別化という図式に従わないため、顰蹙の的とされているが、いずれにせよ主《イズ》義《ム》は個別化の原理によってゆさぶられた伝統から、ゆさぶられることなく取り残された孤島に等しい。憎まれたものは少くとも伝統から完全に切り離された孤立すべきものとされ、無力で歴史的な影響力を欠き、時を待つことなく跡形もなく死滅することを自ら保証すべきものとされる。流派はモダニズムと対立させられているが、こうした対立は現代的傾向に対して共感を抱くものという嫌疑をかけられた学生に対して、大学当局が下す処置のうちに、異常な形で浮彫りにされている。主義《イズム》には流派となる傾向が見られるが、こうした流派は伝統的で制度的な権威を客観的な権威でもって置き換える。主義《イズム》と連帯することは、主義《イズム》を否定することにまさる。たとえその否定が現代的傾向としてのモダニズムと、主義《イズム》としてのモダニズムとをアンチテーゼとして捉え、それによってモダニズムを主義《イズム》として否定するものであるとしても。先端《アップトゥデイト》的なものではあっても構造的に先端《アップトゥデイト》的であることを証明されていないものには、批判が加えられるが、こうした批判には正当な根拠がないわけではない。たとえば機能を模倣しながら機能を欠くような芸術作品は、時代遅れのものにすぎない。だがモダニズムを二分して、付和雷同的同調者の信念にすぎないようなモダニズムに、真の現代的傾向のあらわれとしてのモダニズムを対比させるといった態度は、信頼に値しない。なぜなら新しさによって刺激を受ける主観的志向を欠くなら、客観的に現代的な傾向が結晶化されることもまたありえないからである。こうした区別を行うこと自体が実際上、煽動的なのだ。モダニズムを告発するものはつねに同調者をたたくふりをしながら、その実、現代的傾向としてのモダニズムにその攻撃の的をしぼり、近寄りがたくもあれば傑出しているために、体制順応主義者たちですら感嘆させずにはおかない中心人物に、おりあらば打ちかかろうとしている。モダニストたちを区別するさいに偽善的に用いられる誠実さという尺度は、とにかく現実はこうしたものであり変えようのないものであるといった、分に安んじた態度を、つまり美的反動家に特有の根本的な態度を前提とした尺度にすぎない。こうした態度は自然なものに見えてもその自然らしさは虚偽にすぎず、今日では芸術的教養となってしまった反省の手によってすら解体されることになる。真に現代的な傾向を助長するためと称して行われているモダニズム批判は穏健なものを、それは一見理性的なものに見えるがその背後から浅薄な分別の残り滓をのぞかせているものにすぎないが、徹底したものよりもすぐれたものとして主張するための口実として用いる。事実はその逆なのだ。取り残されたものは古い手段を利用することはあっても、それすらも自由に駆使することはない。歴史は歴史を否定する作品ですらも支配しつくす。

新しい芸術は自らが作られたもの、制作されたものにすぎないという、過去において隠されていた契機をきわだたせている点において、伝統的芸術と鋭く対立している。新しい芸術においては、作られたものとしての部分が占める割合がいちじるしく増加したため、こうした部分を——つまり創造過程を——事柄に解消しようとしても、そうした試みはあらかじめ失敗に終らざるをえないであろう。すでに一昔前の世代も、純粋に芸術作品に内在する芸術作品を作り出す努力をその極限まで推し進めながら、同時に芸術作品の内在性に制限を加えた。つまり註釈者としての作者やイロニー、芸術の介入から巧みに守られた素材のかたまりといったものを作品に介在させて、制限を加えている。芸術作品に内在する芸術作品を作り上げるかわりに、芸術作品独自の創造過程を作品として示すことで満足するといったことは、その結果にほかならなかった。今日の作品はどのような作品も潜勢的に、ジョイスによって『フィネガンズ・ウェイク』の全体が発表されるに先立って宣言されたもの、つまり進行中の作品にすぎない。だが作品自体の入り組んだ全体からたんに誕生しかけているもの、生成しかけているものとしてのみ存在しうるにすぎないものも、同時に完結したもの、〈仕上げられたもの〉であるという偽りなしでは自己を提出することができない。これは難問《アポリア》であるが、芸術はこの難問《アポリア》から抜け出そうとしても成功することはない。装飾は捏造されたのではないと、アドルフ・ロースは数十年前に書いているが、[原註(5)] 彼が指摘した事実はいまなお拡大の一途をたどりつつある。芸術において作られ、探究され、発明されねばならない部分が増大すればするほど、芸術は作られ、発明されるものなのかどうかといった点はますます曖昧にされることになる。徹頭徹尾作り上げられている芸術は、芸術は作りうるのかどうかという問題にたどりついた芸術にほかならない。過去のものに対して抗議をつきつけて挑戦しているのは、ほかならぬ配列され計算されているものであって、一八〇〇年当時なら、再び自然となったものと言われたかもしれない代物ではない。作り物としての芸術の進歩とほかならぬその点についての疑問とは、相対峙するものにほかならない。事実、こうした進歩は、間もなく五十年前のものになろうとしている自動記述といったものから今日の点描抽象派や偶然音楽にいたる、絶対的に無意識的なものとなることを目指す傾向を伴っている。技術的なものによって統合され、完全に作り上げられている芸術作品は絶対的に偶然的な芸術作品に収斂した作品である、とする確認は正しい。いずれにせよ一見、けっして作り物には見えない作品こそそう見えないだけいっそう作られた作品にほかならない。かつてもっとも進歩的であった作品だけが、時がたつにつれて崩壊するという運命を免れる機会《チャンス》に恵まれているにすぎないのである。しかし作品は生き延びることによって質的な差異を明らかにするが、こうした差異は作品が過去において持っていた現代性の度合とけっして一致することがない。芸術史のいたるところに見られる秘密の「万人の万人に対する戦」においては、古い現代性が過去のものでありながら新しい現代性に対して勝利を収めることもあるかもしれない。だが今日の話題において時代遅れと言われているものが、ある日突然、先端的なもの以上に持続的で堅牢であることが立証されるようなことは生じようがない。フィッツナーやシベリウス、カロッサあるいはハンス・トーマの復興にかける希望は、これらの人々の魂の持続的価値について語っていると言うよりは、むしろこうした希望を抱く人人について多くのことを語っているにすぎない。だが作品が現実的《アクチュアル》なものとなりうるのは、おそらく歴史的展開や後の時代との一致によるのかもしれない。ジェスアルド・ダ・ヴェノーサ、グレコ、ターナー、ビューヒナーといった名前はそれを示す周知の例であって、持続的な伝統が断ち切られた後に、これらの人々が再発見されたことは偶然ではない。マーラーの初期の交響曲のような技術的にはその時代の水準にいまだ到達していなかった作品ですらも、後の時代によって受け入れられているが、それも、これらの作品をその時代から切り離しているものを通して受け入れられているのである。マーラーの音楽は新ロマン主義音楽の陶酔的な響きを、無器用にしかも同時に客観的に拒絶することをもっとも進歩的な側面としているが、こうした拒絶はそれ自体スキャンダラスなものであって、それはおそらく、ヴァン・ゴッホや野獣派《フォーブ》による単純化が印象主義に対して現代的であるのと類似した形で、現代的なのかもしれない。

すでに使用されたことがなかったものという意味における新しさは、意図を欠くものであり、そこにその真実がある。意図を欠くものであるということによって新しさの真実は、新しさの動因である反省と矛盾することになり、それによって強められて第二の反省へと変えられる。こうした新しさの真実は、哲学的に通例の新しさの真実概念とは正反対のもの、たとえば芸術作品に結果的に意図を負わせることになるシラーの情感文学説における真実概念とは、正反対のものであると言ってよい。第二の反省は方法を、つまりもっとも広い意味における芸術作品の言語を用いるが、しかし第二の反省は盲目的状態を作り出すことを目的とする。たとえいかに不十分な言葉であろうと、不条理という言葉が言い表そうとしているのは、こうした盲目的状態のことにほかならない。ベケットは自作の解釈を頑なに拒否するが、それは技術、つまり素材の含意、要するに材料としての言語をその極限にいたるまで意識しているがゆえの拒否であって、たんに主観的なものにすぎない嫌悪感に基づくものではない。反省が深まり反省の力が強化されるにつれて、内容自体は曖昧模糊としてくる。それによって客観的にも解釈すべきものなど皆無であるかのように、解釈が無用になるわけではない。不条理についての議論は混乱をひきおこしているが、それは解釈を断念したためにひきおこされた結果にほかならない。それ自体の力によって内容を所有するものであると信じるような芸術作品は、合理主義によって悪い意味において素朴なものとなった作品なのだ。こうした形で合理主義的であることが、ブレヒトの歴史的に見通すことができる限界なのかもしれない。第二の反省は意外にもヘーゲルの見解を裏書きするように、第一の反省に対して内容を提出することによって、素朴な状態をいわばふたたび作り上げる。ベケットと同様、シェイクスピアの偉大な戯曲のどこを探そうとも、今日証言と呼ばれているようなものは何一つとして取り出すことはできない。だが曖昧模糊としたものそれ自体は、変更された内容がもつ機能にほかならない。こうした内容は絶対的理念の否定であって、もはや観念論によって要求されていたような形で理性と同一視されるべきではない。その内容はそれ自体が理性による完全支配に対する批判であって、論証的な思考の規範に従って理性的なものとなることはもはや不可能なのだ。不条理な曖昧さは、新しさが持つ昔ながらの曖昧さにほかならない。求められていることはこうした曖昧さそれ自体を解釈することであって、それを明白な意味でもって置き換えることではない。

新しさという範疇は衝突を生み出してきた。新しさと持続とのあいだの衝突は、十七世紀のフランスにおける新旧論争に似ていないでもない。芸術作品は通例持続的なものを目指すものであった。持続はその概念、つまり客観化という概念と密接な関係がある。芸術は持続的なものとなることを通して、死に対して異を唱える。作品が持つ束の間の永遠性は、仮象を欠く永遠性のアレゴリーにほかならない。芸術は死も近づきえないものの仮象なのだ。無限に存続しつづける芸術など存在しないと言われているが、こうした言葉は、この世のものはことごとく儚いと述べる言葉と同様、抽象的な言葉にすぎない。何もかも儚いとする言葉は内容を持つことがあるとしても、たんに形而上学的に、つまり復活の理念と関係づけられることによって内容を持つにすぎない。新しさを求める欲望によって持続は抑圧されるのではないのかとおびえる恐怖は、たんに新しさを恨む反動的な敵意によってひきおこされるとは限らない。持続的な傑作を創造しようとしたところで、そうした努力は水泡に帰す。伝統の廃棄を予告するものは伝統を当てにし、それによって守られることを期待するのはむずかしい。かつて持続という属性を授けられていたもの——古典的なものという概念はこうした属性を結果として手に入れたものであるが——そうしたもののうちの際限なく多くのものが、回想にふけりもはや目を開くことがなくなったために、伝統を当てにする機会はなおさら稀になった。持続的なものは流れ去り、渦となってそのうちへ持続という範疇まで巻きこんでしまった。蒼古的《アルカイック》なものという概念は美術史の一段階を定義する概念であるというよりは、作品の死滅状態を定義する概念にすぎない。作品には、自らが持続的なものであるのかどうかを決定する力はない。結局のところ、作品はいわゆる時代と結びついた点を取り去り、持続的な点を強調するという操作が加えられることによって、自らの持続性を保証されるにすぎない。なぜならこうした保証は作品と状況との関係を、つまり作品を持続的なものに変える唯一の場である状況との関係を犠牲にすることによって、成立するにすぎないからである。セルバンテスによる騎士物語のパロディ化という一時的な目論みのうちから、『ドン・キホーテ』は誕生したのだった。持続の概念にはエジプト的な、神話の助けを借りることがない蒼古的《アルカイック》なものがこびりついている。持続の観念は創造的時代にとっては、無縁なかけ離れた観念であったかに見える。おそらく持続の観念は持続が疑わしくなり、芸術作品それ自体が潜在的に無力であることを感じつつ持続にこだわるようになったときはじめて、鋭く意識されるのであろう。かつて忌わしい国家主義は永続的価値を持つ芸術作品を創造するよう呼びかけたが、こうした永続的価値と呼ばれたもの、つまり芸術作品の死滅した部分、形式的な側面、承認ずみの側面と、芸術作品をして生き永らえさせる隠された萌芽とが混同されている。残るものという範疇は以前より、つまり自らの作品を青銅以上に長持ちする記念碑と呼ぶホーラティウスの自賛以来、自己弁護的響きをおびてきた。こうした範疇は、アウグスッス皇帝の慈悲を引合いに出すことによって自らの理念が真正なものであることを証明するといったことをしなかったような芸術作品にとっては、つまり権威主義的なもののたんなる痕跡以上のものが内在している理念のために、そのようなことをすることがなかったような芸術作品にとっては、無縁なものであった。「美もまた死なねばならない！」原註(6)という言葉は、シラーの考えをはるかに超えてそれ以上に真実である。この言葉は、たんに美しい芸術作品にあてはまるだけでなく、破壊されるかあるいは忘れ去られ、判読不可能なものになっていく作品にもあてはまるし、また美によって構成され、美の伝統的理念によって不変とされているあらゆる作品にも、つまり形式を構成するものにもあてはまる。それを示すものとして悲劇という範疇を指摘しておきたい。この範疇は禍と死の美的刻印に見えるが、そのように見える限りにおいて禍や死のように力を持つように見える。悲劇の範疇は禍や死が今なお力を持つにもかかわらず、もはや可能ではない。かつて小事に拘泥する美学者によって熱心に悲劇的なものと悲哀とを区別する試みが行われ、両者の相違点が悲劇的なものについて判断を下す拠りどころとされてきた。悲劇的なものとは死の肯定であり、有限的なもののうちに無限的なものをきらめかせようとする理念であり、意味ある苦悩であると見なされてきた。何事も容赦することがない否定的な芸術作品は今日、悲劇的なものをパロディ化している。芸術はすべて悲劇的であるというよりはむしろ悲哀的であるが、明るく調和的なものに見える芸術であるなら、なおさら悲哀的であると言ってよい。美的持続の概念のうちには——その他の多くの概念における場合と同様に——第一哲学が生き延びているが、この哲学は全体性としては没落することを余儀なくされたあと、全体から切り離されて絶対化されている派生物を逃げ場とする。芸術作品にとって渇望の的である持続性はまぎれもなく、堅固な先祖伝来の品物をモデルにして考え出されたものにほかならない。精神的なものも物質的なものと同様に品物と見なされ、それによって精神は冒瀆されることになるが、精神的なものといえどもこうした冒瀆を免れることはできない。芸術作品は自己を持続させようとする希望を呪物化するや否や、死に至る病によって苦しめられることになる。芸術作品をおおう譲渡不能な物としての層は、同時に芸術作品を窒息させる層でもある。最上の部類に属する芸術作品のうちには、いわば時間によって囚えられることを避けるために、時間の問題に熱中するかに見える作品も少なくない。しかし時間の獲物となることを避けようとするなら、強制的に客観化を迫る傾向と二律背反的に対立することになるが、芸術作品にはこの対立を調停することはできない。エルンスト・シェーンはかつて花火についてこう語ったことがある。花火は芸術としては例外的に持続することを望まず、一瞬の間きらめいたかと思うとたちまちにして消え去るために、較べようのない気品をたたえていると。結局のところ、演劇や音楽といった時間芸術はこうした理念に従って解釈されるべきものなのかもしれない。つまり時間芸術は物象化の自家撞着であって、物象化されることがないなら存在することはないであろうし、また物象化されるなら品位を奪われることになる。この種の考察も機械的再生産の手段の登場以来、古くささが目立つようになった。だがこうした手段に対する不快感は台頭しかけている持続性による芸術の全面的支配という状況に対する不快感と等しいものかもしれないが、こうした状況が進展するなら、全面的支配と並行して芸術の持続性は没落の一途をたどることになる。もし幻想にすぎないことをひとたび見抜いた持続性を放棄し、芸術が儚く生きるものへ共感を寄せ、自己の儚さを自己のうちへ受け入れるなら、こうした態度は真実の観念にふさわしい態度となるであろう。それは真実を抽象的に不変的なものとして仮定するのではなく、真実の時間的核を意識する観念にほかならない。すべての芸術が超越的なものを世俗化するなら、どのような芸術も啓蒙の弁証法に関係していると言うことができる。芸術は反芸術という美的観念を用いて、この弁証法に立ち向って来た。おそらくこの契機を抜きにしてはいかなる芸術も、もはや考えようがないのかもしれない。しかしこのことは自らの概念に忠実であるためには、芸術は自らの概念を乗り超えねばならないことを意味しているにすぎない。芸術の廃棄を主張する思想は芸術の真実要求を尊重することによって、芸術に敬意を表すことになる。それにもかかわらず、破壊された芸術が生き延びているということはたんに文化の遅れを、つまり上部構造の転覆は下部構造のそれよりも緩慢であることを示しているだけではない。それは芸術による抵抗の表れであって、現実化された唯物論は唯物論自体の廃棄につながること、つまり物質的利害に基づく支配の廃棄につながることを拠りどころにして、芸術は自己の廃棄に対して抵抗する。芸術は物質的利害が廃棄された暁に出現するであろう精神を、自らの弱点を通して先取りするものにほかならない。精神の先取りは客観的需要と一致している。つまり世界において精神が乏しいために、精神は先取りされているにすぎないが、客観的需要は主観的な需要と、つまり芸術を求める人間の今日では完全にたんにイデオロギー的なものにすぎなくなってしまった需要と、逆の形をとって表れてくる。芸術はこうした客観的需要以外のものとは、それが何であれ、結びつくことはできない。

かつて懐胎されていたものが作り上げられたものとなり、統合は作り上げられたものによってさまざまの遠心的な反力を結び合せる。統合は渦のように、芸術を規定していた多様なものを自己のうちへ呑みこむ。残されるものは抽象的な統一体であって、こうした統一体には芸術をしてはじめて統一体にするアンチテーゼとしての契機が欠けている。統合は見事に成功すればするほど一層、ひたすら回転するだけの空転に似たものとなる。統合はさながら積み木をする幼児のように、統合のための統合を目的としているにすぎない。美的主観によって捉えられるものの統合に対して、この主観が持つ長所はその弱点でもある。美的主観は抽象的なものであるため、主観から疎外されている統一体にわが身を預け、主観としての役目から退きながら、自らの希望を盲目的な必然性のうちへ投入する。新しい芸術全体が主観によって行われる永続的な干渉として理解されるなら、つまり芸術作品にとって伝統的なものである作用と反作用をして無反省のまま支配を続けさせるといったことは、もはや何事においても意図することがない主観による永続的干渉として理解されるなら、自我による永続的干渉と、自我がひ弱なために自我を追放しようとする衝動とは一致することになる。こうした衝動は市民的精神にその起源からつきまとう機械的原理に忠実な衝動にほかならないが、この原理は主観的能力を物象化していわば主観の外側に移し、こうした自我の追放によって客観性が完璧なものとなり、保証されることになると誤解する。技術、つまり主観の延長としての腕は、つねにまた主観を主観から遠ざける。芸術を技術的なものと考える急進主義《ラディカリズム》が芸術のうちに落す影は、芸術にとっては無害なものであって、絶対的な色彩の構図は壁紙の模様に近い。今日ではアメリカのホテルの部屋はさまざまな流儀の抽象画で飾り立てられているが、こうした時節においては美的急進主義も社会的にさして多くの犠牲を払うこともなくなったが、その代りに急進主義《ラディカリズム》自体がもはやまったく急進的ではなくなるという代償を支払わされることになる。新しい芸術が抱えている危険の中で無害なものとなるという危険がもっともたちが悪い。芸術は前もって与えられたものを自らのうちから排除すればするだけ、より一層根本的に前もって与えられたものとは逆のものを頼らざるをえなくなる。いわば前もって与えられたものから遠ざけられそれとは無縁になったものなどもはや借用せずにすませているものを、つまり純粋な主観性という点を頼らざるをえなくなるが、純粋な主観性はそれぞれ独自のものであっても抽象的なものにすぎない。こうした点を目指す先駆的運動が、ダダを含む表現主義者たちの急進的な部分によって嵐のような勢いをもって行われた運動にほかならなかった。それにもかかわらず表現主義は没落したが、ただたんに社会的反響が見出せなかったことがその没落の原因というわけではない。純粋な主観性という点を堅持しえなかったことにもその原因はある。手に入れやすいものが減少し、すべてを拒否せざるをえなくなったあげく完全な貧困化に陥り、表現主義は叫びにすぎないもの、あるいは頼りない無力な身振りといったものに、つまり文字通りのダダにたどりつく。ダダは体制順応主義によって冗談の種にされただけでなく、自己自身にとっても冗談の種になり果てたが、それは望もうと望むまいと、芸術的外化が行われる場合かならず要求される芸術の客観化が、ダダにとっては不可能なことを自ら告白したためにほかならない。たしかに叫び以外の何物も残されなかったわけではない。ダダイストたちは一貫して客観化への要求を一掃しようとつとめた。ダダイズムの後継者であるシュールリアリズムもその綱領は芸術を拒絶しているが、その作品は芸術を振り払うことができなかった。シュールリアリズムの真実は、偽りの芸術であるよりは芸術であることをやめるほうがましであるとする点にあったが、だが絶対的に自己自身のために存在する主観性も仮象にすぎず、仮象は主観性を通して彼らに復讐を加えた。こうした主観性は客観的に媒介されたものであって、自己自身のために存在するという立場を美的に乗りこえることはできない。この主観性はただたんに自己自身を頼りにするが、それによって疎外されたものが持つよそよそしさを表現するにすぎない。模倣《ミメーシス》は芸術を個々の人間の経験と結びつけるが、それだけではいまだ自己自身のために存在するものの模倣《ミメーシス》に留まる。純粋な主観性という点を堅持することができないということは、芸術作品はこの点に固執するなら美的主観を客観化する唯一の場である他者を失うこと、ただそのことだけを理由としているわけではない。疑わしくも不可避的なものでもある持続の概念が、時間的な点としての点の理念と一致しえないことは明らかなのだ。表現主義者たちも年をとり生活の糧を求めざるをえなくなると、たんに転向したダダイストたちに対して譲歩するとか、共産党に入党するだけでは済まなくなった。この点を乗りこえることができたのは、ピカソやシェーンベルクといった芸術家として完全無欠の者たちにすぎなかった。そのような事態を迎えて彼らも苦境にさらされなかったわけではないが、こうした苦境は、彼らがいわゆる新しい秩序を目指して最初の努力をはらった際に、すでに感じ取り危惧していたものにほかならなかった。危機はいつしか発展して彼ら個人の危機に留まらず、芸術一般の困難となった。その点を乗りこえて前進することが要求されたが、前進といわれるものはいずれもこれまでのところ、その実後退にすぎず、かつて存在していたものに同化することや、自家製の秩序を作り上げることを通して手に入れられたものにすぎなかった。ここ数年、サミュエル・ベケットにしても、同じ観念を繰り返しているにすぎないとよく非難されてきたが、彼はこうした非難に対しては挑戦的な態度でもって応えてきた。運動の継続を強要されても、それは不可能であることを意識していたためであって、こうした彼の意識は正しかった。『ゴドーを待ちながら』の最後に見られる進むことなく足踏みをつづける身振りは、彼の全作品の根本的な姿勢であって、状況に対する的確な反応となっている。彼は断定的な力をこめて状況に応える。彼の作品は否定的な好機を類推するものにほかならない。充実した瞬間は裏返されて無限の繰り返しとなり、無へと収斂する。彼は彼の物語を悪意をもって長篇小説と名づけているが、こうした物語は社会的現実の具体的描写を提供することもなければ、同じく――これは広く流布している誤解にすぎないが――根元的状況へ還元された人間を、つまり最終的特徴のうちにひそむと考えられているような、最小限の実存へ還元された人間を描くこともない。だがおそらく、いまここにおいて行われている経験の、つまり現にあるがままのものについての経験の地層は、これらの長篇小説によって的確に探り当てられ、力学でありながら均衡状態に置かれた逆説的な力学へと変えられるのかもしれない。これらの経験の地層は客観的に動機づけられている客観の喪失や、それと等しく客観喪失の相関概念である主観の貧困化を特徴としている。結論を示す線がすべてのモンタージュやドキュメントの下に、つまり幻想にすぎない意味を与える主観性を取り除こうとするさまざまな試みの下に引かれている。現実が入口を見つけるところにおいても、つまりかつて詩的主観が行ったことを現実が抑圧するかに見えるところにおいてこそ、現実は不気味なものとして出現する。現実と、現実を経験にとってまったく測り知れないものにしている衰弱した主観との不均衡が、とりもなおさず現実をして現実的なものに変える。現実性の過剰は現実性の没落をまねくにすぎない。現実は主観を打ち負かすことによって、それ自体が死者めいたものとなる。こうした移行が反芸術における芸術的な点にほかならない。ベケットの場合、こうした移行は現実が明白に消滅するところまで推し進められる。社会が全体主義的に完全に纏りのある一致した体系へと変化するにつれて、こうした過程の経験を貯蔵する作品はそれだけ一層、社会の他者となる。抽象的な概念はひとたび可能なかぎり放縦に使用されると、対象的世界についてはその残滓以外は何一つ残さぬものとなることによって、ほかならぬその点によって対象的世界からの退却を示す信号となる。新しい芸術は抽象的であるが、それは人間的関連が実際において抽象化したことと軌を一にしている。写実的なものや象徴的なものといった範疇は、いわば流通からはみ出たものにすぎない。主観や主観の反応形式は外的現実によって呪縛され、こうした呪縛が絶対的なものとなったために、芸術作品は自らの呪縛と同化することによってのみ外的現実の呪縛に対して反対しうるにすぎない。だがベケットの散文は物理学の微粒子の場合と同様に、零点においてその本領を発揮するが、こうした零点においては豊かでもあれば物憂げでもある二次的な形象世界が出現してくる。それは直接的には決定的なものに、つまり主観と現実の空洞化に到達することがなかった歴史的経験の濃縮された世界にほかならない。すり切れいたんだものとして出現する二次的形象世界は管理世界の写しであり、この世界の陰画なのだ。そのかぎりにおいてベケットは写実的であると言ってよい。漠然と抽象絵画という名称を与えられているもののうちにおいても、いまなお抽象絵画が根絶しようとしている当の伝統が、若干ではあるが生き延びているのが見られる。抽象画という名称は、伝統絵画を形象と見なし何ものかの写しと見なすことをやめるなら、すでに伝統絵画において認められている点に対しても用いることができる。芸術は具象性を消滅させるが、現実は具象性の消滅を認めたがらない。具象的なものは現実においてはたんに抽象的なものの仮面にすぎず、特定の個別的なものは現実においてはたんに一般性を代表し、一般的なものであるかのように欺きながら一般性を担う一般性の見本にすぎず、遍在する独占と同一のものにほかならない。こうした見本としての具象性は過去から伝承されてきた芸術全体に逆らい、その切先を相手に向ける。具体的なものは任意のもの以上に、つまり区別されることによって同一のものであることを確認されたり、手元に置かれたり、買われたりすることが可能となるもの以上によい状態に置かれているわけではないといった洞察を手に入れるには、経験をほんのわずかたどればすむことなのだ。経験は骨抜きにされている。つまり直接的な取引を離れた経験を含めて、腐食されていないような経験など存在しないのである。経済の核心に生じていること、つまり散在するものを自己に引き寄せ、自立した人間などただ統計表に自由業として記録する以外には認めないといった集中と中央集権化は、精神的なものにその微細な点にいたるまで影響を及ぼしているが、両者を媒介するものが見分けられないことも珍しくない。政治における出まかせの人格の強調、つまり非人間的状況においてことさら人間について語る饒舌は、客観的な疑似個別化の傾向と軌を一にしている。しかし芸術は個別化なくしては存在しえないために、個別化は芸術にとって耐えがたい重荷となる。最近の芸術の状況は、本来の意味を振りまわす隠語《ジャルゴン》によって報告と呼ばれているものを敵としているという指摘が行われているが、こうした指摘にしても同一の事態を言い換えたものにすぎない。ドイツ民主共和国の演劇論は、この作家は何を言うつもりなのかといった質問をきわめて効果的に用いて、作家を恫喝することを常套手段としているが、こうした手段は作家たちを怯えさせるには十分すぎるものではあっても、ブレヒトの作品に立ち向うなら、そのいずれの作品を前にしても立ち往生するのがおちであろう。ブレヒトは結局のところ、格言を伝えることではなく、思考過程をして運動させることを綱領としていたためである。さもなくば弁証法的劇場といったものは、最初から問題にすらなりえなかったであろう。主観的ニュアンスや中間音を概念的にもゆらぐことのない客観性によって一掃しようとするブレヒトの試みは、それ自体が芸術的手段であり、彼の最良の仕事においては様式化原理となっているが、それは、〈教訓を与える〉ことを意図したものではない。作者が『ガリレイの生涯』あるいは『セチュアンの善人』の中で主張していることを究明することは困難であるが、主観的意図と一致することがない作品の客観性を究明するといったことは、いわんや不可能に近い。表現的価値に対するアレルギー、つまり実証主義者の記録的文章であるかのような誤解すらまねきかねない質の文章へのブレヒトの偏愛振りは、それ自体が表現の一形態であって、こうした表現は表現を明確に否定するものとしてのみ雄弁となる。純粋な感情の言語であったことはけっしてなかったにせよ、芸術はいまやそのような言語となることもできなければ、自己を肯定する魂の言語となることもできないでいるが、同様に通常の認識によって捉えうるものの後を追うことも、つまりたとえば社会的ルポルタージュとなることも不可能となってしまった。ルポルタージュは経験的研究によるなら一括して手に入れることが可能なものを、分割して手に入れるにすぎない。芸術作品は野蛮な論証と詩的弁解によって挾み撃ちにされているが、こうした芸術作品にとって残されている空間は、ベケットがもぐりこんだ零点にほぼ見合う程度の大きさの空間にすぎない。

新しさとの関係はいわばピアノを弾く子供と、その子供がいまだかつて耳にしたこともなければ触れたこともないような和音との関係に似ている。しかしこうした和音はすでにつねに存在していたものであって、組合せの可能性は限定されているにせよ、一切の和音は実際上すでに鍵盤の中に潜んでいるのだ。新しさは新しさへの憧憬であっても、新しさそれ自体であることはほとんどなく、すべての新しさはこの事実によって苦しめられている。自らをユートピアとして感じるものは、既存のものに対して否定的なものでありつづけ、しかも既存のものに隷属しつづける。芸術はユートピアであらねばならず、またそうなることを意図しているが、現実の機能連関によってユートピアとなることを遮られれば遮られるほど、ますます断固としてユートピアたらんと意図する。だが芸術は仮象や慰めにすぎないものとなってユートピアを裏切ることがないように、ユートピアとなることを禁止されている。こうした二律背反は今日のさまざまな二律背反のうちで、中心的な二律背反と言ってよい。芸術のユートピアがもし実現されることがあるなら、その時芸術はこの世から消滅することになろう。芸術の概念のうちにこうした芸術の時間的終末が包含されていることを最初に認識したのが、ヘーゲルであった。彼の予言が実現されることはなかったが、その原因は逆説的ではあるが、彼の歴史的楽観主義のうちに求めることができる。彼は既存のものをあたかもユートピアであるかのように、つまり絶対的理念であるかのように構成することによってユートピアを裏切った。ヘーゲルは一方の説においては、世界精神は芸術の形態を超えていると主張するが、もう一方ではそれとは逆に、芸術をすべての現状肯定的な哲学に逆らって存続していく矛盾に充ちた実在と関係づけるよう主張する。建築を見るならこの説には説得力がある。もし目的としての形式とこの形式に全面的に順応することに飽きて放逸な想像力にわが身をゆだねようとするなら、建築はたちまちにして際物にすぎないものとなろう。芸術は理論と同様に、ユートピアを具象化することはできない。否定的《ネガティヴ》に具象化することすらなしえない。暗号文としての新しさは没落の形象にほかならない。芸術は没落という絶対的否定性を通して、いわく言いがたいものを、つまりユートピアを表現するにすぎない。新しい芸術のうちには、いやらしいものやけがらわしいものといった傷痕がことごとく集められ、没落の形象を作り上げている。新しい芸術は和解の仮象を非和解的に拒絶し、非和解的なものの真只中において和解を固く握りしめる。新しい芸術は時代についての正しい意識であって、この意識のうちでは、ユートピアの現実的可能性は——それは地球は生産力の水準に応じて、いま、ここで直接的に天国となりうるかもしれないという可能性であるが——その最先端において全面的破局の可能性と一体化する。破局の形象を通して——つまり破局の可能性の写しではなくその暗号を通して——蒼古において全面的呪縛のもとに置かれていた芸術が持っていた呪術的特徴が、ふたたび出現してくる。あたかも芸術は破局の像を通して破局を呼び出し、それによって破局を阻止しようとするかのように見える。歴史の目的《テロス》について語ることは禁止されているが、新しさはもっぱらこうしたタブーによって、政治的、実践的な面からはいかがわしいものとして出現することを、つまり自己目的として出現することを正当化される。

芸術という刃《やいば》が社会に突きつける切先はそれ自体が社会的なものであり、重くのしかかる社会的統一体の圧力をはねかえそうとする逆圧にほかならない。それは美内的進歩つまり生産力の進歩が、とりわけ技術、つまり美外的生産力の進歩と密接に結びついていることに等しい。美的に解放された生産力が現実的に解放されていながらも、生産関係によって阻害されている生産力を代弁している事実も往々にして見られる。主観によって組織化される芸術作品には、主観なしに組織化された社会が許されぬことをまがりなりにも果す能力がある。都市計画もすでに、目的から解放された大規模な構想に必要に迫られて追随することを余儀なくされている。美内的に決定されたものとしての技術の概念と、芸術作品の外側で展開されたものとしての技術の概念との間には敵対関係が存在するが、こうした関係を絶対的なものと見なすべきではない。それは歴史的に発生したものではあるが、いつかは消滅するかもしれない。電子工学においては今日すでに、芸術の外側で出現した媒体《メディア》の特殊な性質を用いて芸術的な生産を行うことが可能になっている。洞窟の壁に動物の絵を描く手と、無数の場所に同時に無数の写しを出現させることができるカメラとのあいだには、明らかに質的飛躍がある。だが直接的に見られたものを客観化し洞窟に描くという行為のうちには、技術的処置に特有な可能性が、つまり見られたものを見るという主観的行為から解放する可能性がすでに含まれている。多数の人間を対象とした作品はどのような作品であれ、その理念からしてすでにその作品自体を再生産するものにほかならない。ベンヤミンは芸術作品の差異を強調するために、アウラ的芸術作品と技術至上《テクノロジー》主義的な芸術作品とに二分し、それによって芸術作品の統一的契機を圧迫したという指摘は、おそらくそのまま彼の理論に対する弁証法的批判となるであろう。年代記的意味において使用される現代的なものという概念はおそらく、歴史哲学的範疇としてのモダニズムよりもはるかに古いものと言えるかもしれない。しかしモダニズムは年代記的なものではなく、ランボー的要求を示すもの、つまりもっとも先駆的でもっとも洗練された方法と、もっとも先駆的でもっとも洗練された経験とが相互に浸透し合っているような、もっとも進歩した意識に基づく芸術を求めるものなのだ。だがもっとも先駆的でもっとも洗練された経験は、社会的経験として批判的なものにほかならない。こうしたモダニズムは高度産業主義をたんに論ずるだけでなく、それに対処する能力も備えていることを示さなければならない。モダニズムそれ自体の方法とモダニズムの形式言語とは、客観的状況に対して自発的に反応しなければならない。自発的な反応が規範とされることによって、芸術の多年生植物的な逆説は書きかえられることになる。いかなるものも状況を経験することを避けられないため、あたかもこの経験を回避するかのように振舞うものは物の数に数えられなくなる。モダニズムの真正の作品のうちには産業的素材の層を主題として用いることを、機械的芸術を仮晶として疑うために厳しく避けた作品が少くないが、こうした層もそのままのものとしての自己を否定し、許容されたものを還元し鋭く構成するなら、例えばクレーの場合のように、ひときわ有効なものとなる。モダニズムのこの局面においては、人間の生活過程にとって産業化の事実が決定的なものであることにほとんど変化は見られなかった。変化が見られなかったことによってモダニズムの美的概念は、当面、奇妙な定数を与えられることになる。定数が与えられることはあっても、それはもちろん工業的生産方法そのものや歴史的力学に変化がなかったということではない。工業的生産方法について言うなら、ここ百年の間に成し遂げられた十九世紀的形態から大量生産的形態を経てオートメーション的形態の工場にいたる大きな変化が見られる。モダニズム的芸術の内容的契機は以下の点から、つまり物質的生産とその組織化のためのそれぞれがもっとも進歩したものである方法は、それを直接生み出した領域に使用を限定されることはないという点から、その力を引き出している。こうした方法は社会学によってはいまだほとんど十分に分析されていないやり方によって、直接自己を生み出した領域のうちから、自己から遠くかけ離れた生の領域の内部に至るまで照らし出す。つまり照らし出されていることに気づかず、自らをこうした方法と無縁な保留地と見なしそのようなものとして自己を守り通す、主観的経験地帯の奥深くまで照らし出すものと言うことができる。芸術は自らの経験の仕方に従って、また経験の危機を表現するものとして、工業化によって支配的生産関係のもとで促進されてきたものを吸収するなら、現代的なものとなる。そこには否定的な規準《カノン》が含まれている。それはこうした現代的傾向を、経験と技術を通して否定するものを禁止するという規準《カノン》にほかならない。またこうした限定された否定はほぼそのままの形ですでに、何をなすべきかという規準《カノン》となる。こうした現代的な傾向は漠然とした時代精神、あるいは知り抜かれたものとしての先端的な存在以上のものと見なされているが、こうした見方の根拠は生産力の解放のうちに求めることができる。モダニズムは美内的には、使い古されたものや古びた方法を排除するものとして定義されているが、同様に社会的にも、生産関係との葛藤によって定義されている。現代的なものはむしろ、そのつど支配的なものとなる時代精神に反対するであろうし、また今日では反対しなければならないものとなっている。急進的なモダニズム的芸術もたじろぐことを知らない文化消費者たちの目には、信頼はできるものの古くさいものに映り、そのため気違いじみたものに見られている。質的にも文句のつけようのないモダニズムにおけるほど、全芸術の歴史的本質が強力に表現されているところは他に見られない。この場合、物質的生産における発明を想起してもそれはたんなる観念連合ではない。すぐれた芸術作品には、自らの時代からその時代の水準に到達していないものをすべて絶滅し、追放する傾向が見られる。そのためモダニズムは恨みを買い、この恨みがおそらく、多数の教養のある人々が急進的なモダニズムに対して背を向ける原因の一つとなっているのかもしれない。モダニズムの殺人的とも言える歴史的な力は、物としての文化の所有者が絶望的にしがみついているものを解体する力と同一視されている。モダニズムがきまり文句によって主張されているようにひ弱なものであるなら、それはきまり文句による主張とは逆に、きまり文句の無意味な言葉に従って述べるなら、やりすぎているためではなく、十二分にやり抜いていないために、つまり一貫性の不足によって作品自体がぐらついているためにすぎない。かつて現代的傾向に身をさらした作品だけが生き延びる機会を、こうした機会が今なお存在するなら持つが、束の間のものとなることを恐れて過去におぼれるような作品は、生き延びる機会を持たない。穏健なモダニズムの復興が復古的意識の持主や利害関係者たちによって推し進められてきたが、こうした復興は先駆的とはとうてい言えないような世間一般の人々の目や耳にも、失敗に終ったことが明らかになっている。

モダニズムを物質的概念として捉え、芸術の本質を有機的なものと見なす幻想に対して強く反対するなら、そこにおのずから、モダニズムは芸術的手段を意識的に駆使するものであるという結論が引き出される。物質的生産と芸術的生産とはその点においてもまた収斂する。極限を目指すように強いる強制は、材料との関係において意識的に手段を駆使することを強制されている合理性を帯びた強制であって、呪縛から解放された世界を合理化する試みと疑似科学的に先を争うことを強要する類の強制ではない。こうした強制によってモダニズムの材料は伝統主義から切り離され、範疇的に全く異るものとなる。美的合理性は次のように要求する。どのような芸術的手段もそれ自体としてまたその機能によってそれ自体のうちから、もはや伝統的手段がなしえないことを実現するように、可能なかぎり規定されていなければならないと。極端ということは芸術の技術《テクノロジー》によって要求されていることであって、たんに反抗的な気分にかられ、その挙句にたどりつくような結果ではない。穏健なモダニズムは美的合理性にブレーキをかけるため、それ自体が矛盾にほかならない。作品におけるどのような契機もそれが果すべきことを完全に果すべきであるとする要求は、願望としてのモダニズムと直接的に一致する。穏健なものは存在しているかあるいは存在しているかのように見せかける伝統から手段を受け取り、伝統がもはや持つことがない力を持つかのように信じるために、こうした願望を知らない。穏健なモダニズムは誠実さを楯にして流行に走る自己を抑え、こうした自己を誠実なものとして弁護しようとするが、それによって易きにつきそれに満足しているため、誠実とは言えない。穏健なモダニズムは自らの芸術的態度を直接的なものとして認めるよう要求するが、こうした直接性は徹頭徹尾媒介されたものにすぎない。さまざまな生産力の社会的にもっとも進歩した水準は、意識もこうした生産力の一つにすぎないが、美的モナドの内部においては問題の水準としてあらわれる。芸術作品は自己自身の形象によって、問題の解答はどこに探し求めることができるかを指示しているが、芸術作品はこうした解答を介入することなく自らのうちから与えることはできない。この点こそが芸術における正しい伝統なのだ。どのようなすぐれた作品もその材料や技術のうちに痕跡を残すのであって、その後につづくモダニズムの使命はこれらの痕跡の跡を追うところにあり、空中に潜むものをかぎ取るところにあるのではない。こうした使命は批判的契機によって具体化される。どのような質的に新しい作品も材料や方法のうちに残された痕跡に拘泥するが、こうした痕跡は傷痕であり、それは先行する作品が失敗した箇所を示している。新しい作品はこの箇所について実験を行い、それによって痕跡を残した作品に対して背を向ける。歴史主義はこの問題を芸術における世代の問題として取り扱っているが、こうした問題は痕跡を軸とした離反に由来するのであって、たんに主観的な生活感情の変化あるいは確立された様式の変化といったものによるのではない。ギリシア悲劇の中心をなしている部分《アゴーン》はこの事実をいまだ告白していたが、やがて文化が中立化され、文化のパンテオンが作り上げられるとはじめて、この事実は欺瞞によって覆い隠されることになった。芸術作品の真実内容は芸術作品の批判的な真実内容と融合している。そのため芸術作品は互いに批判し合う。芸術作品は依存による歴史的持続性を通してではなく、批判を通して互いに結びつけられる。つまり「芸術作品は他の芸術作品の不倶戴天の敵なのだ。」芸術史を統一しているのは限定された否定の弁証法的像にほかならない。芸術はそれ以外の形で、その和解の理念に奉仕することはない。同一ジャンルの仕事に従事する芸術家たちが、たとえ彼らの個々の作品という面ではほとんど独立しているとしても、人目につかぬところで共同の仕事をする者としての連帯感を感じているように、こうした弁証法的な統一を与えているのは、たとえいかに弱々しく不純なものであろうと理念にほかならない。

　否定の否定は肯定であるという命題が現実に通用することは稀であるが、美的領域においては必ずしも一切の真実を欠いているわけではない。主観的で芸術的な創造過程においては内在的否定の力は拘束されていることはあるとしても、外部における否定の力と同様に拘束されているわけではない。ストラビンスキーやブレヒトのような、趣味に対して研ぎすまされた感受性を持ち合せていた芸術家たちは、趣味を通して趣味の批判を行った。趣味は、弁証法によって捉えられると自己を乗りこえるが、この点もまた趣味の真実であることは言うまでもない。十九世紀においては写実的芸術作品が美的契機を裏に隠し持っていたために、純粋芸術という理想に誠心誠意敬意を表していた芸術作品よりも、実質を備えていることが往々にして証明されている。ボードレールはマネを賞賛し、フローベールを支持した。純粋絵画という点から見ても、マネはビュ・ビ・ド・シャバンヌをはるかにしのいでいる。両者を較べることそれ自体がお笑い草にすぎない。唯美主義の誤りは美的な誤りであった。唯美主義は芸術に付随する芸術の概念と、完成された作品とを取り違えた。禁止の規準《カノン》は芸術家たちの特異体質が沈澱したものであるが、しかし他方、特異体質は芸術家を客観的に拘束する。特殊なものはこうした形で美的に文字通り普遍的なものとなる。なぜなら最初は意識されることがなく、理論的には自己自身にとってもほとんど不透明な特異体質的な態度は、集団的な反応方法が沈澱したものにほかならないからである。規定しえないほど拘束的であるような特異体質という概念は際物にすぎない。今日芸術に対して自己を反省することが求められているが、このことは芸術が自己の特異体質を自覚し、それをはっきりと言葉で言い表すことを求めているにすぎない。それが明らかにされるならその結果、芸術は自己自身に対するアレルギーに近づくことになる。芸術によって行われる限定された否定の本質は芸術自体の否定にほかならない。再登場してくるものは過去のものと一致していようと、質的に異るものにすぎない。モダニズムの彫刻や絵画に見られる人物像や顔のデフォルマシォンといったものは蒼古的《アルカイック》な作品をすぐに想起させるが、蒼古的《アルカイック》な作品においては、祭式用の人物像を借りて人間の模写をすることも、技術を自由に駆使して人間の模写を現実の人間に近づけることも、いずれも不可能であった。だが模写という経験的段階をわが物とした芸術が、デフォルマシォンという言葉が示すように模写を否定することは、芸術がいまだ模写的なものという範疇を知らずそれ以前の段階に留まっていることとは異ることであり、しかもこうした相違は全体にかかわる相違にほかならない。美学にとっては類似点よりも、こうした差異の方が重要なのだ。芸術が模写的なものという他律をひとたび経験し否定した後で、模写的なものが否定されたことをそのつど繰り返し忘れて、明確に理由をあげて否定されたにもかかわらず模写的なものへと復帰することはありえないことであって、想像することすらむずかしい。禁止もまた歴史的産物であり、実体化してはならないことは言うまでもない。実体化するなら禁止は、コクトー流のモダニズムにおいてとりわけ好まれたトリックに似たものになりかねない。コクトーは一時的に禁止しておいたものを突然再び袖の下から取り出し、まるで真新しいものでもあるかのように差し出すとか、現代的タブーを侵し、このように侵すこと自体を楽しむことがモダニズムであるかのように振舞うが、それは挑戦的な態度ではあってもトリックにすぎない。現代性がこのようにして反動的なものへとねじ曲げられることも、往々にして見られる。繰り返し出現するものは問題であって、問題以前の範疇や解答ではない。晩年のシェーンベルクは信頼できる報告によれば、和音は当面論議の対象ではないと語ったと言われている。シェーンベルクは材料の範囲を拡大することによって三和音を、使い古された特殊的事例にすぎぬものに変えた張本人であるが、彼がこの言葉によって、三和音による操作が将来復活する可能性を予言したわけではないことは言うまでもない。それにもかかわらず音楽全体における同時的なものの次元を問題とする問は、つまりたんなる結果にすぎないもの、取るに足りないもの、潜勢的に偶然的なものへと引き下げられてしまった次元を問題とする問は、解決されていない。音楽のさまざまの次元のうちの一つであるそれ自体が語る協和音の次元が音楽から奪い取られたわけであるが、材料が際限なく豊かになったにもかかわらず貧しくなったのは、とりわけそのためにほかならない。三和音の復活とか、あるいは調性によって組み立てられたその他の和音の復活といったことは不可能と言ってよい。だが全面的な音楽を量的に限定する動きに対抗していつか再び質的反力が動き出す時が来るなら、垂直的な次元が新たに〈論議の対象〉とされ、協和音がまたもや聴くに耐えうるものとなり、協和音が特有の原子価を獲得するようになるといったことなら、考えられないことはない。やみくもに統合され協和音と同様に没落した対位法についても、同様なことが予言できるかもしれない。この種の予言には、紛れもなく反動的に悪用される可能性も含まれていることは言うまでもない。再発見された和声法は、それがどのような性質のものであろうと和声的な傾向に適合する。それを理解するためには以下のことを想像してみるだけで済む、単声部曲的《モノディー》傾向の復活を求める要求がどれほど容易に旋律のまやかしの復興につながるか、つまり新音楽の敵たちがあのように痛切にその喪失を嘆いているものの復興につながるかということを。禁止は繊細で厳しいものなのだ。恒常性《ホメオスタシス》はたんに作用と反作用の結果である場合にのみゆるぎないものとなるのであって、緊張を欠く均衡状態を示すものではないという命題には、ブロッホの『ユートピアの精神』において壁掛け的なものと呼ばれている美的現象に対する説得力に富んだ禁止が含まれているが、こうした禁止はあたかも不変的なものであるかのように、過去に対しても広く適用されている。だが恒常性《ホメオスタシス》を求める欲求は、回避され否定されようとも作用を継続する。芸術は往々にして敵対状態を解決するかわりに、敵対的なものに対して最大限の距離を保ちながら否定的にそれを温存しつつ、圧倒的な緊張を表現することがある。美的規範はその歴史的強制がいかに大きなものであろうと、芸術作品の具体的な生の背後に留まりつづけるが、それにもかかわらず芸術作品における磁場を通して芸術作品に関与している。この点を無視して規範を時代的に分類し、作品の外面に従って作品に押し当てたところで、何の役にも立たない。芸術作品の弁証法はこうした規範と、それがたとえもっとも先駆的な規範であろうと、というよりはほかならないもっとも先駆的な規範であればなおさら、規範とその規範に特有の形態とのあいだで展開される。

危険を冒すように迫る強制は実験の理念によって現実的なものとなるが、この理念は同時に、芸術を無意識的で有機的な継続的行為と捉える芸術観とは逆に、材料を意識的に処置する科学的方法を芸術へ転用するものにほかならない。公的な文化は現在のところ、実験的なものに対して疑惑の目を向け、なかばあらかじめ実験の失敗を期待しながら実験に芸術の特殊地帯を割り振り、それによって実験の中立化をはかっている。実験することすらないような芸術は芸術であることすら、事実上もはや不可能に近い。確立された文化と生産力の水準とのあいだには、それほどまで著しい不均衡が存在しているのだ。それ自体が首尾一貫したものである生産力は、社会に変化をもたらすとしてもその将来を拘束することはないし、社会的によるべを持たない芸術は自己自身の拘束力に対してけっして確信を持ちえない。実験はおおむね可能性を十分に吟味して、主として類型やジャンルを純化し、具体的な作品を容易にたんなるテストケースに変えかねない。そこに新しい芸術を老化させている動因の一つを見出すことができる。手段と目的を分離することは、おそらく美的には不可能に近いと言えよう。それにもかかわらず実験は、その概念からしてあらかじめ手段に関心を持つものであるため、目的について語るかに見えることはあっても、けっして目的について語ることはない。その上ここ数十年のあいだに、実験の概念はいかがわしいものに変ってしまった。この概念は一九三〇年当時はいまだ、非反省的に行われる継続的行為とは対照的なものである、批判的意識の洗礼を受けた試みを意味していたが、いつしか制作過程においては見通しえなかった特徴を含む作品を作るという意味が、つまり主観的にではあるが、芸術家が自己の作品によって驚かされるという意味がつけ加えられるようになった。芸術はそのような作品となることを通して、つねに存在しているマラルメによって強調された契機を意識するのである。想像力のうちに芸術家が創造したものがあらかじめ完全に含まれているような事例は、過去から現在にいたるまでほとんど見られない。たとえばアルス・ノヴァや、それに続くネーデルランド楽派の芸術といった組合せ的な芸術は、中世末期の音楽に、作曲家の主観的観念を超えることになるかもしれないような結果を浸透させたものにほかならなかった。芸術家が自己のうちから取り出した疎外されたものとしての結合法を、芸術家の主観的想像力によって媒介することは、芸術的技術の発展にとって本質的なことであった。こうした場合、かみ合わない想像力やひ弱な想像力のために、作品が失敗に終るという危険性も強まる。このような危険性は美的後退にほかならない。芸術的精神がただたんに存在するにすぎないものを乗りこえる場は、材料や方法といったたんなる現存在によって敗北を喫することがないような観念をおいて他にはない。主観が解放されて以来、作品は主観によって媒介されることがないなら必ずや退化し、粗悪品とならざるをえなくなった。十六世紀の音楽理論家たちはとうにこの事実を認識していた。他方、アクションペインティング、偶然芸術《エイリアトーリク》といった少からぬ現代芸術においては、想像されたものではない〈不意をつく〉要素が創造的機能を果していることは、頑迷固陋な人間による以外は否定のしようがない。こうした矛盾を解決してくれるのは以下の点かもしれない。想像力はすべて不確定性という光環によって包まれていること、しかもこの光環は想像力と対立するとしても、想像力によって拘束されざるをえないということ。リヒァルト・シュトラウスのような達人ですらある程度入り組んだ作品を作曲する場合は、作曲中に曲のそれぞれの響き、それぞれの音色、それぞれの音の結合を、正確に頭に描いてはいなかったようだ。最良の聴覚の持主である作曲家の場合ですら、オーケストラによって実際に演奏された自分の曲を聴いて例外なしに驚かされているという事実はよく知られている。それにもかかわらずこうした不確定性や、それにまたシュトックハウゼンによって言及された事実、つまり音の房の中から音を一粒ずつ聴き分け、あまつさえ想像してみるといったことは聴覚にとって不可能に等しいという事実などは、確定済みのものであるが、これらのことは確定された契機ではあってもその全体ではない。音楽家たちは彼らの隠語《ジャルゴン》を用いて、何かが響いているかどうかもっぱらその限界においてその何かがどう響くか、正確に知らなければならないと言う。そのために不意を突くことに、つまり作曲家にとって望ましく訂正のためのきっかけともなる不意打ちに活動の余地が与えられることになる。ベルリオーズにおける「意外な出来事」のような早い時期に登場する不意打ちは、たんに聴き手の不意を突くものでなく、客観的に不意を突くものでもあるが、だがそれはまた、あらかじめ聴き取ることができるものでもあるのだ。実験においては自我に疎縁なものという契機は、主観的に支配すべきものであると同様に、尊重すべきものである。この契機は支配されることによってはじめて、解放されるもののために有利な証言を行うことになる。だが芸術作品全体を脅かしている危険は、芸術作品の偶然的な地層のうちにではなく、次の点に原因があると言ってよい。どのような芸術作品も自己のうちに内在する鬼火のような客観性に従わざるをえないが、創造力によってつまり芸術家の精神や芸術家の方法によってその客観性を支配できるという保証はどこにも見られないという点に。こうした保証はもし存在するならほかならぬ新しさを、つまりそれ自体が作品の客観性と作品の一致した状態の一部をなすところの新しさを排除することになるであろう。芸術において観念論的なマフでおおうことなく真摯と呼びうるものは、客観性を追究する情念《パトス》にほかならない。この情念は歴史的に不十分な存在であることを余儀なくされている偶然的な個人の面前に、この個人を超えこうした個人とは異るものを差し出す。芸術作品の危険はこうした点に、つまり芸術作品の領域のうちにある死の形象に関係する。だが美的自律性は苦悩の形象であり、苦悩の形象となることによって真摯なものとなるにもかかわらず、苦悩の外側に留まりつづけることによって、こうした真摯も相対化される。美的自律性は苦悩のこだまであるだけでなく、苦悩を矮小化するものでもある。形式、つまり真摯な美的自律性が用いる手段《オルガノン》は、また苦悩を中立化する手段でもあるのだ。美的自律性は苦悩を中立化することによって、抑えようのない当惑状態に陥ることになる。芸術作品に完全に責任をとるよう求める要求は、芸術作品に過大な責任を押しつけることに等しい。そのためこうした要求に対しては、無責任な態度をとることを求める正反対の要求を対置することが必要となる。無責任ということは遊戯という芸術の成分を想起させるが、この成分を欠くような芸術は理論同様考えることはできない。芸術は遊戯として、仮象であるという自らの罪を贖おうとつとめる。いずれにせよ、眩惑、憂鬱としての芸術は無責任なものであり、こうした仮象を欠いて存在することはまったくありえない。絶対的責任を背負った芸術は最終的に不毛なものとなるが、遺漏なく仕上げられた芸術作品であって不毛であることがいささかも感じられないような作品は、稀であると言ってよい。芸術は絶対的に無責任なものとなるなら、慰みもの《ファン》にすぎなくなる。責任と無責任との綜合は、芸術独自の概念を通して準備される。芸術はかつて威厳と関係し、ヘルダーリンにおいて〈気高い真摯な精神〉原註(7)と呼ばれているものと関係していたが、こうした関係は両面価値的《アンビバレント》なものとなってしまった。こうした芸術も文化産業と比較するなら、今なお威厳を保ちつづけていると言うことができる。ベートーベンの弦楽四重奏の二拍子は威厳によって覆われているため、ラジオのスイッチをひねると立ちどころに流れ出す濁流のごとき流行歌によってかき消されそうになっても、はっきりと聴きわけることができる。それに反して威厳を持つかのように振舞う現代芸術は、露骨なまでにイデオロギー的なものにすぎない。こうした芸術は威厳を持つことを暗示するためには気取ったり、勿体をつけたり、自らの真の姿とは別の姿をとるなどして、無理をしなければならない。芸術をして気取りを捨て去るように、つまりワーグナーの芸術信仰によってすでに救いようのないところまでに体面を汚されている気取りを捨て去るよう強制しているものは、芸術における真摯さにほかならない。厳粛な調子は権力や栄光を見せつける身振りと同様に、芸術作品を滑稽なものに変えてしまう。形式化のための主観的力を欠くなら、芸術はおそらく考えることすらできなくなるであろうが、しかし芸術は作品によって表現されている力を示すポーズとはなんの係りもない。こうした力強さと係ることは主観的にもむずかしい。芸術そのものは強さと同様、弱さとも係り合っている。威厳を無条件に放棄することは芸術作品においては、強さを生み出す手段《オルガン》となることができる。ヴェルレーヌは成行きに身をまかせて落ちぶれ、そのあげく彼自身はたんなる詩の道具に零落し詩の命ずるまま受動的に右往左往する状態にまで到達したが、豊かな市民階級の息子であり、才能にも恵まれていたヴェルレーヌにとって、そうした状態に至るためにどれほどの力が必要とされたかは、想像するにあまりあるところがある。シュテファン・ツヴァイクのように、彼は弱虫にすぎないと断言し、その証拠を数え上げてみたところで、そのようなことはヴェルレーヌの詩にとっては副次的なことにすぎず、創造的態度の多様性に対する洞察力の不足を物語るものにすぎない。ヴェルレーヌが弱い人間でなかったとしたなら、後にみじめな作品を書き、それを人生の落伍者として売り歩くことにはならなかったかもしれないが、同様に彼がそのもっともすばらしい作品を書くことも不可能となったことであろう。

　極限に到達した暗澹たる現実の真只中で存在しつづけるためには、わが身を慰めの言葉として売り渡そうとすることがない芸術作品は、わが身をこうした現実と等しいものにしなければならない。今日の急進的な芸術とは、黒を基調とした暗澹たる芸術のことにほかならない。同時代の作品であってもそのうちの多くのものはその点に注意をはらうことなく、さながら子供のように色彩を楽しんでいるために芸術として失格している。理想としての黒は内容的に見るなら、抽象化にまつわるもっとも深い衝動の一つと言うことができる。売れ行きの良いがらくたに近い音楽や絵は、黒を理想たらしめる貧困化という現象に対する反作用なのかもしれない。おそらく芸術はいつか自らを裏切ることなく、おそらくブレヒトが以下の詩句を書き記した際に感じていたような、黒を基調とすることを命じた掟を無効にするかもしれない。「これは何という時代なのだ／木について語り合うことすら犯罪となるとは／おびただしい凶行についての沈黙を含むからといって。[原註(8)]」芸術はあり余る貧困を、自発的に自らを貧しいものに変えることによって告発する。しかし芸術は禁欲も告発し、禁欲を単純に自らの規範として立てることはできない。たとえ即物的なものに変えることはなくとも、黒をして理想化させることになる手段の貧困化によって、書かれるもの、描かれ作曲されるものも貧しくなる。もっとも進歩した芸術は沈黙との瀬戸際に立ちながらも、貧困化したものに活気を与える。ボードレールはその詩[原註(9)]において、自らの香りを失い、それ以来自らの色彩も失ってしまった世界は、芸術からふたたび失われた香りを受け取ると語っているが、そのようなことを考えることができるのは一人無邪気な人間にすぎない。無邪気な人間にしか考えることができないということによって、芸術の可能性は壊滅することにはならないにせよ、さらに激しくゆさぶられることになる。その上前期ロマン派の時代においても、現状肯定的な芸術家として後年利用しつくされるようになるシューベルトのような芸術家ですら、そもそも愉快な音楽などといったものは存在するのだろうかと、問いかけている。すべての陽気な芸術、とりわけ娯楽的な芸術はおそらく不正を犯す芸術と言えるかもしれないが、それは死者にたいして加えられた不正、つまり蓄積された、言葉を欠く苦痛に加えられた不正にほかならない。それにもかかわらず黒の芸術は特徴を、つまりもしそれが芸術にとって決定的なものとなるなら、歴史的絶望のしるしとなるような特徴を帯びている。決定的なものもつねに変るかもしれないというその限りにおいて、これらの特徴もまた一時的なものにすぎないのかもしれない。超現実主義者《シュールレアリスト》たちによってブラックユーモアと呼ばれ、綱領へと高められたような暗黒を求める要求は、破局を切り抜けて生き永らえてきた美的快楽説によって倒錯として誹謗されているが、このような誹謗が行われているということは、つまり芸術のもっとも暗澹たる契機ですら快感に似たものを与えるべきであると要求されていることは、とりもなおさず、芸術と芸術についての正しい意識とがいまだ幸福を、もっぱら抵抗の能力のうちに見出していることにほかならない。こうした幸福は内部から輝き、感性的現象の一部となる。一致した状態にある芸術作品においては、芸術作品の精神はこの精神にごく冷淡な現象にすら伝えられ、その現象をいわば感性的に救うが、それと同様にアンチテーゼとしての暗澹たるものもボードレール以来、ともすれば感性的に人を欺き、文化の感性的正面であるかのように受け取られてきた。協和音よりも不協和音によって快感が与えられ、そのことが快楽説を裏返す。刺すようなものそれ自体がダイナミックに研ぎすまされ、現状肯定的で単調なものと区別されて刺激となる。こうした刺激は肯定的で鈍感なものに対する嫌悪感とほぼ同様に、新しい芸術を無人地帯へと、つまり地球に代る居住可能な無人地帯へと導く。モダニズムのこうした局面はシェーンベルクの『月に浮れたピエロ』において、そこでは不協和音の透明で空想的な本質と全体性とが一体化されているが、はじめて現実化された。否定は快感へ一変することはあっても、肯定的なものへ変ることはありえない。

現在自らの真の姿を隠すことを余儀なくされている過去の真正の芸術は、隠すことによって裁かれているわけではない。すぐれた作品は裁かれることを待っているのだ。すぐれた作品の真実内容のうちには形而上的意味によって固定化されることもなければ、形而上的意味の消滅とともに消え去ることもないようなものが含まれている。すぐれた作品をして語り続けさせてきたのは、そうしたものにほかならない。解放された人類にならば、前代の遺産も罪を清められて手渡されることになるであろう。かつて芸術作品において真実であったが歴史の歩みを通じて否定されたものも、真実を秘匿する原因となった条件が変更される時が来た時はじめて、ふたたびわが身を開くことができるようになる。それほどまで深く真実内容と歴史とは美的に絡み合っている。過去における現実が和解的なものとなり、真実が回復されるなら、現実と真実は互いに収斂することを許されることになる。過去の芸術において今日なお経験し、解釈を通して獲得しうるものは、こうした両者の収斂した状態を示す指示に似たものにほかならない。こうした指示が現実に実現されることを保証するものは、何一つとしてない。伝統は抽象的に否定しえないものであって、伝統に対しては現状に応じて抜け目なく批判を加えねばならない。現在が過去を構成するのであってその逆ではない。現に存在し、かつて多少なりとも通用していたからという理由だけで受け入れるなら、何一つ吟味したことにはならないが、だが過去のものであるからという理由だけで片づけてしまうなら、また何一つとして解決したことにもならない。たんなる時間は基準とはならない。過去においては見通しえないほど豊かな蓄えであったものも、現在では内在的には不十分なものであることが明らかにされることがあるが、だからと言って問題の作品が誕生した時代において、その時代の意識にとって内在的に不十分なものであったということにはならない。欠陥は時間の経過と共に仮面をはがれるが、だが暴露される欠陥は客観的質における欠陥であって、趣味の変化を示すものではない。

芸術は主観の写しではないし、芸術家はその作品を超えねばならないといった言い回しに対するヘーゲルの批判には、依然それなりの正しさがあるが——芸術家が作品以下のものであり、いわば芸術家が客観化して事柄に変えたものの抜け殻にすぎないこともまれではないとしても——次のことも同じく依然として真実でありつづけている。つまり芸術作品は、それを主観が主観のうちから充たす限りにおいて成功するが、それ以外の場合にはもはや成功することはないということも。芸術の手段《オルガノン》としての主観は、信念と偶然的意識への分離といったものではない分離、つまり主観に対してあらかじめ提示されている分離を飛び超えるわけにはゆかない。だが精神的なものとしての芸術はこうした状況を通して、自己の客観的構造が主観によって媒介されることを強要される。芸術作品における主観の関与それ自体が客観性の一部にほかならない。おそらく芸術にとって不可欠である模倣的《ミメーシス》契機は、その実質からして普遍的なものかもしれないが、しかしこの契機は、個々の主観の解消しようのない特異体質的な点を通して入手する以外には手に入れようがない。芸術それ自体がその核心において行動であるなら、芸術は表現から切り離すことができないし、表現は主観なくしては存在することがない。とりわけ政治的な反省を行う個別的主観が自らの細分化と無力な状態を抜け出すことを期待して行う、論証的に認識される普遍的なものへの移行は、美的には他律的なものへの投降にほかならない。もし芸術家が抱える問題から偶然性を排除するなら、芸術家はその代りに論証的に思考する人間場合とは異り、自己と客観的に定められた限界とを乗りこえることが不可能となるという代償を支払わなければならなくなる。たとえ将来個人を原子へと解体する社会構造に変化が起ろうとも、芸術はその社会的理念を、つまり特殊なもの一般はどのようにして可能なのかという理念を、社会的に普遍的なもののために犠牲にしなければならないということにはならないであろう。特殊なものと普遍的なものとがかけ離れているかぎり、自由は存在しない。むしろこの自由が特殊的なものに例の権利を、つまり芸術家が従わざるをえなくなっている特異体質的強制以外のいかなるところにも今日美的には見出すことができない権利を、与えるのかもしれない。途方もない集団的圧力に抵抗して芸術は主観を経過するものであることを強調するものは、その際自己自身も主観主義的なベールによって覆われているかのように考えることなどけっして必要ではない。美的な対自存在のうちには進歩した集団的なものが、つまり呪縛を免れたものが潜んでいるのだ。どのような特異体質もその模倣的《ミメーシス》で前個人的な契機に従い、それ自身には意識されることがない集団的力によって生きている。たとえどのように孤立した主観であろうとも主観による批判的反省は、こうした集団的力が後退することがないよう監視するものにほかならない。美学をめぐる社会的思考は通常、創造力の概念をなおざりにしている。創造力は技術《テクノロジー》的過程の深部にいたるまで主観にほかならない。主観は凝固することによって技術《テクノロジー》に変る。主観を白紙状態のままに放置し、いわば技術的に自らを自立させることを目論む創造行為は、主観によって自己に訂正を加えることを余儀なくされる。

芸術の偽りの、つまり意図的な精神化に対する芸術の反乱は、たとえば肉体芸術を綱領としてかかげたヴェーデキントの場合に見られるように、それ自体精神の反乱にほかならない。こうした精神はたとえつねにそうであるというわけではないにしても、おそらく自己自身すらも否定する精神なのかもしれない。だがこの精神は社会の現状においては、たんに個体化の原理の力によって存在しているにすぎない。芸術における集団的共同作業といったものは考えることが可能であるとしても、芸術に内在している主観性を抹消するようなことはほとんど考えようがない。もし事態が変ることがあるとするなら、そのためには全社会的意識が、自己をもっとも進歩した意識ともはや衝突させることがないような状態に到達していることが前提となるが、もっとも進歩した意識とは今日ではたんに個人の意識にすぎない。市民的観念論哲学はいかに緻密な修正を加えたところで、独在論を認識論的に打ちやぶることはできなかった。認識論は市民的な規範的意識に合せて作られたものでありながら、規範的意識に対して首尾一貫した態度を保たなかった。芸術はこうした意識にとっては必然的にまた直接的に、〈主観内〉的なものとして出現する。認識論と芸術との間のこうした関係は裏返されなければならない。認識論は批判的自省によって独在論的呪縛を破壊することができるが、他方、芸術と主観を関連づける点は現実的には依然として、独在論によって現実なものであるかのようにたんに捏造されたものにすぎない。芸術は、それ自体としては虚偽である独在論の歴史哲学的真実にほかならない。哲学が不当にも実体化した状態を芸術によってふみ越えることは可能であるが、意図的にふみ越えることはできない。美的仮象とは、独在論によって美外的に真実と取り違えられているものにほかならない。ルカーチはこうした中心的な相違を見過しているため、急進的な現代芸術を独在論として攻撃したところで、彼の攻撃は完全な的外れに終っている。ルカーチは現代芸術と、哲学における実際の独在論的潮流や独在論的と称されている潮流とを混同している。だが同じものも哲学と芸術とにおいてはまったく逆のものとして現れる。模倣《ミメーシス》を禁止するタブーに見られる批判的契機は、今日表現一般によって拡大されかけている中途半端で微温的なものにその照準を合せている。表現的な心の動きは、体制順応主義によって熱心に享受されるようなある種の接点を生み出す。体制順応主義はこうした態度からベルクの『ボツェック』を吸収したが、この曲は、彼の音楽を一拍子といえども否定することがないシェーンベルク派に対抗するための切札として、反動的に用いられてきた。こうした逆説的な事態は、極端なまでに表現的な作品であるウェーベルンの『弦楽四重奏曲のためのバガテル』にそえられた、シェーンベルクの序文によって要約されている。シェーンベルクがこの曲を賞賛するのは、この曲が動物的な温りをしりぞけているためにほかならない。それにもかかわらずいつしかその言語によって、かつて真正な表現のために温りを拒否した作品が、こうした温りを証明する作品と見なされるようになった。こうした証明を受け入れることがない芸術は両極化した。その一方における芸術はいまだ最終的和解を拒み、緩和されることもなければ慰めを与えられることもない表現力を持つ芸術であり、そこではこうした表現力は自律的構造となっている。他方における芸術は、表現の進行する無力化を表現する構造という、表現を欠くものにほかならない。主観と表現の上にのしかかっているタブーをめぐる議論は成熟の弁証法と関連している。成熟を求めるカントの要請は、幼稚な呪縛からの解放を求めるものであるが、この要請は理性と同様に芸術にも向けられている。モダニズムの歴史は成熟を目指す努力の歴史であって、こうした成熟は幼稚な芸術に対する嫌悪感の組織化されたもの、それが強化されながら伝えられて来たものにほかならない。芸術は実用主義的で狭い合理性という尺度に従うことによってはじめて、幼稚なものとなることは言うまでもない。だが芸術は同様に目的対手段という関係のなかで目的を忘れ、手段を呪物化して目的に変る類の合理性そのものに対しても反抗する。理性原理のうちにひそむこの種の非合理性は芸術の非合理性によって、つまり非合理的なものであることを公言してはばからないが、同時にその方法においては合理的なものである芸術の非合理性によって暴露される。芸術は幼稚さを成人の理想に変えて出現させる。成熟のうちから出現する未熟さが遊戯の原型にほかならない。

モダニズムにおける技法《メチエ》は手工業的で伝統的な指針といったものとは根本的に異なる。技法《メチエ》の概念は芸術家がこの観念を公平に取り扱い、公平に取り扱うことによって伝統というへその緒をまさに切断するさいに発揮される、さまざまな能力の総体をあらわしている。それにもかかわらずこの総体はただたんに個々の作品に由来するものではけっしてない。芸術家はそれぞれ、目、耳、言語感覚によって接近する以外には、自らの作品であろうと作品に接近する仕様がない。特殊なものの現実化はつねに質を前提にしているが、質は特殊化の勢力圏を超えたところで獲得される。白紙状態《タブラ・ラサ》を独創性と取り違えるのはただ半可通の芸術愛好家に限られる。芸術作品のうちへ持ちこまれるさまざまな力の総体は、一見たんに主観的なものにすぎないかに見えるが、それはやがて現実のものとなるかもしれない作品のうちにひそむ集団的なものであって、こうした集団的なものは生産力を自由に処置することが可能である度合に応じて、作品のうちに持ちこまれることになる。モナドは集団的なものを含むが、それをのぞき見させる窓は持たない。この点は、芸術家によって加えられる批判的訂正においてもっとも鮮明になる。芸術家自身が根本的な心の動きと見なすものと戦う羽目に陥り、自己の訂正を迫られる場合が往々にして見られるが、こうしたいずれの場合においても、芸術家は社会それ自体の意識には冷淡であるにもかかわらず、社会の代理人として働くことになる。芸術家は社会的生産力を体現するものであるが、こうした場合も、生産関係によって指示される検閲によって不可避的に手足をしばられるといったことはなく、つねに首尾一貫した技法《メチエ》を用いてこうした検閲に批判を加える。作品がその作者をして対決させる個別的状況のうちの多数のものにとってはその上つねに、多数の解決策を自由に用いることが可能かもしれないが、だがこうした策は多様であるとしても、多様性は無限でもなければ見通しのきかぬほどのものでもない。技法《メチエ》は作品における悪無限を制限する。技法《メチエ》はヘーゲルの論理学の一概念を用いるなら、芸術作品の抽象的可能性と呼ばれるかもしれないものを規定して、それを芸術作品の具体的な可能性に変える。どのような真正の芸術家も彼らの技術的方法に取りつかれているのは、そのためにほかならない。手段の呪物崇拝にはそれなりの正当な契機も含まれているのである。

模倣的《ミメーシス》なものと構造的なものとは芸術における疑問の余地のない両極であり、芸術をこの両極に還元することは可能であるとしても、こうした両極性を不変の公式として用いることは不可能であること、それは次の点から認識することができる。つまり第一級の芸術作品も不変的に二つの面に還元されることなく、つねに二つの原理の間を調停することを余儀なくされているという点から。だが豊かな成果をあげているモダニズムの作品は一方の側に片寄った作品であって、二つの原理を媒介するような作品ではなかった。両者を同時に手に入れようとして努力する作品は、つまり綜合を目指して努力するような作品は一致《コンセンサス》といういかがわしい報酬を与えられたにすぎなかった。模倣《ミメーシス》の契機と構造の契機との弁証法は、一方は他方のうちにおいてのみ現実化され、両者の中間点において現実化されることはないという点において、論理学的な弁証法と一致している。構造は表現を訂正したり、あるいは表現を客観化して保護するものではなく、それは模倣《ミメーシス》的衝動のうちから計画的にではなく、いわば偶然的に生れてくるものでなければならない。シェーンベルクの言う期待が、期待を原理に変えた多くの人々に対して優位を保っているのはそのためであって、こうした原理としての期待はそれ自体が構造の原理にすぎなかった。表現主義の作品で今日まで客観的な作品として生き延びている作品は、構造的準備を行うことを断念している作品に限られている。それと同様に、人間的内容が欠けている空虚な形式にすぎない構造を表現でもって充たすことはできない。構造的準備を差し控えている作品は表現に対して冷淡であることによって表現を身につける。ピカソの立体派《キュービズム》的作品やその変形であるそれ以後の時期の作品は表現に対する禁欲によって、立体派《キュービズム》によって刺激をうけながら表現を気にかけ表現を当てにしている作品よりも、はるかに表現が豊かであると言うことができる。この問題は機能主義論争の枠をこえた問題なのかもしれない。即物性を物象化した意識の一形態として批判するのなら、こうした批判は怠惰なやり口をこっそり持ちこみ、構造的要求を緩和することによって自由な想像力と表現契機とを共に復活するような真似は、けっしてしてはならない。建築において典型的に見られる今日の機能主義は、構造を徹底的に追求し、構造をして伝統的なまたは半伝統的な形式を拒否させることを通して、表現価値を獲得させるべきであろう。偉大な建築は、純粋に自己の目的のうちから目的を建築の内容として模倣《ミメーシス》的にいわば表しているところにおいて、その超機能的言語を迎え入れている。シャルン音楽堂は美しい。それはこの音楽堂がオーケストラ音楽のために空間的に理想的な条件を作り出そうとして、オーケストラ音楽に似たものとはなっているが、音楽を頼り音楽を借用するようなことはしていないからなのだ。この音楽堂はその目的が音楽堂そのものとして表現されることによって、たんなる合目的性を超越しているが、だからと言ってこうした移行があらかじめ目的形式のために保証されていたわけではない。表現と一切の模倣《ミメーシス》を装飾的なもの、余計なものとして、つまり非拘束的で主観的なつけ足しにすぎないときめつける新即物主義的判断は、構造が表現によって充たされているような作品の場合に限って有効であるとしても、絶対的表現としての作品には有効ではない。絶対的表現としての作品は即物的なものであり、物そのものと言えるかもしれない。ベンヤミンによって憧憬の念をもって否定的に描写されたアウラという現象も、それが客観的に存在するかのように提出され、提出されることによって人をたぶらかしているところでは悪質なものとなった。つまりコマーシャル・フィルムの場合のように生産と再生産とに従い、いま、ここにしかないものに対抗している製品が、いま、ここにしかないアウラ的なものであるかのような仮象を作り出そうとしているところでは。個人的に生産されたものもまたアウラの場合と同様に扱われ、それがアウラを保存し、特殊なものをあらかじめ準備し、イデオロギーに救いの手を差しのべるやいなや、つまり十分個別化されたものに対して、あたかもそうしたものが管理された世界においてもいまだ存在するかのように見なして、好意を示すイデオロギーに救いの手を差しのべるやいなや、損われることになる。他方、アウラの理論は非弁証法的に取り扱われることによって悪用されている。この理論によって芸術の非芸術化は、芸術作品の技術的再生産時代を切り抜ける合言葉へと鋳直されている。芸術作品のもつ、いまここにおけるものという点だけが、ベンヤミンの命題によるなら芸術作品のアウラではなく、芸術作品における所与のものを乗りこえるものなら何であれすべてが、つまり芸術作品の内容もまたアウラにほかならない。内容を取り除き芸術の制作を目論むことなどできない。呪縛を解かれた作品にしてもたんなる事例を超えたものなのだ。こうした作品においてアウラ的〈崇拝価値〉に取って代るものとされている〈展示価値〉は、交換過程の成像《イマーゴ》にほかならない。展示価値を追い求める芸術は交換過程の言いなりになるが、それは社会主義リアリズムの範疇が文化産業の現状に順応していることに似ている。芸術作品によって行われる調停の否定はまた、一致した状態にある芸術作品という理念に対する、つまり遺漏なく仕上げられ統合されている芸術作品という理念に対する批判となる。一致した状態は、こうした状態の上位にある内容の真実によって破綻する。内容の真実はもはや表現に満足することもなければ、というのも表現は途方に暮れている個性を重要なものであるかのように取り扱い欺くためである、一致した状態はまた構造に満足することもない、なぜならこうした状態は管理された世界に類似しているだけでなく、それ以上のものであるから。極端な統合は仮象の極限であって、仮象が極限に至ることによって統合の急変がひきおこされる。極限的な仮象を作り出した芸術家たちは晩年のベートーベン以後、統合を解体するための力を動員してきた。かつて統合を手段《オルガノン》としていた芸術の真実内容は、今日では芸術に対して反旗をひるがえすものとなっているが、芸術はこうした転換そのものを強調の瞬間としている。だが芸術家は方向転換を迫られているにせよ、彼らがそのことに気づくのは作品そのもののうちにおいてにほかならない。作品そのもののうちで芸術家は作品から計画的なものを、つまり管理されたものを差し引いた残りと出会う。芸術家はこうした差引残高に動かされて、シェイクスピアの言葉を代弁する『テンペスト』のプロスペロウ公爵のように魔法の杖を手放すことになる。だが統合の解体によって獲得される真実は、統合の勝利と罪を通して獲得される真実と較べていささかも劣るところがない。統合の解体のうちにその場を持つ断片的なものという範疇は、偶発的な細部という範疇ではない。こうした断片は作品の全体性に逆らうものであっても、その全体性の一部にほかならない。

原註

（1）ゲオルゲ『第七の輪』Stefan George, Werke. Ausgabe in zwei Bänden, hg. von R. Boehringer, München u. Düsseldorf 1958, Bd. 1, S. 294 》Eingang《 zu 》Traumdunkel《.〔邦訳、（平凡社刊）大成7、二〇〇頁〕参照。

（2）アドルノ『プリズム・文化批判と社会』Theodor W. Adorno, Prismen. Kulturkritik und Gesellschaft, 3. Aufl., Frankfurt a. M. 1969, S. 159.

（3）アドルノ『不協和音・管理社会における音楽』Theodor W. Adorno, Dissonanzen. Musik in der verwalteten Welt, 4. Aufl., Göttingen 1969, S. 19ff.〔邦訳、（音楽之友社刊）二六頁以下〕参照。

（4）ベンヤミン『ドイツ悲劇の根源』Walther Benjamin, Ursprung des deutschen Trauerspiels, hrsg. von R. Tiedemann, 2. Aufl., Frankfurt a. M. 1969, S. 33ff. und passim.〔邦訳、（法政大学出版局刊）三三頁以下及びその他〕参照。

（5）アドルフ・ロース『全集』Adolf Loos, Sämtliche Schriften, hg. von F. Glück, Bd. 1, Wien u. München 1962, S. 278, S. 393 und passim.

（6）シラー『悲歌』Friedrich Schiller, Sämtliche Werke, hg. von G. Fricke und H. G. Göpfert, Bd. 1, 4. Aufl.,

München 1965, S. 242 »Nänie«.

(7) ヘルダーリン『ドイツ人の心が歌う』 Friedrich Hölderlin, Sämtliche Werke. (Kleine Stuttgarter Ausgabe.) Bd. 2: Gedichte nach 1800, hg. von F. Beißner, Stuttgart 1953, S. 3 »Gesang des Deutschen«. 〔邦訳、(河出書房新社刊) 全集2、三頁〕参照。

(8) ブレヒト『あとから生まれるひとびとに』 Bertolt Brecht, Gesammelte Werke, Frankfurt a. M. 1967, Bd. 9, S. 723 »An die Nachgeborenen«. 〔邦訳、(河出書房新社刊) 仕事3、二六三頁〕参照。

(9) ボードレール「かぐわしい春よ、今は色も消え失せて!」『虚無の味』 Charles Baudelaire, OEuvres complètes, éd. Le Dantec-Pichois, Paris 1961, S. 72: »Le Printemps adorable a perdu son odeur!« 〔邦訳、(人文書院刊) 全集1、一七四頁〕参照。

醜、美、技術の範疇について

芸術は美の概念につきるものではなく、この概念を充たすために美を否定するものとしての醜を必要としていたということは、今日ではきまり文句となっている。だがそう述べたところで、禁止されたものについての規準《カノン》としての醜の範疇がたやすく片づけられたことにはならない。この規準《カノン》は一般的規則を犯すことをもはや禁止することはないが、内在的な一致状態を犯すことは禁止している。この規準《カノン》の普遍性は非特殊的なものはもはや存在すべきではないとして、特殊なものに優位を与えるところにあるにすぎない。醜の禁止はいま、ここで形式化されていないもの、仕上げられていないものを、つまり生のままのものを禁じる禁止に変ってしまった。不協和は美学や単純な考え方によって醜いと形容されているが、芸術によって受け入れられているものを呼ぶ技術的用語にほかならない。醜はたとえどのようなものであろうと、芸術の契機を形成するかあるいは形成しうるものでなければならない。ヘーゲルの弟子、ローゼンクランツの著作には「醜の美学」原註(1)という表題が与えられているが、この表題はこの間の事情を如実に示している。蒼古的《アルカイック》な芸術やそれに続く牧羊神やシーレーノスの登場以後の伝統芸術、とりわけヘレニズム期の伝統芸術は、醜いとみなされていたものを素材とした描写でもって溢れている。この要素の重みはモダニズムにおいては増大の一途をたどり、そこから新しい質すら出現した。伝統美学によるなら、こうした要素は作品を支配する形式法則と衝突し、形式法則によって統合され、統合されることによって素材と対立する芸術作品における主観的自由の力ともども、形式法則を裏書きするものとされている。だが素材もより高い意味においては美となるかもしれない。たとえば素材が画面構成を通してその機能を発揮する場合とか、あるいはダイナミックな均衡を作り出す場合のように。なぜなら美はヘーゲルの常套語《トポス》によるなら、たんに結果としての均衡に絡みつくものであるだけでなく、つねに同時にこの結果を促進する緊張にも絡みつくものであるから。自己のうちで釣合いを保っている緊張を結果的に否定するような調和は、こうした否定を通して妨害するもの、偽物へと、もしそう言いたければ不調和となる。醜についての調和主義的見方はモダニズムにおいては拒絶されてきた。拒絶から質的に新しいものが生れてくる。ランボーやベンにおける戦慄的な解剖図や、ベケットにおける肉体的に耐えがたく目をおおいたくなるようなもの、現代の多くの戯曲に見られる糞便嗜好症的特徴といったものは、十七世紀のオランダ絵画に見られる農民的な露骨さとはもはや何一つとして共通した点がない。平然として醜いものも平らげる芸術の肛門的満足や誇りはすたれかけている。形式法則は醜において無力なものとして敗北を喫している。醜の範疇と必然的にそれと同様にこの範疇の対立物、つまり美の範疇とはこのように徹頭徹尾ダイナミックなものなのだ。この二つの範疇は定義による固定化を嘲笑する、つまりこれらの範疇によって、いかに間接的であろうと規範を作ろうとする美学が思いつく類の固定化を嘲笑する。任意のものを、つまり工場施設によって荒廃した風景とか、絵画によってデフォルメされた顔などをごく単純に醜いものときめつける判断は、こうした現象に対する自発的な反応かもしれないが、だがこうした判断には判断に特有の自明なものが欠けている。技術や工場地帯を醜いものとして受け取る印象については、形式的に十分な説明がなされていないが、こうした印象はとりわけ純粋に仕上げられており、アドルフ・ロース的意味において美的に非の打ちどころがないと言える、目的形式によって存続することを許されるものかもしれない。こうした印象はその起源を暴力の原理、破壊の原理のうちにもつ。定められた目的は自然が自己のうちから語ろうとするものと、それがたとえいかに間接的に語ろうとも和解的ではない。技術においては、自然に対する暴力は描写されることによって反省されているのではなく、直接目につくものとなっている。こうした事態は技術的生産力が方向転換を遂げることによってはじめて変えられるのかもしれないが、このような転換が行われるなら技術的生産力は、もはやそれが意図していた目的によって評価されるだけでなく、転換によって技術的に形成されることになる自然によっても評価されることになるかもしれない。生産力の解放は欠乏が除去された暁には、もっぱら生産を量的に強化するにすぎない次元に留まることなく、それを超えた次元において継続されることになるであろう。その兆しは実用的建造物の形や線が風景に順応させられているところに見られる。人工物のために用いられている材料がその周辺の土地から取られ、こうした材料が多くの砦や城がそうであるように周囲の環境と調和しているところでは、すでにその兆しがあらわれていると言えるかもしれない。歴史的景観と呼ばれているものが美しいのは、こうした可能性の図解としてなのだ。合理性も、もしこれらの動因を取り上げるようなことがあるなら、自らが与えた傷口をふさぐ手助けをすることもできるかもしれない。市民意識は産業によって掘り返された景観を醜いものときめつけるが、こうした判断は素朴なものであるとしても、一つの関係を的確に捉えたものと言ってよい。つまり自然が人間に、人間によって支配されていない顔を向けるところにおいて出現する、自然支配を捉えていると。掘り返された風景に対する憤激はそのため、支配のイデオロギーに順応することになる。もしいつか人間の自然に対する関係が、人間の抑圧をつづけている抑圧的特性を持ちつづけることを断念することがあるなら、こうした醜さも消滅するかもしれないが、その逆はありえない。技術が平和的なものとなるなら、技術によって荒廃した醜い世界が消滅する可能性も生れてくるかもしれないが、こうした世界のうちに計画的に自然保護地帯を作り上げたところで、そうした可能性が生れることはない。俗に一口に醜いものと呼ばれるようなものであっても、美食家的なものから解放された作品において何らかの価値をうるなら、自らの醜さを投げ捨てることができないようなものはないのである。醜さとして現れるものは第一に歴史的に古びたもの、つまり自律性を目指して進む芸術の軌道から排除され、排除されることによってそれ自体が媒介されているものにほかならない。醜さの概念は芸術を芸術の蒼古的位相から切り離すことによって、いたるところで発生したものと言えるかもしれない。この概念は蒼古的位相が、芸術が関与している啓蒙の弁証法と絡み合いながら、永続的に回帰することを強調するものにほかならない。蒼古的な醜さ、つまり今にも人間を喰い殺そうとするかのような祭式用の醜悪な顔は内容的なものであり、これらの顔が罰として自らの周囲にまきひろげる恐怖を模倣したものにほかならなかった。これらの醜い顔立ちはタブーの手段《オルガノン》にすぎなかったのが、主観が目ざめ、それによって神話的恐怖が弱まるとともに、それ自体がタブーとなる。主観が自由を求めて活動し始めるとともにこの世に出現する和解の理念を前にしてはじめて、この顔立ちは醜いものとなる。だが昔ながらの恐怖を与える姿は、自由の約束を果さずにいる歴史の中で今なお生き永らえており、この歴史のうちで主観は拘束するものの手先となって、反抗しながら依然として踏みつけにされている神話的呪縛を継承している。よい物もかつてはすべてひどい物であったというニーチェの命題や、最初に恐怖があったというシェリングの洞察は、芸術において経験されたものなのかもしれない。没落しまた回帰してくる内容は純化されて想像力や形式に変る。美はプラトン的な純粋な発端ではなく、かつて恐れられていたものを拒否することによって誕生したものであるが、こうした恐れられていたものは、それを回顧的に眺めることによってはじめてその目的《テロス》のうちからいわば出現するものであり、拒否されることによって醜さに変る。美は呪縛に対する呪縛であって、呪縛は美によって受け継がれる。醜が曖昧であるということは次のことに由来している。主観が抽象的で形式的な範疇のもとに、自らが芸術において裁いたすべてのものを従属させること、つまり同質多様な性的なものを、暴力によって作り出されたもの、死にまつわるものと同様に自己に従属させることに由来している。回帰してくるものはアンチテーゼとしての他者となるが、芸術はこの他者を欠くなら、それ自身の概念からして存在することすらなくなる。こうした他者は否定を通して受け入れられ、精神化する芸術の現状肯定的なところを、つまりかつて美のアンチテーゼであった他者に代って、いまや美のアンチテーゼとなった芸術の現状肯定的なところをむしばみながらそれに訂正を加える。醜の弁証法は美術史においては、美の範疇もまた自らのうちに呑みこむ。こうした弁証法的見方によるなら、際物とは醜としての美であり、美と同一の名称を用いながらタブー化されているものにほかならない。際物もかつては美であり、いまや敵対するものを持たぬために美と敵対しているにすぎない。だが醜の概念がこの概念の肯定的な相関概念と同様に、たんに形式的に規定されるにすぎないということは、芸術の内在的啓蒙過程ときわめて密接に関連している。なぜなら芸術が主観性によってますます支配しつくされ、芸術の主観性が自らの上位にあるすべてのものに対して、非和解的な態度を示さねばならなくなればなるほど、それだけ一層主観的理性が、つまり形式的原理一般が美的規準《カノン》となるから。[原註(2)]この形式的なものは自らの他者を顧慮することなく主観的に合法則的なものに従うが、こうした他者によって揺り動かされることなく自らに満足を与えるものを保持しつづける。つまり主観性は形式的なものによって無意識的に自己自身を、つまり自己の支配感情を享受する。満足の美学はかつて生の具体性を欠いていたが、今や芸術的対象における数学的な比率と一致する。こうした比率のうちでももっとも名高いものが造形芸術における黄金分割であり、それに等しいものとして音楽における協和音の単純な倍音比率をあげることができる。マクス・フリッシュの劇『ドン・ファン』の逆説的な副題、「幾何学への愛」は満足の美学すべてにとってふさわしい表題であると言うことができる。カント美学が告白しているような醜と美の概念に見られる形式主義は、芸術にとって無縁なものではないが、芸術はそのために代償を支払わねばならなくなる。つまり芸術は自然力の支配をたんに自然と人間に対する支配として継続するために、こうした自然力の支配を乗りこえることを余儀なくされるという代償を。形式主義的な擬古典主義は美に侮辱を加える。こうした古典主義はその概念によって美を賛美しながら、賛美している当の美を、自らの模範的な作品ですらぬぐい切れない暴力的なところ、改作的なところ、〈構成的な〉ところを通して汚す。強いられたりつけ加えられたりするものは、支配を確立しようとしている調和をひそかに否定するものにほかならない。拘束することを命令されていても、拘束力はあくまでも拘束的なものとなることはできない。醜と美という形式的特性は内容美学によって一気に取り消すことはできないが、この特性の内容は規定することができる。ほかならぬこの内容がこの特性に重みを与えているのであるが、この重みのために、美の内在的抽象性にどっしりとのしかかる素材の層によって訂正を加えることははばまれる。暴力行為としての和解、美的形式主義、非和解的な生は、同一のものが持つ三つの異る側面にすぎない。

　醜と美の形式的次元に潜在的に含まれている内容には、それなりの社会的局面が見られる。醜を許容した動機は反封建的なものであった。農民たちも芸術によって受け入れられる存在となった。やがてランボーともなると、彼の詩で醜く変形した死体を取り上げ赤裸々に醜の次元を追求しているものは、ボードレールの『殉教者』すらも凌いでいるが、彼の詩に登場する鍛冶屋などはテュイルリー宮の襲撃に際して「わたしゃ悪党さ」原註(3)と、つまり第四階級あるいはルンペンプロレタリアートであることを公然と口にしている。革命を望む抑圧された存在は醜い社会における美的生活の規範によるなら粗野であり、恨《ルサンチマン》みによってゆがめられており、拘束的な、とりわけ肉体的な労働という重荷によって押しつぶされていることを示す、ありとあらゆる下劣な特徴を身につけている人々にすぎない。文化という宴会の飲み代を支払わされている人々の人権のうちには、現状肯定的でイデオロギー的な全体に対して挑戦的な態度をとり、下劣な特徴を記憶の女神《ムネーモシュネー》に捧げて成像《イマーゴ》として持ちつづけるという権利もまた含まれている。芸術は醜いものとして追放されたものを自らの問題としなければならないが、それはもはや追放されたものを統合したり、緩和するためでもなければ、すべてのいやらしさを凌いでいやらしいものであるユーモアを通して、追放されたものをその存在と和解させるためでもない。それは醜さを自らの姿にならって生み出し再生産している世界を、醜さによって告発するためにほかならない。こうした世界それ自体においては今なお、品位を汚す行為を了解することによって現状肯定的なものが生れる可能性が持続し、それが手易く品位を汚された人々への共感へと一変しかねない有様であるが。既存社会の擁護者たちは、現代芸術に見られる吐気をもよおさせたり肉体的に不快感を与えるものを好む傾向に対して反対するが、彼らにはその論拠として、社会はすでに十分に醜く、そのため芸術は空虚な美となるべく義務づけられているという論拠以上に強力なものは、何一つとして提出することができない。新しい芸術のこうした傾向は批判的で唯物論的な動機によって貫かれたものであって、それは芸術が自律的形態を通して支配を、それがたとえ精神的原理に昇華された支配であろうと告発し、支配を追放し否定するものに対して有利な証言を行うためなのだ。こうした動機は仮象として形態化されているものの、かつて形態を超えたものであったように、形態を超えたものでありつづける。強力な美的価値は社会的な醜さによって生み出される。ハウプトマンの『ハンネレの昇天』における暗黒としての第一部は、けっしてたんなる予感ではない。この幕は偉大な否定的作品の導入部と比較しても遜色がない。こうした作品は作品として連続しながらも、否定性を保持しつづけている。既存の作品は飢えた労働者の子供たちを描いたグラフィックや、極限的状況の描写を善良な心の記録として、つまり最悪の状態に置かれようと依然として鼓動しつづけ、それによってこうした状態もまだ最悪のものではないことを約束する心の記録として取りこむことによって、否定性を片づけているにすぎない。芸術はこうした了解に対してやがて異議を唱えることになるが、それは芸術が自らの形式言語を通じて、社会主義リアリズムにおいても保存されてきた現状肯定の残り滓を除去することによる。この点が形式上の急進主義における社会的契機にほかならない。カントが芸術作品の外側にある崇高なもののうちに探し求めたような、倫理的なものを美的なものに浸透させることは、文化弁護論によって退化として誹謗されている。芸術はその発展の過程において、芸術と芸術外のものとを区別する境界線を引くことに苦労を重ねてきたが、娯楽としての芸術はそれとは逆に、こうした境界線が無効であることを思い起させるものが芸術上のすべての雑種を生み出し、きわめて激しく自衛本能を刺激しつつあるという事実を、これまで完全に無視してきた。醜いか否かについて決定を下す美的判断は社会心理学的に実証される傾向に依拠している、つまり醜さを、正当のことだが、苦悩の表現と同一視し、投影的にであるが罵倒する傾向に。ヒトラーの第三帝国はすべての市民的イデオロギーと同様に、こうした傾向もまた徹底的に利用した。地下室において虐待が重ねられれば重ねられるほどますます厳しく、地下室を包み隠している屋根の安定のために、屋根を支える柱としてのイデオロギーに対する監視が強められた。不変説はともすれば退化を口にして、非難する傾向がある。退化の反対概念として自然が取り上げられるが、自然は、イデオロギーにとって退化を意味するものによって支持されるものにほかならない。芸術は退化したものと非難されようとも、自己を弁護する必要はない。芸術にこうした非難が浴びせかけられるなら、それは芸術が健全な自然として、破廉恥な世間の成行きを肯定せず、拒否しているためにほかならない。だが芸術が自らの憧憬をいささかも放棄することなく自らに反するものを内蔵する力を持ち、それどころかこうした憧憬そのものを自らに反するものを内蔵するための力に変えることによって、醜の契機は、ゲオルゲが『悪の華』の独訳につけた序文において炯眼にも認めているように、芸術の精神化と密接に関係づけられる。「憂愁と理想」という表題はこうした関係を暗示しているが、この場合この表題の下にそれとは別に、こうした表題の形成に対して冷淡なものによる、つまり醜による強迫観念を見ることも許されないわけではない。醜は芸術に敵対的なものであるが、芸術の概念を拡大して理想の概念を乗りこえさせる芸術の動因として、芸術に敵対する。芸術における醜は芸術の理想に奉仕するものにほかならない。だが醜は、つまり芸術における残酷さはたんなる描写ではない。芸術そのものの身振りにはニーチェも承知していたように、残酷なところがある。残酷さは形式を通じて想像力となる。つまり生あるものから何かを切り取り、言語の肉体、響き、目にすることができる経験から何かを切り取る。形式が純粋なものとなり、作品の自律性が高度なものとなればなるほど、作品はますます残酷になる。芸術作品の態度をより人間的なものとし、観客となるかもしれない人間に順応したものとするようにという呼びかけが行われているが、こうした呼びかけは通例、質をふやけたものとし、形式法則を軟弱なものに変える。芸術がごく広い意味において手を加えるものを芸術は圧迫する、つまり遊戯の中に生き残っている自然支配の儀式は圧迫する。これが芸術の原罪にほかならない。それはまた残酷さを残酷に罰する道徳に向けられた芸術の永続的な抗議でもある。だが無定形のものに対して無慈悲に暴力を加えながらも無定形のものから何かを救い出し、引き裂かれたものとして無定形のものに暴力を行使する形式へと、その何かを変えるような芸術作品は成功を収めた。形式における和解的なところはその点をおいて他にはない。だが素材に加えられる暴力はかつて素材から生れ、素材の形式に対する抵抗のうちに生きつづけている暴力をまねたものにすぎない。形式化という主観的支配はこうした支配に無関心な素材に対して行われるのではなく、こうした素材のうちから読み取られるのだ。形式化という残酷な行為は神話の模倣《ミメーシス》であり、この模倣は神話を思うままに取り扱う。ギリシア精神はこの点を無意識的にアレゴリー化した。パレルモ考古学博物館にあるセリヌンテ出土の初期ドーリア様式の浮彫り《レリーフ》は、ペーガソスをメドゥーサの血から生れ出たものとして描いている。現代の芸術作品に見られる残酷さは、偽ることなくメドゥーサの蛇髪の頭を賞揚するものと言ってよいが、それは真実を、つまり芸術は自らを圧倒する現実をまえにするなら恐怖を形式へと変形することに、アプリオリに期待をかけることなどもはや許されないという真実を告白している。こうした残酷さは残酷さの批判的自覚の一部にすぎない。こうした自覚は権力者としての言葉の実現に絶望しているが、残酷さと和解したものとして権力を行使する。残酷さは芸術作品そのものの強権がゆり動かされるやいなや、芸術作品からむき出しになって出現する。美の神話的恐怖はかつてアフロディーテー・パイトンに与えられていたような、抵抗しえない力として芸術作品のうちへ入りこむ。神話の力が神話のオリュムポス的段階において無定形のものから統一へと、つまり多量のものと多数のものを支配下に置きながら、神話の破壊的なところを保存している統一へと移行したように、すぐれた芸術作品は後にそれ自体が打ち砕くものでありながら、自らの成功によって権威を獲得することを通して、破壊的なものとしての自己を保存するようになった。こうした芸術作品は陰鬱な光を放つ。美が否定性をすみずみまで支配すると、美によって否定性は征服されたかのように見える。芸術作品が美として永遠化しようと努めた一見ごく中立的に見える対象ですら、そこからは——あたかもこれらの対象は、永遠化されることによって自らのうちから生命を吸い取られることを恐れているかのように——堅固で同化しえないものが、つまり醜さがにじみ出てくるが、これらのものはとりわけ材料からにじみ出てくるものにほかならない。芸術作品はヘーゲルによって空虚な遊戯として片づけられているが、もしそのような代物になり下がるべきでないとするなら、抵抗という形式的範疇を必要とする。この範疇によって印象主義時代のような幸福な時代の芸術作品のうちにすら残酷な方法が持ちこまれるが、同様に別の面において偉大な印象主義を展開させたところの主題も持ちこまれることになる。こうした主題は穏やかな性質のものであることは稀であって、そこにはやがて絵画が狂喜しながら取り入れることを望むようになる、文明のかけらが混入している。

要するにどちらかと言えば、美は醜から発生したのであってその逆ではない。だが心理学の多くの学派が魂の概念を禁止し、社会学の多くの学派が社会の概念を禁止したように、もし美の概念が禁止されるなら、美学は美学であることを断念することになるであろう。美についての学問という美学の定義はあまりにも成果の貧しいものであるが、それは美概念の形式特性が美的なものの豊かな内容からずれているためにほかならない。もし美学がなんであれ、美しいと呼ばれるものを列挙するごく体系的な目録にすぎないなら、こうした美学は美そのものの概念に含まれている生についていかなる観念も与えてくれることはないであろう。美の概念は美的省察が狙いとしているものについては、そのうちのただ一つの契機を与えてくれるにすぎない。美の理念が芸術の本質を指摘することはあっても、だがこの理念は本質を直接語ることはない。もし人工物についてそれを美しいと判断する判断が、どのように変形したものであろうと下されることがないなら、そのような人工物についての関心はわけのわからぬ盲目的なものとなり、また芸術家にせよ鑑賞者にせよだれ一人として実際的目的の領分から抜け出すという、つまり自己保存と享楽原理の領分から抜け出すという、芸術がその構造から要求している運動を遂行するきっかけをつかむことすらなくなるであろう。ヘーゲルは美を静的に理念の感覚的あらわれとして定義し、そう定義することによって美的弁証法の運動を停止させてしまう。美は定義することもできなければ、概念となることを断念することもできないものであり、厳しい二律背反にほかならない。もし範疇を欠くなら美学はつかみどころのないものとなり、ことそこで、つまりたとえば異る社会や異る様式のなかで美と考えられてきたものを、歴史的に相対主義的に描写するにすぎないものとなるであろう。美と考えられて来たものを蒸留したところで、それによって得られる統一的特徴が美のパロディとなることは避けがたいし、場当り的につかみ取った具体的なものを最上のものと見なして、無残な結果に終るのが関の山であろう。だが美の概念が持つ宿命的な普遍性は偶発的なものではない。形式に優位を与える美の範疇はそうすることによって、あらかじめ形式主義にたどりつくよう決定づけられている。形式主義は美的対象とごく一般的な主観的定義とを一致させるが、美の概念はやがてこの一致によって苦しめられることになる。材料としての事物を形式的美に対立するものとして持ち出すことはできない。原理は帰結であって、帰結として原理の力学のうちに含まれており、その限りにおいて内容的に把握されねばならない。唯一のものであって区別されたものとしての美の形姿は、圧倒する全体と未分化の自然とに対する不安から解放されるとともに出現する。美は直接的に存在するものに対して防備を固め、触れえぬ領分を作り出すことを通して、圧倒する全体と未分化の自然に対する戦慄を救い自らのうちへ取りこむ。作品はたんなる現存在に抵抗する自らの運動によって美となる。美的に形式化する精神は自らが関与したものから自らと等しいもの、自らが理解したかあるいは自らと等しいものにすることを望んだもののみを通過させたにすぎない。この過程が形式化の過程にほかならず、そのため美はその歴史的傾向からして形式的なものであった。美は恐怖から出現し恐怖を乗りこえ、さながら自らを神域として恐怖を遠ざけるが、美をこうした恐怖に還元したところで、そのような還元は恐怖を前にするなら無力なものにすぎなくなる。恐怖は都市を包囲しその塁壁に迫る敵さながらに、美の外側に陣を築いて攻撃の機会をうかがう。美はその目標《テロス》を逃すまいと思うなら、たとえ自己自身の傾向に逆らうことがあるとしても恐怖を阻止しなければならない。ニーチェによって認識されたヘレニズム精神の歴史は不滅であるが、それはこの歴史自体が神話と精神とのあいだをくぐり抜けて行く過程を孕み、描写しているためにほかならない。アグリジェントの寺院の一つに長々と横たえられている蒼古《アルカイック》の巨人たちは、アッチカの喜劇の悪霊たちと同様にたんなる痕跡ではない。形式は神話によって屈伏させられないためにこれらの巨人たちを必要としているのであって、形式が神話にやみくもに反抗するかぎり、神話は形式のうちで生き延びることになる。重荷を負うことがない旅といったものに留まることがないような後世のすべての芸術において、こうした契機は維持され形を変えられているが、それはすでにエウリピデスにおいても見られる。彼の演劇においては神話的暴力への恐怖は一変し、浄化された美の道づれであるオリュムポスの神々となり、今やこの神々自体が悪霊として告発されることになる。その後に出現したエピクロスの哲学は神々への恐怖から意識を治療することを意図していた。だが恐ろしい自然の形姿が最初から模倣《ミメーシス》的にこれらの神々を穏やかなものとしているため、蒼古《アルカイック》の醜悪な顔や妖怪、半獣半人たちはすでに人間的なものとも似ている。半獣半人のうちにおいてもすでに秩序を与える理性が支配しているのだ。自然史は自己の同類を生き永らえさせることはなかった。半獣半人は人間的同一性のもろさを想起させるため恐ろしいが、だがそれは混沌としたものではなく、そのうちには威嚇するものと秩序とが絡み合っている。素朴な音楽に特有の繰り返されるリズムにおいては、威嚇的なものは秩序原理そのもののうちから出現してくる。蒼古的《アルカイック》なもののアンチテーゼは蒼古的《アルカイック》なもののうちに含まれており、美の作用と反作用とはそうしたアンチテーゼの一つにほかならない。芸術の質的飛躍はごくささやかな移行にすぎない。美の形姿はこうした弁証法の力によって、啓蒙の全体運動のなかで変貌を遂げる。美を形式化する法則は瞬間的な平衡を作り出すものであるが、この法則は、同一的なものである美が自らのうちから遠ざけようとして遠ざけえなかった名称の異るものと係り合いがあり、それとの関係によって妨げられながら前進してきた。美そのものより垣間見られるのは恐怖というよりはむしろ、形式のうちから光り輝く強制にほかならない。眩惑するものという概念はこの経験を指しているのだ。美が抵抗し難いものであることは最高の芸術作品が性《セックス》の昇華した結果であることによるが、こうした抵抗し難さは美の純粋さによって、美が素材と効果に対して持つ距離によって与えられる。こうした強制が内容となる。表現を抑えつけたもの、つまり美の形式的特性は両面価値的な勝利のすべてと共に変化して表現となるが、この表現のうちでは威嚇的な自然支配と自然支配を通して燃え上がる征服されたものへの憧れとが結びついている。だが表現を抑えつけたものは苦悩の表現、つまり抑圧と抑圧の消点としての死の苦悩の表現にほかならない。すべての美が死に類似しているのは、美は純粋な形式という理念のうちにあり、芸術は、多様な生にこの理念を強い、生あるものは芸術のうちで消滅するためなのだ。もし一点の曇りも知らぬ美が実現されることがあるなら、美にとって敵対的なものは完全に沈黙するかもしれないが、こうして実現される美的和解は美外的なものにとっても致命的なものとなる。この点が芸術の悲しみにほかならない。芸術は現実の和解を犠牲にして、和解を非現実的に実現する。芸術にとってなしうる究極のことは、芸術が捧げる生贄を悲しんで嘆くことにすぎないが、無力な芸術はそれ自体が生贄にほかならない。ワーグナーのワルキューレが死の使者としてジーグムントに対して語るように、美は語るだけでなく、過程であるという点においてそれ自体が死に似ている。芸術作品が自らを統合する過程は芸術作品の自律性と不可分であるが、こうした過程は全体のうちで契機が死滅していく過程と言ってよい。芸術作品において自己自身を、つまり部分としての自己を乗りこえて行くものは自己自身の没落を求めるものであって、作品の全体性とは没落の総体にほかならない。芸術作品は永遠の生命をその理念としているが、永遠の生命はもっぱら、芸術作品の領域内にある生命を絶滅する場合にのみ実現される。この点もまた芸術作品の表現に伝えられる。全体が表現の没落について語るのと同様に、表現は全体の没落の表現にほかならない。芸術作品のあらゆる細部を統合しようとする衝動を通して、解体を目指す自然の衝動がひそかに自らをあらわす。芸術作品が統合されて行けば行くほど、芸術作品のうちで芸術作品を作り上げているものはますます崩壊していく。芸術作品の成功はその限りにおいてそれ自体の崩壊であり、こうした崩壊によって芸術作品は底知れぬところを与えられる。崩壊は同時に芸術の内在的な抵抗力を、つまり遠心的な抵抗力を引き出す。美が個別的で浄化された形態によって現実化される度合はたえず少くなりつつある。美は作品の力動的な全体へと移動し、個別的なものからこのようにしてますます解放されながら形式化を推し進めているが、だがまた個別的なものに、つまり拡散的なものにも順応している。芸術において行われる相互作用は相互作用が関与する罪と償いとの循環を、形象として潜勢的にではあるが打ち破り、それによって神話を超えた状態という局面を露呈させる。こうした相互作用は循環を移調して成像《イマーゴ》に変えるが、成像は循環を反省し、反省することによって超越させる。美の形象に対して誠実であることによってこの形象に反発する特異体質が生み出される。誠実さは緊張を要求し、結局のところ緊張の緩和に背を向ける。現代の芸術のうちには緊張の喪失が指摘されているものは少くないし、こうした指摘は現代の芸術に対するもっとも手きびしい異論と言えるが、部分と全体との関係に対して無関心であるということは緊張喪失の言い換えにほかならない。こうした場合、緊張そのものを抽象的に要求したところで、そうした要求に応じて生み出される緊張はまたしても、みすぼらしい作り物めいたものに留まるであろう。緊張の概念が有効なのはつねにまた緊張状態にあるもの、つまり形式と、作品においては個別的なものが代理をつとめているところの形式の他者に対してなのだ。だが美はひとたび緊張の恒常性《ホメオスタシス》として全体的なものに書きかえられるなら、全体性の渦のうちにまきこまれてしまう。なぜならこの渦は、つまり部分と統一との連関は部分の実体性という契機を要求するか、あるいはこの契機を前提とするからであり、しかも過去の芸術がかつて前提として要求していた以上にそうするからである。過去の芸術においては緊張は確立された慣用語法の下に置かれ、現代の芸術におけるよりもはるかに潜在的なものに留まっていた。全体性は結局のところ緊張を呑み下し、イデオロギーに調和するため、恒常性《ホメオスタシス》そのものが解消されることになる。これが美の危機であり、芸術の危機にほかならない。おそらくその点に最近二十年間の芸術の努力は収斂すると言えるかもしれない。さらにその点において美の理念は、つまり自らにとって異質的であり慣習的に課されたものにすぎないすべてを、換言するなら物象化の全痕跡を排除せざるをえない美の理念は、自己を貫徹する。またいかなる美ももはや美のために存在することはないが、それは美はもはや美ではないからなのだ。否定的なものとして出現する以外には出現しえないものはそれが偽りであることを見抜く解体を、そのためまた美の理念の品位を奪い取ることにもなる解体を嘲笑する。なめらかさに対する美の苛立ち、つまり芸術の体面をその歴史を通して嘘でもって汚してきた帳尻の合った計算に対する苛立ちは、合力という契機へ向けられているが、この契機は合力を生み出す緊張と同様に芸術にとって不可欠であり、それを除外するなら芸術について考えることすら不可能となる。芸術のための芸術を拒否するための見取図が見えるものとなりつつある。こうした見取図は芸術のための芸術の作品であって沈黙するかあるいは消滅して行く作品によって、その輪郭が描き出されている。こうした作品は社会的に見ても正しい意識であって、社会主義リアリズムとなることよりも、むしろもはや芸術でなくなることを望む。

芸術は模倣的《ミメーシス》態度の隠れ処にほかならない。主観は芸術のうちで、変化する自らの自律性の段階に応じて自らの他者と向き合うが、他者から切り離されることはあっても完全に他者から切り離されることはない。芸術は芸術の源である魔術的行為を拒否するが、こうした拒否には同時に合理性が関与している。模倣的《ミメーシス》なものである芸術は合理的なものの真只中において可能であり、合理的な手段を利用しているということは、管理された世界としての合理的世界がもつ悪しき非合理性に対する反応なのだ。なぜなら自然支配の手段の総体である全合理性が目的とするものは、再び手段となることがないもの、つまり非合理的なものであると言えるから。資本主義社会はほかならぬこうした非合理性を隠し否認しているが、芸術は逆に二重の意味において真実を描き出す。つまり芸術は自己の目的の合理性によって覆い隠されている形姿を固く握りしめているという意味と、既存のものにその非合理性を、つまり非合理性の矛盾を証明するという意味において。精神によって直接介入するという妄想を放棄することは、人類の歴史において断続的にではあれ、倦むことなく繰り返されてきたが、それは芸術による記憶が直接自然へ向うことを禁止するためにほかならない。分離状態を取り消すことができるものは分離するものをおいて他にはない。それによって合理的契機は芸術において強化され、同時にその罪も清められるが、それはこの契機が現実的支配に抵抗するためなのだ。だがこの契機がイデオロギーとしてつねに繰り返し現実の支配と結託していることは言うまでもない。芸術の魔力について語られているが、芸術は魔術へ逆戻りすることにアレルギー的に反対するために、こうした議論はたんなるお喋りにすぎない。芸術はマックス・ウェーバーによって命名された世界の非魔術化の過程に、つまり合理化の過程に組みこまれている一契機を形成している。芸術の手段と制作方法はことごとくこの契機に由来している。芸術のイデオロギーが異端視する技術は芸術をおびやかすものであると共に、芸術にとって固有のものでもあるが、それは芸術の魔術的遺産が芸術がどのように変化しようと、執拗に保管されてきたことによる。芸術も技術を動員するが、こうした動員は支配が目指す方向とは逆の方向を目指すものにすぎない。伝統的な美的思考はほとんどすべて感傷的でひ弱であるが、それはこうした思考が芸術に内在する合理性と模倣《ミメーシス》との弁証法を隠してきたことによる。技術的な芸術作品をあたかも天から降ってきたものであるかのように見なして驚いてみせるといった態度は、その延長にほかならない。芸術を魔術と見なす見解と伝統的な見解は、実際上相互に補完し合うものにすぎない。それにもかかわらず芸術を魔術と見なすきまり文句は一つの真実を指摘している。こうしたきまり文句は生き永らえている模倣《ミメーシス》、つまり主観的に創造されたものとその他者、つまり措定されたものではないものとのあいだに非概念的な類似を見出すが、それによって芸術は認識の一形態として規定され、その限りにおいて芸術自体が〈合理的〉なものとして規定されることになる。なぜなら模倣《ミメーシス》的な態度が語りかけているものは、認識が自らの範疇によって同時に阻止するものではあっても、認識の目標《テロス》にほかならないから。芸術は認識のために認識から排除されたものを補充し、補充することによってまたもや認識特性を、つまり明白なものとしての自己を侵害する。芸術は今にも引き裂かれそうになるが、それは芸術によって世俗化される魔術が実際は世俗化を拒絶しており、その一方で魔術的本質の方は世俗化の真只中において神話的な残り滓へと、つまり迷信へと堕落して行くことによる。今日芸術の危機として、つまり芸術の新しい質として出現するものは芸術の概念と同様に新しいものではない。芸術がどのようにしてこの二律背反を切り抜けるか、それによって芸術の可能性とその等級は決定される。芸術は自らの概念を満足させることができない。それによってどのような芸術作品も、それが最高の作品であろうと不完全なものであるという烙印を押され、それによって芸術作品が追い求めねばならない完全なものという理念は取り消されることになる。首尾一貫したものであっても反省を伴わない啓蒙は、冷静ではあっても頑迷な実務家が実際にそうするように、芸術など投げ捨ててしまうであろう。芸術は一方からは文字通りの魔術へ後退することを迫られ、他方からは物に即した合理性へ模倣的衝動《ミメーシス》を委ねるよう迫られているが、こうした難問《アポリア》によってその運動法則は規定されている。この難問は一掃できるものではない。どのような芸術作品も過程であるが、こうした過程を深いものとするのは先の諸契機が非和解的なものとなることによる。底の深い過程は思考を通して和解の形姿としての芸術の理念に到達することができる。芸術作品にとって成功は不可能であることが強調できるために、芸術の力はもっぱらそのために自由になる。芸術は成功しえないためにのみ和解に目を向ける。芸術は合理性から遠ざかることなく合理性を批判する合理性にほかならない。芸術は前合理的なものでも、非合理的なものでもない。芸術は社会の全体性のうちへ組みこまれているために、あらかじめ虚偽であることを運命づけられ、前合理的かあるいは非合理的であるかのいずれかであるようなすべての人間的行動とは異る。合理主義的な芸術理論も非合理主義的な芸術理論も、こうした芸術を前にするなら等しく無力なものにすぎない。啓蒙的志向をそのままの形で芸術に移したところで、無味乾燥で浅薄な結果が得られるにすぎない。ヴァイマルの古典主義者や同時代のロマン主義者たちがかつてやすやすと、ドイツにおける革命的市民精神の貧弱な動きを物笑いの種とし、その息の根を止めることができたのもそのためであった。だが啓蒙主義的芸術の浅薄さも、百五十年後の偏狭な市民的芸術信仰の浅薄さに較べればその足元にも及ばない。合理主義は芸術作品に芸術の枠外の論理や因果律に基づく基準を適用し、それによって無力な論証を行い芸術作品に反対するが、こうした合理主義は死に絶えることがなかった。このような合理主義は芸術をイデオロギー的に悪用することによって誘発される。アイヒェンドルフの詩に「雲が重苦しい夢のように流れて行く」原註(4)という箇所がある。この一行に対してある時代遅れの写実的小説家は、雲を夢になぞらえることはできない、せいぜいのところ夢を雲になぞらえることができるにすぎないと異議を唱えたが、こうした手前勝手な異議など、それがたとえ正しいものであるとしても彼の詩における自然と何の関係もない。そこでは自然は内的なものの予感にみちた比喩に変えられているのだから。この詩は広い意味における感傷文学の典型となっているが、この詩の表現力を否定するものは、手探りしながら言葉と言葉の配列の価値を確認しつつ詩の中を動きまわる代りに、作品の薄明りの中でつまずき転倒することになる。合理性は芸術作品において統一を生み出し組織化する契機であり、外部で支配している合理性と関連がないわけではないが、外部の合理性の範疇的秩序を模写するものではない。外部の合理性に従うなら非合理的なものと見なされる芸術作品の特徴は非合理的精神を示す徴候ではないが、この特徴を非合理的なものと見なすことは、鑑賞者の非合理的志向を示す徴候でないとはかならずしも言い切れない。志向はむしろ志向的芸術作品を、つまりある意味において合理主義的な芸術作品を生み出すことをつねとしている。むしろ無造作であること、つまり影のように彼の領分に侵入してくる論理的命令を排除することが、抒情詩人をして自己の作品の内在的合法則性に従うことを許すのだ。芸術作品は抑圧することがない。芸術作品は表現によって、拡散し滑り落ちて行くものが現在の意識となるように手助けすることはあるとしても、こうした拡散し滑り落ちて行くものを、精神分析が批判しているように、それ自体が〈合理化する〉ことはない。実践に向けられた理性のルールを軽蔑するような非合理的な芸術に対してその非合理主義を罪として問うことは、公認されている芸術信仰が非合理なものであることと同様に、それなりにイデオロギー的なのだ。それはどのような色彩の文化官僚の必要にもそのつど応じることができる手口にほかならない。非合理なものであることによって顰蹙の的となった表現主義やシュールリアリズムといった傾向は、暴力に反対し、権威、反啓蒙主義に反対するものであった。すべての精神を目的を実現するための手段と見なし、そのため精神的なものをことごとくむさぼりつくしたファシズムは、ドイツにおいては表現主義の流れを、フランスにおいてはシュールリアリズムによって養われた流派を吸収したのは事実である。しかしこうした点もこれらの運動の客観的理念に較べるなら取るに足りないものであるのに、ジュダーノフの後継者たちの美学はこれを煽動的目的のために取り上げ故意に誇張している。非合理なものを——魂《プシュケ》のような非合理的な秩序を——芸術的に明示して形成し、そうすることによってたえずある意味において合理的なものに変えることと、ほぼつねに合理主義的な美的手段を用いて大まかに割り切ることができる表面的連関を作り上げ、そのようなことをするならかならずそうせざるをえないように非合理なことを説くこととは、全く別のことと言わなければならない。ベンヤミンの複製技術時代における芸術作品に関する理論も、その点について完全には正しい評価を下していないように見える。アウラ的作品と大量生産される作品という単純なアンチテーゼは、こうしたアンチテーゼを際立たせるためにこの二つのタイプの作品が持つ弁証法をなおざりにしているが、こうしたアンチテーゼは写真をモデルとして選ぶような芸術作品観や、芸術家を創造主と見なす同様に乱暴な芸術作品観によって足を取られることになる。ベンヤミンは最初このアンチテーゼを『写真小史』[原註(5)]において明らかにしたが、そこでは五年後の『複製技術時代の芸術』におけるほど非弁証法的に取り扱われているわけではない。『複製芸術論』は『写真小史』からアウラの定義を逐一引き継いでいるが、この写真研究は初期の写真がアウラを持つことを賞賛しつつ証明したものであった。こうしたアウラは写真が商品となることによって抹殺され、その事実が批判されることによってはじめて——アトジェによってであるが——失われたこともそこでは指摘されている。こうした指摘の方が複製芸術論において行われている単純化よりも、つまりこの研究が後に愛読され浸透して行く助けとなった単純化よりも、はるかに実態に即したものと言えるかもしれない。模写の面に好意を寄せるこうした見解は大まかすぎるため、その網の目を通ってベンヤミンがアウラの概念を導入して展開しようとしたものが持つ契機が、つまり祭式的連関にそれ自体として反対する契機が抜け落ちてしまう。それは現存在のイデオロギー的表面に対して批判的な、広く影響力を及ぼす契機にほかならない。アウラについて下されている判断は、見慣れた事物がもつ論理から遠ざかろうとしている質的に現代的な芸術を簡単に無視し、代りに大衆文化的製品を掩護するが、こうした製品のうちには利益が埋めこまれているのであって、こうした利益は社会主義的と言われる諸国の製品にもその痕跡が見られる。ブレヒトは無調や十二音技術による音楽にロマン派的表現を持つものであるかのような嫌疑をかけ、流行歌《ソング》形式の音楽を実際にこれらの音楽の上に位置づけた。こうした立場に立つなら精神のいわゆる非合理的な潮流はたやすくファシズムの側へ追いやられることになり、こうした潮流がつねに市民的物象化を利用して挑発を行いながら物象化に反対する、抗議の手段であることは見過されてしまう。東欧圏の政治と歩調を合せるなら目をふさがれることになり、大衆欺瞞としての啓蒙を見抜くことができなくなる。[原註(6)] ありのままの現象に執着しつづけるなら迷妄にとらわれることがない行動方式であろうとも、いともたやすく現象に同調しそれを賛美するものとなる。ベンヤミンの複製技術理論における二極的範疇は、芸術を根本的層に至るまで非イデオロギー的なものに変えようとする着想と、大衆搾取と大衆支配のために美的合理性を悪用することとを区別することを許さないし、そこではこうした二者択一について軽く指を触れる程度のことすらなされていないが、この点が着想という点においては雄大であるにもかかわらず、この理論の欠陥となっている。ベンヤミンはカメラのもつ合理主義を乗りこえる唯一の契機として、モンタージュの概念を利用しているが、この概念もシュールリアリズムを通して最高の興奮を惹き起したものの、映画において用いられるとその興奮も急速に衰えてしまった。モンタージュは非の打ちどころのない常識という現実を構成する要素を自由に処理し、これらの要素から別の傾向を取り出すか、あるいはもっとも成功した場合には、この傾向に潜む潜在的言語を目覚めさせる。だがモンタージュもこれらの要素そのものを爆破しないかぎり、無力なものに留まる。もしそうしたものに留まるなら、ほかならぬモンタージュこそ、唯々諾々としている非合理主義の残滓にすぎないものとして、つまり外部において仕上げられて作品に引き渡された材料に順応するものとして非難されねばならない。

　首尾一貫した美学史はいまだ存在することがないが、もし書かれることがあるなら、そうした美学史がまず記述しなければならないような首尾一貫した段階をたどって、モンタージュの原理は構造原理へと移行してきた。構造原理は解体された材料と契機とを統一するために強制されたものであるが、こうした構造原理においてもまたしてもなめらかにするもの、調和主義的なものが、つまり純粋に論理的な原理が呼び出されイデオロギーとなろうとしていることは、見過しにされてはならない。芸術も支配する全体の虚偽によって汚染されていることは、現代におけるどのような芸術も避けることができない宿命となっている。それにもかかわらず構造はその初期、つまりルネサンス時代の場合と等しく、芸術作品における合理的契機にとって今日可能な唯一つの形態にほかならない。芸術はルネサンス時代において祭式への奉仕という他律性から解放されたが、こうした解放は構造の——当時は〈構成《コンポジション》〉と呼ばれていたが——発見と関連していた。構造は権力をそのまま完全に用いることは制限されているものの、対象的認識から芸術作品という、モナドのうちへ持ちこまれた論理と因果律の代理人にほかならない。構造は多様なものが綜合されたものであり、こうした綜合は構造がわが物とする質的契機に負担を負わせるのと同様に、主観にも負担を負わせることによって果されるが、主観は綜合を行いながら綜合によって自らを消し去ろうと考える。構造は認識の過程と、あるいはむしろこの過程の認識論的解釈と密接な関係があるが、両者の間の差異も同様に明らかなのだ。芸術は本質的な判断を下すものではなく、本質的な判断を下すなら自らの概念からはみ出てしまう点において認識と異る。絵画の構図《コンポジション》を含む広義の構成と構造は区別されるが、それは構造がたんに外部からつけ加えられるすべてのものを征服するだけでなく、すべての内在的な部分的契機にいたるまで容赦することなく征服するという点による。その限りにおいて構造は主観的支配の延長であるが、この支配は支配を推し進めれば進めるほどなおいっそう徹底的に自己自身を覆い隠す。構造は現実の要素を要素本来の連関から引き離し、要素がそれ自体として統一体となることができるところまで、つまり作品の外部において要素に他律的に課されていたが、作品の内部においても同様に出現してくるような統一体となることが、それ自体として可能となるところまで要素を変える。芸術は構造を通して自らの力によって絶望的に自らの唯名論的状況から身を離そうとする、つまり偶然なものにすぎないという感情を振り切り、上から覆いかぶさるような拘束的なものへと、言い換えるなら普遍的なものへと到ろうとする。そのため芸術は要素を還元することを必要とするが、こうした還元はやがて要素を衰弱させかねないし、凱歌を挙げることはあっても存在することがないものに対する凱歌になりかねない。カントの図式論によって隠れた主観と呼ばれている、抽象的に超越的な主観が美的な主観となる。それにもかかわらず構造は元来表現主義的傾向のアンチテーゼであった、その一例としてモンドリアンの名をあげることができるような、構成主義的傾向に見られるように、美的主観性を批判的に制限する。なぜなら構造が成功して綜合となるためには、綜合はいかに嫌われようとも要素のうちから、つまり自らに無理強いされたものには完全に従うことがない要素のうちから、読み取られなければならないから。構造が有機的なものを幻想的なものとして拒否することは至極当然のことと言ってよい。疑似論理的な一般性のうちに隠されている主観はこうした拒否という行為の担い手であって、主観が結果として表されているかどうかということはどうでもよいことにすぎない。一切の構成主義によって認識されるはるか以前に、こうした真に弁証法的な関係を認識し、芸術作品の主観的成功を主観が芸術作品のうちで消滅する点に求めていること、その点はヘーゲル美学のもっとも深遠な洞察の一つに数えられる。芸術作品が単に主観的なものにすぎない理性を突き抜ける場合がもしあるとするなら、それは芸術作品が現実へ接近する場合ではなく、このように主観が消滅する場合にほかならない。それが構造のユートピアなのだ。つまり構造が統合されたものを滅ぼすこと、構造に生命を与えてくれる唯一のものである過程を停止するという傾向を必然的に持たざるをえないこと、こうした構造の欠陥が構造のユートピアとなる。今日の構成的芸術に見られる緊張の喪失は、ひ弱な主観から生れた結果であるばかりでなく、構造の理念からひきおこされた結果でもある。構造が仮象に対して持つ関係がその原因にほかならない。構造は自己以外のものは何一つとして許すことがない自らのほとんど留まることを知らない軌道の上で、自己を唯一の現実的なものに変えようとするが、他方、構造は外的な技術的目的形式を借用してほかならぬ自らの純粋な原理を作り上げる。だがこうした構造は目的から自由なものとして、芸術によってそのうちに囚われつづける。純粋に構造化された厳密に即物的な芸術作品は、全工芸的作品の不倶戴天の敵と言えるアドルフ・ロース以来、目的形式を模倣《ミメーシス》しているために工芸的なものと見なされているが、目的を欠く合目的性はイロニーとなる。こうしたイロニーとなることを阻止するためにこれまで役立ったものはただ一つしかなかった。主観的理性への主観の論争的介入、つまり主観が自己を否定しようとしているもののうえへ主観を明示しているものをあふれるまでそそぎこむしかなかった。こうした矛盾を取り除くことではなく、それを解決することを通してのみ、芸術は曲がりなりにも今後とも自らを維持することができるのだ。

　即物的芸術となることを強制するものは目的と結びついた媒体《メディア》にけっして満足せず、自律的な媒体《メディア》へと手を伸ばした。このように強制するものは人間的労働の産物としての芸術を、つまり物であることを望まず、事物のうちの事物であることを望まぬような産物としての芸術をまず簡単に否定する。即物的芸術という言葉は元来一個の撞着語法にすぎない。だがこの語法の展開が現代芸術の総体にほかならない。芸術は魔術的段階の残滓である自己の魔力が、世界の非魔術化によって直接的に感覚的に現存することを否定されながらも、こうした契機を消し去ることもできないという事実によって動かされている。芸術の模倣《ミメーシス》はもっぱらこうした魔力という契機によって維持されるものであるが、模倣《ミメーシス》的なものは自らの存在を通して自らにとって絶対的なものとなった合理性に批判を加え、その批判によってその真実を手に入れる。現実的なものであれという要求から解放された魔力は、それ自体啓蒙の一角を形成する。魔力の仮象は魔術を脱した世界の非魔術化を行う。これが今日出現している芸術をつつむ弁証法的エーテルにほかならない。保管されて来た魔術的契機を真理と見なす要求を断念することによって、美的仮象は美的真実へと書き換えられる。かつて本質に向けられていた精神の行動方式の遺産のうちに芸術の生き永らえる好機《チャンス》がひそんでいるが、この好機は本質的なものを認識する仲立ち、つまりそれをタブー化することが合理的認識の進歩と同一視されているところの本質的なものを、認識する仲立ちとなる。魔術を脱した世界においてはこの世界が認めることがなくとも、事実としての芸術はスキャンダルであり、この世界にとって許しがたい魔術の写しにほかならない。だが芸術がこの事実を平然と背負いこみ、盲目的に自らを魔術として提出するなら、芸術は真実であるとする自らの主張に反して自らを幻想的行為にすぎぬものへとおとしめ、なおいっそう自らの墓穴を掘る羽目になる。魔術を脱した世界の真只中においては芸術の言葉であるなら、士気を高めるようないかなる激励も含むことがない最悪の言葉ですら、ロマンチックなものに聞える。ヘーゲル美学の歴史哲学はロマン主義的な段階を最終段階として構想しているが、彼の歴史哲学の言う最終段階は今日では、反ロマン主義的な段階にほかならないことが証明されている。だがその反面、反ロマン主義的段階はその暗黒面を通してのみ魔術を脱した世界を凌ぐことができるにすぎない、つまりこの世界が商品の呪物的特性というこの世界を圧倒する現象を通して生み出す魔力を根絶しうるにすぎない。芸術作品は現に存在することによって、自らを現に存在することがないものの現存在であると仮定し、そう仮定することによってこうした現存在が現実に存在していないという事実と衝突することになる。だがこうした衝突はジャズ・ファン流の想像力によるなら思いもよらぬものと言ってよい。ジャズ・ファンは、彼らの趣味に合わぬものは魔術から脱した世界と一致していないために現代的ではないと考える。彼らの考えとは逆に、真実であるのはこの世界に合わぬものに限られているのだ。芸術の萌芽の前提となったもの一般と歴史の状況とは、今日とは別の形でかつて調和していたにせよ、現在ではもはや一致することがないし、またこうした不調和は両者を順応させることによって取り除くこともできない。不調和を激化させることこそむしろ真実にほかならない。逆に非芸術化は芸術にとっては、自己を売り渡す芸術にしても何事にも動じることがない芸術にとっても内在的なものであって、それはいわゆる純粋で直接的な内面性を援用したところで断ち切りえない、芸術の技術至上主義的傾向に従うものにほかならない。芸術の技術という概念が台頭してきたのはごく最近のことであった。美的自然支配が自己自身を意識するフランス革命後の時代においては、この概念はいまだ見られないし、ましてやその事実など見出されないことは言うまでもない。芸術の技術という言葉は、技術に子供っぽく熱中して技術的時代というレッテルを貼りつけている時代に、つまり社会の構造を直接決定するのはあたかも生産力であって、生産力を束縛している生産関係もそれと同様に決定するものではないかのように、こうしたレッテルを貼りつける時代に芸術が気楽に順応していることを示すものではない。第二次大戦後のさまざまな現代的な運動においては稀なことではなかったが、美的な技術至上主義が技術的革新の代りに芸術そのものの科学化を追求しているところでは、芸術は無力なものとなっている。科学者なかんずく物理学者なら自己流の術語に酔っている芸術家たちに対してそれが誤用であることを証明し、芸術家が彼らの方法のために利用している物理学の術語が、術語の指す事態と一致していないことを指摘することなどたやすいことであった。芸術の技術化は主観から、つまり迷妄をさまされた意識やベールとしての魔術に対する不信から生み出されたものであるが、それと同様に客観から、つまり拘束するものとしての芸術作品はどのようにして組織されるべきかという課題から生み出されたものでもあるのだ。芸術がこうした組織的なものとなる可能性は、現代にまで生き永らえてきた伝統的な方法が没落するとともに疑わしいものとなった。だがカントが一般的に美的なものと同一視した例の目的対手段の関係という意味に従って、徹頭徹尾芸術作品を組織化することを約束する技術至上主義が出現した。芸術の歴史は物質的生産における技術革命に似た瞬間を知らないことはないものの、技術が外部から芸術の助っ人の役目をかって入りこんで来るといった事態は、かつて全く見られないことだった。芸術作品の主観化が進行するとともに、伝統的方法によって芸術作品を自由に処理する方法も成熟してきた。技術化はこうした自由な処理を原理として推し進める。こうした技術化は自己を正当化するために次の事実を援用することができる。つまりすぐれた伝統的な芸術作品はパラディオ以来たんに断続的に技術的方法についての意識と結合してきたにすぎないが、それにもかかわらずやがて伝統的方法が技術至上主義によって破壊されることになるまでの間は、その技術的仕上げの程度に応じて真正なものとなったという事実を。歴史を振り返って見るなら技術が過去において芸術を構成するものであったことが、文化イデオロギーが承認する以上にはっきりと見分けることができるが、文化イデオロギーはその言葉によるなら芸術の技術的時代と呼ばれる時代を、かつて存在していた人間の自発性を継承する時代、その没落の時代として描き出した。たとえばバッハの場合、音楽の構造と当時この音楽に完全に適合していた演奏法を自由に操ることができた技術的手段との間に裂け目のあることが、おそらく指摘されるかもしれないが、こうした点は美的歴史主義に対する批判にとって重要な点となる。だがこの種の洞察によって入り組んだ全体をおおいつくすことはできない。バッハは高度に発展した作曲技術へと到達しているが、そうした技術へと彼を導いたのは彼の経験であった。逆に深い意味において蒼古的《アルカイック》と呼ぶことを許される作品においては、表現は技術と融合しているだけでなく、同じく技術を欠くものやあるいは技術がいまだ実現するに至っていないものとも融合している。遠近法以前の絵画の場合、その効果は表現されたものの深みによるものなのか、あるいは貧しさに、つまり不十分な技術によるものなのか、こうした技術もつねに又それ自体が表現となるのであるが、こうした点について議論を戦わせることは無駄なことと言わなければならない。蒼古《アルカイック》の作品は一般的にその可能性が開かれておらず制限されているが、こうした作品においてはまさに可能性が制限されているために、技術はつねに事柄を現実化するために不可欠な程度には存在していても、それ以上に存在することはないように見える。この点が蒼古《アルカイック》の作品に欺瞞的な権威を与えているのであるが、こうした権威によって人は欺かれこうした権威の前提条件である技術的局面を見落すことになる。蒼古《アルカイック》的作品の前では、そこにどのような意図がこめられ不可能であったものは何であるのかを問おうとしても、沈黙することを余儀なくされる。事実、客観化されたものを前にしていても、こうした問を通して眺めるなら必ずそれを見誤ることになる。だがこうした問いかけが降伏せざるをえないということ、そこに反啓蒙主義的契機が含まれているのだ。リーグルによる芸術意図という概念は、美的経験を抽象的で超時間的な規範から救い出すという点では有益であったが、この概念を維持することはむずかしい。この概念は作品において、作品によって意図されていたものが何であるかを決定することはほとんどできないし、決定することができるとしてもごく稀にすぎない。ヴィラ・ジューリア美術館に所蔵されているエトルリアのアポロン像が持つ荒々しく硬直したところは、意図されたものであるなしにかかわらず内容を本質的に規定するものなのだ。それにもかかわらず技術の機能は変化し、それに合せてその結びつき方も一変する。技術の機能は十分に展開されるなら、芸術における制作の優位を確立するものとなるが、その点において創造にかけるどのように表象される感受性とも異っている。技術は、抑圧されている制作不可能なものを芸術が変化する段階に応じて踏みにじっている限り、芸術の敵になりうる。だが芸術の技術化ということは、浅薄な文化保守主義が好んで主張するように制作することが可能となるという意味に取るなら、その意味を汲みつくしたことにはならない。自然を支配する主体の延長された腕である技術化は、芸術作品に主体の直接的言語を放棄させる。技術至上主義的合法則性は、芸術作品を創造するたんなる個人といった偶発的なものを押しのける。伝統主義が魂を奪う過程と見なし伝統主義を憤激させているのと同一の過程が、その最上の作品においては芸術作品をして語らせているのであって、こうした作品から今日喋り散らされているような心理学的なものや人間的なものが語りかけてくることはない。物象化と呼ばれているものが徹底させられている場合、それは事物の言語を探求することにほかならない。物象化と呼ばれるものは、人間的な意味に優位を与えることによって根絶されるあの自然の理念に、潜勢的にではあるが接近していく。旗幟鮮明なモダニズムは精神的なものを模写する領域から身をもぎはなし、意味を持つ言語によっては語りえぬものの領域へと移行して行く。パウル・クレーの作品は卑近な過去におけるおそらくそのもっとも重要な証言かもしれないが、彼もまた技術至上主義的意図を持つバウハウスの一員であった。

おそらくアドルフ・ロースが意図していたように、またそれ以来技術至上主義者たちが喜んで繰り返しているように、現実の技術的対象が美を持つと現在教えられているが、こうした教育はこれらの対象について、美的神経支配としての即物主義の神経を逆なですることを述べているに等しい。こうした教育は形式的な調和とかあるいはその上堂堂とした偉大さといった曖昧な伝統的範疇に従って価値を測るが、こうした範疇と歩調を合せるような美は現実的合目的性を犠牲にして、つまり橋、あるいは工場プラントのような目的をもって作られたものが自らの形式法則を追求しながらも従っている現実的合目的性を犠牲にして顧みない。目的を持つ作品がたとえどのように美しいと言われようとも、それが自らの形式法則に忠実に従っているためであると言われるなら、それは失われたもののために作品を弁護して気安めを言うことに等しい。つまりそれは即物主義そのものの良心のやましさのあらわれにすぎない。自律的でもっぱらそれ自体が機能的である芸術作品はそれに反して、自己の内在的目的に従ってかつて美と呼ばれていたものを獲得しようとする。目的と結びついた芸術と目的から自由な芸術とは互いに区別されているにもかかわらず即物主義による神経支配を共有しているが、自律的で技術至上主義的な芸術作品の美は疑わしいものとなり、このような芸術の典型である目的を持つ作品はこうした美を持つことを断念している。このような美は機能を欠きながら、機能的に働くという実験を行うものにほかならない。機能を欠きながら機能的に働くものには、外的な目標点が欠けているため、内的な目標点も萎縮し痕跡にすぎなくなる。他者のために作用するものとしての機能的働きは余計なものとなり、自己目的としての装飾にすぎないものとなる。この場合、機能的なものという契機そのものがサボタージュされるが、機能的なものは部分から出現する必然性、つまり部分的契機が何を望み、何を目指すかによって方向を決定される必然性にほかならない。即物的芸術作品が目的的芸術から借り受けている例の均衡のとれた緊張は、きわめて深刻な影響を受けることになる。こうしたすべてによって、それ自体機能的に形成しぬかれている芸術作品とその作品が機能を喪失しているという状態との間の不適合が明らかになる。それにもかかわらず機能の美的模倣《ミメーシス》は、主観的に直接的なものを頼ることによって取り消せるようなものではない。そのようなものを頼りにしたところで、個々の人間とその心理学とがそれを圧倒する社会的客観を前にしてどれほどまでイデオロギー的なものとなっているかが暴露されるにすぎない。その点について即物主義は正しい意識を持っている。即物主義は危機に見舞われているが、この危機は即物主義を人間的なものに置き換えることを求めている合図ではない。即物主義を人間的なものに置き換えるなら、そのような人間的なものはたちまち気安めにすぎないものへと堕落するであろう、つまり現実的に強化されている非人間性に相関的に加担するものにすぎなくなるであろう。だがその深刻な結末を先取りして考えるなら、即物主義は野蛮な前芸術的な状態を目指すものにほかならない。際物、装飾、余計もの、華美に近いもの、これらのものに対して拒絶反応を示す美的に極度に敏感なアレルギーのうちにすら、フロイト理論が文化にひそむ破壊的不快感と呼ぶ野蛮という局面が含まれている。即物主義の二律背反は、進歩と後退とが絡み合っている啓蒙の弁証法の例の一端を証明している。こうした野蛮なものは文字通り野蛮なものにほかならない。芸術作品は完全に即物化されるなら、その純粋な合法則性によってたんなる事実にすぎなくなり、事実となることによって芸術であることを取り消されることになる。こうした危機から、芸術は転落して芸術であることをやめるか、それとも芸術自体の概念に変更を加えるべきなのかという、二者択一が出現してくる。

原註

（1）カール・ローゼンクランツ『醜の美学』Karl Rosenkranz, Aesthetik des Häßlichen, König sberg 1853.

（2）ホルクハイマー／アドルノ『啓蒙の弁証法・哲学的断章』Max Horkheimer und Theodor W. Adorno, Dialektik der Aufklärung. Philosophische Fragmente, 2. Aufl., Frankfurt a.M. 1969, passim.

（3）ランボー『鍛冶屋』Arthur Rimbaud, Œuvres complètes, éd. R. de Renéville et J. Mouquet, Paris 1965, S. 44 »Le Forgeron«. 〔邦訳、（人文書院刊）全集1、四一頁〕参照。

（4）アイヒェンドルフ『薄明り』Joseph von Eichendorff, Werke in einem Band, hg. von W. Rasch, München 1955, S. 11 »Zwielicht«.

（5）ベンヤミン『写真小史』Walter Benjamin Kleine Geschichte der Photographie, in: Angelus Novus. Ausgewählte Schriften 2, Frankfurt a.M. 1966, S. 229 ff. ders., Das Kunstwerk im Zeitalter seiner technischen Reproduzierbarkeit, in: Schriften, hg. von Th. W. Adorno und G. Adorno, Frankfurt a. Main. 1955, Bd. 1, S. 366 ff. 〔邦訳、（晶文社刊）著作集2、七〇頁以下〕参照。

（6）前出『啓蒙の弁証法』Dialektik der Aufklärung a. a. O., S. 128 ff.

自然美

シェリングの美学は芸術の哲学と呼ばれているが、美的関心はシェリング以来、芸術作品にその中心を置いてきた。『判断力批判』においてはそのもっとも鋭い一連の定義はいまだ自然美に拘泥していたが、こうした自然美が理論の主題とされることは今日ではもはや皆無に近い。だが自然美を主題とすることが困難となったのは、ヘーゲルの説によるなら、自然美が実際より高度のものへ止揚されたためにほかならない。自然美は追放されたのだ。自然美という概念は傷口にふれ、かならずその傷口によって純粋な人工物である芸術作品が生の自然に加えている暴力のことも共に考えさせずにはおかない。芸術作品は徹頭徹尾人間によって作られたものであって、その外見からも作られたものではないものと、つまり自然と対立している。しかも純粋なアンチテーゼとして、両者は互いに相手に注目するように命じられている。つまり自然は芸術作品によって媒介され対象化された世界という経験に注目し、芸術作品の方は自然によって媒介された直接性の代理としての自然に注目するように。そのため自然美についての意識は芸術理論にとって不可欠なのだ。全くの逆説であるが、自然美の観察はほとんどテーマとすること自体が時代遅れで退屈で、古くさいことに見えるが、他方、すぐれた芸術はその解釈をひっくるめて、古い美学が自然に帰属させていたものを自己に同化させることを通して、以下のことが意識されることを妨げる。つまり内在する美的なものを超えたもののうちにその場を持ちながら、内在するものに自らの前提として帰属するものが、意識されることを妨げる。芸術信仰という名称はヘーゲルによって発明されたものであるが、芸術信仰は十九世紀においてはイデオロギー的なものへと移行した。それは芸術作品において象徴的に獲得される和解によって、満足が与えられることを意味しているが、こうした満足は自然を抑圧する代償として与えられるものにすぎない。自然美は自由と人間の尊厳という概念による支配が拡大して行くとともに、美学から消滅した。この概念はカントに始り、シラーとヘーゲルによってはじめて首尾一貫した概念として打ち立てられ、美学へ持ちこまれたものであるが、その概念によるなら、自律的主体が自己自身に負うもの以外にはこの世において尊重すべきものは何一つ存在しないことになる。だがこうした自律的主体にとっての自由という真実は同時に虚偽となる。こうした自由は他の主体にとっては束縛にほかならない。そのため、自然美に背を向けることによって芸術を精神的なものとして捉えることが可能となり、芸術観における測り知れない進歩が生み出されたにもかかわらず、こうした離反には破壊的契機が、自然一般に背を向ける尊厳の概念の場合と同様に、必ず含まれることになる。シラーの論文、『優美と尊厳について』はきわめて重要な論文であることに変りはないが、この論文における追求はその点で打ち切られている。観念論によって惹き起された美的荒廃は、ヨーハン・ペーター・ヘーベルのような観念論の犠牲者のうちにまざまざと見て取ることができるが、美的尊厳を欠くものという烙印を押されたこれらの犠牲者たちは、観念論者たちの目にはあまりにも有限的なものに見えた彼らの生活を通して、美的尊厳自体の偏狭な有限性を証明することによって、その尊厳の死を超えて今日なお生き永らえている。主観によって支配しつくされることがないものはすべて干からびていく様が、つまり観念論の暗い影が美学におけるほど明瞭にあらわれているところはおそらくどこにもないかもしれない。もし自然美のために再審請求がなされ、請求が取り上げられることがあるとしても、こうした再審は動物としての人間が獣性を乗りこえ自己を向上させることが尊厳なのだといった解釈を示すことになるであろう。尊厳は自然経験を前にするなら、主観の地位を横領するものにすぎないことが露見するが、こうした横領は主観に屈服することがないものを、つまり質を単なる材料に引きずりおとし、芸術がそれ自体の概念からして必要とするものである質を、全く曖昧な可能性にすぎないものとして芸術から一掃する。人間は尊厳を与えられることによって肯定的な存在となるのではないし、尊厳はたんに、いまだ人間によって実現されていないものとして存在するにすぎない。カントが尊厳を英知的特性に含め、経験的特性には帰属させなかったのはそのために他ならない。尊厳は下賜される尊厳へと急速に移行し、現実に存在する人間に、レッテルのように貼りつけられるものとなったために、十八世紀精神の持主であったシラーは疑いの目でもってそれを眺めていたが、尊厳にこうした烙印が押されることによって芸術は真・善・美の舞台となった。つまり美的反省によって不動のものが、幅は広いが汚れている精神の主流によって翻弄されているものの片隅へと押しやられる舞台となったのである。

隅々まで作られたものである、つまり人間的なものである芸術作品は、生れるもの、つまりたんに主観的ではないもの、カント的に言えば物自体と呼ばれるかもしれないものの代理をつとめる。自然がいつか自然とならねばならないように、芸術作品は自己と同一のものとして主観の一部となる。他律的な素材であることから解放され、とりわけ自然的対象であることから解放されることによって、つまりどのような対象も芸術にとって捉えうるものとなることを求める権利が主張されることによって、芸術ははじめて自己を支配しうるものとなり、精神によって媒介されることがない未加工の部分は、芸術から取り除かれることになった。だがこうした進歩の軌跡は、同一のものとなることをいさぎよしとしないものをことごとく根こそぎにしてしまうため、荒廃の軌跡でもあった。二十世紀に入って、かつて真正な芸術作品でありながらテロ行為まがいの仕打ちをうけ、観念論によって軽視されていた芸術作品があらためて想起され、それによって荒廃の事実が確認された。カール・クラウスは荒廃させられた言語による作品を救済することを目論んだが、こうした目論みは資本主義のもとで抑圧されているもの、つまり動物、風景、婦人を擁護する彼の態度と重なり合っていた。美的理論による自然美の指向はそれに見合うものなのかもしれない。芸術の真の経験は、いかに困難であろうとも捉えねばならない例の層についての経験を欠くなら、つまり自然美という色あせた名称を与えられていた層の経験を欠くなら不可能になるという点についての理解が、明らかにヘーゲルには欠けていた。だがこうした経験の実質は、モダニズムにおいてはその深部にまで入りこんでいる。探究が芸術作品であり、芸術形而上学となっているプルーストにおいては、サンザシの垣根をめぐる経験が美的特性をもつ原現象の一部となっている。真正の芸術作品は、自己を完全に第二の自然とすることによって自然との和解という理念にふけるが、そうした芸術作品はつねにいわば一息つこうとするかのように、自己のうちから踏み出そうとする衝動を感じていた。同一のものとなることは芸術作品にとって決定的な言葉ではないと考えるために、真正の芸術作品は第一の自然より慰めの言葉を得ようとした。その例として『フィガロの結婚』における戸外で演じられる最後の幕や、『魔弾の射手』におけるアガーテがテラスに出て星のきらめく夜空に気づく瞬間などをあげることができる。こうした深呼吸が媒介されたもの、因襲の世界にどれほど依存するものであるか、それは一目瞭然であると言ってよい。長期間にわたって自然美に対する感情は、整備、整頓された世界に突き当って自己へ投げ返される主観の苦悩とともに強められてきた。この感情は世界苦の痕跡をおびている。カントですら、因襲的に自然と対立するものとされている人間の手によって作られた芸術に対して、多少ではあるが軽蔑感を抱いていた。「たとえ芸術美が形式に関しては自然美を凌ぐにせよ、直接的関心を喚び起すのは自然美だけであるというところに、芸術美にまさる自然美の長所がある。そしてこの長所は、すでに道徳的感情を陶冶しているすべての人の洗練された根本的な考え方とよく一致するのである。原註(1)」これはまるでルソーの言葉のように聞えるが、次の文章にしてもルソー的であるという点においてはそれに劣らない。「芸術作品を極めて的確、精緻に判断するほどの趣味を具えた人が、虚栄心やまたいずれにせよ社交的な喜びを満足させてくれるような美しい品物で飾りたてた室にあえて背を向け、自然の美に心を寄せ、十分には展開できないものの思考をくりひろげて、自己の精神に対するいわば無二の悦楽を自然のうちに見出すとしよう。そのときわれわれは彼のこの選択そのものに敬意を払い、またこの人のうちには美しい魂が宿っていると考えてよい。美術通とか芸術愛好者たちは、芸術対象に対して関心をもつためにこうした美しい魂をわが物として誇ることができないのである。原註(2)」作品から踏み出すという身振りにおいて、こうした理論的文章にはその時代の芸術作品と共通するところがある。カントは崇高さを自然の一部と見なしただけでなく、おそらくそれとともにたんなる形式的な遊戯を抜け出している美であるなら、どのような美も自然に帰属させていたのかもしれない。ヘーゲルと彼の時代はそれに反して、十八世紀の人間によって自明なものと見なされていたものとは異るところの芸術概念を、つまり〈虚栄心や社交的な喜びを満足させる〉ような芸術概念を獲得した。だがヘーゲルをはじめとする人々はそれによって、カントにおいてはいまだ妨げられることなく市民的革命精神によって、つまり作られたものを欠陥品と見なす精神によって表現され、作られたものはこの精神にとっては完全に第二の自然とはなっていないために、第一の自然の形姿を保存しつづけている経験を取り逃してしまった。

　自然美の概念はそれ自体が歴史的にいちじるしく変化するものであるが、その点をもっとも端的に示すものとして次の事実がある。人工物の領域として元来自然美の概念に対立するものと見なされねばならない領域、つまり歴史的景観という領域は、おそらく十九世紀においてはじめてそうなるのかもしれないが、自然美の概念のうちに組みこまれることになった。歴史的建造物は地理的環境ととけ合っていることが多く、またたとえば石のような材料から作られているため環境と似ていることもあって、美しく感じられる。芸術の場合と異り、これらの建造物には中心となるような形式法則は見られないし、こうした建造物が計画的に配置されていることもめったにない。だが概して経済的、物質的条件が時折芸術形式をおのずと作り出すことがあるように、教会あるいは広場を中心とした建物の配置が結果的に芸術的な効果を生み出していることも、時折ではあるが見られないこともない。世間一般の見方によるなら自然美は処女性と結びつけられているが、歴史的建造物にこうした特性が含まれていないことは確かなことと言ってよい。さまざまの歴史的景観には景観の表現としての歴史、形式としての歴史的連続性が刻みこまれているのであって、芸術作品においては常にそうであるように、これらの景観をダイナミックに統合しているのは歴史にほかならない。こうした美的層を発見し、この層を集団的意識に帰属させるといったことが行われ出したのはロマン派の時代にまで溯るが、おそらくそれは遺跡崇拝をきっかけとして始ったのかもしれない。ロマン派の没落と共に中間領域である歴史的景観も客寄せの道具にまで落ちぶれ、パイプオルガン演奏会や伝道会場の背景として用いられる代物にすぎなくなる。支配的なものとなった都会生活はイデオロギー的補完物として、都会的なものに従いながらも市場社会によって加えられた傷痕をその額に記していないものを吸収する。だがそのため喜んでどのような古い壁を眺め、どのような中世の家並を眺めても、その喜びには良心のやましさが混じることになるが、それにもかかわらずこうした喜びの気持は、自己をいかがわしいものと見なす洞察を超えて生き永らえる。功利主義によって奇形化した進歩によって地球の表面に暴力が加えられているかぎり以下のことを感じとったところで、つまりこうした趨勢が出現する以前のそれとは無関係のものは、こうした趨勢に遅れているために人間的なものでありすぐれたものであるといったことを、事実は逆であるかのように行われているすべての立証にもかかわらず感じ取ったところで、感じ取ったことを完全に受け入れるには至らない。合理化はいまだ合理的なものとはなっていないないし、媒介は普遍化しているが、生き生きとした生へと転化されていない。こうした事態によって古びた痕跡としての直接性に、それがたとえいかにいかがわしく時代遅れのものであろうと、矯正の権利という契機が与えられることになる。憧憬はこうした痕跡としての直接性によっていやされ、その痕跡によって欺かれ、偽りの充足であることによってそれ自体が悪となるが、既存のものによってたえず加えられる拒絶を通して自らが憧憬であることを立証する。だが歴史的景観がそのもっとも底力のある抵抗を示すのは、美的に歴史を捉える歴史の表現が、過去における現実的な苦悩を刻みつけている場合かもしれない。制限するものの強制力を忘れることは許されないために、制限されたものの姿が人を喜ばせる。制限されたものの形姿は警告にほかならない。歴史的景観は建物がいまなお残されているうちからすでに廃墟に似ているが、こうした景観からは、建物が建造されて以来沈黙しつづけている無言の悲嘆が切々と訴えかけられているのだ。今日ではどのような過去との美的関係もこうした関係と切り離しようのない反動的傾向によって毒されているものの、過去という次元に属するものを廃物として清算するような非連続的な美的意識は、もはや役に立たなくなっている。歴史的記憶を欠くなら美は存在することすらなくなるであろう。人類が解放され、とりわけ一切の国家主義を免れることがあるなら、そうした人類になら罪を負うことなく、過去ともども歴史的景観もまた与えられることが可能となるかもしれない。自然において歴史を離脱し歴史によって抑制されることがないものとして出現するものも、一定の歴史的段階に属するものであるが、自らが属する段階においては社会という織物の目がこみ入っており、そのため生あるものは窒息死を恐れてこの歴史的段階に対して攻撃的な態度をとる。自然が人間と対立し人間を圧倒しているような時代においては、自然美には存在する余地すらない。農業は出現する自然を直接的な行動の対象とするものであるが、それを業としている人間が風景に対しては関心すら持たないという事実はよく知られている。自然美は俗に非歴史的なものと言われているが、それなりの歴史的核心を含んでいるのだ。この事実によって自然美は自らの概念を相対化すると同様に、自然美として認知されることになる。自然が現実的に征服されていないようなところでは、征服されることがない自然の形姿は恐怖の的以外の何物でもなかった。左右対称の秩序を与えられた自然は不審の目で眺められてきたにもかかわらず、古くから愛好されてきたのはそのためにほかならない。感傷的な自然経験は唯名論の精神に共感を抱きながら、不規則的なもの、非図式的なものに喜びを感じてきた。だが人間は文明の進歩によってたやすく欺かれ、いまなおどれほど無保護の状態に置かれているのか気づかないでいる。自然によって与えられる幸福は、主観をそれ自体のために存在しそれ自体を潜勢的に無限なものとして捉える主観についての観念と絡み合っていた。こうした主観は自己を自然の上に投影し、引き裂かれながらも自己を自然に近いものとして感じる。社会が石化して第二の自然へと変るにつれて主観は無力になるが、こうした無力であることが、いわゆる第一の自然へ向けて主観が逃走する原動力となる。自然の暴力に不安を感じることは主観の解放が意識されるにつれて時代錯誤的なものと見なされるようになるが、こうした見方はカントにおいて始った。自然に対する不安感は、多年生植物のように出現する拘束するものへの不安にその場を譲ることになった。自然美をめぐる経験のうちではこの二つの不安感は混ぜ合されているのである。自然経験の正体が曖昧なものであり、自己の正体を示すことができないものであればあるほど、芸術はそれだけいっそう自然経験のための前提条件となる。ヴェルレーヌの、〈海は大聖堂《カテドラル》よりも美しい〉という詩句は高度な文明の段階を示しているが、この詩句は――自然が自然経験を認めようとしない人間たちの手によって作られたものと関連づけられ、それを照らし出すやいなやつねにそうであるように――救いをもたらす驚きを与えてくれる。

自然美がどこまで芸術美と絡み合ったものであるかについては、自然美に向けられた経験によってはっきりと証明されている。自然美の経験はもっぱら現象としての自然と結びついたものであって、労働の素材としての自然や生命を再生産する素材としての自然と結びつくことはないし、いわんや科学の土台としての自然と結びつくようなことはけっしてない。自然をめぐる美的経験は芸術経験と同様に、形象をめぐる経験にほかならない。現象的な美としての自然が行為の対象として認められることはない。芸術は自己保存という目的を放棄するものであることが強調されているが、こうした放棄は美的自然経験においても見出される。その限りにおいて自然経験と芸術経験との相違はさほど大きなものではない。芸術の自然に対する関係からは、自然の芸術に対する関係からと同様に媒体が取り出されなければならない。観念論が信じさせようとしたこととは異り芸術は自然ではないが、だが芸術は自然によって約束されたことを果そうとする。芸術は自然の約束を断ち切り取り消すことを通してその約束をわが身に引き受け、そうすることによってのみ約束を果すことができるにすぎない。芸術は否定的なものによって、つまり自然美の欠乏によって霊感を与えられているというヘーゲルの定理は、真実と言える。事実そのため、自然がたんに社会に対するアンチテーゼとしてのみ定義されているかぎり、現象としての自然はいまだ全く存在しないに等しいということも真実なのだ。自然がいたずらに望むだけで終ることを芸術作品は完成する。芸術作品は自然の目を開いてやる。現象としての自然自体は自己が行為の対象として役に立たなくなるやいなや、憂鬱や平和あるいはその他さまざまの表情をあらわにする。芸術は自然を追放して肖像に変えることを通して自然の代理となる。自然主義芸術はどれも自然に近いように見えながらまやかしにすぎないが、それは産業と同様に、自然を処理して原料に変えてしまうことによる。自律的作品に見られる経験的現実に対する主観の抵抗はまた、直接的現象としての自然に対する抵抗でもある。なぜならこうした自然において出現するものは経験的現実と一致することがないためであるが、それはカントのスケールは大きいが矛盾に充ちた観念によるなら、物自体は〈現象〉の世界と、つまり範疇的に構成された対象と一致することがないということと似ている。芸術の歴史的進歩は、市民時代の初期にロマン主義の運動から発生したばかりの自然美をむしばんでしまった。ヘーゲルによる自然美蔑視は若干ではあるが、そうした傾向をゆがんだ形で先取りしたものなのかもしれない。美的なものとなった合理性、つまり合理性に従って作品となる材料を覆っている内在的な構成は、結果的に美的態度における自然の契機と似たものへたどりつくことになる。常套句《トポス》の使用を批判的に放棄すること、個々の作品におけるそれ自体の極限を目指す仕上げ、主観化の成果といったこれらの一見合理的に見える芸術の傾向は、作品それ自体を完全に支配する主観によっておおい隠された自然的なものへと近づけるが、けっして模倣を通して近づけることはない。〈起源こそ目的なのだ〉という言葉にもし当てはまるものがあるとするなら、芸術こそそうしたものと言ってよい。自然美の経験は少くともその主観的意識によるなら、あたかも直接起源に接しているかのように思われる、自然支配以前のものであるということ、それによってこの経験の長所と短所とは書きかえられることになる。自然美の経験はおそらくかつて存在することなどけっしてなかった支配なき状態を想起させるために、短所は長所となる。この経験がほかならぬこうした状態を想起させることを通して、無定形のものへと溶解して行くことによって、つまり精神を生み出し支配なき状態において実現される自由の理念一般をはじめて与えてくれた無定形のものへと溶解することによって、長所は短所となる。自然美による自由の回想《アナムネシス》は人を惑わすが、それは過去の隷属状態のうちに自由を見出そうとするためにほかならない。自然美は想像力のうちに移され、移されることによっておそらく償われることになる神話にほかならない。鳥の歌声はすべての人に美しく思われる。わが身のうちにヨーロッパ的伝統が多少なりとも生き永らえていることを感じる者なら、雨あがりにつぐみの鳴き声を聴けば、かならず心を動かされることであろう。それにもかかわらず鳥の歌声のうちには人に驚きを与えるところがあるが、それは鳥の歌声が歌を歌う声ではなく、鳥の自由を捉えている呪縛に従うものにほかならないことによる。押し寄せてくる渡り鳥のうちにも、昔ながらの予言が、それもかならず禍の予言が見て取れるために、驚きを与えるところがある。自然美の曖昧なところは内容的には神話の曖昧さをその起源としている。そのためひとたび自己に目覚めた精神は、もはや自然美によって自己を満足させることはできない。芸術は自己の散文特性が増大するにつれて完全に神話から自己を解放し、それとともに自然の呪縛からも解放するが、自然の呪縛は主観の支配を通してまたもや継続されることになる。運命としての自然から流れ出すものとなるなら、その時はじめて芸術は自然の再生に役立つことになる。芸術が主観の対象として仕上げられる度合が増し、主観の単なる意図が放棄される度合が増すにつれて、芸術はいっそう明快に、概念的でもなければ不動の意味を持つこともない言語をモデルとして語るようになる。感傷的な時代において使い古されてはいるが美しくもある隠喩によって、自然の書物と呼ばれていたものにおいて書き記されているのは、こうしたモデルとしての言語と同一の言語なのかもしれない。人類はその合理性を目指す軌道をたどりながらこの軌道を通して、芸術のうちに、合理性によって忘れ去られながら合理性が第二の反省を通して想起するものを認める。こうした発展の消点となるのは、それはもちろん新しい芸術の一局面の消点にすぎないが、自然は美しいものとして模写されている類のものではないという認識にほかならない。なぜなら現象として出現してくる自然美それ自体は形象にすぎないから。自然美を模写するということは同語反復にすぎず、それは現象としての自然美を対象化することによって、同時に自然美を排除することを意味している。藤色の荒野やさらには絵に描かれたマッターホルンといったものは際物に感じられるが、こうした反応はけっして不可解なものではなく、それはこのように概念的に説明されるような主題をはるかに超えるものと言ってよい。こうした反応は自然美の模写は一般的に不可能であることによって、刺激されて惹き起されたものにほかならない。こうした模写に対する不快感は極端な模写を前にするならはっきりとした形をとるが、その反面、自然の模写がよい趣味と呼ばれる範囲内に留まるなら不快感はさほど感じられない。だがドイツの印象主義者が好んで描く緑の森に、ホテルの部屋飾りとしての絵に描かれたケーニヒ湖をしのぐ品位があるとはとうてい言うことはできない。フランスの印象主義者たちはなぜ純粋な自然をごく稀にしか主題として選ばないのか、バレリーナやジョッキーといったごく人工的なものか、あるいはシスレーの冬の自然のような死んだ自然と向き合うことがない場合、彼らはなぜ風景に、たとえばピサロの場合のように、形式の構成的抽象化に寄与した文明的エンブレムを加えて風景画を作り上げるのか、その理由を正確に感じ取っていた。自然の模写を禁止するタブーは抜け道の狭いものとなりつつあるが、こうしたタブーが自然の形象をどこまで巻きぞえにしていくのか、その点を見通すことはむずかしい。ルノアールによって自然の知覚そのものに変化が生じたというプルーストの洞察は、この作家が印象主義から慰めを受け取っていた事実を物語っているだけでなく、そこには人間関係の物象化にどのような経験も感染し、文字通り絶対的なものとなりつつあるのではないかという恐怖もまた含まれている。どのように美しい女の顔も映画スターを真似れば醜いものとなるが、今日では結局のところ、映画スターによって顔の大量生産が行われているに等しい。自然の経験はそれが完全に個人的なものとして、あたかも管理の手から自らを守るようにして行われているところにおいてすら人を欺きかねない。自然美は自然美が全面的に媒介される時代に入ると、自然美の戯画にすぎなくなる。自然美に対して畏敬の念を抱くのは、自然美が商品の刻印でもっておおわれている限り、とりわけ自然美を観察することに対して禁欲的にならざるをえなくなる。よしんば風景画が過去において真正の絵画であったことがあるとしても、おそらくそれは静物としての風景画に限ってのことであろう。静物としての風景画においては、自然は歴史的なものすべてが持つひ弱さを示す符丁としてではないにしても、歴史的なものを示す符丁としてかつて読まれていた。旧約聖書に見られる形象禁止には神学的側面と並んで、美的側面も含まれている。自らの像を描いてはならない、つまり物の像を描いてはならないという禁止は、同時にこうした像自体が不可能であることを物語っている。自然において出現するものは芸術によって形象化されるなら、それによってほかならぬ自然経験を満足させる自然自体であることを放棄せざるをえなくなる。芸術は風景を、風景そのものの否定の表現として描く場合にのみ、現象としての自然に忠実なものとなる。「風景のデッサンを眺めながら書きつづった詩句」原注(3)というボルヒァルトの言葉は、比類なくしかも衝撃的にその点を語っている。たとえばコローの場合のように自然と幸福に和解しているかに見える絵画にしても、こうした和解は瞬間的なものを示す指数にすぎない。永遠化された芳香といったものは逆説なのだ。

自然から出現してくる直接的なものとしての自然美は、自然に帰れというルソー主義に従うなら危険にさらされることになる。技術と自然を対立させる通俗的なアンチテーゼは人を著しく誤らせかねない。このアンチテーゼにおいては以下の点が判り切ったこととされている。人の手が触れることがなく、人間の保護によってなだめられていないようなアルプスの氷河や岩せつ斜面といったものは、他ならぬ産業廃棄物の山と、つまり社会的に承認されている美的な自然への欲求が避けて通る産業廃棄物の山と等しいとされている。無機的宇宙というものがどのような産業的様相を呈しているかについては将来明らかにされるかもしれない。その場合、自然概念はそれでもなおつねに牧歌的なものでありつづけるにしても、この概念は地球的なものへと拡大され、全体化した技術の刻印を帯びたものとなるなら、小さな島の方言に似たものとして取り残されることになるであろう。技術は最近の市民的性道徳の図式を借用して自然を強姦したものと言われているが、こうした技術にしても、もし生産関係が変るなら自然を援助し、みじめな地球の上で自然をおそらく自然が希望しているのかもしれない状態へと導く助けとなりうるかもしれない。意識が自然経験に対抗できるのは、印象主義絵画の場合と同様に、意識が自然の傷痕を自己のうちに含む場合に限られる。自然美という固定的な概念も傷痕を含むなら、それによって動き出すことになる。この概念は、すでにもはや自然ではなくなったものを通して拡大される。さもなくば自然は人を欺く幻影にすぎないものとなる。死んだ物に対する現象として出現する自然という関係は、自然の美的経験にとって受け入れやすい。なぜならどのような自然経験のうちにも実際に社会全体がひそんでいるからである。社会は知覚に図式を与えるだけでなく、そのつど自然と呼ばれるものをあらかじめ対照や類似を通してつくり上げる。自然経験は限定された否定の能力によって同時に本質を規定されている。技術の拡大とともに、実際にはさらにそれ以上に交換原理の全面的拡大とともに、自然美はますます自己と対照的な機能や、自然美が戦ってきた物象化された物によって統合されていく。自然美はかつて絶対主義時代にもてはやされた弁髪や櫟の並木道といった代物に抵抗して作り上げられた概念であるが、この概念が力を失ったのは、いわゆる人間生来の諸権利を旗じるしとして市民階級が解放された十八世紀以来、経験的世界の物象化の傾向が弱まらず逆に強化されたためにほかならない。批判的鋭さを欠いたり、観光産業という言葉によって代表されている交換関係に組みこまれているような直接的な自然経験は、拘束力を持つことがない中立的で弁明的な経験にすぎなくなった。

つまり自然は自然保護地帯となり、自然の不在を証明するアリバイにすぎなくなってしまった。媒介されているものによって直接性を搾取された自然美はイデオロギーにすぎない。その上、こうした自然美に見合う自然美についての経験も、自然美を無意識的なものと見なす補完的なイデオロギーに従うものにほかならない。人間が自然に対してある程度の感受性を持つということは、市民的慣習によるなら人間の価値に数えられることであるが、このことはおおむね、道徳的にナルシズム的に満足していることの現れにすぎなくなってしまった、つまりこれほど感謝し喜ぶことができるのは、自分が善良な人間である証拠であるというわけなのだ。そうであるなら自然に対する感受性など、萎縮してみじめなものとなった経験を証言しているにすぎない、結婚通知の美辞麗句をことごとく美しいものと感じる感受性と、五十歩百歩のものにすぎない。こうした自然経験は自然経験の核心を歪めているものにすぎない。組織された観光旅行《ツーリズム》の場合、自然経験の余地などいささかなりとも見出すことはむずかしい。自然、とりわけ自然の静けさを感じ取ることは稀な特権となり、この特権がその上商売として利用しうるものになってしまった。だからと言って、自然美の範疇までもたやすく断罪されたことにはならない。自然美の範疇について語ることは反感を招きやすいが、こうした反感のうちでももっとも強力なものは、自然美への愛が生き残っているところにおいて見られる。景勝地において〈何と美しいのか〉といった言葉を口にすることは、その土地の沈黙している言葉を傷つけ、その美を減少させることに等しい。現象としての自然は沈黙することを望むが、他方、沈黙は自然を経験しうるものたちを強制して言葉を求めさせ、その言葉を通して束の間であれ、モナド的拘束状態から自己を解放しようとする。自然の形象は生き永らえているが、それは人工物によって行われる、自然の形象を救い取る自然の完全な否定が、不可避的に以下のものを見てとることを、つまり市民社会を超え市民社会の労働と商品を超えたところにおいて出現するものを、見て取ることを妨げることによる。自然美は社会に内在し、社会によって媒介されたものであるにもかかわらず、市民社会を超えたもののアレゴリーでありつづける。だがこうしたアレゴリーが和解の実現された状態とすり替えられるなら、そのようなアレゴリーは非和解的な状態をおおい隠し、こうした状態においても美は可能であるかのように、こうした状態を正当化するための姑息な手段にすぎなくなる。

〈おお、何と美しいのか〉といった感嘆の言葉は、ヘッベルの詩において〈自然の祝祭〉原註(4)を妨げるものと呼ばれているが、こうした言葉は芸術作品を前にしている張りつめた精神にはふさわしくあっても、自然を前にした精神にはふさわしくない。無意識の知覚は、自然の美について意識的知覚以上のことを知っている。無意識的な知覚も連続的に行われるなら、自然の美が突如として時折であるが、消滅することがある。自然の観察は集中的に行われれば行われるほど、たとえその自然が強制的に与えられたものでないとしても、自然美を感じ取る度合は徐々に減少する。見事な自然美で名高い展望台などは期待をもって登ってみたところで、たいていは失望させられることになる。注意深く観察することによって行われる対象化は語りかけてくる自然を損うものであるが、こうしたことは結局のところある程度まで芸術作品にもあてはまる。芸術作品は持続的時間のうちにおいてしか、この観念はベルグソンがおそらく芸術経験から引き出したものかもしれないが、完全に知覚されることはない。だがもし自然がいわば盲目的にしか眺めようがないものであるなら、美的に不可欠であり、同時に蒼古的なものの痕跡でもある無意識的知覚や想起は、合理性を身につけることによって確立される人間的成熟と両立しえないものとなる。美的経験にとっては純粋な直接性だけでは十分とは言えない。美的経験は本能的なものと並んで意図的なものも、つまり意識の集中もまた必要とする。こうした矛盾は取り除きようがない。すべての美は分析を加えることによって徐々に一貫して解明されて行くが、分析はこうした美を再び本能的なものとして分類することになるし、もし分析に本能的なものという契機が隠され内在することがないなら、こうした分析は何らの成果もあげることができないであろう。美を前にしての分析的反省は、美のアンチテーゼを通して持続的時間をふたたび確立する。分析は最終的に、完全なものであって自己を忘れ去った無意識的なものである知覚を前にするなら出現してくるような美にたどりつくことになる。分析はこうした美にたどりつくことによって、芸術作品が客観的に自己のうちで描く軌道を主観的に再度描くことになる。美的なものについての妥当な認識とは、緊張状態を作り出すことによって自己の内部に生じる客観的過程を過程そのものとして、自発的に完成させることにほかならない。美的態度を持つためにはその前提として、自然美に馴れ親しむ少年期が、つまり自然美のイデオロギー的局面に背を向け、自然美を人工物と関連させて救う少年期が必要なのかもしれない。

直接性と慣習との対立が尖鋭化し、美的経験の地平が開かれてカントにおいて崇高と呼ばれているものへと拡大されたとき、自然現象は美として意識にのぼり、壮麗で人を圧倒するものとなった。こうした自然現象のあり方は歴史的には一時的なものにすぎなかった。カール・クラウスに見られる論争的な精神が、おそらくそれはペーター・アルテンベルクなどの現代的様式と重なりあうものかもしれないが、雄大な風景を礼賛することを自己に対して禁止したのはそのためであった。この文化批評家は登山家を当然のことながら疑いの目で眺めていたが、おそらく登山家にのみ損われることなく与えられるかもしれないような登山の喜びなど、彼が知らなかったことは言うまでもない。大自然に対するこうした懐疑は明らかに、芸術家気質に由来している。こうした気質は洗練されるにつれて、観念論的哲学において支配的な行動方式となっている、雄大な構想や範疇を作品の内容と同一視するやり方に対して冷淡になる。両者を取り違えることはいつしか、審美眼の欠乏を示す指標となった。カントがいまだ感嘆したり、道徳律になぞらえたりしていたような自然の抽象的な偉大さといったものも実体を見透され、市民的誇大妄想の反映にすぎないもの、記録を好む心、質より量を優先させようとする態度、市民的英雄崇拝といったものの反映にすぎないものと受け取れるようになった。自然における偉大さという契機は、見る人それぞれに全く異ったものを与えるもの、つまり人間支配の限界を示し全人間的営みの無力を想起させる何かを与えるものであるが、自然を偉大なものとして捉えるならこうした点は見落されることになる。ニーチェは好んでシルス・マリアへ登り、「標高二千メートルだ、これは人間より二千メートル上に立ったということだ」といった言葉を口にしているが、その点は彼によってすら見落されていた。自然美の経験はこのように流動的なものであるため、この経験は芸術と同様に理論がもつどのような演繹主義も一貫して拒む。不変の概念を用いて自然美を固定化しようと意図するものは、わたしはぶらつきながら芝生の新鮮な緑を知覚しているのだ、と報告するフッサールの文章のように失笑を買うだろう。自然美について語るものはともすればいかがわしい詩をものしかねない。自然において美と醜とをあえて区別しようとするのは杓子定規の人間にすぎないにしても、だがこうした区別を立てることを一切やめるなら、自然美の概念は内容空疎なものにすぎなくなるであろう。偉大な形式といった範疇のような範疇にしても——これはおそらくもっとも真正の知覚であるかもしれない、自然における美の微物研究的知覚と矛盾するものであるが——たとえば古い美学が思い描いていたような数学的な対称関係といった範疇にしても、自然美の基準を与えてくれることはない。だが普遍的概念を規準《カノン》にしようとも自然美は規定しえないということは、自然美の概念そのものが普遍的概念を拒むものをその実質としているためにほかならない。人間の手によって作られたものすべてが凝固して自然となるなら美となりうるように、いかなる自然の断片も内部から輝きながら美となることができるが、こうした点からも自然美の本質は規定しえないものであることが明瞭に示されている。自然美のこうした表現は形式的釣合いとは、ほとんどあるいは全くと言ってよいほど関係がない。だが同時に美として経験された個々のどのような自然の対象も、あたかも全地球上における唯一の美であるかのように出現する。どのような芸術作品も、こうした美として経験された対象を引きつぐものにほかならない。自然のうちにおいては美と美ならざるものとを範疇として区別することはできないが、他方、美のうちへ沈潜することを好む意識はこうして区別を立てるよう強要される。自然美のうちに質的相違がもし求められるなら、それは人間の手によって作られたものではないものが語りかける度合のうちに、つまり自然の表現のうちに求められねばならない。自然において美しいのは、文字通りその場に存在するもの以上のものとして出現するものにほかならない。こうした客観的表現も感受性を欠くなら存在しないも同然かもしれないが、だがこうした客観的表現は主観へ還元されるものではない。自然美は主観的経験を通して客観に優位を与えるものなのだ。自然美は強制的に拘束するものとして知覚されるが、同様に不可解なものとして、つまり解消することを期待して問いかけられる不可解なものとしても知覚される。この二重特性は完全に芸術作品へと受け継がれているが、自然美からこれほど完全に芸術作品へと受け継がれているものは皆無に近い。この点から見るなら芸術は自然を模倣するものではなく、それに代って自然美を模倣するものとなる。自然美は自らが解くことなしに示すアレゴリー的意図とともに、つまり意味ではあっても指示的な言語の場合とは異って、自己を対象化することがない意味とともに深まる。こうした意味はヘルダーリンの〈ハールトのはざま〉[原註(5)]のように、徹頭徹尾歴史的本質を持つのかもしれない。木立にしてもそれが過去の出来事を示す、たとえいかに漠然としたものであろうと、しるしに思われるような場合、美として——他の木立よりも美しいものとして——区別される。一瞬のあいだ太古の獣に見えるが次の瞬間にはたちまちそれらしいところなど見当らなくなるような岩にしても、そう見えない他の岩より美しく思われる。ロマン主義的経験の次元に属してはいても、ロマン主義的哲学や志向を離れても通用するようなものは、こうした歴史的な点に根ざすものにほかならない。自然美においては自然的要素と歴史的要素とが、さながら音楽や万華鏡のように変化しながら絡み合っている。自然的要素は歴史的要素に取って代り、歴史的要素は自然的要素に取って代るが、自然美を生かしているのは二つの要素の明瞭な関連ではなく、変動にほかならない。自然美はさながらシェイクスピアの演劇が見せてくれる雲、あるいは稲妻を捉え続けているかのように見える、光り輝く雲の縁に似た光景なのだ。こうした雲は芸術によって模写されたものではないが、シェイクスピアの演劇は雲そのものの代りとして、雲の芸術を上演しようとつとめる。シェイクスピアはハムレットと廷臣との会話のうちで、この点に触れている。自然美は中断された歴史であり、歩みを止めた生成にほかならない。芸術作品のうちに自然に対する共感が存在することを正当に認めさえするなら、芸術作品はかならず自然感情に語りかけてくる。ただこうした感情は聖典解釈における同化と似ているにもかかわらず、既視体験と見まがうほど儚いものにすぎないが、それは束の間のものであるときおそらくもっとも確かなものとなるのかもしれない。

フンボルトは次の点においてもまた、カントとヘーゲルとの中間に位置している。彼は自然美に固執するが、だがカントの形式主義に反対して自然美を具体的なものとして捉えようと努める。彼の『バスク論』は不当にもゲーテの『イタリア紀行』によって影に覆われてしまったが、そこで展開されている自然批判は真剣なものであるため、百五十年後の今日でもなお滑稽感を与えることがない。フンボルトは雄大な一面岩におおわれた風景について、ここには木がないと言って非難している。「この町の佇まいは美しいが、だがこの町には山がない」といった詩句にとっては、同じ風景もおそらく五十年後には人の心を魅了しているだろうといった類の言葉は、嘲笑の的以外の何物でもない。人間外の自然に対して人間の判断力を行使することを禁じえないような態度は素朴なものであるにせよ、こうした態度が持つ自然との関係はそれにもかかわらず、満足し切って自然に感嘆する態度とは比較にならぬほどはるかに誠実なものであることを証明している。風景を前にして理性的な態度を示すことは、たんに合理主義的で調和主義的な時代趣味を前提としたものにすぎないと、つまり人間の外側にあるものすら人間に同調するものとして仮定する時代趣味を前提としたものにすぎないと一見疑われても仕方がないが、たんにそうしたものに留まらない。だがこうした理性はそうした前提を乗りこえ、自然をそれ自体意味あるものとして解釈する自然哲学によって、つまりゲーテがシェリングと共有していたような自然哲学によってすみずみまで侵され、またそれによって生気あるものとなっている。このような自然観と同様に、この観念を生気あるものとしている自然の経験もまたもはや再び取り戻すことはできないものである。だが自然に対する批判は、自己を絶対視して肩で風を切るような精神の傲慢さのたんなる現れではない。こうした批判はわずかではあるにせよ、対象を手がかりにして行われたものにほかならない。自然におけるいかなるものも美として捉えることができるということは真実であるとしても、同様にトスカーナの風景はゲルゼンキルヒェン近郊のそれよりも美しいという判断もまた真実であると言うことができる。自然美の衰退と自然哲学の没落とはおそらく無関係ではないのかもしれない。だが自然哲学はたんに精神史の成分として死滅しただけではない。自然哲学と自然による幸福とを等しく支えていた経験が根底から変ってしまったのだ。自然美は教養と類似した事態に遭遇していると言ってよい。自然美もまたその拡大による不可避的結果を通して、空洞化することを余儀なくされている。フンボルトの自然描写はどのような自然描写と比較してもいささかの遜色も見られない。荒々しく波打つビスケー湾の描写は崇高さについて語るカントのもっとも力強い文章と、ポーによる大渦巻についての描写との中間に位置している。だがこうした描写はその歴史的瞬間と結びついたものであって、二度と繰り返されることはない。ヘーゲルやゾルガーは曖昧なものとなりかけている自然美から、自然美とはつまらぬものであるという結論を引き出したが、こうした判断は間違っていた。ゲーテはさらに、絵画にふさわしい対象とふさわしからぬ対象とを区別することを意図し、その結果、モチーフを無闇に列挙するとか写実的な風景画を賛美するといった誤りを犯して、洗練された趣味の持主であるヴァイマル版ゲーテ全集の編者たちを辟易させることになった。自然についてのゲーテの判断は分類的で狭いものであったが、だが彼の判断は具体的であるという点において、教養によってすべてを平均化し何もかもひとしなみに美しいと見なす評価をいまなお凌いでいる。たしかに絵画の発展という強制が加えられることによって、自然美の定義はねじ曲げられることになった。際物の絵によって日没まで病んでいるといった、才気走っているがありふれた指摘がごく頻繁に繰り返されてきた。自然美の理論は不運に見舞われてきたが、その責任は自然美をめぐる訂正可能で浅薄な反省のうちにあるのでもなければ、探究の貧しさのうちにあるのでもない。自然美はむしろその不確定的なところによって、つまり概念の不確定的なところと同様に対象の不確定的なところによって確定されている。自然美の曖昧さは定義のアンチテーゼとしての曖昧さであって、そのため自然美は確定しえないが、その点において音楽にきわめてよく似ている。こうした自然と音楽との非対象的な類似からもっとも深い効果を引き出したのが、シューベルトの音楽にほかならない。音楽の場合と同様に自然においても、美はきらめきながら出現し、物のように捉えようとするとたちまちにして消え去る。芸術は自然も個々の自然美も模倣することがないが、自然美そのものを模倣する。この点によって自然美の難問《アポリア》にとどまらず、美学全体の難問《アポリア》が指摘されることになる。美学の対象は定義しえないもの、否定的なものとして定義される。そのため芸術は自己が語りえぬものを語るために、芸術を解釈してくれる哲学を必要とするが、他方、芸術が語りえぬものを語ることができるのは、芸術がそれを語らぬ場合に限られる。こうした美学の逆説は対象から美学へと口移しされたものにすぎない。「美はおそらく、事物のなかの定義し得ないものの盲目的な模倣を要求する。」[原註(6)] 自然における任意のものについて、これは他のものよりも美しいと言うことは野蛮であるとしても、区別しうるものとしての自然における美の概念は、それにもかかわらず目的論的に自己のうちにこうした野蛮を孕んでいる。だが他方、自然の美に対して盲目的な人間が俗物の典型であることには変りはない。こうした盲目的態度が見られる原因は、自然の言語が不可解であるところにある。自然美はこのように不十分なものであったために、ヘーゲルの段階説に従うなら、強調的な芸術に動機を与えるものとして関与したのかもしれない。なぜなら芸術においてはすべり落ちていくものが客観化され、引用されて持続的なものとなるから。その限りにおいて芸術は概念であるが、ただこの概念は論証的論理における概念とは異っている。自然美を前にした思考は、主観の短所でもあり主観の客観的な長所でもあるその短所を通して、自然美の不可解なところが芸術において反省され、このような反省を通して概念のために、たとえそれ自体概念的なものとしてはまたしても確定されることがないとしても、確定されることを要求する。ゲーテの『旅人の夜のうた』は比類のない作品であるが、それはそこでは主観がさほど多弁ではないということによるのではなく——主観はそこではどのような真正な作品もそうであるように、作品の全体を通してむしろ沈黙しようとしているかに見える——主観が主観の言語によって、自然のいわく言い難い言語を模倣していることによる。もし規範が中立を装う常套句を超えたものであるべきなら、規範の意味するところは、詩においては形式と内容とは一致すべきであるということ以外にはないのかもしれない。

　自然美は、普遍的な同一性という呪縛によって捉えられている事物における、非同一的なものの痕跡にほかならない。こうした呪縛が支配するかぎり、非同一的なものが肯定的に存在することはない。そのため自然美は離散したもの、不確定なものに留まるが、その反面、自然美によって約束されるものは人間の内部に属するものすべてを凌ぐ。美を前にして感じられる苦痛は、どこにおけるよりも自然経験のうちでひときわ痛切に感じられるが、こうした苦痛は、美が自然経験を通して自らの正体を明かすことなしに約束するものを求める憧憬であり、美に等しいものになろうとしながら美を断念する不完全な現象によって与えられた苦悩でもある。こうした苦痛は芸術作品にかかわる場合にも受け継がれる。鑑賞者は作品をして語らせるために心ならずも無意識的に作品と、作品に従うという契約を結ぶことになる。賞賛されているものである感受性のうちには、自然とともに呼吸すること、つまり無心に身を委ることの名残が見られる。自然美は約束というものすべてが持つ短所とともに、約束は取り消しようがないものであることも教えてくれる。たとえ言葉は自然によってはねつけられるとしても、自然の言語は、自らがはねつける言葉とは質的に区別される言葉を漏らす。たとえ自然目的論に批判を加えたところで、こうした批判も南の国々が雲のかからぬ日々を知っていること、つまりあたかも知覚されることを待つかのように存在する日々のあることまで打消すことはできない。これらの日々が日の出の時に変らずさえぎられることなく光り輝きながら日没に向うなら、これらの日々は、何もかも失われたわけではない、何もかもが良くなるのかもしれないという言葉を語る日々となる。「死よ、ベッドに腰をおろせ、心たちよ、戸外へ耳を傾けろ。／一人の老人が薄明を指差している／夜明けの青い光のきわで。わたしは神の、生れざるものの身代りをつとめているのだ／おまえたちのために。／世界よ、おまえがどのように嘆こうとも／すべては始りから戻ってくる、なにもかもいまだお前のものではないか！」原註(7) 自然におけるもっとも古いものの形象が一転していまだ存在せざるものの、つまり可能性にすぎないものの暗号となる。自然は可能性にすぎないものの現象であり、そうしたものとして現存を超えているが、だがそのような自然について反省を加えることは、それを冒瀆することとほとんど変りがない。自然がこのようにして語るとしても、だからと言ってこのことは保証されたことであるかのように判断を下すことはできない。なぜなら自然の言葉は判断を語るものではないから。だがそれと同様に、自然の言葉は憧憬の裏返しである欺瞞的な励ましの言葉でもない。曖昧な神話は不確かなものであるために自然美によって受け継がれるが、他方同時に神話のこだまである慰めは、自然が現象となることを通して神話から遠ざかる。自然美は同一説の哲学者ヘーゲルの見方とは逆に、真実に密着したものであるが、だがもっとも密着する瞬間に身を隠す。芸術にもこうした点が見られるが、それは芸術が自然美から学び取ったものにほかならない。だが自然と呪物崇拝の対象としての自然とを区別する境界は、つまり無限の宿命を現状肯定的に覆い隠す以外の何ものでもない、汎神論的逃げ道との境界は以下の点にある。つまり後者の言うような、美につつまれながら穏やかに死に行くものとして活動するような自然はいまだまったく存在していない、という点にある。自然美に対する恥じらいの感情は、存在するもののうちにいまだ存在せざるものを捉え、そうすることによっていまだ存在せざるものを傷つけることに由来している。自然の尊厳とは、表現を通して行われる意図的な人間化を自己からしりぞける、いまだ存在せざるものの尊厳にほかならない。こうした尊厳は芸術の錬金術的特性へと移行した。それはヘルダーリンの教える実用化を拒否する特性、つまり実用ということを人間的意味を挿入することによってどのように純化しようとも、どのような実用化もしりぞける特性なのだ。なぜなら伝達とは精神を有用なものへ順応させ、それによって商品のうちに組みこむことにすぎず、今日意味と呼ばれているものはこうした不法行為に関与するものにすぎないからだ。芸術作品における欠けたところもなければ継ぎ目もないようなそれ自体静止しているところは、それだけが自然をして語らせる沈黙を模写したものにほかならない。自然美と支配原理との関係は、纏りを欠く散在するものと他者との関係に見合う。もし両者の和解が実現されるなら、和解したものは自然美に等しいものとなるであろう。

ヘーゲルは自然美から芸術美へと移行するにさいして、自然美についてまず以下の点を承認する。「真実が、つまり理念がもっとも身近な自然形式をまとい、生として直接的にそれにふさわしい個々の現実のうちに存在しているかぎり、自然における生気は感性的に客観的な理念として美しい。[原註(8)]」こうした命題は自然美をあらかじめ実際以上に貧しくするものであり、結果説的美学の模範例を示しているにすぎない。この命題は現実的なものと理性的なものとを同一視した結果であり、より特殊的に述べるなら、自然を理念の他者とする定義から生れた結果にほかならない。こうした定義は自然美とは無関係に自然美に対して与えられた定義にすぎない。その定義においては、自然美は現実的なものを神の摂理と見なすヘーゲルの弁神論に発するものであるが、理念が現実化されている理念と異ったものでありうるということはあってはならないために、理念の第一現象あるいは〈ごく身近の自然形式〉が〈ふさわしい〉ものであり、そのため美しいとされている。この命題はただちに弁証法的に制限を加えられる。精神としての自然は、シェリングに対しておそらく論争をいどむ意図からであろうが、それ以上追求されていないが、それは自然をして精神に直接還元しえない、他者としての精神とするためにほかならない。ここには明らかに批判的意識の進歩が見られる。概念のヘーゲル的運動は部分的なもの、限定されたもの、つまり死と虚偽の名をあげ、それによって直接的にはいわく言い難い真実を探求する。それによって自然美は、出現するやいなやたちまち消滅するといううき目にあわせられることになる。「しかし生き生きとした自然美は、こうしたたんに感性的なものにすぎない直接性によって、それ自体として美であるのでもなければ、完全にそれ自体のうちから美として、また美の現象のために創造されたものでもない。自然美は他者にとって、つまりわれわれという美を捉える意識にとって美であるにすぎない。原註(9)」こうした見方に従うなら自然美の核心を、つまりほかならぬ他者のためにのみ存在しているわけではないものの想起《アナムネシス》を、取り逃すことになる。こうした自然美批判はヘーゲル美学全体の常套句《トポス》に従うもの、つまり偶然的なものである主観的感覚に逆らって行われる客観主義的な方向転換の結果にほかならない。美は主観から独立したものとして、人手によって作られることがまったくなかったものとして表れるが、ほかならぬこうした美に弱々しくて主観的なものにすぎないかのような嫌疑がかけられる。原註(10) ヘーゲルは自然美の曖昧さを主観的なものと直接同一視する。要するに、ヘーゲルの美学にはその言語理論と同様、意味なくして語る一切を聴き取るための耳が欠けていると言ってよい。ヘーゲルに対して内在的な反論を加えるためには、次の点に留意すべきであろう。自然を精神の他者として捉える彼自身の定義は、精神を自然とたんに対立させるだけでなく、また両者を結び合せてもいるが、だが体系としての自然哲学における場合と同様に美学においても、両者を結合する契機をさらに突っこんで問うということはなされていないという点に。ヘーゲルの客観的観念論も美学においては、主観的精神のためにあからさまのほとんど無反省に近い肩入れを行っている。突如として至高のものを約束するものとしての自然美は自己自身のもとに留まることができず、自然美に対抗する意識を通してはじめて救われるというとき、彼の美学は真実であると言ってよい。ヘーゲルが自然美に対して持ち出す的確な異論は、美的形式主義に対する批判とともに、遊戯的快楽主義に対する、つまり十八世紀において解放された市民精神によって反感の的とされた、遊戯的な快楽主義に対する批判とも一致している。「抽象としての自然美の形式は一面において規定されているが、規定されることによって限定されている形式であり、この形式は他面において、統一と自己にたいする抽象的な関係を含んでいる。……この種の形式は秩序、均整と呼ばれ、さらには合法則性と呼ばれ、最終的には調和と呼ばれているものにほかならない。[原註(11)]」ヘーゲルは前面に現れてくる不協和音への共感からこう語るのであるが、不協和音が自然美のうちでどの程度まで場所を占めているのかという点については、つんぼも同然であった。美学理論はこうした意図を与えられることによってヘーゲルという頂点をきわめ、それによって芸術を追い抜いたが、彼以後、美学理論は物わかりのよい中立的態度をとり、それによってはじめて芸術の後塵を拝するにすぎないものとなり、そうしたものに留まることになった。たんなる形式的なものにすぎないかつて自然美を基礎づけるものとされていた〈数学的〉な関係は、今日では生き生きとした精神に対立するものとして持ち出されている。美学理論はこうして精神を自主性に欠けたありきたりのものときめつける。均衡の美はそれによって、〈抽象的に理解される美〉[原註(12)]にすぎなくなる。だがヘーゲルの視線は合理主義的な美学を軽蔑するあまり、自然における自然という概念の網をすべり抜けて行くものを見落す。自然美から芸術美への移行にさいしては、自主性を欠くものという概念がそのままの形で出現する。「いまやこうした本質的なものである欠如、（自然美の）によって、われわれは理想が不可欠であることを思い知らされるが、こうした理想は自然のうちに見出すことができないものであって、この理想と比較するなら自然美は従属的なものであり、そうしたものとして出現するにすぎない。[原註(13)]」だが自然美は、自然美を称える人々にとって従属的なものではあっても、それ自体は従属的なものではない。規定された芸術は規定された自然を凌駕するかもしれないが、だが芸術は自然の表現を自己の原型とすることはあっても、人間が芸術に与える精神を原型とすることはない。理想は、芸術が従わねばならない定立されたもの、つまり〈純化されている〉と言われるものであり、その概念は芸術にとっては外的なものにすぎない。観念論は、自然におけるそれ自体精神ではないものに対して高慢な態度をとり、芸術における芸術の主観的精神を超えるものに対して復讐を加える。超時間的理想はさながら石膏のように硬化する。ヘッベルの立場はヘーゲルの立場とさほどかけ離れていなかったし、ヘッベルの演劇がたどった運命は、おそらくドイツ文学の歴史においてこの点をもっとも簡潔に証明するものかもしれない。ヘーゲルは十分に合理主義的なやり方で、芸術の現実的歴史的発生について奇妙な抽象化を行い、芸術を自然の不備から演繹的に導き出す。「要するに芸術美が不可欠であるということは、直接的現実の欠陥から導き出されるが、芸術美の使命は次のようなものとして把握されねばならない。芸術美は生き生きとした現象や、とりわけ精神を鼓舞する現象を外的にも自由なものとして描き、こうした外的なものをその概念に一致させることを使命とするものとして。真実はそう捉えることによってはじめてその時間的周辺から、つまり自己から迷い出て有限性の系列のうちへ組みこまれているという状態から引き出され、同時に外的現象を獲得することになった。こうした現象からはみすぼらしい自然や散文がもはや顔をのぞかせることはなく、顔をのぞかせているのは真実にふさわしい現存在にほかならない。[原註(14)]」

この引用箇所においては、ヘーゲル哲学の生地がむき出しにされている。自然美はもっぱらその没落によって、つまり自然美の欠乏が芸術美の存在理由とされることによって、その権利を認められている。芸術美は同時に、その〈使命〉によって目的に従属させられる。しかもそれは神々しいまでに現状肯定的な目的に、つまり少くともダランベールやサン＝シモンまでは遡るところの、市民的常套句《トポス》に従う目的に従属させられる。だがヘーゲルが自然美の欠乏として数え上げるものは、つまり確固とした概念から遠ざかるものは、美そのものの実質にほかならない。それとは逆に自然から芸術へと向うヘーゲルの移行においては、曖昧であるために悪名の高い例の〈止揚〉は見出されない。自然美は芸術美によって再認識されることなく消滅している。自然美は精神によって支配しつくされ規定されることがないものとされるために、ヘーゲルによって前美的なものと見なされる。だが支配する精神は、芸術の道具ではあっても内容ではない。ヘーゲルは自然美を散文的と呼ぶ。ヘーゲルが自然美において見過すものを、非対称的なものと呼んで公式のように繰り返すことは、同時に近代芸術の発展に対して、つまり形式法則そのものへの散文の侵入という観点からいたるところで観察されているところの発展に対して、目をふさぐことに等しい。散文は芸術における、呪縛から解放された世界の何ものによっても消しさることができない反映であって、それは捉われたものである有用性への芸術の順応のたんなる現われではない。散文を目にしただけで怖じ気をふるうものは、命令されたものにすぎない様式化という恣意によって捉われ、その餌食となる。ヘーゲルの時代においては、こうした発展傾向を完全に見通すことはいまだ不可能に等しかった。このような傾向はけっして写実主義的傾向と重なり合ったものではなく、それは常套句《トポス》との関連からと同様に具象的なものとの関連からも解放された自律的方法と係り合っている。こうした傾向とは逆にヘーゲルの美学は、擬古典主義的で反動的なものに留まっていた。カントにおいては、美の擬古典主義的観念と自然美の観念とは一致することも可能であった。ヘーゲルは自然美を主観的精神のために犠牲にするが、だが主観的精神を擬古典主義に、つまり精神とは結びつくことができない精神にとって外的なものである擬古典主義に従属させる。彼のこうした態度は、おそらく美の理念を前にしても歩みを止めることがない、弁証法に対する恐れに由来するものかもしれない。もしヘーゲルがカントの形式主義に対して批判を加えるのなら、批判は形式的ではない具体的なものの権利を認めるものとなるべきであろう。ヘーゲルはこの点に同意していない。ヘーゲルはおそらくそのために、芸術の物質的契機と芸術の具象的内容とを取り違えたのかもしれない。ヘーゲルには非概念的なものをことごとく非難する傾向が見られるが、彼は自然美の儚さを非難することによって、芸術の中心的動機に対して、つまりすべり出て行くもの衰え行くものによって芸術の真実を手探りする芸術の中心的動機に対して、頑なに冷淡な態度をとる。ヘーゲルの哲学は美に対しては無力にすぎない。彼は理性と現実的なものとを、両者の媒体を含めて互いに同一視するため、すべての存在の装備を主観性を通して絶対的なものとして実体化するが、彼にとって非同一的なものは、主観性を束縛するきずなとして役に立つにすぎない。彼が非同一的なものの経験を美的主観の目的として、つまりこの主観を解放するものとして規定することはない。前進して行く弁証法的美学がまたヘーゲル美学に対する批判となることは避けようがない。

自然美から芸術美への移行は、支配の移行として弁証法的なものにほかならない。客観的に形象によって支配されたものでありながら、自らの客観性の力によって支配を乗りこえているものは芸術的に美しい。芸術作品は自然美を与えられる美的態度を、物質労働をモデルとする創造的労働に変えることによって支配を逃れる。芸術は人間によって自由に処理されるものでありながら同時に和解的でもある言語となることによって繰り返し、人間にとっては曖昧模糊としたものである自然の言語に接近しようとする。芸術作品には観念論哲学と共通する多くの点が見られるが、芸術作品は観念論哲学と同様に和解を主観との一致に近づける。観念論哲学はシェリングにおいて明らかなように、この点では実際に芸術を手本としているのであって、その逆ではない。芸術作品は人間の支配領域を極端なまでに拡大するが、だがこうした拡大は文字通りの拡大ではない。この拡大は自己のために一領域を定立することによって行われるが、こうした領域は内在的なものとして定立されることによって現実的支配とは区別され、自らを区別することによって現実的支配を自己にとって他律的なものとして否定する。芸術作品と自然とは、芸術が疑似的自然となることによって相互に媒介されているのではなく、たんにこのように対極的なまま媒介されているにすぎない。芸術作品が野生的なものや自然の模写となることを厳しく抑制すればするほど、それに成功した芸術作品はそれだけ一層自然に接近する。自然の即自存在の反映としての美的客観性は、主観的に目的論的なものである統一契機を純粋に実現する。こうした場合のみ、作品は自然に似たものとなる。それに反して部分的類似はすべて偶然的なものにすぎず、おおむね芸術とは無縁なものであって、物に近い。芸術作品によって与えられる必然性という感情は、こうした客観性を表現する別の言葉にすぎない。ベンヤミンが明らかにしているように、必然性の概念は通常の精神史によってあまりにも濫用されすぎている。そこではもはやどのような関連も見出すことができない現象を、たいていは歴史的な現象であるが、必然的なものと呼ぶことによって現象を捉えるとか、あるいは正当化しようとする努力がはらわれているにすぎない。退屈きわまりない音楽について、これはすぐれた音楽を生み出すための前段階として必然的であった、と述べる賞賛の言葉などは、その一例と言ってよい。それが必然的であったことを示す証明は提出しようにもしようがない。個々の芸術作品においても、芸術作品と様式の歴史的相互関係においても、自然科学流に透明な合法則性など存在することはないし、心理学的合法則性についても事情は、それと五十歩百歩であると言ってよい。芸術における必然性について、科学的に語ることはできない。語ることができるのはただ、作品が自己を完結させている力によって、つまり自己がこうした存在であり、それ以外の何ものでもないという明証によって、あたかも絶対にそこに存在せざるをえないものであり、存在から除外しようがないものであるかのような印象を与えるといったことに限られる。芸術作品をして芸術作品たらしめている即自存在とは、現実的なものの模倣ではなく、いまだまったく存在することがない即自存在の先取り、つまり未知のものであって、主観を通して規定されるものの先取りにほかならない。芸術作品は何かが即自的に存在していると語ることはあっても、その何かについて明確に語ることはない。芸術は事実最近の二十年間に精神化という事態に遭遇し、精神化することによって成熟したものとなったが、芸術は物象化した意識が主張したがるように、自然から疎外されたものではなく、それ自身の形態に従って自然美へと接近したものにほかならない。芸術理論によっては、芸術の主観化の傾向を主観的理性に従って進行しつつある科学の発展と単純に同一視する向きが見られるが、こうした理論はつじつまを合せるために芸術の運動の内容をなおざりにしたものにすぎない。芸術は非人間的なものが語る言葉を、人間的手段によって現実化しようとする。芸術作品の表現は、物として妨げるものや自然的素材と呼ばれるものから解放され、自然に収斂して純粋なものとなるなら、アントン・ウェーベルンのもっとも真正の作品に見られるように自然の声に変貌する。彼の場合、作品は主観的感受性の力によって純粋な音に還元され、純粋な音は自然の声に変貌しているが、この声は言うまでもなく雄弁な自然の声、つまり自然の言語であって、自然の一断片を模写したものではない。非概念的言語として主観的に仕上げられた芸術は、合理主義の立場からは、天地創造の言語のような何かを反映している唯一の像ではあっても、その反映は偽りにすぎないという逆説を伴うものと見なされる。芸術は人間的意図が挿入されたものではないような表現を、模倣しようと努める。人間的意図は芸術を支える手段にすぎない。芸術作品が完全なものとなればなるほど一層、意図的なところは芸術作品から消え去る。芸術の真実内容である間接的な自然は、直接的には自己とは逆の物を形作っている。自然の言語は沈黙しているため、芸術はこの沈黙するものをして語らせようと努めるが、この努力は止揚しえない矛盾によって失敗の危険にさらされることになる。それは絶望的な努力を命ずるこうした理念と、こうした努力が向けられる理念、つまりまったく非意志的なものである理念とのあいだの矛盾にほかならない。

原註

（1）前出『判断力批判』a. a. O., S. 172（Kritik der Urteilskraft § 42）〔邦訳、二五〇頁以下〕参照。
（2）a. a. O.〔邦訳、二五一頁〕参照。
（3）ボルヒァルト『詩集』Rudolf Borchardt, Gedichte, hg. von M. L. Borchardt und H. Steiner, Stuttgart 1957, S. 113f.
（4）ヘッベル『秋の絵すがた』Friedrich Hebbel, Werke in zwei Bänden, hg. von G. Fricke, München 1952, Bd. 1, S. 12（》Herbstbild《）.〔邦訳、（平凡社刊）大成6、四〇九頁〕参照。
（5）ヘルダーリン『ハールトのはざま』a. a. O., Bd. 2, S. 120.〔邦訳、全集2、一四三頁〕参照。

（6）ヴァレリー『文学（続ロンブより）』 Paul Valéry, Windstriche. Aufzeichnungen und Aphorismen, übertr. von B. Böschenstein u. a., Wiesbaden 1959, S. 94. 〔邦訳、（筑摩書房刊）全集８、四四五頁〕参照。

（7）ボルヒァルト『昼の歌』 Rudolf Borchardt, a. a. O., S. 104 »Tagelied«.

（8）ヘーゲル『美学』 Georg Wilhelm Friedrich Hegel: Werke. Vollständige Ausgabe durch einen Verein von Freunden des Verewigten, Bd. 10: Vorlesungen über die Aesthetik, hg. von H. G. Hotho, 2. Aufl., Berlin 1842/43, 1. Teil, S. 157. 〔邦訳、（岩波書店刊）第１巻の中、三五九頁〕参照。

（9）a. a. O. 〔邦訳、第１巻の中、三四〇頁〕参照。

（10）アドルノ『ヘーゲルについての三つの研究・局面、経験内容、曖昧さあるいはいかに読むべきか』 Theodor W. Adorno, Drei Studien zu Hegel. Aspekte, Erfahrungsgehalt, Skoteions oder Wie zu lesen sei, 3. Aufl., Frankfurt a. M. 1969, S. 119 und S. 123f.

（11）ヘーゲル『美学』a. a. O., 1. Teil, S. 170. 〔邦訳、第１巻の中、三六九頁〕参照。

（12）ヘーゲル『美学』a. a. O. 〔邦訳、同三六九頁〕参照。

（13）ヘーゲル『美学』a. a. O., 1. Teil, S. 180. 〔邦訳、同三九三頁〕参照。

（14）ヘーゲル『美学』a. a. O., 1. Teil, S. 192. 〔邦訳、同四二〇頁〕参照。

芸術美、〈天象《アパリシオン》〉、精神化、直観性

自然は、ありのままの自己以上のものを語るかに見えることによって美となる。このありのままの自然以上のものを偶然的な状態から引き出すこと、それが持つ仮象を支配すること、仮象それ自体を仮象として規定し、同時に非現実的なものとして否定すること、それが芸術の理念にほかならない。こうした自然以上のものは人間の手によって作られたものであって、それ自体は芸術の形而上的内容を保証するものではない。こうした形而上的内容が完全な無であることもあるかもしれないし、芸術作品がそれにもかかわらずこうしたありのままの自然以上のものを、現象的なものとして定立することもあるかもしれない。芸術作品は自然以上のものを作り出すことによって、芸術作品となる。芸術作品は自己自身を超越的なものとして生み出すものであるが、超越的なものの舞台ではなく、そのような舞台ではないということによって再び超越的なものと区別されることになる。超越的なものが芸術作品において占める場は、芸術作品における契機相互の連関のうちにある。芸術作品はこうした連関を強要し、同時に連関に順応することによって、現象でありながら現象としての自己を乗りこえて行くが、だがこのように乗りこえて行く行為は非現実的なものなのかもしれない。芸術作品は自己を乗りこえることによって精神的なものになるのであって、意味によってはじめて精神的なものとなることだけでなく、結局のところ意味によって精神的なものとなること自体も、おそらく皆無に近いのかもしれない。芸術作品の超越性とは芸術作品の言葉ないしその文字であるが、だがそれは意味を欠く文字、より厳密に言うなら意味が隠されているかあるいは覆われている文字にすぎない。芸術作品の超越性は主観によって媒介されることを通して客観的に自己を明示するが、だがそれだけいっそう散漫に示されることになる。こうした超越性が芸術によって要求されることがないような場合、芸術は概念に屈し、非芸術的なものとなる。だが超越性が作用連関として芸術によって追求されている場合もまた、芸術は同じく超越性を裏切る。こうした点を含むのが新しい芸術の本質的な基準なのだ。構成も擬音あるいは材料に手を加えたもの、つまり映像にすぎないなら、無力なものに留まる。こうした映像は幾何学的な図形《ラスター》へと還元されるが、図形《ラスター》はそれ以上のものへと還元されることはなく、あくまで図形《ラスター》に留まる。そのため数学的形式を利用するすべての作品にとって、数学的形式から離れることが重要となる。努力して手に入れた戦慄はもはや役に立たないし、戦慄として出現することもない。芸術作品は自己が定立するものを定立することを許されないということは、芸術作品の逆説の一つにほかならない。芸術作品が芸術作品としての実質を備えているか否かは、この逆説によって測られる。

　自然以上のものを描写するためには形態の心理学的定義では、つまり全体をその部分以上のものと見なすような心理学的定義では十分ではない。なぜならこうしたたんなる自然以上のものはたんなる連関ではなく、他者、つまり連関によって媒介されていないながらそれにもかかわらず連関から分離されたものにほかならないからである。連関を作り上げている芸術的契機は、この連関に属することがないものを暗示している。この場合にも歴史哲学的二律背反に突き当ることになる。ベンヤミンのアウラの概念は、完結しているために自己を超えて行く現象に十分近づいているものの、彼はアウラをテーマとして選択したさいに、ボードレールとともに始まる発展によってアウラが、たとえば〈雰囲気〉としてのアウラがタブー化されるという事実を指摘した。[原註(1)] すでにボードレールにおいて、芸術的現象の超越性は作り出されていると同時に否定されている。この観点に立つなら、芸術の非芸術化はたんに芸術が清算される段階として規定されるだけでなく、芸術の発展傾向としても規定されることになる。アウラや雰囲気に対する反乱はいつしか社会化されたが、それにもかかわらず、こうした反乱から聴える軋みが単純に消滅しなかったという事実によって、アウラや雰囲気といった現象がたんなる現象ではなく、現象以上のものであることが示されている。こうした軋みを聴き取るためには、まるで調書のような文体を用いているブレヒトのすぐれた詩と、詩化することに対する反乱から前美的状態へと逆行している作家たちの、出来の悪い詩とを比較してみるだけですむ。ブレヒトの呪縛から解放された抒情詩はたんに素朴に語られているものではなく、素朴なものとは根本的に異るものであって、その差によって傑出したものとなっている。おそらくその点に最初に着目したのはエーリヒ・カーラーであろうが、ブレヒトの詩『二羽の家兎』[原註(2)]はその最上の証明と言ってよい。美的超越性と呪縛からの解放とは沈黙のうちで一つになる、ベケットの作品に見られるように。意味から遠い言語は何かを語る言語ではないが、それによって言語は沈黙に似たものとなる。すべての表現はおそらく超越化という行為とごく密接に結びついたもの、沈黙にきわめて近いものかもしれない。すぐれた現代音楽の場合と同様にこうした音楽においては、消滅して行くもの、つまり緻密な形態からむき出しのまま現れてくる音に匹敵するような豊かな表現力を持つものは皆無であって、芸術は自己の運動の力によってこうした音となって流れ出し自らの自然契機に合流する。

だが芸術作品における表現の瞬間は、芸術作品が直接的なものとしての自らの材料へと還元される瞬間ではなく、過度に媒介された瞬間にほかならない。芸術作品が深い意味において現象となるのは、つまり他者としての現象となるのは、芸術作品自体の現実性が非現実的なものであることが強調される場合に限られる。芸術作品に内在する行為の特性が、たとえ芸術作品がいかにその材料を通して持続的なものとして現実化されようとも、芸術作品に瞬間的なものを、つまり突発性を与える。すぐれた作品の前に立つと感じられる不意を突かれたような思い、芸術作品の突発性はこうした感情によって捉えられる。このような感情を与えるために、芸術作品はすべて自然美と等しく音楽と似たものとなるが、こうした類似こそかつてミューズの女神という名称によって記憶されていたものにほかならなかった。芸術作品は自らの忍耐強い瞑想によって運動を始める。芸術作品はその限りにおいて真に、対象化の時代において太古の戦慄を模倣するものにほかならない。太古の戦慄が対象化された客体を前にして繰り返されるのだ。輪郭を与えられ互いに区別されている個々の事物と、色のあせかけている本質との分離が深いものとなればなるだけ一層、芸術作品の目の輝きはうつろに、つまり分離を超えたところにその場を持つものについての唯一の記憶《アナムネシス》は、うつろなものとなる。戦慄は過去のものとなり、それにもかかわらず生き永らえているために、芸術作品は戦慄を戦慄の模造品として客観化する。なぜなら人間はかつて自然に対する無力から、戦慄を現実的なものとして恐れていたかもしれないが、戦慄が雲散霧消することを恐れる人間の恐怖も、戦慄に対する恐れ以上に小さなものでも、それ以上に理由のないものでもないから。すべての啓蒙が不安感を道連れにしているが、啓蒙はかつて自己を運動させ、今や自己によって呑みこまれようとしているものが消滅するかもしれないことを、つまり真実が消滅するかもしれないことを恐れる。啓蒙は自己自身を照らすものとなるなら、自己が獲得しようとする偽りを欠く客観的なものから遠ざかることになる。そのため自己自身が真実であることを強制されている啓蒙には、真実の名において断罪されたものを保持しておこうとする衝動が加わることになる。芸術とはこうした記憶の女神《ムネーモシュネー》にほかならない。だが作品における出現の瞬間は、消滅しかけているものと保持されているものとの逆説的な統一、あるいは均衡状態と言ってよい。芸術作品は動的なものでもあれば静止したものでもある。公認された文化の底辺に位置しているジャンル、つまりサーカスやレビューに見られる活人画のようなジャンルや、おそらく十七世紀における噴水といったからくり的ジャンルにしてから、そこには真正の芸術作品が自らの秘密の前提として自己のうちに隠し持つものと共通のものが見られるのだ。これらのジャンルは、魔術的な太古において計り知れぬものであった戦慄を想起させながら、その戦慄を人間にとって知りうるものにしようとしているために、変ることなく啓蒙的なものでありつづける。ヘーゲルは芸術を余所余所しさを除去する試みとして定式化しているが[原註(3)]、こうした定式化はその点に触れたものにほかならない。戦慄は人工物となることによって自己を即自存在と見なす神話的欺瞞から解放されるが、その場合も戦慄が主観的精神に合せてそれと等しいものとなることはない。芸術作品の自立化、つまり人間による芸術作品の客観化は、戦慄を緩和されることがないもの、いまだかつて存在したことがないものとして人間に突きつける。どのような芸術作品も行なうところのこうした客観化に見られる疎外する行為は、訂正を加える行為なのだ。芸術作品は中立化された神体顕現、中立化されることによって質的に変えられた神体顕現にほかならない。古代の神性は霊場に束の間のあいだ出現するとか、あるいは少くとも太古においては出現したと言われていたが、こうした現象としての出現が出現するものの具体性を犠牲にするものの、芸術作品をして永続的なものたらしめる法則となった。現象としての芸術作品にもっとも近いものに、天における星の出現を意味する天象《アパリシオン》がある。芸術作品と天象《アパリシオン》との間には、人間の頭上に出現するものであり、人間の意図を離れ、事物の世界を離れたものであるという一致点が見られる。天象《アパリシオン》がその痕跡にいたるまでぬぐい取られているような芸術作品は抜け殻以外の何物でもなく、こうした芸術作品はなにかの役に立つということすらないため、たんなる現存在以上に始末が悪い。芸術作品は超自然力を想起させることがあるが、だが芸術作品が超自然力の対極となる場合ほど、つまり主観的に定立された避けようのない構造を持つ場合ほど強力に想起させることはない。芸術作品とは瞬間であるが、こうした瞬間は少くとも伝統的芸術においては、芸術作品の個別的契機を結びつけて全体性へと変える瞬間にほかならない。芸術作品を客観化する実り豊かな契機は芸術作品を纏めて現象に変える契機であり、それはけっして芸術作品のうえにまき散らされているようなたんなる表現特性ではない。芸術作品は事物の世界を自己自身の事物的なところを通して、つまり人為的な客観化を通して凌駕する。芸術作品は事物に点火して現象にかえることによって雄弁になる。芸術作品は物であるが、物でありながら現象として出現することが必要なのだ。芸術作品の内在的過程は芸術作品自身の行為として表面に現れることはあっても、人間が芸術作品に加えたものとして現れるとか、ただたんに人間のためのものとして現れるといったことはない。

　芸術作品の原型と言えるものに花火があるが、花火は束の間のものであり、内容に乏しい娯楽であるため、理論的な視線が向けられることは皆無に等しかった。ただヴァレリーだけが例外で思想の経路に導かれ、少くとも花火に近いところまでたどりついている。花火は本来の意味における天象《アパリシオン》にほかならない。つまりそれは、持続という経験の重荷から解放されているが経験的に出現するものであり、天兆であって同時に作り出されたもの、つまり警告にほかならない。それはまた、きらめくように出現するがたちまち消えていく文字であるが、この文字は意味の読み取れない文字にすぎない。美的領域を徹頭徹尾儚いものという、完全に目的から切り離された領域としてその他の領域から分離することは、儚いものの形式的な定義にとどまることはない。芸術作品が誤りやすい存在から区別されるのは、芸術作品が存在よりも高度の完全性を持つためでなく、花火と同様に光を発しながら現実化されて表現的な現象へと変ることによる。芸術作品はたんなる経験の他者ではない。芸術作品におけるすべてが他者となる。前芸術的意識が芸術作品においてもっとも敏感に反応するのは、その点にほかならない。前芸術的意識は誘いに、つまり芸術と経験とのあいだを媒介しながら、芸術へとなによりもまず誘おうとする誘いに素直に従う。前芸術的層は芸術を利用しようと考え、芸術作品によってこうした考えが消し去られるまでは毒されつづけるが、他方、この層は純化されて芸術作品のうちに生き永らえている。芸術作品は理想を持つというよりはむしろ、芸術作品の精神化によって妨げられるか無力化しているところの、感覚的なものを約束している。美的経験は現象からわが身を解放したが、こうした現象における質を明白なものとしているものに、いわば芸術からかけ離れた、正当かつ不当にも低級と呼ばれている芸術の遺物がある。たとえば、フランスにおいては立体派《キュービズム》の画家たちやその理論家によって取り上げられ、ドイツにおいてはヴェーデキントによって取り上げられたサーカスである。ヴェーデキントの言葉によるなら肉体的芸術と呼ばれている芸術は、たんに精神化された芸術によって取り残された芸術でもなければ、精神化された芸術を補うたんなる補完物でもない。こうした芸術は意図を欠く芸術として、精神化された芸術の手本でもあるのだ。どのような芸術作品もたんに存在しているにすぎない自己を通して、疎外とは無縁な芸術作品としてのサーカスを出現させようとするが、だが芸術作品はサーカスを手本とするやいなや失敗することになる。直接的に天象《アパリシオン》となることによってではなく、もっぱら天象《アパリシオン》に逆行する傾向をたどることを通してのみ、芸術作品は形象となる。芸術の前芸術的層は同時に、芸術の反文化的傾向を忘れることに対する警告にほかならない。つまりこの層は、経験的世界をそのまま放置しておく経験的世界に対するアンチテーゼとしての、自己の疑念を忘れることに対する警告にほかならない。すぐれた芸術作品はそれにもかかわらず、反芸術的層を自らのうちへ取りこもうとして努力する。こうした層が幼稚なものであるかのように疑われ、この層が欠ける場合、つまり室内音楽の芸術的な演奏者から最後の楽師的痕跡が消え、非幻想的演劇から舞台装置の魔力が消えるような場合には、芸術は降伏することを余儀なくされた。ベケットの『勝負の終り』の場合にしても、期待を与えながら幕は引き上げられる。幕を省略する芝居や演出技術は、不器用なトリックを用いることによって幕の影を跳び越えることになるのだ。幕の開かれる瞬間は天象《アパリシオン》を待ちうける期待の瞬間にほかならない。ベケットの作品は日没か世界没落の後のように暗く、サーカスの多彩な世界を追放しようとしているが、こうした作品も舞台の上で演じられることによってサーカスに忠実なものとなるし、またここに登場する反主人公たちが道化役や怪奇映画からどれほど多くのインスピレイションを与えられているか、その点についてもよく知られている。ベケットの作品はきわめて禁欲的なものであるにもかかわらず、結局のところ完全に衣裳や舞台装置を放棄するところまで至ることはけっしてない。失敗しただけなのに逃げ出そうとする使用人クロブは、滑稽で時代遅れなイギリス風の旅装をしているし、『しあわせな日々』の砂丘はアメリカ西部の砂丘と瓜二つの形をしている。要するに抽象絵画のうちでもっとも抽象的な作品の場合にしても、こうして作品が材料と材料の視覚的組織化を通して材料の具象性を無効にしながらも、その具象性の残り滓を引きずっていないかどうか、問いつづけなければならないであろう。儀式や慰めとなることをいさぎよしとせず、そのようなものとなることを自らに禁じているような芸術作品ですら、輝きを拭い去るわけにはいかないし、成功すればするだけ一層多くの輝きを身につけるようになる。今日では輝きが与えられている芸術作品は、慰めを与えることがないような芸術作品なのだ。こうした芸術作品は目的から疎遠なものであるため、不動産とか固有の文明といったものには断じて従わない余計者としての放浪者に、時代という深淵を飛び越えて共感を寄せる。天象《アパリシオン》であることを恥じながらしかもそれを投げ捨てることができないでいるという芸術の困難は、今日の芸術が抱えているさまざまな困難の中で決定的なものではない。本質的なものである仮象は透明なものとなるなら芸術にとって虚偽にすぎないものに見えてくるが、芸術はこうした仮象にいたるまでそれ自体が透明なものとなってしまったため、もはや自己の可能性を、ヘーゲルの言葉によるなら実体的には、損うことがなくなってしまった。ヴィルヘルム二世時代に作られた、馬鹿馬鹿しい兵隊のウィットのなかに、ある日曜日に上官によって動物園へ派遣された従卒についてのものがある。従卒は興奮して戻ってくるなりこう言う、少尉殿、あのような動物などいるはずはありません。この従卒の反応の仕方は芸術の概念とは無縁なものであるとしても、美的経験にとってはこうしたものも必要とされているのだ。この従卒流の驚嘆にかかれば、動物どころか芸術作品ですらもなきものにされかねない。クレーの『新しい天使』はインド神話の半獣半人像と同様に、こうした驚嘆を喚び起す。どのような真正の芸術作品のうちからも、存在していない何かが出現してくる。これらの芸術作品は存在物の散乱している要素をかき集め、想像力によってこうした何かを作り出すのではない。芸術作品はこれらの要素を通しさまざまな配置を作り上げるが、これらの配置は暗号となることはあっても、想像力のように暗号化されたものを直接的現存在として目の前に差し出すことはない。この場合、芸術作品の暗号化された面、つまり芸術作品の天象《アパリシオン》としての一面は次の点を通して自然美と区別される。芸術作品における暗号化されたものは自然美と同様、たしかに明白な判断を拒むが、だがその形態によって、つまりその芸術作品が作り変えたものに対して示す態度によって、きわめて大きな確実性を獲得するという点によって。こうした点を通して芸術作品は、自らの不倶戴天の敵である意味的思考による綜合を手本とし、それと張り合うことになる。

芸術の真実を追求する問は、芸術においては存在せざるものがあたかも存在するかのように出現してくるために、壁に突き当る。芸術は単なる形式にすぎないという点から、存在することがないものを約束しているが、客観的にまたたとえどのように断ち切られようとも次のような主張を持ち出す、つまり存在することがないものもそれが出現するからには、存在することも可能でなければならないという主張を。プラトンによって最初であることの初々しさという言葉を与えられたことがある、美を前にしたいやされることがない憧憬は、約束されたものの実現を求める憧憬にほかならない。観念論の芸術哲学が幸福の約束という言葉をきまり文句のように繰り返しながら、約束の正体は捉えることができなかったということは、この芸術哲学に対する判決となっている。この哲学は芸術作品とは芸術作品によって象徴されているものにほかならないことを理論的に義務づけることによって、芸術作品そのものにおける精神を冒瀆した。芸術における感覚的契機の場は精神が約束するものであって、鑑賞者を満足させるためのものではない。ロマン派は天象《アパリシオン》として出現するものを、芸術的なもの一般と同一視しようとした。ロマン派はそうすることによって本質的な点を捉えはしたが、だが本質的なものを限定して部分的なものに変え、いわゆるそれ自体が無限なものとされる特殊な芸術的方法を賞賛するためのものに変えたにすぎなかった。芸術は反省と主題によって、芸術のエーテルであるものを握りしめることができるとロマン派は妄想した、こうしたものは、つまり一般概念と同様に存在するものも釘づけにはできないために、ほかならぬそうした理由から抵抗しようがなくそう妄想したにすぎなかった。こうしたエーテルであるものは特殊化にまとわりつくものであり、包含しえないものを代表しているが、こうした包含しえないものは現実の支配的原理に対して、つまり交換性という支配的原理に対して挑戦するものにほかならない。出現してくるものは交換しえないものであるが、それは出現してくるものが、他の個別的なものによって取り替えうるような輪郭の曖昧な個別的なものに留まることもなければ、内容を欠く一般的なものに、つまり特殊なものを共通の特徴によって一括的に取り扱い、同一視するといった一般的なものにも留まることがないことによる。現実においては一切のものが代替可能なものとなってしまったが、芸術は他者となろうとするすべてのものに対して、それが図式によって押しつけられた同一化から解放されるなら、身につけることになる形姿を突きつける。だが交換不能なものの成像《イマーゴ》である芸術は、この世にも交換しえないものが存在することを暗示することによってイデオロギーと見分けがつかなくなる。芸術は交換不能であるために、その形態を通して交換可能なところを抑制し、それを批判的自意識に変えねばならない。芸術作品が自己の目的《テロス》を持つのは言語によるが、こうした言語の言葉はスペクトル状に分けられることはないし、予定されている一般性によって捉えられることもない。レオ・ペルツの作品にのうぜんかずらの赤い花の色素原註(4)を取り扱ったすぐれたサスペンス小説がある。だがサイエンス・フィクションのような芸術的水準に達していないジャンルはおおむね、こうした素材を信じ、素材にたよりすぎるために無力なものとなっている。たとえ存在することがないものが芸術作品のうちから突如として出現することがあるとしても、芸術作品はこうした存在することがないものを、直接魔法の一撃によって捉えることはない。存在することがないものは存在するものの断片を通して芸術作品へと伝えられるが、芸術作品はこれらの断片を纏めて天象《アパリシオン》へ変える。こうした現象として出現してくる存在することがないものは実際に実存するものなのか、それとも仮象に留まるものなのか、自己の実存を通してこうした点について決定を下すことは芸術の役割ではない。芸術作品は存在するものの形姿ではあっても、存在することがないものを現存在のうちへと引き入れることはできないが、こうした芸術作品が存在することがないものそれ自体ではないとしても、その強力な形象になりうるのはなぜなのか、芸術作品の権威はこうした反省を強制するところにある。弁証法よりも実証主義に対して和解的であったプラトンの存在論は、芸術の仮象特性に対して憤激しているが、それはあたかも芸術の約束が、彼が概念によって確保しようとした実証的なものとして遍在する存在と理念に対して、疑念を喚起するためのように見える。もしプラトンの理念が即自的に存在するものであるなら、こうした理念は芸術など必要としないであろう。古代の存在論者たちは実用主義的に管理しようと望む場合には、芸術を疑いの目で見ているが、それは実体化された一般概念は美によって約束されているものではないことを、彼らが内心承知しているためにほかならない。だが芸術は、ほかならぬ芸術の素材内容の現実性が文字通りの現実性であることを否定するものであり、プラトンは文字通りの現実性を芸術の虚偽に数え上げているために、彼の芸術批判は十分な説得力を持たない。概念を理念に高めて称揚する態度は、芸術における中心的な契機である形式に対する盲目的で俗物的な態度と結びついている。もちろんこうしたすべてにもかかわらず、芸術から虚偽という汚点を拭い去ることは不可能に近い。芸術がその客観的な約束を守ることを保証するものは、皆無なのだ。そのためどのような芸術理論も同時に芸術批判とならねばならない。急進的な芸術そのものにおいてすら、急進的芸術が仮象として作り上げる可能的なものを、そのようにして作り上げるために作りそこなうといった程度の虚偽が見出される。芸術作品はいまだ開始されていない実践を担保にして手形を振り出すが、手形が落せるかどうかについては誰一人として請け合うことはできない。

芸術作品は形象であるが、天象《アパリシオン》としての形象、現象としての形象であって模写としての形象ではない。意識は世界が呪縛から解放されたことを通して自己を古い戦慄から解放したが、戦慄は主観と客観との歴史的敵対関係によって永続的に再生産されている。客観は経験にとってかつての超自然力《マナ》と同様に測り知れぬもの、疎遠なもの、不安を与えるものとなった。それによって形象特性に独特の色調が与えられることになる。こうした形象特性は客観が疎遠なものであることを証言するものであるが、それと同様にそれ自体が疎外されて物と化したものを、それにもかかわらず経験可能なものにしようとする試みでもある。特殊なもののうちにひそむ一般的なものを理解すること、つまり存在するものの連関が口移しされているが、存在するものによっておおい隠されている特殊なもののうちにひそむ一般的なものを理解すること、それが芸術作品の責務であって、一般的なものを特殊化することによって管理された世界という支配的なものとなっている一般性をもみ消すことが、芸術作品の責務なのではない。全体性は超自然力《マナ》の醜悪な後継者にほかならない。芸術作品における形象特性は全体性へと移行したが、全体性は細部を綜合したものより、個別的なものを通しての方が忠実に出現する。芸術作品は次のような関連を持つことによって、つまり論証的に一気に概念化することによっては捉えられぬが、それにもかかわらず現実の体制における客観的なものと関連を持つことによって、自らが挑発している啓蒙された時代においては、啓蒙に対して忠実な態度をとる。芸術から出現するものはもはや理想でもなければ調和でもない。芸術が与える解決は矛盾にみちた不協和音のうちに見出されるにすぎない。啓蒙はまたつねに、啓蒙が目をおおうことなく捉えようとするものが、消滅して行くことについての意識にほかならなかった。啓蒙は消滅しかけているもの、つまり戦慄のうちに浸透することによって戦慄を批判するだけでなく、戦慄を救いもする。それも現実そのもののうちにおいて戦慄をひきおこすものが、戦慄をひきおこす度合に従って。こうした逆説は芸術作品に固有の逆説にほかならない。目的と手段に従う主観的な合理性は部分的なものとして、また核心においては非合理的なものとして、合理的なものにおける飛地としての悪質で非合理的なものを必要とし、またこうした飛地として芸術を仕上げるということ、それは真実であることに変りはないにせよ、それにもかかわらず芸術は真正の芸術作品によって、合理的な世界把握が持つ非合理性が外部に出現させられている場合に限って、社会についての真理となる。芸術においては、告発と先取りとは一つに融け合ったものにほかならない。天象《アパリシオン》はひらめきであり、かすめ去るものであるが、形象はこうした束の間のものを呪縛しようとする逆説的な試みにほかならない。芸術作品において超越的なものに変えるのは瞬間的なものなのだ。つまり客観化によって芸術作品は瞬間へと変えられる。ここで考察することが必要とされるものに、ベンヤミンによる静止状態における弁証法にかんする定式化があるが、この定式化は弁証法的形象という着想の文脈のうちで行われている。形象としての芸術作品は儚さの持続するものであって、瞬間的なものとして出現することに力を集中する。芸術を経験するということは芸術の内在的過程を、この過程が停止する瞬間において理解することに等しい。レッシング美学の中心をなす実り豊かな瞬間という概念は、おそらくこうした理解と無縁なものではあるまい。

　芸術作品は心に描かれたものを持続するものに変えるだけではない。それと同様に、自己自身の心像を破壊することによって芸術作品となる。そのためこうした心像は炸裂と深く密接に関係している[原註(5)]。ヴェーデキントの『春のめざめ』には、モーリッツ・シュティーフェルが「これでもう家に帰らなくてすむ」と言いながら、水鉄砲で自殺を図るところで幕が降りる場面があるが、その瞬間に外部にあらわれてくるものは、暮れなずむ町を背景にした川岸の情景に特有の、名状しがたい悲哀の表現にほかならない。芸術作品はアレゴリーであるばかりでなく、自己自身を破局的に実現するものでもある。最近の芸術作品は衝撃を与えるが、その出現が炸裂にほかならないことによって与えられる。こうした芸術作品においては現象として出現するものという、かつては自明なものであった先天的《アプリオリ》なものは破局とともに、つまり出現するものの本質をはじめて完全にむき出しにするものである破局とともに消滅する。ヴォルスの絵以上にその点をはっきりと示しているものは、おそらく他には見当らないであろう。美的超越性が気化すること自体が美的なものとなる。このように神話的に芸術作品はそのアンチテーゼと結びついているのだ。芸術作品は出現するものを焼きつくすことによって目にも鮮やかに経験から離れる、つまり芸術作品は出現するもののうちで生きているものを抑制するものにほかならない。黙示録を先取りする反応形式として以外には、今日の芸術についてはもはや考えようがない。穏やかな身振りをするかに見える作品もまた、目を近づけて眺めるなら爆発するものであることが明らかになるが、こうした爆発は作者のせき止められた感情の爆発であるというよりは、作品のうちで反目し合っている力の爆発にほかならない。反目する力の合力、つまり力の均衡には、均衡を作り出すことはできないという不可能性がつきまとっている。こうした二律背反は、非和解的な世界においては調停のしようのない認識の二律背反に似ている。作品が形象となり、作品の内的なものが外的なものとなる瞬間は、内的なもののために外的なものの殻を爆破する瞬間[原註(6)]にほかならない。作品を形象に変える天象《アパリシオン》は同時につねにまた、これらの作品の形象の本質も破壊する。ベンヤミンによって解釈が加えられている、ボードレールの後光をなくした男についての寓話は、アウラの最後をはじめて描いたものではなく、アウラそのものを描いたものにほかならない。芸術作品が光り輝くなら、芸術作品によって行われた客観化は光り輝く自己自身を通して消滅する。芸術が現象として出現するものとして定義されることを通して、芸術自身の否定が芸術の目的として芸術のうちに埋めこまれることになる。現象の突然の出現は美的仮象を否定する。だが芸術作品における現象とその炸裂とは、本質的に歴史的なものにほかならない。芸術作品それ自体は、歴史主義が好んで主張したがるように最初からではないとしても、現実の歴史のうちにあるものというその位置からして、生成から除外された存在ではなく、存在するものとして生成するものと言ってよい。芸術作品において出現するものは芸術作品の内的時間であって、現象の炸裂は現象の連続性を破壊する。芸術作品において出現するものは、その単子論的核によって媒介されることを通して現実的歴史となる。芸術作品の内容とは歴史であると言って差しつかえない。芸術作品を分析するということは、芸術作品のうちに貯えられている内在的歴史を理解することに等しい。

おそらく作品の形象特性は伝統的芸術においては少くとも、実り豊かな契機の作用であると言えるかもしれない。この点について証明してくれるものにベートーベンの交響曲があるが、彼のソナタ形式の楽章からはさらに多方面にわたって証明がえられるかもしれない。停止する運動は瞬間において永遠化され、永遠化されたものは瞬間へと還元されることによって破壊される。この点によって芸術の形象特性は、クラーゲスやユングの形象説によって説かれるものとはっきりとした区別がつけられる。引き裂かれた観念によって、つまり形象による認識と符号による認識とを分ける観念によって、引き裂かれた形象契機が真実一般と同一視される場合、それはけっして分裂という虚偽を訂正することではなく、むしろ飛び越えることにすぎない。なぜなら形象は概念と同様に虚偽によって捉えられているのだから。美的形象は的確に概念に置き換えられることはないが、それと同様に〈現実的〉であることもない。想像的なものを欠くなら、成像《イマーゴ》は存在しない。美的形象は自らの歴史的内容によって自らの現実性を持つが、形象は、たとえ歴史的形象であろうとも実体化されることはない。美的形象は不動のものでもなければ太古的な不変数でもない。芸術作品が形象となるのは、芸術作品のうちで凝固して客観となった過程自身が語ることによる。芸術の形象は、ディルタイに起源をもつ市民的芸術信仰によって逆のものと取り違えられている。つまり芸術家が自らのうちに貯えている心理的な表象と取り違えられている。こうした貯えは、芸術作品の中に溶けこんでいる原料という一要素にすぎない。芸術作品の中に潜在し瞬間においてほとばしり出る過程は、むしろそれ以上に芸術作品の内的歴史そのもの、つまり外的歴史が沈澱したものと言わなければならない。客観化という芸術作品を拘束するものは、芸術作品を生かしている経験と同様に集団的なものにほかならない。芸術作品の言語はどのような言語もそうであるように、集団的底流によって構成されているが、このことはとりわけ文化的きまり文句によって、孤立し、象牙の塔のうちに閉じこめられているものと推測されている言語に当てはまる。こうした言語の集団的実質は、その形象特性そのものを通して語りかけてくることはあるとしても、常套句が主張するように、直接集団的なものを目指して語りかけようとする芸術作品から語りかけてくることはない。テーマ選択、あるいは効果連関といったものを通して、芸術作品を覆う拘束力を直接手に入れようとするのではなく、芸術作品を担う経験のうちへと没入することを通して、単子《モナド》としての作品の彼方にあるものを単子論的に表象すること、それが芸術に特有の行為にほかならない。作品という結果は、作品が自己の成像《イマーゴ》に至るために通過する軌道であると同様に、成像《イマーゴ》が目標としてたどる軌道でもある。こうした結果は静的なものであると同時に力動的なものでもあるのだ。主観的な経験がもたらす形象は何かについての形象ではないが、こうしたものこそが集団的本質を持つ形象にほかならない。芸術はこのような形で経験へと媒介されているが、媒介がそれとは別の形で行われることはない。芸術作品はこのような経験内容の力によって経験的現実から遠ざかるものであって、通常の意味による固定化、あるいは形式化を通してはじめて遠ざかるものではない。芸術作品は経験を変形することによって経験となる。そのため芸術作品は形式法則によって夢から遠ざけられてはいるものの、この点を除くなら夢に似ている。このことは、芸術作品の主観的契機が即自存在としての芸術作品によって媒介されたものであることを意味している。単子論的芸術作品は個別化されようとも、主観的契機にひそむ集団性によって偶然的なものとなることを免れる。社会は経験を決定づけるものであり、作品の真の主観として作品を構成する。左右いずれの政治によっても、一般的に主観主義といった言葉が非難として持ち出されているが、この点こそがそうした非難に対する切札となる。どのような美的段階においても、非現実的な成像《イマーゴ》と現実的に出現する歴史的内容との間の敵対関係が繰り返し見られる。だが美的形象は自己自身の非現実性に従うことを通して、神話的なものとなることを免れる。形式法則の意味するものはそれ以外の何物でもない。それによって美的形象もまた啓蒙を共有《メテクシス》するものとなる。政治参加的芸術作品あるいは教訓的な芸術作品を主張する見解は、この点から後退したものと言ってよい。これらの見解は美的形象の現実性を意に介すことなく、芸術を分類して現実のアンチテーゼのうちに加え、そうすることによって芸術を芸術が戦いを挑んでいる当の現実のうちへと統合する。啓蒙的な芸術作品とは妥協することなく経験に対して距離を置きながら、経験についての正しい意識を示しているといった作品にほかならない。

芸術作品は現象となることによって芸術作品を超えたものとなるが、芸術作品をしてそうしたものとするのが芸術作品の精神にほかならない。芸術作品を精神として規定する定義は、芸術作品は現象であり出現するものであって、盲目的な現象ではないと規定する定義と密接に係り合っている。芸術作品において出現するものであって現象と区別することはできないが、だが現象と同一ではないもの、つまり事実としての芸術作品における事実ではないもの、それが芸術作品の精神なのだ。精神は、物のなかの物にすぎない芸術作品を物とは異るものとするが、他方、芸術作品はたんに物としてのみ物の他者となりうるにすぎない。だが芸術作品が物の他者となるのは、芸術作品が空間と時間において局限化されることを通してではなく、芸術作品にとって内在的なものである物象化の過程を通して、つまり芸術作品を物と等しいもの、物と同一のものとする物象化の過程を通して可能となる。それ以外には芸術作品の精神は、つまり絶対的に物ではないといったものはほとんど問題になりえない。精神は精気、つまり芸術作品に魂を吹きこみ、現象に変える息であるだけでなく、作品の力あるいは核心、つまり作品を客観化する力でもある。精神はこうした客観化に関与すると同様に、客観化とは逆のものである現象にも関与している。芸術作品の精神は芸術作品を内在的に媒介するものにほかならない。芸術作品の感性的瞬間も芸術作品の客観的な形成も、精神によって媒介されている。この場合、芸術作品におけるこれらの契機のどれもが明瞭に自己自身の他者となるという厳密な意味において、こうした媒介は行われる。精神の美的概念は観念論のみならず、カンジンスキーのような初期の急進的なモダニズム派の論文によっても、手きびしい非難を加えられている。カンジンスキーの論文は、ユーゲント様式に見られるいまだ芸術における感覚的満足に重きを置くような感覚論に対する、十分な根拠に基づく反乱にほかならないが、彼は感覚論の原理と対立するものを抽象的に切り離し、それを物象化した。その結果、彼は〈精神を信ずべし〉という要求と迷信とを、あるいは自らを芸術よりも高級なものとうぬぼれる工芸的なものとを区別することができなくなってしまった。芸術作品における精神は感覚的現象と同様に、芸術作品の物としての側面を超越的なものに変えるが、だがこうしたことが行われるのは、これらの契機が存在する場合に限られる。このことは芸術作品においては何一つ文字通りに存在するものはないこと、結局のところそうしたものは芸術作品の言葉しかないということを、否定的に語っているにすぎない。精神は芸術作品のエーテルであって、芸術作品を通して語るもの、あるいはより厳密に言うなら芸術作品を文字に変えるものにほかならない。芸術作品における精神的なものも、もしさまざまな感覚的契機の配列を通して出現することがないなら、芸術作品の一部とはならない。芸術作品におけるこれ以外のすべての精神は、なかんずく哲学的に芸術作品のうちに詰めこまれているとか、表現されていると言われているような精神は、つまりすべての思想的成分は芸術作品においては色彩や音に等しい素材にすぎない。それと同様に作品における感性的なものも、それ自体が精神を通して媒介されることがないなら、芸術的なものとはなりえない。フランスの感性的でこの上もなく魅惑的な作品の場合にしても、これらの作品が第一級の水準に到達しているのは、官能的な契機を意図することなしに精神の担い手に変えていることによっている。こうした作品においては、精神は死に行く感性的な現存在にすぎない自己を悲しみ、そのような自己に対する諦念を自己の経験内容として持つ。これらの魅惑的な作品ですら結局のところ、自らの甘美な感覚を味わい尽すことはけっしてなく、こうした感覚はつねに形式感情によって形を整えられることになる。芸術作品の精神は客観的であれ主観的であれ、いずれの精神の哲学も一切顧慮することがなくとも客観的なものであり、芸術作品自体の内容であって、芸術作品について決定を下すのはこうした精神にほかならない。それは現象を通して出現する事柄それ自体としての精神なのだ。精神の客観性は、精神が現象に浸透させることになる力に比例している。こうした精神は作家の精神と一致することがないこと、一致することがあるとしてもせいぜい作家の精神における一契機と一致するにすぎないこと、この点については芸術作品の精神が人工的作品を通して、つまりそのような作品の問題、材料を通して喚起されるものであるところからも見て取ることができる。芸術作品という全体としての現象ですら芸術作品の精神ではないし、結局のところ俗に精神によって具体化されるとか、あるいは象徴されるとか言われているような理念でもない。精神と現象を直接的に同一視する限り、精神は捉えようがない。だが精神は現象の底部の層にせよあるいは上部の層にせよ、いかなる層も形成することはない。精神によって形成される層を仮定するなら、それは精神を物として捉えるに等しいと言ってよい。精神の場は出現するものの配列それ自体にほかならない。精神は現象が精神を形成するように現象を形成する。精神は現象を熱し、さらに深い意味を持つ現象へと変える光源にたとえることができる。芸術の感性的なところも芸術にとってはたんに精神化されたもの、断ち切られたものにすぎない。この点について、過去のすぐれた芸術作品に見られる臨機という範疇を用いて説明してみたい、この範疇の認識を欠くなら、分析を行ったところでなんらの成果も生まないからである。『クロイツェル・ソナタ』はトルストイによって肉感的と呼ばれて非難された作品であるが、この作品の第二サブドミナント和音は第一楽章の繰り返しの始る直前に置かれているため、途方もない効果を収めるものとなっている。こうした和音も、『クロイツェル・ソナタ』以外の作品において出現するような場合には、多少の差はあるとしても、取るに足りない効果しかあげえないであろう。和音の意味はその位置によって、それもたんに和音が置かれている楽章を通して、つまり楽章の中における場と機能とを通して獲得されるにすぎない。和音の位置は自己のいまとここととを通してそれを超えたものを指示し、また臨機という感情を、この位置に先行するものとこの位置に続くものとのうえへと広げる。こうした感情を独立した感性的な性質を持つものとして捉えることは不可能であるが、この感情は決定的な位置に置かれた二、三の和音の感性的配置を通して、感性的なものだけがそれぞれそうであるような反駁しえないものとなる。美的に明示される精神は、かつてその出没するところに存在すると考えられていた亡霊さながらに、現象のうちで持つ自らの場によって呪縛されている。精神の出現を見ぬかぎり、芸術作品は存在することがないし、また精神も存在することがない。感性的傾向を示す芸術か、それとも精神史的図式による観念論的な芸術かといった区別に対して、精神は一切関心をはらわない。もし感性的芸術といったものが存在するなら、そのかぎりにおいてそれは感性の精神を具体化した芸術であって、ただたんに感性的なものではない。ヴェーデキントの肉体的精神という観念はこの点を指すものにほかならない。芸術の生の構成要素である精神は芸術の真実内容と結びつくことはあっても、真実内容と一致することはない。作品の精神が虚偽であることもありうる。なぜなら真実内容は自己の実質として現実的なものを要求するが、精神は直接的に現実的なものではないから。精神はより一層容赦することなく芸術作品を限定し、芸術作品におけるたんに感覚的なものにすぎないもの、事実にすぎないものすべてを自己の領域のうちへと引きずりこむ。芸術作品はそれによってより世俗的なものとなり、神話にとって、つまり精神の現実についての幻想にとって、さらには芸術自体の精神の現実についての幻想にとって敵対的なものとなる。敵対的なものになるとともに、極端なまでに精神によって媒介された芸術作品は自己自身を食いつくす。しかも芸術作品は精神の現実性を明確に否定することによって、精神との関連を持ちつづける。芸術作品は精神を取り出して見せることはないが、芸術作品が精神に対抗して動員する力は精神の遍在したものにほかならない。それ以外の精神の形態を想像することは今日では不可能であって、芸術は精神の形態の原型を提供するものと言うことができる。芸術作品の精神は過程であるが、単純な現存在自体の要素間の緊張としてではなく、それに代る芸術作品の要素間の緊張としての過程であり、それと共に芸術作品も過程となる。芸術作品を認識することはこの過程を手中に収めることを意味している。芸術作品の精神は概念ではないが、だが芸術作品は芸術作品の精神を通して概念によって要約しうるものとなる。批評は芸術作品における配置から芸術作品の精神を読み取り、契機同士を対立させ、また契機を契機のうちから出現する精神と対立させ、そうすることによって美的配置を乗りこえ、その背後の精神の真実へと突き進んで行く。批評はそのため作品にとって不可欠なものなのだ。批評は作品の精神によって作品の真実内容を認識するか、あるいは真実内容を作品の精神から切り離すかする。芸術と哲学とが収斂するのはただこうした行為によるのであって、芸術に芸術の精神のあり方を命令する芸術の哲学によるのではない。

芸術作品の精神の厳密な内在性にはそれに劣らず内在的な敵対傾向が対立している。それは、完結した自己自身の組織から身をもぎ離し、自己自身のうちに中間休止を置き、もはやそれ以上は現象に対して全体性を与えまいとする傾向にほかならない。作品の精神は作品のうちから立ち現れることがないため、自らを構成する客観的形態を打ちこわす。こうした客観的形態を突き破ることが天象《アパリシオン》の瞬間なのだ。芸術作品の精神は、もしそれが芸術作品の感性的契機や芸術作品の組織と文字通り同一のものであるなら、現象の核心そのものであると言えるかもしれない。こうした見方を拒絶することが美的観念論に反対する第一歩となる。芸術作品の精神は作品の感性的な現象のうちから輝くものであるが、それはたんに現象の否定として、つまり現象と一体化しながら、同時に現象の他者となることを通して輝くにすぎない。芸術作品の精神は作品の形態にまつわりついているものがあるが、だがこの精神は形態を超えたところを指示する場合にのみ、精神であるにすぎない。明快なものにするものと明快にされたもの、内在的な形態と内容とのあいだにもはやいかなる差異も存在してはならないという主張は、なかんずく現代芸術の弁護論として現代芸術の歓心を買うことはあるとしても、こうした主張を貫徹することは不可能に近い。それは次の点からも明らかになる。技術至上主義的分析が全体として、たとえ作品を無神経に要素へと解体することをもはややめ、文脈と文脈の合法則性とを、現実的あるいは現実的と言われている作品の出発点としての構成要素と同様に、強調するものとなっていようとも、こうした分析によって作品の精神がすでに捉えられたことにはならない。作品の精神を名指すことは分析によってではなく、分析につづく反省によってはじめてなされる。芸術はただ精神としてのみ経験的現実に対する異議となるが、こうした異議としての芸術は既存の世界摂理を明確に否定することを目指して運動する。芸術は精神が芸術に内在する限り、弁証法的に構成されることができるが、だがその場合でも芸術が精神を絶対的なものとして所有するとか、あるいは精神が芸術に対して絶対性を保証するといったことはない。芸術作品は、たとえいかに一個の存在物であるかのように見えようとも、こうした精神とその精神の他者とのあいだで結晶するものにほかならない。ヘーゲル美学においては、芸術作品の客観性とは客観性そのものの他者へと移行し、他者と同一になった精神の真実であった。ヘーゲルにとって精神とは全体性と一体化し、また美的全体性とも一体化したものにほかならなかった。だが精神は芸術作品においてはおそらく意図的な細部ではなく、芸術作品におけるすべての個別的な点、すべての事態と同様の一契機にすぎないのかもしれない。こうした契機はたしかに人工的作品を芸術に変えるものであるが、それにもかかわらず自己と対立するものを欠くならどこにも存在しえなくなる。事実、歴史は精神と非精神的なものとの純粋な同一を要求するような芸術作品をかつてほとんど知らなかった。作品における精神は精神そのものの概念からして純粋なものではなく、精神を出現させるものの機能にすぎない。精神と非精神的なものとの一致を具体化するかに見え、こうした一致を作り出すことによって満足する作品は、どれも飛び切りすぐれた作品となることは困難であった。もちろん芸術作品において精神と対立しているものは、精神の材料や対象が持つ自然的なところではけっしてない。むしろそれは芸術作品において極限値に到達しているものにほかならない。こうした材料や対象はその方法と同様に、歴史的にも社会的にも前もって形成されているものであって、これらのものに作品の中で生じることを通して決定的に変化する。芸術作品における異質なものは内在的なものにほかならない。つまりそれは作品における作品の統一に抵抗するものであり、こうした抵抗するものを、無抵抗の敵を相手にしたために多大の犠牲をはらうことになったピュルス王の勝利の轍を踏まないためにも、必要としているものなのだ。芸術作品の精神を芸術作品の内在的連関と、つまり芸術作品の錯綜した感性的契機とたやすく同一視しえないということは、次の点によって証明される。芸術作品はそれ自体断ち切られていないような統一体をけっして形成することはない、つまり美的な反省が正しく様式化されたものであるような、そのような類の形態をけっして形成することはないということによって。芸術作品はそれ自体が組み合されたものであって有機体ではない。芸術作品は有機体が持つ幻想的で現状肯定的なものとしての有機的な局面に反抗する、最高の創作物にほかならない。芸術はその全ジャンルにわたって知的契機によってすみずみまで浸透されている。大きな音楽的形式は知的契機を欠くなら、つまり予めあるいは後から聴き取られることがなく、期待や回想を欠くなら、つまり分離したものの綜合を欠くなら、構成のしようがなくなるであろうということだけでその説明として十分であろう。このような機能はある程度まで感性的直接性に基づくものと考えることができるが、要するに現在における部分の複合は過去のものと未来の形態としての質を伴っているが、他方、感性的な直接性が直接的なものであることをやめる場合、つまり直接性が思考されねばならなくなる場合、芸術作品は限界値にたどりつく。芸術作品は、芸術作品にとって外的なものである反省を通して限界値にたどりつくのではなく、芸術作品それ自体によってたどりつく。知的媒介は芸術作品自体の感性的総体の一部であり、芸術作品を知覚するための前提条件となるものにほかならない。晩年の大作をおおう特性といったものが存在しているが、こうした特性は形態を突き破って出現する精神なのかもしれない。このような精神は芸術を逸脱したものではなく、芸術の死命を制する矯正策にほかならない。最上の芸術作品もまた、自己の形態が内在的なものとなることによって持つことを要求しているものを持たぬことを自ら告白するものであり、それを告白するものとして断片的なものとなるべく運命づけられている。

芸術の感性的契機とは対照的なものである精神的契機について全力をあげて強調したのは、客観的観念論が最初であった。そのさい客観的観念論は芸術の客観性を精神と結びつけた。ためらうことなく伝統に従う客観的観念論にとっては、官能的なものは偶然的なものに等しかった。カントによるなら、普遍性と必然性とはたしかに美的判断にその規準《カノン》を示すものであるとしても、美的判断によって疑われているものであるが、この両者もヘーゲルにとっては、精神という彼によって一切を支配するものとされている範疇を通して構成しうるものとなる。こうした美学が先行する美学全体を超えて進歩したものであることは一目瞭然であると言ってよい。芸術をたんなる気晴らしにすぎないものと見なす封建的な芸術観は、その最後の痕跡にいたるまで拭い去られているし、芸術の精神的内容は芸術の本質として定義されることはあるとしても、ただちにたんなる意味の領域を目ざす傾向とは、つまり意図とは別箇のものとして切り離されることになる。ヘーゲルにおいては、精神は即自的にもまた対自的にも存在するものであるため、芸術における精神は芸術の実質として認識され、薄く、抽象的に芸術の上に漂うものとして認識されることはない。美を感性的に輝く理念として規定する定義のうちには、こうした認識が含まれている。それにもかかわらず哲学的観念論は、その構造から期待されるほどにはけっして美的精神化という傾向に対して忠実ではなかった。むしろ哲学的観念論は精神化によって食い尽されることになる、ほかならぬ感性的なものの擁護者として振舞った。美を感性的に輝く理念と見なす学説は、直接的なものを意味あるものとして弁護する学説として、ヘーゲル自身の言葉によるならば現状肯定的なものにほかならなかった。過激な精神化は現状肯定の逆なのだ。だがヘーゲルの美学はその前進と引きかえに、高い代償を支払わされることになる。なぜなら芸術の精神的契機は観念論美学にとっては精神を意味するものではないから。それはむしろ全体性としての固く呪縛された模倣的衝動《ミメーシス》にすぎない。成熟への要請は、カントの〈感覚的なものは崇高ではない〉原註(7)という疑わしい命題以来意識されてきたものであるが、芸術がそれと引きかえに支払うことになった犠牲は、おそらくモダニズムにおいてすら、見出されるほどのものなのである。絵画や彫刻において模写原理が排除され、音楽において装飾的なものが排除されるとともに、解放された要素が、つまり色彩、響き、絶対的な言葉の配置があたかもそれ自体が何かを表現するかのように登場することが、ほとんど不可避になった。だがこうした表現は幻想にすぎない。これらの要素は、ただこれらの要素を出現させている文脈を通してのみ雄弁になる。材料と表現との関係において恣意や偶然を信じることは、本質的に根源的なもの、非媒介的なものを信じる迷信、つまり表現主義が敬意を表し、表現主義から工芸や哲学へと拡がってきた迷信を信じることに等しい。赤といった色彩それ自体が表現価値を持つといった主張は、今日ではすでに錯覚にすぎないことが明らかになっているが、錯綜した多音的響が持つ価値は、この響きの前提として伝統的響きに対するしっかり捉えられた否定が生きているものにほかならない。こうした価値も〈自然の材料〉に還元されるならことごとく空虚なものにすぎなくなるが、こうした材料を神秘化する定理にしても、色彩実験という大ぼらとしての実質をもはや持ってはいない。文字通りの要素への還元は、つまり精神を一貫して根絶しようとする精神化は、音楽等に見られる最近の物理的傾向をまって初めて行われた。こうしたところでは精神化の自己破壊的局面が表面化している。精神化の形而上学は哲学的には疑わしいものとなってしまったが、他方、この形而上学は他の面においてはあまりにも一般的な規定となっているため、芸術における精神を正当に評価することすらほとんど不可能になってしまった。実際上、芸術作品は精神を実質一般としてもはや前提としえない場合ですら、自己を本質的に精神的なものとして主張している。精神の客観性を絶対的に同一なものとして実体化することなしに、芸術作品を定義するものとしての精神をどのようにして問題とすることができるのか、この問題はヘーゲルの美学によっては未解決のまま放置されている。この論争はそのため、ある意味においてカントに溯り、カント的に決着がつけられていると言ってよい。ヘーゲルにおいては、芸術の精神は精神の出現方法の一段階として体系から演繹可能なものであって、いわばどのような芸術ジャンルのうちにおいても、可能性としてならどのような芸術作品のうちにおいても明白なものであり、曖昧さという美的属性を生贄にするものであった。だが美学は哲学の応用ではなく、それ自体が哲学的なものにほかならない。〈芸術学はそのためわれわれにとって、芸術そのもの以上に必要となる〉原註(8)というヘーゲルの思想は、精神的領域相互の関係をめぐる彼のヒエラルヒー的見方から生れた疑わしい結果ではあるにしても、他方、この命題は増大しつつある芸術に対する理論的関心を直視するものであって、そこにはそれなりの予言的真実が含まれている。それは、芸術はそれ自身の内容を展開するために哲学を必要としているという真実にほかならない。ヘーゲルの精神の形而上学は芸術作品における精神を物象化して、固定可能な芸術作品の理念にかえるといった逆説的結果を生み出しているが、他方、カントの二面作戦は不可欠なものであると同時に所与ではない感情を相手にするものであって、こうした作戦は芸術を外部から芸術の主観的構造を通して考えるのではなく、内部から考えているために率直なものであり、それなりに現代的なヘーゲルの野心的な形而上学以上に美的経験に忠実なものと言える。ヘーゲルの方向転換はあくまで正しいが、この転換はけっして体系的な大概念から引き出された結果ではなく、芸術という特殊な分野から引き出された結果にすぎない。存在するもののすべてが精神であるとは限らないが、だが芸術は自らの諸配列を通して精神的なものとなる存在物にほかならない。観念論はいわば一気に芸術を自己のために差し押えることができたが、それは芸術だけがその性質からして観念論の考え方と一致していることによる。もしシェリング流に芸術をひな型として用いることがなかったなら、観念論が客観的な形態へと発展して行くといったことはありえなかったであろう。こうした内在的に観念論的な契機、つまりすべての芸術は精神によって客観的に媒介されているという事実を抜きにしては、芸術は考えられない。この契機はまた美的リアリズムという鈍感な原則を阻止するものであるが、それとは逆にリアリズムという名称のもとで要約されている契機は、芸術が観念論の双生児ではないことを想起させる。

精神という契機はどのような芸術作品においても存在するものではなく、どのような芸術作品においても生成し、自らを形成するものにほかならない。芸術作品の精神はそれによって、ヘーゲルがまず認めたように精神化によって覆いつくされる過程に、つまり意識の進歩の過程に順応することになる。芸術はほかならぬ自己の前進する精神化を通して、つまり自然からの分離を通して苦しめられることになるが、霊感を与えてもくれるところのこうした分離を更新しようとする。精神化は古代ギリシア以来、感性的に快適ではないものあるいは嫌悪を与えるものとして芸術修業から排除されてきたものを、繰り返し芸術にもたらしてきた。原註(9) この動きをいわば綱領化したのがボードレールであった。ヘーゲルは自らロマン主義的芸術作品と呼んだ芸術作品に関する理論のなかで、精神化の流れが抗しきれないものであることを歴史哲学的に裏書きした。それ以来、感性的に快適なものはすべて、それに留まらずどのような素材の魅力も前芸術的なものへと転落してしまった。模倣《ミメーシス》の本来の領域である芸術の上へ、模倣に対するタブーをたえず拡大するものとしての精神化は、芸術の自己解体に勤《いそ》しむものにほかならない。だがまた模倣的力としての精神化は自己と作品とを一致させる方向を目指して、つまり作品にとって異質なものを排除し、排除することによって自己の形象特性を強化する方向を目指して活動する。芸術は精神を浸透されるものではなく、精神は芸術によって形成されるものの後を芸術が導くままにたどり、それによって芸術の内在的言語を引き出す。それにもかかわらず精神化は精神化を批判するよう迫っていた影から自由になれない。芸術における精神化が実質的なものとなればなるほど、芸術はいっそう精力的に、ベンヤミンの理論においても、ベケットの文学的実践においても等しく見られるように、精神を、つまり理念を拒否するものとなった。だが精神化は、すべては形式にならねばならないという要求によってからみつかれていることによって、芸術と芸術の他者との間の緊張を廃棄するという例の傾向の共犯者となる。極端に精神化された芸術だけがいまなお可能であって、その他の芸術はことごとく幼児的なものにすぎない。だが幼さという局面は、たんなる存在にすぎないような芸術にはいや応なしに伝染するかに見える。感性的に快適なものは二重の攻撃にさらされている。一方において外的なものは芸術作品の精神化が強まるにつれて内的なものの現れとなり、精神をかいくぐらなければならなくなる。他方において芸術作品が吸収するものは吸収しづらい材料や素材の層であるため、美食家的に堪能することには向かなくなる。たとえ美食家がイデオロギー的な全体的傾向の真只中において、逆らうものまで自己に統合しようとして自らが恐怖を感じるものまで呑みこむことを覚悟しようとも。印象主義の場合にしてもその歴史の冒頭においては、精神化を主張する論争の切先はたとえばマネに見られるように、ボードレールに劣らず鋭かった。芸術作品が単純に享受しうるような子供じみたものから遠のけば遠のくほど、芸術作品それ自体の存在は、つまり芸術作品が観察者に向けるものは、それがたとえ理想上の観察者であろうと、それだけ一層重みを増し、逆に観察者における反応はそれだけ一層取るに足りないものとなる。崇高についてのカントの理論は芸術がまず行うものである先の精神化を、自然美によって先取りするものにほかならない。自然において崇高と見なされているのは彼においては、感覚を圧倒する現存在を前にしてたじろぐことがない精神の自律性以外の何物でもないが、こうした自律性は精神化された芸術作品のうちではじめて自己を貫徹するものとなる。もちろん精神化された芸術であろうと、その底には混入した滓が沈澱している。精神化が十分行われず、それが美的組織に変えられ具象化されていないような場合にはかならず、生み出された精神的なものは二次的な素材の層として確立されることになる。精神化は官能的契機に向けて切先を研ぎすましていながら、それ自体が精神的なものであるこうした契機自体を洗練することに対しては往々にして盲目的な態度をとり、抽象的なものとなる。精神化もその初期においては、原始的なものへと向う性向を伴っているが、そこには感性的な文化に反対して野蛮なものへと向う傾向が見られる。野獣派《フォーブ》などは野蛮なものをことさら選びそれを綱領とした。こうした野蛮への後退は現状肯定的な文化に対する抵抗につきまとう影の部分なのだ。芸術における精神化は試練を克服しなければならなくなる。つまりそれは精神化は現状肯定的な文化を乗りこえることができるのかどうか、官能の洗練化という抑圧されているものを、抑圧から救い出すことができるのかどうかという試練にほかならない。さもなくば精神化は変質し、精神に対して暴行を加えるものにすぎなくなる。それにもかかわらず精神化は芸術による文化の批判として、つまり文化の一部分であるが失敗した文化には満足しえない芸術による文化批判として、正当なものなのだ。野蛮という特徴が現代芸術において持つ価値は歴史的に変化する。繊細な感覚を持ち合せている人間であろうと、ピカソの『アヴィニョンの女たち』やシェーンベルクの初期のピアノ曲に見られる、野蛮への還元を前にして十字を切るような人間は例外なく、その人間が恐れている野蛮以上に野蛮であると言ってよい。芸術のうちに新しい層が出現するやいなや、この層は古い層を拒否し、まず自己の貧困化を意図する、つまり偽りの豊かさを拒否し、さらには発達をとげた反応形式にいたるまで拒否しようとする。芸術の精神化の過程は直線的に進歩するものではない。その進歩は次の点を尺度として測られる。つまり芸術がどの程度まで市民社会から追放されたものをその形式言語によってわがものとすることができるか、それをわがものにすることによって汚名をきせられたもののうちにあの自然を、つまりその抑圧こそ真の悪であるところの自然をどの程度発見できるのかということを尺度にして。あらゆる文化的活況にもかかわらず多年生植物的に復活してくる醜悪な現代芸術に対する憤激といったものは、たとえいかに思い上った理想をかかげるものであろうとも、精神に対して敵対的なものであることに変りはない。この種の憤激は醜悪さが、なかんずく嫌悪を与える題材がそのまま精神化の力を試す試金石であり、精神化を証明している抵抗の暗号にほかならないことを理解しようとしない。極端なまでに現代的であれというランボー的要求は芸術に対して、憂鬱と理想との緊張のうちで、つまり精神化と、精神からもっともかけ離れたものによって包囲されているものとの緊張のうちで、活動することを求める要求にほかならない。芸術における精神の優位と前もってタブー化されたものの芸術への侵入とは、同一事態の異る側面にすぎない。精神の優位は社会的にあらかじめ承認されず、あらかじめ形成されることがなかったものに向けられているのであって、そのため社会関係を明確に否定するものとなる。精神化は芸術が表明する理念をとおして実現されるのではなく、それは意図を欠き理念を敵視する層に芸術が浸透させる力を通して実現される。追放されたもの、禁止されたものが芸術的才能を引きつけるのは、なによりもそのためにほかならない。精神化を伴う新芸術は、真・美・善によってわが身を汚しつづけることを、それは俗物的文化が意図的に行っていることであるが、妨げる。芸術において一般的に社会批判あるいは政治参加と呼ばれているもの、つまり芸術に対して批判的、あるいは否定的なところは、そうした芸術のもっとも内的な細胞にいたるまで精神と、つまり芸術の形式法則と癒着したものにほかならない。社会批判と政治参加という契機は現在相互に対立するものであるかのように見なされ、無神経にこの二つの言葉は用いられているが、そのこと自体が意識の退化を示す徴候にすぎない。

芸術は秩序を、しかも分類可能な抽象的な秩序ではなく感性的で具体的な秩序を、多様で混沌とした現象かあるいは自然そのものに変えねばならないとする定理は、美的精神化の目的を観念論的に横領したものにすぎない。つまり自然的なものと自然的なものに従属するものの歴史的な形姿に、それ本来の形姿を与えるという目的を横領したものにほかならない。こうした美的精神化の目的に従うことによって、精神化の過程が混沌としたものに対して持つ姿勢は歴史的な指数を含むことになる。全体主義社会においては芸術は混沌に秩序を与えるべきであって、その逆ではないと繰り返し語られてきたが、それを最初に語ったのはおそらくカール・クラウスであろう。質的に新しい芸術が持つ混沌とした特徴は、新しい芸術に抵抗し、新しい芸術の精神に抵抗するもののように見えるが、それはあくまでも最初の一瞥においてそう見えるにすぎない。こうした特徴は悪しき第二の自然に対する批判を含む暗号であって、秩序とは実際はそのように混沌としたものにすぎない。混沌という契機と極端な精神化とは、現存在についてのなめらかに磨き上げられた観念を拒否するものとして収斂する。マラルメのうちに起源を持つ類の極端に精神化された芸術と、シュールリアリズムによって主張されている類のもつれ合った夢としての芸術とは、これらの流派が意識する以上にはるかに、こうした観念を拒否する点において密接に結びついている。そのうえ青年期のブルトンと象徴主義、あるいはドイツの初期表現主義者たちと彼らによって戦を挑まれたゲオルゲとのあいだには、両者を対角線状に結びつける関係が見られる。精神化はつねに同時に感性的契機を制限するため、精神は精神化にとって宿命的に唯一つの存在となり、そうした存在となることによって芸術となることを目指す精神化の内在的傾向に対しても逆らう。精神化の危機は精神化によって、つまり芸術作品が刺激物として安売りされることに対して抵抗する精神化によって促進される。精神化はジプシー、旅回りの俳優、辻音楽師、つまり社会的に追放された人々に対抗する反力となる。だが芸術がかつて賤民の芸にすぎなかったことを示す見せ物としての特徴を、芸術からぬぐい去ることを強いる強制は、それがいかに根深いものであろうとも、見せ物としての要素が芸術から完全に消し去られるなら、芸術はもはや存在することすらなくなり、見せ物としての要素のために特別な保護地区といったものをもうけることすら不可能となる。芸術の純化も、純化されるものを自己のうちに保存することがないなら成功は覚束ない。芸術の精神化がこうした純化を行いうるかどうかということによって、芸術は存続しつづけるのか、それとも芸術の終末というヘーゲルの予言が実現されるのかという問題に、決着がつけられることになる。ヘーゲルの予言が実現されるような世界においては、芸術は存在するものを確認しそれをなぞるにすぎないものへと、つまり反省されることがない、唾棄すべき意味において現実主義的である確認と繰り返しにすぎないものへと堕落して行くであろう。こうした観点に立つなら芸術を救助するという行為はきわめて政治的な行為となるが、だがそれはまた世界の推移によって脅かされていると同様に、それ自体からして不確実である行為と言わなければならない。

芸術は社会に対する姿勢を展開すると同様に、概念を展開することによっても精神化を深めるといった洞察は、市民的美学全体に浸透している教条と、つまり芸術を直観的なものと見なす教条と衝突する。両者はすでにヘーゲルにおいてももはや結合しえないものとなっていたが、芸術の未来についての最初の暗澹たる予言はその結果にほかならなかった。カントは『判断力批判』の第九章においてすでに、「美とは概念を用いずに普遍的満足の対象として表象されるものである」原註(10)と直観性の規定を公式化している。このものは〈概念を用いずに〉という点は、概念によって課される労働と緊張を免除するものとして、これらのものはヘーゲル哲学以後はじめて課されることになったものではないが、それを読みかえるなら、満足と同じものを指すととることも許されるであろう。芸術はとうに満足といった理想を時代遅れのものとして追放してしまったが、他方、芸術の理論は、古風な美的快楽説の記念碑である直観性という概念を用いることについては断念しているわけではない。その反面どのような芸術作品もとうから、いつしか古風な芸術作品ですらそうなっているが、観察という労働を必要とするようになったのであるが、こうした労働は直観性説が取り除こうとしていたものにほかならない。かつて前もってあらかじめ与えられた形式が行っていたことを、知的に媒介されたものが広範囲にわたって引きうけねばならなくなっているような芸術作品においては、その構造のうちへ知的に媒介されたものが進出してくることによって、芸術作品の純粋な直観性を核心としていた感性的に直接的なものは減少することになる。だが市民的意識はこうした直接的なものを盾にしているが、それは、直観性だけが作品を切断されることがない纏ったものとして反映するものであり、作品が現実に対してこのように反応するなら、現実もまたやがて切断されることがない纏ったものへと、たとえどのような回り道をたどろうとも書きかえられて行くことを、この意識が感じ取っているためにほかならない。だが芸術はもし直観という契機を完全に欠くなら、たやすく理論と同一のものとなるであろうが、他方、芸術はたとえばまがいものの学問に似たものとなり、論証的概念との質的差異を無視するなら、明らかにそれ自体無力なものとなる。芸術方法の優位としてあらわれる芸術の精神化こそが、芸術を素朴な概念的なものから遠ざけ、世界をことごとく理解可能なものと見なすような世界観から遠ざける。直観性の規範は論証的思考との対立を力説するが、他方、この規範は非概念的なものによる媒介を、つまり感性的な組織にひそむ非感性的なものをおおい隠す。こうした非感性的なものは組織を構成することによってつねにまた組織を断ち切り、直観的なものによって組織を出現させながら、直観的なものから組織を引き離す。直観性という規範は作品のうちに範疇的なものが包含されていることを否定するが、こうした規範は直観性そのものを物象化して不透明なもの、浸透しえないものとし、直観性を純粋な形式に従って硬化した世界を反映するものへと変える。それは、作品が作品によって巧妙に作り出された調和を乱すものとなるかもしれないことを、とりわけ警戒するためにほかならない。作品を妨げながら駆け抜けて行く天象《アパリシオン》によって、実際上、作品の具象性は先の直観性を、つまり概念の普遍性とつねに対比され永遠に同一であるものともうまく折り合う直観性を、はるかにしのぐものとなる。世界が普遍的なものによってつねに変ることなく情け容赦なく支配しつくされればされるほど、直接的なものの残り滓としての特殊なものは、それだけたやすく具象的なものと取り違えられることになるが、他方、偶然的なものである具象的なものは、抽象的な必然性から作られたその鋳造物にすぎない。芸術的具象は純粋な現存在、つまり非概念的に個別化されたものと同様に、典型という理念によって意味されているような普遍的なものを通して媒介されたものではない。真正の芸術作品は本来の定義からして典型的なものではない。ルカーチが典型的で〈正常な〉作品を、非典型的であるがゆえに正常ではないとする作品と対立させるとき、彼の芸術観は芸術とは無縁なものとなる。もしルカーチの主張が正しいとするなら、芸術作品は学問の不備を補う、一種の一時しのぎの代用品にすぎないものとならざるをえないであろう。芸術作品とは普遍的なものと特殊的なものとの現在における統一であるといった断言は、観念論の口真似であって全くの独断にすぎない。こうした断言は闇にまぎれて神学的な象徴説を借用したところで、直接的なものと間接的なものとの間の裂け目を埋めることができず、こうした先天的な裂け目を露呈させることによってその虚偽を罰せられる。作品はこうした裂け目を埋めることに没頭するかわりに、裂け目をおおい隠そうとするなら失敗に終る。ほかならぬ急進的な芸術はリアリズムの欠陥に陥ることを拒む反面、象徴に対しても緊張した関係を持つ。新しい芸術における象徴、あるいは文章論的に言うなら隠喩《メタファー》は象徴機能から自立する傾向があり、こうした傾向を通して経験や経験の意味にとってアンチテーゼをなす領域を構成するために、それ本来の寄与を行っているということ、このことは証明することも不可能なことではない。象徴がもはや何ものも象徴することがないという事実を通して、芸術は象徴を利用する。前衛的芸術家たちによって行われた象徴主義批判は象徴特性そのものの批判であった。モダニズムの暗号と特性は徹頭徹尾絶対的なものと化した、自己自身を忘却した記号にほかならない。こうした記号が美的媒介手段へ侵入することと、こうした記号が意図に対して冷淡であることとは、同一のものが持つ異る局面にすぎない。不協和音が作曲の〈材料〉へと移行したこともそれと同様に解釈されねばならない。こうした移行は文学的にはおそらく比較的早い時期に生じたものであって、イプセンからストリンドベルイという関係からもうかがえることであるが、晩年のイプセンのうちにすでにその準備の整えられているのが見てとれる。あらかじめ象徴的であったものが文字通り象徴的なものとなることによって、第二の反省のうちで自立的なものへと変えられた精神的契機は自立性を、つまりストリンドベルイの作品のオカルト的層によって不吉に語られているような、またどのような模写とも手を切ることによって創造的なものとなっているような自立性を衝撃的に与えられる。どのような象徴も象徴ではないという言葉は、どのような象徴からも絶対的なものが直接的に出現することがないことに対する弁明にすぎない。絶対的なものが出現するなら芸術は仮象でも遊戯でもなくなり、現実的なものとなる。純粋の直観性は芸術作品が本質的に純粋なものではないために、芸術作品の本質と見なすことはできない。芸術はあたかも云々のようなという特性を与えられることによって、あらかじめ媒介されているのだ。完全に直観的なものであるなら、芸術は自らが反撥する経験そのものとなるであろう。だが芸術の媒介性は抽象的に先天的なものではなく、どのような具体的で美的な契機とも係り合っている。もっとも感性的な芸術作品ですら作品の精神と関係を持つことによって、つねにまた非直観的なものとなっている。すぐれた作品について分析しようとも、その作品の純粋な直観性を証明することは不可能であろう。作品はすべて概念的なものをまじえて成長したものにほかならない。このことは言語においてはそのまま当てはまるが、概念からかけ離れたものである音楽においてすら、そこでは心理学的起源を考慮することなしに、賢明なものと愚かしいものとが明確に区別されるために、間接的に当てはまる。直観性が不足しているものは模倣的契機《ミメーシス》を保存したがるが、模倣的契機が自らのアンチテーゼを通してしか、つまり作品にとって異質なものすべてを作品が合理的に処置することを通してしか、生き永らえないということに対して目をふさぐ。模倣的《ミメーシス》契機を欠くなら直観性は呪物となる。模倣的衝動は美的領域においてはむしろ、媒介するものを、概念に、つまり現存していないものにも刺激を与える。概念的なものは言語と同様に、どのような芸術にとっても混入物として欠くべからざるものであるが、だが芸術においては、経験的対象の特徴を示す単位としての概念とは質的に異るものとなる。芸術に概念が混入しているということは、芸術を概念的なものと見なすことと同じことではない。芸術は直観でもなければ概念でもないが、まさにそれのいずれでもないということを通して、芸術は両者の分離に抗議する。芸術における直観的なところと感性的に知覚されるところとは異るが、それは、直観的なところがつねに芸術の精神と関連しているためにほかならない。芸術は非直観的なものの直観であり、概念を欠くが概念に似ている。だが芸術は概念によって、自己の模倣的《ミメーシス》で非概念的な層を解放する。現代芸術は結局のところ反省することによってあるいは無意識的に、直観性についての独断に楔を打ちこんだと言うことができる。芸術を直観的なものと見なす学説においても、次の点は依然として真実であることに変りはない。つまりこうした学説が芸術における測り難いものという、論証的論理においては出現することがない契機を強調している点、つまり芸術のあらわれ全体の要約とも言うべきものを実際に強調している点である。芸術はその限りにおいて支配に対してと同様に概念に対しても抵抗するが、こうした抵抗を行うためには哲学と同様に概念も必要とする。芸術において直観性と呼ばれているものは難問的《アポリア》構造を持つものと言わなければならない。こうした直観性は魔法の一撃によって、芸術作品において相互に争い合っている乖離するものを抑制して同一のものに変えようとするが、そのため逆にこうした同一のものに変ることがないすべての芸術作品によって、はねつけられることになる。直観性という言葉は論証的認識による学問からの借り物であって、こうした学問においてはこの言葉は、形式化されると言われている内容を規定するものにほかならない。この言葉は芸術の合理的契機を証明するが、それと同様に現象的契機をこうした合理的契機から分離し、分離した後で現象的契機を実体化することによって合理的契機を覆い隠す。『判断力批判』には、カントが美的直観は難問的概念であると考えていたことを示す情況証拠が含まれている。美の分析論は〈趣味判断の契機〉に向けられている。カントは第一章の脚註のうちでこれらの判断契機についてこう述べている。「そこで私は、美的判断力がその反省において顧慮する判断契機を、それぞれの判断の論理的機能に従って求めてみたのである（趣味判断にもやはり悟性に対する関係が含まれているからである。）」原註(11) この指摘は概念を欠く一般的満足という命題と明らかに矛盾している。だがカント美学がこの矛盾を矛盾のまま放置し、矛盾を説明することによって取り除くのではなく、明確に反省していることは驚嘆すべきことと言ってよい。カントは一方において趣味判断を論理的作用として処置し、それによって論理的作用を、趣味判断がなによりも適合することが必要とされている美的対象の属性と見なす。他方、〈概念を欠く〉芸術作品はたんなる直観性として出現するもの、あたかも論理外的なものにすぎないかのように出現するものと見なされる。だがこうした矛盾は実際上、芸術の精神的本質と模倣《ミメーシス》的本質との間の矛盾であり、芸術そのものに固有の矛盾にほかならない。真実への要求は普遍的なものを含み、どのような芸術作品によっても示されているものであるが、こうした要求は純粋な直観性とは両立しえない。芸術の直観的な特性をもっぱら強調するなら、それによっていかなる災いがもたらされるか、それは結果を見れば一目瞭然である。直観性を強調することは、ヘーゲル的意味において抽象的なものである直観と精神との区別に奉仕するにすぎない。作品が純粋に直観的なものへと解消されればされるほど、作品の精神は〈理念〉そのものとしてますます物象化され、現象の背後に留まる不変的なものへと変えられることになる。精神的契機として現象の組織から遠ざけられたものが、やがて現象の理念として実体化される。直観性の強調はおおむね次のような結果に終る、つまり意図は内容へと引き上げられるが、他方、直観は相関的に感覚を満足させるものへ帰属させられるといった結果に終ることになる。だが精神と直観とを区別することなく、両者が統一されたものを作品と見なす公認の主張に反駁を加えようとするなら、反駁はそれが拠りどころにしている個々の古典主義的作品に即して行われねばならない。なによりもこれらの作品こそ統一の仮象が概念的に媒介されているものにほかならない。支配的なモデルは、つまり余暇と労働を二分して固定化するように現象を純粋に直観的なもの、内容を純粋に概念的なものと見なす支配的モデルは、俗物的なものにすぎない。そこではいかなる両面価値《アンビバレンツ》も存在することを許されない。両面価値的なものは直観性という理想を放棄したものとして非難され、攻撃される。美的に出現するものが直観につきるものではないため、作品の内容もまた概念につきるものではない。精神と感性は美的直観によって綜合されていると述べる主張は欺瞞であるが、そこには精神と感性とを、固定的な両極と見なすそれに劣らぬ欺瞞が潜んでいる。直観美学の根底に置かれている観念は、つまり人工物という綜合のうちにおいては人工物の本質である緊張は、本質的なものである静止に屈服したものであると見なす観念は、それ自体が物めいている。

直観性は芸術の普遍的な特性ではない。直観性が途切れていることも見かけられる。この点が美学者たちによって注目されたことは皆無に近いが、忘れられた存在であるテオドール・マイヤーは、そのうちにあって稀な例外的存在の一人と言ってよい。文学が文学によって語られているものの感性的な直観と一致することがないこと、文学の具象性は言語形態を本質としており、文学を活動させると言われているような、きわめて疑わしいものである視覚的表象を本質とするものではないこと、これらの点がマイヤーによって証明された。原註(12) 文学は感性的表象を通して実現されることを必要としていない。文学は言語によって具体的なものとなり、言語を通して非感性的なものによって浸透されるものであり、非感性的な直観という撞着語法に従うものにほかならない。概念からかけ離れた芸術においてもまた非感性的な契機が働いている。自己の証明ずみの主題のためにこの契機を否定する理論は、お気に入りの音楽に耳福といったたぐいの言葉を準備する俗物根性に与するものにほかならない。音楽はほかならぬその大きな形式や強調された形式を用いる場合、そのうちに複合体を含むことになるが、こうした複合体は感性的には存在することがないものを通してしか、つまり想起あるいは期待を通してしか理解されえないものであって、それ自身の構成のうちにこうした範疇的な規定を含んでいる。たとえば『英雄』第一楽章の展開部と呈示部といったかけ離れた部分のあいだに見られる関連や、こうした呈示部と新しく出現する主題とによって作り出される極端な対照を、いわゆる連続的形態として解釈することなど不可能に等しい。作品はそれ自体が知的なものであって、作品が知的であることを恥じることもなければ、知的に統合されることによって作品の法則が侵されることにもならない。視覚的作品については事情は別としても、複数の芸術もいつか一つの芸術へと統一されることを目指して運動しているのかもしれない。芸術作品の精神的媒介は芸術作品を経験と対照的なものに変えるものであるが、こうした媒介も芸術作品が論証的次元を含むことがないなら実現のしようがない。芸術作品は、もしそれが厳密な意味で直観的なものであるなら、感性的に直接的に与えられたものという偶然性によって、つまり芸術作品が芸術作品なりの論理性を突きつけるところの偶然性によって、呪縛されつづけることになる。芸術作品の等級は具象的な作品がその具象化をやり遂げることを通して、偶然性を放棄するかどうかによって決定される。直観と概念的なものとの潔癖であってその限りにおいて合理主義的な分離は、社会自身が行いイデオロギー的に命令する二分法に、つまり合理性と感性とを切り離して考える二分法に従うものにほかならない。芸術は客観的に芸術のうちにこめられている形象による批判を通して、こうした分離がなされることをむしろ阻まねばならない。芸術が二分法によってその一方の極である感性の側へと追いやられるとしても、それを通してたんに芸術が芸術であることが証明されるにすぎない。芸術が戦う虚偽とは合理性ではなく、合理性を特殊的なものと対立させる硬直した対比にほかならない。芸術は特殊的なものという契機を直観的なものとして選び出すとき、そのような硬直した対比を解体し、社会的合理性によって残されたものという滓を利用することになるが、それを利用するのは社会的合理性から離れるためにすぎない。結局のところ作品が美的命令にしたがってより完全に直観的なものと見なされれば見なされるほど、作品の精神的な面は、つまり出現してくるものの形成の彼方にある現象を欠くものは、それだけ一層物象化されることになる。直観性崇拝はその背後から、肉体をソファーに横たえながら魂を高みへ向けてはばたかせるといった俗物的な慣習をのぞかせている。直観性崇拝によるなら、現象は苦労を伴わない気晴らし、つまり労働力を再生産するものとされ、精神は手堅く、作品によって概念的に叙述されているものと一般的に言われているものとなる。芸術作品は、論証的なものによってなされる全体性への要求に反対する本質的な異議申立てであって、まさにそうしたものであるため解答と決着を待ち不可避的に概念を引き寄せる。いかなる作品も、相互に無関心なものである純粋な直観性と拘束的な普遍性といったものを、つまり伝統的な美学が自らのアプリオリとして仮定するものを、かつて獲得したことはなかった。直観説は虚偽であるが、それは自己自身が実現することがないものを現象学的に芸術に転嫁するためにほかならない。芸術の純粋な直観性が作品を判断する基準ではなく、芸術作品が自らの緊張をいかに根底から解決し、緊張を芸術作品に固有の知的契機に変えているかということが、その基準となる。それにもかかわらず芸術作品が非直観的な要素を持つことはタブーとされているが、こうしたタブーにはそれなりの理由がある。作品における概念的なものは判断連関を含み、判断を下すことは芸術作品に反する行為にほかならない。作品のうちから判断が出現することはあるとしても、作品が判断を下すことはないが、それはおそらくアッチカの悲劇以来、作品は討論であったためかもしれない。論証的契機が不当にも優位に立つなら、芸術作品と芸術作品の外部にあるものとの関係はあまりにも直接的なものとなり、ブレヒトに見られるように、この関係はそれが間接的なものであることを誇りとしている場合ですら、芸術作品の外部にあるもののうちへと組みこまれてしまうことになる。こうした場合、芸術作品は事実上実証主義的なものにすぎなくなる。芸術作品は論証的構成要素を芸術作品の内在連関に変えなければならないが、こうした変更は論証的契機を生み出すものである、外部へ向けられた命題学的な運動に抵抗することによって行われる。前衛的な抒情詩の言語はこうした変更を実現したものであって、それを実現することによって自らに固有の弁証法をあらわにしている。芸術作品は抽象化によって自らに加えられた傷をいやすことができるが、だがこうした治癒は明らかに強化された抽象化を通してのみ、つまり概念的酵素と経験的現実との混交を妨げる抽象化を通してのみ可能となる。この場合、概念は〈媒介変数《パラメーター》〉となる。だが芸術は本質的に精神的なものとしてとうてい純粋に直観的なものであることはできない。芸術はつねにまた考えられねばならないものなのだ。芸術はみずから思考する。直観説は芸術作品についてのどのような経験とも矛盾しているが、こうした直観説が普及していることは社会的物象化の反映にほかならない。このような普及の結果、芸術は直接性のための特殊部門を形成するものとされ、芸術作品の物としての層は、つまり芸術作品における物以上のものにとって本質的なものである層はかえりみられなくなる。芸術作品は、ハイデガーが観念論に反対して指摘しているように、[原註(13)]たんに物を担い手としているだけではない。芸術作品は芸術作品自体の客観化によって第二の物に変えられる。芸術作品はそれぞれ内在的な論理に従って生成し、その結果内的組織を作り上げるが、こうした芸術作品の組織が純粋な直観によって実現されることはない。芸術作品において直観的に捉えられるものは、組織によって媒介されたものであって、こうした組織と較べるなら芸術作品の直観的なところは非本質的なものにすぎない。芸術作品についてのどのような経験も自らの直観的な段階を乗り越えねばならない。芸術作品が直観的なもの以外の何物でもないとするなら、芸術作品は二番煎じの効果を与えるもの、リヒァルト・ワーグナーの言葉によるなら原因なき作用にすぎないものとなるであろう。物象化は作品にとって本質的なものであるが、現象としての作品の本質とは矛盾している。作品の物としての特性は作品の直観的なところと同様に、弁証法的なものと言わなければならない。だが芸術作品の客観化ということは、すでにヘーゲルを信頼していなかったフィッシャーが主張しているように、芸術作品の材料の客観化ではけっしてなく、それは作品における作用と反作用との合力にほかならない。この合力は綜合としての物特性に近い。こうした客観化は二、三の点においてカントの物の二重特性に類似している。カントにおいては、物は超越的な即自であってしかも主観的に構成された対象であるという、つまり物の現象の法則であるという二重特性を持つ。芸術作品は一面において空間と時間のうちにある物にすぎない。だが死と蘇生とを繰り返す即興曲のような音楽の限界形式もまたそうした物と見なしてよいのかどうか、その点について判断を下すことはむずかしい。芸術作品の物以前的契機はたえず繰り返し物としての契機からにじみ出てくる。だが即興演奏においては、多くのものが芸術作品が物であることを物語っている。つまり芸術作品は経験的時間における現象であること、さらにそのうえ芸術作品は客観化された手本を、たいていは慣習的な手本であるが、認識させるものであることを物語っている。なぜなら芸術作品は作品であるかぎりそれ自体が物であって、それ自体の形式法則によって対象化されるから。たとえば演劇の場合、事物そのものとして鑑賞しうるのは印刷されたテキストではなく、上演されたものであり、音楽の場合、楽譜ではなく、生き生きと鳴り響く音であるということは、芸術における物特性が不安定なものであることを証明しているが、不安定なものであるからと言って、芸術作品が物の世界に関与していないということにはならない。総譜はほとんどつねに演奏そのものよりもすぐれているだけでなく、演奏に対するたんなる指示以上のものであり、むしろ事柄そのものにほかならない。その上、この二つの芸術作品の物概念は無条件に切り離されたものではない。音楽を現実のものとすることは少くともごく最近までは、楽譜を忠実に翻訳することにほぼ等しいことであった。文字あるいは音符によって固定化することは事柄にとって外的なことではない。芸術作品はこうした固定化を通してその起源から自立する。テキストが上演等による再生に対して持つ優位はこうした自立に由来している。芸術において固定化されていないところはたしかに模倣《ミメーシス》的衝動に接しているとしても、たいていは一見そう見えるにすぎないが、おおむね固定化されたものを乗り越えているものではなく、固定化されるまでにいたっていないもの、つまり古くさくなった実践の残り滓であって、多くの点で逆行的なものにすぎない。作品の物象化としての固定化に反対する最近の傾向は、たとえば音楽の動きをネウマ記号や線のような視覚的なものに置き換えて模倣する定量記譜法といったものは、音楽の動きそのものと比較するなら依然として意味を含んでいるものの、それは過去の段階に属する物象化にほかならない。もちろん物象化に反対するこうした反乱も、芸術作品が自らの内在的な物特性に悩むということがないなら、これほどまで拡大することは困難であったと言ってよい。芸術的な物特性は社会的な物特性ともつれ合っているが、この事実を否認できるのは、度し難い物的な芸術信仰の所有者に限られる。こうした信仰の所有者は事実を否認するとともに自らの信仰が虚偽にすぎないことも、つまりそれ自体が過程であり、さまざまな契機のあいだの関係にすぎないものを自らが呪物化していることも否認する。芸術作品は過程であって同時に瞬間にほかならない。美的自律性の前提である芸術作品の客観化は硬直化でもある。芸術作品のうちにひそむ社会的労働が対象化され、完全に組織化されてゆけばゆくほど、うつろで自己に対してよそよそしい響きが、より一層明瞭に芸術作品のうちから聴き取られるようになる。

原註

（1）ベンヤミン『ボードレール』Walter Benjamin, Schriften, a. a. O., Bd. 1, S. 459ff.〔邦訳、著作集6、四八頁以下〕参照。
（2）ブレヒト『愛するものたち』Bertolt Brecht, Gedichte II, Frankfurt a.M. 1960, S. 210《Die Liebenden》.
（3）ヘーゲル『美学』「人間はこのことを行うのは『つまり人間が自らの内面を刻印する外的な事物を変化させるのは』、自由な主体として外界からもまた外界の打ち解けない余所余所しさを奪い取り、事物の形態によってたんに人間自体の外的な実体性のみを享楽するためにすぎない。」Hegel, a. a. O., 1. Teil, S. 41.〔邦訳、第1巻の上、七八頁〕参照。
（4）レオ・ペルッ『審判の日の支配者』Leo Perutz, Der Meister des jüngsten Tages. Roman, München 1924, S. 199.
（5）ヴェーデキント『全集』Franz Wedekind, Gesammelte Werke, Bd. 2, München u. Leipzig 1912, S. 142.
（6）ベンヤミン『ボードレール』Walter Benjamin, Schriften, a. a. O., Bd. 1. S. 465ff.〔邦訳、6、八四頁以下〕参照。
（7）カント『判断力批判』Kant, a. a. O., S. 105 (Kritik der Urteilskraft, S. 23).〔邦訳、二〇六頁〕参照。
（8）ヘルマン・ロッェ『ドイツにおける美学の歴史』Hermann Lotze, Geschichte der Aesthetik in Deutschland, München 1868, S. 190.
（9）「ヘーゲルが正当にも歴史的に考えているところの、精神的なものとしての芸術作品についての彼の原則は、ヘーゲル哲学において一貫して見られるように、それ自体としてすみずみまで反省し抜かれているカント的なものにほかならない。

無関心の満足は、こうした満足とは逆のものの否定を通して行われる、精神的なものとしての美的なものへの洞察を内包している。」

(10) カント『判断力批判』Kant, a. a. O., S. 73.〔邦訳、一八七頁〕参照。

(11) カント『判断力批判』a. a. O., S. 53.〔邦訳、一七四頁〕参照。

(12) テオドール・A・マイヤー『文学の様式法則』Theodor A. Meyer, Das Stilgesetz der Poesie, Leipzig 1901, passim.

(13) ハイデガー『森の道』Martin Heidegger, Holzwege, 2. Aufl. Frankfurt a.M. 1952, S. 7ff.

仮象と表現

調和概念からの解放は仮象に対する反乱として現れる。構造はその対極である表現のうちに同語反復的に内在するものにほかならない。だが仮象に対する反乱が、ベンヤミンが考えようとしていたように遊びのためにくわだてられることはない。たとえば文字の入替え遊びなどに見られる遊び特性は、虚構の発展にかかわるものであることはまぎれもない事実であるとしても、仮象の危機は全体として遊びも巻きこまずにはおかないであろう。仮象が作り出す調和にとって好都合のものは、調和を欠く遊びにとっても都合がよい。遊びのうちに仮象からの救済を求める芸術は、救済ではなくスポーツを行っているにすぎない。だが仮象の危機が暴力的なものであることは、それがまず幻想的なものを嫌う音楽を見舞っているという事実によって示される。この暴力に襲われるなら、洗練された形態の虚構契機ですら死は避けえないが、存在することがない感情表現だけではなく、実現の不可能であることが見通されている全体性といった虚構のような、構造的な虚構もまた死を避けえない。ベートーベンの音楽のような規模の雄大な音楽においては、しかもおそらくこれはたんに時間芸術に留まらず、広くその他の芸術においても言えることであるが、分析を立ち往生させるいわゆる根源的要素は、往々にして雄大なものではあっても無に等しい。根源的要素は無に徐々に接近する場合にのみ、純粋に生成するものとして全体に溶けこむ。だが根源的要素はつねに繰り返し、区別された部分的形態として何らかのものとあらかじめなっていることを、つまりモチーフかあるいは主題となっていることを望む。根源的要素の根本的規定に内在する無は、統合的な芸術を無定形なものへと引き下げる。内在的無が高度に組織化されて行けば行くほど、芸術を無定形なものへと引き下げる引力も増大する。無定形なものだけが芸術作品に芸術作品を統合する能力を与える。完成することを通して、つまり未形成の自然から遠ざかることを通して、自然的契機が、つまりいまだ形成されず分節化されなかったものが立ち戻ってくる。芸術作品に目をごく近づけて眺めるなら、もっとも客観化された作品ですら雑多なもののよせ集めにすぎないものへと変り、テキストは解体され、単語の群にすぎなくなる。芸術作品の細部を直接手中に収めたかのように思いこもうとも、細部は解体して、曖昧模糊としたものとなる。芸術作品はことほどさように媒介されたものにほかならない。芸術作品の組織における美的仮象の現れはこのように媒介されたものにすぎない。芸術作品の生の構成要素である特殊なところは雲散霧消し、顕微鏡的視線のもとではその具象性は気化してしまう。過程はどのような芸術作品においても凝固して具象的なものへと変るが、こうした過程は特定のここにあるものへと固定されることに抵抗し、ふたたび溶解してもとの過程へと戻ろうとする。芸術作品が抱く客観化の要求は芸術作品それ自体によって挫折することになる。幻想はこれほどまで深く芸術作品のうちに、模写的ではない芸術作品であろうとも、浸透しているのだ。芸術作品の真実は芸術作品が概念と同一ではないもの、つまり概念の尺度によるなら偶然的なものを吸収して、それを内在的必然性に変えることに成功するかどうかという点と密接に係り合っている。芸術作品の合目的性は非目的的なものを必要としている。幻覚的なものも、芸術作品が非目的的なものを必要としているため、首尾一貫した芸術作品に組みこまれその一部となることができる。仮象はその上芸術作品の論理でもある。芸術作品の合目的性は自らが存続するためには、自己の他者を通して自己を一時断ち切らなければならない。ニーチェが、もちろん疑わしいところがある命題であるが、芸術作品においてはすべてが異ったものとなりうるのも同然であるという命題によって触れているのは、この点にほかならない。この命題が当てはまるのはおそらく、確立されている慣用語の場合に、つまり変化の幅が保証されている〈様式〉の場合に限られるかもしれない。だが作品の内在的完結性は厳密には受け取りがたいものであるため、仮象とは無縁であると信じているような作品ですら、そう信じることによって仮象にすぎなくなる。作品は自らが作り出す客観性を否定することによって、作品の内在的完結性を偽りとして罰する。作品が喚起する幻想だけでなく、作品そのものが美的仮象にほかならない。芸術作品の幻想的なところは集合して全体的なものであると主張する。芸術作品が強力に本質的なものであることを主張している限り、美的唯名論は仮象の危機の問題に突き当るであろう。仮象に対して敏感であるということは事柄に由来するものにほかならない。美的仮象であるどのような契機も今日では美的曖昧さを伴っている。つまり仮象は芸術作品から出現するものとしての仮象であり、しかも芸術作品そのものとしての仮象であるという矛盾を伴っている。芸術作品から出現するものとしての仮象は実体的なものであると主張する。芸術作品はこうした要求に対してただ否定的に敬意を払うにすぎないが、芸術作品から出現する仮象自体は肯定的なものであって、そのうちには、この仮象がつねにまた仮象以上のものであるという身振りが、つまり極度に非激情的な作品ですらも放棄しえない激情《パトス》が含まれている。もし芸術の未来を問う問が不毛なものではなく、技術至上主義の嫌疑を招くようなものではないとするなら、こうした問は、おそらくその切先を、芸術は仮象を超えて生き延びることができるかどうかという一点に向けられた問であると言ってよい。フロックコートを着たハムレットや白鳥のしるしをつけないローエングリーンといった、四十年前に劇場において行われた衣裳に対する反逆は取るに足りないものにすぎなかったが、こうした反逆も仮象の危機のモデルケースにほかならなかった。こうした場合《ケース》は支配的な写実的志向に反する場合に較べて、つまり芸術作品がもはや支えることができなくなった芸術作品にとって内在的な心象に反する場合に較べて、観客の神経を逆なでする度合はおそらくさほど大きなものではなかったであろう。プルーストの探求の端緒は仮象特性を出し抜く試みとして解釈されなければならない。つまり形式に内在するものを暴力的に定立しそれを芸術作品のうちへ導き入れることもなければ、遍在する全知の語り手を出現させることもなく、芸術作品というモナドのうちへこっそりとまぎれこむ試みとして。その上でいかに始めいかに締めくくるべきかという問題は、包括的であって同時に実質的でもある美的形式論が可能であることを暗示している。こうした形式論は継続、対照、移行、展開、〈紛糾〉といった範疇についても論じるものであり、特に以下の点について、つまりこれらの範疇すべては、今日中心点に対して一様な距離を保たねばならないものなのか、あるいは異なる密度を持つべきものなのかどうかについて論じるものでなければならない。美的仮象は十九世紀に入って強化され幻覚となった。芸術作品は創作であることを示す痕跡をぬぐい去った。おそらくそれは、押し寄せてくる実証主義精神が芸術にまで及んだ結果なのかもしれない。芸術は事実であるとされ、自らの緻密な直接性が媒介されたものにすぎないことが暴露されることを恥とした[原註(1)]。この時代の作品は、モダニズムの中心的作品にいたるまでこの精神に従っていた。作品は仮象特性を強化され、絶対的なものであるかのような仮象特性を与えられた。ヘーゲルの造語である芸術信仰という言葉の背後には、こうした仮象特性が潜んでいるが、ショーペンハウアーの弟子であるワーグナーの作品は、この言葉を文字通り作品化したものにほかならない。モダニズムはやがて、仮象の仮象は仮象ではないという主張に反対した。モダニズムの努力はことごとくこの点に収斂する。つまり作品の錬金術的な内在連関にあからさまに介入を行うことによって穴をあけること、作品のうちで創造行為を繰りひろげること、結果を追及する代りに創造過程をその限界までたどることといった努力はすべてその点に収斂するが、ちなみにこれらの努力はその意図において、観念論的時代のすぐれた代表者たちにとってさほど無縁なものではなかった。芸術作品を抵抗しえないものに変えたのは芸術作品の幻影的側面であるが、この側面にまず疑惑の目を向けたのは、いわゆる新即物主義的傾向の作品ではなく、つまり機能主義的作品ではなく、なによりも長篇小説のようなありきたりの形式であった。長篇小説においては、のぞきからくり的錯覚は、つまり遍在する語り手という虚構は、虚構として非現実的なものであると同様に現実的に虚構化されたものでもあるべきであるという要求と結びつけられている。長篇小説は相反する立場に立つゲオルゲやカール・クラウスといった人々によって非難の的とされたが、だが小説家プルーストやジイドによって行われた、長篇小説の純粋な形式内在を註釈をはさんで中断するやり方は、またたんに一般的にその時代の反長篇小説的な雰囲気を示すだけのものではけっしてなく、この二人が彼らと同一の不快感を抱いていたことも証明している。幻影的局面は作品が即自存在であるかのような幻想を目的論的に強化するものであるが、こうした局面はむしろ、ロマン主義的芸術作品に敵対するものと見なしうるものなのかもしれない。ロマン主義的芸術作品はイロニーによって幻影的局面を前もってサボタージュする。幻想的局面は煩わしいものとなったが、それは、純粋な芸術作品が追い求める切れ目のない即自存在が芸術作品の定義と、つまり芸術作品を人間によって作られるもの、作られることによってアプリオリに物の世界と置き換えられたものとして規定する定義と、両立しえないところに原因がある。現代芸術については、生えた角を振り落そうとする動物のように仮象特性を振り落そうとしているという言葉がかなりのところまで当てはまるが、それが現代芸術の弁証法にほかならない。芸術の歴史的運動における難問が今日、芸術の可能性全体のうえにその影を投げかけている。表現主義のような反リアリズム的潮流もまた、仮象に対する反乱に与するものであった。表現主義は外的なものの模写に反対する反面、現実的で精神的な情況を偽ることなく告知するために努力し、精神描写図《サイコグラフ》に近いものとなった。だが芸術作品はこのように首尾一貫して反抗することによって、いわば不遜にも芸術以上のものであるとうぬぼれた罰であるかのように、たんなる物にすぎないものへと逆行しかけている。最近のおおむね子供じみて無学な、科学のまがい物めいた作品などは、こうした逆行を示すもっとも明白な徴候にほかならない。現在の音楽作品や絵画作品のうちには、非具象的で表現からかけ離れたものであるにもかかわらず、第二の自然主義という概念によって一括しうるような作品も、少からず含まれているように見える。材料の粗雑な物理学的処理、つまり媒介変数《パラメーター》間の計算可能な関係といったものによって、美的仮象は、つまりこれらのものによって定立されているものについての真実は、今日では救いようもなく追放されかけている。こうした定立されたものは、かつては消滅して自律的連関となることによって、作品を通じて客観化されている人間的なものの反映としてのアウラを後に残した。今日の芸術はいかなるものもアウラに対するアレルギーから免れることはできないが、こうしたアレルギーは吹き出しつつある非人間性と無関係ではない。このような新しい物象化と、つまり物象化の美的事例とされている文字通りの野蛮状態への芸術作品の後退と、幻覚的なものであるという罪とは互いに入り組み、解きほぐしようもなくもつれ合っている。芸術作品は狂信的に自らの純粋性に拘泥するあまり、自らの純粋性を疑い、とうてい芸術とはなりえぬものを表面に出す事態に至るなら、つまりカンバスやたんなる素材にすぎない粘土を表面に出すという事態に至るなら、たちまちにして自己自身の敵となり、目的合理性を直接的に偽って継承するものとなる。この傾向の行き着いた先がハプニングと呼ばれるものにほかならなかった。幻想としての仮象に抵抗する反乱が正当なものであることと、こうした反乱が幻覚的なものにすぎないこととは、つまり美的仮象が時代遅れのものとなった自らの弁髪を引っ張るなら、泥沼にはまったわが身を共に引き上げることができるかもしれないと信じるほら吹き男爵流の希望とは、相互に固く結びついているのである。作品に内在的な仮象特性がたとえ潜在的な模倣であろうと、現実的なものを模倣する部分から解放しがたいこと、そのため幻想からも解放しがたいことは言うまでもない。なぜなら芸術作品が形式と材料、精神と素材として自らのうちに含むものはすべて、現実より芸術作品へと移行し、芸術作品のうちで自らの現実性を放棄したものにほかならないから。このようにして芸術作品に含まれているものは、つねにまた現実を模写するものとなる。出現するものというもっとも純粋で美的な定義ですら、現実を特定的に否定するものとして現実を媒介するものにほかならない。芸術作品を経験と区別するもの、つまり芸術作品の仮象特性は経験によって構成されると共に、経験に反対する傾向によっても構成される。芸術作品は、もし自己自身の概念のためにこうした経験と関連を持つことを絶対的に取り消そうとするなら、自己自身の前提まで取り消すことになる。芸術は自己の概念を実現するためには自己の概念を超越的なものに変えねばならないが、現実的なものと似たものとなる場合は、自らが抗議する物象化に順応する羽目になる。こうした点においてもまた、芸術は途方もなく取り扱いづらいものなのだ。政治参加は今日では避けようもなく美的な面における譲歩となっている。幻想はいわく言い難いものであるため、絶対的現象という概念となって美的仮象の二律背反を調停することは妨げられる。いわく言い難いものとして幻想を告げる仮象を通して、芸術作品が文字通りの神体顕現となることはない。たとえ真の芸術作品と向い合っている真の美的経験にとって、真の芸術作品のうちには絶対的なものが現れていることを信じないということは、いかに困難なことであるとしても。こうした信頼を喚起することは偉大な芸術作品にのみ見られる固有の点にほかならない。芸術作品をして真実を展開するものとしているものは、同時に芸術作品にとって根本的な罪となり、芸術はこうした罪を免れることができない。芸術はあたかも免罪符が自らに与えられているかのように振舞うために、さらに罪を引きずりつづけることになる。それにもかかわらず仮象という天国の残り滓を担うことが煩わしいことでありつづけること、このことは次の事実から分離して考えることはできない。それは仮象を拒否する作品もまた現実的で政治的な効果から切り離されていること、つまりダダイズムにおける観念によって元来鼓舞されたものである効果から、切り離されているという事実である。錬金術的作品が市民的な対他存在と闘うさいに用いる模倣《ミメーシス》的方法それ自体が純粋な即自という仮象を通して、後に仮象を破壊することはあっても仮象から抜け出すことがないものを作り出す共犯者となる。観念論的な見方として誤解されることを恐れずに述べるなら、作品が自己自身の客観的理想と――芸術家の理想ではけっしてなく――似たものとなることがそれぞれの作品の法則であると呼んで差しつかえないし、そう呼ぶなら美的法則性にも十分近づくことになる。芸術作品の模《ミメ》倣《ーシス》とは自己自身と似たものとなることにほかならない。作品の法則はあからさまであれあるいは曖昧であれ、それぞれの作品の性向によって作り出される。それぞれの作品はその構造によって法則を作り出すよう義務づけられていると言ってよい。美的形象が祭式用の形象から区別されるのはこの点による。芸術作品は自己の形態の自律性を通して自己に対して絶対的なものを、それがあたかも象徴であるかのように自己のうちへ取り入れることを禁ずる。美的形象は形象となることを禁じられているのだ。その限りにおいて美的仮象は、さらには錬金術的作品において美的仮象がたどりつく最高の帰結は、まさに真実にほかならない。錬金術的作品は自己にとって超越的なものを、自己よりも上の領域に属する存在として主張するのではなく、経験的世界においては自己が無力で無用なものであることを通して、自己の内容のもろさという契機をもまた強調している。民主国家において操作されている人々も、全体主義国家の指導者たちも共通に追放しようとしている象牙の塔は、自己自身との一致という不動の模倣的《ミメーシス》衝動を持つものであって、こうした衝動のうちにはひときわ啓蒙的なところが含まれている。こうした衝動が見舞われる憂愁は、政治参加的芸術作品や教訓的な芸術作品の信条以上に正しい意識であって、これらの信条の後退的特性は、信条によって与えられると称されている知恵が愚劣で浅薄なものであることを見ただけで一目瞭然である。そのため急進的な現代芸術は、政治的関係者があらゆる面にわたって現代芸術に対して下している総括的な判断にもかかわらず、進歩的芸術と呼ぶことを許されるが、現代芸術が進歩であるのは、とくに現代芸術において開発された技術だけでなく真実内容にもよる。だが現に存在する芸術作品を現存在以上のものとしているのはまたしても現に存在するものではなく、芸術作品の言語にほかならない。真正の芸術作品は、それが幻影的幻想から最後のアウラ的吐息にいたる仮象を拒絶する場合ですら、なお語りつづける。芸術作品を偶然的な主観性が語るにすぎないものから浄化するために努力するなら、意図することがなくとも、こうした作品自体の言語はその努力に応じて、それだけ一層彫塑的で浮彫り的なものに近づく。表現という用語は芸術作品においてはこうした努力を意味するものにほかならない。この用語は当然のことながら、きわめて長期にわたってごく強調されて使用されている場合においては、つまり技術的に使用されている場合においては、音楽の演奏法を形容するものとして使用されているが、音楽に特有の表現されたものを、つまり特別な精神的な内容を必要としていない。さもなければ表現的《エスプレッシーヴォ》なものという言葉は、特定のその都度表現されうるものを示す名称にすぎなくなるであろう。作曲家アルトゥール・シュナーベルはそうした置換を試みているが、実現するにはいたらなかった。

芸術作品であって完全な統一を持つ作品は存在しないが、どのような芸術作品もこうした統一を持つかのように欺き、欺くことによって自己自身と衝突する。敵対的な現実と対立するものである美的統一は、敵対的な現実と対決することによって、内在的なものでもある仮象となる。芸術作品の仕上げは、芸術作品の生が芸術作品の諸契機の生と一体であるかのような仮象を作り上げることを最終目的とするが、だがこれらの契機は異質なものを芸術作品のうちへ持ちこみ、それによって仮象は偽りとなる。ある程度立ち入った分析であるならどのような分析も事実上、美的統一のうちに虚構を発見している。部分が美的統一にごく自然に従っておらず、そのため統一が無理やり部分に押しつけられているといった虚構であれ、契機があらかじめ統一に合せて裁断されており、とうてい真の契機とはなっていない虚構であれ。芸術作品における雑多なものは芸術作品の空間に入りこむやいなや、もはや現実における雑多なものではなくなり、その標本に変えられる。それによって美的和解は美的に不適当なものとして断罪されることになる。芸術作品は仮象であるが、たんに現存在のアンチテーゼとして仮象となるのではなく、芸術作品自身によって意図されているもののアンチテーゼとして仮象となる。芸術作品には不一致という刻印が与えられているのだ。芸術作品は自らの意味連関の力によってあつかましくも自己を即自存在として押し出す。意味連関は芸術作品における仮象の手段《オルガノン》にすぎない。だが意味連関が芸術作品を統合しているということは、それによって意味それ自体が、つまり統一を作り上げるものが芸術作品によって現に存在するものとして主張されていることであるが、だが意味が実際に存在することはない。仮象を実現する意味は最高のものとして仮象特性に関与している。それにもかかわらず意味を仮象と規定しても、それは意味を完全に定義したことにはならない。なぜなら芸術作品の意味は同時に事実的なもののうちにひそむ実体でもあるからだ。意味は現象によってつねに遮られているものを引き出して現象に変える。芸術作品のさまざまな契機を豊かに関連させながら語り纏めるという芸術作品の企ては、これらの契機を現象に変えることを目標としているが、批判的消息子《ゾンデ》を差しこんだところで、現状肯定的なものから、つまり意味という現実の仮象からこうした目標を哲学的な概念構造が好んで行ったように、きれいに切り離して取り出すことは容易なことではない。さらに芸術は隠された実体を抑制して現象へと変え、こうした実体を非実在物として告発するが、それによって現に存在することがない実体が、つまり可能性にすぎない実体がこうした否定とともに、否定の尺度として同時に定立されることになる。意味は意味の否定のうちにすら内在しているのだ。意味が芸術作品において示されるときはつねに、一貫して意味は仮象を伴っていること、それによってすべての芸術は芸術に特有の悲哀を与えられることになる。悲哀は成功した連関が完全に意味を暗示すればするほど、いっそう痛切なものとなる。悲哀は、こうした連関が現実であってくれたならばなあという嘆きによって強化される。悲哀は、悲哀を封じこめようと努めるすべての形式にとって異質であるものの影、つまりたんなる現存在の影にすぎない。悲哀は成功した芸術作品においては、ゆり動かされた芸術作品における意味の否定を先取りするもの、つまり書き記された憧憬を先取りするものにほかならない。芸術作品からはこうした憧憬が存在していると語る声が、つまり続く動詞を持たぬような文法上の主語など存在することはないということを引き合いに出しつつ、その存在を言葉なくして語る声が読み取られる。こうした憧憬は、世界に存在するいかなる物とも論証的に関連づけることはできない。芸術は経験から抜け出すものでありながら、形式というユートピアのうちでのしかかるその経験の重みに屈服する。さもなければ芸術の完全性は無に等しくなる。統合の前進は芸術作品が自ら要求せざるをえなかったものであるし、芸術の内容はこうした前進を通じて直接的に存在するかのように思われているのであるが、芸術における仮象はこうした統合の前進と密接な関係がある。芸術が引きついでいる神学的遺産とは啓示を世俗化すること、つまりそれぞれの作品の理想と限界とを世俗化することにほかならない。芸術と啓示を混同することは、芸術にとって避けえないものである呪物特性を反省することなく理論を通して繰り返すことかもしれない。だが芸術から啓示の痕跡を根絶するなら、それは存在するものを無差別に繰り返すにすぎないものへと、芸術をして引き下げることに等しいと言えよう。意味連関、つまり統一は存在しないものであるため、芸術作品によって準備されるが、即自存在はそのために準備が行われているにもかかわらず、準備されたものにすぎないために否定される。この場合否定されるのは結局のところ芸術そのものにほかならない。どのような人工物も自己に逆らう。力業として、つまり綱渡り的行為として構想された作品は、全芸術を超える何かを白日のもとにさらけ出している。つまり作品は不可能を現実化するものにほかならない。どのような芸術作品も現実化しえないところを持つが、それによってごく単純な芸術も実際上、力業として規定されることになる。ヘーゲル[原註(2)]はロッシーニの音楽に心を奪われながらも、その名人芸的要素を非難している。こうした非難は途絶えることなく繰り返され、今日ではピカソに対するひそかな敵意となって生き永らえているが、こうした敵意は芸術と芸術作品全体との二律背反的特性をもみ消す現状肯定的イデオロギーに、正体を隠して従うものにすぎない。現状肯定的なイデオロギーに気に入られる作品は結局のところ、ほとんどつねに力業によって挑戦されている類型《トポス》によって、つまりすぐれた芸術は単純なものであらねばならないという類型《トポス》によって方向づけられている。作品を力業たらしめているものを発見しているかどうかということは、美的、技術的分析が実り豊かなものとなっているかどうかを判断する基準としてはすぐれたものではないが、しかし最悪のものではない。力業の理念は、芸術行為という文化概念によっては捉えようのない段階に到達しているときにのみ、あますところなくその実体をさらけ出す。アバンギャルドとミュージックホールあるいは寄《バリ》席《エテ》とがかつて互いに共感を示し合っていたのは、そのためかもしれない。こうした共感は内面性を食いものにしている中間的な芸術の領域、つまり文化的であることによって芸術のあるべき姿を裏切っている芸術の領域に反対する、極端なもの同士の結びつきを示すものにほかならなかった。芸術の技術的問題は根本的には解決のしようがないものであるために、美的仮象は芸術の痛点となる。芸術がこの痛みをもっとも強く感じるのは、おそらく芸術上の演出の問題において、つまり音楽を演奏するとかあるいは演劇を上演する場合であろう。この問題を正しく解釈することは、この問題を問題として定式化することを意味している。つまり内容と内容の現象との関係において、作品が演出者に対決しながら突きつけてくる要求を認識することを意味している。芸術作品の上演は力業を芸術作品のうちに発見し、それによって不可能なものの可能性が隠されている零点を見出さなければならない。作品は二律背反的なものであるため、作品に完全に適合した上演といったものは実際上はありえないが、どのような上演も矛盾する契機を抑圧しなければならないのかもしれない。上演がこうした抑圧を伴うことなしに、力業に力点を置いた葛藤の舞台となっているかどうかという点が、演出の善し悪しを見分ける最上の基準であると言ってよい。力業として計画された作品は仮象であるが、それはこれらの作品が本質的になりえないものとして振舞わざるをえないためにほかならない。これらの作品は自らにとって不可能なことを強調することによって自己を訂正する。偏狭な内面性の美学によって禁止されている芸術における名人芸的要素が正当化されるのは、この点による。とりわけ真正な芸術作品を例にとるなら、これらの作品が力業を、つまりその作品が現実化しえないものを現実化しているものであることが証明されるかもしれない。バッハは通俗的で内面的人間たちによってその同類に仕立てられているが、彼は両立しえないものを両立させる名人であった。彼によって作曲された作品は、和声的で通奏低音的な考えと多声的な考えとを綜合したものにほかならなかった。彼の曲は和音の展開の論理に一貫して適合しているが、だが声部誘導の純粋な結果であるこの展開からは、この展開につきものの伸《の》しかかるような異質の重みは取り除かれている。バッハの作品に独特の漂うような感じを与えているのは、この点にほかならない。ベートーベンの場合にも、それと同様の説得力をもって、力業の逆説を描くことができる。ベートーベンの場合は無から有が生れるという逆説であって、この逆説はヘーゲルの論理学の第一歩を美的に具体的に証明してくれるものと言ってよい。

　芸術作品の仮象特性は芸術作品自体の客観性を通して内在的に媒介されている。テキスト、絵画、音楽が固定されることによって、描き出されたものは実際に存在するものとなるが、それによって自らが含む生成、つまり内容をたんに欺いているにすぎない。美的時間における経過というもっとも外的な緊張は、作品において最終的にあらかじめ決定されたものであるという限りにおいて虚構にすぎない。美的時間は事実、自らによって無力化される経験的時間に対してある程度まで無関心でいる。だが不可能なものを可能にするという力業の逆説は、美的逆説一般の隠れみのにすぎない。つまり制作することによって作りものでないものを出現させることがどのようにして可能であり、それ自身の概念からして真実ではないものがどのようにして真実となりうるのか、という美的逆説なのである。こうした逆説は、内容を仮象とは異るものとして捉える場合にのみ考えられるものにすぎない。だが芸術作品は、仮象を通して仮象それ自体の形態のうちに内容を持つ以外には内容を持つことはない。そのため仮象の救済が美学の中心となると言えるが、芸術の強調されている権利は、つまり芸術の真実を認知することはこうした救済いかんにかかっている。実際的精神は仮象の担い手、つまり人工物も産み出したものであるが、この精神によって材料、つまり対他的なものへと引き下げられ、その際こうしたものから奪い取られたものを、美的仮象は救済しようと意図する。だがこの場合、救済されるべきものそれ自体は、美的仮象によって創造されたものではないとしても、この仮象によって支配されたものとなる。仮象による救済はそれ自体が仮象であるが、芸術作品はそれ自体が仮象であることによって無力な救済を引き受ける。仮象は芸術作品の形式的特性ではなく、質料的なものにほかならない。つまり仮象は芸術作品が消そうとする損傷の傷痕にほかならない。芸術作品の内容が非比喩的に真実なものとなる場合のみ、作られたものである芸術は、作られたものである自己によって生み出される仮象をかなぐり捨てる。それに反して芸術が模写へ向う傾向を通して、あたかも見える通りのものであるかのように振舞うなら、人目を欺くまやかしにすぎなくなる。つまり芸術が削除しようとするほかならぬ自らの契機の生贄となる。かつて即物主義と呼ばれたものは、こうした犠牲を土台としてその上で成立したものであった。即物主義の理想は次の点にあったと言ってよい。芸術作品がなんらかの傾向を通して、現に存在するものとごくわずかであろうとも異って見えることを意図せず、それでいてそれ自体が仕上げられていること、それも現象としての自己と意図としての自己とが潜在的に一致するところまで仕上げられているという点に。幻想によらず、また芸術作品がいたずらに自らの仮象特性の格子をゆさぶることによるのでもなく、仮象特性を形式化することを通してであったなら、仮象特性は即物主義において決定権を握ることはなかったであろう。だが芸術作品を即物化しようとも、即物化自体が自らを覆う仮象という覆いから解放されることはない。芸術作品は、その形式が実際的目的に適合している自己と単純に重なり合うことがないかぎり、芸術作品の制作法が全く目に映ることがないような場合ですらつねに、現実を前にするなら仮象にすぎないものとなる。芸術作品は芸術作品としてたんに定義されるだけで現実と区別されて仮象となる。芸術作品が自らにつきまとう仮象の契機を抹消するなら、それによってむしろ芸術作品自体の現存在に由来する仮象は強化されることになる。こうした現存在は自らを統合することによって密度を増して即自的なものとなるが、定立されたものである芸術作品はこうした即自的なものではない。とはいえそれがいかなる形式であろうともはや行うべきではないし、不当な干渉を行う形式的なものの残り滓である美辞麗句、装飾といったものは断念しなければならない。芸術作品は根底から組織されねばならないのだ。だが芸術作品の内在的運動がひとたび干渉するものを破壊した後は、芸術作品に次のことをあらかじめ保証するものは、つまり芸術作品の纏りを欠く部分をなんらかの形で集めるものがそもそも結びつくことをあらかじめ保証するようなものは、何一つとして存在することがなくなった。芸術的方法を動かして舞台裏で――この場合には劇場的表現を用いることがふさわしい――すべての個別的契機が全体的なものへと移行しうるように、これらの契機をあらかじめ前もって形成することが行われているのは、そのためにほかならない。それ以外の場合にはこうした移行は、あらかじめ秩序づけられたものを清算し、偶然的なものである細部を絶対視することが行われているため、不可能であった。仮象はこうした処置を通して自らの不倶戴天の敵を捕える。これは錯覚ではないという錯覚が喚起される。つまり調和そのものは準備されたものでありながら、ここにある分散したもの、自我に疎遠なもの、定立された全体性がアプリオリに調和しているかのような錯覚が喚起される。また過程のうちには昔ながらの上から与えられる規定が存在しつづけ、こうした規定は芸術作品の精神的な規定のうちから除外することはできないものであるのに、この過程が純粋に下から上へ向けて作り上げられ、提出されているものであるかのような錯覚が喚起される。伝統的見方によるなら芸術作品の仮象特性はその感性的契機と関連をもつものであって、とりわけヘーゲルにおいて仮象は理念の感性的現れとして定式化されている。仮象についてのこうした見解は伝統的見解によって、つまり仮象を感性的世界の仮象と見なすアリストテレス的見解か、あるいは真の存在としての実体ないし純粋精神と見なすプラトン的見解によって呪縛されたものにほかならない。だが芸術作品の仮象は芸術作品の精神的本質のうちにその起源を持つ。精神は自らの他者から切り離されたものであり、他者と対立しながら自立するものであって、こうした対他的状態によっては捉えようのないものであるが、このようなものとしての精神にとっては仮象的なものが固有なのだ。具体的なものを欠くすべての精神は非在、つまり抽象的なものを存在へと高めるという局面を自らのうちに持つ。これが唯名論の真実の契機にほかならない。芸術は存在であると主張する精神の言質をとり、精神を存在するものとして目の前に突きつけることによって、仮象としての精神を唯一の存在物として吟味する。芸術が断念することを学んだ模倣、つまり美的に感性的なものを通しての感性的世界の模倣による以上にはるかに、芸術はこうした吟味によって仮象となることを余儀なくされる。精神はそれにもかかわらず仮象であるだけでなく真実であり、即自存在という欺瞞であるだけでなく、同様にすべての欺瞞的な即自存在の否定でもある。存在としての精神、否定性としての精神という契機は芸術作品のうちへ入りこんでいるが、芸術作品は精神を直接的に感性的なものへと変えたり捉えうるものとするのではなく、芸術作品の感性的な要素相互の関係を通して精神となる。そのため芸術の仮象特性は同時に、芸術において真実を共有《メテクシス》するものにほかならない。芸術の現代における現れ方のうちには偶然へと逃避しているものも少くないが、こうした逃避は仮象の遍在に対する絶望的な解答として解釈すべきものかもしれない。そこでは偶然的なものが疑似的な予定調和によることなく、全体的なものへと移行させられている。それにもかかわらずこうした移行によって、一方において芸術作品は上からの芸術作品の全面的限定ともはや全く見分けがつかないような、盲目的合法則性に従わされることになり、他方において全体は偶然にゆだねられ、個別的なものと全体的なものとの弁証法は仮象へと引き下げられることになる。つまり全体的なものが結果として全くあらわれず、それによって弁証法は仮象となるという事態がひきおこされる。完成された仮象を欠く状態は混沌とした規則的なものへの後退であって、こうした規則的なものは偶然性と必然性とによって更新される呪われた陰謀にほかならない。芸術は仮象を追放するが、仮象を支配する力は持たない。芸術作品の仮象特性は、芸術作品の認識をカントの純粋理性の認識概念と衝突させる前提となる。芸術作品は自己の内的なもの、つまり精神を外部へ向けて定立することによって仮象となるが、『純粋理性批判』の付録「反省概念の二義性について」で説かれている禁止とは逆に、芸術作品の内的なものが認識される場合にかぎって認識されるにすぎない。カントの美的判断力についての批判は、美的対象の内的なものについては語られることがないほど主観的に現れてくるが、彼の批判においては、内的なものは目的論の概念のうちであらかじめ潜勢的に考えられているのだ。カントは芸術作品の統一を認識するものの主観的綜合にたんにゆだねる代りに、それ自体としてもそれ自体においても目的に充ちたものという理念に、芸術作品を従属させる。このような目的にそったものの経験として捉えられた芸術的経験は、主観によって行われる混沌としたもののたんなる範疇的な形成とはっきりと区別される。ヘーゲルの方法は、さまざまな美的対象の状態に身をゆだね、しかもこの対象による主観的作用を偶然的なものとして度外視するものであるが、こうした方法はカント的命題を吟味するものにほかならない。つまりヘーゲルにおいては客観的目的論が美的経験の規準《カノン》となる。芸術における対象の優位と芸術作品の内部からの認識とは、同一事態の異る局面にすぎない。物と現象とを区別する伝統的区分に従うなら、芸術作品は自らが物であることに逆らう傾向によって、要するに物象化一般に抵抗する傾向によって、現象の側に身を置くものとなる。だが芸術作品における現象は実体の現象であって、実体に対して無関心ではいられない。芸術作品においては現象そのものが実体の側に属している。芸術作品を真に特徴づけるものに、ヘーゲルによるならリアリズムと唯名論とが互いに媒介し合うものとされている命題があるが、この命題によるなら芸術作品の実体は出現せざるをえないものであり、芸術作品の出現は実体的なものであって、こうした出現は他者のための出現ではなく、芸術作品を内在的に規定しているものにほかならない。またこの命題によるなら、芸術作品の出現は創造する人間の考えとは無関係なものであって、観察者はおろか超越的で統覚する主観ですらも狙いとしたものではない。芸術作品は伝達の範疇によって描写されることもなければ、説明されることもない。芸術作品そのものがなりえないものに手をかし、一種の二次的な、変更を加えられた現存在へと変えることを通して、芸術作品は仮象となる。こうした芸術作品において芸術作品がなりえないものは、芸術作品が存在するための目的であるが、それが美的現実化によって、たとえいかに断ち切られたものであろうと現存在へと到達するために、芸術は現象となる。だが実体と現象との一致は現実的なものの認識にとってと同様に、芸術にとっても実現しえない。現象へと移行し現象を刻印する実体は、またつねに現象を粉砕する。出現するものは、出現するものに続いて出現するものであるというその規定によって、つねにまたたんなる外皮にすぎないものとなる。美的調和概念とこの概念の周囲に集められるすべての範疇とは、この事実を否定しようとした。これらの範疇は、いわば策略を用いることによって実体と現象とを調停しようと考えるものであった。古い捉われることがない慣用語法に見られるような〈芸術家の手腕〉といった用語は、その点を指すものにほかならない。美的調和はけっして実現されたものではなく、みがきをかけ釣合いをとることにすぎない。芸術において調和的なものと呼んで差しつかえないものすべての内部には、絶望的で相互に矛盾し合うもの[原註(3)]が生き永らえている。芸術作品においてはその形式と異質なものはその構造に従ってすべて解消されねばならないが、他方、芸術作品は、芸術作品が消滅させることを願うものと関係を持つことによってのみ形式となるにすぎない。芸術作品は自己のうちから出現しようとするものを、自己自身のアプリオリ的なものを通して妨害する。芸術作品は出現しようとするものを隠さねばならず、また芸術作品の真実の理念は出現するものに、芸術作品が調和の破棄を通告するまで抵抗する。調和はもし矛盾と非同一についての警告を欠くなら、美的に重要なものとなることはない。この点は、同一一般は非同一的なものとの同一としてのみ表象しうるにすぎないという、ヘーゲルの『フィヒテとシェリングとの哲学体系の相違』に見られる洞察に似ている。芸術作品が調和の理念のうちへ、つまり出現する実体という理念のうちへと深くのめりこめばこむほど、芸術作品はますますこの理念に満足しえなくなる。ミケランジェロ、晩年のレンブラント、後期のベートーベンに見られる反調和的身振りを、彼らの苦悩にみちた主観的発展といったものから導き出すことをやめ、そのかわりに調和概念そのものの力学から、要するにこの概念の不十分さから導き出すなら、あまりにも偶然的なものを歴史哲学的に一般化するといった見苦しさを示さずにすむであろう。不協和は調和についての真実にほかならない。調和は厳密に受け取るなら、それ自身の標識からして実現しえないものであることが証明される。こうした実現しえないという性質が実体の一部分として出現するときはじめて、すぐれた芸術家のいわゆる晩年の様式に見られるように、調和概念の不足部分はみたされることになる。こうした晩年の様式には、個人的作品という枠を大きくこえる模範的と言えるような力が、つまり美的調和全体を歴史的に中断するものが含まれている。古典主義的理想の拒否は様式の変化でもなければ、ましてや不気味な生活感情の様式の変化でもなく、それは調和の摩擦係数によって促進される拒否にほかならない。こうした調和は調和ではないものを具体的に和解的なものとして表象するが、このような表象を通して出現する実体であるとする自らの要求に、それこそがほかならぬ調和の理想が目指すものであるにもかかわらず、暴行を加える。調和の理想から解放されることは、芸術の真実内容の展開にほかならない。

　仮象に対する反乱は芸術の自己自身に対する不満の現われであるが、こうした反乱は真実を求める芸術の要求という契機として先史時代以来、間歇的にではあるが、芸術のうちに含まれてきた。どのような材料による芸術も元来、それぞれに不協和を求める要求を孕んでいたこと、こうした要求はただ美的仮象と結託する社会の現状肯定的な圧力によって抑えられてきたにすぎないこと、これらのことは同一事態の別の側面にすぎない。不協和は表現にほぼ見合うものであって、和音的なもの、つまり調和的なものは表現を和らげながら表現を除去しようとする。表現と仮象は元来、アンチテーゼの関係にある。表現は苦悩の表現として表象され、それ以外のものの表現として表象されることはほとんどない。喜びはあらゆる表現に対して鈍感に振舞ってきたが、それはおそらく喜びが全く存在していないためかもしれないし、また至福は表現を欠くためかもしれない。芸術は表現を内在的に契機として持ち、この契機を通して、またこの契機を自己の構成要素の一つとして、形式法則のもとにある内在的なものとしての自己に抵抗する。芸術の表現は、生きとし生けるものの表現が苦痛の表現であるように、模倣的《ミメーシス》態度をとる。芸術作品に刻みこまれている表現の線はもし曖昧なものに留まることがないなら、表現と仮象を区別する境界線となる。だがこれらの線はあくまで芸術作品の一部として仮象に留まるため、仮象、つまりごく広い意味における形式と表現との葛藤は未解決のまま残され、葛藤は歴史的に変動するにすぎない。模倣《ミメーシス》的方法は、主観と客観との対立が固定化される以前の現実に対する態度であるが、こうした方法は模倣《ミメーシス》がタブー化されて以来、模倣《ミメーシス》の道具となった芸術を通して仮象によって利用され、形式の自律性を補完するものとしてほかならぬ仮象の担い手となった。芸術の発展はすり替え技術の発展なのだ。非美的経験をもっとも深く作品のうちへ立ち入らせる表現は、文化の場合のように芸術におけるすべての虚構的なものの原型にほかならない。芸術が現実経験に対してもっとも無防備なところにおいて、文化は境界の侵犯に対する看視をもっとも厳重にする。芸術作品の表現価値が直接的に、生きとし生けるものの表現価値となることはもはやない。芸術作品は断ち切られ変更を加えられて、事柄そのものの表現となる。虚構的音楽という用語はもっとも早い時期に、このことを証明したものと言ってよいであろう。先のすり替えはたんに模倣《ミメーシス》を無力化するだけではない。すり替えはまた模倣《ミメーシス》の結果でもある。模倣《ミメーシス》的態度はもしそれが何かを模倣するものではなく、自らを自らに等しいものとする態度であるなら、芸術作品はほかならぬこうした行為を引きうけ、それを完成させるものとなる。芸術作品は表現によって個々の人間の心の動きを模倣することも、まして芸術作品の作者の心の動きを模倣することもないが、芸術作品の本質がこうした模倣するものとして規定される場合、芸術作品は模写にすぎないものとして、模倣《ミメーシス》的衝動が抵抗する当のものである対象化を行うものとなる。芸術的表現においては同時に、古代的態度としての模倣《ミメーシス》に対して歴史的判決が下されている。それは、模倣《ミメーシス》は直接的に行われるなら認識とはなりえないこと、自らを自らと等しいものにするものは自らに等しいものとはならないこと、模倣《ミメーシス》による介入は失敗に終ったこと、これらのことを告げる判決にほかならない。こうした判決によって模倣《ミメーシス》は模倣《ミメーシス》的態度をとる芸術へと追放されるが、同様に模倣的行動を客観化することによって、芸術はこの衝動に対する批判を吸収することにもなる。

　芸術の本質的な契機としての表現に疑問が生じたことは稀であった。その上今日の表現に対するよそよそしさは表現の重要性を証明するものであって、実際には芸術一般に向けられたものでもあるが、他方、表現の概念は美学の大部分の中心概念と同様に、概念を用いて命名しようとする理論の意に従おうとしない。質的に概念に反するものを概念化することは容易ではないが、何かを考えることを可能にする形式は、思考されたものに対して無関心ではない。

芸術の表現は歴史哲学的には妥協として解釈されるべきものかもしれない。表現は超主観的なものを目指すものであって、それは認識の形態であるが、主観と客観という二極化にかつて先行していた形態のように、こうした形態は二極化を最終決定として承認することはない。だがこうした形態の認識は二極的段階における認識を対自存在的精神の行為として実現しようとつとめる点において、世俗的なものにほかならない。美的表現は非対象的なものの対象化であるが、だが非対象的なものは自己の対象化を通して、二次的に非対象的なものとなる、つまり人工物から語りかけるものとなるが、主観をなぞるものとして人工物となることはない。他方、芸術と一致するものであるほかならぬ表現の客観化は主観を、つまりこうした客観化を行い、自己自身の模倣《ミメーシス》的な心の動きを、市民的表現を借りるなら現金化するものである主観を必要とする。芸術は主観によって媒介され、芸術から客観的なものが語りかけてくる場合に、つまり悲哀、気迫《エネルギー》、憧憬といったものが語りかけてくる場合に表現の豊かなものとなる。表現は作品の嘆きの表情にほかならない。作品は陽気な曲であれ、極楽とんぼ的な生活を賛美するロココ調の作品であれ、自らの視線にこたえてくれるものに対して嘆きの表情を示す。表現はもし主観的に感じたものをたんに水増したものにすぎないなら、無に等しいものに留まる。芸術家は、作品が作者の感じたままのものに留まり作品として発明されていないなら、そうした作品を嘲笑の種にするだけであるが、この種の嘲笑はこの間の事情をごく正確に物語っている。表現のひな型となるのはこうした感情よりも、むしろ芸術外の事物や状況の表現にほかならない。こうした事物や状況のうちには、すでに歴史的過程と作用とが沈澱しており、そこからは沈澱したこれらのものが語りかけているのだ。カフカの作品はその点において、芸術の身振りを模範的に示すものと言ってよいが、こうした表現を表現のうちで暗号化されている出来事へと引き戻すところから、彼は彼の作品の抵抗し難い魅力を引き出す。カフカの作品はたんに二重に謎めいたものとなるにすぎないが、それは沈澱したもの、つまり表現された意味がまたしても無意味なもの、つまり自然史となるためにほかならない。こうした自然史は、沈澱したものが十分無力となって自己を表現しうるようになる場合以外には、いかなるものも乗り越えようがない。模倣は客観的な、一切の心理学から遠ざけられている表現の模倣としてのみ芸術となるが、こうした表現は、意識があるいはかつて世界において知覚したかもしれないが、作品以外のいかなるところにおいても生き永らえることがないものなのだ。芸術は表現を通して、表現を貪欲に呑み下す対他存在に逆らい即自的に語る。これが芸術の模倣的行為《ミメーシス》にほかならない。芸術の表現とは、何かを表現することの逆であると言わなければならない。

　こうした模倣《ミメーシス》は芸術の理想であり、芸術の実践的方法でもなければ、また表現の特性に適合させられた態度でもない。表現されるものが芸術家のうちで生み出す模倣行為は、芸術家より発して表現行為のうちへと入りこむ。表現されたものが芸術家の魂の内容と接したものとなり、芸術作品が芸術家の模写にすぎないものとなるとき、作品は退化して不鮮明な写真にすぎなくなる。シューベルトの諦念は、彼の音楽のいわゆる雰囲気のうちにその場を持つのでもなければ、諦念について何か秘密をもらすかに彼に思われていたようなもののうちにおいてでもなく、それは音楽が自己を放棄する身振りを通して示す、これは事実なのだという姿勢のうちにその場を持つ。こうした身振りが彼の諦念の表現にほかならない。このような表現の総体が芸術の媒体としての言語とは根本的に異る、芸術の言語特性と言ってよい。こうした言語特性が媒体としての言語と両立しうるのかどうか、この問題は思弁の対象として好んで取り上げられている。ジョイス以後の散文の努力は、論証的言語の行動を停止させる点か、あるいは少くとも論証的言語を構造が目立たなくなるところまで形式範疇に従属させる点にあったが、こうした努力がなぜはらわれたかということとは先の言語特性によって若干ではあるが、説明されるであろう。新しい芸術は伝達言語を模倣言語《ミメーシス》に変えるために努力している。言語はその二重特性によって芸術を構成する要素となり、芸術の不倶戴天の敵となる。ユリウス・カエサル宮にあるエトルリアの壺は豊かに語りかけてくるが、この壺はどのような伝達的言語にとっても測り難い。芸術の真の言語は言葉を欠くものであって、芸術の言葉を欠く契機は文学の意味的契機に対して、音楽もまたこうした意味的契機を全く欠いているわけではないが、優位にある。壺から語りかける言葉に似たものがあるとするなら、それはさしずめ、ここにわたしはいる、あるいはこれはわたしであるといった言葉、つまり同一性を確認する思考を通してあらかじめ存在物に内的に依存する状態から切り離されることがなかった自己であろう。物言わぬ動物である犀が、わたしは犀だと語るように見えるのは、そのためにほかならない。リルケの詩に、〈なぜならここには一つといえども／お前を見つめざる箇所はないから〉原註(4)という、ベンヤミンが雄大な考察をめぐらしている詩の一行があるが、この一行は、芸術作品における意味的ではない言語を絶妙に要約したものと言ってよい。表現は芸術作品の視線にほかならない。芸術作品の言語は意味的な言語と比較するならそれより古いものであるが、だが意味的言語によって取ってかえられたものではない。それは、芸術作品が組織されることを通して主観を象り、それによって主観が誕生し主観ではなくなって行く様を繰り返すものとなっていることに似ている。芸術作品は主観を伝達する場合ではなく、芸術作品が主観性の太古史、つまり精神化の太古史の震動を伝えている場合に表現を持つ。どのような形態の震音《トレモロ》も、こうした震動に取って替ることはできない。そうしたところで芸術作品と主観との類似点が別の形で語られることになるにすぎない。芸術作品と主観が類似しているのは、主観のうちにも先の太古史が生き永らえているためにほかならない。主観はすべての歴史においてつねに繰り返し最初から出発している。直接的なものであるかのように妄想する主観が、たとえいかにそれ自体媒介されたものにすぎないとしても、表現の手段として役立つものは主観をおいて他にはない。表現されたものが主観に似ている場合ですら、つまり心の動きが主観的なものである場合ですら、こうした動きは同時に非個人的なものであって自我によって統合されたものであろうと、こうした統合につきるものではない。芸術作品の表現は主観における非主観的なものであり、主観そのものの表現であるというよりは、むしろ主観の写しにすぎない。自らが人間でないことを客観的に悲しむかのように見える動物の——類人猿のような——目以上に、表現の豊かなものはない。心の動きは作品のうちへ移され、作品による統合を通して作品自身の動きに変えられるが、それによって美的連続体でありながら、美外的自然の代理をつとめる。だがこうした動きも自然の写しと見るなら、もはや具体的なものとは言えない。このような両面価値《アンビバレンツ》はどのような真正の美的な経験によっても記録されているが、だが崇高な感情を自然と自由とのはざまでそれ自体がおののくものと見なすカントの記述に較べられるようなものはない。こうした変更は精神的なものに対する一切の反省が欠けているものの、すべての芸術に見られる精神化という本質的な行為にほかならない。それ以後に出現する変更はこうした精神化の行為のたんなる展開にすぎないが、だがこうした行為は作品による模倣《ミメーシス》の変更のうちにすでに定立されているものにすぎない。その限りにおいて、精神化の行為が精神のいわば心理学的な先駆的形式としての模倣《ミメーシス》そのものを通して行われることはない。こうした変更は芸術において現状肯定的な本質を生み出す共犯者といえるが、それはこの変更が想像力を通して苦痛を緩和するためにほかならない。それはまた精神的全体性を作り出すことよって苦痛を消滅させ、苦痛を支配可能なものとするが、現実的には苦痛に変更を加えることなくそのまま放置するためにほかならない。

芸術は普遍的な疎外の刻印をきわめて明瞭に与えられ、疎外されることによっていちじるしく強化されたものの、完全に疎外されているわけではなく、とりわけ次の点においては、つまり芸術における一切は精神を経過したものであり、暴力によることなしに人間化されているという点においては、いささかも疎外されてはいない。芸術はイデオロギーと、ヘーゲルによって精神本来の領域として証明されているものとのあいだで、つまりイデオロギーと精神が自己について確信している真実とのあいだでゆれ動くものにほかならない。精神はたとえ芸術においてさらに支配を継続することがあるとしても、自己を客観化することによって、自己の支配上の目標から自己を解放する。美的作品は完全に精神である連続体を作り出すことによって、連絡を断ち切られた即自的なものという仮象となる、つまりその現実性によって主観の意図が実現されたり、消滅させられたりする仮象となる。芸術は概念的認識に訂正を加えるが、それは概念的認識が非具象的な主観対客観の関係から空しく期待するにすぎないものを、引き裂かれながらも芸術が実現するためにほかならない。つまり主観的行為をとおして客観的なものを出現させるという期待を実現するためにほかならない。こうした主観的行為によって、芸術が無限のものへと引き延ばされることはない。芸術は有限的なものである自己自身から、自ら仮象となるという犠牲を払って主観的行為を取り出す。芸術は精神化を通して、つまり芸術それ自体の自然支配である極端な自然支配を通して、他者の自然支配としての自然支配に訂正を加える。芸術作品において主観と無関係に復旧されるものが、つまり既存のものとしての主観、退化した呪物としての主観とは無関係に復旧されるものが、疎外されざるものの代理をつとめる。だが世界において非同一の自然として生き永らえるものであるかのように振舞うものは、自然支配のための格好の材料として、また社会的支配の格好の担い手としてなお一層疎外されることになる。自然がもっとも深く芸術に浸透させる表現は同時に、芸術における文字通りの表現ではけっしてない。こうした表現は表現そのものではないが、だが表現という方法による以外には具体化されることがないといったもの、こうしたものを忘れるなという警告にほかならない。

芸術作品の表現が芸術作品の精神化によって媒介されたものであるということ、それは表現主義初期にその重要な代表者たちが念頭に置いていた点であるが、そこには形式と表現とを乱暴に分離する二元論に対する批判が含まれている。伝統的美学はこうした二元論によって方向づけられているが、同様に真の芸術家であって[原註(5)]、その意識がこうした二元論によって方向づけられている芸術家も少くない。こうした二分法にも一分の理があるとされるわけである。心の動きを覆い隠している中世の芸術についてはとりわけ、表現の優勢なものと形式的局面が目立つものという二分法を適用するなら、ほとんど何一つとして論じようがなくなるであろう。それにもかかわらずこの二つの契機は内的に相互に媒介されたものにほかならない。作品はそれ自体が仕上げられておらず、形式化されていないような場合、表現力を手に入れるために形式のための労働や骨折りをはぶいたところで、その当の目的である表現力は失われることになる。また表現を否定するいわゆる純粋な形式にしてもぎくしゃくしたものにすぎなくなる。表現は模倣的《ミメーシス》なものであると同様に、方法の機能でもある干渉する現象なのだ。模倣《ミメーシス》自体は技術的処置の密度に応じて引き寄せられるものであるが、だが技術的処置に内在する合理性は表現に逆行するように見える。統合的な作品によって加えられる強制は雄弁であるもの、語るものに等しく、こうした強制はたんなる暗示的作用ではない。そのうえ暗示そのものも模倣的《ミメーシス》過程と密接な関係がある。そこから芸術の主観的逆説が生れてくる。それは盲目的なものを、つまり表現を反省から、つまり形式を通して生み出すという逆説であり、盲目的なものを合理化するのではなく、まず最初に盲目的なものを美的に作り出すという、つまり〈われわれには何であるのか判らぬような物を作る〉という逆説にほかならない。こうした状況は今日尖鋭化し衝突を生み出す原因となっているが、このような状況にはそれに先立つ長い前史がある。ゲーテはどのような芸術創造の底にも不条理なもの、測り知れぬものが沈澱していると語っているが、それによって、現代における意識的なものと無意識的なものとの関係をすでに把握していたと言ってよい。ゲーテが捉えたものはこうした関係に留まらない。意識によって無意識的にはぐくまれた芸術の領分が憂愁となって行くこと、つまりボードレール以後の第二次ロマン派によって理解されたような芸術となって行くこと、換言するなら合理的なもののうちに組みこまれていながら、そうした自己を止揚する可能性をも含む保留地となりつつあるという見取図すら、ゲーテはすでに捉えている。それにもかかわらずこうした指摘によって芸術を片づけるわけにはゆかない。こうした点を論拠としてモダニズムに反対するものは形式と表現とを切り離す二元論に拘泥し、それを機械的に繰り返しているにすぎない。理論家にとっては論理的矛盾以外の何ものでもないようなものも、芸術家たちにとっては熟知のものであって、芸術家たちの作業によって展開されるものはこうした矛盾にほかならない。芸術家は模倣的《ミメーシス》契機を自由に取り扱い、自由に扱うことによって芸術家の意に従おうとしない、こうした契機を手元に引き寄せ破壊し、そして救うことになる。意に従わないもののうちにひそむ気ままに振舞うものは芸術の生の構成要素であって、こうした気ままなものを目ざす力は、この力による運動が宿命的なものであることが覆い隠されることさえなければ、芸術家の能力を示す信頼に足る標識となる。芸術家はこうした能力を彼らの形式感覚として知っている。形式感覚は、例のカント的問題に対する媒介的範疇を具体的に示すものと言ってよい。つまりカントにとっては、際立って非概念的なものである芸術がそれにもかかわらず、『純粋理性批判』によるなら論証的認識にのみ留保されているにすぎない、例の一般的であって必然的なものでもある契機をなぜ伴っているのかという問題に対する、媒介的範疇と言ってよい。形式感覚は芸術が信頼せざるをえない事柄それ自体についての、盲目的であって同時に拘束的な反省にほかならない。形式感覚は自己自身にとって閉ざされている客観性であって、こうした客観性は主観的な模倣《ミメーシス》能力に属しているが、この能力自体は自らが敵とする合理的構造によって強化される。形式感覚の盲目性は事柄における必然性と重なり合う。芸術は表現契機の非合理性を、どのような美的合理性であれ、その合理性の目的としている。すべての定められた秩序に逆らい、混沌とした偶然性と同様に避けようのない自然の必然性も放棄すること、そこに芸術の責務がある。芸術は故意に、偶然的なものを虚構によって自らと合体させ、それを通して自らの主観的媒介の力を弱めるが、そうすることによって偶然に、つまり芸術の必然性に自らの虚構的契機を理解させるものである偶然に、それ本来の役割を与えずにおく。むしろ芸術は闇にとざされた自らの必然性の軌道を手探りでたどりつつ、それによって偶然性を正当に評価するにすぎない。芸術は必然性の軌道を忠実にたどればたどるだけ、なおいっそう自己にとって不透明なものとなる。つまり芸術は曖昧模糊としたものとなる。芸術の内在的過程にはどこか魔法の杖に導かれて水脈を探る人間に似たところがある。手を引かれるまま魔法の杖に従って行くこと、それが客観性を実現するものとしての模倣《ミメーシス》にほかならない。たとえばシェーンベルクにおいて期待と呼ばれている自動記述などは、ユートピアとしての自動記述によって霊感を与えられたものであって、表現と客観化との間の緊張が和解的なものとなることはあっても同一のものとなることはないという事実に、たちまちにして突き当ることになる。自己検閲を行う表現欲求となるか、厳格な構造となるかのいずれかであって、その両者の中間のものでは不十分なのだ。客観化は極端なものを通して実現される。表現欲求は趣味によっても芸術的悟性によっても抑制されることがないものである場合、むき出しの合理的な客観性へ収斂する。他方、芸術作品による芸術作品の思惟は、つまり認識作用の認識作用は非合理的なものとなるようあらかじめ規定したところで、勝手にそのようなものとして扱うことはできない。美的合理性は目隠ししたまま造形の真只中へと身を投じねばならないものであって、芸術作品に対する反省として芸術作品の外部から造形の舵をとるものではない。芸術作品は自らの方法に応じて賢明なものともなれば、愚かしいものともなるのであって、芸術作品は作者が芸術作品について抱く思想ではない。ベケットの芸術は表面的な合理性から堅く身を守り、こうした合理性から切り離された芸術であるが、彼の芸術はいかなる瞬間においても事柄に内在する理性によって貫かれている。だがこうした理性を持つことはけっしてモダニズムの特権ではなく、それはたとえば晩年のベートーベンが行っている省略からも、つまり余計ものであり、その限りにおいて非合理的なものでもある付加物を彼が断念しているところから、同様に読み取ることができる。逆に粗悪な芸術作品などは、なかんずくぎくしゃくした音楽などは内在的な愚かさによって貫かれているが、モダニズムがその掲げる成熟の理想を通してとりわけ非難し反撥したものは、こうした愚かしさにほかならなかった。芸術作品は模倣《ミメーシス》であって構造でもあるという難問《アポリア》によって、過激な態度に慎重さを結びつけることを、それもつけ足り的に考えられ偽物にすぎないような補助的仮説を用いることなく結びつけることを、強制されている。

　だが慎重な態度をとったところでこうした難問《アポリア》から抜け出すことはできない。歴史的に見るなら表現に対するアレルギーは、仮象に対する反乱の原因の一つになっている。芸術のどこかにこうしたアレルギーが見られる場合、そこには世代の問題がまぎれこんでいるのである。表現主義は父親の成像《イマーゴ》となった。拘束されていて因習的であり、攻撃的で反動的である人間は〈内面的知覚〉、つまりどのような形態の自覚も拒む傾向があり、それと共に表現それ自体もあまりにも人間的なものとして拒もうとするが、このことは経験的にも確認しうることであった。一般的に芸術とは無縁であり、こうした背景からモダニズムに対して特別な恨みを抱き、モダニズムに対して反撥を示す人々は、それと同一の人々なのだ。心理的には彼らは防御のメカニズムに従っているにすぎないが、ひ弱に形成されているにすぎない自我は、容易に腰を上げようとしない自らの活動能力をゆり動かすかもしれないもの、とりわけ自らのナルシズムを傷つけるかもしれないものを、防御のメカニズムを用いて自己のうちから遠ざける。ここで問題にされている態度は、〈あいまいさに耐えられない〉態度、つまり両面価値的なもの、きれいに割り切れないものに対して不寛容な態度、換言するなら未解決なもの、いかなる決定機関によっても前もって決定されていないもの、つまり経験そのものに対して不寛容である態度にほかならない。模倣《ミメーシス》に対するタブーの裏側にはぴったり張りつくように、性的なものに対するタブーが控えている。何一つとして湿り気があってはならないとされ、それによって芸術は衛生的なものとなる。芸術の潮流のうちには、こうしたタブーに同調し表現に対して行われる魔女狩に同調するような潮流も、少からず見られる。モダニズムの反心理主義はその機能を変える。かつて反心理主義は内面にまで手を伸してきたリアリズムに対して反抗すると同様に、ユーゲント様式に対しても反抗する前衛的特権であったが、それがいつしか社会化され、既存のものに奉仕するものへと一変してしまった。内面性という範疇の起源はマックス・ウェーバーの命題によるなら、信仰を作品のうえに置いたプロテスタンチズムまで溯る。内面性はカントにおいてはいまだ、異質なものとして主観に課された秩序に対する抗議を意味していたが、他方、内面性には元来こうした秩序に対して無関心な態度が、つまり秩序をあるがままに放置し秩序に従うという気構えが同時にそえられていた。このことは労働過程に由来するものとしての内面性に見合うものであった。内面性は人類を躾け、人類学的典型を生み出すべきものとされていた。つまり新しい生産方法が必要とし社会的生産関係が強制する賃労働を、義務として自発的に近い形で行うというタイプの人類を生み出すべきものとされていた。対他存在としての主観がますます無力化するとともに、内面性は首尾一貫してその上イデオロギー化し、内的王国という妄想にすぎなくなった。田園の隠者はこうした王国を発見することによって、自らに安んじて社会的に拒まれた生活を実現しつつあるかのように信じることができるようになった。それとともに内面性はますます影に似たものとなって行き、それ自体内容空疎なものとなる。芸術はもはやこれ以上こうした状態に順応することを望んでいない。だが内面化の契機を遠ざけて芸術を考えることはほとんど不可能に近い。ベンヤミンはかつて、内面性を相手にすることなどご免こうむりたいと語ったことがあった。この言葉はキルケゴールと、キルケゴールを引き合いに出す〈内面性の哲学〉の手合いに対するあてこすりであったが、内面性の哲学という名称それ自体、存在論という言葉と同様に神学者キルケゴールにとって無縁なものであって、それは彼の思想に反するものと言ってよい。ベンヤミンが念頭においていた内面性とは、無器用に実質であるかのように振舞う抽象的な主観性のことにほかならなかった。だが抽象的主観性が完全な真実ではないことと同様に、彼の命題もまた完全な真実ではない。精神は――ベンヤミン自身の精神がいかに否定しようと――自己のうちに留まるものであることを否定しうるためには、自己のうちへ立ち入らなければならない。この点についてはベートーベンとジャズとを対照することによって、もっとも今日では両者の相違を聴き取ることができるような音楽家は少いが、美的に証明されるであろう。一定の限度内で規定しうるにすぎないが、ベートーベンの音楽は、音楽の媒体であるところの時間が内的意味であるように、内的に繰り返される外的生活の豊かな経験と言ってよい。ポピュラー音楽の場合、どのような種類のものもこれほどの純化に到達しておらず、それは身体を刺激するものであって、そのため美的自律性という点からは後退的なものにすぎない。キルケゴールの場合とは異るが、内面性もまた弁証法に関与している。イデオロギーによって治療されたタイプの人間というのは、内面性を清算することによって出世する人間のことではけっしてなく、結局のところ最初から全く自我など知らないようなタイプの人間、デービッド・リースマンがそのために、〈他者志向〉という公式を発見したタイプの人間にほかならなかった。この事実に従うなら、芸術における内面性の範疇の上に和解的な光がそそがれることになる。事実、過度に表現的な作品は度を越した後期ロマン主義的なものであり、そのため異端視されているといった言葉は、後期ロマン派の再興をもくろむ人々が異口同音に口にする、たんなるお喋りにすぎないものとなってしまった。事柄となることを目指す美的外化、つまり芸術作品はひ弱で順応的な自我を必要としているのではなく、むしろ強力な自我を必要としている。ひとり自律的な自我だけが、自己に対して批判的に立ち向い、幻想に捉えられている自己を突破するような能力を持つことができる。こうしたことも次のような場合には想像しがたい。つまり模倣的《ミメーシス》契機が自己と対立するものと緊張関係にあるため客観化されることによって消滅して保存されることがなく、代りに外部から、つまり外化された美的な超自我によって抑圧されている限り、そのような能力を持つことは想像しがたい。それにもかかわらず仮象は表現によってもっとも明白なものとなるが、それは表現が仮象を欠くものとして出現しながら、美的仮象に自己を従属させるためにほかならない。カントの大批判は演技としての表現をきっかけとして開始されたものであった。市民的存在論の中心をなす模倣《ミメーシス》に対するタブーは管理された世界においては、模倣《ミメーシス》のためにかつて寛大に保留されていた地帯もまた侵害し、侵害されるものを癒すためにその地帯から人間的直接性を嗅ぎ出したが、こうした直接性は偽りにほかならない。だが模倣《ミメーシス》に対するアレルギーはそれに留まらず主観を憎む憎悪も助長しているが、こうした主観を欠くなら商品世界に対する批判は、無意味なものにすぎなくなる。主観の否定は抽象的に行われているのである。主観はますます無力なもの、機能的なものとなるに従って、そうした自己を補うようにさらに自己を誇示するが、こうした主観はおそらく表現のうちにおいても、以下の点を通してすでに虚偽の意識となっているのかもしれない。つまり主観が重要性を取り上げられていながらも、自己を表現するものとして重要なものであるかのように見せかけるという点を通して。だが優位に立つ生産関係から社会を解放することは、生産関係によって従来はばまれてきた主観の現実的な復興を目標とするものであって、表現はたんに主観の傲慢さを示すものではなく、主観自体の失敗のうちに主観の可能性を示す暗号を見出しつつ自らの失敗を嘆く、主観の嘆きの声でもある。表現には、とりわけ美的に装いをこらした表現には虚偽へ向う何かが含まれているということを、表現に対するアレルギーはおそらく、自らを正当化するもっとも根本的な根拠としているのかもしれない。表現はアプリオリに物真似の行為にほかならない。物真似は語ることかあるいは叫ぶことによってよりよいものとなるといった、表現に潜在的に内在している信頼は幻想にすぎないし、それは魔術的残り滓、つまりフロイトによって命名され非難された〈全能の思想〉といったものへの信仰にすぎない。だが表現は必ずしも魔術によって呪縛されているものではない。物真似が語られること、語られることによって苦悩という直接性によって捉えられている状態に対して距離が獲得されるということ、うなり声が耐え難い苦痛を和らげてくれるように、それによって物真似は変えられることになる。その上客観化されて言語となった表現は後に残るし、ひとたび語られたものは完全に消え去ることはない。それが悪であれ善であれ、最終的解決というスローガンにすぎないものであれ和解への希望であれ、一様に消え去ることはない。言語を獲得するものは人間的なものの運動のうちへ組みこまれることになるが、こうした人間的なものはいまだ実現されていないものであり、寄るべのないものであるために言語を獲得するよう強いられ、寄るべのないものであるために活動する。自らの物象化の後をたどる主観は模倣《ミメーシス》の残り滓によって物象化を制限するが、こうした主観は、主観を刈りこんでイデオロギーに変えた損われた生の真只中における、損われざる生の代理人にほかならない。主観と物象化という二つの契機が解きほぐしようもなくもつれ合っていることによって、芸術的表現という難問《アポリア》は書きかえられることになる。表現のすべてをあげて白紙状態を作り出す芸術的表現は、物象化された意識の拡声器にすぎないのか、それとも物象化された意識を告発する、言語を欠き表現を欠く表現であるのかどうか、この点についてはー般的に判断を下すことはできない。真正の芸術は表現を欠くものの表現、つまり涙を見せずに泣くことを知っている。それに反して、新即物主義の場合に見られる表現を完全に根絶するやり方は普遍的順応への迎合であって、反機能的な芸術を、もっぱら機能を通して基礎づけられるにすぎない原理に従属させることにほかならない。新即物主義的反応の仕方は表現における隠喩ならざるもの、装飾的ならざるものを誤解している。芸術作品は表現におけるこうした隠喩ならざるものに腹蔵なく自己を開けば開くほど、それだけー層表現の記録となる度合が高まり、それだけー層即物的な態度を内部へ向けることになる。モンドリアンの作品のような表現を敵視し、同時に自己自身を肯定的なものとして説明する数学的な芸術作品にしても少くとも、これらの作品が表現を断罪するだけのものとはなってはいないといった程度のことは一目瞭然である。主観が直接的に語ることはもはや許されないとしても、だが絶対的な構造に対して忠実ではあるまいとするモダニズムの理念に従うなら、主観は事物を通して、つまり事物の疎外され損われた形態を通して語らされるものとなる。

原註

（1）アドルノ『ワーグナー論』Theodor W. Adorno, Versuch über Wagner, 2. Aufl., München u. Zürich 1964, S. 90 ff.

（2）ヘーゲル『美学』a. a. O., 3. Teil, S. 215ff.〔邦訳、三巻の中、二〇三頁〕参照。

（3）アドルノ『ゲーテのイフィゲーニエの古典主義について』Theodor W. Adorno, Zum Klassizismus von Goethes Iphigenie, in: Neue Rund schau 78 (1967), S. 586ff.

（4）リルケ『古代のアポロのトルソ』Rainer Maria Rilke, Sämtliche Werke, hg. von E. Zinn, Bd. 1, Wiesbaden 1955,

S. 557 (》Archaischer Torso Apollos《)〔邦訳、(彌生書房刊) 全集3、一三二頁〕参照。

(5) アドルノ『ベルク・極小の移行の名人』Theodor W. Adorno, Berg. Der Meister des kleinsten Übergangs, Wien 1968, S. 36.

謎特性、真実内容、形而上学

美学は芸術作品を解釈学的対象として理解してはならない。美学が理解すべきことは芸術作品が現状においては理解しがたいものとなっているという点であろう。不合理なまま抵抗することもなくスローガンに変えられ、きまり文句として用いられていたものもこうしたものの真実を考えるような理論によってはじめて、捉えうるものとなるであろう。こうしたスローガンに変えられたものは、それとは対極的なものである芸術作品の精神化と切り離して考えることはできない。精神化されたものは、ヘーゲルの言葉によるなら芸術作品のエーテルであり、遍在する精神そのものであっても、謎であるところの意図ではない。なぜなら芸術作品の精神は自然を支配する精神をこのように否定するものとして出現することはあっても、精神として出現することはないからである。芸術作品の精神は自己と対立するもの、つまり素材に点火するものにほかならない。芸術作品の精神は、もっとも精神的な芸術作品からもっともはっきり見て取れるといった代物ではけっしてない。精神が芸術において自らを投げ棄てる行為を、芸術は自らを救う行為とする。芸術は戦慄に忠誠を誓うことはあっても、戦慄へと逆戻りすることによって忠誠を誓うことはない。芸術はむしろ戦慄の相続人にほかならない。芸術作品の精神は自らを外化し事柄に変えることを通して戦慄を生み出す。それによって芸術は啓蒙の法則に従って現実の歴史的傾向にかかわるものとなる。それは、ひとたび現実であるかに思われたものは精神の自覚によって想像力のうちへ移行するが、こうしたものは自己自身の非現実性を意識することによって、想像力のうちで生き永らえるという法則にほかならない。精神化としての芸術の歴史的進路は神話救済の過程であると同様に、神話批判の過程でもある。想像力によって記憶されているものは、想像力によってその可能性を保証される。芸術における精神のこうした二重運動は、経験的な太古史を記述するものであるというよりは、むしろ概念のうちに横たわる芸術の太古史を記述するものと言ってよい。精神から奪い取られたものを目指して進む精神の押し止めようのない運動は芸術のうちで、かつて失われたもっとも古いものを代弁しているものにほかならない。

模倣《ミメーシス》は芸術においては前精神的なものであり、精神とは逆のものであるが、また精神を燃え上がらせるものでもある。精神は芸術作品においては芸術作品の構造原理に変貌しているが、精神が自らの目的を充たすのは次の場合に限られる。つまり精神が優越的なものとして上から模倣《ミメーシス》的衝動に押しつけられるのではなく、その代りに構成されるべきものから、つまり模倣《ミメーシス》的衝動のうちから出現し、これらの衝動に従う場合に限られる。形式は個々の衝動に従い、その衝動が自らの意図に従ってたどる方向と同一の方向をたどる場合にのみ、これらの衝動を客観化する。こうした場合のみ芸術作品は和解を共有《メテクシス》するものとなる。芸術作品の合理性は消滅して自らとは対極的に対立するものへと変る場合にのみ精神となる。構造的なものと模倣《ミメーシス》的なものの相違はいかなる芸術作品によっても調停しえない、いわば美的精神の原罪とも言うべきものであるが、こうした相違は愚劣で道化的なものという要素を相関概念としている。こうした要素はもっともすぐれた芸術作品ですら自らのうちに隠し持つものであって、この要素を糊塗することがないということもまた、これらの作品がすぐれたものであることの一部を成している。どのような規律に従うものであれ、古典主義に対しては一様に不満が感じられるが、このような不満は古典主義がこうした愚劣さという契機を追放するところから、つまり芸術がこの契機を疑わざるをえなくなったところから来ている。芸術が成熟という名のもとで精神化されて行くとともに、愚劣さという要素もまたさらに一段と鋭く強調されることになる。芸術自体の組織が一糸乱れぬものとなり、論理的組織に似たものとなればなるほど、芸術の論理性と外部で支配している論理性とのくい違いはますます明瞭なものとなり、芸術の論理性は外部で支配する論理性のパロディにすぎなくなる。作品は形式的構造に従って合理的なものとなればなるほど、現実における理性の尺度からするならますます愚劣なものにすぎなくなる。だが作品の愚劣さは合理性に対して加えられた審判の一部でもある。それは、合理性が社会的実践において自己目的に変り、非合理的で狂気じみたものへと一変するという事実に対する、要するに目的のための手段にすぎないものへと一変しているという事実に対して加えられた審判の一部にほかならない。芸術における愚劣さという要素は芸術の中で無邪気に生きるもの以上に、芸術の門外漢によってはっきり認められるものであるが、こうした要素と絶対化された合理性という愚かしさとは互いに告発し合っている。さらに幸福というものも、つまり性《セックス》は種族保存という実際的領域から眺めるなら同様に愚劣なものに見えてくるが、こうしたものが持つ愚劣さは性によって動かされることがない人間にとっては、どのような悪意をこめることも不可能ではない愚劣さなのである。愚劣さは芸術における模倣的《ミメーシス》残り滓であって、芸術を密閉的なものに変えたことに対する代償にほかならない。俗物的人間の芸術観にも、芸術にとっては屈辱的なことではあってもそれなりの正しさがある。残滓としての、つまり形式とは無縁であって形式によって浸透されざるもの、要するに野蛮としてのこうした契機は、芸術がこの契機を自己のうちで形成しつつこの契機について反省することがないかぎり、同時に芸術において粗悪な要素となる。この契機は子供じみたものに留まるとか、万が一にも子供じみたもののまま保護されるようなことがあるなら、たちまち文化産業の計算ずみの悪ふざけとなんら変るところがないものとなる。芸術はその概念のうちに際物的な要素を含んでいるが、芸術には次のような社会的局面も合せて含まれている。つまり芸術は愚劣さの契機を純化するものと見なされ、特権的教養と階級関係とを前提としているという局面も。芸術はこうした前提に対する報いとして、悪ふざけとなるという罰を与えられる。それにもかかわらず芸術作品の愚劣さという契機は、芸術作品における非意図的な層にもっとも身近に接しているものであって、そのためすぐれた作品においては、芸術作品の秘密にももっとも身近に接したものとなっている。『魔笛』とか『魔弾の射手』といった作品の題材は愚かしいものであるとしても、こうした題材は音楽という媒体を通して、『ニーベルンゲンの指環』のようなまじめな意識をもって全体的なものを目指す作品を凌ぐ真実内容を持つことになる。芸術は道化役的要素によって、有史以前の動物的な未開時代を慰めとして想い出す。動物園の類人猿たちは一致して、道化役と等しいことを行っていると言ってよい。子供たちが道化役に対して示す理解は、子供たちが芸術に対して示す理解と変るところがないが、こうした理解は動物に対する理解と同様、大人たちの手によって子供たちから追放されるという憂き目に会う。人類は動物との類似を完全に追放することに成功したわけではない。そのため人間は突如として動物のうちに自らとの類似点を発見し、それによって幸福感に充たされたことになる。幼い子供たちの言語と動物の言語とは一見、同一の言語であるかのように見えることがある。道化役のうちに動物との類似を見出すことによって、人間と猿との類似が意識されることになる。動物、阿呆、道化役という結びつきは、芸術の根本的な層の一つをなすものにほかならない。

　事物でありながら事物の世界を否定する芸術作品が、事物の世界を前にして事物としての自己を証明するよう求められるなら、どのような芸術作品もアプリオリに途方にくれることになるが、だが芸術作品はアプリオリに途方にくれるからといって、こうした証明を行うことをたやすく拒むことはできない。芸術に無縁な人は芸術に満足することがなく、また芸術通といわれる人は芸術を例外的状態と見なさず、これらの人々は芸術を自己自身の経験の実質にほかならないものと見なすために、これらの人々にとっては、芸術の謎特性に驚嘆することはむずかしい。しかもこうした実質はこうした人々に対して芸術の諸契機を確認し、芸術の経験がこれらの契機を激しくゆり動かす場合でも、これらの契機を投げ出さぬよう要求する。芸術の謎特性を予感するものは、芸術作品が無縁なものであるか、あるいは測り知れぬものであるような環境ないしいわゆる文化連関のうちで、芸術作品を経験する人々に限られる。そうした場合、芸術作品は何の役に立つのか、裸のまま吟味されることになり、自国の文化であるという穴だらけの覆いによってかろうじてわが身を守ることになる。こうした状況において、美の分野に対するタブーを犯すような無遠慮な問が提出されるなら、こうした問は往々にして作品の質にとって災いとなる。芸術作品をもっぱら外部から眺めるなら、もっぱら内部から眺める場合と同様に芸術作品のいかがわしさがあらわになる。芸術作品の謎特性は歴史と癒着しつづける。芸術作品はかつて歴史を通して謎となり、今なお歴史を通して謎となることをたえず繰り返しているが、またそれとは逆に芸術作品に権威を与えた歴史だけが、芸術作品の存在理由を問い質す煩わしい問を芸術作品から遠ざける。作品の謎特性は作品の非合理性というよりは、むしろ作品の合理性を前提としている。作品が計画的に支配されればされるほど、謎特性はそれだけいっそう浮彫りにされる。作品は形式を通して言語に似たものとなり、その契機のうちのどの契機も唯一のここにしかない契機として示すかに見えるが、こうした契機にしても捉えようとするならまたたく間に姿をかき消してしまう。

　すべての芸術作品は、それに芸術全体は謎にほかならない。芸術が謎であることによって芸術理論は古代より苛立ちを与えられてきた。芸術作品は何事かを語りながら、その舌の根の乾かぬうちに語ったことをひた隠しにすることから、言語的観点より謎特性という名称が与えられている。謎特性は道化のように人を欺く。人が芸術作品のうちに立ち入り、芸術作品と共に芸術作品を完成させるなら、謎特性は目に見えぬものとなる。芸術作品から外へ出て芸術作品における内在的連関との契約を破棄するなら、謎特性がふたたび亡霊のように出現してくる。審美眼に欠ける人間によって行われる研究がそれなりの成果をあげることがあるのは、そのためにほかならない。芸術の謎特性はこの種の人間にとっては一目瞭然のものであって、こうして謎特性は芸術を全面的に否定する彼らの口実となるが、こうした全面的否定は知らずして芸術批判の極限に到り、欠陥だらけの態度でありながら彼らの真実を支えるものとなる。審美眼を欠く人間に対して、芸術とは何であるかを説明することは不可能と言ってよい。知的洞察を生きた経験に置き換えることなど、彼らには不可能に等しい。彼らにおいては現実原理の価値が圧倒的であって、そのため美的態度を持つこと自体がタブーとされる。審美眼に欠けている人間は芸術の文化的承認に対して不満を抱き、それを攻撃することも珍しくないが、今日の世間一般の意識はとりわけこうした攻撃によって促されて、芸術の非芸術化を行っている。俗に音痴と呼ばれている人は〈音楽の言語〉を理解せず、それをおしゃべりにすぎないものとして受け取り、この騒音は一体何を語ろうとしているのかと怪訝なおももちをするが、こうした人にしても基本的には、芸術の謎特性を捉えていると言って差しつかえないのかもしれない。だが音痴と音楽通とでは同じ謎特性を聴いても、聴き取るものが異るためそこにおのずから相違が生じてくる。だが謎によって覆われているのはけっして音楽だけではない。音楽は概念によっては捉えがたいために、謎めいたところが目立つにすぎない。作品を作品の規律に従っていわば模写することがないような人間に対しては例外なく、非音楽的な人間に対する音楽の場合と同様に、絵画にせよ、詩にせよ、虚ろな目で見詰める。作品の経験や解釈は、もしそれが作品から離れることを望まないなら、まさに作品のこうした虚ろで物問いたげな視線こそ受けとめなければならない。作品の底知れぬ深みに気づくことがないなら、経験や解釈は足を取られることになる。たとえ意識がいかに迷路に引き入れられることからわが身を守ろうとしても、わが身を守ってくれるものは、不運に見舞われるかもしれないという自らの意識以外にはない。なぜある物は模倣されるのか、あるいは実態を示すことなく現実を歪めているにすぎないものが、あたかも現実的なものであるかのようになぜ物語られるのか、たとえこうした問を提出したところで、納得の行くような答の返ってくるはずはない。その上こうしたことはすべて、なぜ行われるのかと問いかける問を前にするなら、つまり芸術作品を現実的な目的を欠くものとする非難を前にするなら、芸術作品は途方にくれ、沈黙するしか仕様がなくなる。虚構の物語は忠実な記録以上に的確に社会的本質を捉えることができるからと答えたところで、そうした仕事は理論の仕事であって、そのようなことのためにわざわざ虚構を用いることは必要ではないと、逆に反論されるのがおちであろう。原理的な問のうちには、原理的に見えるが偽りにすぎないような問も少くないが、謎特性の現われはこうした問に対する当惑の現われにほかならず、こうした原理よりもより包括的な事態に従うものであることは言うまでもない。いわゆる生の意味を問う問にしても同様であって、こうした問は問というよりは恫喝と言ったほうが正しい。原註(1) この種の問を向けられれば当惑せざるをえなくなるが、当惑するなら問の正しさを認めたものと受け取られやすい。こうした問は抽象的なものにすぎず、しかも抽象性の水準が抵抗なく推論されるものからあまりにも遠くへだたっているために、その問からは問われているもの自体が抜け落ちてしまうことになる。芸術の謎特性は、形象の場合と同様に理解することはできない。音楽用語によるなら曲を解釈することは意味に合せて曲を演奏することを意味するが、謎特性の場合も音楽用語が意味するように、客観的に内部から経験によってもう一度いわば創造し直すことは可能ではない。謎特性の前では理解するということ自体が疑わしい範疇となる。芸術作品を芸術作品に内在する意識として理解するものも、必ずしも芸術作品を理解していることにはならないし、理解が深まれば深まるほど自らが不十分なものであると感じ取る思いや、芸術によって盲目的に呪縛されこうした呪縛によって芸術本来の真実内容から遠ざけられて行くと感じる思いもまた、それだけいっそう強まる。芸術作品の外へ出るとか、あるいは芸術作品のうちへはまったく立ち入ったことがないものが、悪意をもって謎特性を記録したところで、謎特性はそうした人間の芸術的経験を欺き消滅する。芸術作品が十分に理解されればされるほど、謎は次元によってはそれだけ一層解明されることはあるとしても、だが本質的な謎についてはますます解明されるところが少くなる。こうした本質的な謎はごく透徹した芸術的経験を通してはじめて、繰り返し明瞭なものとなる。作品は完全に自らを明らかにする場合、問いかけとしての形態をとり、反省を強要するものとなる。こうした場合においても作品は遠のくが、それは、核心を握ったかのように感じているものの不意を最後になって突き、これは何かと再度問わせるためにほかならない。だが謎特性が本質的なものとして認識される場合は、この特性が欠如している場合をおいて他にはない。くまなく観察され、思考によって捉えつくされるような芸術作品は芸術作品ではない。こうした場合、謎という言葉は問題という言葉がおおむねそうであるような、いつどこにおいても使用可能なきまり文句の類ではない。問題という言葉の場合にしても美的には、作品の内在的連関によって提出された課題という厳密な意味においてしか使用することができないものであるが。芸術作品も同様に厳密な意味において謎にほかならない。芸術作品は謎を解く鍵を含むが、あくまで可能性として含んでいるにすぎず、鍵が客観的なものとして置かれているわけではない。どのような芸術作品も判じ絵であると言ってよいが、芸術作品の観察者は謎解きに失敗することをあらかじめ予定されているために、判じ絵でありつづけるにすぎない。判じ絵は芸術作品が真剣に行うことを冗談として繰り返す。ポーの『盗まれた手紙』におけるように、芸術作品によって隠されているものは出現することがあるとしても、出現することによって隠されるものであって、芸術作品はその点において判じ絵と似ている。前哲学的に美的経験を記述する類の言語によって、人は芸術について何かを理解することはあっても、芸術を理解することはないと語られているが、この言葉は正しい。芸術に通じているということは事柄に適合した理解は持つが、同時に謎に対しては頑なまでの無理解しか持ち合せていないこと、隠されているものに対して中立的な態度をとることにほかならない。芸術において単に理解するために運動することとしかしないものは、芸術を自明なものに変えてしまうが、芸術はなによりも自明なものではない。虹に完全に接近しようとするなら、虹は消えてしまう。完全に謎であると共に一点の曇りもなく明白なものでもある音楽は、その点において他の芸術をしのぐ典型的な芸術と見なすことができる。謎を解読することは不可能であり、ただ謎の形態が解読されるにすぎないが、こうした形態を解読することこそ芸術の哲学にほかならない。音痴であるかのようによそよそしく音楽を聴き、ジークフリートのように親密に鳥の声に耳を傾けるなら、そうした人こそはじめて音楽を理解する人と言えるのかもしれない。だが理解することによって謎特性が消え去ることはない。見事に解釈された作品ですら、自らの構造から曖昧なところを拭い去る鍵としての言葉を待ちかねているかのように、さらに理解されることを求める。芸術作品を想像する想像力は、もっとも完全であるがもっとも人を欺きやすい理解の代用品となるが、こうした代用品もまた芸術作品に近づくための一段階にすぎない。演奏されたものではない音楽を的確に表象するものは、音楽との触合いといった理解の雰囲気を形成するものを持つと言ってよい。最高の意味における理解、つまり謎特性を解体しながら同時に保管しつづける理解は、芸術を精神化することと、想像力を最初の媒体として芸術を体験することに依存している。だが芸術を精神化することは、芸術の謎特性を概念的に説明することによって直接的に謎特性に接近するものではなく、謎特性を具体的なものに変えることを通して接近するものにほかならない。謎を解くということは謎が解きえない理由を語ることに等しい。それは、観察者を見詰める芸術作品の視線と化すことにほかならない。芸術作品は内容を把握されることを通して、理解されることを要求しているが、それは芸術作品に特有の経験と結びついた要求であって、こうした要求はこうした経験を反省する理論を通してはじめて実現される。芸術作品の謎特性が指示するものは単に間接的に考えられるにすぎない。実体を直接的に持つかのように妄想する現象学に対すると同様に、芸術の現象学に対しても異議を提出しなければならないが、それはこれらの現象学が反経験的なものであるというよりは、むしろ逆に思考しつつ経験することを中断するためにほかならない。

錬金術的な芸術作品は難解なものとして非難されているが、難解であるということは芸術全体の謎特性を告白するものにほかならない。こうした作品は、伝統的な作品を理解しうるものとして捉える見方まで激しくゆり動かすため、憤激の種となる。伝統や世論によって理解可能なものとして承認されている作品にしても、自らの殻のうちへ引きこもり、完全に理解しえないものへと変ることもあることは一般によく知られている。逆に謎特性を強調し、理解を絶したものであることがまぎれもないような作品にしても、ごく理解しやすいものとなる可能性もなくはない。厳密な意味での芸術は、それが概念を使用し表面的には理解されやすいように見える場合ですら、実際には概念を欠いている。概念が概念そのものとして芸術作品のうちへ入りこむことはないし、どのような概念も概念が持つそれ本来の範囲に影響が及び、意味がその機能を転換しうるところまで変更が加えられている。トラークルの詩にあらわれるソナタという単語は一定の価値を与えられているが、こうした価値は単語の響きと詩によって導かれる連想から生れ、この単語が置かれている位置と結びついた相対的なものにすぎない。もし暗示されているにすぎない散漫な響きによって特定のソナタを思い浮べようとしても、この単語が詩において表現しようとしているものは捉えられないし、それと同様に呼び出された成像《イマーゴ》としてのソナタは、こうした特定のソナタやソナタ形式一般と重なり合うこともない。それにもかかわらずこの単語は正当なものと言わなければならない。なぜならこの単語は断片によって、つまりさまざまのソナタの切れ端によって作られたものであり、ソナタという名称それ自体が詩において意図されている響き、作品のうちで喚起される響きを想起させるからである。ソナタという術語は高度に分節化された作品、動機と主題にそって作り上げられて行くそれ自体が力動的な作品、多様性が明瞭に区別されながら統一されている、展開部と繰り返しの部分を持った作品を指している。「それは和音とソナタでみたされた部屋である」原註(2)という一行は、こうした術語が持つ意味らしきものをほとんど含んでいないが、だがその代りに名称を並べ立てる子供に特有な感覚がそこには含まれている。この一行は『月光ソナタ』と呼ばれている曲そのものよりも、むしろ『月光ソナタ』という偽りの曲名そのものと繋りを持つものであるが、だからと言ってこの一行は偶然的なものではない。妹娘が弾くソナタといった例のベートーベンにまつわるエピソードによる連想が存在しなかったとしたら、トラークルの憂鬱感が隠れ処としようとしているこうした孤独な響きも、おそらく生み出されることはなかったであろう。詩が伝達的話法から単語を借用し詩として用いる場合、ごく単純な単語ですら、そこにはこうした何かがつけ加えられることになる。ブレヒトによって自律的芸術に対して加えられた批判、つまり自律的芸術はある事柄の元来あるがままの姿を単純に繰り返しているにすぎないといった批判は、的はずれと言ってよい。トラークルの詩のいたるところに見られる〈である〉という繋辞は、芸術作品においては概念的意味からかけ離れたものとなる。繋辞は存在についての判断を表現しているのではなく、質的には否定に近いところまで変えられている、色あせた判断の残像を表現しているにすぎない。何かがあるということは、芸術作品においてはそれ以上のことでもなければそれ以下のことでもなく、その何かは存在していないという意味すら含んでいる。ブレヒトあるいはカーロス・ウィリアムズは詩によって詩的なものをサボタージュし、詩的なものを単純な経験についての報告に近づけてしまったが、こうした場合ですら詩がたんなる経験についての報告となるようなことはけっしてない。彼らの詩は高揚した抒情的な音調に対していいがかりをつけはねつけるものであるが、経験的命題はそれにもかかわらず美的モナドへと移行しながら美的モナドと対照的なものとなるために、経験的なものとは異る何かを身につけることになる。歌を敵視する音調と捕獲した事実を異化することとは、同一の事態の異る側面にほかならない。判断もまた芸術作品においては変化をこうむる。芸術作品は綜合されたものであるという点において判断と似ている。だが芸術作品における綜合は判断を欠くものであって、芸術作品はたとえ何かについて判断を下すことがあるとしても、それが何についての判断であるかについては報告がされることはないであろうし、いわゆる報告と呼ばれている作品であって芸術作品と呼びうる作品は皆無であると言ってよい。こうしたことから、一般的に芸術作品は政治に参加しうるものかどうかという問は、政治に参加していることを強調している作品の場合ですら、問それ自体が疑わしくなる。芸術作品が自らを何に結びつけ何によって統一されているのかといった問題は、判断に解消することはできないが、芸術作品自体が言葉や文章によって下す判断にすら解消することはできない。メーリケの詩に『ねずみ捕り器への警句』と題された小品がある。もしこの詩の論証的内容を取り出しそれでもって満足するなら、この詩からは寄食者として仲間はずれにされている動物たちに対して、文明化された風俗によって加えられている仕打ちについての、サディズム的一体感以上のものは出てこないと言ってよい。

ねずみ捕り器への警句

子供がね、罠のまわりで三回まわって言ったとさ。

小さな、小さなお客さん、小さなおうちができました。
ねずみちゃんかな、それともねずみ君かな、勇気を出してたずねておいで
今晩でも、月が明るく照すころ！
なかへ入ったらそっとドアを閉めるんだよ
判ってくれたかな？
尻尾をはさんじゃいけないよ、
ご飯食べたらみんなで歌おうよ

ご飯食べたらみんなではねようよ
それからちょっぴり踊ろうよ。
ヴィト、ヴィト
猫のおばあさんもきっと一緒に踊ってくれるよ。原註(3)

〈猫のおばあさんもきっと一緒に踊ってくれるよ〉という子供の嘲笑の言葉にしても、もしこの嘲笑が嘲笑以外の何物でもなく、子供と一緒にうしろ足で立って踊る猫と鼠の、思わず微笑をさそうような光景となることがなかったなら、たとえ詩の一部に加えられることがあるとしても、この詩に見られるような決定的な言葉となることはとうていありえない。この詩を抽象化してそこから嘲笑だけを抜き出すなら、詩的内容とともに社会的内容も取り逃す結果となる。この詩は嫌悪感をさそうような社会的に練り上げられた慣習の、言語によるが判断を欠く反映であって、こうした言語による反映は慣習を忠実に反映することによって慣習を乗りこえる。慣習をあたかもそれ以外の身振りによってはとうてい示しえないかのように指し示す身振りは、自明なものとなることによって慣習の実態を告発する。つまり慣習はあますところなく詩のうちに内在するものとなることによって、慣習を裁くことになる。芸術は判断を差しひかえることによってのみ、判断を下すものとなる。自然主義的芸術であろうとすぐれたものとして弁護しうるものがあるのは、この点による。詩句を継ぎ合せて神話的警句の残響にかえる形式は、こうした詩句の志向を止揚する。こだまは和解させるのである。芸術作品の内部において惹き起されるこうした過程によって、芸術作品は真にそれ自体が無限なものとなる。芸術作品は意味を欠くため意味的言語と区別されるのではなく、意味が吸収されることによって変化し偶然的なものへと零落することによって、意味的言語と区別される。こうした事態を惹き起す運動は、それぞれの美的作品によって具体的に前もってその方向を示されている。

芸術作品は確かなものであって不確かなものであるという二面性を、謎と共有している。芸術作品は疑問符であり、綜合されることによってすら明瞭なものとなることはない。それにもかかわらず芸術作品の形象的表出はごく精密なものであって、こうした表出によって運動の過程は、それが中断する点に至るまで規定されている。謎の場合と同様に解答は伏せられており、解答を伏せておくことは構造によって強制されている。内在的論理、つまり作品における法則的なものは解答を伏せておくことに奉仕するものであって、こうしたことは芸術における目的概念についての神義論であると言ってよい。芸術作品の目的は不確かなものを確定することにほかならない。作品それ自体は合目的的なものであるが、その表面を超えたところで確かな目的を持つようなことはない。だが作品が目的を持つことは謎に対する解答が形象的に表出される場合にのみ、正当なこととして認められるにすぎない。作品は組織化されることによって、作品以上のものとなる。ことに造型芸術をめぐる最近の論争においては、おそらく書きなぐられた文字に近いクレーの絵によって刺激されたのであろうが、文字《エクリチュール》の概念が重要なものとなっている。この概念はモダニズムの範疇に属するものであるが、モダニズムの範疇は投光器のように過去の芸術作品に光を投げかける。すべての芸術作品は文字であるが、文字として登場する芸術作品こそ第一にこうした文字なのではなく、しかも文字であるのは象形文字的な作品、つまりその解読書が失われており、解読書が欠けているということがなによりもその内容の一部となっているような作品に限らない。芸術作品は文字としてのみ言語となる。どのような芸術作品も判断ではないが、どのような芸術作品も判断に由来する契機を、つまり正しいか誤りか、真実か虚偽かという契機を自らのうちに含んでいる。だが伏せられてはいるが確定されたものである芸術作品の解答は新たな直接性として、いきなり解釈の前に姿をあらわすものではなく、あらゆる媒体を通して、つまり思想、哲学といった作品の規律のような媒体を通してはじめて姿をあらわす。謎特性は解答を獲得する解釈を超えて生き永らえる。芸術作品の謎特性は芸術作品において経験されるもの、つまり美的なものの理解に限定されるものではない。またこうした謎特性は距離をおくことによってはじめて出現するが、芸術作品に沈潜し、芸術作品を明白なものとして捉えることになる経験は、多義的にもつれ合ったものがもつれ合っているにもかかわらず一義的に、またそれ相応に理解されうるものであることを謎と見なす。なぜなら芸術作品の内在的経験は、その経験がたとえどこから始まるものであろうと、カントが描写したように実際必然的なものであって、芸術作品のごく微妙な点にいたるまで見通すものであるから。自らの楽譜を理解している音楽家の場合、楽譜の与えるごくささやかな刺激にも従うが、ある意味においては自分が何を演奏しているのか知らない。俳優の場合にもそれと似たことがおこる。模倣的《ミメーシス》能力は芸術的描写という実践において模写されるものの運動曲線を模倣する場合に、もっとも大胆に発揮されるが、それはまさにそのためにほかならない。こうした模倣こそ謎特性に囚われながらそれを捉える理解の核心にほかならない。だが芸術作品は芸術作品についての経験がごくわずかでも弛緩するなら、たちまち自らの謎を茶番にすぎないものとして示す。芸術作品についての経験は謎特性によってたえず脅かされているのだ。謎特性が経験のうちで完全に消滅し、経験が事柄を完全に知りつくしたと信じるなら、謎はふたたび突如として目を見開く。太古の造型的作品から見すえるかのようにそそがれる威厳を帯びた視線は、こうした謎によって保たれているが、こうした視線は伝統的芸術においては芸術の日常的言語によって覆い隠され、自らを強化することによって全面的に疎外されたものとなっている。

　芸術作品に内在する過程は個別的契機すべての意味を乗りこえるものを、つまり謎を構成するが、この過程はまた同時に、次のような場合にはたちまちにして謎である度合を緩和する。つまり芸術作品が固定的なものとして知覚されたり、またその上に立って無益な解釈が試みられたりすることなく、芸術作品自体の客観的構造がもう一度創造されるといった場合には、謎である度合を緩和する。こうした創造が行われず、解釈が下されることもなく行われるような上演においては、こうした禁欲的な態度は作品に即したものであると称されているが、こうした上演においては作品は沈黙するだけであって、上演はこうした沈黙の餌食となる。解釈を下すことがないような上演はどのようなものであれ、無意味なものにすぎない。ある種のタイプの芸術、つまり演劇とある程度まで音楽は、ありのままの自己となるように自己が上演され、解釈されることを要求しているが——それは劇場や舞台の事情に通じ、そこで要求されていることとテキストや総譜との質的相違を承知しているものなら、誰一人として無視することがないような規範であるが——これらの芸術も実際はたんにそれぞれの芸術作品の行動方式を、たとえ作品が上演されることを希望していないような場合においても、変ることなく明らかにしているにすぎない。つまり作品自体の行動方式が繰り返されるものであることを明らかにしているにすぎない。芸術作品は同一のものであることを強要する強制から解放されたものでありながら、自己自身と等しいものにほかならない。ただ対等のもののみが対等のものを認識しうるというアリストテレス学派の命題は合理性の発展によって清算され、辛うじて限界値を保っているにすぎないが、この命題によって芸術という認識は概念的認識から切り離されることになる。つまり本質的に模倣《ミメーシス》的なものは模倣《ミメーシス》的な態度を予想するものにほかならない。芸術作品が自己以外の何物も模倣することがないなら、芸術作品を模倣するもの以外には芸術作品を理解するものはいないことになる。演劇の台本あるいは音楽のテキストはただ単にそのようにして眺めるべきものであって、俳優あるいは演奏者に対する指示の総体として眺めるべきものではない。これらのものはいわば作品による作品自身の模倣行為の凝固したものであり、こうした模倣はたとえ意味的な要素によってつねに浸透されたものであろうと、作品自身を模倣している限りにおいて本質的なものなのだ。作品が上演されるかどうかということは、作品そのものにとってはどうでもよいことと言ってよい。だが作品についての経験が、つまり理想からするなら沈黙した内在的なものである経験が作品を模倣するということ、このことは作品にとってどうでもよいことではない。こうした模倣は芸術作品の記号から芸術作品の意味連関を読み取り、芸術作品が自己を出現させる曲線をたどるようにその連関のあとをたどる。芸術作品の異るさまざまな媒体はその模倣の法則としてそれらの統一を、つまり芸術の統一を見出す。カントにおいては、論証的認識は事物の内部について認識することは断念すべきものとされているが、芸術作品は客体、つまりその真実は内部の真実として表象する以外には表象しえない客体と見なされている。模倣はこうした内部へと導く通路にほかならない。

作品はさながらメールヘンの妖精のように語る。もしあなたにぜひとも欲しいものがあるなら、それをあなたに差し上げましょう、でもあなたに気づかれないようにと。論証的認識の真実はむき出しになっているが、その代り論証的認識は真実を持たない。芸術という認識は真実を持つが、だが真実を芸術にとって測り知れないものとして持つにすぎない。芸術作品においては主観が自由であるため、芸術作品は論証的認識ほど主観的ではない。カントは正確な羅針盤を用いて芸術作品を目的論的概念に従わせているが、彼は悟性に対してこの概念を実証的に使用することを許さなかった。カントの説によるなら人間が即自的なものとなることを妨げる障害物が、それにもかかわらず芸術作品においては、つまり即自的であるものとわれわれに対するものであることを区別することを許さぬ人間本来の領域においては、即自的なものを謎の形姿に作り変える。芸術作品はまさに妨げられたものとして即自存在の形象となる。芸術は謎特性を持つことによって、行動対象という疑わしいところを持たぬ現存在ともっとも鋭く対立するものであるが、結局のところ謎特性のうちにはこうした行動対象に特有の謎が生きつづけている。芸術は謎となるが、それは芸術が現存在において謎であるものをあたかも解決したかのようにして出現することによる。その反面、単に存在するにすぎないものにおいては、謎は存在物を圧倒する存在物に特有の硬化を通して忘却されたものにすぎない。人間は主観的精神とは異なるものを範疇の網の目でもって覆ってきたが、その網の目を細くするにつれてこうした異なるものに対して驚く習慣をより一層根底から失い、自己と親密になると共に自己を欺き異質なところを奪い取ってきた。芸術は急速に疲労する身振りでもって弱々しく、事態をもとへ引き戻そうと努めている。芸術はプラトンがかつて哲学に対して要求していたように、アプリオリに人間を驚かせるものであるが、哲学が決断したことはそれとは逆のことであった。

芸術作品の謎めいたところは芸術作品の断ち切られている状態にほかならない。もし芸術作品のうちに超越的なものが存在するなら、芸術作品は神秘となるであろうが謎となることはない。芸術作品が謎であるのは、芸術作品自らがぜひともなろうと望むものを断ち切られたものとして否定することによる。この点はごく最近になってはじめて芸術の主題として取り上げられたものであるが、カフカの作品における傷つけられた比喩《パラーベル》はこうした主題にほかならない。回顧的に眺めるなら、すべての芸術作品は墓石という貧相なアレゴリーと、つまり断ち切られた生命の柱と似たところがある。芸術作品はいかに完成品のように振舞おうと、去勢されたものにすぎない。芸術作品が意味しているものは芸術作品にとっては本質的なものではないということ、あたかも芸術作品の意味が意味となることを邪魔されているかのように、その点が芸術作品においては際立ってみえる。占星術的迷信はいわゆる連関に依拠しながら連関を不透明なまま放置しておくが、この点において芸術作品は強く占星術と類似しており、こうした類似は手早く一掃するわけにはゆかない。芸術が迷信を裏返したものでありながら、裏返したものとして迷信と結びついていること、それは芸術の欠点にほかならない。芸術は非合理主義的に価値の転換を行い、好んで欠点を長所へ変えようとする。好んで用いられている多層性という言葉は謎特性にとっては、それを明確に示す名称のように見えても誤った名称にすぎない。だが謎特性は芸術においては、カフカによって決定的に引き裂かれた例の美的なものに対抗する局面を持つ。芸術作品は合理性という自らに固有の契機を失うなら、神話から危険を犯して身をもぎ離してきたにもかかわらず、神話へと転落しかねない。だが芸術は模倣的《ミメーシス》に自らの謎を作り出すという点を通して、この合理性の契機である精神と媒介されたものにほかならない。つまり芸術は——精神が自らのために謎を考え出すように——謎を作り出すが、ただこの場合、芸術はこうした謎を自由に解くことはできないという点において精神と異る。精神が活動する場は謎特性であって意図ではない。事実、すぐれた芸術家の実践には謎めいたところが見られる。作曲家たちが数世紀にわたって謎という規準《カノン》に喜んで従ってきたという事実は、それを証明している。芸術の謎めいた形象は模倣《ミメーシス》と合理性とがからみ合ったものにほかならない。謎特性は流れ出したものと言ってよい。芸術はかつて魔術的機能を果しついで祭式的機能を果してきたが、芸術からこれらの機能が失われて以後、芸術には技術だけが残された。芸術は自らの目的を——逆説的表現を用いるならそれは芸術の太古的合理性を——失い、目的に変更を加えて即自性という契機に変える。それによって芸術は謎となる。つまり芸術が自らの目的として意味を浸透させたもののために、もはや存在することがなくなるなら、芸術それ自体は一体全体何であるべきなのか。芸術の謎特性は拍車をかけるように芸術を内在的に明確なものに変えるが、この場合、芸術は無意味なものであることを強調された自己を形態化することを通して意味を獲得し、それによって明確なものとなるにすぎない。その限りにおいて作品の謎特性は作品にとって究極的なものではなく、真正の作品ならどのような作品も、解き難いものである謎を解くための鍵もまた提出していると言ってよい。

　結局のところ芸術作品はその構成によって謎となるのではなく、その真実内容によって謎となる。どのような芸術作品も、通り抜けて行く真実内容を自らのうちから立ち去らせる際に疑問を投げかけるが、それはこうしたすべては一体全体何であるのかという、不断に繰り返される疑問にほかならない。こうした疑問は、一体全体これは真実なのかという疑問へと、つまり絶対的なものを問う質問へと移行していくが、それに対してどのような芸術作品も、論証的解答という形式を放棄することによって答える。解答を禁止するタブーが論証的思考の最後の逃げ道でありつづける。芸術はこうしたタブーに対して模倣《ミメーシス》的に反抗するものとして解答を与えようとつとめるが、だが判断を欠くものとしての芸術が解答を与えることはない。こうしたことによって芸術は、変貌しているが消滅するに至っていない太古の恐怖さながらに謎となる。すべての芸術は恐怖という震動の記録でありつづける。芸術の謎には滅び去った多くの民族の文字の場合と同様に、それを解く鍵が欠けている。謎特性を考察する場合、意味そのものが存在しているのか否かを問う問はその極限的形態と言ってよい。なぜならたとえ逆のものに変えられた連関であろうと、連関を欠くような芸術作品は存在しないためにほかならない。だが連関は作品自体が客観的なものであるため、意味それ自体も客観化されることを要求する。こうした要求は実現不可能であるばかりでなく、経験はこうした要求に対して異議を唱える。謎特性はどのような芸術作品からも異る形をとって現れているが、答の方はスフィンクスの答さながらに、つねに変ることなく同一のものでありつづける。だが答が同一であるのはもっぱら謎特性が異っているためであって、謎が、おそらく欺くためであろうが、与えることを約束している統一のためではない。こうした約束が欺瞞であるのか否か、それもまた謎にほかならない。

芸術作品の真実内容とは、客観的に解消されている、個々それぞれの芸術作品の謎であると言ってよい。謎は鍵を要求することによって、真実内容を指示する。真実内容は哲学的反省を通してのみ獲得しうるにすぎない。美学を擁護するのはこの点であって、それ以外の何物でもない。芸術作品は芸術作品から判断されるものや合理主義的な定義につきるものではないが、他方、それにもかかわらずどのような芸術作品もその謎特性の求めに従って解釈を下す理性を頼りにしている。『ハムレット』から何かについての証言をしぼり出すことは不可能に等しい。だからといってこの作品が真実内容において他の作品よりも劣るということはない。同じように『メールヘン』のゲーテやベケットのようなすぐれた芸術家たちは解釈など全く問題にしていないが、それによってもっぱら真実内容と作者の意識や意志との相違が、しかも作者自身の自覚を通して強調されているにすぎない。作品は最高の威厳を備えた作品ならなおさら、解釈が与えられることを待ち受けている。もし作品に解釈を下すものが全く無く、作品が単にその場に存在しているにすぎないなら、芸術を芸術たらしめている、芸術をその他のものから区別する境界線は取消されることになる。さらには壁かけとか装飾品といったもの、つまり形象的表現ではないものこそ、そのすべてが結局のところ解読されることをもっとも強い憧憬の念を抱いて待ちかねていると言えるかもしれない。批評は真実内容を理解することを要求する。自らの真実あるいは虚偽が理解されていないような作品は理解されていないのであって、真実あるいは虚偽を理解することが批評の仕事にほかならない。批評を通して作品を歴史的に展開することと作品の真実内容を哲学的に展開することとは、相互作用にほかならない。芸術の理論は芸術を離れることを許されない。芸術の理論は自らの運動法則に身をゆだねなければならないが、芸術作品は運動法則が意識されることに抵抗してわが身を固く閉ざして密封する。芸術作品は客観的精神の観相学であり、つまり出現の瞬間において自らにとってもけっして透明であることがない客観的精神の観相学であり、そのようなものとして不可解なものにほかならない。解釈に対してもっとも反抗的なものである不条理という範疇は精神のうちにひそむものであって、こうした範疇は精神から解釈されねばならない。芸術作品は芸術作品の真実内容を確立するものとしての解釈を求めているが、こうした要求は同時に、作品が構成的に不十分なものであることを示している傷痕にほかならない。作品が作品において客観的に意図されていることを実現することはない。実現不可能なことと実現されたこととのあいだに存在する不確定地帯によって、作品の謎は作られる。作品は真実内容を持ち、またそれを持たない。実証的学問やこうした学問から抽象された哲学が真実内容に接近することはない。真実内容は作品における何かについての事例でもなければ、作品のもろくて、作品そのものによって断ち切られることが可能な論理性でもない。芸術における真実内容は、偉大な伝統的な哲学によって理念と見なされることがなかったように、事実理念ではない。たとえ理念を悲劇的なものという理念や、有限性と無限性との葛藤という理念まで含むものとして拡大して解釈しようとも、真実内容は理念ではない。こうした理念はその哲学的構造からして、おそらくただ単に主観的に考えられたものではなく、それを超えたものと言えるかもしれない。だが理念はその用い方とは一切無関係に、芸術作品にとっては外的で抽象的なものに留まる。観念論において強調されている理念概念ですら、芸術作品を自らのうちに含めず、永遠に同一的なものという理念の実例にすぎないものと見なす。そのためこうした理念概念は哲学的批判にはもはや耐えられないものとなっているが、同様に芸術作品によっても裁かれている。理念によって解消されるのは内容ではなく、解消し難いものについての類推にすぎない。アカデミックな美学者たちのうちでこの点に気づいていたのはおそらく、フリードリヒ・テオドール・フィッシャーただ一人であったと言えるかもしれない。真実内容が主観的理念と重なり合うことが、つまり芸術家の意図と重なり合うことがいかに少いか、その点を明らかにするためにはごく簡単な考察を下すだけで十分と言える。芸術家の意図を純粋にあますところなく汲み上げているような芸術作品もなくはないが、その反面、こうした芸術作品はその結果として、芸術家が語ることを意図したものの記号の域を脱することはなかったし、そのため貧困化して暗号化されたアレゴリーにすぎないものとなった。芸術家がアレゴリーのうちへそそぎこんだものが文学研究者によってふたたび汲み出されるやいなや、アレゴリーは死滅するが、こうしたアレゴリーは同語反復的な遊戯にすぎず、たとえば音楽分析などはその多くがこうした遊戯の図式に従っている。芸術作品における真実と意図との差は批判的意識にとっては割り切れるものであるが、こうした意識にとっては意図そのものが虚偽に向けられたもの、つまりたいていは神話のたんなる繰り返しにすぎない永遠の真実に向けられたものにすぎない。意図が神話とならざるをえないということによって、不法にも真実は横取りされているのだ。それ自体生成するもの、たえず変化し前進するものとして現れながら、永遠に同一であるものの超時間的行列でありつづけようとして実験をしている、無数の芸術作品が存在している。技術至上主義的批評もこのような断面を手がかりとして虚偽についての批判へと移行するなら、それによって真実内容を助ける批評となる。芸術作品においては、形而上学的虚偽は技術的失敗として現れること、これは多くの批評によって証明されている。限定された否定を欠くなら芸術作品の真実は存在しない。今日の美学はこうした否定を概念的に説明しなければならない。芸術作品の真実内容は直接的には確認できない。真実内容はただ媒介されることによってのみ認識されるように、それ自体が媒介されたものにほかならない。芸術作品の事実的側面を超越させるもの、つまり芸術作品の精神的内容は個々の感性的所与と結びつけることはできないが、こうした所与を通じて構成される。真実内容の媒介された特性はこうした点にその本質がある。精神的内容は事実の彼岸に漂うものではなく、芸術作品は自らの事実を通して、つまり自らの首尾を一貫させながら自らを仕上げることを通して、自らの事実的側面を超越的なものに変える。芸術作品を覆うそこはかとなく漂うもの、つまり実際的なものであると同時に実際的なものではない、芸術作品にとってもっとも身近なものは、芸術作品が表現する雰囲気といったものとは根本的に異っている。形式化の過程はむしろこうした漂うもののために、この種の雰囲気を侵蝕して行く過程にほかならない。即物性と真実とは芸術作品においては互いに絡み合っていて、切り離すことはできない。芸術作品は自らのうちにおける漂うものを通して——作曲家にとってよく知られたものに音楽の〈呼吸〉と呼ばれるものがあるように——自然に接近するが、自然を模倣することを通して自然に接近することはない。雰囲気はこうした模倣によって呪縛されているもののうちに数えられる。芸術作品の形式が根底から仕上げられるにつれて、芸術作品は準備されたものである仮象に対してますます冷淡になるが、こうした冷淡さは芸術作品の真実の否定的な現れにほかならない。このような冷淡さは作品の幻覚的契機と対立する。形式主義的な作品と非難されている綿密に形式化された作品も、作品自体が現実化され、ただこの現実化の力によってのみ自らの真実内容もまた、つまり自らの精神的側面もまた現実化し、単に精神的なものであることを指示することがないなら、そのかぎりにおいてリアリスティックな作品であると言うことができる。だが芸術作品が自らの現実化を通して自らを超越化するということ、このことも芸術作品の真実を保証するものではない。超一流の芸術作品のうちには、それ自体としては偽りである意識を表現した作品として真実であるような作品も少くない。こうした事実を的確に指摘しうるのは、ニーチェによるワーグナー批評のような超越的な批評に限られる。だがニーチェの批評は事柄と力競べをするかわりに事柄に対して命令を下すものであって、その点が彼の批評の欠点となっているが、欠点はそれだけではない。彼の批評は真実内容そのものについても偏狭な観念を抱いている。美的真実に内在する歴史的契機に考慮をはらうことがない文化哲学的批評には、概ねこうした欠点が見出される。それ自体が真実であるものと偽りの意識による的確な表現とは、区別することはできない。なぜなら今日にいたるまで正しい意識というものは存在したことがなかったし、それにまたいわば鳥瞰図的視点に立ち、こうした区別を立てることを許すような意識は正しい意識とは言えないから。偽りの意識の完全な描写は偽りの意識を示している名称であって、またそれ自体が真実内容にほかならない。そのため作品は解釈、批評による以外に、救済を通してもまた自己を展開する。こうした救済は、美的現象における偽りの意識の真実を狙いとしている。すぐれた芸術作品は嘘をつくことができない。こうした作品の内容はそれが仮象である場合ですら必然的なものであり、必然的なものとしてこうした内容には、芸術作品によって証言が行われているところの真実が含まれる。失敗作だけが虚偽となる。芸術は現実の呪縛を繰り返し呪縛を成像《イマーゴ》へと昇華し、そうすることによって同時にこうした呪縛から自己を解放する傾向を持つ。昇華と自由とは肝胆相照す仲であると言ってよい。芸術が現実の散り散りの断片を統一することによってこうした断片に課す呪縛は、この現実から借用したものであり、こうした呪縛は現実を否定的現象というユートピアに変える。芸術作品は自らを組織化することによって組織化されたものを超えたものになるばかりか、組織化の原理以上のものになるということは――なぜなら組織されたものとしての芸術作品は作りものではないという仮象を獲得するから――芸術作品の精神的規定にほかならない。こうした規定は認識されるなら内容となる。芸術作品は単に自らを組織化することによって内容を語るだけではなく、同様に組織化を前提として含む混乱を通しても内容を語る。最近では見すぼらしいものや汚らしいものが好まれ、見事なものや口当りのよいものは嫌われているが、芸術作品が混乱を通して内容を語ることは、この間の事情を明らかにする手掛りとなる。一見自足しているかに見える文化も一皮むけば、文化を汚らしいものと見なす意識をその根底に横たえている。芸術が現実によって人間に留保されている多彩な幸福を断念し、それとともに感覚のどのような感性的痕跡にも背を向けるなら、こうした芸術は精神化された芸術にほかならない。だが子供の幸福に対するこのような頑な拒否のうちには、仮象を欠く現在の幸福のアレゴリーが含まれている、こうした幸福など存在してはいないとし、それを妄想と見なして息の根を止める条件がつけられているが。

哲学と芸術とは芸術の真実内容において収斂する。芸術作品の前進しつつ展開される真実は、哲学的概念の真実と別のものではない。観念論はシェリングにおいて、自己自身の真実概念を歴史的に芸術から引き出したが、それは正当なことであった。それ自体運動し完結している観念論的体系の全体性は、芸術作品から読み取られたものにほかならない。だが哲学は現実的なものを目指すものではあっても、芸術作品と同程度に自給自足的に自己の作品に順応することがないため、美的なものであるかのように装っていた体系の理想は、その偽装を引き裂かれた。期待にこたえなかった体系にはその報いとして、思想的芸術作品と呼ばれて賞賛されるという屈辱が与えられている。それにもかかわらず観念論から出現する虚偽は回顧的に眺めるなら、芸術作品にも類を及ぼしていることが判明する。芸術作品は自給自足的なものであるにもかかわらず、また自給自足的であるために芸術作品の呪縛の外側に位置する自らの他者を目指すが、それによって、芸術作品に特有の定義を与えている自己自身との同一状態を乗りこえるという事態がひきおこされる。芸術作品の自律性が攪乱されることは、芸術作品にとって運命的な没落を意味するものではない。

芸術がこうした攪乱を行うことは哲学と芸術とが酷似していた点を断罪し、自らを哲学から区別するために課す義務となる。作品の真実内容は作品が意味しているところのものではなく、作品それ自体の真偽を決定するものにほかならない。また作品のこうした真実それ自体がなによりもまず哲学的解釈にとって割り切れるものであり、その理念からはともかく哲学的真実と重なり合うものなのである。現在の意識は手堅いものや直接的なものと固く結びつけられているため、こうした意識にとってはこのような芸術との関係を獲得することはきわめて困難であることは言うまでもないが、他方、こうした関係を欠くなら、芸術の真実内容が自らを開くことはない。真正の美的経験は哲学とならねばならないか、あるいは全く存在しないかのいずれかなのだ。哲学と芸術とを収斂させるかもしれない可能性の前提となるものは、普遍性という契機のうちに、つまりこの前提が特殊化されることによって無比の言語として所有することになる契機のうちに求められねばならない。こうした普遍性は集団的なものにほかならないが、それはかつて超越的主観の記号であった哲学的普遍性が、集団的なものを指し示していることに似ている。だが美的形象においては自我から遠ざかって行くものこそ、この形象の集団的な側面にほかならない。それによって社会は真実内容に内在することになる。芸術作品をして単なる主観であることを乗り越えさせる現象的なものは、芸術作品の集団的本質を発現させるものと言ってよい。どのような芸術作品も模倣《ミメーシス》の記憶の痕跡を探し求めるが、こうした痕跡はつねにまた、個々の芸術作品と他の芸術作品との間の分裂を乗り越えたところに出現する状態を先取りするものにほかならない。だが芸術作品におけるこうした集団的なものの記憶は主観を欠くものではなく、主観を通過したものであって、集団的な反応形式は主観の特異体質的な動きとなってあらわれる。真実内容の哲学的解釈が真実内容を特殊的なものによって確実に構成しなければならないのは、なによりもそのためにほかならない。芸術作品はその主観的で模倣的であって表現的な契機によって、自らの客観性にたどりつく。芸術作品は純粋な心の動きでもなければこうした動きの形式でもなく、両者の間を縫って進む過程の凝固したものであるが、この過程は社会的なものにほかならない。

今日の芸術の形而上学は次の問を中心にして整然と構成されている。つまり作られたものにすぎない精神的なものが、哲学的言語によるなら〈単に定立された〉ものにすぎない精神的なものが、いかにして真実となりうるのかという問を中心として。この場合、直接的なものであるその場に存在する芸術作品ではなく、芸術作品の内容が問題となる。だが作られたものの真実をめぐる問は仮象と、真実の仮象としての仮象の救済とをめぐる問以外の何ものでもない。真実内容が作られたものであるということはありえない。芸術を制作するという行為はすべて作られたものそれ自体ではないようなもの、芸術も知らないものを語るという唯一の努力につきる。こうした努力こそ芸術の精神にほかならない。抑圧されたものであり、歴史的力学のうちへ組みこまれているものである自然を取り戻すものとしての芸術の理念は、こうした努力のうちにその場を持つ。芸術は自然の成像《イマーゴ》に従うものであるが、こうした自然はいまだ絶無に等しい。存在せざるものが芸術における真実にほかならない。こうした存在せざるものは芸術の他者によって出現するが、この他者に対して、他者を材料に還元することによって同一性を定立する理性は自然という言葉を用いる。こうした他者は統一体でもなければ概念でもなく、雑多なものにすぎない。そのため芸術における真実内容は自らを雑多なものとして描き出すことはあっても、さまざまな芸術作品を包括する抽象的な大概念として描くことはない。芸術の真実内容が芸術作品によって拘束されていることと、同一化されることがないものが雑多なものであるということとは互いに重なり合っている。芸術はもっぱら作ることを通して、つまり特別な、独自の仕上げが行われている作品を制作することを通してのみ、作られたものではないものと、つまり真実と出会うが、こうした真実に直接目を向けることによって真実に出会うことはないということ、こうした逆説は芸術のすべての逆説のうちで、おそらくもっとも核心的なものと言えるかもしれない。芸術作品とその真実内容とのあいだには張りつめた緊張関係が存在している。概念を欠く真実内容は作られたもの以外のものから出現することはないが、その一方で作られたものを否定する。どのような芸術作品も作品としては真実内容のうちで没落して行く。芸術作品は真実内容によって取るに足りないものへと零落するが、こうした事態が惹き起されるのはごくすぐれた芸術作品の場合に限られている。芸術の没落という歴史的展望は個々それぞれの芸術作品が持つ理念にほかならない。芸術作品の真実内容は、現存するものとして芸術作品からたんに出現してくる場合に限って現実化されるのであり、自らが奥津城に向うとき青き衣を残すと、ミニヨンの慄然とさせる詩が予言するように芸術作品という純粋な覆いを残すにすぎないが、芸術作品であってこのことを約束しないような作品はない。芸術作品の仮象としての姿が嘘ではありえないものとして出現するが、論証的判断はこうした芸術作品の真実に近づくことはないということ、それが真正の芸術作品であることを示す目印となる。だがこうした真実が存在するなら、その場合、真実は仮象によって芸術作品を止揚する。芸術を美的仮象として規定する定義は、不完全なものと言わなければならない。芸術は仮象を欠くものの仮象として真実を持つものにほかならない。芸術作品についての経験は、芸術作品の真実内容が無ではないということをその消点としている。どのような芸術作品も、とりわけ徹頭徹尾否定的なものである芸術作品は言葉なくして語る、つまり何ものもまじえることなく語る。憧憬を欠くような不動の作品はないとしても、たんに憧憬から成り立っているにすぎないような作品は、無力なものと言わなければならない。だが芸術作品をして憧憬の域を乗り越えさせるものは、歴史的存在物に形象的表現として書きこまれている貧困にほかならない。芸術作品はこうした形象的表現を模写することによって、たんなる存在を乗り越えたものとなるばかりでなく、貧困が補充され変化が生ずる程度に応じて、客観的真実を持つことになる。だが存在するものはその意識に従って対自的にではなく、即自的に他者となることを求めているのであって、芸術作品はこうした意図としての言語であり、芸術作品の内容は意図と同様に実体的なものと言わなければならない。こうした他者を構成する要素は現実から集められたものであって、ごくわずかに位置を変えることによって新しい配置を作り上げ、そのうちで自らの正しい位置を見つける。芸術作品は模倣を行うというよりはむしろ、現実に対してこうした変動を模範として示す。模倣理論は結局のところ転倒すべきなのかもしれない。模倣はその意味を純化するなら、芸術は現実を模倣するのではなく、現実が芸術作品を模倣すべきであると。しかも芸術作品が現存しているということは、存在せざるものが存在しうることを指し示しているのである。芸術作品の現実性は可能なものが持つ可能性の証明にほかならない。芸術作品の憧憬が目指すもの——つまり存在せざるものの現実性は——現実性の記憶に変る。記憶のうちに存在するものは、かつて存在したものとして存在せざるものと結びつけられているが、それはかつて存在したものももはや存在していないためにほかならない。プラトンの想起《アナムネシス》以来、記憶はいまだ存在せざるものを含むものと夢想されてきたが、こうしたいまだ存在せざるものは、それだけがユートピアを現存在に売り渡すことなく具体化するものと言ってよい。仮象はこうしたいまだ存在せざるものと切り離して考えることはできない。いまだ存在せざるものは過去においてもけっして存在することがなかった。だが芸術の形象特性は、つまり芸術の成像《イマーゴ》はベルグソンやプルーストの命題によるなら、意図的でない想起が経験を手掛りにして喚起しようとつとめるものにほかならないが、この点からもこの二人は真正の理想主義者であることが証明される。彼らは自ら救おうと意図するものを現実の一部と見なすが、彼らが救わんと意図するこうしたものは、自らの現実性を犠牲にすることによってのみ芸術のうちで存在するものとなるにすぎない。彼らは美的仮象の質を現実の一部として捉え直すことによって、美的仮象という呪いを回避しようとつとめる。まざりものを欠く芸術作品は芸術作品による芸術作品の否定の極限であるが、こうした極限はマルキ・ド・サドの長篇小説に記されている極限と比較しうるものと言ってよい。そこでは言葉に窮し、絵に描かれたこの上もなく美しい稚児たちを前に彼が〈天使のように美しい〉と呼ぶ以外にはなす術もなくなっている箇所が見られる。真実が仮象を超越的なものとするこうした芸術の高みにおいては、芸術は自らにとってきわめて致命的なことであるが、自らを概念的に説明することを余儀なくされる。芸術はつね日頃人間的なものではないかのように、自分は嘘ではありえないといった表現を用いるが、そのような表現を用いることによって嘘をつかざるをえなくなる。芸術は結局のところ一切は無にすぎないのだという可能性まで支配する力を持たないが、限界は踏みこえられているかのようにその存在を通して定立することによって、芸術は自らのうちに虚構的なところを持つことになる。現存在の否定としての芸術作品の真実内容は芸術作品によって媒介されたものであるが、だがたとえいかなるやり方によろうと、真実内容が芸術作品によって伝達されることはない。真実内容が芸術作品によって定立されたものの域を超えているのは、芸術作品が歴史を共有《メテクシス》し、自らの形態を通して歴史に特定の批判を加えることによる。作品における歴史は作られたものではなく、歴史をしてはじめて単に定立されたもの、あるいは制作されたものから解放するものと言ってよい。真実内容は歴史の外部に存在するものではなく、作品のうちで行われる歴史の結晶化にほかならない。定立されたものではない作品の真実内容となることによって、真実内容は真実内容の名を名乗ることを許される。

　だがこうした真実内容も作品のうちにおいては単なる否定的なものにすぎない。芸術作品は存在以上のものを語るとしても、それはただこうした存在をありのままに配列することによって語るにすぎない。芸術の形而上学はその点において、芸術の源である宗教とははっきり区別されることを必要としている。芸術作品そのものが絶対的なものであることはないし、絶対的なものが芸術作品のうちで直接的に姿をあらわしていることもない。芸術作品は絶対的なものを共有《メテクシス》しながらそれを知らないという盲目性を特徴としているが、芸術作品の言語、つまり真実の言語がすぐさま曖昧なものとなるのはこうした盲目性による。芸術作品は絶対的なものを持つとも言えるし、持たないとも言える。芸術作品は真実を目指す運動のうちで、自らの真実のために概念を自己から遠ざけるが、遠ざけながら当の概念を必要としている。否定性が芸術の限界であるのか、それともそれ自体が真実であるのかどうかという問題は、芸術においてはいまだ解決されていない。芸術作品はその客観化の法則によってアプリオリに否定的なものにすぎない。芸術作品は自らが客観化するものを、その生という直接性から引き離すことによって殺害する。芸術作品自体の生は死をむさぼるものなのだ。モダニズムにおける質を区別する目印となるのはこの点にほかならない。モダニズムの作品は模倣《ミメーシス》的に物象化に、つまり自らの死の原理に身を委ねる。死の原理を回避することは芸術における錯覚的な契機にすぎないが、ボードレール以後芸術は断念しつつ物のうちの物とならずに、この契機を投げ棄てようとして努力してきた。ボードレールやポーといったモダニズムの先駆者たちは、職人的芸術家として芸術にとって最初のテクノクラートとなった。文明の抑圧に対する抗議としての芸術は、もしそれが毒物の混入を欠くものであるなら、つまり生を否定するものとなることがないなら、慰めにすぎない頼りがいのないものとなる。芸術はモダニズムの始めから芸術には疎遠な対象を、つまり完全に変形されたところで芸術の形式法則に含まれることがないような対象を吸収してきたが、芸術の模倣《ミメーシス》はモンタージュも含めて、その点からするなら自らに対する敵対行為に身を委ねるものと言ってよい。だが芸術が行うこうした行為は、社会的現実によって強制されたものにほかならない。芸術は社会に対して反対するが、だが他方、社会の彼岸に位置するようないかなる立場もとることはできない。芸術は自らが抵抗するものと同化する場合にのみ、反対することに成功するにすぎない。こうした点は夙にボードレールの悪魔主義の内容となっていたものであるが、現実によって凌駕され幼稚で愚かしいものにすぎなくなっていた当時の市民的道徳に対する批判を、彼の悪魔主義ははるかに凌ぐものであった。もし芸術が破れ目のない網に対して直接的に抗議しようとするなら、逆に一層わが身を網に巻きこまれることになる。そのため芸術はベケットの『勝負の終り』において典型的に見られるように、自然を問題としながらも、その自然を自らのうちから排除するかあるいは攻撃せざるをえなくなる。芸術にとってのみいまだ可能なものである既定方針は死に味方するものであって、それは批判的であると同時に形而上学的なものにほかならない。芸術作品は自らの方法からも、また前もって形成された自らの材料からも物の世界に由来するものであって、芸術作品のうちには物の世界に属することがないようなものなど何一つとして存在しないし、自らの死という犠牲をはらうことなく物の世界から引き離されたようなものも何一つとして存在することがない。芸術作品はただ自らの死を通してのみ和解に関与するにすぎない。だがその点において芸術作品は同時に神話に隷属しつづけることになる。それがどのような芸術作品にも見られるエジプト的なところにほかならない。作品は儚いものの流れを、つまり生の流れを押しとどめて持続的なものへと変え、死から救済しようとするが、それによって逆に生を殺害することになる。芸術作品の和解的なところを芸術作品の統一のうちに探し求めることが行われているが、それは正しい。古代の慣習的《トポス》表現によるなら、芸術作品は自らの槍で負わせた傷をその槍で癒すと言われている。理性は芸術作品にとって統一が崩壊を意味する場合においてすら、芸術作品の統一を作り出すものであるが、理性は現実への介入を、つまり現実的な支配を断念することによって自らの罪を浄める。だがその場合でも社会的暴力の反響は、美的に統一を持つもっとも優れた作品のうちからも聴き取られる。だが精神は現実的支配を断念しても罪を犯すことになる。芸術作品の模倣《ミメーシス》的で分散的なところを結び合せて静止させる行為は、無定形の自然に対してたんに悪事をなすだけではない。美的形象は、混沌としたものへと解体するかもしれないといった不安を抱く無定形の自然に対する異議申立てでもある。多様なものの美的統一はあたかも多様なものに暴力を加えた結果として出現するのではなく、多様なものそれ自体のうちから読み取られるかのように出現する。今日においては分裂させるものはつねに現実的なものであるが、それと同様に現実的なものである統一は、こうしたものとしての出現を通して和解的なものへと移行する。神話の破壊的暴力は、つまりその特殊的な形態としての神話が現実において行使する例の繰り返しという神話は、芸術作品においては衰えかけているが、芸術作品はごく身近なものに目を向けながら、こうした神話を繰り返し引用しそれを特殊的なものに変える。精神は芸術作品においてはもはや自然の旧敵ではない。精神は自らをなだめて自らを和解的なものに変える。自然は古典主義的処方によるなら和解を意味することはない。そこでは和解は非同一的なものに気づく、和解それ自体の行動方式にほかならない。精神は非同一的なものを自らに同化させることはない。精神は自らを非同一的なものへと同化させる。芸術は芸術に特有の自己自身との一致に従うことによって、自己を非同一的なものに等しいものとする。これが芸術の模倣的《ミメーシス》本質の現段階にほかならない。芸術作品の行動方式としての和解は今日では、ほかならぬ芸術が和解の理念を拒絶するところにおいて、つまり形式が厳格に要求されているような作品において行われている。だが形式によるこうした非和解的な和解ですらも、芸術の非現実性を前提としている。こうした非現実性は永続的に芸術を脅かしイデオロギーに変えようとする。芸術はイデオロギーへと堕落することもなければ、イデオロギーときめつけたところで、それによってどのような芸術も一切の真実から追放されたものとなるわけではない。芸術は芸術の真実それ自体によって、つまり経験的現実が拒む和解によってイデオロギーの共犯者となり、すでに和解が実現されているかのように人を欺く。芸術作品はその先天性からして、言わば芸術の理念からして罪連関の一部に含まれている。どのような芸術作品も成功作であるなら、こうした罪連関を超越的なものに変えるが、他方、どのような芸術作品もその代償を支払わされることになる。芸術作品の言語が沈黙へ立ち戻ろうとするのはそのためと言ってよい。だがこうした沈黙はベケットの言葉によるなら、沈黙の冒瀆にほかならない。

芸術はいまだかつて存在したことがなかったものとなることを望むが、だが現に芸術であるものはすべてかつて存在していたものにすぎない。芸術はかつて存在していたものの影を飛び越えることはできない。だがいまだかつて存在しなかったものは具体的なものにほかならない。イデオロギーという唯名論はおそらく次の点によってもっとも深く足をとられているのかもしれない。つまり唯名論は具体的なものを所与のものとして疑問の余地なく存在するものとして取り扱い、また自らと人類とを以下のように欺くことによって。存在物は特有の平和な姿を取ることを世間の成行きによって妨げられているが、こうした姿は所与のものという概念によって単に横領されているにすぎず、それ自体に抽象的なものという刻印が与えられているにすぎないかのように欺くことによって。芸術作品についてもまた具体的なものは、否定的なものと呼ぶ以外にはほとんど呼びようがない。芸術作品は自らの存在が交換不能なものであることを通してかろうじて、抽象的で普遍的な機能連関としての経験的現実を断ち切るが、内容としての特殊なものを通して断ち切ることはない。どのような芸術作品も自らの形式を通して、最終的に自己自身がなるかもしれないものを先取りしているかぎりにおいてユートピアであるが、ユートピアであることによって自己自身であるという、主観によって拡大された呪縛を除去することを求める要求に直面することになる。どのような芸術作品も別の芸術作品と置き換えることはできない。芸術作品における取り消しようがない感性的な契機は、その点によって正当化されることになる。つまりこの契機がいまここにおけるものとしての芸術作品を支えているのであり、そのため一切が媒介されているにもかかわらず、芸術作品の自律性もまた若干ではあるが、維持されることになる。素朴な意識はつねに繰り返し感性的契機にしがみつくが、こうした意識は虚偽の意識であると必ずしも言い切れない。もちろん交換不能なものであるということは、交換不能なものは普遍的なものではないとする信念も強化するという機能も引き受ける。芸術作品は交換可能性という自らの死命を制する最大の敵ですら、自らのうちへ吸収しなければならない。芸術作品は具体的なものとなることによってこうした敵を回避したり、自らの具体性を通して全体的な抽象連関を描き、それによってこうした連関に抵抗してはならない。真正の新しい芸術作品に見られる繰り返しは、太古的な強制としての繰り返しに必ずしも順応するものではない。新しい芸術作品のうちには太古的な繰り返しを告発し、その告発を通して、ハーグによって繰り返しのきかぬものと呼ばれたものに肩入れしているような作品も少くない。繰り返しという悪無限を扱っているベケットの芝居は、繰り返しのきかぬもののもっとも完全なモデルを提供していると言ってよい。新しい芸術に特有の黒と灰色、つまり色彩に対する禁欲は否定による色彩崇拝の現れにほかならない。セルマ・ラーゲルレーヴの『モールバッカ』には、足の不自由な子供がこれまで見たことがない剝製の極楽鳥を見ることによって、悪い足がよくなるところを描いた幾つかの異常な自伝的な章が含まれているが、このようにして出現するユートピアの効果はいまなお色褪たものとはなっていない。だがこうした効果は狙ったところでもはや不可能であるとしても、黒々としたものはこうした効果の代用品くらいはつとめることができる。だが芸術にとって芸術のユートピアは、つまりいまだ存在せざるものは黒々と塗りつぶされたものであるため、芸術はその媒体の一切を動員したところで記憶に留まる、つまり可能的なものを抑圧するであろう現実的なものと対立する可能的なものの記憶に留まる。換言するなら芸術のユートピアは、世界史という破局の想像上の復旧に似たものについての記憶、つまり必要性に呪縛されつづけるなら与えられぬ自由、与えられるのかどうかすら定かならぬ不自由についての記憶にほかならない。芸術の否定性、つまり芸術による暗黒の共有《メテクシス》は永続的な破局と緊張関係を保つことによって、同時に定立されることになる。現存の現象的な芸術作品であって、存在せざるものを明確に支配していないような作品など存在しない。芸術作品が宗教的象徴から区別されるのはこの点によるが、宗教は現象における直接的で現在的なものが超越性を持つことを求める。芸術作品における存在せざるものは存在の一つの状態にほかならない。芸術作品は、全面的否定にいたる否定性を通して約束をするものであって、こうした約束は物語がかつて話を切り出す際に好んで用いた仕草や、シタールによってかき鳴らされた最初の響きに似ており、いまだかつて耳にされたり目にされたことがないことを、たとえそれがまたとなく恐ろしいものであろうと、約束する。どのような本の場合でも、本文にすい寄せられる目がともすれば本の表紙に囚えられるということが起るが、こうした本の表紙は暗箱と同様に何かを約束するものにほかならない。逆説を投げ棄てることによって逆説を獲得すること、それがすべての新しい芸術の逆説であると言ってよい。たとえばプルーストの場合、『失われた時を求めて』の冒頭は念入りに芸術的な準備を整え、暗箱のように音をたてることなく書物のうちへと、つまり全知の語り手という覗きからくりのうちへと読者を導き入れるが、そこではもっぱら一切の魔術を用いることの断念を通して、魔術が現実化されている。美的経験とは、精神が世界についてもまた自己自身についても、あらかじめ持つことがないような何かについての経験であり、そうした経験が不可能なものであるために与えられることを約束されている、可能性としての経験にほかならない。芸術は幸福の約束であるが、この約束は守られることがない。

原註

（1）アドルノ『否定の弁証法』Theodor W. Adorno, Negative Dialektik, 2. Aufl., Frankfurt a.M. 1967, S. 352ff.

（2）トラークル『聖歌』Georg Trakl, Die Dichtungen, hg. von W. Schneditz, 7. Aufl., Salzburg o. J., S. 61 《Psalm》.〔邦訳、（同学社刊）七五頁〕参照。

（3）メーリケ『全集』Eduard Mörike, Sämtliche Werke, hg. von J. Perfahl u. a., Bd. 1, München 1968, S. 855.

一致と意味

概念的でもなければ、判断を下すこともないにせよ、芸術作品は論理的なものである。芸術作品は論証的思考に基づく基準に失望を与えるのが通例であるが、もし芸術作品の論理性が論証的思考に迎合することをやめるなら、芸術作品から謎めいたところは一切消滅するであろう。芸術作品は推理の形式や、事柄に密着した思考による典型としての推理にもっとも近い。時間芸術においては、あれこれのことは何かの結果であると言われることがあるが、それは事実の指摘に近く、隠喩とは言えない。ある作品において、この出来事は他の出来事を原因として惹き起されたと言われるなら、それは少くとも、経験的な因果関係がはっきり透けて見えるというに等しい。ある出来事は別の出来事から出現させねばならないということは、たんに時間芸術の場合にのみ限定されたことではない。視覚芸術もまた時間芸術の場合に勝るとも劣らぬ、首尾一貫性を必要としている。自己自身に等しいものとならねばならないという、芸術作品が自らに課す責任、芸術作品がこうした責任を課すことによって、自らが結ぶ内在的な契約の基体との間にもつことになる緊張状態、要するに恒常性《ホメオスタシス》の獲得という伝統的理念は、首尾一貫した論理的な原理を必要としている。こうした点は芸術作品の合理的局面にほかならない。内在的必然性を欠くなら、いかなるものも客観化されることはない。こうした必然性が芸術作品の反模倣《ミメーシス》的衝動、つまり芸術作品によって内的なものへとまとめ上げられることになる、外部から借用されたものにほかならない。芸術の論理は芸術以外の論理の規則からするなら逆説にすぎないが、概念や判断を欠く推理方法なのだ。芸術の論理は現象から、もちろんすでに精神的に媒介されており、その限りにおいてある程度まで論理化されているが、結論を引き出す。芸術における論理的方法は自らに与えられた所与のうちで、論理外的な領域を目指して活動する。芸術作品がこうした活動を通して獲得する統一は、芸術作品をして経験の論理に近づける。この場合、芸術作品の方法、構成要素、構成要素相互の関係は、実際経験におけるそれとは大きくかけ離れていることは言うまでもない。芸術はその解放の初期の時代において数学と関係があり、芸術の表現方式《イディオム》が解体しかけている今日、こうした関係はまたしても出現してきたが、それは自らの首尾一貫して論理的な次元についての、芸術の自覚の現れにほかならなかった。数学もまたその形式的特性を通して概念を欠く。数学の記号は何かについての記号ではないし、芸術同様、数学もまた存在するものについて判断を下すことはない。数学の美的本質については従来しばしば言及されてきた。芸術はもし学問によって鼓舞されるかあるいは威嚇されるかして、自らの首尾一貫した論理を実体化するとか、自らの形式を数学的形式と直接的に同一化するとかして、自己自身が数学的形式に対してつねにまた抵抗するものであることに無関心になるなら、たちまち自己欺瞞に陥ることは言うまでもない。それにもかかわらず芸術の論理性はもっとも力強く、唯一つの存在として、つまり第二の自然として芸術を構成する芸術の力のうちの一つにすぎない。芸術の論理性は、芸術作品をその効果の面から理解しようとするどのような試みにとっても、それを妨げる障害となる。芸術作品は首尾一貫性によって客観的にそれ自体が規定されており、自らがどのように受け取られるかについては一切考慮を払わない。それにもかかわらず芸術作品の論理性は、文字通りの論理性として受け取るべきではない。芸術作品においては何事もあたかもそうなることが必然であり、それ以外の形では存在しえないかのように出現するとニーチェは指摘しているが――この指摘が芸術作品の論理性を素人くさく過小評価するものであることは言うまでもないが――その言わんとするところも、芸術作品の論理性を文字通りのものとして捉えるべきではないという点にある。作品の論理は芸術以外の論理と比較するなら、はるかに大きな変化の幅をすべての個別的出来事や解決に与えるが、それによって自らが本来の論理ではない論理であることを示す。だがそれによって夢の論理が、つまり論理的であることを強要する感情と偶然性の契機とが芸術の場合と同様に結びついているところの夢の論理が執拗に想起されるが、両者の類似は一概に否定できない。芸術における論理は経験的目標からしりぞくことによって影に似たものとなるが、こうした影は経験的目標に固くしばりつけられていると同時に、その結びつきをゆるめられていると言ってよい。上位におかれた様式が自らのうちから論理性の仮象をより従属的なものとして生み出し、個々の作品に対して論理の行使を免除するにつれて、芸術における論理は、それだけ一層拘束されることなく自らを楽しむことを許される。論理性は、通常古典的と呼ばれている作品においてもっとも無遠慮に作品を支配しているが、他方、これらの作品が一般的に若干の可能性を許容するだけではあるものの、前もって規格が与えられている通奏低音音楽やコメディア　デラルテの場合のように、無数の可能性を許容していることも往々にして見られる。これらのものにおいては即興を行うことは、後年の個別的に完全に組織化された作品における場合に較べて危険が少かった。通奏低音音楽あるいはコメディア　デラルテは表面的には非論理的なものであって、前もって一般的に描かれた概念に似た図式や規則がそこから透けて見えるといったことは、古典的作品に較べて少いが、しかし内部的には古典的作品以上に論理的であって、そこでは首尾一貫性についてははるかに厳しく注意がはらわれている。しかし芸術作品の論理性が増大し、論理的であることを求めて要求がますます文字通りの論理性を求めるものとなり、その結果として論理性は論理性のパロディとなり、作品は全面的に決定された、最小限の根本的材料から演繹されたものとなるなら、それによって芸術作品の論理性は論理性らしきものにすぎないことが暴露されることになる。今日不条理に思われているものは、手心を加えられることがなかった論理性による否定的な作用にほかならない。それは芸術に与えられたしっぺ返し、つまり概念や判断を欠くような推理など存在しないというしっぺ返しにほかならない。

芸術作品における論理は本来の論理ではないとしても、この論理を因果律から切り離すことはむずかしい。純粋に論理的な形式と対象的なものに向う形式とは、芸術においては区別されることがないからである。芸術においては、論理と因果律とは太古的に未分離のまま、冬眠状態に置かれていると言ってよい。ショーペンハウアーの言う個別化の原理、つまり空間、時間、因果律は極限的に個別化されたものの領域である芸術において二番煎じのものとして、しかも切断されたものとして出現するが、仮象特性によって強制されたものであるこうした切断は、芸術に自由という局面を与える。出来事の連関や連続はこの自由を通して、つまり精神の介入を通して導かれる。精神と盲目的な必然性とは未分化のままであるため、芸術における論理はまたしても、歴史における一連の現実的継起の合法則性を想起させる。シェーンベルクにとって音楽を論じることは、その主題の歴史を論じることに等しかった。芸術はすべての観念論的な哲学研究によって、空間、時間、因果律による規定の彼岸に完全に位置する理想的領域と見なされていたが、芸術はそのように生のまま直接的に自らのうちに、こうした規定を含むことはない。これらの規定はあたかも遠いところからそうするかのように、芸術のうちへ入りこんでくるが、芸術のうちへと立ち入るならたちまちにして他者に変る。たとえば音楽における時間などもこうした時間であることは明瞭であるが、しかし音楽における時間は経験的時間とかけ離れており、精神を集中して音楽に耳を傾けるなら、音楽的連続の外部における時間的出来事は音楽的連続にとっては外的なものに留まり、それに接することすらないことが明らかになる。演奏者があるパッサージュを繰り返すか、あるいは再び取り上げるために音楽の流れを中断するとしても、音楽的時間は中断によって全く影響されることなく、その間、中断に対して無関心な態度をとりつづけ、いわば微動だにすることすらないが、音楽的流れが再び流れ出すやいなや前進を再開する。経験的時間は異質のものであるため、せいぜい音楽的時間を乱すに留まり、二つの時間が合流することはない。こうした場合、芸術を構成する範疇は外部の範疇と単純に質的に区別されているだけでなく、その質を質的に異る媒体のうちへ変更されているにもかかわらず持ちこむ。純粋に論理的な形式と対象的なものを目指す形式とは、外的生活においては自然支配のための有力な形式であるが、これらの形式も芸術そのものにおいては支配され、自由に処理されるものにすぎない。芸術は支配するものを支配することを通して、自然支配にその中心から修正を加える。純粋に論理的な形式や対象的なものを目指す形式と、これらの形式が材料に対して持つ関係とを自由に取り扱うことによって、現実においてこれらの形式が特有のものとして持つ不可避性という仮象とは対照的に、これらの形式における恣意が明らかなものとなる。音楽が時間を圧縮する場合や、絵画がいくつもの空間を重ね合せるような場合、時間や空間が別のものとなるかもしれないという可能性が具体化される。これらの時間や空間がしっかり取り押えられるなら、たしかにその力は否定されることはないものの、しかしその拘束力は取り除かれることになる。その限りにおいて逆説的にではあるが、芸術は芸術を経験から解放してくれるほかならぬ形式的構成要素の面から眺めるなら、経験的認識ほど仮象的でもないし、それほど主観的に命令された合法則性によって眩惑されてもいない。芸術作品の論理は首尾一貫した論理から派生したものであるとしても、しかしこの論理と同一のものではないということは次の点にもあらわれている。つまり芸術作品の論理が——そしてこのことが芸術を弁証法的思考に近づけるのであるが——自らの論理性を切断し、その切断をして結局のところ自らの理念とすることができるというところに現れている。現代芸術のすべてに見られる混乱という契機は、この点を狙いとするものにほかならない。完全な構造となることを目指し、そうした傾向をあからさまにしているような芸術作品にしても、この構造にとって異質なものであり、消し去ることもできない模倣《ミメーシス》の痕跡を残しておくことによって、論理性に異議を唱える。構造はむしろこうした痕跡に依拠するものにほかならない。作品の自律的な形式法則はその上、形式を原理として定義する論理性に対しても異議を唱える。もし芸術が論理性や因果律といかなる関係も持つことがなくなるなら、芸術は自らの他者との関連を失い、アプリオリに空転するにすぎないものとなる。もし芸術が論理性と因果律とをそのままの形で受け入れるようなことがあるなら、芸術は呪縛に屈することを余儀なくされることになる。しかし芸術は永続的な葛藤を生み出すこうした芸術の二重特性を通して、辛うじて呪縛から抜け出す。概念と判断を欠く推論からはあらかじめ反論の余地は奪い取られているものの、言うまでもなくこうした推論にしても、概念と判断によるならむしろ覆い隠されることになるかもしれない対象間の連絡を想起させることがあるが、他方、美的首尾一貫性はこうした連絡を、同一化されていないさまざまな契機の類似として保管する。しかし美的構成要素と認識的構成要素との統一は、理性としての精神の統一にほかならない。それをはっきりと言い表したのが、美的合目的性についての学説であった。ショーペンハウアーの世界としての芸術という命題に今なお真実があるとしても、しかしこの世界は第一の世界の要素を移しかえて構成された世界にすぎず、それはあらゆる点において通常の状態と変らないが、ただごくわずかの点において異っているといった、メシア的状態についてのユダヤ教的記述と重なる世界にほかならない。ただこの世界はさらに第一の世界を否定する否定的傾向を帯びており、現存在の散在する特徴をよせ集めて意味に変えるというよりは、むしろよく知られた意味を通してもっともらしく描き出される世界を破壊するものにほかならない。芸術においては、たとえもっとも純化された芸術においてすら、世界から由来しなかったようなものは皆無であり、変えられることなくそのままの姿で世界から由来したものもまた皆無であると言ってよい。美的範疇はすべて世界と絶縁したものとして規定されているが、それと同様に世界と関連するものとしても規定されねばならない。認識とはその両者における認識にほかならない。世俗的なものとその範疇とを復帰させることを通して、つまり通常認識の対象と呼ばれているものとの結合を通してのみ、認識は認識となるのでなく、むしろおそらくそれ以上に傾向的批判を自然を支配する理性《ラチオ》に加え、理性《ラチオ》の固定した規定に変更を加えて理性《ラチオ》を動かすことを通じて、認識は認識となるのかもしれない。芸術は抑圧されたもののためにそれ本来のものを取り戻そうと試みるが、それは理性《ラチオ》に対する抽象的な批判として試みられるものでもなければ、事物の本質に対して無気味な直接的観察を行うことによって試みられるのでもない。それは芸術が合理性を解放することを通して、つまり経験が芸術にとって不可欠なものと思いこんでいる材料としての状態より合理性を解放することを通して、合理性の暴力行為を取り消すことによる。芸術は通俗的な見方によって主張されているような単なる綜合ではなく、綜合を実現するものであって、しかもそれを実現する力と同一の力で、その綜合を切断するものでもある。芸術において超越的であるもののうちには、自然支配的精神の第二の反省に等しい傾向が含まれている。

芸術作品の行動様式はたんに経験的現実の暴力や支配と類似しているために、これらのものについて反省を行なうのではない。多様性を統一するものとしての芸術作品の完結性は直接的に、自然支配的行動様式をして現実性を欠く行動様式へと書きかえる。それはおそらく、自己保存の原理が自らを現実化する可能性を超えたその彼方にある外部におけるものを指示し、そこにおいて死によって自らが否定される姿を目にし、そうした我が身に甘んずることができないためかもしれない。自律的芸術とは、用意されたものである不死、ユートピア、不遜《ヒューブリス》が一体化したものの断片にほかならない。もし別の天体から芸術を眺めるものがあるとするなら、そうしたものの目にはすべての芸術がエジプト的なものに見えるであろう。芸術作品は自らが合目的なものであると主張しているが、こうした芸術作品の合目的性は外部における合目的性のたんなる影にすぎない。芸術作品はたんに形式によって外部の合目的性に似ているにすぎないが、しかしそれによって芸術作品は——この点において芸術作品はもっとも妄想から遠いものと言ってよいが——解体から守られることとなる。カントの逆説的定義によるなら、目的を欠くにもかかわらず合目的であるものが美と名づけられるが、この定義は主観的に先験的な哲学用語を誠実に用いて、つまり彼の定理がその定理を出現させる方法的連関からそのつど繰り返し逸脱することも恐れず、事態を表現するものと言ってよい。芸術作品は力動的な全体性として、つまり個別的契機すべてが全体という目的のために存在し、同様に全体は契機の実現、あるいは否定的な実現という目的のために存在するところの全体性として、合目的なものであった。それとは逆に芸術作品は目的を欠くものであったが、それは、芸術作品が経験的現実における目的対手段という関係の外へ抜け出したためにほかならない。この関係から遠ざかるにつれて、芸術作品の合目的性は幻想的なものとなる。美的合目的性と現実的合目的性との関係は歴史的なものであった。芸術作品の内在的合目的性は、芸術作品の外部からその内部へ移行したものにすぎない。集団的に磨き上げられた美的形式は往々にして目的を失った目的形式であり、なかんずく装飾にほかならないが、こうした装飾は目的を持ちながら目的を欠いている点において、数学や天文学に近い。こうした過程はその方向を、芸術作品の魔術的起源によってあらかじめ決定されている。芸術作品は自然への働きかけを意図していた実践の一部であって、合理性の芽生えとともに実践から分離し、現実へ働きかけるかのような欺瞞を行うものとなった。芸術作品に特有なもの、つまり芸術作品の形式は沈澱した、内容変更を加えられた内容として、その起源を完全に否定することはできない。美的成功は、形式化されたものが形式のうちに沈澱している内容を目覚めさせうるかどうかということによって、本質的に左右されている。芸術作品の解釈学とは概括的に言うなら、所詮、芸術作品の形式を内容へと移し変えることにほかならない。しかしこうした内容は、あたかも芸術作品が単純に現実から内容を受け取るものであるかのように、直接、所有されているものではない。内容は、内容に逆行する運動を通して構成される。内容は、内容から遠ざかっていく形象に自らを刻みこむ。芸術的進歩とは、こうした進歩が確実に語りうるものであるなら、その限りにおいてこうした運動の総体にほかならない。逆行運動は、内容の明確な否定を通して内容に関与する。こうした運動が精力的に行われれば行われるほど、芸術作品はそれだけいっそう内在的合目的性に従ってますます組織化されるが、まさにこのようにして組織化される度合が増すにつれて、芸術作品が自らを、自らが否定したものによって形成する度合も増して行く。有機的組織を作り上げるところに芸術の目的を見るカント的観念は、理性の統一をその根底とするものであったが、しかし結局のところこうした統一は、物自体を支配するところの神的理性による統一にほかならなかった。こうした観念は地上へ降りることを余儀なくされた。それにもかかわらず芸術の目的論的定義はそれなりに真実であって、カント以後の芸術的発展によって否定されて行くような単なる陳腐なものではない。つまり芸術家の想像力と意識とは作品に有機的統一を与えるものであると見なすような、陳腐な定義とは異る。実際的目的を放棄した芸術の合目的性は芸術の言語と似たところがあるが、芸術が目的を欠くところは、その言語が概念を欠くところと、つまり言語が意味ある言語と異る点と重なり合っている。芸術作品が事物としての言語という理念に接近することもなくはないが、それはただ、自己自身の理念を通して接近する場合に、つまり自らの乖離した契機を組織化する場合に限られる。こうした理念は文章論的に分節化されて行けば行くほど、その契機ともどもますます雄弁になる。美的な目的概念は芸術の言語によってその客観性を手に入れる。伝統的美学はこうした客観性を捉えることに失敗するが、それは伝統的美学が全体と部分との関係を一般的偏見に従って、全体に有利なようにあらかじめ決定しておくためにほかならない。しかし弁証法は芸術の取り扱い方を指示するものではなく、芸術に内在するものなのだ。反省的な判断力は大概念や普遍的なものから出発することもできなければ、またけっして〈与えられている〉ものではない全体としての芸術作品から、首尾一貫したやり方によって出発することもできない。こうした判断力は個々の契機に従い、これらの契機を自己自身の必要によって乗り超えねばならないものであるが、芸術作品の運動を自己自身のうちで主観的に模写する。芸術作品は自らの弁証法によって神話から、つまり盲目的にまた抽象的に支配する自然連関から抜け出すものにほかならない。

芸術作品におけるすべての論理的な契機の総体、あるいはさらに芸術作品における一致した状態を作り上げている契機の総体が、芸術作品の形式と呼ぶことを許されるものであることは言うまでもない。この範疇が美学によっていかに反省されることが少かったか、逆にこの範疇が美学によって、芸術をその他のものから区別するものとして、疑問の余地なく与えられているものと見なされることがいかに多かったか、それを見ると驚かされてしまう。形式の確認を行うことは容易ではないが、こうした困難は美的形式がことごとく内容と絡み合っていることによって、同時に条件づけられている。美学は抽象的なものとなることによって反動的芸術と結託することが常であるが、美学をこうした抽象性の犠牲にすべきでないとするなら、形式はたんに内容と対立的なものとしてではなく、内容を通して考えられねばならない。形式の概念はこの点を見落し、それがヴァレリーの美学をも含む美学の盲点となっているが、それは形式の概念が個別的契機として分離されることを嘲笑し、そうした形で内容に従属しているためにほかならない。もちろん芸術は形式以外の何らかの契機によっても定義しえないが、それと同様に芸術と形式とが単純に重なり合うこともない。どのような契機も芸術においては自らを否定することができるが、それは美的統一の場合にしても、つまり全体であり、自律的なものである芸術作品一般をはじめて可能なものにする、形式の理念の場合にしても何ら変りはない。高度に発達した現代的作品においては、形式が自らの統一を、それが表現のためであれ、現状肯定的な本質の批判としてであれ、解体する傾向が見られる。危機が遍在するそのはるか以前においても、開かれた形式は見られなかったわけではない。モーツァルトの場合は、統一は時折たわむれるかのように自らを緩めながら、自らの統一を確めていた。モーツァルトは他の作曲家以上にその形式の安定感を称えられている作曲家であるが、その彼にしても相対的にではあるが、拘束されていない要素やあるいは対照的な要素を並列することを通して、形式の概念そのものを綱渡り的に巧みにあやつっているにすぎない。彼は形式の力に全幅の信頼を寄せているため、いわば手綱を手放すとか、安定した構造から抜け出して遠心的な傾向に従うといった挙に出る。中世的伝統の相続人であるモーツァルトにとっては、形式としての統一の理念はいまだゆるぎないものであり、この理念はどのような重荷にも極限に近いところまで耐えうるものであったが、他方、ベートーベンにおいては、統一は唯名論的攻撃によって自らの実体性を失っているため、モーツァルトの場合よりはるかに強力に引きしめることを通して保たれている。つまりベートーベンにおいては、統一はアプリオリに前もって雑多なものを形成し、その後でひときわ勝ち誇って雑多なものを抑制することになる。今日、芸術家たちは統一に生命を与えることを願っているが、しかし彼らの狙いは、開かれたものと信じられ、未完のものと信じられている作品をして、こうした計画特性を手掛りとして強制的にふたたび統一に似た何かを獲得させるところにある。理論においては、形式は概ね、均整、反覆と同一視されている。もし形式の概念を定数化しようと意図するなら、形式の定数として同一と反覆の概念が出現し、それとは逆のものの定数として、非同一、対照、展開の概念が出現してくるが、この点についてはことさら議論するまでもない。しかしこうした範疇を確立したところで、何かの役に立つといったことは皆無に等しいと言ってよい。たとえば音楽の分析などの場合には、次のような結論が導き出されることがある。解体し尽されているような作品であって、反覆を目の敵にしているような作品においてすら、類似したところが見出されること、こうした作品であっても、その部分のうちにはその他の部分と何らかの共通した特徴を持つものも少くないこと、このような同一的なものと関連を持つことを通してしか、追求されている非同一なものは実現されることがないこと、もしすべての同一を欠くなら、混沌としたものそれ自体は永遠に同一なものに留まるであろうといった結論が。しかし判然としたものであり、外部から命令されたものであって、必ずしもそれに特有なものによって媒介されることがないような反覆と、同一のものの残り滓による非同一のものの避けようのない規定としての反覆とは異るものであり、こうした相違の方が定数化されたもののすべてを凌ぐ、決定的な点なのである。定数に共感を抱くあまり、こうした相違を無視するような形式概念は、〈形式的に完成されている〉といったドイツ語を臆面もなく用いる野蛮な用語法と、野蛮さにおいて五十歩百歩と言ってよい。美学は形式概念を自らの中心におき、この概念を芸術という事実を考える際につねに前提としているため、この概念について考えることに全力を傾注することが必要とされている。美学は同語反復にまきこまれまいとするなら、形式概念に内在することがないものを目指すことになるが、他方、形式概念は自己自身の外側にあるものについては、何一つ美的なものとして認めようとしない。形式の美学は、形式という呪縛に捉われている全体性としての美学を突き破るものとなる場合にのみ、可能であるにすぎない。しかも芸術はいったいいまだに可能なのかどうかという問は、その点にかかっている。形式概念は、芸術が芸術の生存権を不確かなものにした経験的生に対する鋭い反立《アンチテーゼ》であることを、明示するものにほかならない。芸術は形式と同程度に生き永らえるチャンスを持つが、形式以上のチャンスを持つことはない。芸術の危機に形式が関与していることは、現代芸術においては形式の意味が過大に評価されすぎているといった、ルカーチのそれのような発言からもはっきり見て取ることができる。原註(1) 彼が利用しているような形式概念は、芸術にとって不適当なものであることは言うまでもないが、こうした浅薄な発言のうちに、文化的保守主義者ルカーチの彼によっては意識されていない、芸術の領域に対する不快感の現れが見られる。形式を本質的なものとして、芸術の内容を媒介するものとして誤解するものだけが、芸術において形式が過大に評価されすぎているなどといった言葉を思いつくことができるにすぎない。形式とは、たとえどれほど敵対的で不完全であれ、人工物が一致している状態を指すのであって、成功した人工物はどのようなものであれ、こうした一致状態を通してただ単に存在しているにすぎないものと区別される。形式主義という言葉を振りまわして騒ぎ立てているすべての悲鳴に似た叫びのうちには、反省されることがない形式概念がこだましているが、こうした形式概念は形式を作品から切り離すことができる組織と見なし、文学作品、音楽、絵画に反対するために、こうした形式をこれらのものにつきつける。このような形式概念に従うなら、形式は外部から押しつけられたもの、主観的で恣意的なものにすぎなくなるが、他方、形式が実体的なものとなるのは、形式が形式化されるもののうちから、暴力を加えることなく出現してくる場合に限られる。しかし形式化されるものは、つまり内容は形式にとって外的な対象ではなく、模倣的衝動《ミメーシス》、つまり形式化されるものを形式である形象世界へと引きよせる模倣的衝動《ミメーシス》にほかならない。形式概念はおびただしいまでの曖昧で有害なものにつきまとわれているが、それはこの概念を見境なしに用いて、芸術において芸術的であるものなら何もかもひっくるめて形式と呼ぶことが行われているところに、その原因がある。芸術作品においてはどのような〈材料〉も――意図的対象あるいは音または色彩といった材料にそれぞれ応じて――媒介されたものであって、単純に存在するものではないといった浅薄な一般化を行い、それ以外の点については何一つとして語ることがないなら、そうした形式概念はいずれにせよ不毛なものにすぎなくなる。形式を主観的に付与されたもの、刻印されたものとして捉える形式概念の定義も、それと同様に役に立たない。芸術作品においてそれなりの根拠をもって形式と呼ぶことができるものは、主観的行為の結果であり、それと同様に主観的行為をひきおこす原因となる痛切な必要を充たすものなのだ。芸術作品における形式は美学的には、本質を客観的に規定するものにほかならない。形式は作品が主観的行為の結果に留まらず自立するものであるところに、ほかならぬそのようなものとなるところに見出される。結局のところ、前もって与えられた要素の配置のうちに探し求めたところで、形式は見出されない。こうしたことを期待するのは、たとえば印象主義によって息の根をとめられることになった、それ以前の絵画の構成観に見合うものであった。それにもかかわらず実に数多くの作品が、ほかならぬ古典的なものとして認められているような作品からして、執拗な視線にさらされるなら、こうした要素を配置したものにすぎないことが明らかになるが、[原註(2)] この事実は伝統的芸術に対する致命的とも言える異議申立てにほかならない。その上形式概念は、ツァイジングの美学のような古い美学が時折思い浮べていたような、数学的関係へと還元しうるものでもない。この種の関係はルネサンスにおけるような表現的原理としてであれ、おそらくバッハにおいてなら頻繁に見られるかもしれないような、潜在的であって神秘的着想と結びついたものであれ、行動様式においてその役割を演じているものであるが、しかしこうした関係は形式ではなく、形式の運搬手段にすぎない。つまりそれは、初めて解放され自立したところの主観によって、混沌としたもの、質を欠くものと考えられていた材料を前もって形成するための手段にすぎない。数学的用意やそれに類するものすべてが美的形式といかに一致することがないか、その点についてはごく最近になって、十二音音楽などによって耳を通して確めることができるようになった。十二音音楽は材料を数的関係によって、それは同じ音が別の音の出現する前に繰り返して出現することを禁止するといった音列が永続的に繰り返される関係であるが、前もって実際に形成しておく。こうした前もって行われる形成は、エルヴィン・シュタインによって定式化された綱領が期待したようには、それに〈新形式原理〉[原註3]という表題が与えられていたのは謂れがないわけではないが、形式を形成する作用を果すことはなかったことが間もなく明らかになった。シェーンベルク自身は十二音的処理と作曲とをほとんど機械的に区別していたが、創意にみちた技巧の持主であったため両者を区別して利用することはなかった。しかし彼の後に続く世代が引き出すことになる、音列の処理と本来の作曲との区別を破棄するというより徹底した成果は、統合を実現する代償として、音楽的自己疎外という犠牲のみならず、形式から除外することなど考えようがない分節化の否定という犠牲まで支払うことになる。こうした事実を前にすると、介入されることなく純粋に自己自身に委ねられることになる作品の内在的連関は、つまり異質なもののうちから形式の全体性を聴き取ろうとする努力は、さながら粗雑で鈍感なものへと退化しつつあるよう見える。完全に組織化された音列による作品は事実それ自体、差別化する手段によるものでありながら、この手段をことごとく放棄したも同然であった。形式を内在的に客観化するための方法としての数理化といったことは、妄想にすぎない。数学を利用するだけでは不十分なことは、次の事実からも説明されるであろう。つまり伝統的に自明な形式が消滅し、どのような客観的規準《カノン》も前もって芸術家に与えられることがなくなった段階において、数理化の努力がはらわれるようになるという事実から。この段階にいたって芸術家は数学に手をのばす。数学は芸術家が依拠する主観的理性という立場と、一般性、必然性といった範疇による客観性という仮象とを結び合せる。こうした客観性が仮象であるのは、組織化することが、つまり形式を決定する契機相互の関係が形式特有の形態から発生せず、個別的なもののまえでは無力であるためにほかならない。そのため数学化は伝統的形式を非合理なものとして否定しながら、同時にその当の伝統的形式へと傾斜していく。芸術の数学的局面は自らを存在の法則性を担うものとして解釈しながら、その法則性を実現するかわりに歴史的状況において、つまり形式概念の客観性が意識の状態によって禁止されると同様に要求されてもいるといった状況において、こうした法則性の可能性を保証するため死にもの狂いの努力を行うことになる。

形式概念はそのつど都合に応じて別の次元については考慮をはらうことなく、形式を一つの次元に組み入れるという点から、往々にして限定されたものであることが明らかになる。たとえば音楽の場合、時間的継起に対して考慮を払うことがあるとしても、同時性と多声性に対しては、あたかもこれらのものが形式に対して寄与することがないかのように考慮を払わないし、絵画の場合には、形式は空間と平面の釣合いによるものとされ、色彩がもつ形式を形成する機能は犠牲にされる。こうしたことすべてとは逆に、美的形式は芸術作品の内側において出現するどのようなものも、客観的に組織化して雄弁なものへと変えると言ってよい。美的形式は拡散しているものを非暴力的に綜合するが、しかしこうした綜合は、乖離し矛盾している拡散するものをそのままの姿で保管するものであって、そのため実際は真理を展開するものにほかならない。美的形式は、もしそれが定立された統一体にすぎないとしても、定立されたものとしてつねに自己自身の働きを中断する。美的形式にとっては自らの他者を通して自らを断ち切ることが本質的であり、美的形式の一致にとっては一致を見ないということが本質的なのだ。美的形式はその他者との関係においては、他者の持つ無縁なところを弱めつつしかもそれを保存するため、芸術の反野蛮的な側面と言ってよい。芸術は形式を通して、自らの存在を通して批判する文明にかかわる。存在するものの変容の法則である美的形式は、存在するものに対しての自由を意味する。美的形式は神の似姿という神学的ひな型、つまり創造を世俗化するものではないが、しかし創造を模倣する客観化された人間の態度を世俗化する。この場合の創造は言うまでもなく無からの創造ではなく、作り出されたものからの創造にほかならない。美的形式の隠喩的表現として、芸術作品における形式とはでまわした手の跡が残されているものすべてである、といった表現が浮んでくる。美的形式とは社会的労働のしるしであるが、この労働は経験的な形成の記録と根本的に異る。芸術家が形式として目に浮べるものを説明するためには、その逆のものを挙げるのがもっとも手っ取り早い。そうしたものとして挙げられるものに、芸術作品の一部でありながら濾過されていないもの、ただ存在しているだけでそれ自体明晰でもなければ活気にも乏しいような色彩複合、さらに音楽における根底からゼクヴェンツ一色といった慣習的表現《トポス》、要するに前批判的なものといった、こうした嫌悪感を惹き起すものがある。形式は批判へと収斂して行く。形式は、芸術作品が自らを批判的なものであることを立証するための、芸術作品におけるよすがにほかならない。作品のうちで形式からはみ出している残り滓に対して抵抗するものは、実際は形式の担い手であって、芸術において形式化されていないものを、たとえば楽師的なものとか、役者的なものとかいう名目のもとで弁護するようなことが行われるなら、そうした場合、芸術は否定されることになる。形式は自らの批判的含意を通して過去の実践と作品とを破棄する。形式は芸術作品を直接的なものと見なすような芸術作品観を否定する。形式は、それが芸術作品における芸術作品をして芸術作品たらしめるものであるなら、芸術作品の媒介された状態と、つまり芸術作品における客観的に反省されている状態そのものと等しいものとなる。形式は媒体であるとしても、部分相互、部分と全体とを関連づけるものとして、また細部を仕上げるものとして媒体であるにすぎない。芸術作品において賞賛されている素朴さといったものも、こうした観点のもとでは芸術に敵対的なものであることが明らかになる。芸術作品から場合によっては、直観的で素朴なものとして出現してくるものもなくはないが、つまり芸術作品の構造それ自体が一致した状態にあり、いわば断ち切られることがなく、そのため直接的なものとして現れてくることもなくはないが、こうしたものも芸術作品自体が媒介されていることの賜物にすぎない。媒介されることによってのみ芸術作品は記号的なものとなり、芸術作品の構成要素は記号となる。芸術作品における言語に類似したものはことごとく形式へと纏め上げられ、芸術作品は形式のアンチテーゼへと、つまり模倣的《ミメーシス》衝動へと移行する。形式は個別的なものを全体を通して語らせようとつとめる。しかしこの点こそが、とりわけ形式が支配的なものとなっている芸術家における形式の憂鬱なのだ。形式はたえず形式化されるものを制限する。さもなくば形式の概念は形式化されるものに対して持つ、この概念に特有の差異を失うことになる。こうした制限を加えることによって、つねに選択、切り捨て、断念といったことを行う形式化という芸術的労働は保証されている。拒絶することなくして形式はありえない。それによって罪を負いながら支配するものが、こうした支配するものから逃れようとする芸術作品のうちへ入りこむことになる。形式は芸術作品における背徳にほかならない。芸術作品は形式化されるものに従うことによって、形式化されるものに対して不正を行う。形式と生とのアンチテーゼはニーチェ以来、生気論によって際限なく取り上げられて語られてきたが、生気論は少くともその点にかんしてはある程度まで気づいていた。

芸術は生きとし生けるものが犯す罪に陥るが、それはたんに、芸術が生あるものに固有の罪に対して距離を保つことを通して、罪を成行きにまかせて放置しておくためではない。それはむしろそれ以上に、生きとし生けるものに助力して言語を獲得させるために、芸術が生に切れ目を入れ、生をばらばらに切り裂くためにほかならない。捕えた旅人の手足を寝台の長さに合せて切るプロクルステスの神話は、芸術の哲学的太古史についても何ほどかのことを物語っている。しかし罪が全面化しているところにおいては部分的な罪を犯すことがやむをえないように、生を切り裂くことは芸術を断罪する理由とはならない。いわゆる形式主義を非難するものは――それは芸術が芸術であることを非難することにほかならないが――形式主義を非人間的なものとして責めながら、実際は非人間性を弁護するものと言ってよい。つまり支配の下におかれている人々をよりたくみに操るために、彼らに順応するよう命令を下している一味に代って、非人間性を弁護することに等しい。精神の非人間性が告発されるような場合は、いずれの場合も実際には人間性の告発が行われている。作り上げられた型通りの人間の意思に従うのではなく、問題に、つまり人間には識別しにくいが人間自身の問題である問題に没頭する精神だけが、実際に人間を尊重する精神なのだ。形式主義に反対するキャンペーンは、内容に与えられる形式それ自体が内容の沈澱したものにほかならないことを無視する。形式をしりぞけ、前芸術的な内容へと後退するのではなく、内容を形式と見なす形式観こそ、芸術における客観の優位を正当に評価するものと言わなければならない。部分の独立、矛盾の展開と解決、さらには恒常性《ホメオスタシス》による和解の先取りといった美的な形式範疇は、ほかならぬ経験的対象から切り離されるとき、そしてそのような場合においてこそなお一層、その内容にいたるまで透明なものとなる。芸術はまさに経験から距離をおくことによって、経験に対して態度を決定する。芸術においては矛盾は直接的なものであって、たんに解体を指示しているにすぎない。それ自体が経験の一部である矛盾を媒介することとは、芸術が行う経験からの後退という行為を通してはじめて意識にとって対自的なものとなる。その点において、後退という行為は認識行為にほかならない。さらに急進的芸術に見られる形式主義として貝殻追放の標的とされている特徴は、例外なく次の点に由来している。つまりこれらの特徴のうちでは内容が生身のまますずいているのであって、流行の調和に合せて、あらかじめ刈り込まれることはなかったという事実に。新しい芸術に見られるすべての形式を生み出した、解放された表現はその記録性、つまり形式に対して抵抗的なところを通してロマン主義的表現に対して抗議した。これらの形式のうちへ実体性が持ちこまれたのは、こうした抗議による。カンジンスキーはこうした解放された表現に対して、脳行為という新語を造り出した。歴史哲学的には、形式の解放が一般的に内容的な契機となるのは次の場合に限られる。つまりこうした解放が形象における疎外を緩和せず、逆に緩和することをはねつけ疎外されたものを疎外されたものとして規定することを通してのみ、疎外されたものを形式のうちへ組み入れるという場合に限られる。錬金術的な作品は以下の作品以上に、つまり平明な社会批判を行うために努めて穏健な形式をとり、それによっていたるところで活況を呈している伝達《コミュニケーション》の営みを暗黙裡に承認するような作品以上に、既存の作品に対して批判的であると言ってよい。形式と内容の弁証法において重要なのはヘーゲルの見解とは逆に形式の側であるが、それはヘーゲル美学がとりわけ救済することを重要視している内容が、それにもかかわらず物象化によって鋳造されたものへと、つまりヘーゲルの説によるなら芸術が抗議の対象とする物象化によって鋳造されたものへと、換言するなら実証主義的事実にすぎないものへと堕落してしまったためにほかならない。識別しえないところまで経験された内容が形式範疇へと深く置き換えられていけばいくほど、純化されていない素材が芸術作品の内容として割り切られる度合はますます減少する。芸術作品において出現するものはすべて、潜在的には形式であると同様に内容であるが、その反面、形式は出現するものが自らを規定するよすがとなるものであり、内容は自らを規定するものでありつづける。美学一般はかつて形式のためにより強力な概念を求めて全力を集中したが、そのかぎりにおいて美学が前芸術的芸術観とは逆に、美学に特有なものをもっぱら形式のうちに求め、形式の変化を美的主観の行動方式の変化として追求してきたことは正当なことであった。こうしたことは、芸術史を精神史として捉える考え方にとっては自明の理にほかならなかった。しかし主観の解放を目指して主観を強化することを約束するものは、同時に主観を分裂させることによって主観を弱める。美的過程はつねに内容的側面を含んでいると主張するとき、ヘーゲルはその点においてはあくまでも正しい。造形芸術や文学の歴史においてはつねに外的世界の新しい層が目に見えるものとなり、発見され同化されてきたが、他方、古い層は死滅してその芸術的力を失い、ホテル用の装飾画を描く最近の画家たちの心を動かして、ごく短い間でもカンバスの上にその姿を留められることもなくなってしまった。この点については、モチーフの分析によって芸術的内容の中心にまで迫っているものも少なからず見られる、ワールブルク研究所の業績を想起してもらいたい。ベンヤミンのバロック研究は文学研究の分野において、ヘーゲルと類似の傾向を示しているが、両者が類似しているのは、共に美的内容と主観的意図とを混同することを拒否し、その結果、美学と観念論哲学とを結びつけることも拒否している点によると言ってよい。内容的な契機は主観的意図によって加えられる圧力に抵抗して、内実を守る支柱にほかならない。

芸術作品は分節化《アーティキュレーション》を通して自らの形式を獲得するが、分節化《アーティキュレーション》はある意味においてつねにまた形式の敗北を承認する。形式と形式化されるものとの統一が、もし形式の理念のうちに横たえられているような切れ目のない、非暴力的な統一として成功することがあるなら、同一なものと非同一なものとの一致も実現されるかもしれないが、しかしそうした一致は実現されることがないため、芸術作品はたんに対自的に存在するにすぎない一致という幻想のうちへ逃げこみ、幻想的なものによってわが身を守ることになる。全体をその複合体に従って、つまり分節化の根本的な構成要素に従って処置する構成には一貫して不十分なところがつきまとう、家族遊園地《シュレーバーガルテン》における溶岩の塊の分割の例に見られるような不十分さとしてであれ、分散しているものを統一しながらも統一のうちに外的なものを残すような不十分さとしてであれ。完全な纏りを示している交響曲においても、その楽章の順序にかんしては組曲と同様、偶然性が克服されていない点は、こうした不十分さを示す典型と言ってよい。作品の分節化の度合に左右されているものに——クラーゲス以来、筆跡学において使用されている用語を用いるなら——作品の形式水準とでも呼ばれるかもしれないものがある。形式水準という概念によるなら、リーグル流の〈芸術意志〉といった相対主義は歯どめをかけられることになる。芸術のうちには分節化の努力がはらわれなかったか、あるいは慣習的な行動方式によって分節化を妨げられた芸術の類型と、その類型の歴史を示す段階といったものが存在している。これらの芸術の類型あるいは段階が芸術意志と一致していること、つまり芸術を支えている客観的で歴史的な形式志向と一致しているとしても、これらの類型あるいは段階が従属的なものであることにいささかも変りはない。これらの類型あるいは段階は自らを包む先天的なものの強制下にあっては、自己自身の論理性に従って成熟させねばならないものを持つとしても、それを成熟させることができない。つまりそのようなものは〈存在すべきではない〉とされる。低い形式水準しか持ち合せなかった芸術家はサラリーマンの先輩に当るが、無意識の声はサラリーマンでもあるかのごとくこれらの芸術家に、お前のようなつまらぬ人間には最高のものなどぜいたくだとささやきかける。しかし最高のものといっても、それはこうした芸術家が係り合っていたものの形式法則にすぎない。芸術は集団的にも個人的にも自己に特有の、自己のうちにおいて展開されるような概念を持とうとしないが、それは人間がおかしなことなど全くないのによく笑うことに似ているものの、こうした点について報告がなされたことは批評においてすら皆無に等しい。芸術作品のうちには、はっきりと表現されることがない諦念から出発している作品がおびただしくあるが、こうした作品は文学史の専門家や読者に対して成果を受け入れるよう強く要求せず、なげやりな態度を示すことによって成功を収め、それによって報いられる。こうした契機は古代以来行われてきた高級な芸術と低級な芸術との分離に、どの程度までかかわるものであったのか、将来、分析してみる必要があるように思われる。こうした分離は文化を創造する当の人類が、文化の創造に失敗したことをその決定的な原因としていることは言うまでもない。いずれにせよ分節化といった、一見きわめて形式的なものに見える範疇にもまた、それなりの物質的局面が含まれているのである。それは、芸術のうちに沈澱しているが芸術の自律性に到達していないものが持つ、消化されることがなかったなまのままの塊へ介入するという局面にほかならない。芸術の形式もまた、第二の素材となる傾向を歴史的に示しているのだ。手段なくしては形式はとうてい存在しえないが、手段は形式の足元を掘りくずす。自らの統一を危険にさらすことを避けるために、大きな部分的纏りを断念するような作品は、たんに難問《アポリア》を回避しているにすぎない。このことは迫力はあるものの広がりを欠いているウェーベルンの作品に当てはまるが、彼の作品に対する異論としてはこれ以上に適切なものはないと言ってよい。それに反して平凡な作品は、臆面もなく形式という薄い覆いを部分的纏りの上にひろげ、部分的纏りを解消するというよりもむしろそれを包み隠す。こうしたやり方はほとんど規則に近いものとなっているが、それは形式と内容とがいかに深く入り組んだものであるか、全体と部分との関連は、つまり形式の本質的局面は間接的に回り道をすることによって作り出されるものであることを証明している。芸術作品は自己を失うことによって自己を発見する。そのための形式範疇がエピソードにほかならない。シェーンベルクは彼の表現主義的段階を示す第一次大戦前に発表された一連のアフォリズム集のうちでその点を指摘して、芸術作品の内部へと案内してくれるようなアリアドネーの糸などないと語っている。原註(4) しかしだからと言って、こうした指摘が美的非合理主義の前提となるようなことはない。さまざまな契機が、つまり内容が纏った全体となることを熱望しているように、芸術作品のうちにはその形式、全体、論理性が隠されている。最高のものを求める芸術は全体性としての形式を乗り越えて断片的なものに至る。こうした形式の苦境も時間的芸術の苦難となって出現する場合には、苦境ではなくなることをもっとも強力に示しているように思われる。つまり音楽の場合は、いわゆる終楽章の問題として出現し、文学の場合は、ブレヒトにおいてその頂点を極めることになる結末の問題として出現するが、こうした場合には苦境は苦境ではなくなる。芸術作品はひとたび慣習から解放されるなら、明らかにもはや説得的な結末を持ちえなくなるが、他方、伝統的な結末にしても、あたかも個別的契機が時間的にピリオドを打たれることによって結合され、全体性という形式となるかのように振舞っているにすぎない。それにもかかわらず広く受け入れられているモダニズムの作品のうちには、形式がたくみに開かれているものも少くないが、それはこれらの作品が形式の統一といったものはもはや与えられていないということを、造形しようとしていたためにほかならない。閉じることができないという悪しき無限が自由に選ばれた行動方式の原理となり、表現となる。ベケットが一つの作品をして終らせるかわりに、文字通りそれを繰り返し書きつづけていることは、こうした悪無限に対する彼なりの反応にほかならない。シェーンベルクもほぼ五十年前に『セレナード』を相次いで世に送り出し、ベケットと類似のことを行ったことがある。つまり曲から反覆を追放したあとで、絶望からこうした追放を繰り返し行ったのである。ルカーチがかつて感覚の爆発と呼んだものは、芸術作品をして内在的に規定されていることを証明させておき、それによってまた結末も与える力、つまり老衰し人生に倦んで死んでいくものをモデルとして、芸術作品に結末を与える力にほかならなかった。結末は芸術作品には与えられていないこと、芸術作品がカフカの猟師グラクスと同様にもはや死ぬことができないこと、芸術作品はこれらのことを恐怖の表現として直接自己の一部に取り入れる。芸術作品の統一はそうあるべきものとなることはできない、つまり多様なものの統一となることはできない。統一によって綜合が行われるなら、統一は綜合されたものを傷つけ、綜合されたものによって綜合を損うことになる。作品は自らの直接性によって病むが、それと同様に媒介された全体性によっても病んでいる。

芸術を形式と内容とに二分するような浅薄な考え方に対しては、両者は統一されていることを強調することが必要であるが、芸術作品においては両者の間に差異が見られないことを嘆くようなセンチメンタルな見解に対しては、両者は媒介されているにもかかわらず、その差異は解消されることなく、同時に生き永らえていることを強調しなければならない。両者が完全に一致していると考えることは妄想にすぎないが、たとえこうした一致が実現されることがあるとしても、それは作品にとって必ずしも祝福すべきこととは言えない。もしそのようなことが実現されることがあるなら、作品は、カントの言葉をアナロジー的に用いて述べるなら、空虚なものか盲目的なもの、自己自身に満足する遊戯か生の経験にすぎないものとなるであろう。材料という概念は、内容的な側面と比較するなら、媒介されている点によってもっともたやすく区別される。芸術のさまざまなジャンルにおいて徐々にではあるがほぼ一般化してきた用語法によるなら、形式化されるものが材料と呼ばれている。形式化されるものは内容と同一のものではない。ヘーゲルは、彼にとって不幸なことに両者を混同してしまった。内容と形式化されるものとが同一のものではないことを説明するためには、音楽を取り上げてみるのがもっとも手っ取り早いであろう。音楽の内容と言えるものはせいぜいのところ生起するもの、つまり部分的出来事、モチーフ、テーマ、それらの処理、変化する状況といったものにすぎない。内容は音楽的時間の外側にあるのではなく、音楽的時間にとって本質的なものであり、また時間も内容にとっては本質的なものにほかならない。内容とは、時間のうちで生起するものの総称と言ってよい。それに反して、材料は芸術家によって処理されるものにすぎない。つまり言葉や色彩や響きとなって芸術家に現われ、それぞれの形で結びつき、それぞれに展開される行動方式をとって纏った全体を作り上げるもの、それが材料と呼ばれるものにほかならない。その限りにおいて形式もまた材料となることができる。要するに芸術家の前に姿を現わし、芸術家に決断を迫るものすべてが、材料となることができる。反省することがない芸術家たちのあいだでは、材料を選択しうるものと見なす観念が広まっているが、こうした観念も、もしそれが材料そのものの強制力や特有の材料を強制する強制力を、つまり行動様式や行動様式の進歩を支配している強制力を無視するものである限り、疑わしいものと言わなければならない。材料の選択、材料を使用するさいの用途と制限は創造の本質的な契機にほかならない。未知のものへの拡大、与えられている材料の状態を超えて行く拡張といったことですら、大部分まで材料の機能であり、それ自体材料によって条件づけられている、材料に対する材料の批判的機能にほかならない。次のような二者択一が行われる場合、つまり作曲家は調性に依拠し、調性から導き出されたものであることが何らかの形で明らかである響きを操作するのか、それともこうした響きそのものを急進的に除去するのかといった二者択一が行われる場合、このような材料概念がその前提となる。具象的なものかそれとも非具象的なものか、遠近法的なものかそれとも非遠近法的なものかといった二者択一が行われる場合も、それと同じことが言える。自らの音楽性をいかがわしいものと感じて悩むあまり、材料を自慢するといった歌手たちがいるが、こうした場合における使用法を無視するなら、材料の概念が意識されたのは一九二〇年代からであったと言えるかもしれない。ロマン主義的芸術作品についてのヘーゲルの理論以来、誤解が今日にいたるまで生き永らえてきたが、この誤解によるなら、作品を覆いつくす形式があらかじめ予定されることがなくなると、形式がかかずらわねばならない材料における拘束力もまた消滅するとされる。芸術ジャンル間の昔ながらの境界を無視して行われている、使用しうる材料の範囲の拡大は、芸術的な形式概念が歴史的に解放されることによってはじめて出現した結果にほかならない。こうした拡大は皮相な見方によって、あまりにも過大に評価されすぎている。芸術家は趣味のみならず材料の状態そのものによって材料の使用を拒否するよう強要されているが、材料の拡大はこうした拒否によって相殺されることになる。抽象的に処置しうる材料が具体的に、つまり精神の状態と衝突することなしに利用されうるものとなることは、ごく稀であると言ってよい。材料は芸術家に自然のままの材料として提供されるような場合ですらも、そうした自然のままのものではなく、隅々にいたるまで歴史的なものにほかならない。材料が持つと言われている優越的な立場も、芸術的存在論全体の没落の結果にすぎず、材料もまたこうした没落の影響を免れえない。材料は、技術の変化が技術がそのつど加工する材料によって左右されているのと同様に、技術の変化によって左右されている。たとえば調性的材料を自由に操作する作曲家の場合、こうした作曲家が同時に、おびただしい材料を伝統から受け取っていることは一目瞭然であると言ってよい。しかし作曲家が調性的材料に対して批判的な態度をとり、自律的な材料を利用する場合にしても、つまり協和音や不協和音、三和音、全音階法といった概念を跡形もなく消し去った材料を利用する場合にしても、こうした否定のうちには否定されたものが含まれることになる。この種の作品は自らが発散するタブーの力を通して語る。この種の作品が自己に対して許容する三和音は、どのようなものも虚偽あるいは少くとも衝撃特性を持つが、それによって自らがタブーの力を通して語るものであることを暴露することになる。急進的に現代的な芸術に対して気楽に、単調すぎるといった警告が与えられているが、それが単調なものとなる客観的な原因もそこにあると言ってよい。芸術の最近の展開につきものの厳格《リゴリ》主義《ズム》は、つまり作曲されたものあるいは描かれたものに見られる、目に見えぬ細部にいたるまで解放された題材を用い、受けつがれたものや否定されたものはその痕跡にいたるまで一掃するといった厳格主義は、厳しいものであればあるだけ一層容赦することなく歴史的傾向に従うものとなり、質を欠く材料が純粋に与えられているかのような幻想に耽ることになる。材料の均質化、つまり表面的には材料の非歴史化として現れるものはそれ自体が、主観的理性としての材料の歴史的傾向にすぎない。材料の非歴史化は材料のうちに材料の歴史的規定を残しそれを自らの限界としている。

　ヘーゲル以前の用語法においては素材と呼ばれ、ヘーゲルにおいては題材と呼ばれているものを、材料概念から遠ざけることができないことは言うまでもない。素材概念はいまなおつねに芸術の中へ入りこんでいる反面、この概念も直接的なものとしては、つまり現実から取り出され、その後において加工されるべき直接的なものとしては、カンジンスキー、プルースト、ジョイス以来、明らかに衰微しかけている。あらかじめ与えられる異質なものに対する、つまり美的に同化しえないものに対する批判と並行して、すぐれた素材と俗に言われている素材に対する不快感も、つまりヘーゲルやキルケゴールが、また最近ではマルクス主義的理論家や劇作家のうちの少からぬ部分がきわめて重要視している、素材に対する不快感も増大している。何らかの崇高な出来事を取り上げている作品の場合にしても、崇高さそのものは概ねイデオロギーの結果、つまり力と権力に対する敬意の結果にすぎず、これらの作品がこうした結果によって威厳を持つことがあるとしても、それが空威張りにすぎないことはヴァン・ゴッホによる暴露以来、一目瞭然のこととなっている。ゴッホは一つの椅子あるいは何本かのひまわりを、すべての感情が嵐となってそのうちで荒れ狂うかのように描いたが、彼の時代の個人はこうした感情を経験することを通してはじめて、歴史的破局を記録したのだ。こうした事実が一旦明らかにされれば過去の芸術についても、それを真正の芸術たらしめているのは現実の対象を捏造して作り出された重要性といったものでもなければ、いわんやこれらの対象が現実において持つ重要性でもないといったことも、指摘できるかもしれない。このことはフェルメールの描くところのデルフトについてもあてはまる。カール・クラウスの言葉によるなら、上手に描かれた排水溝は下手くそに描かれた宮殿よりも有効である。「一連の結びつきのゆるい事件も慧眼にあえば、……遠近法をそなえ、情緒や感動のこめられた世界に組み替えられて出現する。また俗悪な詩も俗悪なものについての詩となるが、こうした詩を俗悪なものとしてけなすことができるのは、上手に描かれた排水溝よりも下手くそに描かれた宮殿に好意を寄せる、例の低能な役人根性の持主だけと言ってよい。」[原註(5)] 素材の美学としてのヘーゲルの内容美学は、彼の意図のうちの多くのものが従っている精神と同一の精神に従って、芸術による対象化を非弁証法的に書きかえ、粗雑に対象と関連づける。彼は模倣的《ミメーシス》契機が美学のうちへ立ち入ることを事実上拒んだに等しい。ドイツ観念論においては、客観を目指す方向転換はつねに浅薄なところを伴っていた。おそらく、『意志と表象としての世界』の第三章における歴史絵画を論じた箇所などは、そのもっとも顕著な例と言って差しつかえあるまい。観念論的な永遠性といったものも芸術においては際物にすぎないことが明らかになる。芸術にとって手放しようのない範疇であっても、そうしたものに固執するなら際物によって虜にされる。ブレヒトもこの点については鈍感であった。『真実を書くさいの五つの困難』の本文のうちで、彼はこう書いた。「たとえば椅子には座があり、雨は上から下へと落下するといったことは、たしかに虚偽ではない。多くの作家たちが書いているのはこの種の真実にすぎない。彼らは沈没しかけている船の壁面を飾るために、静物画を描く画家に似ている。われわれが言う第一の困難は彼らにとっては存在することすらないが、しかし少くとも彼らには良心はある。彼らは権力者によって心を惑わされることなく絵の上に絵具をぬりつづけるが、暴力の犠牲者の助けを求める悲鳴を聞いても、心をかき乱されることはない。彼らの行動は無意味なので、彼ら自身のうちに〈深い〉ペシミズムが生れてくるが、彼らはそのペシミズムを作品化し、それに高値をつけて売り渡す。ペシミズムを感じさせられるのは実際は彼らではなく、これらの名人の姿やその取引を見せつけられている、他の人間たちにほかならない。それにもかかわらず彼らの真実が、椅子あるいは雨についての真実であることを認識することですら、容易ではない。これらの真実は重要な物事についての真実と同様、普通、全く違った音色で聞えてくるから。なぜなら芸術的造型とは、事柄に真実を与えることにほかならないから。正確に眺めることによってはじめて、彼らが語っているのは、『椅子は椅子である』『雨は上から下へと落下し、この事実に対しては、誰一人として反対することはできない』というにすぎないことが判ってくる。」原註(6) これはでたらめにすぎない。しかしでたらめではあっても、こうしたでたらめはそれなりに、ヴァン・ゴッホの椅子ですらも家具として自己に統合してしまった、官製文化意識に対する挑発となる。しかしもしそこから規範を読み取ろうとするなら、こうした規範は反動的なものにすぎなくなる。こうした規範は振り回したところで何の役にも立たない。事実、描かれた椅子もきわめて重要なものとなりうるのであって、こうした場合には、重要性といった言葉はうぬぼれ気味の言葉であることに変りはないとしても、はねつけることはむしろ好ましくない。描き方次第で、将軍や革命の英雄を素材とした、素材に忠実な肖像画に沈澱しているよりも比較にならないほどはるかに深く、社会的にもまたはるかに重大な経験が沈澱することも可能なのだ。この種の肖像画はすべて回顧的に眺めるなら、一八七一年のベルサイユの鏡の間に居並ぶ将軍たちの肖像画と区別がつかないし、歴史的ポーズをとって永遠化されている将軍たちのうちに、赤軍の指揮をとり、革命が行われなかった国々を占領した英雄たちの姿を見てとることも不可能ではない。素材が現実において重要性を持つとしても、それをこのように借用することによって疑わしいものとなるなら、それによって作品にこめられる意図まで疑わしいものとなる。意図は自己に対しては精神的なものであるかもしれない。しかし意図は芸術作品のうちへ置かれるなら、バーゼルの市長マイアーといった素材と何ら変るところのない、素材の一つにすぎなくなる。芸術家は自らが語りうることをただ――この点についてはヘーゲルも繰り返し承知していたが――造型そのものを通して語るのであって、造型をしてそれを伝達させることによって語るのではない。流行の芸術作品解釈や批評が犯している誤りに見られる原因のうちで、意図と内容との取り違えは――芸術家が芸術作品の随所においてはっきり名指し語ろうとしているものを内容と取り違えていることは――もっとも始末におえない。それに対する反動として、内容が芸術家の主観的意図によって充たされることがない状態に置かれる傾向が強まりつつあるが、その反面、意図が教訓としてであれ哲学的命題としてであれ前面に現われるなら、こうした意図を持つ作品は内容を妨害することになる。ある芸術作品について反省的面が強すぎると言われる場合、こうした指摘はたんにイデオロギーであるばかりでなく、こうした芸術作品は反省の度合がきわめて乏しいことを指摘している点において、それなりの真実を含んでいる。つまりこうした芸術作品においては、自己自身の押しつけがましい意図に逆らって反省が行われていないのだ。意図を内容と見なし、そう見なすことによって確実なものを手中に収めたと己惚れているような文学研究のやり方は、内在的に次のことを、つまりあらかじめ前もって芸術作品のうちに挿入したものを同語反復的に芸術作品から取り出すことを目安としている。トーマス・マンに関する参考文献などは、さしずめこうしたやり方のもっとも極端な例を示すものと言ってよい。こうした慣例を助長しているのは、それ自体としては真正な文学の傾向であることは言うまでもない。つまり素朴な直観性はその幻想特性とともに文学にとって古びたものとなったこと、文学は反省を否定せず、必要に迫られて意図的層を強化しつつあるといった傾向である。こうした傾向によってたやすく精神とは無縁な文学観に、精神に味方するかに見える安易なスローガンが提供されることになる。芸術作品において必要とされることは、反省が素材を覆い隠すことを大目に見ることではなく、もっともすぐれた現代的作品において見られたように、繰り返し反省を行うことを通して反省的要素を、事柄それ自体のうちへ組み入れることにほかならない。

それにもかかわらず芸術作品の意図は芸術作品の内容ではないとしても――作品から意図がいかにきれいに取り出されたところで、それによって作品がその意図を現実化していることが保証されたことにはならないという理由からだけではないが――同様に意図を契機から除外できるのは、ひとり頑な厳格主義者《リゴリスト》に限られると言ってよい。意図は芸術作品における模倣《ミメーシス》という一方の極と、もう一方の極である芸術作品による啓蒙の共有《メテクシス》とのあいだで展開される、弁証法のうちにこめられている。つまりたんに主観的に動かし組織化するがやがて作品のうちへと消滅して行く力としてだけではなく、作品それ自体の客観性のうちに意図はこめられていると言うことができる。作品にとって完全に無関心な態度をとることは不可能であるため、意図にもその他の契機と同様、部分としての自立性が与えられることになる。たとえ歴史的に変化するとしても、芸術作品の意味が意図と関連していることを否定しようとするなら、蓋然的な主題のために、意味を持つ芸術作品の全体を無視せざるをえなくなるであろう。材料が真に芸術作品において、芸術作品の曇りなき同一性に抵抗するものとなっている場合、芸術作品そのものにおける芸術作品の過程は本質的に、材料と意図とのあいだをぬって進む過程となる。意図を欠くなら、つまり同一化する原理の内在的形態を欠くなら、模倣《ミメーシス》的衝動を欠く場合と同様に形式は存在しえなくなる。作品の客観性を模倣《ミメーシス》へ還元しようとするなら、意図が余分なものとして残るが、このことは、作品の客観性が模倣《ミメーシス》へ完全に還元しえないものであることを示している。それぞれの作品の個別的意図を綜合している、作品における意図の客観的担い手が作品の意味にほかならない。意味はきわめて疑わしいものであり、芸術作品において決定権を握るものでないことも明瞭であるが、それにもかかわらず重要なものであることに変りはない。ゲーテの『イフィゲーニエ』の意味は人間性であると言ってよい。こうした人間性という意味も、もしそれが意図的なもの、詩的主観によって抽象的に考えられているものにすぎず、ヘーゲルの言葉を借りて述べるならシラーの〈格言〉に似たものにすぎないなら、実際上、作品にとってあっても無くても構わぬものであろう。しかしこの場合の人間性は言語の力によってそれ自体が模倣《ミメーシス》的なものとなり、自らを放棄して非概念的要素となりながらも、それによって自らの概念的なところを犠牲にしていない。そのためこの人間性は内容との、つまり創作されたものとの実り豊かな緊張状態を獲得している。ヴェルレーヌの『月光』のような詩の場合、その意味は何かを指示するものとして捉えることはできない。それにもかかわらずその意味は、絶妙に響く詩句の響きを超えたところにある何かを指し示しているのだ。詩における感性もまた意図にほかならない。性につきまとう幸福感や悲哀感も、性が自己自身に没頭し精神を禁欲的なものとして否定するやいなや内容となる。感覚からかけ離れた、克明に描きつくされた理念としての感性も意味にほかならない。こうした特徴は、十九世紀後半から二十世紀初頭にかけてのフランス芸術全体の中心的特徴であり、ドビュッシーの音楽の中心的特徴でもあったが、こうした特徴のうちにはやがて急進的なモダニズムへと一変して行く可能性が潜んでいる。両者を結びつける歴史的糸もないわけではない。逆に、意図が客観化されることによって創作となっているかどうかということは、批評の目的ではないにしても、批評の出発点となる。最近の芸術作品には必ずといっていいくらい意図と実現されたものとのあいだに断層線が見出されるが、こうしたものは芸術作品の内容を探るための符号であるというよりは、むしろ獲得されたものであると言ってよい。しかしより高度の批評は、つまり内容の真実あるいは虚偽を問題にする批評は、文学、絵画、作曲と意図との関係を認識することによってさらに一層内在的なものとなる。意図は主観的造型がひ弱であることによって、必ずしも挫折するとはかぎらない。だが意図が虚偽であるということは客観的な真実内容にとって障害となる。真実内容となるべきもの自体が虚偽であるなら、こうしたものは作品が内在的に一致したものとなることを妨げる。こうした虚偽は、虚偽の意図によって媒介されているのが通例なのだ。そうした例は〈ワーグナーの場合〉のような最高の形式水準を備えた作品にも見られる。芸術作品の全体性を意味連関として定義する定義は美学の伝統に一致していたし、さらには伝統芸術とも一致していた。それによるなら芸術作品は全体と部分との相互作用に意味を刻みこみ、意味を刻みこむことによってこうした意味の総体を、形而上的内容と一致させるべきであるとされている。さらに伝統的美学によるなら、契機の関係による意味連関は原子論的に構成されず、何らかの意味をもつ事実によって構成されているため、芸術作品の精神と正当に呼びうるものはこうした意味連関によって把握されうるものと見なされる。芸術作品の精神は芸術作品の契機の配列にほぼ等しいと見なすことは、たんに魅惑的な見方であるだけでなく、作品の精神や内容を物象化したり、あるいは素材と見なすような乱暴な見方と異り、そこにはそれなりの真実が含まれている。作品から出現するものはすべてこうした意味に間接的あるいは直接的に寄与しているが、こうした場合でも、出現してくるものはすべて同一の価値を必然的に持たねばならないということはない。価値の差異は、分節化のためのもっとも有効な手段の一つにほかならなかった。こうした差別化は、たとえば非人称的に語られる主要な出来事と移行にすぎないもの、要するに本質的なものと、いかに必要とされているものであろうと偶然にすぎないものとを区別することによって行われる。この種の区別は伝統的芸術においては、図式に基づいて広汎に行われていた。図式に批判を加えるなら差異は不確かなものとなる。ひきおこされるすべての事柄が中心に対して等距離を保つような行動様式を目指すという傾向が、芸術のうちには見られる。こうした様式に従うなら、すべては偶然的なものとなり、余計な装飾にすぎないのではないかという嫌疑を招くことになる。こうした困難は新しい芸術の分節化が当面する困難のうちで、もっとも始末の悪い困難の一つにほかならない。芸術が行う留まることを知らない自己批判、つまりくまなく造型を行うように迫る命令は同時にこうした造型をはばむかに、つまりすべての芸術において、芸術の前提として出現の機会をうかがっている混沌という契機を促進するかに見える。差別する可能性が危機に見舞われたため、最高の形式水準を備えた作品自体において、区別されざるものが生み出されていることも稀なことではない。区別されざるものに抵抗する試みはほぼ例外なしに、たとえしばしば潜在的にそうなるにすぎないとしても、自らが抵抗している当の基盤を借用することを余儀なくされている。その点においてもまた、全面的な材料支配と分散したものを目指す運動とは互いに収斂して行く。

カントの逆説的ではあってもスケールの大きな逆説に基づく定式によるなら、芸術作品とは〈目的を欠く〉もの、つまり経験的現実から分離したもの、自己保存と生活に役立ついかなる意図も追求することがないものとされているが、こうした芸術作品観は、意味を内在的目的と類似しているにもかかわらず目的と呼ぶことを妨げる。しかし芸術作品にとって、自らを意味連関として組み立てることはますます困難になってきた。芸術作品はこうした事態に対して、意味連関の理念を拒絶することによって最終的に応える。主観の解放があらかじめ与えられ、意味を与えるものでもある秩序の観念をことごとく破壊すればするほど、見劣りのする神学の避難場所にすぎぬものとしての意味の概念は、ますますいかがわしいものとなる。現存在に何らかの肯定的意味を与えることは、歴史的経験を前にするなら、アウシュビッツを経験する以前においてすでに現状肯定的な偽りにすぎないことは明白であった。現存在に肯定的な意味を与えるなら、その結果は芸術作品の形式にまで及ぶこととなる。芸術作品は自己自身の外側にイデオロギーを用いることなしに、自らの支えとなしうるものを何一つとして持つことがないなら、いかなる主観的行為によろうと、自らに欠けているものを埋め合せることはできない。芸術作品に欠けていたものは、芸術作品の主観化の傾向によって抹消されたが、こうした傾向は精神史的な不幸ではなく、真実の状態に一致しているのである。どのような芸術作品にとっても固有のものである批判的な自己反省によって、芸術作品は自らのうちにおける、伝統的な意味を強める契機全体に対して敏感にならざるをえない。しかしそれに留まらず作品の内在的意味や、作品の意味を作り出す範疇に対しても敏感にならざるをえない。なぜなら芸術作品が自らを綜合することによって獲得する意味が、たんに芸術作品によって作り出されるべきものであるということ、つまり作り出されるべきものの総体にすぎないということはありえないから。作品の全体性は意味を表象し、美的に意味を生産する反面、意味の再生産も行う。ただその限りにおいてのみ、意味は作品の全体性そのものの意味に留まらず、客観的にそれを超えたものとなるが、それと同様にその作品の全体における正当な意味となる。芸術作品は、より一層容赦することなく意味を生み出す連関をつねに探りつづけながら、連関と意味一般に対して背を向ける。芸術的天分の持主は、作品の意味を実体的で生産する能力を備えたものとして無意識的に取り扱うが、こうした無意識の労働によって意味は止揚される。最近の数十年間に創造された進歩的な作品は、こうした事態についての意識を自意識として与えられ、こうした事態を主題とし、それを作品の構造に変えてきた。最近のネオ・ダダイズムに対してその政治的関連の不足を指摘し、二重の意味において意味と目的を欠くものとして片づけることはたやすい。だがネオ・ダダイズムの作品が芸術作品としての自己自身すらもかえりみることなく、意味によって与えられたものを明示している点については何ら指摘されず、作品それ自体が忘れさられようとしている。ベケットの作品はこうした経験をあたかも自明であるかのようにあらかじめ前提とし、しかもこの経験を、意味を抽象的に否定するものとしてさらに追求し続ける。この場合、作品の制作法を通して制作の過程を芸術の伝統的な範疇に組み入れ、この範疇を具体的に止揚して無から別の範疇を類推させるといった形をとって、またその限りにおいて追求は行われている。この場合に生ずる変動が神学的な型の変動でないことは言うまでもない。審判が下されようと下されまいと問題一般が次のように取り扱われるなら、つまり形而上学的に無意味なものの連関というトンネルの終りにさしかかると、世界を地獄として描く描写に光がさしこんでくるかのように取り扱われるなら、神学が息を吹きかえすことになる。ベケットの作品を現状肯定的な作品として解釈する人々に反対して、ギュンター・アンデルスが行った弁護は正しかった。原註(7)ベケットの戯曲はあらゆる意味を欠いているために不合理なのではなく――もしそうであるならこれらの戯曲は取るに足りないものと言って差しつかえあるまい――その意味の取り扱い方が不合理であるために不合理であるにすぎない。彼の戯曲は意味の歴史をくりひろげて見せる。彼の戯曲は現実的な無による強迫と同様、生成されたものであって生成されることによっていわば獲得されることになった、無意味による強迫によっても支配されているが、しかしこの場合それを理由として、こうした無意味を現実的な意味へと引き戻すことは許されない。それにもかかわらず芸術作品の意味からの解放は、こうした解放が美的材料によって現実化されるやいなや、美的に意味のあるものとなる。それは、美的意味が神学的意味と直接的に一体ではないためにほかならない。意味あるものという仮象を断念する芸術作品は、それによって自らの言語との類似性を失うことはない。こうした芸術作品は、伝統的な芸術作品が明確な意味を語るのと同一の明確さをもって、自らが無意味なものであることを自らの意味として語る。今日の芸術はこのようにして語る能力を恵まれている。今日の芸術は意味を徹頭徹尾否定することによって、かつて作品の意味を構成していた根本的前提を取り戻す。最高の形式水準を備えながらも意味を欠くかあるいは意味に無縁である作品は、意味を否定することによって内容を獲得するために、たんなる意味を欠くものに留まることなくそれを超えたものとなる。徹頭徹尾意味を否定する作品はこのように徹底することによって、かつて意味を目のあたりに出現させていた密度と統一と変らぬ、それと同一の密度と統一とを獲得するよう義務づけられている。芸術作品は意味を否定するかぎり、たとえ自らの意思に反することであろうと意味連関となる。意味の危機は芸術全体が疑わしいものとなり、合理性に対して芸術が無力化したことに根ざしているが、他方、反省はわき起ってくる疑問を抑えることができない。つまり芸術は意味を破壊することを通して、ほかならぬ日常的意識にとって不条理に思われることを通して、物象化された意識の手中に、つまり実証主義の手中にわが身を投じているのではないかという疑問である。しかし意味の危機を一身に引き受けている真正の芸術と、その危機を引き受けることを諦め、文字通りの意味においても比喩的意味においても、記録的な文章から成り立っているにすぎない芸術とのあいだには、両者を区別する一線が引かれている。すぐれた作品においては意味の否定は否定的に造型されているが、それ以外の作品においては無神経に明確に模写されているにすぎない。芸術作品における意味の否定に意味が内在しているか、それとも意味の否定は事実に即したものにすぎないのかどうか、つまり意味の危機が作品のうちで反省されているか、それともこの危機は直接的なものに留まり、そのため主観とは無縁なものに留まっているのかどうか、すべてはこの一点にかかっている。たとえ暗号的な現象であろうと、ケージのピアノ協奏曲のようなある種の音楽的な作品となるかもしれない。つまり抜き差しならぬ偶然性を規則として自らに課し、それによって意味に似た何かを、つまり解体の表現を獲得するような作品となるかもしれないのだ。もちろんベケットの作品も場所、時間、筋のパロディ的統一とか、巧みに組みこまれ選び抜かれているエピソードとか破局といったものによって、もっともこの破局は出現することがないことによって成立しているにすぎないが、支配されている。極端なところまで首尾一貫性を貫くなら、それがどのような一貫性であれ、それがたとえ不条理と呼ばれるものであろうと、意味に類似した何かにたどりつくということ、この事実は真に芸術の謎の一つであって、芸術の論理的な力を証明するものにほかならない。

しかしこのことは意味に類するものが形而上的な実体であることを、つまり仕上げられた作品ならどのような作品であろうと手に入れると言われているような、形而上的な実体であることを証明しているのではなく、むしろそれが仮象特性にすぎないことを証明しているにすぎない。芸術は結局のところ、意味を欠くものの真只中において意味を暗示し、そうすることを免れえないということを通して仮象となる。しかし意味を否定する芸術作品は、統一されたものでありながら混乱しているといった作品でなければならない。これがモンタージュの機能であって、モンタージュは統一を形式原理として繰り返し作り上げるが、それと同時に部分を乖離したまま出現させることによって統一を否定する。モンタージュの技術と写真の技術との間には連関が存在していることはよく知られている。映画はモンタージュにとって格好の舞台であると言ってよい。衝撃的に不連続的に場面をつなぐ手法は、つまり芸術手段として用いられているカットは意図的なものにほかならないが、しかしそれによって映画が狙いとしている、意図を欠くたんなる現存在にすぎないものが損われることはない。モンタージュの原理はけっしてトリックではない、つまり経験的現実に依存している写真や写真から派生してきたものに制限を加えて、芸術へと統合するためのトリックではけっしてない。むしろモンタージュは内在的に写真を乗りこえていく。モンタージュは写真に気の抜けた魔力を浸透させることはないが、しかしそれと同様に写真の物としての側面を規範として認可することもない。モンタージュは写真自身が行う自己修正にほかならない。モンタージュは情緒纏綿としたすべての芸術に対するアンチテーゼとして、おそらくなによりもまず印象主義に対するアンチテーゼとしてであろうが、出現した。印象主義は対象を微小な要素へと解体し、解体してからふたたびこれらの要素を綜合して切れ目のない力動的な連続体を作り上げるが、これらの対象は主として技術的文明か、あるいはこの文明の自然と融合している周辺部から取り出されてくる。印象主義は写しを作ることによって、疎外されたもの、異質なものを美的に救うことを意図した。散文的で物に近いものが生きた主観に対して優勢になるに従って、こうした考えの持ちこたえられないことがますます明らかになった。具象性の主観化は一転して、ユーゲント様式のみならず、真正の印象主義の後期の作品からも歴然と感じ取られる類のロマン主義へと変化した。立体派《キュービズム》の英雄的時代において、新聞紙の切り抜きを貼りつけるとか、それに類したことを行うことを通して発明されたものであるモンタージュは、ロマン主義への後退に対する抗議にほかならない。芸術は異質の経験を造型することによって異質の経験と和解するかに見えるが、こうした芸術の仮象は作品によって、つまり作品が文字通りの仮象を欠いた経験の残骸を自己のうちへ取り入れて断絶を告白し、この断絶をして美的効果に変えることによって破棄される。芸術は後期資本主義的全体性を前にして自らの無力を告白し、この全体性を廃棄することを意図している。モンタージュは芸術にとって異質なものを前にしての、芸術の美内的な敗北の現れにほかならない。綜合の否定が造型原理となる。この場合、モンタージュは無意識的に唯名論的ユートピアによって導かれることになる。つまり純粋の事実を形式あるいは概念によって媒介することなく、やむをえず純粋な事実の事実性を断念するというユートピアによって導かれることになる。純粋の事実そのものを提出することが求められ、認識理論が指示的方法と呼ぶ方法によって純粋の事実を示すことが求められる。芸術作品は、こうした事実そのものが芸術作品において語ることによって、この事実をして語らせようとする。そうすることによって芸術作品は、意味連関としての芸術作品に抵抗する過程をたどり始める。モンタージュ化された屑は芸術が展開されることによって初めて、意味に目にしうるような傷跡をつける。モンタージュはそうすることによって、はるかに包括的な連関のうちへ繰りこまれることになる。印象主義以後の全モダニズムは、おそらく表現主義というモダニズムの過激な表れもまた例外ではなく、主観的な経験の統一に根ざす、つまり〈体験の流れ〉に根ざす連続性という仮象を否定する。作り話、つまり入り組んだ有機的な組織は断ち切られ、それぞれのものが互いに生き生きと適合しているかのように信じる信頼は破壊される。ただし入り組んだものがきわめて密集して込み入ったものとなり、それによって一層意味と対立し、曖昧模糊としたものとなる場合は別であるが。美的構成原理、つまり細部と細部が極微的な構造のうちに持つ連関よりも、計画的に作り上げられた全体に顕著な優位を与える原理は、こうした切断や破壊を補完するものにほかならない。新しい芸術はすべて、極微的な構造からするならモンタージュと呼んで差しつかえない。結合されることがないものは、その上位の決定機関として置かれた全体によって一つのものに纏められる結果、連関を欠く部分に全体性が押しつけられることになるが、全体性は押しつけられたものにすぎないため、あらためて意味の仮象となる。こうした付与されたものにすぎない統一は新しい芸術においては、その細部が持つ傾向によって訂正されることになる。つまり〈響きの本能的生活〉あるいは色彩のために、それも和声的でメロディー的な要求のために、きわめて音楽的に訂正されることになるが、その結果半音階法的音階に属する使用可能な音は、ことごとく補助的に使用されることになる。もちろん細部のこうした傾向それ自体は、またしてもスペクトルとしての材料の全体性から導き出されたものにすぎず、真に自発的なものであるというよりは、むしろ組織によって条件づけられたものにすぎない。モンタージュの理念と、それと深く絡み合っている技術至上主義的な構成の理念とは、極端なまでに仕上げられた芸術作品という理念とかつては時折ではあるが、重なりえないこともないではなかったが、今日では結合しえないものとなっている。モンタージュの原理はひそかにまぎれこんでくる有機的統一に反対する行動であり、そうした行動としてショックを与えることを狙いとしていた。こうしたショックが鈍いものとなってしまうと、モンタージュされたものはふたたび気の抜けたたんなる素材にすぎなくなる。こうした処置が不十分なものとなり、点火することによって、美的なものと美外的なものとのあいだに連絡を作り出すことができなくなると、関心は中立化されて文化史的な関心にすぎなくなる。しかしもし関心がコマーシャル・フィルムに見られるように、あくまでモンタージュの意図にすぎないものに留まるなら、モンタージュの意図は観客の顰蹙をかう目論みにすぎなくなる。モンタージュの原理に対する批判はモンタージュに限定されることなく、この原理が隠れみのとして用いている構成主義にまで及ぶものであるが、それは、構成主義的造型が個々の衝動を犠牲にし、結局のところ模倣《ミメーシス》的契機を犠牲にすることによって生れ、そのためともすればきしんだものになりかねないことによる。目的と結びつくことがない芸術でありながら、構成主義が示す類の即物性はそれ自体が仮象批判の一部にほかならない。純粋に事柄に従ってふるまうものは造型を通して、造型されねばならないものがたどろうとする方向を妨害するかぎり、つまり合目的性とは言えないような内在的な合目的性を要求するかぎり、仮象批判となることはない。こうした合目的性は個別的契機の目的をして萎縮させる。即物性はイデオロギーにすぎないことがあらわになりつつある。即物的あるいは技術的な芸術作品は、あますところのない統一体として出現してくるが、こうした統一体は実際には実現されてはいない。構成主義的な作品における個別的なものすべての間に空隙が見られるが、それが微小なものであろうと、統一されたものはこうした空隙によって解体しかけている。それは、全面的な管理がそのもとで抑圧されながらも管理を免れている個人の社会的利益によって、解体しかけていることに似ている。全体と個別的なものとのあいだで繰りひろげられる訴訟は、全体という上級審の手に負えなくなると、細部という下級審の手に差し戻されることになる、つまり唯名論的状態に従って細部の衝動に委ねられることになる。芸術一般を表象することが可能となるのは、芸術全体を覆うものをあらかじめ与えられているかのように、無理やり作り出すことを避ける場合に限られる。反有機的な実践としてのモンタージュに似たものとして、純粋に表現的で有機的な作品における消しようのない染みがある。輪郭は二律背反によって獲得されるのである。美的経験にとって割り切れるような芸術作品が意味を持つことがあるとしても、それはこれらの作品が美的命令によって看視されていることを意味しているにすぎないであろう。こうした意味も重要であって、芸術作品においてはそのすべてが重要なのだ。理想そのものから切り放された発展は、このような意味に逆らうものにほかならない。すべてのものが重要であり、しかも結局のところすべてのものは同程度に重要であって、いかなるものも連関の外側に留まることを許さないということを意味する絶対的な限定は、ジョルジュ・リゲッティの洞察によるなら、絶対的偶然性に収斂する。回顧的に眺めるなら、それによって美的合法則性は全体としてむしばまれてきた。合法則性にはつねに規則性、ルール、一致といった契機がまとわりついている。近代の初頭以来、芸術は、とりわけ十七世紀のオランダ絵画や初期のイギリスの長篇小説においては徹底して、風景や運命が持つ偶然的な契機を、理念からは構成しえないものとして自らのうちへ取り入れて来たものの、円天井で覆われた生の秩序《オルド》よりそうした契機を取り入れることはなかったが、それは美的連続体の一部としてのこれらの契機に、自由に意味を注ぎこむためにほかならなかった。主観によって意味を客観化することが不可能なことは最初は、そして長期にわたる市民的上昇期においても隠されていたが、それが不可能であることによって結局、一致という契機は意味連関そのものに与えられることになり、かつてこうした一致を作り出すことが誤って造型と呼ばれたこともあった。意味の否定にいたる発展によって、意味はそれ本来の意味を取り戻すことになる。こうした発展は避けようがないものであって、そこにはそれなりの真実が含まれているが、他方、こうした発展は、この発展と同程度には芸術にとって敵対的ではないが、みすぼらしくて機械的なものを道連れとしてきた、つまり発展傾向を逆転させるものを道連れとしてきた。こうした移行は美的主観性の、この主観性自体の論理による根絶と重なり合う。意味の否定にいたる発展はその代償として、美的仮象という虚偽を生み出さざるをえなくなる。いわゆる不条理の文学もその最高の代表者たちの作品においては、弁証法に係り合っている、つまり不条理の文学は目的論的にそれ自体が組織されている意味連関としては、いかなる意味も存在しないことを表現しているが、限定された否定を通してそれを表現することによって、意味の範疇を保存するという弁証法に。不条理の文学をして解釈可能なものとし、解釈を要求するものとしているのは、こうした弁証法にほかならない。

統一や、ほかならぬ調和のような範疇は、意味に対して批判が加えられたことによって跡形もなく消滅したわけではない。どのような芸術作品もたんなる経験に対しては一定のアンチテーゼにほかならないが、こうしたアンチテーゼとなるためには、芸術作品としての凝集力が要求される。さもなくばモンタージュの場合のように、組織の間隙をぬって、組織が防衛する当のものが乱暴に押し入ってくることになる。アンチテーゼであるという限りにおいて、伝統的調和概念にも真実が含まれている。この調和概念のうちで今なお生き永らえているものも、美食家的な部分が否定されるとともにその要点をのぞいて、つまり全体という点をのぞいて消えようとしているが、だがこうした全体ももはや細部の上に置かれるような全体ではない。芸術が骨抜きにされて瞑想的なものへと変えられることに反抗して、芸術が極端に不一致なもの、不調和なものであることを主張しているような場合ですら、不一致、不調和といった契機は芸術にとっては同時に統一の契機にほかならない。統一の契機を欠くなら、不一致、不調和の契機は調和を欠くことすらできなくなる。その上、芸術が心裡留保を伴うことなく着想に従っている場合ですら、調和原理はそれと見分けがつかないものに変貌して作用しつづけるが、それは着想が着想として重きをなすためには、芸術家の語り口にぴったりとそわざるをえないことによる。こうした場合、徹底して組織化されたもの、つまり一致したものが少くとも消点として同時に考えられることになる。おさまりの悪い着想が気の抜けた効果しかあげえないことは美的経験からも、その上理論的経験からもよく知られている。芸術の並列的な論理性は並列されるものの平衡をその本質としている、つまり美的調和が純化されるなら最終的なものとしてその概念に含まれることになる恒常性《ホメオスタシス》をその本質としている。こうした美的調和は調和の構成要素に対しては否定的なものであって、これらの要素に対して協調的ではない。これらの要素はかつて純粋な協和音が見舞われたことと類似のことに、つまり三和音において個別的な音が音楽的に見舞われたことと似たことに見舞われることになる。美的調和がこうしたものとなることによって、美的調和自体に契機としての資格が与えられる。伝統的美学はこの契機を、つまり部分と全体との関係を誇張して絶対的な全体、つまり全体性と見なすという誤りを犯した。こうした混同を行うなら、調和は異質のものを克服したことを謳歌する凱歌、つまり征服を示す、明確ではあっても幻想にすぎない国章といったものとなる。完結性、意味、明確さを同義語としている文化哲学的イデオロギーは、過去の礼賛に終るのが通例なのだ。かつて閉ざされた社会においては、どのような芸術作品も場所、機能、正当なものであることの証明を所有し、そのため完結性にも恵まれていたが、他方、今日ではどのような芸術作品も空中の楼閣にすぎないため、それ自体からして破滅する運命にあると見なされている。これは芸術に対して終始、安全な距離を保ち、自らは美的必然性を乗りこえたものであると不当にも思いこんでいる指摘にほかならない。しかしこうした指摘に対してはその内容がわかり切ったものであるだけなおさら、その役割を暴露することによって抽象的に片づけるとか、その役割に立ち入ることを避けることによってその役割を逆に保存してしまうことになりかねないよりは、むしろその本をたどり、こうした指摘がどの程度の洞察に基づくものであるかを追求することのほうが望ましい。芸術作品は自らを受け取り、守り引き受けてくれるような先天的な秩序をけっして必要とはしていない。今日では何一つとしてもはや一致したものはないが、それは過去の一致が虚偽にすぎなかったためにほかならない。美的な座標系の完結性とそして最近における美外的な座標系の完結性と、芸術作品自体の品位とが結びつくことはない。完結した社会という理想はいかがわしいものであるため、完結した芸術作品という理想もまたいかがわしいものとなる。反動的な人間が毅然とした口調で繰り返し述べているように、芸術作品はまぎれもなく拘束するものを失っている。開かれたものへと移行した結果、真空嫌悪が生れてくる。芸術作品が無名のものへ向けて、要するに真空に向けて語りかけるということは、芸術作品にとって内在的にも祝福すべきことではないし、芸術作品が真正なものとなり、重要なものとなるためにも祝福されることではない。美的領域において問題視されているものは、こうした祝福されざるものに由来している。それ以外の問題視されていないものは、退屈なものとなったために問題視されていないにすぎない。近代の芸術作品はどのようなものも、芸術作品となろうとして完全に失敗する危険にさらされている。ヘルマン・グラープはかつて十七世紀から十八世紀初期にかけてのピアノ曲を礼賛して、これらの作品においては様式が前もって形成されていたため、ひどい駄作など生れようがなかったと述べたことがあるが、こうした礼賛に対しては、そうした様式に従うならとりわけすぐれた作品もまたそれと同様に生れようがないと答えるべきであろう。バッハは彼以前の音楽と彼の時代の音楽とを比類なく凌駕していたが、それは彼がこうした前もって作られた様式を打破したためにほかならない。『小説の理論』のルカーチその人ですら、いわゆる意味によって充たされていた時代の終了後、芸術作品が限りなく豊かさと深みを獲得した事実を承認せざるをえなかった。原註(8)数学的調和の理想や対称的な関係を求める要求に対して抵抗し、絶対的な非対称を求めて努力する芸術作品も、すべての対称から解放されているわけではないが、この事実は調和概念が契機として生き永らえていることを証明している。非対称はその芸術言語的価値からは、ただ対称と関係づけられることによってのみ把握される。その点を証明してくれる比較的新しい証拠として、カーンバイラーによってピカソにおけるゆがみと命名された現象を挙げることができる。新しい音楽もそれと同様に調性を廃止し、調性の残り滓に対して極端なまでに神経を研ぎすまし、それによって逆に調性に対して敬意を表してきた。シェーンベルクは『月に浮れたピエロ』における『月の斑点』について、これは厳しい楽節規則にそった仕事であり、あらかじめ準備したのは音だけであって、協和音の拍子の合わない部分が利用されているにすぎないと皮肉な調子で語っているが、この言葉は彼の無調性時代の初期における言葉であった。現実の自然支配が前進していくに従って、芸術の必然的な進歩を芸術そのものによって告白するということは、芸術にとってますます手に負えないこととなる。芸術は調和の理想のうちに、管理された世界に取り入ろうとしているものをかぎつけるが、しかし他方、管理された世界に対する芸術の抵抗は、自律性を高めながら自然支配を継続する。自然支配は芸術に反するものであると同様に、芸術自体の核心でもある。芸術がこの核心によって支配されていることが、どの程度まで現実における芸術の位置と深く絡み合っているか、戦後の最初の数年間、ドイツの都市の廃墟に立つと十分に感じ取ることができた。形をとった混沌を目のあたりにすると、美的意識によってとうに追放されたはずの視覚的秩序が突如としてよみがえり、幸福をもたらすものであるかのように無性に恋しく思われた。しかしいち早く押し寄せてくる自然は、つまり廃墟から出現する植物はいい気でロマンチックな自然観など物の見事に打ちくだいてしまった。伝統美学によって調和的で対称的な関係を〈充たすもの〉と呼ばれたものは、歴史的な一瞬の間、立ち戻ってきたにすぎなかった。伝統美学はヘーゲルを含めて、自然美における調和を称えることができたが、それは支配による自己満足を支配されるものの上に投影したにすぎなかった。もし芸術の最近の発展に質的に新しいところが見られるとするなら、それは芸術が調和を与えることに対するアレルギーから、調和を与えることを否定されたこととして除去しようとしていること、つまり実際はこうした否定の否定を否定の運命とともに、換言するなら新たな肯定性にいたる自己満足的な移行とともに除去しようとしている点であると言ってよい。戦後数十年間における数多くの絵画や音楽に見られる緊張感の喪失は、こうした新たな肯定性にほかならない。発展が除去しようとしている偽りの肯定は、意味喪失がはびこる技術至上主義的な場なのだ。新しい芸術の英雄的時期において新しい芸術の意味として認められていたものは、秩序契機を明確に否定されたものとして握りしめていた。こうしたものとしての契機を清算するなら、そこからは摩擦をひきおこすことがなく空虚な同一性を目指す効果が生じてくるにすぎない。調和的で対称的な観念から解放された芸術作品ですらも、形式的には類似と対照、静力学と力学、用意《セット》、移行面、展開、同一性の確認、復帰といった要素によって特徴づけられている。こうした芸術作品にしても、これらの要素の一つが最初に出現したときの姿と、たとえいかに変更が加えられていようとも、その繰り返しとしての姿とのあいだに見られる差異まで消し去ることはできない。調和的関係や対称的関係をそのもっとも抽象的な形態において感じ取り利用する能力は、たえずより繊細なものとなりつつある。たとえば音楽の場合、かつては均整を作り出すために多かれ少なかれ手堅く再現部が用いられていたところでも、今日では漠然と類似した音色が異った箇所に置かれるだけで均整を作り出すために十分である、とされているといったことすら往々にして見かけられる。どのような静力学的な関連からも離脱しているような力学は、それと対立する堅固なものがもはや読み取られなくなり、浮遊するもの、前進することがないものへと一変する。シュトックハウゼンの拍子はその出現の仕方からして、全体の一部としてあらかじめ作曲されているカデンツを想起させる、つまり隅々まで構成されているが、しかし静力学的なものであるドミナントを想起させる。しかしこうした定数も今日では、ただ変化という文脈においてのみ現在見られるようなものとなるにすぎない。個別的作品のような歴史の力学的な総体を圧縮して定数を取り出すものは、たちまちにして定数を偽造することになる。

　精神的秩序という概念はそれ自体何ら役に立たないため、この概念は文化的理論にとっても芸術へと適用しえなくなっている。完結した芸術作品という理想のうちにも完結というのは名だけでその実、完結とは似て非なるものが混入している。つまり絶対的なものとして強要されているにすぎない整然とした論旨、形象に含まれた和解というつねにもろいものであるユートピア、客観的に弱体化している主観による異質な秩序を求める憧憬、つまりドイツイデオロギーの核心的部分が混入している。権威主義的な本能は仮にもはや直接的に充たされることがなくなると、意味を保証してくれるような絶対的に完結した文化という成像《イマーゴ》を作り上げ、この成像《イマーゴ》を借りてそのうちで荒れ狂うことになる。真実内容や完結したもののための前提条件から切り離された、こうした完結性のための完結性こそ形式主義的なものであり、こうした範疇にこそ例のいまわしい形式主義非難はその矛先を向けるべきであろう。もちろんだからといって肯定的で現状是認的な芸術作品を——今日保存されている伝統的な芸術作品のほとんどすべてがそのうちに含まれることになるが——一掃してしまえばすむことでもなければ、あるいはごく抽象的な論拠を用いて、つまりこうした芸術作品もまた経験との鋭い対立を通して批判的で否定的なものとなっているといった論拠を用いて、性急に擁護してすむことでもない。非反省的な唯名論に加えられている哲学的な批判によるなら、前進する否定性がたどる——それは客観的に拘束的な意味に対する否定であるが——軌跡を芸術がたどる進歩の軌跡として、単純に読み換えることは禁じられている。ウェーベルンの歌曲はそれ自体、どれほど完成度においてシューベルトの『冬の旅』にまさるとも、卓越したものという契機は、言語の普遍性という点から『冬の旅』の方に与えられる。芸術は唯名論の助力をえてはじめて完全に自らの言語を所有するものとなったが、他方、純粋な個別化を超える普遍性という媒体を欠くなら、こうした個別化がいかに求められようとその言語が徹底したものとなることはない。普遍的なものというこうした個別化を覆いつくすものには、現状肯定的な何かが含まれている。意思疎通といった単語からも、現状肯定的なものの響きを聴き取ることができる。現状肯定と真正なものとは融合している部分が少なくない。しかしこうした点を取り上げ、それを個別的な作品に反対する論拠とすることはできない。それはせいぜい芸術の言語そのものに反対する論拠となるにすぎない。どのような芸術も純粋な存在となることによって、たんに存在するにすぎないものであるという苦境と屈辱とを乗り越えるが、その限りにおいてどのような芸術も現状肯定の痕跡を残さざるをえなくなる。芸術が自己自身にとって拘束的なものとなればなるほど、芸術作品がより豊かに、緻密に、完結的に造型されればされるほど、芸術は自らの志向とは無関係に暗示することによって、つまり自己自身の質が芸術を超えた即自存在の質であると暗示することによって現状肯定的なものへと傾斜して行く。先天的なものとしての現状肯定的なところは、芸術のイデオロギー的部分の陰の面にほかならない。こうした肯定的なところは存在するものを限定的に否定しながらも、存在するものの上に可能性を反映させる。現状肯定というこの契機は、芸術作品における直接性や芸術作品が語りかけるものから遠ざかり、芸術作品がこの契機一般を語る状態へと移行する。原註(9) 世界精神が自らの約束を履行しなかったために、過去の現状肯定的作品は実際にイデオロギー的なものであるというよりは、むしろ感動的なものに見えてくる。完璧な作品において今日悪質に見えるのは、あまりにも透明なものになりすぎたため、抵抗感を喚び起すことがなくなった変容というよりは、むしろ暴力の記念碑としての作品それ自体の完璧性であると言ってよい。きまり文句は異口同音、すぐれた作品は強制する作品であると語っている。すぐれた作品は強制することによって暴力を中立化するが、それと同様に暴力を継続的に行使する。作品の罪は作品の潔白の証明なのだ。新しい芸術はひ弱なもの、染みの跡を残し、誤りを目立たせるものとなることによって、多くの点においてより強力なものであり、成功を収めている伝統的な作品に対して批判を加える。つまり成功に対する批判となる。新しい芸術は、十分に見えるものも不十分なものにすぎないというところにその基礎を置く。つまりその現状肯定的な本質をその基礎としているだけでなく、現状肯定的な本質がそれ自体のために自らが意図するものとなってはいないという事実もまた、その基礎としている。こうした批判の一例として音楽においては、古典主義的音楽におけるパズル的局面、つまりバッハの方法における機械的なものの混入が挙げられるし、絵画においてはすぐれた絵画においても見られる上から準備されたもの、つまりコンポジションという名のもとで数世紀にわたって支配してきたもの、それはヴァレリーの指摘によるなら、印象主義にいたって突然、取るに足りないものとなったものであるが、こうしたものが挙げられる。

現状肯定的な契機は自然支配の契機と一体化している。暴力を加えられたものが善いものとされる。芸術は想像力の空間において、もう一度自然支配の契機を行使するなら、それによって自然支配の契機を自らのものとし、自然に対する凱歌となる。愚かしさという点と同様、その点においても芸術はサーカスを洗練したものと言ってよい。それによって芸術は、抑圧された自然の救済という理念との解決のしようのない葛藤にまきこまれることになる。ごく緊張の乏しい作品ですら、支配する精神そのものに逆らう支配的な順応の結果にほかならないが、支配する精神はこうした順応を通して抑圧されることによって作品となる。古典的という概念はこうした支配的な順応の典型にほかならない。ギリシア彫刻といった古典性全体の模範とも言うべき作品が実際に経験されるような場合、こうした古典性を後代においても可能であると信じるような、古典性に対する回顧的な信頼はゆり動かされるであろう。太古の形象的作品は経験的現存在に対して距離を保っていたが、太古の芸術は今日、こうした距離を失ってしまった。古典彫刻は伝統的な美的命題によるなら普遍的なものあるいは理念と、特殊なものあるいは個別性との一致を目指すものにほかならなかった。しかしそれは、古典彫刻がすでに理念の感覚的出現をもはや信頼しえなくなったためにほかならない。古典的彫刻は感覚的に出現するものと見なされるなら、自らのうちにおける経験的に個別化された現象世界と、自らの形式原理とを統合せざるをえなくなった。しかしこうした統合は同時に、完全な個別化にとって束縛となる。ギリシアの古典性はおそらく、完全な個別化をいまだまったく経験することがなかったのかもしれない。完全な個別化は社会的傾向と同一歩調を取り、ヘレニズム期の形象世界においてはじめて出現をみた。古典主義によって企てられた普遍的なものと特殊的なものとの統一は、後代はもとよりアッチカ時代においてすら実現されていない。古典的な形象的作品がうつろな目つきをしているのはそのためにほかならない。こうした目つきからは感傷的時代がこれらの作品の上に投影したような、例の高貴な素朴さとか穏やかな偉大さといったものが出現しているのではなく、こうした目つきはむしろ——太古的に——人を驚かせるものにすぎない。古代的なものと接することによって今日の人間が念頭に浮べるものは、フランス革命時代やナポレオン時代における、さらに下ってボードレール時代における西欧的古典主義とは一致することがない、それとは根本的に異ったものと言ってよい。文献学者あるいは考古学者のように古代と専門的に取り組むことがないなら、こうした人間は軽蔑されるべき人間であるかのように、人文主義時代以来繰り返し証明が行われてきたが、古代を規範として掲げるよう要求することは無駄なことと言ってよい。そうしたところで教養という退屈きわまりない助けを欠くなら、古代的なものはもはや何事も語ることがないも同然であって、作品の質ですらけっして一切の疑問をさしはさむことなく受け入れられることはないからである。人を圧倒するのは形式水準にほかならない。卑俗なもの、野蛮なものは、マニュファクチュア的大量生産の萌芽がすでに歴然としているローマ皇帝時代のものですら、伝えられていないように見える。借家とおぼしきオスチアの家々の床のモザイク模様が今日にいたるまで伝えられているのは、一つの形式を形成しているためにほかならない。古代の現実における野蛮、つまり奴隷制度、全員殺戮、人間生活の蔑視といったものはアッチカの古典主義以後、芸術のうちには全く痕跡を残していない。芸術がその他の〈野蛮な文化〉の場合と同様に、現実の野蛮に触れることがなかったということは芸術にとって名誉なことではない。古代芸術においては形式が内在的なものとなっているのは、おそらく次の点から説明されるであろう。古代芸術にとっては感覚的世界はいまだ性的タブーによって、つまり感覚的世界の直接的な領域を広く超えて拡大しつつあったこのタブーによって、いまだ卑しめられてはいなかったという点からである。ボードレールによる古典主義への憧憬もほかならぬその点と結びついたものであった。資本主義下において芸術における反芸術的な側面すべてを卑俗なものと結びつけているのは、性を切り売りして搾取するたんなる営利という機能に留まらず、それと同様にキリスト教による内面化がもたらした裏面なのだ。ヘーゲルやマルクスは、古典的なものが具体的で儚いものであることをいまだ経験することはなかったが、しかしこうした儚さによって示されているのは古典的なものという概念の儚さと、この概念から流れ出る規範の儚さにほかならない。浅薄な古典主義と一致した状態としての作品を求める要求とは一見対立するかに見えるが、こうしたジレンマも真の古典性と形骸化した古典性とを対立的に捉えるなら、一見解消されるかに見える。しかし両者を対立的に捉えることは、作品における傾向としてのモダニズムとイズムとしてのモダニズムとを対立的に捉える捉え方と同様に、不毛の結果に終ることになる。いわゆる本物のために本物の堕落形態として排斥されるものは概ね、本物のうちに本物の酵素として含まれているものであって、両者を一刀両断することは本物をたんに衛生無害なものへと変えることにすぎない。古典性の概念においては次の点が確認されねばならない。それはこの概念はゲーテの『イフィゲーニエ』とシラーの『ヴァレンシュタイン』とを対立的に捉えず、平和的に共存させておくかぎり、無用の長物となるという点にほかならない。通俗的な使われ方をする場合、古典性という概念は無駄のない統制的機構を通してさまざまな形で獲得される社会的権威を意味している。ブレヒトも当然のことながら、こうした用語法と無縁ではなかった。こうした古典性はむしろ作品に逆らうものであり、言うまでもなく作品にとってはあまりにも外的なものであって、真正な作品の場合、そのすべての媒体を通して必ず存在が証明されるような代物にすぎない。古典的なものについての議論はさらに様式のあり方とも関連しているが、しかしこの場合においても、擬古典主義と古典性とを対立させる常識的な見方が好んで行っているように、模範あるいは模範に正しく従うものと従うことに失敗した偽物とを的確に区別するといったことは可能ではない。モーツァルトの存在は、十八世紀末の古典主義とその時代における古代志向的趣味を抜きにしては考えられないが、しかし彼の作品のうちに引用されている規範の痕跡は、古典的なモーツァルトに特有の質を否定するための十分な根拠とはなりえない。結局のところ古典性の概念が意味することは、内在的に成功を収めているということにすぎない、つまり一つのものと多様なものとが非暴力的に、たとえいかにもろくとも、和解しているといった程度のことしか意味していない。古典性は様式や志向とは無関係であって、すべてはこうした内在的成功にかかわっている。成功を収めたロマン主義的な芸術作品はどのようなものであれ、成功を収めることによって古典的なものとなるというヴァレリーの箴言[原註(10)]は、この点に向けられたものにほかならない。こうした古典性の概念は最大限に拡大された概念であるが、こうした概念だけが批判に値する。それにもかかわらず古典性に対する批判は歴史的には概ね、形式原理に対する批判としてあらわれてきたが、こうした形式原理に対する批判を超えるものと言ってよい。古典性と同一視されている理想的形式は、内容へと還元しなおされねばならない。純粋な形式とは自己を形成し、自己の同一を自覚して非同一的なものを放棄する主観の模写にほかならない。つまり非同一的なものを否定することによって作られる、それに対する関係のあらわれにほかならない。しかしこうした否定的関係のうちには、古典主義的理想によっては覆い隠されている、形式が内容に対して持つ差異が含まれている。形式はたんに区別するものとして、非同一的なものとの差異として自己を構成するにすぎない。形式本来の意味のうちでは形式によって抹殺されながらも、二元論が命脈を保っているのだ。古典主義は反神話的運動であるという点において、絶頂期のギリシア哲学と重なり合うが、こうした運動は模倣《ミメーシス》的衝動に対する直接的なアンチテーゼにほかならない。反神話的運動は模倣《ミメーシス》的衝動を、具象化する模倣でもって置き換えた。反神話運動はこうした置換を行うことによって、芸術を一気にギリシア啓蒙主義に従属させた。つまり反神話運動は、芸術が上から課されたものである概念の支配に対抗して抑圧されたものを代表すること、あるいは概念の網の目をすり抜けるものとなることをタブー化するものにほかならなかった。主観は古典主義においては美的に自らを築くものである反面、他方、主観に対しては、つまり沈黙する普遍的なものに逆らって雄弁である個別的なものに対しては、暴力が加えられる。古典的作品はその普遍性ゆえに感嘆の的とされてきたが、こうした普遍性によって神話の破壊的な普遍性は、つまり避けようのないものとしての呪縛は造型の規範として永続的に命脈を保ちつづける。芸術は芸術の自律性の起源である古典主義においてはじめて、自己自身を否定することになる。こうした否定が行われて以後、すべての古典主義が科学と結託してきたことは偶然ではない。今日にいたるまで科学的志向は芸術に対して秩序志向、つまりきれいに割り切れることを迫る要求に従おうとしない芸術に対して反感を抱きつづけてきた。まるで矛盾など存在することがないかのように振舞うものは二律背反的であって、それは救いようもなく退化し、市民的常套語がこの問題についてすべてを語るものとして用意している用語によって、形式的に完成されたものと呼ばれる類のものとなる。質的に現代的な運動が往々にしてボードレールの場合のように、太古的で前古典主義的運動と一致することが見られるが、しかしそれは非合理主義的志向による一致ではない。現代的運動も古典主義の場合と同様に、反動化する危険に身をさらされている。古典主義の場合は、太古的作品において今日なおはっきりと見てとれる態度が、しかもかつて解放された主観の目的であった態度が、歴史とは無関係に再び取り入れうるものであるかのような妄想にかられることによって反動化する。モダニズムが太古に対して共感を抱くことはあっても、こうした共感が抑圧的でイデオロギー的なものとはならない場合もあるが、それは次のような場合に限られる。つまりこうした共感が古典主義の軌道の上に留まりつづけていたものを目指すことはあるとしても、古典主義を圧迫し、そのため古典主義をして自らを解放せざるをえなくしたきわめて悪質な圧力には、身を委ねることがない場合に限られる。しかし一方を目指せばたちまちにして、他方にも身を委ねざるをえなくなる。古典的作品は普遍的なものと特殊的なものとの一致を与える代りに、こうした一致の抽象的で論理的な輪郭を与えるにすぎず、こうした輪郭はいわば特殊化されることをいたずらに待ちつづけている空虚な形式にすぎない。古典的な作品は範例とされることがあるとしても、こわれた範例にすぎないため、自らが保つ範例としての地位を虚偽として罰せられることになるが、それとともに古典主義的理想それ自体もまた罰せられることになる。

原註

（1）ルカーチ『批判的リアリズムの現代における意義』Georg Lukács, Wider den mißverstandenen Realismus, Hamburg 1958, S. 15 und passim.〔邦訳、（白水社刊）著作集2、一七一頁以下〕参照。
（2）アドルフ・ツァイジング『美学研究』Adolf Zeising, Aesthetische Forschungen, Frankfurt a. M. 1855.
（3）エルヴィン・シュタイン『新形式原理』Erwin Stein, Neue Formprinzipien, in: Von neuer Musik, Köln 1925, S. 59ff.
（4）シェーンベルク『アフォリズム集』Arnold Schönberg, Aphorismen, in: Die Musk 9 (1909/10), S. 159ff.
（5）カール・クラウス『文学と嘘』Karl Kraus, Literatur und Lüge, hg. von H. Fischer, München 1958, S. 14.
（6）ブレヒト『真実を書くさいの五つの困難』Bertolt Brecht, Gesammelte Werke, a.a.O., Bd. 18, S. 225.〔邦訳、仕事2、八四頁〕参照。
（7）ギュンター・アンデルス『人間の古臭さ。第二次産業革命期における魂について』Günther Anders, Die Antiquiertheit des Menschen. Über die Seele im Zeitalter der zweiten industriellen Revolution, 2. Aufl., München 1956, S. 213ff.
（8）ルカーチ『小説の理論』Georg Lukács, Die Theorie des Romans. Ein geschichtsphilosophischen Versuch über die Formen der großen Epik, 2. Aufl., Neuwied a. Rh. u. Berlin 1963, passim.〔邦訳、著作集2〕参照。
（9）アドルノ『芸術は明朗なのか』Theodor W. Adorno, Ist die Kunst heiter? in: Süddeutsche Zeitung, 15./16. 7. 1967 (Jg. 23, Nr. 168), Beilage.
（10）ヴァレリー『芸術（ロンブ）』Paul Valéry, Œuvres, éd. J. Hytier, Bd. 2, Paris 1966, S. 565.

主観対客観

近代の美学はその主観的形態、あるいはその客観的な形態をめぐる論争によって支配されている。この場合、主観、客観という用語は多義的に使用されている。近代の美学においては、芸術作品に対する主観的反応の結果は、芸術作品に対する正しい意図と対立的に考察されているが、正しい意図は流行の認識批判の図式に従って前批判的なものと見なされる。この二つの概念はさらに自己を客観的契機が優位にある芸術か、あるいは主観的契機が優位を占める芸術作品と、たとえば精神科学的な方法による古典的なものとロマン主義的なものといった区別などに従って、関連づけることができる。結局のところ美的趣味判断の客観性が問われているのである。主観と客観はその意味をはっきり区別されねばならない。ヘーゲル美学は第一の主観性が問題にされているところでは、客観的に方向づけられているが、他方、第二の主観性という局面のもとにおいては、彼に先行する美学よりもおそらく決定的に主観性を強調するものであったと言えるかもしれない。彼に先行する美学においては、主観の受け持つ役割は観察者に対して与える、それが観念的な観察者にせよ先験的な観察者にせよ、影響に限定されていた。主観対客観の弁証法はヘーゲルにおいては事柄のうちで展開される。芸術作品における主観と客観との関係もまた、対象と係りを持つ限りにおいて考えられねばならない。こうした関係は歴史的に変化するが、しかし非具象的な作品においても、つまり具象をタブー化するといった立場をとるような作品においても消滅することはない。それにもかかわらず『判断力批判』の傾向は、客観的美学をたんに敵視するものではなかった。『判断力批判』は、カントの理論が終始一貫してそうであったように、体系の鳥瞰的計画によってあらかじめ指示された場所を守りながらも、そこに腰をすえることをしないところからその力を引き出す。彼の理論によるなら、美学は主観的趣味判断一般によって構成されるものであるが、趣味判断はその限りにおいて必然的に客観的な作品の構成要素となるだけでなく、たとえ一般的概念によって捉えることはできないとされているものの、こうした構成要素として客観的に必要とされているものでもある。カントが念頭に浮べていた美学は主観によって媒介されてはいるが、その実、客観的であるような美学であった。判断力というカント的概念は主観的に方向づけられた反問の形で、質という客観的美学の中心に、つまり芸術作品における質の善し悪し、真偽に向けられている。しかしこうした主観的反問は美的には認識論的な従属的意図以上のものであるが、それは芸術作品の客観性がその他の認識の客観性とは質的に異り、主観を通して特異な形で媒介されているためにほかならない。芸術作品が芸術作品であるか否かを決定する決定は、芸術作品についての判断によって左右されているということ、それは類語反復にほとんど等しいが、こうした判断の機構《メカニズム》は――それは〈能力〉としての判断力を実際上はるかに超えたものであって――作品の主題を形成するものにほかならない。〈この場合に根底におかれる趣味の定義は、「趣味とは美を判定する能力である」という命題である。[原註(1)] しかしある対象が美と名づけられるために必要とされるものは、趣味判断の分析によって発見されねばならない。〉保証されたものではないがそれにもかかわらず強制的なものであるとされている、趣味判断の客観的妥当性が作品の規準《カノン》となる。この指摘は唯名論的芸術全体がやがて置かれることになる状況を示す、前触れにほかならない。カントは『理性批判』における場合と同様に、美的客観性を主観から基礎づけようとしてはいるが、美的客観性を主観によって置き換えようとしているわけではない。客観的なものと主観的なものの統一契機は、彼にとっては暗に理性、つまり主観的能力であって、それにもかかわらず必然性と普遍性という属性を持つために客観性全体の原型でもあるものなのだ。カントは美学においても論証的論理に優位を与える。「そこで私は、美的判断力がその反省において顧慮する判断契機を、それぞれの判断の論理的機能に従って求めてみたのである。（趣味判断にもやはり悟性に対する関係が含まれているからである。）[原註(2)] また私が最初に質の契機を考察したのは、美に関する美的判断がまず第一に質に着目するからである。」主観的美学のもっとも強力な支柱である美的感情という概念は、客観性からの帰結ではあっても、その逆となることはない。この感情は何かが客観的に存在していることを語っている。カントはおそらく事柄と区別しうるものにのみ、〈趣味〉としての美的感情の存在を認めたのかもしれない。この美的感情はアリストテレス的に同情と恐怖によって、つまり見る者のうちにひきおこされる感動によって規定されるものではない。ひきおこすといった概念を用いることによって、直接的で心理的な情動と美的感情とを混同するなら、芸術的経験によって行われる現実的経験の変更は見落されることになる。見落されないまでもこうした混同を行うなら、人間が一体なぜ美的経験に身を委ねるのか説明のしようがない。美的感情は呼び覚まされた感情ではない。それは問題とされているものに対する驚きと言うよりは、むしろ直観されたものに対する驚きと言わなければならない。美的経験においてかりにも感情と呼ぶことが許されるものは、呼び覚まされた主観的感動ではなく、非概念的なものでありながらそれにもかかわらず規定されているものによって、圧倒されるといった状態にほかならない。こうした感情は事柄に向うものであり、事柄についての感情であっても見る者による反射作用ではない。観察者の主観性と客体における主観的契機とは、つまりこの契機の表現やこの契機の主観によって媒介された形式とは、厳密に区別されねばならない。しかし芸術作品であるものと芸術作品ではないものとを区別することは、判断力と、つまり質の善し悪しを問う問とけっして切り離すことはできない。粗悪な芸術作品という概念には不合理なところがある。芸術作品はそれが粗悪なものであり、内在的構造を作り上げることに失敗した場合、芸術作品という概念にそぐわぬものとなり、芸術にとって先天的であるものを充たすことがない、それ以前のものにすぎない。芸術においては正当性を引き合いに出したり、中途半端な成功を容認したり、常識的な弁解を行うことは、それが人間性を口実とする弁解であろうとすべて、つまり相対的な価値判断を持ち出すことは誤りにほかならない。芸術に対して寛大であることは暗黙のうちで芸術作品の真実要求を破棄することに等しく、そのため芸術作品を損うことになる。芸術と現実との境界が消滅することがないかぎり、現実における寛大な態度をそのままの形で駄作に振り向けるなら、芸術は冒瀆されることになる。

ある芸術作品はなぜ美しいのか、ある作品はなぜ真実で渾然としており、芸術作品の名にふさわしいものとなっているのか、その点について根拠を挙げて語ること自体は、次のような場合でも芸術作品を一般的概念へと抽象化することではない。つまりこうした操作はカントが熱望しながらも異論を唱えているものであって、もしこうした操作が可能である場合でも。どのような芸術作品においても、普遍的なものと特殊的なものとが節をなし複雑に絡み合っているが、それは反省的な判断力の難問《アポリア》のうちではじめてそうなるのではない。カントは〈概念を用いることがない普遍的満足〉原註(3)として美を定義することによって、彼の洞察をこの節に近づける。こうした普遍性はカントの絶望的努力にもかかわらず、必然性と切り離すことはできない。〈普遍的に満足を与える〉何かがあるということは、こうした何かはどのような人にも満足を与えねばならないという判断を下すことに等しく、さもなくばたんなる経験的確認にすぎなくなる。しかし普遍性は、そして暗黙裡に必然性もまた一貫して不可欠の概念に留まっており、この両者をカント的に統一する満足は、芸術作品にとって外的なものとなっている。芸術作品を一つの統一的な標識のもとに包括しようとする要求は、カントが『判断力批判』の第一部、第二部において訂正のために用いている、例の内部からの理解という理念に反するが、この理念は〈理論的な〉、つまり自然科学的な理性の処置に対して、つまり内部からの対象の認識を強力に拒絶する分類的な処置に対して、目的概念を通して訂正を加えるものにほかならない。カント美学はその限りにおいて中間的なものであって、ヘーゲルの批判に無防備のままさらされることになる。カントの歩みを絶対的観念論から解放しなければならない。それは今日美学が直面している課題にほかならない。それにもかかわらずカントの理論的両面価値《アンビバレンツ》は彼の哲学によって、つまり目的概念にのみ範疇を制限すると同様に延長させるという、調整的な役割を与えている彼の哲学によって条件づけられている。カントは芸術と論証的認識とが共通点を持つことを知っているが、どの点において芸術が論証的認識と質的に異るかについては知らない。相違は有限と無限という、いわば数学的な相違に近いものとなっている。趣味判断は規則のうちへ包括すべきものとされているが、こうした規則のうちどの規則も、またこの規則の全体も作品の品位については何かを語ることはない。必然性の概念は、それ自体が美的判断を構成するものとして反省されることがないかぎり、経験的現実を決定している機構《メカニズム》を、つまりたんなる影として変更を加えられて芸術作品のうちで出没する機構《メカニズム》を、たんに繰り返すものに留まる。しかし普遍的満足は、告白こそしていないが、社会的慣習の基礎となるような同意が存在することを仮定するものにほかならない。だがこの二つの契機が英知的なものへと拡大されるなら、カントの学説はその内容を失うことになる。芸術作品のうちには趣味判断の契機を充たすにもかかわらず、十分なものとは言えないような芸術作品が存在することも考えられるが、それはけっしてたんなる抽象的な可能性ではない。しかし芸術作品のうちにはそれとは別の芸術作品も——おそらく新しい芸術はすべてそのうちに含まれるであろうが――つまり趣味判断の契機に反し、普遍的な満足にはほど遠いが、芸術としての資格を客観的に失ってはいないような芸術作品も存在する。カントは彼の狙いとする美学の客観性に、倫理学の客観性を実現する場合と同様に、普遍的に概念的な形式化を通して到達する。倫理学の客観性は、本質的に特殊的なものとしての美的現象に逆行するものにほかならない。それぞれの芸術作品がその純粋な概念に従ってとるべき姿というものは、どのような芸術作品においても本質的なものではない。主観的理性の行為である形式化は、芸術をほかならぬたんに主観的なものにすぎない領域へと、つまりカントが芸術を引き離そうとし、芸術そのものが抵抗する偶然性の領域へと、結局は押し戻すことになる。主観的美学と客観的美学は対極的なものであって、両者は等しく弁証法的美学の批判を免れることはできない。主観的美学の場合は、それが個々人の趣味に応じて抽象的で先験的なものとなるか、あるいは偶発的なものとなるためであり、客観的美学の場合は、芸術が主観によって客観的に媒介されていることを見落すためにほかならない。作品における主観は観察者でもなければ、創造者でも絶対的精神でもなく、むしろ事柄に結びついた精神であって、この精神は事柄によって前もって形成され、それ自体が客体によって媒介されたものなのだ。

主観と客観は芸術作品にとって、そのため理論にとってもまた芸術作品という客体に固有の契機であって、それが何によって作り上げられたものであれ、つまり材料、表現、形式といったものによって作り上げられたものであれ、芸術作品はそれぞれが主観と客観という二つの面を持ち合せており、その点において弁証法的なものと言わなければならない。材料には芸術作品が材料を受け取る際に仲立ちとなる人々の手の跡が刻みこまれている。作品において客観化され、それ自体が客観的なものである表現は、主観的な心の動きとなって作品のうちへ浸透する。形式は、もし形式を与えられることになるものに対して機械的な関係を持つべきでないとするなら、その限りにおいて客体の必要性に従って主観的に仕上げられねばならない。往々にして芸術家の材料もそうであるが、客観的に不透明なものとして芸術家に歩み寄ってくるものは、認識理論において所与のものが持つ構造の場合に似て、同時に主観の沈澱したものにほかならない。一見もっとも主観的に見えるもの、つまり表現は、芸術作品がその表現のために骨を折り、表現を自らに同化させる程度に応じて客観的なものにもなる。換言するなら表現は、そのうちに客観性の痕跡が残されている主観的態度にほかならない。しかし作品における主観と客観との相互関係は一定したものとはなりえず、釣合いを保つことはあっても、その釣合いは不安定なものとならざるをえない。創造という主観的過程は個人的側面から眺めるなら、取るに足らぬものと言ってよい。しかしこの過程は内在的合法則性が現実化される前提であり、そこには客観的側面もまた含まれている。芸術における主観は伝達するものとしてではなく、労働するものとして真に主観的なものとなる。芸術作品は主観と客観との釣合いを保つことを、たとえこの釣合いを完全に支配することはないとしても、自らの野心としなければならない。これが美的な仮象特性の一面にほかならない。個々の芸術家はこの釣合いを実現する手段として動くにすぎない。芸術家は創作過程において課題に直面していることに気づくことはあるにせよ、課されているのはたんにこの課題だけなのかどうかという点について語ることは容易ではない。大理石の塊においてその誕生の時を待っている彫刻、ピアノの鍵盤において演奏される時を待っている楽曲といったものは、こうした課題を示すにふさわしい隠喩以上のものであると言えるかもしれない。こうした課題は多少の誤差を伴い、たとえ方程式のような一定の答を持つことがないとしても、それ自体のうちにその客観的な解答を含んでいる。芸術家の実際的行動とは芸術家が直面しており、すでにあらかじめそれ自体が記されている問題と、同様に可能性として材料のうちに隠されている解答との媒介を行う最小限の媒介行為にすぎない。道具は延長された腕であると呼ばれてきたが、同様に芸術家を延長された道具と、つまり可能性を現実へ移行させる道具と呼ぶこともできないことではない。

芸術の言語特性は芸術より語りかけるものを反省へと導く。芸術より語りかけるものは創造する人間でもなければ、それを受け取る人間でもなく、それは実際には芸術の主観にほかならない。芸術の主観は抒情詩のわたしと重なり合うが、このわたしは数世紀にわたって自己の告白を行い、自明なものとしての詩的主観性という仮象を完成へと導いてきたものと言ってよい。しかし芸術は詩から語りかける自我とけっして一致することはない。それは抒情詩が持つ詩的な虚構特性のためでもなければ、音楽のためでもない。音楽の場合、主観的表現が作曲家の状態とそのつど直接的に一致することは皆無に近い。そうした点とは全く無関係に、不一致は根本的には詩の文法的わたしが作品を通して潜在的に語るわたしによってはじめて定立されたものにすぎないため、つまり精神的なわたしの経験的機能にすぎないためであって、その逆ではないということによる。経験的なものが関与するところに、本物という常套《トポス》的表現によって好んで主張されていることとは異り、真正なものの場があるわけではない。潜在的なわたし、つまり語りかけるわたしが芸術のどのジャンルにおいても同一のものであるのかどうか、またこのわたしは変化するものなのかどうか、この問題は未解決のままに置かれている。こうしたわたしはそれぞれの芸術の材料が変るにつれて質的に変化するのかもしれない。さまざまな芸術を一つの芸術といういかがわしい大概念によって包括するなら、こうした変化は見落されることとなる。いずれにせよ、芸術から語りかけるわたしは事柄に内在するものであり、作品のうちで作品の言語行為を通して構成される。現実に創造する人間は作品との関係においては、他の契機となんら変るところのない現実の一契機にすぎない。事実に基づく芸術作品の創造においてすら、個人が決定を下すことはない。芸術作品は暗に分業を要求するが、個人はあらかじめ分業的なものとして芸術作品のうちで働いているにすぎない。創造行為は極端な個別化を行いつつも材料に自らを委ねることによって、結果的に普遍的なものとなる。個人的自我を放棄して事柄に変えるこうした力は、個人的自我のうちにひそむ集団的なものにほかならない。この集団的なものが作品の言語特性を構成する。芸術作品における労働は個人を通して社会的に行われるが、その際、社会が個人によって意識されることは必要ではない。個人によって社会が意識される度合が少なければ少いほど、芸術作品における労働は、おそらくそれだけいっそう社会的なものとなるのかもしれない。その都度作品に介入するとしても、個人的な主観が限界値を踏み超えることはほとんど見られない、つまり芸術作品が自己を結晶化するために必要とする最小限の限界値のうちにとどまり、それを超えるといったことはほとんどない。芸術作品の芸術家からの独立ということは、芸術のための芸術といった誇大妄想の産物ではなく、芸術作品の状態を、つまり自己のうちに自己自身の対象化の法則を孕む社会的関係としての状態を、ごく単純に表現しているにすぎない。物としての芸術作品だけが、事物にすぎないもののアンチテーゼとなる。それに見合うものとして、次のような中心的な事態がある。つまり芸術作品より語りかけるものは、いわゆる個人的な芸術作品から語りかけるものであろうと、われわれであって、わたしではないという事態のことであるが、このわれわれはわれわれやその慣用語に外的に順応することが少ければ少いほど、それだけいっそう純粋なものとなる。音楽はその点においてまた、芸術的なものが持つ若干の特性を極端なまでに際立たせているが、しかしそれによって他の芸術をしのぐ芸術となっているわけではない。音楽は自らの意図するものが何であるかということとは無関係に、直接的にわれわれを主語として語る。表現主義時代のたんなる記録と見まがうような作品ですら、経験を描き拘束する力を示しているが、その作品本来の力、つまり作品の造型力は、経験が実際に作品より語りかけているかどうかという一点にかかっている。西欧音楽の場合に限るなら、この音楽のもっとも重要な発見である和声的奥行きといった次元が対位法とポリフォニーの全体をひっくるめて、どの程度まで祭式用の合唱の状態から抜け出し、それによって事柄に浸透したわれわれとなっているか、証明することも不可能ではない。こうしたわれわれは文字通りのわれわれを縮めたものであって、自己を内在的動因に変え、しかも語るという特性を維持しつづける。伝達的言語から完全に離れることがない文学は、伝達的言語に直接的に関与することによってわれわれと関連づけられている。文学は自己の言語を手に入れるために、努力して自らにとって外的な伝達的言語から自由にならねばならない。しかしこの過程は一見そう見えたこの過程自身が思いこんでいるような、純粋な主観化の過程ではない。この過程を通して主観は、言語によって対象化される集団的経験の表現に対して冷淡になればなるほど、それだけいっそう内的に集団的経験に密着したものとなる。造型芸術の場合は、統覚のあり方を通して語ると言えるかもしれない。造型芸術のわれわれは、変化してやまぬ対象性との関係を自らの形式言語を仕上げることによって破壊している点を除くならそのまま、自らの歴史的状態に従っている意識と呼んでなんら差しつかえない。形象が語りかけている言葉は、諸君見たまえ、という言葉なのだ。形象は自らが指示するものによって集団的主観を持つのであって、主観が内部に向う音楽の場合とは異り、こうした形象における集団的主観は外部へ向う。芸術の歴史は個別化の前進と同一視されているが、それは言語特性を強化することによって同時に個別化に逆行するものとなる。しかしこうしたわれわれが社会的に明白なものではなく、特定の階級に属するとかあるいは社会的立場を取るといったことは皆無に近いが、それはおそらく次の事情に由来するのかもしれない。つまり強い要求をもった芸術は今日まで、たんに市民的芸術として出現をみたにすぎないという事情に。トロツキーの命題によるなら、市民的芸術に続く芸術として考えられるのはプロレタリア的芸術ではなく、ひとり社会主義的芸術に限られる。美的なわれわれは全社会的なものであり、その全貌は若干不確定な要素によって覆われてはいるものの、ある時代の支配的な生産関係とその時代の支配的生産力との関係同様、規定されたものであることは言うまでもない。芸術は実在することがない全体的社会を、つまりこの社会の実在することがない主観を先取りするために試みられ、その点においてたんなるイデオロギーではないが、他方、同時に芸術にはこうした主観は実在するものではないということが、欠点としてまつわりついている。それにもかかわらず芸術のうちには社会の敵対関係が保存されている。芸術は、芸術から語りかけるものと芸術そのものとが分裂状態にあり和解することがないような場合に限って真実であるが、しかしこうした真実は、芸術が分裂しているものを綜合し、この綜合を通して分裂したものを非和解的な状態のまま規定するときはじめて、芸術に与えられる。芸術は逆説的に非和解的なものであることを証明し、それにもかかわらず非和解的なものを和解させるという傾向を示す。こうしたことは芸術の非論証的言語にとってのみ可能なことにすぎない。芸術のわれわれはただこうした過程のうちにおいてのみ、具体的なものとなる。しかし芸術から語りかけるものが真に芸術の主観となるのは、それが芸術から語りかけるか、芸術によって描写されることがないような場合に限られる。シューマンの『子供の情景』は表現主義的音楽のもっとも初期のモデルの一つに数え上げることができるが、他に類を見ないこの作品の最後の部分に与えられた表題〈詩人は語る〉は、その点についての意識の現われであると言って差しつかえない。しかし美的主観は模写されることがないということは、おそらく社会的に媒介されたものである美的主観が、ほかならぬ哲学の先験的な主観と同様に、経験的なものではないということによるのかもしれない。〈芸術作品の客観化は、生きたものの模写を犠牲とすることによって行われる。芸術作品は人間との類似を断念するときはじめて、生を獲得する。《偽りではないような感情の表現は、つねに浅薄なものにすぎない。表現は偽りでなくなればなくなるほど、それだけいっそう浅薄なものとなる。浅薄なものとならないためには、努力することが必要となる。》》原註(4)

芸術作品は自らの契機すべてを主観によって媒介され、徹頭徹尾作り上げられたものとなることによって、客観的なものとなる。主観性と物象化とは相関的に関与し合うものであるという認識批判的洞察は、美学によってあらためて立証されることになる。芸術作品の仮象特性、つまり芸術作品を即自存在と見なす幻想は逆に次のことを示している。つまりこの幻想は全体として主観によって媒介されたものであり、そうしたものとして物象化による普遍的な眩惑連関に関与するものであること、マルクス流に述べるなら、この幻想は生きた物としての労働の関係を不可避的に、あたかもこの関係が対象的なものであるかのように反映していることを示している。芸術作品は一致したものとなることによって真実とかかわるが、こうした一致には虚偽もまた含まれている。過去の芸術は概念的に説明することによって、虚偽に対して反逆するに留まったが、こうした反逆は今日では一変して芸術独自の運動法則と化している。ヘーゲルをして芸術の終りを予言させたものは、真と偽という芸術の二律背反であったのかもしれない。部分に対する全体の優位は本質的に雑多なものを必要とすること、こうした優位も全体がたんに上から定立されたものにすぎないなら失敗に終ること、こうした洞察は伝統的な美学に対して閉ざされていたわけではない。しかしそれと同様に、いかなる芸術作品もこれらの点を充たすことがないということもまた本質的なことなのだ。たしかに雑多なものは、美的連続体を作り出すことによって自らを綜合することを意図している。しかし雑多なものは同時に、美外的に規定されたものとして綜合を避ける。雑多なものは綜合の可能性を内に持つが、こうした雑多なものから類推される綜合は避けようもなく、この雑多なものを否定する綜合でもある。形態を通して行われる両者の調停は内部において失敗せざるをえなくなるが、それはこうした調停が芸術作品の外部に、超美的に存在することがないということによる。現実的に弱められることがないような敵対関係は、また想像力によっても弱められることはない。敵対関係は想像力のうちへも影響を及ぼし、想像力自体のうちで不一致となって再生産されるが、しかもこうした不一致は、敵対するものが一致したものであるかのように力説する度合に比例して高まる。芸術作品は、あたかも不可能なことが自らにとっては可能であるかのように振舞わねばならない。作品は完璧という理念を主張するなら、必ずや空虚なものとなるという罰を受けざるをえなくなるように、こうした理念は疑わしいものにほかならなかった。芸術家にとって完璧という理念を持つことは容易ならざることであるが、それは彼らが世界において依然として不確かな運命にさらされているためばかりでなく、自ら努力して美的真実に従おうとするなら、彼らはその真実に逆らって行動することを強制されるという事態に立ち至るためでもある。主観と客観が歴史的にも現実的にも分裂しているかぎり、芸術は主観を通過するものとしてのみ可能であるにすぎない。なぜなら主観によって作られたものではないものに対して行われる模倣《ミメーシス》は、生きたものとしての主観以外のいかなるところにおいても存在しないから。こうした事態は芸術の客観化においても引き継がれているが、それは芸術の客観化が、歴史的主観を必要としている芸術の内在的完成を通して行われるためにほかならない。芸術作品が自らを客観化することによって主観に対して隠されている真実を期待するような場合は、主観それ自体が最終的なものではないということによる。客体の優位ということと芸術作品の客観性との関係は断ち切られている。芸術作品の客観性は呪縛が普遍化している状態においては、客体が優位を保っていることを証明するものであって、即自的なものはこうした呪縛のために、かろうじて主観のうちに逃げ場を与えられているにすぎない。その反面、芸術作品に特有の客観性は主観によって生み出された仮象にすぎず、客観性に対する批判にほかならない。芸術作品の客観性はこうした客観的世界からただ乖離した部分のみを迎え入れる。客観的世界はもっぱら解体された世界としてのみ、形式法則によって受け入れられるにすぎない。

しかし芸術作品にとって不可欠の前提である主観性それ自体は美的質ではない。主観性は客観化されることによってはじめて美的質となる。その限りにおいて芸術作品における主観性は、自己自身に対して外化されるものであり、隠されたものにほかならない。リーグルの芸術意志という概念はその点を誤解している。それにもかかわらずこの概念は、内在的批判にとって本質的な点を的確に捉えている。つまり芸術作品の等級を決定するものは、芸術作品にとって外的なものではないという点を押えている。芸術作品自体の基準となるのは芸術作品に——その作者でないのは言うまでもないが——ほかならない、つまりワーグナーの公式によるなら、芸術作品が自らに課す規則にほかならない。この規則自体の正当性を問うことはとりもなおさず、この規則の実現を問うことと無関係ではない。どのような芸術作品もたんに自らが意図するものに留まるものではないが、しかし芸術作品は何かを意図することがなければ、芸術作品として存在することすらもはやなくなる。この点において意図は自発性にごく近いものと言えるが、ほかならぬ自発性にすら、意に従わぬところが含まれていることは見逃してはならない。自発性はあらかじめ作品の着想のうちに、つまり作品そのものから認めることができる作品の構図のうちに明示されている。自発性もまた結論を与えうるような範疇ではない。自発性は作品による作品の現実化を多様に変える。着想が内在的論理の圧迫を受けて変化するということは、客観化を示すしるしも同然であると言ってよい。いわゆる芸術意志に反するこうした自我と無縁の契機が理論家と同様、芸術家たちにとっても恐怖の的となることが稀でないことはよく知られている。ニーチェが『善悪の彼岸』の最後において語ったことは、これと同一の事態にほかならない。事柄に強制されてひきおこされる自我と疎縁なものという契機は、天才的という用語が意味していたものを指し示す記号と言えるかもしれない。もし天才という概念に積極的な意味を与えようとするなら、この概念と創造的主観とを粗雑に同一視するようなことはやめねばならない。こうした粗雑な見方は空疎な興奮にかられて、芸術作品を作者自身の記録と読みかえ、それによって作品を矮小化するものにほかならない。交換社会に生きる人間にとっては、誤って芸術によって疎外が緩和されることを期待するために、作品の客観性は棘にほかならず、作品の客観性をその背後に存在すると考える人間へと還元する。だがその結果出現する人間は概ね、作品を消費材として売りつけようとする人間たちの特性を示している、仮面としての人間にすぎない。天才概念をたんにロマン主義の残り滓と見なし、その一掃を目論む場合は別として、この概念を取り上げようとするのなら、この概念の歴史哲学的な客観性を問題としなければならない。主観と客観の相違は、カントの反心理主義によるなら前もって形成されているものであり、フィヒテによるなら証明ずみのものであるが、芸術にとっても関係のないものではない。真正なもの、拘束力を持つものという特性と、解放された個人の自由とは互いに疎縁なものと言ってよい。天才概念はこの両者を魔法の一撃によって結びつける試み、つまり芸術という特殊領域によって直接的に、個人を超えている真正なものを獲得する能力が、個人に備わっていることを証明する試みにほかならない。こうした神秘化に含まれている経済的内容は次のようなものであると言うことができる。つまり芸術においては事実上、普遍的契機である真正さは、個体化の原理による以外にはもはや実現不可能であり、それは普遍的で市民的な自由は特殊なものを目指す自由、つまり個人化を目指す自由でなければならないとされていることに等しい。天才美学はこの関係をたんに盲目的に、つまり非弁証法的に、この美学によって同時に主観と見なされている個人へと移し変えているにすぎない。原型としての知性、それは認識理論においては明確に理念とされているものであるが、この知性は天才概念のうちでは芸術の一事実のように取り扱われる。天才は絶対的主観の実際行動と一致するような、自発性を持つ個人にほかならないとされる。こうした天才概念は次の場合に限って、つまり芸術作品の個別化は芸術作品の自発性によって媒介されたものであり、芸術作品において芸術作品を客観化するものであると見なされる場合に限って正しい。しかし作品は神の被造物ではないし、人間も創造主ではないため、天才概念は虚偽にすぎない。それが天才美学をして虚偽たらしめているものにほかならない。天才美学は、芸術作品における最終的に制作するものであるという契機を、つまり芸術作品の技術を芸術作品のうちに絶対的な起源を持つものとするために、芸術作品本来の自然とほとんど同一視し、それによって芸術作品は有機的で無意識的なものであるというイデオロギーを世界のうちに植えつける。このイデオロギーは拡大されるとともに、やがて非合理主義の濁った大河となって流れ出すことになる。天才美学による個人の強調はその当初から、この美学が悪しき一般性にいかに反対しようとも、個人を絶対化することによって個人を社会から切り離す。しかし天才概念はそのあらゆる濫用にもかかわらず、芸術作品における主観はかならずしも客観化に還元しえないものであることを指摘している。天才概念は『判断力批判』においては、カント美学の快楽説によってそれまで留保されていたものすべてが逃げこんで行く避難所にほかならなかった。カントは結果を見通すことなく、天才性をもっぱら主観のために留保し、主観という契機の自我に無縁なところには無関心でいたが、こうした自我に無縁なところが後年、天才が科学的合理性あるいは哲学的合理性と対立する点として、イデオロギー的に利用しつくされた点にほかならない。天才概念を分離した主観性として呪物化することと、つまりヘーゲルの言葉によるなら抽象的なものと呼ばれる主観性としての呪物化は、カントにおいてはじまるものであるが、こうした呪物化はシラーが天才概念に捧げた奉納額のうちですでに、まぎれもなくエリート的な特徴を帯びている。こうした天才概念は芸術作品の敵となりかねない。そこではゲーテを横目で見やりながら、芸術作品そのものよりも芸術作品の背後に控える人間のほうが、本質的なものと見なされている。天才概念のうちでは観念論的傲慢さによって、先験的な主観から経験的な主観へ、つまり創造的芸術家へと創造理念の委譲が行われることになる。こうした委譲は市民的な通俗的意識にとっては快適なことであるが、それはこうした委譲を行うことが、観察者から事柄を詮索する労苦を取り除くからであり、また労働の精神《エートス》のために目的を考慮することなしに、人間の純粋な創造性を称揚するからにほかならない。天才概念は人格によって追いはらわれることになり、結局は芸術家の際物的な伝記が作り上げられることになる。すぐれた芸術作品の制作者であろうと、彼らは半神ではないし、誤ることも珍しくない人間、往々にして神経症に悩み、傷ついている人間にすぎないというわけである。しかし天才を一掃しようとする美的志向は、無味乾燥で杓子定規な手仕事に終る、つまり型紙をなぞる紋切り型のものにすぎなくなる。天才概念における真実契機は事柄において、つまり開かれた事柄において探究されねばならないものであって、捉われた同じことの繰り返しにすぎない事柄において探究すべきものではない。十八世紀後半に流行を見た天才概念にはいまだカリスマ的なところは皆無であったことを、さらにつけ加えておかねばならない。この時代の理念によるなら、非慣習的に自然さながらに語るなら誰しも等しく天才になりうるものと考えられていた。天才は態度であり、〈天才的営み〉であって、ほとんど志向に等しいものであった。後年になってはじめて、おそらく作品を制作するためにはただ志向を持つだけでは不十分なことが明らかになったためであろうが、天才は神の恵みと見なされるようになった。現実の拘束を経験することによって、万人のための自由という奔流のごとき主観的自由の観念は破壊され、一握りの天才のためのものにすぎなくなった。世界が人間的世界でなくなり、この世界の意識である精神が無力なものとなればなるほど、天才はますますイデオロギーにすぎなくなる。現実によって一般的に人間に拒まれているものが、世界を代表して特権化された天才に与えられることになる。天才によって救われねばならないものが、問題の核心にいたるための道具にすぎなくなる。天才的なものという範疇は、ある箇所について何らかの理由をあげて天才的であると述べるなら、いともたやすく証明のつくものとなる。天才を定義するためには想像力だけでは十分ではない。天才的なものとは弁証法的な結び目にほかならない。それは紋切り型のものではなく、繰り返しがきかぬもの、自由なものであって、同時に必然的なものという感情を伴うもの、つまり芸術の逆説的な離れ業であって、しかも芸術のもっとも信頼しうる標識の一つであるといったものにほかならない。天才的とはほぼ、一つの状態に遭遇することを意味している、つまり主観的に客観的なものに遭遇する意味であって、それは芸術作品による言語の共有《メテクシス》を通して、慣習を偶然的なものとして乗りこえる瞬間を意味している。芸術における天才的なものは新しいものがその新しさによって、あたかもすでにつねに存在していたかのように出現することを特徴としている。それを指摘したのがロマン派であった。想像力による行為とは、芸術とは無縁な芸術信仰によって信じられているような無からの創造ではなく、むしろ作品の連関となる以前の連関の真只中において、真正の解決策を想像することにほかならない。経験を積んだ芸術家なら、彼はこの点で天才的であるといった文句を聞かされるなら、嘲笑的な言葉の一つも吐いてみたくなるであろう。こうした芸術家は作品の論理に想像力が侵入し、侵入した想像力が再び作品の論理に統合されることがないなら、そのような作品を非難する。この種の契機はひとりよがりの自称大天才のみならず、シューベルトほどの形式水準を備えた芸術家においても存在しているのが見られる。自由に創作されたものと必然的なものとは実際上、けっして完全には融合しえないために、天才的なものは逆説的なもの、不安定なものに留まる。芸術作品における天才的なものは例外なく、今にも崩壊するかもしれない可能性を秘めている。

天才的なものはかつて存在したことがないものという契機を持つために、独創性という概念と結びつけられていた。つまり天才的なものとは天才的独創性にほかならない。独創性という範疇は天才がもてはやされる時代以前においては、いかなる権威も持たなかったことはよく知られている。十七世紀から十八世紀前半にかけての時代においては、作曲家たちが彼らの作品のうちでまとまった複合体のすべてを、それが自分の作品の一部であれ、他人の作品の一部であれ、委細構わずそのまま繰り返し利用していたことや、あるいは画家や建築家が自らは計画を立てるだけで、その実現は弟子にまかせていたという事実もよく知られているが、この事実は今日ではとかく、独自性を欠く紋切り型のものを正当化したり、主観的自由を告発するために安易に悪用されている。いずれにせよかつて独創性が批判的に反省されることがなかったことは事実であるとしても、それはけっして、芸術作品のうちにこの種のものが全く存在することがなかったことの証明とはならない。この点については、バッハと彼の同時代の作曲家たちとの相違を一瞥するだけで十分であると言ってよい。特定の作品に特有の本質である独創性は恣意的なものではなく、そのため普遍的なものを含む作品の論理性と対立するものではない。独創性は凡庸な才能の持主にはとうてい手に負えないような、首尾一貫した論理的な仕上げが行われているところに往々にして見られる。それにもかかわらず、中世や太古の作品に対して独創性の有無を問うことは無意味にすぎないが、それはおそらく、支配の別の形態である強制的な集団的意識があまりにも強力であったため、解放された主観といったものを前提とする独創性など、時代錯誤的なものにすぎないためかもしれない。根源的なものとしての独創性の概念は、太古的なものを引き合いに出す必要もなければ、作品においていまだかつて存在することがなかったものを、つまり作品におけるユートピアの痕跡を引き合いに出す必要もない。独創性はそれぞれの作品の客観的名称と呼んで差しつかえない。しかし独創性は歴史的に発生したものであるため、歴史的不正とも絡み合っている。たとえばつねに同一のものでありながら、顧客を獲得するためにつねに新たなものであるかのように欺くことを余儀なくされている、市場における消費財の市民的普及といった不正と絡み合っている。しかし独創性は芸術の自律性が高まるとともに市場に背を向けるようになったが、その市場において商品としての一定の限界値を踏み超えることはけっして許されなかった。独創性は作品のうちへ引きこもり、作品の厳格な仕上げと区別のつかぬものとなった。独創性はその起源としての個人という範疇の歴史的運命によって、一貫して捉われている。独創性はその考察が行われてこの方、いわゆる個人的様式と結びつけられてきたが、今日ではもはやこうした様式に従ってはいない。伝統主義者たちは個人的様式の没落を嘆きながら、この没落そのものを利用して月並なものにすぎない商品の弁護を行っているが、他方、前進した作品においては構造的強制をいわば欺こうとするかのように、個人的様式が若干の染み、欠点、少くとも若干の妥協の跡を身につけることによって、存在しつづけているのが見出される。進歩的な創造活動が個々の作品の独創性を目指すというよりは、むしろ新しいタイプの創造活動を目指しているのは、とりわけそのためにほかならない。独創性はこの種の創造活動の発明にとって代ろうとしている。独創性そのものは質的に変化することはあっても、そのために消滅することはない。

　独創性はその変化の結果、着想から分離され、取り替えようのない細部から、つまり独創性に実質を与えるかに見える細部からも分離されることになったが、それとともに独創性の道具《オルガノン》である空想にも照明が与えられることになった。空想は主観を創造主の後継者と見なす信仰によって呪縛されつづけるかぎり、特定の芸術的存在物をいわば無から創造するに等しい能力同然のものと見なされてきた。空想を絶対的な発明と捉える通俗的な概念は、すでに存在しているものを厳密な形で再生産することを理想とする、近代の科学的理想と正確に一致している相関概念にほかならない。しかしこうした再生産こそ市民的分業をその他の分業から区別してきたものであり、それによって認識が現実を何らかの形で超越的なものとするすべてのものから切り離されているように、芸術もまた現実へと媒介するものすべてから切り離されることになる。通俗的な空想概念がすぐれた芸術作品にとって、本質的なものであったことなどおそらくけっしてなかったであろう。たとえば空想的なものの発明は近代の造型芸術のすべてにおいて副次的なものにすぎなかったし、ひらめきとしての音楽的着想も契機としては否定しえなくとも、それがこの着想から生れてくるものによって純粋な存在としての状態を乗りこえることがないなら、その限りにおいて無力なものにすぎなかった。芸術作品においてはすべてのものが、もっとも洗練されたものですら例外ではなく、芸術作品が抵抗する現存在と結びつけられているが、空想は現に存在することがないものをあたかも実在するかのように定立するものの、それによって現存在から逃れるための正当な能力とはなりえない。空想はむしろ、芸術作品がたとえ何を現存在から吸収しようと、その吸収したものの配置を組み替え、そうすることによってたとえたんに現存在を明確に否定することによってであれ、現存在の他者となる。認識理論によって空想化する虚構と命名されているものに従って、全く存在することがない何らかの客体を想像しようとつとめようとも、何らかの存在物に還元されることがないようなものは、つまり客体の構成要素の一部として、あるいは客体の連関をなす契機の一部として還元されることがないようなものは、何一つとして入手されることはないであろう。全面的な経験と質的に対立するが、しかしまた第一の現存在をモデルにする第二の現存在にほかならないものは、全面的な経験によって呪縛されることによってのみ出現する。芸術は存在するものを通して、存在せざるものへ向けて自己を超越させる。さもなくば芸術は元来存在しているものを手をこまねいて投影するにすぎないものとなる。そのため芸術作品における空想は、突如としてひらめく幻影といったものにけっして限定されるものではない。空想から自発性を除外して考えることは不可能であるが、それと同様に空想は無からの創造にごく近いもの、つまり芸術作品にとってすべてを意味するものでもない。空想的なものとしてひらめくものは芸術作品においても元来具体的なものかもしれないが、このことはとりわけ芸術家の場合に、その創造過程は下から上へと進むものであるため当てはまる。しかしそれと同様に空想は偏見によって抽象的なものと見なされている次元に留まるなら、空虚な輪郭だけの見取図を描くものにすぎなくなるが、こうした見取図は、偏見によって空想と対立するものと捉えられている〈労働〉によって充たされ実現されることになる。特殊な技術至上主義的な空想もまた今日はじめて生れたものではない。そうしたものとして、シューベルトの弦楽五重奏のアダジオの組立て方や、ターナーの海の絵における光の旋回といったものを挙げることができる。空想はまたしかも本質的に、芸術作品内部において結晶化されて行く解決の可能性を制約されることなく自由に処理するものにほかならない。空想は存在するものとして、同時に存在するものの残り滓としてひらめくもののうちに潜むものであるだけでなく、おそらくそれ以上に、存在するものの変化そのもののうちに潜むものと言えるかもしれない。『熱情』第一楽章の終止部《コーダ》における減七和音による破局的効果を伴う主題の和声的ヴァリアンテは、幻想の産物であると同様に、この楽章の発端に置かれ、やがてヴァリアンテを生み出すことになる形態を与えられている三和音的主題にほかならない。全体を決定するヴアリアンテが最初の着想であり、最初の形の主題はいわば逆にこの着想から導き出されたものであること、この点は発生的に眺めるなら排除して考えることはできない。『英雄』第一楽章の広大な展開部の後半の部分においては、さながら細分化を行うための労働の時間などいまとなってはもはやなくなったとでも言うかのように、簡潔な和声的楽節への移行が行われているが、こうした移行も『熱情』の場合に勝るとも劣らぬ空想の産物にほかならない。個別的着想の実体性は構造の優位が強まるにつれて減少することを余儀なくされた。労働と空想とは互いに絡み合ったものであり、それがどの程度まで絡み合っているのか——両者の乖離はつねに失敗の指標にすぎない——それを証明するものとして芸術家が身をもって感じ取っている経験、つまり空想も命令されるものであるという経験を挙げることができる。芸術家は恣意を恣意的ではないものへと変えることを、半可通と芸術家とを区別する点として感じている。認識の場合と同様に美的にも、直接性と間接的なものとはそれ自体が主観的に相互に媒介されている。芸術は発生的にはそうではなくとも、しかしその性質からするなら、感性と知性とを分ける認識論的分離に反対するもっとも強力な論拠にほかならない。反省には空想を実現するずばぬけた能力が備わっている。芸術作品はある箇所において何かを必要とする場合、それをはっきりと意識することによって必要とするものを手元に引き寄せる。意識は芸術の殺害者に仕立て上げられ、それを証明する重要証人に祭り上げられているが、こうしたせりふはいたるところで見かけられる馬鹿げたきまり文句にすぎない。その上、反省がもつ解体する側面、つまり反省の批判的契機は芸術作品の自覚となることによって実り豊かなものとなる。こうした自覚を通して、芸術作品の不十分なところ、形式化されざるところ、不一致なところは排除されるかあるいは変更を加えられる。それとは逆であるが、美的な愚かしさという範疇も事物に基づくもの、つまり鈍感に同じことをそのまま繰り返すといった、作品による内在的反省の不足を指すものと言ってよい。外部から芸術作品をあやつり、芸術作品に暴力を加えるような反省は、芸術作品にとって不都合なものであるが、しかし芸術作品が自らの意志に基づいて向う方向は、反省を通して主観的にたどる以外にはたどることはできないし、またその方向を目指す力は自発的なものにほかならない。どのような芸術作品も——おそらく難問であるような——問題連関を含んでいるが、こうした問題連関に即して空想に定義を下したとしても、そこからえられる定義は最悪のものとなるようなことはない。空想とは芸術作品のうちから解決の萌芽を発見する能力であり、そうした能力と見るかぎり、限定するものの真只中における自由の特異形態と呼んで差しつかえない。

芸術作品の客観性は何らかの真実と同様に、消去法に基づく規定ではない。過去の拘束的なものと見える様式によって目に浮べる客観性の理想像が次のようにして獲得しうるものであるかのように妄想する点において、擬古典主義は短絡的であった。つまり擬古典主義は、これらの様式のそれ自体が主観的に規定され展開されたものである手続きを用いて、作品における主観を抽象的に否定し、主観を欠く即自的なものという成像《イマーゴ》を作り出すことによって、客観性の理想像を獲得しうるかのように妄想するが、しかしこうした成像《イマーゴ》は、どのような意志的行為によってももはや取り除きえない、主観に与えられている損傷を目立たせるものにすぎない。だが制限を加え、とうに過去のものとなった異質な形式を模倣するように厳しく命令することとそれ自体は、自らが抑制するように命じるその当の主観的恣意に従う行為にほかならない。これはヴァレリーによって取り上げられている問題であるが、彼は問題の輪郭は描いているものの、それを解決しているわけではない。ヴァレリー自身によって時折擁護されているたんに選ばれ定立されたものにすぎないような形式は、彼によって軽蔑されている混沌としたもの、〈生命あるもの〉と同様に、偶然的なものにすぎない。今日の芸術の難問《アポリア》は、意志的に権威に結びつくことによって解決されるといったものではない。唯名論的立場を弱めることなく、暴力を用いることもせずに、形式の客観性といったものにいかにしたらたどりつくことができるのか、この問題はいまだ解決されていない。完結性を準備したところで、それが準備されたものである以上、形式の客観性に到達することは妨げられる。擬古典主義的傾向の出現は政治的ファシズムのそれと時を同じくしていた。後期自由主義のもとで主観が陥った苦境と不安定を脱出した状態というものは、主観をその王座から追放することによって実現されるかのように、ファシズムのイデオロギーは偽った。主観の追放は実際は、より強力な主観を持ち出すことによって実現されたにすぎなかった。誤りやすくひ弱な観察するだけの主観にすぎなくとも、客観性を押しつけてくる要求にたやすく譲歩してはならない。さもなくば芸術に無縁な人間が、つまり自己を芸術作品とは無縁な白紙のような存在と見なし、芸術作品はそうした自己に影響を与えるものと見なす俗物的人間が、芸術作品を理解し判断するのにもっともふさわしい人間となるであろうし、非音楽的な人間が最良の音楽批評家となりかねないからである。芸術の認識もまた弁証法的に行われる。観察者が芸術作品に差し出すものが多くなればなるほど、観察者が芸術作品のうちへ浸透させるエネルギーの量もそれだけ一層多量になり、かくて観察者は内的に客観性を認めることになる。観察者のエネルギーが、もし〈投影〉といった観察者の見当外れの主観的なエネルギーであるとしても、芸術作品によって吸収されて消滅するなら、観察者は客観性に関与することになる。主観的逸脱によって芸術作品を完全に捉えそこなうことがあるとしても、しかし逸脱することがなければ客観性は目に見えるものとはなりえない。芸術作品を完全に捉えようとして踏み出す一歩は、そのどれもが芸術作品をして自己疎外へと向わせる一歩にほかならず、それによってたえず新たに例の反乱がひきおこされることになる。つまりどのような種類の形式主義であるかを問わず、形式主義に対する主観性の反乱としてあまりにも皮相的に特徴づけられている反乱が、弁証法にたえず新たに生み出されることになる。芸術作品の強化されていく統合は芸術作品の内在的要求であり、芸術作品の内在的矛盾でもある。内在的弁証法を懐胎する芸術作品は弁証法を懐胎しながら、同時にこの弁証法を解決ずみのものであるかのように巧みに見せかける。これが美的原理における美的虚偽にほかならない。美的物象化の二律背反はまた、いかに断ち切られたものであろうと形而上的なものである作品の主張と、つまり時間から解放されたものであるとする主張と、儚さとの、つまり時間のうちに留まるものとして定立されるものすべてが持つ儚さとの間の、二律背反でもある。芸術作品は自らを絶対的なものとして主張せざるをえないために、相対的なものとなる。ベンヤミンはかつて会話のうちで、芸術作品は現実化されることがないと語ったことがあるが、この命題はその点を暗示するものと言ってよいであろう。芸術が芸術に対して断ち切られながらも繰り返す反乱は、事物のうちに基礎を持つものなのだ。物であるということは芸術作品にとって本質的なことであるが、自己自身が物であることを否定することもまた、芸術作品にとってはそれに劣らず本質的なことであって、芸術が芸術に対して反逆するのはそのためにほかならない。芸術作品が完全に客観化されたものとなるなら、そうした芸術作品は冷え切ったたんなる物にすぎないものとなるであろうし、客観化から遠ざかるなら、そうした芸術作品は無力で主観的な心の動きにすぎないものへと後退し、零落して経験的世界となんら異るところのないものとなるであろう。

原註

（1）カント『判断力批判』Kant, a. a. O., S. 53 (Kritik der Urteilskraft, §1).〔邦訳、一七四頁〕参照。

（2）カント『判断力批判』a. a. O.〔邦訳、一七四頁〕参照。

（3）カント『判断力批判』a. a. O., S. 73 (Kritik der Urteilskraft, §9).〔邦訳、一八七頁〕参照。

（4）アドルノ『ヴァレリーの振れ』引用中の引用文は独訳『ヴァレリーの方位牌』による。Theodor W. Adorno, Noten zur Literatur II, Frankfurt a.M. 1965, S. 79; Zitat im Zitat: Paul Valéry, Windstriche, a. a. O., S. 127.

芸術作品の理論

芸術作品の経験は、生きた経験としてのみ芸術作品にふさわしいものとなると言われているが、このことは観察するものと観察されたものとの関連について、つまり美的知覚の条件としての心理学的充当《カセクシス》についていくつかのことを語っている。美的経験は芸術作品がほかならぬ観察者の視線にさらされて生き生きとする瞬間に、客体によって生き生きとしたものとなる。ゲオルゲが〈絨毯〉[原註(1)]と題する詩法とも言える詩のなかで、これはこの詩を含む巻の表題ともなっている言葉であるが、象徴的に教えているのはこの点にほかならない。作品に内在的な過程特性は観察しながら沈潜することを通して展開される。作品は語ることによってそれ自体が動的なものとなる。人工物においてともかくも統一的な意味と呼んで差しつかえないものは静止的なものではなく、過程的なものであって、こうしたものはどのような作品も必然的に自らのうちに持つ、敵対状態を解決して行くものにほかならない。分析はそのため芸術作品を解体し、解体することによって芸術作品をいわゆる根源的要素に還元するのではなく、芸術作品の契機相互の関連を過程的に把握するときはじめて、芸術作品に接近したものとなる。芸術作品は存在でなくて生成であると言われているが、このことは技術至上主義的に把握することができる。芸術作品の連続性は個別的契機によって目的として要求されているものにほかならない。芸術作品は自らが不完全であり、往々にして取るに足りないものであるがゆえに連続性を必要とし、また連続的なものとなることができる。芸術作品は自己自身の状態によって自らの他者へと移行しうるのであって、自己自身の状態を離れることなく自らを継続し、自己自身の状態を離れることなく没落することを意図し、自らの没落を通して自らの後に続くものを決定する。こうした内在的力学はいわば、芸術作品という高度の秩序を構成するものの一要素にほかならない。もし美的経験に性的経験と類似する点があるとするなら、それはこの点においてであって、しかもこの点において美的経験は性的経験における絶頂感と類似している。性的絶頂感の場合、愛する相手の姿は、そのうちにおける硬直状態がもっとも生き生きとしたものと一体化するにつれて変化するが、それと同様に美的経験の場合においても、いわば経験のもととなる具体的な原型といったものが存在している。しかし個別的な作品だけが内在的に力動的ではなく、個別的な作品相互の関係もまたそれと同様に内在的に力動的なのだ。芸術の関係はそれ自体は静止させられている個別的な作品を通してのみ歴史的なのであって、作品の外的関連を通して、いわんや作品が相互に及ぼすと考えられている影響を通して歴史的なのではない。そのため芸術は影響を及ぼすものといった動詞的定義を嘲笑する。芸術を存在として構成するものそれ自体は態度として、つまり客観性を目指す態度として力動的なのであって、こうした態度は客観性を目指す態度をとり、こうした態度をとるものに変貌することによって客観性を維持することがあるが、それと同様に客観性から身を引くこともある。芸術作品は両立することもなければ一致することもなく、互いに摩擦をひきおこす契機を綜合する。真の芸術作品は同一であるものと非同一であるものとの過程としての一致を追求するが、それは同一であるものと非同一であるものとの統一ですら契機であって、全体を作り上げる呪文ではないからという理由による。芸術作品の過程特性は次の点によって構成されている。つまり芸術作品は人工物として人間の手によって作られたものであり、元来〈精神に固有の領域〉のうちにその場を持つものであるが、しかし自己自身と何らかの形で一致したものとなるためには自己と非同一であるもの、異質的なもの、すでに形式化が完了していないものを必要とするという点によって構成されている。芸術作品は他者からの抵抗に依存するものであるが、こうした抵抗によってうながされて自らの形式言語を分節化し、形式化されていないものとしての染みは一つたりとも残さぬよう努力する。芸術作品の力学はこうした相関性によって決定されている、つまりこうした相関性はいかなる存在においても停止させられることがないという、調停しえないアンチテーゼによって決定されている。芸術作品は運動のうちでのみこうした相関的なものとなるが、それは芸術作品の緊張関係が対立する一方の力ないし他方の力と純粋に一致し、合力を作り上げることによって解消されるものではないということによる。他方、芸術作品は仕上げられ、凝固した客体となることによってのみ、自らの拮抗作用を作用させる場となる。

さもなくば包みこまれた力も互いにすれ違うかあるいは分散したものに終ることになる。芸術作品の逆説的本質、つまり均衡状態は自己自身を否定するものにほかならない。芸術作品の運動は静止し、静止状態を通して目に見えるものとならねばならない。しかし客観的には、芸術作品の内在的な過程特性は芸術作品がなんらかの形で肩入れを行う以前からすでに、芸術作品にとって外的なものに対して、つまりたんなる既存のものにすぎないものに対して芸術作品が行う訴訟にほかならない。すべての芸術作品は現状肯定的作品も含めて、アプリオリに論争的なのだ。保守的な芸術作品の理念には矛盾がまとわりついている。保守的な芸術作品は経験的世界から、つまり自己の他者から強力に自己を切り離すが、それによって経験的世界そのものが他者となるべきことを、つまり経験的世界を変更しようとする無意識的な図式を暴露することになる。モーツァルトのような芸術家においてすら、つまり一見きわめて非論争的で慣習によって純粋なものと見なされているような、精神の領域において運動するかに見える芸術家の作品においてすら、彼が彼の最大の何本かの台本のために選んだ文学的題材は別として、論争的契機が、つまり隔離する暴力が中心を占めている。それは自己を惨めさと偽りから遠ざけ、これらのものを無言のまま非難する暴力にほかならない。芸術作品の暴力はモーツァルトにおいては限定された否定という形式をとる。こうした形式によって現前する和解は痛々しいまでに甘美なものであるが、それはこうした和解が今日にいたるまで、現実によって拒まれてきたためにほかならない。徹底したものであって、自己自身と空虚に戯れることのないような古典主義なら、どのような古典主義においてもおそらく見られるかもしれない、突き放すように一線を画する態度は、突き放されたものに対して古典主義が加えた批判の具体的な現れと言ってよい。芸術作品においてきしみに似た音を発しているものは、芸術作品が纏めようとして努力する、拮抗する契機が発する摩擦音にほかならない。こうした音は文字にほかならないが、それは何よりも言語という記号の場合と同様に、芸術作品の過程的なところが芸術作品の客観化によって暗号化されていることによる。芸術作品の過程特性は芸術作品の時間的核心にほかならない。芸術作品にとって持続は意図となるが、それも芸術作品がいわゆるその日限りのものを自らのうちから遠ざけ、純粋で抵抗力のある形式を通して、あるいはその上、不吉なものである普遍的に人間的なものを通して、自己を自己のうちから永遠化することによって意図となるが、この場合、芸術作品は自らの生命を縮めて概念のまがいものを作り上げる。概念は変化しながら実現されていくものの恒久的な円周であって、その形式からしてほかならぬ無時間的な静力学となるという野心を持つが、こうした静力学は芸術作品の緊張特性に反するものにほかならない。寿命の限られた人間的な形成物である芸術作品は、緊張特性に抵抗して頑になればなるほど、それだけ一層急速に明瞭に衰えを見せるようになる。芸術作品が存続するということは、おそらく芸術作品の形式という概念から排除しえないところかもしれない。しかし存続するということは芸術作品の本質ではない。危険を恐れず敢然と前進していく、一見、滅亡の一路をたどるかに見える作品の方が、安全第一を旨とするあまり自らの時間的核心を用いることなく温存し、それによって結局のところ中心が空虚なものとなり、いわば時間によって復讐され、その餌食となるような作品よりも、つまり古典主義の呪いの餌食となるような作品よりも、通常、生き残るための機会に恵まれている。持続のための策をめぐらし、無力なものを付け加えたところで、こうした思惑は所詮、持続の助けとはなりえない。自らの時間的核心によって自己自身を焼き尽し、真実の出現する瞬間のために自己自身の生命を捧げ、跡形もなく没落していくが、しかし自らの生命をいささかも減らすことがないといった作品も考えられないことはないが、おそらく今日要求されている作品とはこうした作品なのかもしれない。こうした作品のあり方は気高いものと呼ぶことができるが、こうした気高さであるなら、芸術における高貴さがポーズにすぎなくなり、イデオロギーへと零落してしまった今日においても、芸術にふさわしからぬものではあるまい。作品の持続という理念は財産という範疇の焼直しであり、儚い市民的なものにすぎない。こうした理念を知らなかった時代も少くないし、偉大な作品のうちの多くはそれとは無縁であった。ベートーベンは『熱情』を完成したさいに、このソナタは十年くらいは演奏されるかもしれないと語ったと伝えられている。シュトックハウゼンも、電子音楽の作品は伝統的な意味からするなら譜面にとられることもないし、材料のまま直ちに〈現実化〉されるため、材料と何ら変らぬものとなるかもしれないと語っているが、こうした芸術観は芸術を、強力な主張を持ちながら自らを投げ出すことを覚悟するものとして捉えているため、スケールが大きい。かつて芸術に与えられ、芸術をして今日見るようなものとしたその他の構成要素と同様に、芸術の時間的核心もまた外部へ現れ、芸術の概念を破壊する。流行《モード》に反対し、儚さと無とを同一視する通常一般の長広舌は、たんに内面性に反対する側の、つまり内面性を外化する能力を持たず、個人的な存在のうちに頑に留まることによって美的にも政治的にも妥協したものと見なして、内面性に反対する側のお家芸ではない。流行《モード》は商業的に操作されうるものではあるが、それにもかかわらず芸術作品のうちへ深く入りこみ、芸術作品をたんに解体するだけのものではない。ピカソによるコラージュの発明のような発明は高級衣裳店《オートクチュール》の実験を、つまり衣服を伝統的な意味において裁断する代りに、一夜で留針を使って体に合せてひだを取るだけで生地から衣裳に仕立て上げる実験を、絵画へ移植したも同然のことと言ってよい。流行《モード》は意識の歴史的運動を触発し、また芸術作品を触発する、しかもたいていは芸術作品自身にも隠されているその最小限の特徴を触発する、駒のうちの一つにほかならない。

全体と部分の関係を本質とする芸術作品は過程にほかならない。この関係は全体あるいは部分という、そのいずれか一方の契機に狙いを定めるものではなく、それ自体が生成なのだ。芸術作品においてまがりなりにも全体性と呼ぶことを許されているものは、芸術作品のすべての部分を統合する組織ではない。全体性と呼ばれるものは芸術作品を客観化しながらも、芸術作品のうちで活動する傾向によってはじめて作り出されるものでありつづける。逆に部分は、分析によって必ずといっていいほど誤解されているような所与のものではない。部分はむしろ全体を目指して進む力の中心点であって、それはまた、もちろん必要に迫られてではあるが、全体によってあらかじめ形成されているものでもある。概念としての意味はこうした弁証法の渦によって、結局は呑みこまれてしまう。歴史の決定に従ったところで、過程と結果との統一がもはや出現することがないような場合、とりわけ個別的な契機があらかじめ考えられた全体性によって、それがたとえいかに潜在的に考えられたものであれ、自己を形成することを拒むような場合、意味は引き裂かれ、相違が目立つようになる。芸術作品はそれ自体が固定したもの、最終的に決定されたものではなく、動的なものとなるなら、その場合、芸術作品の内在的な時間性は部分と全体に次のような形をとって、つまり両者の関係が時間のうちで展開されるとか、または両者がその関係の解消を通告するといった形をとって伝えられることになる。芸術作品は芸術作品自身の過程特性によって歴史のうちで生きるが、歴史のうちで消滅することもありうる。紙の上に書き記されたもの、絵具によってカンバスの上に描かれたもの、石に刻まれて形となって持続するもの、こうしたものは歴史に解消しえないものであるとしても、それによって芸術作品の本質的な面が、つまりそれ自体が動的なものである芸術作品の精神が、歴史に解消しえないものであるという保証が与えられたことにはならない。人間の芸術に対する見方は物象化した意識によって、歴史的な状況に応じて変化するものと見なされているが、芸術作品はけっして単にこうした芸術作品観の変化に従って変るものではない。こうした変化は作品それ自体において生じる変化と較べるなら、外的なものにすぎない。つまり出現の瞬間には見通されることがなかった作品の層のうちの一つが他の層によって置き換えられること、こうした変化はそれが出現すると共に引き裂かれることになる作品の形式法則によって限定されたものであること、作品は見通されることによって硬化し、老化し、沈黙に至ること、こうしたことに較べるなら外的なものにすぎない。結局のところ作品の展開は、作品の崩壊と不可分なのである。

人工物という概念は〈芸術作品〉という言葉の翻訳にすぎないが、この概念を用いたとしても、芸術作品と呼ばれているものにはある程度のところまでしか接近しえない。芸術作品を作られた物として知るものは、それを芸術作品として知ることはけっしてない。芸術作品の作り物としての側面を過度に強調するなら、こうした強調は芸術を人間を欺瞞する方法として誹謗するか、あるいはいわゆる悪質で人工的な芸術、つまり作為的な芸術を、妄想の結果である直接的な自然としての芸術と対立させ、後者をとる俗物的な見方に好んで同調するかの、そのいずれかに終ることになる。芸術を単純に定義することは、すべての現象を分類して整理する哲学的体系によって好んで行われてきたことにすぎない。たしかにヘーゲルも美に定義を下しているが、しかし彼は芸術を定義したわけではなかった。それはおそらく、彼が自然との一致と自然との相違の両面から芸術を認識したためかもしれない。芸術においては作られた事物であるという一面と、生成、つまり作り上げるものであるという一面があり、両者の相違は際立っている。芸術作品はたんに作られた物に留まらず、それ以上のものとなった作り物にほかならない。この点は、芸術が自らを儚いものとして経験するようになると、それ以後はじめて曖昧なものとなる。芸術作品をただ単に生成するものと取り違えたため、つまり生成という行為をあたかも生成の結果を解く全体的な鍵であるかのように取り違えたため、芸術学は本質的に芸術とは無縁なものにすぎなくなった。なぜなら芸術作品は生成としての自己を食い尽すことによって、自らの形式法則に従うものであるから。芸術作品に夢中になるという美に特有の経験は、芸術作品の生成については意に介さない。生成にかんする知識は、『英雄』献呈の経緯がこの交響曲において音楽的に生じることにとっては外的なものにすぎないのと同様に、こうした美的経験にとっては外的なものに留まる。真正の芸術作品が美外的客体に対してとる態度を、こうした客体が創作過程に影響を及ぼした事実のうちに求めることは、さらにそれ以上に不可能であると言ってよい。芸術作品それ自体はたとえ客体に背を向ける場合ですら、客体に反応する行動方式にほかならない。たびたびオペラ化もされてきた周知の、本物のナイチンゲールと模造のナイチンゲールというアンデルセンのモチーフに対して、カントが『判断力批判』において加えている批判を想起して欲しい。原註(2)このモチーフに結びつけて行われているカントの考察において、現象の発生についての知識は、現に存在するものについての経験にとって代るものとされている。ナイチンゲールの鳴き声を真似する若者が区別がつかぬほど巧みに鳴き声を実際に真似することができると仮定するなら、現象に異議を唱えその真偽を問うことなどどうでもよいこととなる。ただしカントにも、この種の知識によって美的経験に変化が与えられるという点からするなら、問題はないわけではないが。絵画は画家の名前を知る場合と知らぬ場合とではおのずから異ったものに見えてくる。一応いかなる芸術も前提を欠くことはないし、また芸術の前提となるものは、そこから必然的に芸術が生み出されることがないにせよ、芸術から除外するわけにもいかない。アンデルセンはカント流の職人として努力するかわりに、すぐれた本能に従っておもちゃを作り上げようとして励んだ。ストラビンスキーのオペラは、オペラの響きに機械的な音という特徴を与えている。それによって自然の歌声との相違が、現象から聴き取りうるものとなる。人工物は自然であるかのような幻想を目覚めさせようと意図するやいなや挫折する。

芸術作品は過程の結果であり、それと同様に静止状態における過程そのものでもある。芸術作品は、合理主義的な形而上学がその頂点をきわめたさい世界原理として宣言したもの、モナド、つまり力の中心であって同時に物であるものにほかならない。芸術作品は互いに対して閉ざされ盲目であるが、しかし閉ざされることによって外部にあるものを表象する。芸術作品はいずれにせよこのようにして生きた人工物として、つまりゲーテによってモナドと同義語であるエンテレケイアという言葉で好んで呼ばれてきたものとして、伝統的に出現してきた。目的概念は有機的自然のうちで疑わしいものとなればなるほど、それだけ一層凝縮されて密度の濃いものとなり、芸術作品へと変えられたと考えることも可能なのだ。芸術作品は、歴史や社会が絡み合っている時代精神が持つ、それを覆い尽す連関という契機としてモナドとしての自己を乗りこえて行くが、それにもかかわらず芸術作品にはその内をのぞけるような窓がない。それ自体として静止し、結晶化した内在的過程として芸術作品を捉える解釈は、こうしたモナドの概念に近づく。作品の単子《モナド》論的特性にかんするテーゼは問題を孕んでいると同様に、真実でもある。芸術作品に特有の強制力と内在的に組織化された状態は、精神によって行われている現実支配からの借り物にほかならない。その限りにおいて芸術作品をして内在的連関一般たらしめているものは、芸術作品にとっては超越的なものであり、芸術作品の外部からやって来たものにすぎない。しかしこの場合、現実の範疇は広汎に変更を加えられているため、芸術作品において は明確さは消え、その影を残すに留まる。美学は、個別的作品のうちへ没頭することを不可欠の前提としている。アカデミックな芸術学においてすら内在的分析が要求され、芸術にまつわるあらゆることに気をくばりながらも、芸術そのものには気をくばることがないといった方法と絶縁することが要求されており、こうした面においてアカデミックな芸術学が進歩しつつあることは否定できない。それにもかかわらずアカデミックな内在的分析には自己欺瞞がつきものとなっている。形式と一致することがなくとも、普遍的なものとしてモナドから出現して来るような特殊なもの、そのようなものとしての芸術作品の定義は見られない。概念はモナドを内部から解明し、再びそれを破壊するためには、モナドの外側から近づけられねばならないが、こうした概念がたんに事柄からのみ汲み尽されたかに概念によって主張されているものの、このような主張はいい気なものと言わざるをえない。芸術作品の単子論的構造それ自体が自己を超えたものを指し示している。こうした構造の絶対化を行うなら、内在的分析は世界観を作品から抽象することをやめて作品の内部へ立ち入ることを意図し、そうすることによって防ごうとしながら当のイデオロギーの餌食となる。内在的分析は、かつては俗物性に反対する芸術的経験の武器であったが、今日ではすでに芸術を絶対化し、この絶対化された芸術から社会的意識を遠ざけるための合言葉として、まぎれもなく悪用されているのである。しかし芸術作品は内在的分析を欠くなら、芸術作品に契機を与えるものとの関係が把握されることも、また芸術作品自体の内容が解読されることも不可能となる。芸術作品の社会に対する盲目性は、自然支配的な普遍性を矯正するばかりでなく、こうした普遍性の相関概念でもある。盲目的なものと空虚なものとは例外なく相手に抽象的にではあるが、帰属しているように。芸術作品における特殊なものは、特殊化されることによって一般的なものとならないなら、正当なものとは言えない。美的内容が分類されることはたしかにありえないが、しかし分類の手段を欠くなら、美的内容はそれを考えることすら不可能となる。こうした場合、美学は芸術作品を前にして、さながら不動の事実を前にするかのように降伏を余儀なくされるであろう。しかし美的に規定されたものがその普遍性の契機と関連づけられるのは、それがモナド的に閉ざされたものとなる場合に限られる。内在的分析は造型されたものとの接触が十分に密接である場合にのみ、規則的なものでありながら、構造的なものを明らかにし、それによって極端に特殊化されたものに含まれている普遍的規定を探り当てる。こうしたこともまた確かにその前提としての分析的方法によっても可能となる。説明するということは既知のものへ還元することを意味し、説明すべきものと既知のものとの綜合は、不可避的に普遍的なものを含むことになる。しかし特殊なものの普遍的なものへの転換は分析的方法と同様に、事柄によっても決定づけられている。事柄はそれ自体が収縮してその極限にたどりついている場合、ジャンルに由来する強制力を行使する。そうした転換の一例として、アントン・ウェーベルンの音楽的作品を挙げることができるが、彼の作品はソナタの楽章をアフォリズム的に縮めたものにほかならない。美学はその対象によって呪縛されているかのように、自らの概念を巧妙に隠す必要はない。美学において重要なのは、概念を外的なものから解放して事柄に近づけ、この事柄を概念のうちへ持ちこむことにほかならない。ヘーゲル流の概念の運動がその場を持つところがあるとするなら、そうした場は美学をおいて他には見られない。普遍的なものと特殊なものとの相互作用は、芸術作品においては無意識的に出現するものであり、美学によって意識へと高められねばならないものであるが、こうした相互作用を真に捉えるなら、そうした芸術観はいや応なしに弁証法的なものとならざるをえない。弁証法的芸術観は独断論に対する信頼感をいまなお残し、それに依拠するものであるかのように主張する異論が、あるいは持ち出されるかもしれない。また概念の運動はヘーゲルの体系の外側にあるいかなる領域においても生存権を持たないと主張する、つまり客体の全体性が精神と一致させられているところにおいてのみ、事柄は概念の生として把握されるにすぎないと主張する異論が、あるいは持ち出されるかもしれない。これらの異論に対しては以下のように答えることができる。芸術作品というモナドは、それ自身の特殊化の原理を通して普遍性へ至ると。芸術を普遍的なものとして規定する規定は、たんに芸術の概念的反省によってのみ必要とされているものではない。個別化の原理はその逆の原理と同様に、概念によってその存在を証明しえないものであるが、芸術を普遍的なものとする規定は、こうした個別化の原理の限界を暴露するものにほかならない。芸術作品は個別化の原理の追求において、妥協することが少ければ少いほど、この限界にますますぎりぎりのところまで接近して行く。普遍的なものとして登場する芸術作品にも、それをジャンルの一例にすぎないものとする、偶然性という特性が離れることなくつきまとう。こうした芸術作品は悪い意味において個別的なのだ。ダダイズムは純粋なこれをさし示す身振りであるが、こうしたダダイズムですらこれという指示代名詞と同様に、普遍的なものにほかならない。表現主義は創造活動としてよりも、理念として強力なものであったが、このことは、純粋にここにあるものとなろうとする表現主義のユートピアが、いまだ偽りの意識の一部にすぎないという事実におそらく起因するのであろう。しかし芸術作品における普遍性が実体的なものとなるのは、それが変化する場合に限られる。そこでウェーベルンにおいては、展開部という普遍的な音楽的形式は〈節〉に変り、展開部としての機能を失う。こうした機能に代って、配列されたそれぞれ強さの異る一連の断片が現れる。このように配列されることによって、節状の部分はかつて展開部であったものとは全く別のもの、つまりそれ以上に現状に近いものとなるが、関係という点においてはそれ以上に結びつきの弱いものとなる。普遍的なものと個別的なものとの弁証法は個別的なものの真只中を、たんに普遍的なものという竪坑目指して下降していくだけではない。この弁証法は同様に、普遍的な範疇という定数をつきくずす。

　芸術についての普遍的概念を用いて芸術作品に接近しようとしても、成功することは皆無に近いが、芸術作品はそれによってヴァレリーがかつて述べた事実を、つまり芸術の厳しい概念を充たしているような芸術作品はごく稀であるという事実を証明する。その罪を負うべきなのは、芸術家の問題という大きな概念を前にした非力な芸術家だけではない。むしろ概念そのものの方にあると言わなければならない。芸術作品が芸術から出現してくる理念に完全に身を委ねれば委ねるほど、芸術作品とその他者との、つまりそれ自体が芸術作品の概念によって要求されている他者との関連は、ますます不安定なものとなる。しかしこうした関連は前批判的意識を、つまりもの狂おしいまでの初々しさを犠牲にすることによってのみ保存可能なものとなる。これが今日の芸術の難問《アポリア》の一つにほかならない。最高の作品がもっとも純粋な作品ではなく、芸術に属することがない余りものを、とりわけ内在的構成にとって重荷である、変ることなく素材に留まるものを含んでいること、それが通例であるということは一目瞭然と言ってよい。さらにまたこうした不純なものが故意に挿入されたものではないこともまた、つまり芸術とは無縁の反省されざるものを規範としたり、これを支えとすることなく芸術作品の形式としての仕上げが行われたあとで、故意にふたたび挿入されたものではないということもまた、紛れもない事実にほかならない。純粋な芸術作品の危機はヨーロッパ的破局のあとを追うかに見えるが、こうした芸術作品が自己から抜け出し、素材を芸術の外に求めたところで、危機はそれによって解決しうるものではない。芸術外の素材は道徳的熱情《パトス》によってこうした危機を打ち消し、それによって事態を容易なものに見せかける。こうした最小抵抗線を選ぶ行為も、結局のところ規範を作り出すことに役立つにすぎない。芸術における純粋なものと不純なものとの二律背反は、芸術の諸ジャンルの大概念ではないという、より普遍的な二律背反の一部にすぎない。ジャンルは互いに境界が入りまじっていると同様に、特有の境界を持ちそれによって縁取られているのである[原註(3)]。その程度を問わずすべての伝統主義の擁護者たちが好んで口にする、これでも音楽なのかといった問は不毛なものにすぎない。こうした問が不毛であるにもかかわらず、芸術の非芸術化とは何であるかを具体的に分析したところで、こうした分析は実際的なものであるとしても、それによって芸術は反省されることなく芸術自体の弁証法とは無関係に、美外的なものに近づけられることになる。こうした分析とは逆に、規範を問題とする態度は、芸術の本質であるところの、ひそかに互いから切り離されている契機によって行われる運動を、抽象的な大概念の助けをかりて阻止しようとする。しかし現在芸術がもっとも活発に活動しているところは、芸術によって芸術の大概念が解体されているところにほかならない。芸術はこうした解体を行うことによって自己に忠実なものとなる、つまり不純なものを雑種と見なし、その模倣《ミメーシス》を禁じるタブーに違反するものとなる。芸術の概念が芸術に妥当していないということは、言語によっても意識されているが、こうした意識の現れが、たとえば言語芸術といった表現にほかならない。文学史の専門家はこの表現を文学に対して選び、首尾一貫した形で用いた。しかし文学史の専門家は首尾一貫することによって、文学に対して暴力をふるうことになる。文学は芸術作品であるが、しかしまたその相対的に論証的な要素ゆえに、たんなる芸術作品に留まることもなければ、必ずしも芸術作品であるとも限らない。芸術家は、たとえいかに芸術の仕事に励もうとも、たんに作品にのみかかずらわっていることは不可能であり、芸術はその限りにおいても、けっして芸術作品に解消されることはない。芸術とは何かという問はその上、芸術作品そのものの意識とも関係がない。目的を持つ形式、つまり礼拝の対象であったものは、歴史的にはじめて芸術となることができる。この点が承認されることがないなら、その概念のうちに生成を生きたものとして含む芸術を自明なものと考え、こうした自明性に振り回されることになる。ベンヤミンは芸術作品と記録との相違を強調しているが[原註(4)]、彼の指摘は、それ自体形式法則によって決定づけられていないような作品を芸術作品から追放している点において、今日なお正しさを失っていない。しかし作品のうちには、たとえいささかも芸術として振舞うことがなくとも、客観的には芸術であるような作品も少くない。〈ドクメンタ〉はたとえ大きな功績のある展覧会であることは事実としても、記録《ドクメンタ》という名称によってこうした込み入った問題を無視し、それによってそれ自体が同時代的なものの美術館として抵抗することを意図している、美的意識の歴史化を逆に推進する結果に終っている。この種の概念、とりわけモダニズムの古典的な作家といった俗称などは、第二次大戦後の緊張を喪失した芸術に、それは往々にして出現の瞬間においてすでに無気力なものとなっている芸術であるが、ふさわしいものであるとしても、あまりにも安易に用いられすぎている。これらの概念は、自己自身のために臆面もなく原子力時代といった名称を用いている時代を手本とし、こうした時代に順応するものにほかならない。

　歴史的契機は、芸術作品にとって本質的なものと言わなければならない。真正の芸術作品とはその時代の歴史的な素材内容に無条件に身をゆだねる、しかも自己を時代を超えたものと見なすような己惚れを持つことなしに、身をゆだねる作品にほかならない。こうした作品は自ら意識することがなくとも、その時代の歴史を記述するものであり、とりわけこの点において認識のための仲立ちとなる。しかしほかならぬこの点によって、真正の芸術作品は歴史主義にとって得体の知れぬものとなるが、それは歴史主義が芸術作品自体の歴史的内容を追うかわりに、芸術作品をして芸術作品にとって外的なものである歴史へと還元するためにほかならない。芸術作品は、その歴史的実質が作品を経験するものの実質と重なり合ったものであることが多ければ多いほど、それだけいっそう真実として経験されることになる。自己自身の時代の芸術作品よりも、遠い過去の作品の方がよりよく理解できるかのような仮定が行われているが、こうした仮定もまた芸術の市民的内容をイデオロギー的に覆い隠すものにほかならない。その時代の第一級の芸術作品がそのうちに孕む経験の層は、つまりこれらの芸術作品のうちで語りかけようとしているものは、客観的精神としてこの作品と同時代の人間にとっては、歴史哲学的前提が現実的であろうとする意識にとって疎外されているような作品よりも、比較にならぬほどはるかに理解しやすい。精神を集中して理解しようとすればするほど、バッハはその眼差しに一層深く謎の色をたたえながらも全力をあげて見つめ返す。様式意志によって堕落させられていないような生き生きとした作曲家が、音楽学校における練習曲の域を超えたフーガを作ろうとしても、『平均律クラヴィア曲集』のパロディかあるいはそのみじめなやき直し以上のものは、おそらく思い浮べることすら不可能であろう。現代芸術が与える強烈な衝撃やその異化的身振りは、現代芸術という地震計によって記録された普遍的で不可避的な反応形式にほかならないが、これらのものは単に歴史的に物象化されることによってのみ身近なものとして出現するにすぎないものより、身近なものなのだ。万人にとって判りやすく思われているものは、不可解になったものにすぎない。操作された人々がわきに押しやるものは、彼らは隠しているが、その実判りきったものになりすぎたものにほかならず、このことは、不気味なものはひそかに熟知されたものとして不気味であるにすぎない、というフロイトの格言に通じている。操作された人々が押しやるものは、そうすべく熟知されたものであるがゆえに脇へ押しやられるのである。鉄のカーテンの向う側の社会主義圏において、文化的遺産と呼ばれて受け入れられ、その手前の西側において西欧の伝統と呼ばれて受け入れられているものは、単に自由に処理することが可能なねじ曲げられた経験にすぎない。こうした経験は慣習の熟知するものにほかならないが、熟知されたものは慣習によってもはや現実化されることはない。こうした経験は直接的に近づきうるものとされるやいなや、その瞬間にたちまちにして死滅したものとなる。経験が緊張を欠いた近づきやすいものとなることは、経験にとってその最後を意味している。このことは以下の点からも証明されるであろう。つまり古典に祭り上げられ[原註(5)]、その保存が執拗に繰り返し行われているような作品は、不可解でまぎれもなく理解を絶した作品であること、また伝統的作品に対して行われる解釈は、取り上げられることがますます稀となり、取り上げられても攻撃を加えられるにすぎない前衛的解釈は、例外として偽りであり、背理的なものにすぎないこと、つまり客観的な無理解を示しているにすぎないといった点からも証明される。無理解につつまれているこうした作品を認識するためには、言うまでもなくまず第一にこれらの作品や解釈をさながら緑青のように覆い尽している、判りやすさという仮象に対して抵抗することが必要となる。美的消費者は、判りやすさという仮象が奪われることに対して強い拒絶反応を示す。美的消費者が財産として守るものを奪い取られるように感じたとしても、それは必ずしも不当とは言えないが、ただこうした消費者は自らが奪い取られたかのように感じるものを、自らの財産でもあるかのように言い立てその返還を求める時、たちまちにしてそれを実際に奪われることになることを知らない。世界に対するよそよそしさこそ、芸術の契機にほかならない。芸術を無縁なものとして知覚せず、それとは別のものとして知覚する人間は所詮、芸術を知覚することはない。

芸術作品における精神はつけ加えられねばならぬものではなく、芸術作品の構造によって定立されたものにほかならない。芸術作品は呪物特性を持つが、この特性を残していることに対して少からず責任を負っているのはこの点なのだ。芸術作品の精神は芸術作品の状態から結果的に生れてくることによって、必然的に即自的なものとして出現するが、芸術作品は即自的なものとして出現する場合に限って芸術作品となる。それにもかかわらず芸術作品が芸術作品における客観的精神を含めて、作られたものであることに変りはない。反省は呪物特性を批判的に解体すると同様に呪物特性を把握し、芸術作品の客観的表現としていわば認可しなければならない。その限りにおいて美学には、芸術を嗅ぎまわる反芸術的な要素が混入していると言ってよい。芸術作品は企まぬものを企むものにほかならない。芸術作品は企むものに味方し、また企まぬものに対して暴力を振う。芸術作品は人工物としての自らの状態に従い、それに従うことによって自らの状態と衝突する。どのような芸術作品も自らのうちに封じこめている力学が、芸術作品の語りかけるものにほかならない。それ自体力動的なものである作品も、結局のところ固定化されたものにほかならないが、他方、作品は固定化されることを通してのみ客観化されて芸術作品となるということは、作品にまつわる逆説の一つにすぎない。芸術作品はこのように精神を集中して観察すればするほど、ますます逆説的なものとなる。どのような芸術作品も一致したものとはなりえぬ一個の体系にほかならない。芸術作品の生成自体からしてもし固定化されることがないなら、自らを描き出すことすら不可能となる。たとえば固定化されることがない即興曲はたんに並列的なものとなるのが常であって、それはいわば足踏みをするものと言ってよい。固定化された文学や楽譜はひとたび離れて外から眺めるなら、意味からするなら生成するものでありながら、実際には現存在にすぎないという逆説によって奇異の念を与える。模倣的衝動《ミメーシス》は芸術作品を動かし、芸術作品のうちへと統合されて芸術作品を再び解体するものであり、無力で言語を欠く表現にすぎない。模倣的衝動《ミメーシス》は芸術として客観化されることを通して言語となる。芸術は自然を救済するものでありながら、自然の儚さに対していきり立つ。芸術作品は自らの構成要素を統合しつつ生成することによって、言語に似たものとなる、つまり言語的作品であって言葉を欠いている文章となる。言語的作品が語ることは、その作品の言葉が語ることと同じものではない。模倣的衝動《ミメーシス》は意図を欠く言語によって、自らを綜合するところの全体へと伝えられる。音楽の場合、一つの出来事あるいは状況は自らに先行する展開を、それ自体不気味なものではなかったにもかかわらず、不気味なものに変えることができる。こうした回顧的な変形は精神による作品の変形の一例にほかならない。芸術作品は心理学理論の根底にすえられている形態と異るが、それは、芸術作品における構成要素が若干の自主性によって支えられている点においては変りはないものの、可能とされる自主性の程度が芸術作品の場合と心理学的形態の場合とでは異ることによる。また芸術作品は現象として出現するものであるが、その限りにおいて直接的に与えられたものとされている心理学的形態と異る。芸術作品は精神的に媒介されたものとして、相互に矛盾に充ちた関係を作り出すが、こうした関係は芸術作品によって、芸術作品がその矛盾を調停する程度に応じて描き出される。芸術作品の構成要素は並列的に置かれたものではなく、互いに摩擦し合うかあるいは互いに引き寄せ合うもの、つまり一方が引き寄せようとすると、他方が突き放すといった関係にある。こうした関係だけが高い望みを抱く作品の連関なのだ。芸術作品の力学は芸術作品から語りかけるものであるが、芸術作品は精神化を行うことを通して、自らの精神が元来服従させているにすぎない模倣的特徴《ミメーシス》を獲得する。ロマン派の芸術は模倣的契機《ミメーシス》を、形式によって媒介することなしに保存しようとする。その結果全体を通して語るものは、個別的な作品によってはもはやほとんど語りえぬものにすぎなくなる。それにもかかわらずロマン主義的芸術も客観化への強制を、たやすく無視することはできない。この芸術は客観的に綜合を拒むものを非拘束的なものに引きさげる。ロマン主義的芸術においては細部は乖離しているが、それと同様にこの芸術にはその表面の質とは対照的に、抽象的で形式的なものへと向う傾向が見られる。最大の作曲家の一人であるローベルト・シューマンの場合、こうした質は本質的に崩壊へ向う傾向と結びついている。彼の作品は純粋なものであることによって和解することのない拮抗状態を浮彫りにしているが、彼の作品に力強い表現と一級品としての質を与えているものは、こうした純粋さにほかならない。形式が抽象的に自己自身を目指すものに留まっているために、ほかならぬそのためにロマン主義的芸術作品は、自らが形式主義的なものとして非難する古典主義的理想の域に到達することなく、それ以下のものへと後退する。古典主義的理想においては、全体と部分との媒介はロマン主義芸術におけるよりもはるかに強力に追求されたが、そこにおいてももちろん、個別的なものが全体によって裁断されるとか全体が典型によって方向づけられるといった、諦観的な特徴が見られないわけではない。ロマン主義の堕落形態がアカデミズムへ傾斜して行く姿が、今日至る所で見受けられる。芸術作品についての手堅い類型学は、アカデミズムとロマン主義との結合の産物にほかならない。芸術作品は二つの類型に分類され、一方は上から、つまり全体からその下に置かれているものを目指して進むもの、他方はそれとは逆の方向を目指すものと見なされる。芸術作品がこうした二つのタイプにある程度まで明瞭に分類されるということ、この事実はこうした二つのタイプを生み出し、そのどちらのタイプによっても解消しえない二律背反が存在することを、つまり統一と特殊化とは和解しえないものであることを証明している。ベートーベンは彼に先行する時代において支配的であった実践に従って、個別的なものを図式的に抹殺するかわりに、自然科学に見られる成熟した市民的精神に類似した精神に従って、個別的なものから質を奪うことによってこうした二律背反に立ち向った。ベートーベンが単に音楽を生成するものの連続体に変えて統合しただけでなく、形式を空虚で抽象的なものに変えかねない、台頭しかけていた傾向から防禦することに成功したのはそれによる。個別的契機は没落していくものとして相互に移行し合い、それぞれの没落を通して形式を決定する。ベートーベンにおいては、個別的なものは全体を目指す衝動として存在しているが、こうした個別的なものはそれでいてまた次のようなものでもない。つまり単に全体においてのみ個別的なものとなるが、しかしそれ自体は調性という相対的に曖昧でたんなる根本的関係にすぎないものへと、つまり無定形なものへと傾斜していくようなものでもない。彼の音楽はぎりぎりのところまで分節化されている音楽であるが、十分近寄ってこの音楽を聴くなり読むなりするなら、無の連続体に似てくる。彼の偉大な作品のうちのどの作品にも見られる力業は、文字通りヘーゲル的に無の全体性が規定されることによって存在の全体性へと変えられることになるといったもの、しかも絶対的真実であるとする主張を伴うことなく、かろうじて仮象として変えられることになるといったものにほかならない。しかし絶対的真実であるとする主張は全く見られないのではなく、最高の内容としてその内在的強制力を通して、少くとも暗示されている。潜在的に分散的で把握しえないものと、それを強制的に何かあるものへと纏め上げる呪縛的な暴力とは対極的なものであるが、両者は共に自然の契機を代表するものにほかならない。彼の楽章のうちのどの楽章も分裂することによって、区別のつかぬほど微小な統一体にわかれて行くが、こうした統一体はデーモン、つまり塊にすぎないものを鍛えたり投げつけたりする作曲する主体と対立するものであって、結局はもはや材料ですらなくなり、調性の根本的関係を示すむきだしの座標系にすぎなくなる。しかし芸術作品はその弁証法が文字通りの弁証法ではなく、それがひそかにモデルとする歴史が生起するようには生起することがないという、その限りにおいても逆説的なのだ。人工物という概念にとっては芸術作品の弁証法とは、存在する形成物によって行われる再生産、つまり過程とは反対のものであるこうした形成物によって行われ、同時に過程でもある芸術作品の再生産を意味している。このような弁証法は、芸術の幻想的契機の範例であると言って差しつかえない。こうして見るなら、ベートーベンの作品から以下のような類推を行うことも、つまり真正の作品はすべて実際に用いられている技術からするなら、力業にほかならないといった類推を行うこともあながち不可能なことではない。ラヴェル、ヴァレリーといった後期市民時代を代表する芸術家のうちには、こうした力業を彼ら自身の課題として認識していた芸術家が少からず見出される。かくて芸人《アルチスト》という概念が再び登場することになる。芸は芸術の先駆的形式でもなければ、その変種でも退化した形でもなく、それは芸術が堅く口を閉ざしながらも結局は漏らすことになる芸術の秘密にほかならない。芸術は高級な洒落にすぎないというトーマス・マンの挑発的な命題は、その点を暗示したものと言ってよい。美的な分析であれ技術至上主義的な分析であれ、作品の力業を認めるなら実り豊かなものとなる。最高の形式水準を備えた作品においては、蔑まれているサーカスの芸が、つまり重力を征服する芸が繰り返されているのが見られる。サーカスにおいて全力を傾注して行われている人目に曝されている不条理な行為は、それ自体が事実上すでに美的謎特性にほかならない。こうした点はことごとく芸術解釈によって現実的な問題として取り上げられているが、そこでは問題が解決されることなく問われているにすぎない。演劇あるいは音楽的作品を正しく上演あるいは演奏するということは、演劇あるいは音楽的作品を問題として公式化し、問題が註釈者につきつける矛盾した要求を、矛盾したまま認識することを意味している。作品に即した演出という課題は、原理的には無限の可能性を含むものと言わなければならない。

どのような芸術作品も経験と対立することによって、いわば綱領的に自己に自己の統一を与える。精神を通過したものは偶然的なものであって同時に混沌としたものである、悪しき自然状態に抵抗するものとして自己を規定する。統一はたんなる形式以上のものであって、芸術作品はこうした統一によって、死としての乖離状態を免れる。芸術作品の統一は、芸術作品による神話の中断にほかならない。芸術作品それ自体はその内在的規定に従って例の統一を、つまり合理的認識によって経験的対象に刻印されている例の統一を獲得する。統一は芸術作品自身の要素から、つまり雑多なものから出現してくるが、これらの要素は神話を根絶するものではなく、神話を和らげるものにすぎない。この画家は人物を一つの場面に纏め上げ調和的な統一を作り出す方法を心得ていたといった言い回しとか、あるいはバッハの前奏曲は時と所を得たオルゲルプンクトによって、幸運とも言うべき効果を引き出しているといった言い回しは——ゲーテその人ですら往々にして、こうしたタイプの公式化をしりぞけることなく用いているが——いささか古めかしく田舎じみたものであるが、それはこうした言い回しがいまだ、内在的統一という概念に至っていないことによる。そこではまたどのような作品も、恣意のあふれたものであるかのように見なされていることは言うまでもない。こうした言い回しは無数の作品における無数の欠点を、それが本質的な欠点でさえなければほめたたえる。芸術作品の材料による統一は芸術作品の形式と契機とが類型《トポス》的なものとなり、個別的作品という複合体から直接由来することがなくなる度合が高くなればなるほど、ますます仮象的なものとなる。内在的仮象に対する新しい芸術の抵抗、つまり自らを非現実的なものの現実的統一体であると強調する新しい芸術の主張には、それ自体が反省されることがない直接性であるかぎり、いかなる普遍的なものももはや許容してはならないとする局面が含まれている。しかし統一はかならずしも作品の個別的衝動から出現するとは限らないということは、たんに作品の仕上げのうちにその原因があるのではない。仮象はまた個別的衝動によっても制約されている。これらの衝動は自らを実現し和解させてくれるかもしれない統一を、必要にかられつつ憧憬のまなざしをもって見詰めるが、他方、これらの衝動はつねにまた統一から遠ざかることを意図する。これは、統一と綜合に偏見から好意的な観念論的伝統によってなおざりにされてきた点にほかならない。統一は何よりも次の点を、つまり個別的契機がその方向を持つ傾向を通して、統一を逃れて行く点をその動因としている。質を欠いたまま自らの形式化を先取りすることもなければ、形式化の網の目によって捉えられることもない認識理論の混沌とした材料と同様に、多様な形で散在しているものも、美的綜合に対して中立的態度を示すことはない。芸術作品の統一は不可避的に、雑多なものに対して暴力を振わざるをえなくなるが――美的批判に繰り返し見られる材料を支配するといった表現は、その徴候を示すものにほかならないが――そのため雑多なものもまた、古代神話に見られる儚くて誘惑的な自然の形象と同様に、統一を恐れねばならなくなる。精神《ロゴス》による統一は切断する統一として罪と係り合い、罪連関の一部となる。ホメーロスに見られる、昼間織った布を夜になると解きほぐすペネローペについての説話は、説話によっては意識されてはいないが、芸術のアレゴリーであると言ってよい。策略の多い女ペネローペが布という自らの人工物に対して犯す罪は、実際は彼女が彼女自身に対して犯す罪にほかならない。このエピソードはホメーロスによって叙事詩に取り入れられて以来、安易に誤解されてきたが、付け足しとか何かの残り滓といったものではなく、芸術の本質的範疇にほかならない。芸術は統一したものと雑多なものとを一致させるという不可能な仕事を自らの本質的範疇とし、それを自らの統一の契機として受け入れる。理性と同様、芸術もまた奸智にたけたものと言ってよい。もしこうした統一の契機を無視して、芸術作品の分散的な面に身を委ねるなら、つまり芸術作品の直接性である個別的衝動に身を委ねるなら、芸術作品は跡形もなく四散してしまうであろう。いつもは雲散霧消するものも芸術作品のうちにその痕跡を残す。衝動は統一されることによって自立的なものでなくなり、非自立的なものへと引き下げられる。衝動が自発的なものと見なされることがあるとしても、それはせいぜい比喩的にそう見なされているにすぎない。ひときわ偉大な芸術作品もまたこうした事態にとっては例外ではなく、そのため批判を免れることはできない。偉大という観念は統一契機そのものと結びつくのが常であって、そのため往往にしてこの契機と非同一のものとの関係が犠牲にされることになる。偉大という概念そのものが芸術においては疑わしいものとなるのは、そのためにほかならない。偉大な芸術作品、とりわけすぐれた建築物はその権威主義的影響によって正当化されたり告発されたりしている。統合的な形式はたとえ支配を洗練することはあるとしても、支配と絡み合っているのだ。統合的な形式に対する本能的な反撥は、フランス文化に特有のものとなっている。偉大さは作品の罪にほかならないが、こうした罪を欠くなら、作品は十分なものとなることはできない。すぐれた断片的な作品が完成された作品に対して持つ優位、またすぐれたものではないが仕上げられてはいる断片的作品の断片的特性が、完成された作品に対して持つ優位はその点に由来するのかもしれない。形式上の類型のうちには、とくに最高の評価を受けてきたわけではないにもかかわらず、この種の優位を示してきたものが少からず見られる。音楽の場合における混成曲と接続曲、文学の場合における叙事詩的なもの、つまり力動的統一という理想からするなら、一見その弛緩したものとしか見えないものは、必要によって生み出された結果であることを証明している。こうしたものにおいては、統一はいたるところで放棄されているが、こうした放棄はそれ自体が形式原理であり、たとえ形式原理としての水準がいかに低いものであろうとも、統一、つまり自己自身を通して一部門を形成するものでありつづける。しかしこうした統一は拘束することがないものであるが、拘束することがないものというこうした契機によって、おそらくこの種の芸術作品は拘束されているのかもしれない。統一は自らを固定化するやいなや、それに先立って失われることになる。

芸術作品のうちでは、一体化したものと雑多なものとは相互に絡み合っているが、その絡み合いは、芸術作品の迫力を問うことによって捉えることができる。迫力は雑多なものの手から全体性の手へと譲り渡される、統一によって作り出される模倣《ミメーシス》であるが、この場合、全体性は巨大な迫力として知覚される形をとって、つまり全体性のうちにせき止められていた力が、全体性から細部へ向っていわば返却されるといった形をとって出現をみることはない。芸術作品が自らの契機のうちの少からぬ契機によって緊張度を高め、準備を整え、力を発射することが芸術作品自体の目的となるなら、その効果を大いに発揮することになる。構成と構造を統一している大きな統一体は、ただたんにこうした迫力を生み出すためにのみ存在しているかに見える。こうした点から眺めるなら通常の美的見解とは逆に、全体は実際は部分のために、つまり全体を作り上げている瞬間のために存在しているのであって、その逆ではないと言えるかもしれない。つまり模倣《ミメーシス》に逆らうものが、結局はあくまでも模倣《ミメーシス》に奉仕するものとなると言ってよい。音楽の形式に注意をはらわず、それどころかおそらく形式に気附くことすらなく、音楽の個々の部分のみを受け取るような前芸術的反応を示す人間であろうと、何かを知覚していることに、つまり美的教養によってもっともらしく追放されてしまうが、それにもかかわらず美的教養にとって本質的なものでありつづけるものを、知覚していることに変りはない。美しい部分を理解することがないものは——たとえば絵画の場合、プルーストによって描かれたベルゴットを挙げることができるが、このベルゴットにしても死の直前の数秒間、フェルメールの絵に小さく描かれた壁によって心を奪われる——こうした人間は統一を経験することができない人間と同様に、芸術作品にとって無縁な人間にほかならない。それにもかかわらず、細部はもっぱら全体の一部と化すことによってのみ輝くことができるにすぎない。ベートーベンの小節のうちには、「希望が星のように頭上を流れ去った」という『親和力』の一節のように響くものがいくつかある。その例として、ピアノ・ソナタ第一七番ニ短調『テンペスト』、作品番号三一—二における、緩慢な楽章を構成する一小節を挙げることができる。この小節は楽章の連関の一部として演奏されねばならない箇所であるが、そのように演奏された場合にのみこの箇所は測り難いもの、つまり構造を浮び上らせるものに聴え、しかもこうしたものがどれほどまでその構造によっているかという点まで聴き取れるようになる。この箇所が不気味なものとなるのはその表現が先行する箇所を、それ自体人間化されている歌の旋律を凝縮することを通して乗りこえることによる。この箇所は全体性と関係づけられ、その全体性を通して個別化される。それは全体性を中断するものであると同様に、全体性の帰結にほかならない。全体性、つまり芸術作品があますところなく組織化されている状態もまた、閉ざされた範疇ではない。退行的で原子論的な知覚とは対照的に、この範疇にとっては相対化されることが絶対的に不可欠であるが、それは全体性の力は、それが光をそそぐ細部によってのみ真価を発揮することによる。

芸術作品という概念は成功という概念を含んでいる。失敗に終った芸術作品は芸術作品とは言えないし、成功に近いといった近似値も芸術にとっては無縁であり、成功と失敗との中間に位置する作品は、中間的なものであるためにすでに駄作にすぎない。駄作であることと特殊化する媒体であることとは両立しえない。中間的な芸術作品という呼称、つまり凡庸な精神史家たちによって凡庸な大家たちの作品に対して与えられている、肥沃な腐植土といった評価は理想を想定し、そうした理想に従って下された評価であるが、こうした理想はルカーチが〈標準的な芸術作品〉として、断固として守ろうとした理想に似ている。しかし悪しき普遍的なものの否定である芸術は、標準的な作品など認めることはないし、そのため中間的な作品についても、それがたとえ規範に一致していようと、あるいは規範から遠ざかりながらもそれ相応の価値をもつものであろうと、いずれにせよ認めることはない。芸術作品の評価においては段階をもうけることなど不可能なのだ。互いに平等なものである芸術作品は、より芸術的であるとか、より芸術的ではないといった次元に留まっている評価を嘲笑する。一致したものとなることは成功を保証する本質的な契機にほかならないが、それはけっして唯一の契機ではない。芸術作品は何かの本質を突かねばならないということ、統一されたものでありながら豊かな細部を持つこと、ごくもろい形成物の寄せ集めでありながら持続的なものとしての身振りを示すこと、こうしたことは、芸術につきつけられている典型的な要求であるものの、しかし一致した状態というのはこれらの要求を同等に並列したものではない。こうした要求の数はおびただしく、理論的普遍性の媒体であるため、その数はおそらく数え切れないであろう。しかしこれらの要求を前にするなら、一致の概念と共に成功の概念も十分疑わしいものとなるが、成功の概念の場合、元来、成功を求めてじたばたする模範生をもとにして、その連想によって整えられた概念にすぎない。それにもかかわらず成功の概念は、もし芸術を卑俗な相対主義に委ねまいとするのなら、それ無しでは済ませないものであって、この概念はどのような芸術作品にも内在し、芸術作品をしてはじめて芸術作品たらしめる、自己批判のうちに生きるものにほかならない。その上、一致状態にとっては、一致状態がそれにとって必要な唯一のものではないということが、内在的なものとなっている。一致という強調された概念をアカデミックな概念から区別するのは、この点にほかならない。ただ単にそしてあらゆる点において一致しているものは、一致することがない。形式化されるべきものを欠き、一致以外の何ものでもないものはそれ自体何かであることをやめ、対他的なものへと、つまりアカデミックなめらかなものへと変質することになる。アカデミックな作品は役立つことがないが、それは作品の論理性によって綜合されねばならない契機に全く手応えがなく、これらの契機は実際は全く存在しないに等しいことによる。これらの契機を統一する仕事は余計なこと、類語反復的なものにすぎず、こうした仕事は何らかのものを統一するものとして出現するなら、それによって一致することがないものとなる。こうしたタイプの作品は無味乾燥なものにすぎない。一般的に言うなら、無味乾燥というのは模倣《ミメーシス》が死滅した状態にほかならない。シューベルトのような卓越した模倣家は、気質説によって多血質で湿と呼ばれている。模倣《ミメーシス》的で分散的なものは芸術となることができるが、それは芸術が分散的なものに共感を示すことによる。分散的なものを自らのうちに受け入れるかわりに、芸術の名のもとで絞め殺す統一は、芸術とはなりえない。しかし成功が強調される芸術作品とは、その形式が真実内容から流れ出したものとなっている芸術作品にほかならない。こうした芸術作品は自らが生成したものであるという痕跡を、つまり人為的なところを放棄する必要はない。こうした作品に対立するものに幻覚的な作品があるが、幻覚的な作品は自らをあるいは成功に導いてくれるかもしれないものを成熟させるのではなく、そのかわりに自らを自らの出現を通して成功したものとして描く。成功ということだけがこれらの芸術作品の倫理なのだ。この倫理に従うことによって、芸術作品はあの自然的なものへと、つまり謂れなく芸術より求められているわけではない、例の自然的なものへと接近する。芸術作品は自然的なものを描写する役目を自ら引き受けるやいなや、自然的なものから遠ざかる。成功の理念は成功が用意されたものにすぎないなら、それを容認することはない。この理念は美的真実を客観的に要求するものにほかならない。たしかに作品の論理性なくしては、美的真実もありえない。しかし美的真実を知るためには全過程についての意識が、つまりどのような作品においてもその作品の問題となることによって先鋭化している、全過程についての意識が必要とされる。客観的な質そのものも、こうした過程を通して媒介されたものにほかならない。芸術作品には欠陥はつきものであるし、芸術作品は欠陥によって台無しになるかもしれない。しかし自らを正当なものとして証明することができないような欠陥は、つまり過程の意識として真に、こうした正否の判断そのものを無効にする正当なものとして自らを証明しえないような欠陥は、個別的な欠陥として見過すことはできない。シェーンベルクの弦楽四重奏曲第二番、嬰ヘ短調の第一楽章に対して異議を唱えるものは、論議好きの学校教師に限らない。ビオラによる第一主題の直接的継承は音調に忠実に第二主題の動機を先取りし、それによって経済性を、つまり一貫した二元論的主題によって要求されている簡潔な対照《コントラスト》を傷つけている。しかし第一楽章全体を纏めて一つの瞬間と考えるなら、こうした類似も暗示的な先取りとして意味あるものとなる。あるいはマーラーの第九交響曲の最終楽章に対しても、楽器編成法の論理から見るなら異論が提出されるところであろう。中心詩節が二度続いて繰り返し出現する箇所が問題となるのであるが、そこではこの詩節のメロディーは同じ特徴的な色調を帯びて、つまりソロのホルンと共に出現し、音色変化の原理に従っていない。しかしこうした響きもその最初の出現の際は二度目の出現の際と異り、強烈ではあっても見本的なものにすぎず、そのため音楽はこの響きから逃れられず、それに屈服してこの響きを繰り返すことになるのだが、この響きは繰り返されることによって正当なものとなる。ある作品が美しいと呼ばれる十分な理由とはなにかという問は、具体的で美的な問であるが、それに対する解答は、こうした自己自身を反省する論理を詭弁的に展開するところにその本質がある。こうした反省は経験的に完結を見ることはありえないが、反省が眼前にしているものの客観性はそれによって、いささかなりとも変化することはない。常識的な見方は次のような異論を持ち出すかもしれない。内在的批判の単子《モナド》論的な厳しさと美的判断の範疇的要求とは両立しえない、なぜならどのような規範も構造に内在するものではなく、そうした状態を抜け出したものであり、他方、構造は規範を欠くなら、偶然的なものにすぎなくなるであろうからと。しかしこうした常識的な異論は、普遍的なものと特殊的なものという例の区別を、つまり芸術作品においては拒絶されることになる抽象的な区別をたんに蒸し返しているにすぎない。作品におけるその正・不正を認知する基準となるものは、モナドとしての作品における、普遍性を具体的なものとして一貫して保ちつづけている契機にほかならない。普遍的なものは、それ自体が構造化されているもののうちにも、あるいは普遍的なものと特殊なものとが互いに両立しえないでいるもののうちにも潜んでいるが、しかし特殊的形態から切り離すこともできなければ、実体化することもできない。

成功した芸術作品という概念におけるイデオロギー的なところ、つまり現状肯定的な側面は、完全な芸術作品など存在しないという事実によって訂正されることになる。もし完全な芸術作品といったものが実在するなら、芸術もまたその一部にすぎない非和解的な状態の真只中において、和解もまた実際的に実現可能なものとなるであろう。もし完全な芸術作品が存在するなら、芸術はそれによって自己自身の概念を止揚することになる。もろいものや断片的なものを目指す方向は実際は、芸術の要求を解体することによって、つまり芸術がなりえぬもの、しかもそうなるよう意図せざるをえないものとなるよう、芸術に対して要求する芸術の要求を解体することによって、芸術を救済する試みにほかならない。断片にはなりえぬものという契機と、そうなるよう意図せざるをえないという二つの契機がある。こうした両立させがたいものに立ち向うのか、それともこうしたものから身を引くのか、芸術作品の等級は本質的にこの点によって決定されている。形式的なものと呼ばれるさまざまな契機においてすら、これらの契機の法則によって断ち切られた内容が繰り返し出現するが、それはこれらの契機が両立しがたいものと関係していることによる。形式の深さは、形式におけるこうした弁証法によって決定される。形式はこうした弁証法を欠くなら、事実上、俗物的な見方によって見なされているものに、つまり空虚な戯れにすぎなくなる。この場合深さを、芸術作品がのぞかせている主観的内面性の深淵と同一視してはならない。深さはむしろ、作品の客観的な範疇の一つと言わなければならない。この作品は表面的であって深さに欠けるといった表現はスマートなお喋りにすぎず、こうしたお喋りは賛辞を呈することと同様に、作品にとって本質的なものとは言えない。表面的な作品においては、綜合は自らが関連している異質な契機に介入することがない。綜合と異質な契機とは、こうした作品においては結びつくことなく推移して行く。深みのある芸術作品とは異るもの、あるいは矛盾に充ちたものを覆い隠すこともないが、こうしたものを調停することなく放置しておくこともないといった作品にほかならない。深みのある芸術作品は、こうした矛盾に充ちたものを調停されざるものから読み取り、それを強制的に現象にかえることによって調停の可能性を具体化する。敵対的なものを造型するということは、敵対的なものを除去することでもなければ、それを和解させることでもない。敵対的なものは現象となり、芸術作品におけるすべての作業を規定することによって本質的なものとなる。敵対的なものが美的形象を通して主題となることによって、敵対的なものの実体性がなおいっそう浮彫りにされて出現してくる。歴史のうちにはもちろん、和解を極端なまでに拒んでいる現代以上に、和解に対して大きな可能性を提供しているような時代も少くない。芸術作品は異ったものを暴力を用いることなく統合するものであるが、しかし同時に敵対的な現存在を欺くことなく、つまりそうした敵対的なものなどもはや存在せぬかのように欺くことなく、超越的なものへと変える。芸術作品は和解をはかることによって非和解的なものであり、他方、芸術作品は本質的に非和解的なものであることによって、自己自身から和解的なところを切り落すものの、こうした矛盾は芸術作品にとってもっとも核心的な矛盾であり、もっとも危険に充ちているがもっとも実り豊かな矛盾でもある。しかし芸術作品は、結合されることがないものを結合するという、その綜合的な機能によって認識と接することになる。

芸術作品の等級《ランク》あるいは質を考える際、分節化の程度を除外して考えることはできない。一般的に述べるなら、芸術作品は分節化が行われれば行われるほど、つまり死んだもの、形式化されることがないものは何一つ残されることがないような場合、造型が行われていないような面は何一つとして残されることがないような場合に、より一層芸術作品として値打ちのあるものとなる。作品はその造型がより深く行われたものほど、それだけ一層、成功作となることができた。分節化は一なるものによる多なるものの救済にほかならない。分節化の要求は芸術的実践の指示という面から捉えるなら、どのような特殊な形式理念も極限まで追求せよという要求とほぼ等しい。明瞭なものとは内容的に逆のものである、漠然としたものという形式理念の場合にしても、芸術作品によって現実化されるためには、たとえばドビュッシーにおけるように極限まで明瞭に形式化されることが必要となる。漠然としたものという形式理念を、思い上った仰々しい身振りと取り違えてはならない。漠然としたものに対する苛立ちは批判的意識というよりは、むしろ不安から生れてくる。けばけばしいスタイルとして依然として不評の的とされているものにしても、表現されるべき事柄を基準として見るなら、事柄にとってきわめて適切で〈即物的〉なものと言えるかもしれない。穏健なもの、表現を欠くもの、抑制されたもの、中間的なものが追求されるような場合ですら、可能なかぎりのエネルギーをそそいでその追求は行われねばならない。未決定のまま放置された中途半端で平均的なものは、不適当な手段を選んで行われる道化じみた行為や空騒ぎと同様に始末が悪い。作品の分節化が行われれば行われるほど、作品のうちから語りかけてくる作品の着想はそれだけ一層多くなる。模倣《ミメーシス》は自らの援軍を自らの対極に位置するものから迎える。個別化の原理を調整するものである分節化の範疇は、近代に入ってはじめて反省されたものであるが、他方、この範疇は過去に遡り、それ以前の作品に対して客観的に働きかける力を持っている。過去の作品の等級はそれ以後の歴史的経過と結びついており、切り離すことはできない。過去の作品のうちの多くの作品の等級は低下することを余儀なくされるが、それは過去の作品に対して行われる千篇一律的な模倣によって、これらの作品における分節化が無視されることによる。分節化の原理は行動様式の原理として、前進する主観的理性と類似したものとして定立され、例の形式的側面へと、つまり芸術の弁証法的処理によって原理から契機へと追放される形式的側面へと移すことも、一見可能であるかに思われるかもしれない。しかし分節化のこうした概念はあまりにも安易すぎるものと言わなければならない。原註(6)なぜなら分節化はたんに統一のための手段として区別することをその本質としているだけでなく、ヘルダーリンの言葉によってよきものと語られている、例の他と異ったものを現実化することをその本質としているから。美的統一は多様なものそれ自体を通して、その尊厳を受け取る。美的統一は異質なものも公平に取り扱う。芸術作品の内在的で紀律に則ったものである本質のアンチテーゼである、芸術作品が提供するものは、たとえいかに禁欲的に隠されていようと、芸術作品の豊かさと密接に関係している。芸術作品は充実したものとなることによって、現実をたんに反芻するにすぎないものという恥辱を免れる。充実したものは現実によって拒まれているものを与えることを約束するが、しかし作品によって提供されるものとしてではなく、形式法則のもとに置かれた契機の一つとして与えることを約束するにすぎない。美的統一それ自体がどの程度まで多様性の機能であるのか、この点は次の事実からも明らかになる。つまり統一に対する抽象的敵意から自らを解体し、多様なものとなろうと努力する作品は、区別されたものをして区別されたもの一般としているものを失うという事実からも明らかになる。絶対的な変化としての作品、つまり一つのものとの関連を欠く雑多なものとしての作品は、こうした関連を欠くことによって無差別的なもの、単調なもの、千篇一律的なものとなる。

芸術作品の等級は最終的にその真実内容に依存しているが、こうした真実内容はその核心にいたるまで歴史的なものにほかならない。真実内容は歴史と相関関係にあるが、しかし芸術作品の等級ともども時とともに単純に変化するという形で相関関係にあるのではない。こうした変化が出現することもおそらくあるであろうし、また質の高い芸術作品などは歴史を通じてはじめて、自らの質をあらわにすることもあるかもしれない。しかしそれによって真実内容を、つまり質を歴史的なものと見なすことはできない。歴史は作品にとって内在的なものであって、作品にとって外的な運命を意味するものでも、評価の変遷を意味するものでもない。正しい意識が作品によって客観化されることを通して、真実内容は歴史的なものとなる。こうした意識は漠然とした即時間的存在、つまり瞬間ではない。もし意識が即時間的存在であるなら、真実の展開ではないような世界の推移も正当化されることになる。しかし自由の可能性が出現して以来、正しい意識とはむしろ、可能性としての和解を展望として持つ矛盾についてのもっとも進歩した意識を意味するものにほかならない。もっとも進歩した意識の標識となるのは作品内の生産力の水準であって、作品が反省を本質とする時代においても、作品が社会的にとる立場はこうした水準に帰属し、それを抜きんでることはない。芸術作品の真実内容はそのつど与えられる美的な状態と美外的な状態との創造的批判を含む、きわめて進歩的な意識を物質化するものであり、そうしたものとして無意識的に歴史を記述するものにほかならないが、こうした歴史記述は、今日にいたるまでつねに繰り返し屈服させられてきたものと結びついている。進歩は疑いのないものとされているものも、流行《モード》という神経を支配するものが口述したがっているほど必ずしも明白なものではない。流行《モード》もまた反省を必要としている。理論の全水準は、進歩が行われているか否かについて決定を下すことによって保たれているが、こうした決定が切り離された契機によって下されることはない。芸術はすべて手仕事的な次元を含むため、芸術にはある程度、盲目的行為に似たところがある。こうした部分は時代精神の一部でありながら、永続的に、反動的なものであるかのような嫌疑をかけられてきた。芸術においてもまた操作的なものが、手仕事的なものに対して批判の切っ先を研ぎすましている。技術的生産力が抱く、自己をもっとも進歩した意識と一致したものとする自信も、こうした批判的切っ先を突きつけられることによって、自らの限界を思い知らされることになる。一級の現代的作品の場合にしても、それがたとえ主観的な作品であり、様式管理の面からは古風な作品であろうと、この限界に突き当らないような作品は皆無と言ってよい。アントン・ブルックナーの作品は、それが神学の再興をどれほど意図したものであろうと、そうしたこととは無関係にこうした俗に意図といわれるものを乗りこえている。彼の作品は真実内容に関与しているが、それは彼の作品が彼の時代の和声上の発見と、楽器編成上の発見とを遮二無二取りこんだことによる。彼の作品が永遠のものとして主張しているものは単に現代的なものとして、またモダニズムと矛盾するものとして実体的なものとなるにすぎない。「絶対的に現代的であらねばならない」というランボーの主張、つまりそれ自体が現代的なものである主張は、あくまで規範に留まる。しかし芸術が時間的核心を持つのは素材の現実性によるのではなく、自己の内在的仕上げによるため、こうした規範はいかに反省されたものであろうと、ある意味において無意識的なもの、神経を支配するもの、つまり変質したものに対する嫌悪感を頼りとする。そのための器官が文化保守主義にとって呪うべきものに密着したもの、つまり流行《モード》にほかならない。流行《モード》は芸術の時間的核心についての無意識的な意識を自らの真実として持ち、流行《モード》それ自体が管理や文化産業によって操作されず、客観的精神から切り離されることがないなら、その限りにおいて規範的な正しさを持つ。ボードレール以後のすぐれた芸術家たちは、流行《モード》と共謀していた。彼らは流行《モード》を告発したが、彼ら自身の仕事は流行《モード》によって刺激されたものにほかならず、告発は虚偽としての罰を与えられた。芸術は他律的に流行《モード》を平均化しようとする場合、流行《モード》と対立するが、他方、年号を好む本能という点において、地方的なもの、小役人的なものに対して反感を抱いているという点において、つまり遠ざかることによって芸術的水準という、人間にふさわしい唯一つの概念を与えられることになるものに対して反感を抱いているという点において、芸術は流行《モード》と一致する。リヒャルト・シュトラウスのような芸術家ですら、この点においてはおそらくモネもそうであろうが、一見、質そのものや獲得されたものを楽しむかに見えようとも、歴史をくまなく支配するための力やごく進んだ材料を利用するための力を失ったとき、質を失うことになった。

発達の時期に達したものを記録する主観の動きは、その背後で生ずる客観的なものの現われ、つまり芸術が自らの発達を通して反対しながらも同時にその核心において社会と共有する、生産力の発達の現われにほかならない。発達ということは芸術においては種々様々な意味を持つ。発達は自給自足的な状態において自らを結晶化させる、さまざまな手段の一つと言ってよい。それだけでなくさらに生産力の発達は技術を吸収することでもあるが、技術は芸術の外部で社会的に出現し芸術に進歩をもたらすが、芸術に無縁で敵対的なものとして、往々にして進歩以外のものをもたらすことがある。結局のところ芸術のうちにおいてもまた、たとえば主観の細分化といった人間的な生産力の発達が見られるが、しかしこうした場合における進歩は多くの場合、他の次元においては後退をひきおこすことになる影によって覆われている。進歩した意識は作品によって解答を与えられる瞬間にいたるまで、歴史が沈澱しつづけている材料の状態を捉える。しかしまさにその点において、進歩した意識は方法に対する変革的な批判となる。こうした意識は開かれたものとなり、現状を乗りこえる。自発性という契機を進歩した意識へ還元することはできない。時代精神は自発性によって特殊化され、時代精神のたんなる再生産は乗りこえられることになる。しかし既存の方法をたんに繰り返すだけではないもの、こうしたものもまた歴史的に生み出されたものであって、どのような時代も自らに課されている課題を解決するという、マルクスの[原註(7)]言葉に従うものにほかならない。事実、どのような時代においても美的生産力は成長するかに見える。つまりいわば第二の自然から技術の水準に語りかけ、一種の二次的な模倣《ミメーシス》によって技術の水準を前進させるといった才能が成長しているように見える。時間外的なものと見なされ、天性と見なされている範疇にしてもこれほどまで時間によって媒介されたものであって、こうした範疇は生来の映画的視線といったものにほかならない。美的自発性は美外的な現実と関係を持つことによって与えられる。つまりこうした現実に反対する一定の抵抗は、現実に順応することによって与えられる。伝統的美学が創造的なものとして時間的なものから除外しようとした、自発性それ自体が時間的なものであるように、自発性は個々のものにおいて個別化される時間と係り合っている。時間と係り合うことによって、自発性に作品において客観的なものとなる可能性が与えられる。作品のうちへ時間的なものの侵入を認めることは、芸術的なものという概念にとっては不可能なことではないし、また作品を主観的なものへと解消することも不可能ではないが、しかし作品を意志といった観念に含まれているような、主観的なものへと解消することは可能ではない。『パルジファル』におけるように、芸術作品においてはそれにまたいわゆる時間芸術においても、時間は空間となる。

自発的な主観は、芸術作品の論理性に置き換えられる自己自身の理性特性による場合と同様に、それ自身のうちに貯えるものによっても、普遍的なものであり、またこの主観はいまここで創造を行うものとして時間的に特殊なものでもある。古い天才説に記録されていたものはこうした点にすぎないが、ただそこにおいてはこの点に不当にもカリスマが与えられていた。自発的主観とカリスマとの結びつきは芸術作品のうちへと持ちこまれる。主観はカリスマと結びつけられることによって、美的に客観的なものとなる。作品はそのため客観的に変化するのであって、たんにそれが受容され、その受容に従って変化するといったことはけっしてない。作品によって捉えられた力は生きつづける。付言するならこの場合、受容については度外視して差しつかえないが、図式的に度外視してはならない。ベンヤミンはかつて、絵のうちには無数の鑑賞者の無数の目の痕跡が残されているような絵があると語ったことがあった[原註(8)]し、またゲーテも、かつて大きな影響を及ぼした作品については判断を下すことはむずかしいといった格言を残しているが、こうした格言は定説に対するたんなる敬意以上のものを現わしていると言わなければならない。作品の変化はその変化が固定化されようとも、つまり石、あるいはカンバス、文学的テキスト、あるいは楽譜といったものによって固定化されようとも、封じられることはない。この場合、いかに神話によって捉えられた意志がこうした固定化に関与し、作品の時間をせき止め、作品を時間のうちから抜き取ろうとしても、事態は変らない。固定化されたものはしるし、機能であって、固定化されるものそれ自体ではない。固定化されたものと精神との間をぬって進む過程が、作品の歴史にほかならない。どのような作品も均衡状態にほかならないが、どのような作品も再び運動を開始することができる。均衡状態にある契機は互いに非和解的な状態にある。作品の展開は作品の内在的力学の延長にほかならない。作品が自らの要素の配置を通して語ることは、時代が変れば客観的に異った事柄を意味するものとなるが、このことは結局、作品の真実内容にまで影響を及ぼすことになる。作品は解釈不能なものとなるかもしれないし、沈黙するかもしれない。作品が劣ったものとなることも往々にして見られる。結局のところ作品の内的変化はおおむね下降であり、そこにはイデオロギーへの没落が含まれていると言えるかもしれない。過去に由来する優れたものはますます減少しつつある。文化の貯えは嵩が縮まって行く。文化が無力なものとなり、貯蔵品にすぎなくなることは、作品の内的崩壊の外的局面にほかならない。作品の歴史的変化は形式的水準にまで及ぶ。今日、芸術であることを強調する芸術で、形式水準に対する要求を高く掲げることがないような芸術は考えられないが、他方、芸術が生き永らえるという保証はどこにも見られない。逆に、自ら法外な野心を抱くようなことはいささかも好まなかった作品から、それが出現当時とうてい持ちえなかったような質が見えてくるといったことも珍しくない。クラウディウスやヘーベルはヘッベルや『サランボー』のフローベール以上に、変化に対する抵抗力を持ち合せている。パロディの形式は自らは低い形式水準に留まりながら、より高い形式水準を向うにまわしてかなりの成果をおさめている形式であるが、こうした関係を集大成したものと言ってよい。形式水準は保持され、相対化されねばならない。

しかし仕上げられた作品は、その存在が生成であることによってはじめて現在の姿のものとなるが、これらの作品それ自体は形式に依拠している。つまり固定化されたものと精神との間をぬって行く過程を結晶化させる形式に、換言するなら解釈、注釈、批評に依拠している。これらの形式はこれらの形式に係る人々によって作品に近づけられるものであるばかりでなく、それは作品そのものの歴史的運動の舞台であって、そのためそれ独自の権利を主張するものにほかならない。これらの形式は作品を乗りこえていくものとしての作品の真実内容に奉仕し、真実内容を――これが批評の任務であるが――作品が持つ虚偽の契機から切り離す。これらの形式は、自らのうちで作品の展開を成功へと導くためには自らを研ぎすまし、哲学とならねばならない。内部から、つまり芸術作品の内在的形態の運動や、芸術作品と芸術の概念との関係の力学を通して、結局のところ次のことが明らかにされる。つまり芸術はその単子《モナド》論的本質にもかかわらず、また単子《モナド》論的本質ゆえに、どの程度まで精神の運動における契機となっているか、また社会的で現実的な運動における契機となっているかということが明らかにされる。過去の芸術に対する関係は、過去の芸術についての統覚的作用の限界と同様に、肯定的に止揚されたものとしてであれ、あるいは否定的に止揚されたものとしてであれ、その時現在の意識の状態に従っている。こうした点を除外するなら、過去の芸術に対する関係はすべてたんなる教養以外の何物でもない。過去の芸術について在庫調査を行うような意識はどれも、虚偽の意識にすぎない。いつか人類が解放されて和解する時が来ることがあるなら、おそらくこうした人類の前にはじめて、過去の芸術は同時代の芸術を侮辱するとか、それに対して不法な恨みを抱くことなく、死者の復権を行うものとして登場するであろう。作品を性急に歴史の一部と見なし、作品に歴史における位置を割り振るといった関係は、作品の歴史的側面を作品それ自体の内容と見なす、作品に対する真の関係とは逆のものと言わなければならない。ツェルマトで眺めるマッターホルンは、子供が思い描くような絶対的な山であり、あたかも全世界において唯一無比の山であるかのようなたたずまいを示す。しかしゴルナーグラートに登って眺めるなら、この山も巨大な山脈のうちの一節にすぎないことが明らかになる。だがゴルナーグラートにたどりつくためには、ツェルマトから登らねばならない。作品に対する視点についても、事情はそれと何ら変るところがない。

　作品の等級と歴史とは相互に依存し合っていることは事実であるとしても、俗流精神科学の頑固なきまり文句が主張するように、歴史を作品の等級を決定する決定機関であるかのように思い描いてはならない。こうした考えはあたかもいまここにおいては正当な判断は下しえないかのように振舞う、精神科学自体の無力を歴史哲学的に合理化するものにすぎない。こうした卑屈な態度は思い上った美術批評家の態度の裏返しにほかならない。慎重で中立的であるかのように装うこうした態度は、一転してたちまち支配的意見に屈伏しかねない。中立的態度を装う体制順応主義は未来にまでその手を伸ばす。こうした態度は、世界精神は持続し続ける呪縛のもとで昔ながらの虚偽を裏書して伝えているのに、世界精神の歩みを、つまり後世を、そこでは真正なものが失われることのない時代として信頼する。グレコ、ビューヒナー、ロートレアモンのような人々によって、そのつど行われてきたすぐれた発見あるいは発掘が強力なものであるのは、ほかならぬ歴史の歩みそのものはけっして善を支援することがないという点を踏まえていることによる。ベンヤミンの言葉によるなら、すぐれた芸術作品を眺める場合もまた、歴史の歩みはそれを逆なでする形で捉えねばならない。原註(9) 芸術史においてどれほど重大なものが台無しにされてきたか、あるいは再発見しえぬほど深く忘れ去られてしまったか、あるいは訴えかけることすら不可能なほどまで異端視されているか、誰一人としてこの点について語ることはできない。歴史的現実という暴力は、たんに精神的に修正を加えることですら稀にしか許さない。それにもかかわらず歴史的判断という観念は、取るに足りないものとは言い切れない。同時代人が示した無理解の実例は、この数世紀を取ってもおびただしく見出される。封建的な伝統主義の終焉以来、新しいものや独創的なものを求める要求は不可避的に、そのつど有力になった物の見方と衝突を繰り返してきた。同時代人によって受け入れられることは困難の一途をたどってきた。歴史主義の時代に入ってからは、入手可能なかぎりのものはことごとく発掘されてきたが、最高級の芸術作品が発掘されることは皆無に近いということは、いずれにせよ奇異な感じを与える。その上次の点を認めることにも、つまり商品社会において呪物化されている名だたる巨匠の名だたる作品が、たとえ常にそうであるというわけではないにせよ、往々にして質という点において、無視されている作品よりもまさるといったことを認めることにも抵抗がないわけではない。歴史による判断においては、支配的見解としての支配が、自らを展開する作品の真実と絡み合っている。こうした真実は既存社会に対するアンチテーゼとして、社会の運動法則から汲み尽されるものではなく、こうした運動法則に逆らうそれ自体の法則を持っている。また現実の歴史においては、増大しているのは抑圧だけでなく、芸術の真実内容と連帯的なものである自由の可能性もまた増大しつつある。作品の功績、つまり作品の形式水準、作品の内的構造といったものは、材料が古びるか、あるいは作品の前面としてのもっとも目立つ特徴に向けられる意識が鈍るときはじめて、明瞭なものとなるのが常なのだ。ベートーベンは、彼が与える主要な効果としての巨人的な身振りが、ベルリオーズのような年下の作曲家たちのそれ以上に際立った効果によって凌駕された後はじめて、聴くに耐える作曲家となったとおそらく言えるのかもしれない。すぐれた印象主義者たちがゴーギャンを凌いでいる卓越した点は、ゴーギャンの革新が彼に続いて行われた革新によって色褪せたものとなってはじめて、目につくものとなった。しかし質が歴史的に発展するためには、質それ自体だけが必要とされるのではなく、続いて出現し、それ以前の作品を浮彫りにするものが必要とされる。おそらくその上、質と死滅の過程との間には、それを支配するある種の関係が存在すると言えるかもしれない。芸術作品のうちには、自らが到達した社会的枠を突破する力を内在させているような作品も少くない。カフカの作品は物語られたものが明らかに経験不可能なものであることによって、小説読者の理解に傷を与えるが、他方、これらの作品はまさにこのように傷を与えることによって、すべての人々にとって理解しうるものとなったのである。新しい芸術は西欧の人間によっても、スターリン主義者たちによっても、異口同音に不可解なものと見なされ、非難を浴びせかけられているが、こうした見解も事実の指摘という点においてはかならずしも的はずれではない。しかしこの見解が虚偽であるということには変りはないが、それは、この見解が受容を固定した量を受け入れることと見なし、受け入れがたい作品も意識に対して介入を行う力を持つという事実を隠すことによる。管理世界においては、芸術作品にとってそれが受け入れられるためにふさわしい形態とは、伝達不能なものを伝達する形態、つまり物象化した意識を突破することにほかならない。真実内容の圧力によって、美的形態が超越的なものに変えられているような作品は今日、かつて崇高なものという概念が目指していたものと同じものを目指すものと言ってよい。こうした作品においては、精神と材料とは一体になろうと努力することによって互いに遠ざかって行く。こうした作品の精神は、自らを感性的なものであっても描きえないものとして経験するが、その材料の方は、作品の境界の外で作品と結びついているものを、作品という作品を統一するものとは和解しえないものとして経験する。芸術作品という概念はカフカの文学にとっては、かつて宗教的なものという概念がふさわしくなくなったように、もはやふさわしくない。材料は――ベンヤミンの定式化によるならとりわけ言語は――飾られることがなく、むき出しのまま目に見えるものとなっている。精神は材料から第二の抽象性といった質を受け取る。崇高の感情をめぐるカントの説は、芸術をとりわけ次のようなものとして描写している。つまり芸術を、仮象を欠く真実内容となるために自らを浮遊状態に置くが、しかし芸術として自らの仮象特性をぬぐい去ることもないため、それ自体震動するものとして描写する。崇高なものがかつて芸術へ侵入した際には、啓蒙主義の自然概念が寄与した。自然を狂暴で下賤なものとしてタブー化する、絶対主義的な形式世界に対する批判とともに、十八世紀末頃の全ヨーロッパ的運動の一環として、芸術実践のうちへ次のものが侵入してきた。つまりカントによって崇高なものとして自然に対して留保され、趣味との葛藤をますます深めていたものが侵入してきた。自然的なものの解放は主観の解放と不可分であり、それとともに精神の自覚とも不可分であった。こうした自覚によって芸術は自然として精神化される。芸術の精神とは、自然である自己についての芸術の自省にほかならない。芸術は非同一的なもの、精神と直接的に対立するものを自己のうちへ多く取り入れれば入れるほど、それだけ一層自己の精神化を行わざるをえなくなる。逆に精神化それ自体は、感性的に快適ではなく反撥したくなるもの、芸術にとって以前はタブーであったものを芸術にもたらすことになった。感性的に不快なものは精神と類似している。芸術における主観の解放は、芸術自体の自律性にもとづく解放にほかならない。芸術は受容者に対する考慮から解放されると、芸術の正面といえる感性的な側面に対して無関心になる。芸術の感性的側面は内容の一機能へと変貌する。内容はあらかじめ社会的に承認されることがなかったものや、前もって形式化されることがなかったものによって強化されることになる。芸術は自らが示す理念を通して自己の精神化を行うのではなく、自然的なものを通して精神化を行う。精神を自己のうちへと受け入れることができるものは、意図を欠くものにほかならない。意図を欠くものと精神との弁証法が真実内容なのだ。美的精神は以前より、文化によって占有されているものとよりも〈フォーブ〉と、つまり野獣的なものとうまく折り合ってきた。芸術作品それ自体は精神化されたものとして、いつもは芸術作品による他の精神に対する影響として、換言するならカタルシスとして与えられていたものと、つまり自然を昇華するものとなる。カントが自然の一部と見なした崇高なものはカント以後、芸術そのものの歴史的な構成要素となった。崇高なものは後に工芸品と呼ばれることになるものと、芸術とを区別する目安となる。カントの芸術観はその実、芸術を奉仕するものと見なす芸術観にほかならなかった。芸術はこうした奉仕の中止を宣告する瞬間において、人間的なものとなる。芸術の人間性は、人間に対する奉仕を主張するどのようなイデオロギーとも両立しがたい。芸術は人間に対して非人間的なものである場合にのみ、人間に対して忠実なものとなる。

崇高についてのカントの定義は、芸術へと移植されることによって定義そのものを乗りこえる。この定義によるなら、精神は自然に対して経験的に無力であることから、自らの英知が自然から離脱したものであることを知る。しかし崇高は自然を前にして感じられるものとされることによって、自然そのものが主観的な構造理論に従って崇高なものとなり、崇高な自然を前にした自省は自然との和解を若干とはいえ、先取りするものとなる。もはや精神によって抑圧されることがない自然は、野生状態と君臨する主観との放埓な連関であることをやめ、そうした状態から解放される。こうした解放は自然が復帰したものであるが、たんなる現存在とは正反対のものであるこうした復帰こそが、崇高にほかならない。崇高なものは力や偉大さといった支配的特徴を持ちながらも、支配に反対する。人間は遊戯するときにのみ、完全な人間となるというシラーの格言は、ほぼそれに近いことを語るものと言ってよい。人間は自らの主権を完成するとともに、束縛という主権の目的を放棄する。経験的現実がこうした事態に対してより密着して抵抗すればするほど、芸術はより一層収縮して契機としての崇高を目指すものとなる。精密に理解するなら、形式美の崩壊後、モダニズムの時代全体を通して、伝統的な美的理念として残されたものはただ一つ崇高の理念のみであった。芸術による芸術の絶対化という傲慢な芸術信仰ですら、芸術における崇高ならざるものに対するアレルギーを、つまり精神の主権を放棄する例の遊戯に対するアレルギーを、その真実契機としている。キルケゴールにおいて主観主義的に美的謹厳と言われているもの、つまり崇高の遺産であるものも、作品が内容によって真実へと一変することにほかならない。崇高なものの上昇は孕んでいる矛盾を隠さず、矛盾そのものを十分に戦わせることを強いる、芸術による強制と一体となっている。和解は矛盾にとっては葛藤の結果ではなく、たんに葛藤が言語を見出したことにすぎない。しかし葛藤が言語を見出すとともに、崇高は潜勢的なものとなる。真実内容に肉薄する、つまり調停されていない矛盾を含む真実内容に肉薄する芸術は、否定の例の肯定性を、つまり崇高の伝統的概念を現前する無限として生気あるものとしていた、否定の例の肯定性を支配することはできない。遊戯という範疇の没落はこのことと符節を合せている。名だたる古典主義理論は十九世紀においてもいまだ音楽を、ワーグナーとは逆に音調を通して運動する形式の遊戯として定義している。音楽的流れと、ビーダーマイヤーによる気のふれた発明品である万華鏡の視覚的変化との類似が、従来とかく強調されてきた。こうした類似は文化信仰の立場に立つなら、否定する必要はない。マーラーの音楽のような交響的音楽における崩壊して行く局面は、万華鏡の像の変化と酷似しており、万華鏡と同様に一連の変化しやすい映像が崩壊すると、そのつど質的に変えられた状態が目に見えるものとなって現われてくる。音楽はただ次の点において万華鏡と異る。つまり音楽においては、概念的に曖昧なところ、音楽の変化、音楽の分節化は、音楽それ自体の手段によって高度に規定されたものであって、音楽は音楽が自己自身に与える諸規定の全体性によって、形式遊戯といった概念によっては無視されている内容を獲得するのである。崇高なものとして出現するものは空ろに聴え、一心不乱に戯れるものはその源である愚劣なものへと後退していく。芸術の力学化とともに、つまり芸術を行為として定義する内在的定義とともに、芸術の遊戯特性もまた、ひそかに増大してきたことは言うまでもない。ドビュッシーのもっともすぐれた管弦楽曲は、ベケットより半世紀以前の作品であるが、すでに、『遊戯』と題されていた。深みと謹厳に対する批判はかつては流行遅れの鼻持ちならない、内面性に反対することをその狙いとするものであったが、こうした批判はそれにもかかわらずイデオロギーであって、勤勉で無意識的に同調することを正当化するイデオロギーと、つまり活動のための活動を正当化するイデオロギーと何ら変るところがない。結局のところ、もちろん崇高なものもその逆のものへと一変する。具体的な芸術作品をさしおいて崇高について一般的に問題にするなら、必ずや文化信仰的世迷い言とならざるをえないが、これは崇高という範疇そのものの力学によってひきおこされる事態にほかならない。ナポレオンは自らの運命の風向きが変ったとき、崇高と滑稽とは紙一重の差にすぎないと述べたが、その時と同様に歴史はこの命題に追いつき、この命題そのものを歴史が知るすべての恐怖を動員しつつ実現してきた。この命題はナポレオンにおいては、華麗な様式、つまり荘重な雄弁を意味していたが、こうした雄弁は、要求と可能性としてのその実現とのあいだの不釣合いを通して、概ねありきたりのものがひそかに紛れこむため、滑稽な印象を与えがちであった。しかし崇高から抜け出したものであることが裏書されているものも、崇高の概念それ自体から生れてくるものにほかならない。精神的であって自然を征服する人間がかつて偉大であるとされ、崇高であるとされていた。しかし現在では崇高を知るということは、人間が自らを自然として意識することにほかならないことが明らかにされ、それと共に崇高の範疇の構成にも変化が生じてきた。この範疇はカントの見方そのものにおいては、人間は取るに足りないものであるというニュアンスをおびていた。人間が取るに足りないものであるがゆえに、つまり経験的な個人はひ弱なものであるがゆえに、個人を永遠なものと見なす普遍的な定義が、つまり永遠なる精神が出現することになった。しかし精神そのものが自らの自然的次元へ引き戻されると、個人は取り消されて精神とされようと、取り消された個人は精神によってもはや肯定的に止揚されたものではなくなる。精神として死に抵抗する個人のうちで英知的なものが凱歌をあげることによって、個人は精神の担い手にすぎないにもかかわらず、絶対的なものであるかのようにいばり散らす。それによって個人は滑稽なものとなる。前進した芸術はほかならぬ悲劇的なもののために喜劇を書き、崇高と遊戯とは収斂することになる。芸術作品が崇高であることは、その芸術作品が神学によって直接的に占領されていることを暗示している。神学は現存在の意味を、つまり究極のしるしを、意味を没落させることによって取り戻そうとする。芸術それ自体は神学によるこうした決定に対して、いささかなりとも逆らうことはできない。カントはすぐれた主観的芸術をいまだ経験したことがなかったという、ただたんなる理由から、崇高を自然感情と見なしたのだという異論が提出されるかもしれないが、こうした異論には、カントにおける崇高の構造によって反論を加えることができる。彼の学説は、崇高が芸術の仮象特性と両立しえないものであることを無意識的に表現している。それはおそらくベートーベンをムガール帝国の皇帝と呼んで自らと区別した、ハイドンの反応に似たものと言えるかもしれない。市民芸術が崇高なものへ手を差し伸べ、崇高なものとなろうとすることによって自己自身に到達したときすでに、市民芸術には、崇高による自己自身の否定を目指す運動が書きこまれていた。神学それ自体は、自らが美的に統合されることに対して鈍感なのだ。仮象としての崇高にはまたそれ自体の矛盾が含まれており、真実を無力化することに寄与する。トルストイの『クロイツェル・ソナタ』が芸術を非難したのは、そのためにほかならない。さらに主観的な感情美学が基盤とする感情がもし仮象であるなら、それはこうした美学にとって不利な証拠となる。だが仮象であるのは感情ではない。感情は現実的なものにほかならない。仮象は美的な作品に付着するものにすぎないのだ。カントは美的に崇高なものに対しては禁欲的な態度をとっているが、こうした禁欲的な態度は英雄的な古典主義に対して行われる、またその派生物であることを強調する芸術に対して行われた批判を、客観的に先取りするものと言ってよい。しかしカントは人を圧倒する偉大さを目指す崇高を、つまり力と無力というアンチテーゼを提出することによって、彼自身が疑いの余地なく支配と癒着していることをわるびれることなく肯定した。芸術は支配を恥とせざるをえないし、崇高の理念によって意図された永続性を、それとは逆のものに変えねばならない。芸術は量的に巨大なものそれ自体が崇高なものではないということ、すでにカントもその点についてはけっして見逃していなかった。彼が崇高の概念を、圧倒する力に対する精神の抵抗として定義したことは、きわめて正しかった。崇高という感情は、直接的に現象として出現するものに向けられることはない。高い山は、束縛し押しこめるものから解放された空間の形象として、またこうした解放された空間に係り合えるかもしれないという、可能性を感じさせる形象として語りかけるのであって、圧迫するものとして語りかけるのではない。崇高の身代りとしてそれを引き継ぐものは、和らげられることのない否定性、つまりかつて崇高の仮象によって約束されていたような、むき出しで仮象を欠く否定性にほかならない。しかしこうした崇高の後継者は同時に、滑稽なものの後継者でもある、つまり卑しい感情、空威張りする感情、下らぬ感情によって自己を養い、おおむね体制による支配の弁護を行ってきた滑稽なものの後継者でもある。こうした取るに足りないものは、自らのたんなる現存在を重要なものであるかのように主張し、それによって自己を自らの敵である、価値あるものの側に置こうとすることによって滑稽になる。しかし敵であるこうした権力や偉大さそのものもひとたび正体を見通されるなら、同様に取るに足りないものであることが明らかになった。悲劇と喜劇は現代芸術においては没落しつつあるが、没落していくものとして現代芸術によって保存されている。

原註

（1）ゲオルゲ『絨毯』Stefan George, Werke, a. a. O., Bd. 1, S. 190.〔邦訳、（新潮社刊）世界詩人全集11、六〇頁〕参照。
（2）カント『判断力批判』Kant, a. a. O., S. 175f. (Kritik der Urteilskraft, §42).〔邦訳、二五三頁〕参照。
（3）アドルノ『模範像はご免だ』Theodor W. Adorno, Ohne Leitbild, a. a. O., S. 168ff.
（4）ベンヤミン『一方通交路』Walter Benjamin, Schriften, a. a. O., Bd. 1, S. 538f.〔邦訳、著作集10、五六頁以下〕参照。
（5）アドルノ『楽興の時』Theodor W. Adorno, Moments musicaux. Neu gedruckte Aufsätze 1928–1962, Frankfurt a. M. 1964, S. 167ff.〔邦訳、（白水社刊）二一六頁〕参照。
（6）ヘルダーリン『断片』a. a. O., Bd. 2. S. 328.〔邦訳、全集2、三七一頁〕参照。
（7）マルクス・エンゲルス全集『経済学批判』Karl Marx und Friedrich Engels, Werke, Bd. 13, 2. Aufl., Berlin 1964, S. 9 (Marx, Zur Kritik der politischen Ökonomie; Vorwort).〔邦訳、（大月書店刊）選集補巻3、三頁〕参照。
（8）ベンヤミン『ボードレール』Walter Benjamin, Schriften, a. a. O., Bd. 1, S. 462.〔邦訳、著作集6、七九頁〕参照。
（9）ベンヤミン『歴史哲学テーゼ』a. a. O., S. 498.〔邦訳、著作集1、一一八頁〕参照。

普遍性と特殊性

悲劇と喜劇の範疇が遭遇したことは、美的ジャンルがジャンルとして没落したことを証明している。中世的秩序が破壊されて以後、芸術は押し寄せてくる唯名論がたどる全過程のうちへ、その一部として組みこまれてきた。普遍的なものが芸術に対して類型として与えられることはもはやなくなり、昔ながらの類型は混乱に巻きこまれている。クローチェはどのような作品も英語的表現が述べるように、それ自身の長所によって判断されねばならないと語っているが、こうしたクローチェの芸術批判的経験は、このような歴史的傾向を美的に理論化したものにほかならない。物の数に加えられるような芸術作品で、そのジャンルと完全に一致していたような作品は、おそらくこれまでも皆無であったかもしれない。フーガの教則はバッハを源としているが、そのバッハにしても、二重対位法によるゼクヴェンツを範例として中間楽節を書くことはなかったし、結局のところ機械的な範例から離れることが強制されるようになり、こうした強制そのものが音楽学校の規則の一部に加えられることになった。美的唯名論は、抽象的全体性よりも弁証法的段階に優位を与えようとするヘーゲルの学説からの帰結、だが彼自身によっては引き出されることがなかった帰結にほかならない。こうした帰結は後にクローチェによって引き出されることになるが、しかしこの帰結は真剣に普遍性の契機を止揚するかわりに、この契機をジャンルによって破棄するに留まることによって、弁証法をふやけたものにしている。クローチェには再発見されたヘーゲルを、多かれ少かれ実証主義的なものである進化論を通して、当時の時代精神に適応させようとする全体的傾向が見られるが、先の帰結による結果もこうした傾向の一端を示すものと言ってよい。さまざまな芸術そのものを一括して一個の芸術として捉えようとも、これらの芸術の相違が跡形もなく消滅することはないが、同様にそれがどのような芸術のジャンルや形式であろうとも、複数のジャンルや形式を一つのものとして捉えようと、その相違が消滅することもない。アッチカの悲劇がまた神話との和解のようなごく普遍的なものの結果であったことは、疑うべくもない。すぐれた自律的芸術は精神の解放と歩調を合せて成立したものであって、精神と同様に普遍的なものという要素を欠くなら成立しえなかった。個別化の原理は美的に特殊的なものを求める要求を含むものであるが、たんに原理としてそれ自体が普遍的なものであるだけでなく、この原理は自らを解放する主観にとって固有のものでもある。この原理のもつ普遍性、つまり精神はそれ自体の意味からして、精神を担う特殊的な個人の向こうにあるものではない。主観と個人との分離はごく新しい哲学的反省段階に属するのであって、それは主観を絶対的なものへと高めるために案出されたものであった。ジャンルや形式の実体的な契機は、これらのものの材料の歴史的要求をその持ち場としている。そのようにフーガは音調の状況と結びついたものであるが、また様相が除去されたのち独裁的なものとなる調性によって、模倣的実践において模倣の目標《テロス》としていわば要求されているものにほかならない。フーガの主題に対して行われる現実的あるいは調性的な返答のような、フーガに特有の処置は、受けつがれてきたポリフォニーが新しい課題と対決させられるやいなや、たちまち音楽的に意味あるものとなるが、意味あるものとなるのは実際上こうした場合に限られている。つまりこうした処置が調性のホモフォニー的重力を止揚するといった課題、調性をポリフォニー的空間に統合し、合せて対位法的あるいは和声的な段階的思考を取り入れるといった課題と、対決させられる場合に限られる。フーガ形式の全特質は、作曲家にはけっして意識されることがない歴史上の必要性から、導き出されねばならないものかもしれない。フーガは調性的なものと化し、合理化され尽したポリフォニーを組織化する形式にほかならない。その限りにおいてフーガは、フーガ形式によって現実化される個別的なものを超えたものであるが、しかし個別的に現実化されることなくしては、存在しえないものである。そのためフーガを図式的なものから解放するということもまた図式としてのフーガのうちに、あらかじめ普遍的なこととしてしるされていると言うことができる。調性がもはや拘束力を持たぬものとなると、フーガの根本的範疇も、つまりドゥックスとコーメスの区別、応答の規格化された構造、さらには原調の復帰に奉仕するフーガの構成要素といったものも機能を欠くものとなり、技術的には虚偽になる。個々の作曲家の表現欲求が多様化し力動的なものとなり、もはやフーガを求めることがなくなると、フーガという形式はその上、自由を求める意識が思いこんでいる以上にはるかに多様なものであるが、フーガは同時に客観的なものと、つまり形式としては不可能なものとなった。それにもかかわらずまもなく古代の遺物と化そうとしているこうした形式を利用するものは、この形式の構造を〈解体〉し、形式を具体化するかわりに、この形式の理念をむき出しのまま出現させなければならない。その他の形式についてもこの場合と同様のことが当てはまる。しかし前もって与えられた形式の構造は構造らしきものとなり、形式の破壊に寄与するのである。普遍性の契機は、こうした歴史的傾向それ自体のうちに含まれている。フーガはまず歴史的に足かせとなった。形式は往々にして霊感を与えることがある。全体的な動機に基づく作業とともに音楽の具体的な仕上げもまた、フーガ形式の普遍性を前提とするものであった。『フィガロの結婚』の場合にしても、もしその音楽がオペラが要求しているものを手探りしながら摑み取ることがなかったならば、現在われわれが目にしているような姿をとることはけっしてありえなかったであろうが、またこうした探究のうちには、オペラとは何であるかと問いかける問も含まれている。またシェーンベルクは意図の有無にかかわらず、弦楽四重奏を書く正しい手法とは何かという問題をめぐるベートーベンの省察を継承しているが、そこからやがて、音楽的材料全体を一変することになる対位法の拡大が生れてきた。芸術家を創造者として賞賛することは、恣意的ならざる発明を恣意的なものと見なして追放することにほかならず、こうした賞賛は作曲家にとって不当なものと言わざるをえない。真正の形式を創造するものは形式を実現するものにほかならない。空理空論や古くさい合理主義の残り滓を一掃したクローチェの洞察は、作品そのものを追求したものと言える。この古典主義者は彼の師であるヘーゲルと同様に、この事実を認めようとはしないであろうが、しかし唯名論を強制するものは省察ではなく、作品の傾向であって、そのかぎりにおいて芸術の普遍性に由来するものにほかならない。太古以来、芸術は特殊性を救おうと努めてきた。特殊化の前進は芸術にとって内在的なものであった。成功した作品とは過去から今日にいたるまで一貫して、特殊化に最大限成功した作品にほかならなかった。再三再四規範として確立されてきた普遍的で美的なジャンル概念は、教訓的なものを求める省察によってたえずあまりにも汚されてきた。こうした省察はすぐれた作品を特徴的な単位へと還元し、それによって特殊化を通して媒介されている質を自由に支配することを望むが、こうした単位はすぐれた作品に対して尺度として使用されたとしても、必然的に作品の本質となることはなかった。ジャンルはそのうちに、個々の作品をして真正なものたらしめるものを蓄えている。それにもかかわらず唯名論へ向かう傾向を単純に、芸術という概念を敵視する概念を目指して行われる、芸術の展開と同一視してはならない。しかし普遍性と特殊性との弁証法は曖昧な象徴概念のように、両者の差異を排除するものではない。芸術における個別化の原理、つまり芸術に内在的な唯名論は指示であって、それはあらかじめ存在する事態ではない。こうした指示はたんに特殊化を促すだけでなく、それとともに個々の作品を徹底的に仕上げることもまた促す。この指示は作品を方向づける普遍的なものを系列化することによって、同時に形式化されていない生の経験と芸術との境界線を消し去り、仕上げられた作品を生み出すと同様に作品の仕上げもまた脅かす。長篇小説はとりわけ唯名論的でその限りにおいて逆説的な形式であるが、市民的時代における長篇小説の勃興はその点を典型的に示している。現代芸術は真正なところを失ってしまったが、こうした事態を生み出した原因はことごとくこの時代に溯るものと言ってよい。普遍性と特殊性との関係は、唯名論的傾向が暗示しているほど単純なものでもなければ、また伝統的な美学説によって説かれている、普遍性は自らを特殊化せざるをえないといったような、ありきたりの関係でもない。唯名論と普遍主義との対立という説得力のある図式によっても、この関係は捉えることはできない。忘却されることによって侮辱的取扱いを受けているアウグスト・ハルムが音楽において強調した点は、つまり客観的なジャンルや類型が実在し、これらのジャンルや類型が目的を持つことは真実であるが、同様にこうしたジャンルや類型が信頼できないこと、これらのものの実体的契機を確認するためには、これらのものに対して攻撃を加えねばならないということもまた、真実にほかならない。形式の歴史においては、この歴史を推進した主観性は質的に一変して、形式となって消滅することになる。バッハが彼の先行者における萌芽からフーガ形式を創造したことは確かなことであり、この形式が彼の主観的創造物にほかならず、彼の後では形式として実際は沈黙することになったことも確かであるが、それと同様にバッハがこの形式を生み出した過程は、客観的にもまた決定づけられていたもの、つまり仕上げられていない未発達のもの、形成化し尽されていないものを除去する過程でもあった。彼によって完成されたものは、それ以前のカンツォーネやリチェルカーレのうちで不一致のまま待機し、一致したものとなることを要求していたものから引き出された結論にほかならない。特殊なものとしてのジャンルもまたそれと同様に、弁証法的なものと言ってよい。ジャンルは発生し過ぎ去るものであるが、それにもかかわらずジャンルには若干ではあれ、プラトンの理念と共通するところがある。作品は真正なものであればあるほど、それだけ一層、客観的に要求されているものに、つまり事柄と一致したものとなるという要求に従ったものとなるが、こうした一致状態はつねに普遍的なものにほかならない。主観の力はこうした普遍性の共有《メテクシス》をその本質としているのであって、主観をたんに示すものではない。形式は主観に対して優位に立つとしても、それは一致状態にある作品が形式と重なり合っている場合に限られる。主観は一致状態を求めるあまり形式を破壊するが、こうした破壊は客観性によるものにほかならない。個々の作品がジャンルの要求に応えるのは、個々の作品がジャンルによって包含されることによるのではなく、葛藤による、つまり個々の作品がジャンルを正当化するため長期にわたって巻きこまれ、その挙句、自己のうちから生み出し、最後に抹消することになるジャンルとの葛藤による。作品は特殊的なものとなればなるだけ、それだけ一層忠実に自らの類型を実現する。特殊性は普遍性にほかならないとする弁証法的命題は、芸術をそのひな型にしていると言ってよい。この命題はカントにおいてはじめて公認されたものであるが、それはすでに和らげられていた。カントにおける理性は美学においては、目的論的局面から全体的なもの、つまり同一性を定立するものとして機能させられている。芸術作品はカントにとっては純粋に生み出されたものであって、結局のところ非同一的なものについては全く知ることがない。カントの目的的なものは論証的認識においては、主観によっては獲得しえないものとして先験的哲学によってタブー化されているが、芸術においては、先験的哲学にとっていわば操作可能なものとなる。特殊における普遍性は、いわば予定されたものであるかのように描かれているのだ。普遍性を保証するために、天才概念が利用されねばならなくなる。だが実際上、普遍性が明白なものとなることはほとんど無い。個別化ということは単純な語義からしても、元来、芸術を普遍的なものから遠ざけることにほかならない。普遍性が際限なく自己を個別化せざるをえないなら、それによって普遍性は疑わしいものとなる。カントもその点については承知していた。普遍性は断ち切られることなく可能なものとして仮定されるなら、あらかじめ破滅しているに等しい。普遍性を獲得するために普遍性を投げ棄てるなら、普遍性が立ち戻って来ることはけっしてありえないに相違ない。個別化されたもの自体がからくり《デウス・エクス・マヒナ》を用いることなく、普遍的なものへと移行することがないかぎり、普遍性は失われることになる。

成功の道として芸術作品にのみ開かれている道は、また成功を不可能なものとし、不可能であることを推し進める道でもある。ジャンルという前もって与えられている普遍性に助けを求めることは、もはやとうに無益なことにすぎなくなっているが、極端なまでに特殊なものは、偶発的で絶対的に取るに足りないものにぎりぎりのところまで接近しており、普遍と特殊との中間に位置するものも、両者の間に和解をもたらすことはできない。

ジャンル美学の源にある芸術の存在論的見方は古代においては、今日ではもはやほとんど再建しえない仕方で美的実用主義と重なり合っていた。周知のようにプラトンにおいては芸術はそのつど、国政を斜めに眺めながら、国政にとって有益であるか否かを予測しつつ評価が加えられている。アリストテレスの美学は一貫して影響の美学に留まっていたが、彼の美学は芸術の影響をヘレニズム期の個別化の傾向に従って、個人の感情のうちに求めるものであり、その限りにおいてプラトン以上に市民的に啓蒙的であり、人間化されたものであったことは言うまでもない。両者によって仮定されていた影響は、すでに当時においても単なる虚構にすぎなかったのかもしれない。それにもかかわらずジャンル美学と実用主義との連合は、最初一見そう見えるほど矛盾したものではない。すべての存在論のうちに潜む因襲的な物の見方はすでにとうから、実用主義を普遍的な目的として規定し、それと談合することを望んでいた。個別化の原理はジャンルに反対するのみならず、今まさに支配的なものとなっている実践によって包括されることにも反対する。個別的な作品はジャンルに逆らい、自己自身に没頭することによって自らの内在的法則性にたどりつく。作品はモナドとなるが、モナドとなることによって、作品は外部に向けられた、教育的効果といったものから遠ざけられることになる。作品が与えるかあるいは支えている作品の教育的側面が作品自体の法則性となるなら、作品は人間に向けた自らの粗雑で権威主義的な特徴を失うことになる。権威主義的志向と、可能なかぎり純粋で夾雑物を含むことがないジャンルを強調することとは折り合いがよい。規制されることがない具体的なものは権威主義的な思考にとっては汚れたもの、不純なものに見える。それは『権威主義的性格』の理論によって、曖昧さに対する非耐性として指摘された点にほかならないが、こうした非耐性はすべての階級的な芸術と社会から、明瞭に見て取ることができる。この場合もちろん実用主義といった概念をそのまま古代に対して適用しうるかどうかという疑問が残るが、この疑問は今日なお未解決のまま放置されている。実用主義は精神的形成物が現実に対して与える効果を計測可能なものと見なす教義として、外部と内部、個人と集団との間に断絶を仮定するが、こうした断絶はいまだ市民社会におけるほど完全なものとはなっていなかったものの、古代においてはじめて徐々に作り出されたものであった。集団的規範にしても古代においては、それが現代において持つような価値をかならずしも持っていたとは限らない。しかし年代的に遠くかけ離れている定理の支配的特徴が、定数として不変であることに目をつぶり、定理相互の相違を歴史哲学的に誇張しようとする試みが今日再びすでに数を増しつつあるように見える。プラトンの芸術についての判断が集団的規範と絡み合っていたことは、きわめて明瞭なことであって、彼の判断はことごとく集団的規範とは全く別物であると断言して、こうした絡合いを無視して解釈を行うためには、よほど頑固な存在論が必要になる。

哲学的唯名論はその前進とともに普遍概念の清算を行ったが、それはジャンルやジャンルの要求が芸術に対して定立されたもろい慣習として、つまり死んだ、形式的にすぎないものとして自己を示すようになる、そのはるか以前のことであった。ジャンル美学は唯名論的時代においてもまたドイツ観念論によって一貫して主張されてきたが、こうした主張が行われたのは、いまだアリストテレスが権威を持っていたためとばかりは言えないであろう。芸術を非合理的な特殊領域と見なし、科学主義の手から落ちこぼれるすべてのものをそのうちへ追いこむ芸術観が、こうした時代錯誤的な主張に関係していたのかもしれない。しかし次のことが関係していたと考える方が、むしろそれ以上に真実に近いように見える。つまり理論的な省察は非弁証法的な見解のために、ジャンル概念の助けを借りることだけで、極端な個別化と結びついている美的相対主義を避けうると信じていたためと考える方が。慣習それ自体は力を奪われたものでありながら、――これは進歩の代償であるが――人の気を誘うのだ。芸術が真正なものとなることに絶望し、真正なものとなることを自己に義務として課すことがなくなると、慣習的なものが真正なものの模造品であるかのように見えてくる。慣習的なものはまじめに受け取りえないものであるという事実が、実現されることがなかった愉快なものの代理となる。遊戯という美的に没落しかけている契機は、こうした愉快なもののうちへ、つまり意図的に引用されたものにすぎないもののうちへと逃げこむ。慣習的なものは機能を失うと仮面として機能する。しかし仮面は芸術の祖先の一つに数えられている。どのような作品も硬直的なものとなることによって作品となるが、硬直したものであるという点において仮面を想起させる。引用され、歪められた慣習的なものは魔術的仮面の罪を、この仮面を遊戯として繰り返し用いることを通して取り除くが、その限りにおいて啓蒙の一部であると言ってよい。もちろん慣習にはほとんどつねに自らを肯定的なものとして定立し、芸術を統合して、抑圧的傾向のものに変えようとする傾きがつきものであることは言うまでもない。その上、慣習やジャンルはただ単に社会に従うだけのものではなかった。奥様になった女中といった慣習的表題《トポス》のうちには、あらかじめ骨抜きにされていることは言うまでもないにしても、反抗を表現しているものも少くなかった。生の経験に対して距離を置くことによって、芸術は自律的なものへと成長してきたが、こうした距離も全体として見るなら、慣習を用いることなくしては獲得しえないものであった。コメディア　デラルテを自然主義的に誤読したがるものなど一人としていなかった。コメディア　デラルテはいまだ閉ざされたものであった社会においてのみ、栄えることができたものにすぎないが、こうした社会が芸術に現実生活と抵抗させる条件を、つまり現実生活に対して、社会的抵抗が隠されているような抵抗を行わせる条件を与えていた。ニーチェが行った慣習の擁護は唯名論の軌道に対する一貫した抵抗と、美的材料支配の進歩に対する敵意とから発したものであり、偽りの擁護にすぎなかったが、それは彼が慣習を文字通りに単純な語義に従って一致として、つまり恣意的に作られたものと恣意に属するものとが一致しているものとして誤解したためにほかならない。慣習のうちに沈澱している歴史的強制を見逃し、慣習を純粋な遊戯の一部に加えたために、ニーチェは正義漢の身振りをして慣習を擁護し、合せて慣習を軽んずることができた。それによって彼の天分は、洗練されている点において同時代人全体を抜きんでていたにもかかわらず、美的反動の勢力圏のうちへと押し流されることになり、結局のところ彼にとってはもはやさまざまな形式水準を区別することは不可能となった。特殊なものを求める要求には、美的な距離を軽んじることに奉仕し、それによって既存のものと協力するという否定的な契機が含まれている。特殊なもののうちで卑俗なものとして不快感をひきおこしたものは、たんに社会的階級制度《ヒエラルヒー》を傷つけるものでなく、芸術にとって無縁な、野蛮なものと芸術を妥協させるのに適したものでもある。慣習は作品の形式法則となることによって、形式法則をその核心から固め、外的な生の模倣に対して冷淡なものに変えた。慣習は主観にとって外的で異質的なものを含んでいるが、しかし主観をして自らの限界を、つまり自らが偶然的でいわく言いがたいものであることを想起させる。主観がますます強化され、それを補う形で社会的な秩序範疇と、こうした範疇から派生した精神的な秩序範疇とがますます拘束力を失うにつれて、主観と慣習とはますます調停しえないものとなる。内部と外部との断絶の増大は慣習の崩壊に至る。慣習の崩壊後、引き裂かれた主観が慣習を自らのうちから自由に定立しようとも、こうした慣習は高められることなく、逆に矛盾によって単なる用意されたにすぎないものへと引き下げられることになる。選ばれたもの、あるいは定められたものにすぎないなら、慣習は主観がそれに対して抱く期待をかなえることはない。芸術作品において後年特殊な質として出現したもの、つまり個々それぞれの作品が持つ、代替あるいは交換不可能なものとして出現し、重要となったものは、ジャンルから逸脱したものであり、やがて新しい質へと一変した。こうした質はジャンルによって媒介されたものにほかならない。芸術が普遍的契機に対して抵抗することと同様に、普遍的契機は芸術にとって不可欠なものであるということ、このことは芸術が言語と類似しているところからも理解することができる。なぜなら言語は特殊なものを敵視しながらも、特殊なものの救済を目指しているからである。言語は普遍性を通して、また普遍的なものを配置することによって特殊的なものを媒介したが、しかし言語が自己の普遍概念を正当なものと見なすのは次の場合に限られる。言語が硬直的に、つまり即自存在であるかのような仮象とともに用いられるのではなく、表現されるべきものに特有な点を目指して、可能なかぎり集中的に用いられる場合に限られる。言語の普遍概念は自らにとって逆行的な過程を通して自らの真実を受け取る。「文書（言葉、言語）の秘密のなかにこそ、ひとを救う働きのすべてが、のみならず核心において破壊的ではない働きのすべてがふくまれております。その働きの形態が実際上どのように多様であろうとも、言語は内容を媒介することによってではなく、自らの尊厳とその本質を最大限純粋に開示することによってそのように作用するのです。言語作用の別の形式――文学および予言といった形式――をここでは度外視するなら、言語のうちから語りえぬものを純粋な結晶として抽出することが、言語の内部でそしてその限りにおいて言語を通じて働きを及ぼす、与えられているいちばん手近な形式であるとわたしには繰り返し思われてきました。こうした語りえぬものを抽出するということは思うに、真に即物的で冷静な書きかたとまさしく一致するでしょうし、認識と行為との関係をまさしく言語の魔法の内部で示唆する点かもしれません。即物的であると同時に高度に政治的な文体とそうした書きかた、こうしたわたし流の概念は、言葉は語りえないものへと導くということに尽きます。こうした言葉なきものの領域が、いいようもなく純粋な力をもつ自己を開示するところでのみ、言葉と感動的な行為とのあいだに魔法の火花がとびかい、等しく現実的なこれら両者の一体化が成るのです。集中的に内奥の沈黙の核へ言葉を向けてゆく場合にのみ、真の働きが得られるのです。言葉にはどこか〈現実の〉行為と較べて、神的なものから遠いところがあるとは思われません。そのため言葉もそれ自体とそれ自体の純粋さをとおしてだけ、ひとを神的なもののなかへ導きます。手段となった言葉など雑草です。」[原註(1)] ベンヤミンが語りえぬものの抽出と呼ぶものは、言語をして特殊なものへ集中させること、つまり言語の普遍概念を直接形而上的な真実として定立することを断念することにほかならない。ベンヤミンの極端なまでに客観主義的で、その限りでは普遍主義的な言語形而上学と定式化とのあいだのこの定式化は、ヴィトゲンシュタインの定式化とほぼ一言一句一致しているが、後者のそれは評判になったものの、その発表はベンヤミンの手紙の執筆に遅れること五年後のことであったために、ベンヤミンにとって未知であった両者の間の弁証法的緊張は、そのまま芸術における緊張として読みかえてみることもできないことはない。もちろんその場合それにつけ加えて、次の点をはっきりさせておかなければならない。つまり存在論に対して禁欲的な態度をとることは言語にとって、語りえぬものをそれにもかかわらず語る唯一の方法であるということを。芸術の場合、普遍概念は芸術が言語にもっとも接近しているところにおいて、もっとも強力なものとなる。つまり語られることによって自らの、いまここにあるものであるという点を乗り超えて行く何かを、芸術が語るところにおいてもっとも強力なものとなる。しかし芸術がこうした超越に成功するのは、もっぱら過激な特殊化を目指すという芸術の傾向の賜物にほかならない。つまり芸術が自らを仕上げることによって内在的過程をたどり、その過程のうちで語りうるもの以外は何一つとして語ることがないという場合に限られる。芸術における言語に類似した契機は芸術の模倣《ミメーシス》的契機にほかならない。芸術は普遍的なものから遠ざかる芸術に特有の動きのうちでのみ、雄弁で普遍的なものとなる。芸術が普遍的なものを語りながら、しかも語ることがないという逆説は次の点に由来する。つまり芸術は模《ミメ》倣《ーシス》的な契機を通して普遍的なものを語るが、この契機は不透明で特殊なものとして、同時に語ることに反対するという点に由来している。

　たとえいかに不安定な和解であろうと、主観と和解した状態にある慣習は様式と呼ばれる。様式の概念は芸術をして言語たらしめる包括的な契機——芸術における言語全体の核心が芸術の様式にほかならないが——と関連を持つが、この概念は同様に、何らかの形でいまだ特殊化と折り合っていた束縛的なものとも関連がある。様式はこうした平和が幻想であることが明らかになるや否や、しばしば嘆きの種とされることになる自らの没落を招くことになった。しかし慨嘆すべきことは芸術が様式を断念したことではなく、芸術が自らの権威に呪縛されつつ、様式を持つかのように装っていたという事実の方なのだ。十九世紀が陥った様式を欠如した状態の源をたどるなら、例外なくそこにはこの事実が見られる。様式の喪失に対する悲しみはおおむね、弱体化した個別化に対する悲しみ以外の何ものでもないことは言うまでもないが、個別化の弱体化は客観的には次のことに由来している。芸術の集団的な拘束力の崩壊以後、あるいはこうした拘束力の仮象の崩壊以後は——なぜなら芸術の普遍性はつねに階級的特性をまとっており、その限りにおいて局限的なものにすぎなかったから——作品は初期の自動車が手本とした馬車《シェーズ》から、初期の写真がその手本としての肖像画から離れた際に行われていたように、徹底して仕上げられるということがなくなったという事実に由来している。受け継がれてきた規準《カノン》は解体され、自由に作られた芸術作品も持続する社会的束縛のもとでは栄えることができず、芸術作品が大胆に束縛に立ち向っている場合ですら、束縛の傷痕が芸術作品に焼きつけられる。しかも十九世紀の美的原現象の一つである写し《コピー》としての様式は、自由を約束すると同時に断ち切る、例の市民階級に特有のものと見なすべきものかもしれない。すべてのものが自由に手に入り、処理しうるものであるかのように言われているが、しかしそこに見られるのは後退であって、自由に処理されうるものが繰り返されているにすぎず、自由に処理されていると言うのは名ばかりにすぎない。市民的芸術は、首尾一貫して自律的な芸術であるなら、事実上、前市民的時代の様式理念とはとうてい結びつくことは不可能であろう。市民的芸術がこうした帰結に対して頑に目を閉ざしていたことは、市民的自由そのものの二律背反の現れにほかならない。市民的芸術は結果的に様式の欠如に至る。ブレヒトの格言によるならば、自らを支えるよすがとしうるものは、もはや何一つとしてないと言ってよいが、しかも市場《マーケット》によってそれに順応することを強制されている現状においては、真正なものを自らのうちから自由に完成する可能性すら失われているのだ。そのためかつて排撃されたものが呼び出されることになる。バーデン州を醜いものにしている一連のヴィクトリア女王時代風の様式による住宅は、別荘《ヴィラ》のパロディにほかならず、高級住宅街をスラム街に近いものへと変えてしまった。こうした様式の荒廃は様式を欠く時代のせいにされ、美的観点から批判されているが、しかしそれはけっして時代の際物的精神の表現ではなく、芸術外的なものによって生み出された、つまり利益によって動かされている産業の偽りの合理性によって生み出された産物にほかならない。資本は自らの目的のために、芸術の非合理的契機と自らが見なすものを動員し、動員することによってこうした非合理的契機を破壊する。美的合理性も非合理性も一様に社会によって呪われ、切断されることになる。様式に対して批判を加えることは、理想的な様式像を求める論争的でロマン主義的な願望によって抑圧されている。様式に対する批判がもし深められるなら、こうした批判はおそらく伝統的芸術の全体にまで及ぶものとなるであろう。シェーンベルクのような真正の芸術家は様式概念に対して激しく抵抗した。様式概念に廃棄を通告するか否かということが、急進的なモダニズムの標識となる。様式概念が作品の質と直接接するといったことは、かつてけっして見られなかった。自らの様式をもっとも厳密に代表するかに見える作品はつねに、様式との葛藤を解決した作品であった。様式それ自体は、様式と様式の一時停止とを統一したものにほかならない。どのような作品も様式と関係することによって力の場となるが、事情はモダニズムそのものにおいても変りがない。モダニズムは様式意志を拒絶しようと、ほかならぬそのような場合においてもその背後から仕上げを強制され、そこでは様式に似た何かが作り上げられていた。芸術作品は野心的になればなるほど、それだけ一層精力的に葛藤を解決する。たとえ芸術作品が成功のうちに現状肯定の臭いをかぎつけて、成功を断念する場合においても事情は変りがない。様式に栄光が与えられるのはもちろん、後からのことにすぎなかったが、栄光が与えられたのは様式がその抑圧的特徴にもかかわらず、芸術作品の外部から単純に刻印されたものではなく、ヘーゲルによって好んで実体的なものと呼ばれた古代芸術のようにある程度まで、それもまた実体的なものであったことによる。様式は芸術作品のうちに客観的精神に似た何かを浸透させる。様式は特殊化の契機そのものを誘い出して、様式自体を現実化するために特殊なものを求めた。客観的精神がかならずしも操られたものではなく、自発性が全面的に管理されたものではなかったような、そうした過去においては様式もまた幸運に恵まれていた。ソナタのそれ自体徹頭徹尾力動的な形式や、それとともにウィーン古典派の後期絶対主義時代的様式もまた、この様式はそれをあますところなく利用して作曲したベートーベンを通してはじめて様式として確立されたものであるが、こうしたものはベートーベンの主観的芸術にとって本質的なものであった。この種のことは今日ではもはや何一つとして可能ではなく、様式は解体されてしまった。こうした事態を名づけるものとして一様に用いられているのが、混沌という概念にほかならない。この概念は通常、事柄に特有の論理について行くことができ、自らの無能を事柄のせいにする場合に用いられる。新しい芸術に対する誹謗には理解力の明らかな不足や、往々にしてごく単純な知識の不足すら見られるが、こうした自らの無能を新しい芸術のせいにするといったことは、人を啞然とさせるほど一般化している。様式の拘束的なところが社会の抑圧特性の反映であること、つまり人類が時折そしてたえず逆襲に脅えながら、振り落そうとつとめている抑圧特性の反映にほかならないということは、すでに一点の疑いも残さず見通されていると言ってよい。完結したものであるために抑圧的である社会の客観的な構造を抜きにしては、拘束力を持った様式は考えられない。様式概念は個々の芸術作品に対しては、せいぜいその作品の言語契機の総体として適用しうるにすぎない。いかなる様式にも分類されることがないような作品は自らの様式か、あるいはベルク流の表現によるなら、自らの〈音調〉を持たねばならない。自らの様式を持とうとも、それぞれ独自に完成されたはずの芸術作品がごく最近の展開においては、互いに似たりよったりのものとなりつつあることは否定できない。アカデミックな歴史によって個人的様式と呼ばれているものは後退しつつある。個人的様式はもしこの傾向に抗議しつつ命脈を保とうとするなら、十中八九、個個の作品の内在的法則性と衝突する羽目になる。様式の完全な否定そのものが様式へと一変しつつあるかに見える。しかし体制順応主義と無縁のもののうちに体制順応主義的特徴が発見されることは、いつしか自明の理にすぎなくなってしまった。[原註(2)] こうした事態はたんに体制順応主義が、体制順応主義から抜け出そうとしているものから自らのアリバイを手に入れ、自らのやましさを拭い去るために好都合であるにすぎない。一般的なものを目指す特殊なものの弁証法がこうした事態によって弱められることはない。唯名論的に前進した芸術作品においても一般的なものが、往々にして慣習的なものが繰り返し出現してくるが、このことは堕落ではなく、その言語特性によってひきおこされたことにすぎない。この言語特性はそれぞれの段階ごとに窓のないモナドを作り上げ、それぞれの段階ごとに語彙を生み出す。表現主義の文学はマウツの指摘によるなら、[原註(3)] カンジンスキーの著書において確認されているような色価についての若干の慣習を利用しているが、それはこうした形で利用されているにすぎない。抽象的一般性に対するもっとも強烈なアンチテーゼである表現は、自らの概念に従って語りうるものとなるために、こうした慣習を必要としているのかもしれない。表現はもしそれが絶対的な心の動きに留まり、その点に固執するなら、心の動きを規定してそれを作品から語りかけるものへと変えることはできない。表現主義はすべての美的媒体において、自らの理念に反して様式に似たものを引き寄せているが、しかしそれが市場への順応として行われていたのは、二流の代表者の場合にすぎない。一流の表現主義者の場合、様式に似たものは表現主義の理念の結果にほかならなかった。理念は自らを現実化するためには、それ自体を超えていくものという局面を受け入れざるをえなくなるが、それによって繰り返し自らを現実化することもまた妨げられることになる。

素朴な様式信仰は、芸術の進歩という概念に対する敵意と結びついている。芸術的急進主義に至る内在的傾向に対しては頑に反対しつつ、文化哲学的推論は慎重に、進歩概念そのものが乗り超えられたものであり、それは十九世紀の悪しき遺物にすぎない、といった言葉を引用することを常としている。こうした引用を行うことによって文化哲学的推論は、技術至上主義に囚われている前衛芸術家に対して、自らが精神的に優位に立つものであるかのような見せかけと、若干のデマゴギー的効果とを手に入れる。つまりこうした推論は堕落して文化産業になり果て、文化産業によって飼育されている流行の反知性主義に、知的祝福を与えるものにほかならない。こうした文化哲学的努力はイデオロギー的性格のものであるが、それにもかかわらず芸術と進歩との関係をめぐる省察まで欠いているわけではない。進歩の概念はマルクスやヘーゲルも承知していたように、技術的生産力に対して妥当しても、それと同様にそのままの形で芸術についても妥当するものではない。芸術はその核心にいたるまで、深刻化していく敵対状態という歴史的運動のうちに組み込まれている。社会の場合と同様に芸術の場合も進歩が見られたり、見られなかったりする。ヘーゲル美学はとりわけ次の点を悩みとしている。つまり彼の美学は、定数による思惟と操作されることなく弁証法的である思惟との間で動揺している全体系と同様に、たしかに芸術の歴史的契機を〈真実の発展〉の歴史的契機として、彼以前には何びとたりとも理解することがなかったように理解したが、しかしそれにもかかわらず古代の規準《カノン》を持ち続けている。美的進歩のうちへ弁証法を持ちこむかわりに、彼はこの進歩にブレーキをかけてしまった。芸術は彼にとってはむしろ、模範的形態をとるものであるがゆえに儚いものであった。百年後、共産主義国家において芸術がたどりついた結果は、いまだ見通しのつかぬものであった。しかしこれらの国々の反動的芸術理論は、マルクスからもある程度の慰めの言葉を受け取っているものの、ヘーゲルの古典主義によってつちかわれたものにほかならない。ヘーゲルによるなら、芸術はかつては精神の発展段階と一致したものであったが、もはや一致することがなくなったものとされている。このことは自由の意識の現実的進歩に寄せた信頼が手ひどく裏切られたことを物語っている。芸術を欠乏の意識と見なすヘーゲルの理論は今日なお有効であるし、古びてもいない。彼によって予測された芸術の終焉は、事実としてはその予測後百五十年をへた今日においても出現することはなかった。とうに断罪されたことが成果もないまま、ただ営々として営まれてきたわけではけっしてない。時代のもっともすぐれた作品、なによりもデカダンスとして中傷されている作品の等級はそれを外部から、と言うことはつまり根底からということであるが、取り消そうとしている人々が主張しているような低いものではない。自らを欠乏の意識へと還元する芸術それ自体による極端な還元論、つまり芸術の沈黙と消滅の身振りですら、さながら微分の場合のように運動を継続するものにほかならない。世界においてはいまだ進歩が行われていないために、芸術のうちで進歩が行われることになる。つまり「必要なのは継続する」ことにほかならない。芸術がヘーゲルによって世界精神と呼ばれているもののうちに変ることなく組み込まれており、そのため世界と同罪であることは言うまでもないが、しかし芸術は自己を廃棄することによってのみ、この罪を免れることができる。だが芸術は自らを廃棄するなら、とりもなおさず言語を欠く支配を援助し、野蛮に道を譲ることにもなる。自らの罪を免れようとする芸術作品は、芸術作品としての自己を弱めることになる。世界精神はたんに支配の概念にのみ還元されるなら、それは世界精神に対してあまりにも忠実すぎる捉え方であって、その一義的意味を鸚鵡返しに唱えることにすぎない。芸術作品はその歴史的段階において、解放の歴史的瞬間をやりすごすことが少くないという点において世界精神と似通っているが、呼吸、新鮮さを、つまり芸術作品をして出来合いのもの、永遠に同一のものであることを乗り超えさせるものすべてを、世界精神に負っている。こうした作品において目を開く主観のうちで自然は自己に目覚め、歴史的精神そのものが自然の覚醒に関与することになる。芸術のどのような進歩も、進歩の真実内容と対決せねばならないものであり、どのような芸術の進歩も呪物化してはならないが、それと同様に節度ある進歩を善い進歩と見なし、粗暴な進歩を悪い進歩と見なして、両者を区別するといったことはなすべきことではないし、そうした区別を行うなら結果はみじめなものとなる。抑圧された自然の声は通常、分別くさい作品よりも、人工的なものとして非難されているような作品から、つまり技術的生産力の水準に応じてその極限を目指して突き進んでいくような作品からはっきりと聞えてくる。分別くさい作品は自然に対して肩入れをするかに見えても、こうした肩入れは偏見にすぎず、山男と狩猟とは切っても切り離されないものであるように、こうした偏見は現実の自然支配と一体化したものにほかならない。芸術の進歩は予告することもできなければ、否定することもできない。ベートーベン以後の時代の作品がその真実内容において、ベートーベンの晩年の弦楽四重奏曲と肩を並べようとしたところで、これらの弦楽四重奏曲が置かれていた位置に、材料、精神、方法の面からもう一度立つことがないなら、たとえ最大の才能の持主であろうと、それは不可能なことと言わなければならない。

芸術の進歩について一般的に判断を下すことは困難であるが、こうした困難は芸術史の構造につきまとう困難にほかならない。芸術の歴史は同質のものではない。そこではせいぜいのところ、連続的で切れ目のない系列が形成されているにすぎず、こうした系列はやがて社会的圧力を加えられ、社会に順応することを強要されることも珍しくないし、順応することによって断ち切られる。芸術が切れ目なく発展するためには今日に至るまで、相対的に恒常的な社会的条件が必要とされてきた。ジャンルの連続性は社会的連続性や同質性と並行して保たれてきた。ナポリ楽派の時代からベルディ、あるいはおそらくプッチーニの時代にいたるイタリアの聴衆のオペラに寄せる態度には、さして多くの変化は起らなかったと想像しても差しつかえないかもしれない。またジャンルもこうした聴衆の態度と似た連続するものであり、その連続性が手段の使用と禁止との、それ自体ある程度首尾一貫したものである発展によって特徴づけられていることは、中世末期以後のポリフォニーの歴史を眺めるなら容易に確認することができよう。芸術における歴史的経過を完結したものとして捉え、社会構造をできうる限り静止したものと捉えて、両者のうちに一致を見出すところにジャンル史の限界が見られる。力を蓄えてきた市民階級が聴衆として要求を突きつけるといった場合のように、突然社会的構造に変化が生じた際には、ジャンルや様式の類型もまた突然変化することになる。通奏低音《バロック》楽はその初期においては素朴なもので、後退的なものにすぎなかったが、やがてオランダやイタリアの高度に発達したポリフォニーを駆逐することになったし、バッハによるポリフォニーの強力な巻き返しも、バッハの死後数十年もたつと片隅に押しやられ、やがてその痕跡すらも失われてしまった。作品から作品への移行は問題にしうるとしても、ただ飛び飛びに行われるものとしてのみ問題にしうるにすぎない。自発性、つまり芸術から除外しては考えられない把握しがたいものを目指す衝動は、さもなくば活動の余地がなくなるし、芸術の歴史も機械的に決定されたものにすぎなくなる。このことは個々のすぐれた芸術家の創造についてもあてはまる。彼らの創造の流れはしばしば断ち切られているが、このことはモデルとするものを変えることを支えとしている、いわゆる移り気の芸術家についてだけでなく、ごく気むずかしい気質の芸術家の場合にもあてはまる。彼らは自らがすでに完成したものに対して、往々にしてそれと鋭く対立するアンチテーゼを提出する。それはある類型の可能性が、自らの創造によって汲み尽されたものと見なすためかもしれないし、あるいは硬直と繰り返しという危険を予防するためかもしれない。芸術家のうちには、創造が一直線に進行しているような芸術家も少くない。こうした芸術家においては、新しい作品は先行する作品が自らを具体化することによって常にまた自らを制限し、それによって断念せざるをえなかったものを取り戻そうとするかに見える。個別的作品であって全体性であるような作品は、つまり伝統的な観念論美学によって賞賛されているような作品は一つとして存在することはない。どのような作品も不完全なものであると同様に不十分なものであって、その作品自体の可能性を切り取られているが、それによって一つの作品を直接的に継続することは、特に画家に見られるような場合は別として、つまりシリーズ物によって一つの着想の展開の可能性を吟味しているような場合は別として、はばまれることになる。しかしこうした非連続的な構造は偶然的で場当り的なものではないし、同様に因果律的に必然的なものでもない。一つの作品から他の作品へと連続的に移行が行われることがないような場合でも、これらの作品が問題によって統一されているなら、連続したものと言ってよい。進歩、つまり新たな着想による既存のものの否定は一貫した問題の枠内において行われる。先行する作品によって解決されることなく提出されている場合であろうと、先行する作品自体によって解決されて提出される場合であろうと、提起された問題は処理されることを待ちかねているが、提起された問題が断絶という形をとって処理されることを必要としている場合も往々にして見られる。しかし一貫したものとしての問題もまた芸術史を貫く構造とは言えない。問題は忘却されるかもしれないし、命題をそれ以上のものへと止揚することがないような、歴史的アンチテーゼが形成されるかもしれない。芸術の進歩が断ち切られることなく行われることがいかに少いか、この点についてはたんに系統発生的のみならず、個体発生的にも知られている。変革者たちが過去のものを、先行者たち以上に自由に支配するといったことは稀であって、その点においては先行者に劣っている方が多い。忘却を伴わないような美的進歩はありえない。そのためどのような後退もともなわぬような進歩もありえない。ブレヒトは忘却を綱領とすることを宣言したが、それは精神の伝統をイデオロギーの黄金の鎖と見なして、当然のことながら疑ってかかる文化批判をその動機としている。忘却の局面と、それを補足する局面であるブレヒトにおける教訓詩のような、とうにタブー化されたものの再登場という局面とは個々の作品よりは、むしろジャンルのうえにその拡大が見られる。主観的でとりわけエロチックな抒情詩についても同じことが言えるが、こうした抒情詩はかつて解放の表現にほかならなかったが、今日ではタブーが加えられている。連続性といったものは結局のところ、大きな間合いを含むものとしてのみ構成されるにすぎない。芸術の歴史に見られるのは、むしろ串刺しにされた断片と言ったほうがよい。いずれにせよジャンル史は部分的に――風景画、肖像画、オペラといったものについては――問題にすることはできるとしても、その反面、歴史に重点を置きすぎることは危険であると言わなければならない。この点について余すところなく証明するものとして、中世の音楽において実施に移されているパロディや対位法的要素といったものがある。バッハの作品における彼の方法、つまり作曲されたものの総体と密度とは真に進歩的なものであって、それは彼の作品が世俗的に書かれたものかそれとも宗教的に書かれたものか、声楽的に書かれたものかそれとも器楽的に書かれたものなのかといったこと以上に、本質的な点にほかならない。その限りにおいて唯名論は中世音楽にまで溯って、その認識にも影響を及ぼすものと言わなければならない。芸術史に一義的構造を与えることが不可能なことと、存在していて存在していない進歩をめぐるすべての議論にとって免れえない宿命的なところとは、芸術の二重特性に、つまり自律的なものでありながら社会的に決定されたものである自律性と、社会性という二重特性にその原因がある。芸術の社会的特性が自律的特性を圧倒しているような場合、つまり芸術の内在的構造が社会的関係と明白に矛盾しているような場合は、自律性と共に連続性もまた犠牲にされている場合にほかならない。この点を観念論的に無視してしまうところに、精神史の弱点の一つがあると言ってよい。連続性が断ち切られているところでは、おおむね生産関係が生産力に対して勝利を収めている。そこでは生産力はこうした社会的勝利に逆らうどころか、同意するきっかけすらも与えられることがない。芸術は社会全体によって、つまり社会のそのつど支配的な構造によって媒介されている。芸術の歴史は個別的な因果関係による直列的なものでもなければ、明白な必然性によって貫かれた現象の流れでもない。芸術は社会的な傾向の全体のうちへと含めて捉えるなら、必然的なものと呼ぶことを許されようと、全体から切り離し、社会的傾向を単独で表すものとして捉えるなら、必然的なものと呼ぶことは許されない。芸術の構造を内部からではなく、その上部から眺めて的確なものと見なしたり、個別的作品の測り難さを天才的なものとして信じ、それによって必然性の領域から切り離すといったことも、等しくごまかしにすぎない。芸術史の理論の輪郭を描こうとしても、矛盾することなしに描くことはできない。芸術史の本質はそれ自体が矛盾したものにほかならない。

　歴史的材料とその支配とは、つまり技術は明らかに前進を遂げてきた。絵画における遠近法、音楽における多声の発見といった発明は、その最大の実例であると言ってよい。こうした発見に留まらず、一回限りしか用いられないような方法のうちにも、つまりその方法に基づいて行われる首尾一貫した仕上げのうちにも、進歩が存在することは否定できない。通奏低音《バロック》時代から現代音楽の出現をみるその直前にかけての期間における和声的意識の多様化、あるいは印象主義から点描主義への移行といったことは、こうした進歩の結果にほかならない。しかしこうした進歩が疑問の余地のないものではあっても、それをいきなり質の進歩と同一視してはならない。絵画はジョットやチマーブエからピエロ・デラ・フランチェスカに至る過程において、手法上の大きな収穫をあげてきたこと、この事実を否定しようるのは一人明き盲に限られる。しかしフランチェスカの絵がジョットによって描かれたアッシージのフレスコ画にまさるといった結論をそこから引き出すなら、それは杓子定規な物の見方と言うよりほかはない。個々の作品に対して質を問い、優劣の決定を下すことは可能であり、判断はそうすることを通してさまざまな作品の間のさまざまな関係を含むものとなるが、他方、こうした判断は〈優劣〉といった形式に従って比較が行われるようになると、たちまちにして芸術とは無縁なものに変り、小事拘泥的なものにすぎなくなる。優劣を事とする論争はえてして、教養を見せびらかすだけのお喋りになりかねない。作品は質という点からはいちじるしく対照的なものであるが、しかしそれと同様に互いに比較のしようがないものである。作品は互いに意思を疎通し合うことがあるとしても、ただ対立的に意思を疎通し合うにすぎない。〈作品にとっては、他の作品は不倶戴天の敵にほかならない〉。作品は互いに滅ぼし合い、互いの生を通して互いの死を現実化し、それによって比較の可能なものとなるにすぎない。二つの作品の太古的で素朴な特徴のうちそのどちらが、事柄の客観的な理念から結果として現れた方法による特徴であるのか、その点を決定することは不可能も同然であるし、よしんば可能であるとしても、ただ具体的に決定しうるにすぎない。こうした方法に基づく特徴とそうではないものとを分離すること自体不可能なことであって、こうした分離はたんなる恣意的なものにすぎない。欠陥であろうとそれ自体が雄弁に語ることもあるかもしれないし、長所であろうと歴史的展開のうちで、真実内容を損うものとなることもあるかもしれないのだ。芸術の歴史はそれほどまでに、二律背反的なものにほかならない。バッハのもっとも重要な器楽作品の皮下構造は、管弦楽というパレットが彼の自由にはならなかったため、表立ったものとして出現することをはばまれ、皮下構造に留まったにすぎないことは疑いがない。中世絵画に対して遠近法の技術を、ないものねだり的に要求することは愚かしいことであって、仮に中世絵画が遠近法の技術を持つなら、中世絵画に特有の表現は失われることになる。進歩は進歩を通じて凌駕される。現代絵画における遠近法の役割の低下、その結果としての遠近法の根絶、こうした事態によって遠近法以前の絵画と現代絵画とが一致するといった事態が生み出され、その結果現代絵画に先行する絵画よりも、さらにそれ以前の絵画が高く評価されるようになった。しかしかつて凌駕された素朴な方法を現代にふさわしいものとし、現代の創造における材料支配の進歩を誹謗し、それに無効を宣告するなら、現代絵画と遠近法以前の絵画との間に見出された一致点それ自体は一変して、浅薄なものにすぎなくなる。しかし前進しつつある材料支配そのものが材料支配における失敗を通して、その代償を支払わざるをえなくなる場合も少くない。エキゾチックな音楽はかつて素朴なものとして一掃されてしまったが、この音楽を詳細に調べるなら、それによって以下の点が証明される。ヨーロッパ音楽に見られる多声性と合理化とは――両者は互いに切り離せないが――ヨーロッパ音楽がそのすべての深さと豊かさを獲得するために道を開いてくれたものであるが、モノディーという、最小限のリズムとメロディーの変動しか持たぬもののうちで生きる洗練化の能力は、それによって鈍いものとなった。硬直的なところ、つまりエキゾチックな音楽が持つ、ヨーロッパ人の耳には単調に聴えるものは明らかに、洗練化のための条件にほかならなかった。祭式用のものに留まるという圧力を加えられていたため、こうした洗練化の能力は許容されていた狭い範囲内において自らを強化したにすぎなかったが、他方、ヨーロッパ音楽は加えられる圧力が弱められたために、洗練化といった矯正方法を必要としなくなった。洗練化の能力の代りに、ヨーロッパ音楽だけがおそらく完全な自律性を、つまり芸術を獲得することになったと言えるが、芸術に内在する意識は任意に自律性の外へ抜け出すこともできなければ、自らを拡大することもできない。洗練化の能力はごく繊細なものであれ、それがたとえどこに存在しようと、精神化と結びついた美的材料支配の一部であることは否定のしようがない。こうした能力は、客観的に自由な処置ということの主観的な相関概念、つまり可能になったものを見つけ出す能力であって、芸術はこの能力を通してより自由にそれ本来のものとなり、材料支配そのものに対する抗議となる。恣意的ならざるもののうちにおいて恣意的であることは、美的支配という二律背反を解決してくれるかもしれない、逆説的な定式にほかならない。材料支配ということのうちには精神化ということが含まれているが、精神化は精神が自らの他者から自立する行為として、直ちに再び自らを危険にさらすことになることは言うまでもない。君臨する美的精神は精神化の完全な理念だけを満足させるかのように、事柄をして語らせようとするよりも、むしろ自らを伝達しようとする傾向を持つ。進歩そのもののうちに、進歩が支払うことになる代償が内在していると言ってよい。こうした代償をもっとも鮮やかに示している徴候、つまり真正さと拘束力とが減退し、偶然的なものであるという感情が増大してくることは、個々それぞれのものの完成度が高められて行くという、材料支配の進歩と直接的に一致している。こうした損失が実際的に生じたものであるのか、それとも仮象にすぎないのかは定かではない。素朴な意識にとっては、さらには音楽家の意識にとってもそうであるように、『冬の旅』のリードはウェーベルンのリードより本物らしく、つまり『冬の旅』はあたかも客観的なものの核心を突いているが、ウェーベルンのリードは内容がたんに個人的な経験に限定されているにすぎぬかのように思われるために、本物らしく思われるかもしれない。しかしこうした区別はまゆつばものにすぎない。ウェーベルン流の威厳をおびた作品において行われている洗練化は、教育を受けていない耳には内容の客観性を聴き取りづらいものとしているが、こうした洗練化は進歩する能力と、つまり事柄をより厳密に形式化し、図式的なものの残り滓を一掃するという進歩する能力と不可分なものであって、まさにこうした洗練化の行為こそ客観化と呼ぶにふさわしいものと言わなければならない。真正の新しい芸術は、たとえ偶然的なものであるかのような感情を喚び起そうとも、それに親しみ経験をつむに従って、こうした感情は消滅して行く。だがそれは言語が、つまりたんに主観的な表現欲求によって破壊されたものであるだけでなく、この欲求を通して客観化の過程のうちに繰りこまれたものでもある言語が、必然的なものとして感じられる場合に限られる。芸術作品そのものは自らの拘束力がモナドに変形されて行くことに対して、無関心でないことは言うまでもない。芸術作品が社会に対してますます冷淡になりつつあるように見えるということ、このことはたんに芸術作品自体の社会的影響力の低下という側面からのみ、説明されるべきではない。作品が方向を転換して純粋に自らに内在するものに変り、それによってその本質の一契機である自らの摩擦係数を失いつつあること、つまり作品が自己自身に対してもまた冷淡になりつつあるということを証明する事実は、二、三に留まらない。極端に抽象的な絵画を憤激を喚び起すことなく国会内の部屋にかけることができるということは、具象性の復活を、つまり具象との和解という目的のためにチェ・ゲバラのような人物を選んだものであれ、物議をかもし出すことなくアプリオリに好感をもって受け入れさせている、具象性の復活を正当化するものではない。しかし結局のところ、進歩とは材料支配と精神化の進歩であるだけでなく、ヘーゲル的意味において精神の自由を意識している精神の進歩でもある。ベートーベンにおける材料支配はバッハのそれを乗りこえているかどうか、その点について議論を闘わせたところで際限がない。ベートーベンあるいはバッハによる材料支配は、どちらか一方においてより完全に行われていることは確かであるとしても、それが行われている次元が異る。両者のうちのどちらがすぐれているかという等級をめぐる問は、問うだけ無駄と言わなければならない。しかし神話からの解放と神話との和解を示す、つまり主観の成熟を語る声は、要するに真実内容はベートーベンの方がバッハよりもはるかに進歩しているといった洞察は、余計なものではない。こうした判断の基準は、その他のどのような基準もしのぐものと言わなければならない。

材料支配の美的名称である技術という名称は、芸術を手仕事の一つに数えた古代の用語法から借用したものであって、現在の意味において用いられだしてからまだ日が浅い。技術という名称は科学の場合と同様に、一つの段階に特有の、つまり方法が事象に対して自立したものとして出現してきた段階に特有の、さまざまな特徴を帯びている。材料を形成し、材料によって導かれているすべての芸術的方法は、こうした技術的観点に立って回顧的に眺めるなら、重なり合い区別がつかなくなる。中世的商品生産の手工業的実践からいまだ分離していなかった芸術的方法と、資本主義的統合に対する抵抗から、手工業的実践との結びつきを完全には断ち切ることがなかった芸術的方法とは、なんら異るところがないものとなる。芸術における手仕事と技術とを区別する境界は物質生産の場合のように、質という目的と両立することがない厳密に量化を目的とした工程を持つかどうかといったところにあるのでもなければ、また機械が導入されているかどうかといったところにあるのでもない。両者をわける境界はむしろ、一方においては手段に対して優位に立って意識的に手段を自由に処理することが行われているのに反して、他方においては伝統主義の覆いのもとで成熟を待つ形で、手段の処理が行われているところにある。内容を前にするなら技術的局面も、その他のもろもろの局面となんら異るところのない局面にすぎない。芸術品であって、さまざまな技術的契機の総体以外の何物でもないような芸術作品は一つとして存在しない。芸術作品に向けられた視線であって、芸術作品における制作された側面以外のものは何一つとして認めることがないような視線は、いまだ芸術経験を知らぬものであるかのような主張が行われているが、こうした主張は文化イデオロギーを抜け目なく弁護するために提出された定型《トポス》にすぎないものの、即物的な見方をかなぐり捨てている点において、そこには即物性に反対するそれなりの真実が含まれている。しかし技術が芸術にとって本質的なものであることに変りはない。それはどのような芸術作品も人間によって作られたものであり、芸術作品の芸術的なところは人間による成果にほかならないという点が、技術という言葉のうちに要約されていることによる。技術と内容とは区別されねばならない。技術と内容とはすぐれた作品においては交互に互いを生み出すことがないかのように、超技術的なものと、いわゆるたんなる技術的なものとを区別し、両者を無理やり切り離すといった抽象化を行うことによってはじめて、抽象化はイデオロギー的なものとなる。シェイクスピアの作品には死すべきものでありながらしかもそれ自体としては無限に豊かなものである個性が、内容として唯名論的に突如として出現するところが見られるが、こうした出現は反技術的に、ほとんど叙事詩も同然に配列されたごく短い場面の機能であって、こうしたエピソード的な技術は同様に内容によって、つまり古い単位に従って意味を与えるといった秩序を破壊する形而上的体験によって、強制されたものでもある。陳述といった抹香臭い言葉は、こうした内容と技術の弁証法的関係を単純に一刀両断し、物象化するものと言ってよい。技術は芸術の認識にとって鍵となる特性を持っている。技術だけが省察を案内して、作品の言語を語るもののみを案内することは言うまでもないが、作品の内部へと導く。内容は作られるものではないため、技術が芸術の全体を覆い尽すことはないが、しかし内容は技術によって具体化されたものから、類推しうるものにすぎない。技術は合理的であって同時に概念を欠く、芸術作品における謎の規定可能な形姿にほかならない。技術によって判断を欠くものの領域において判断を下すことが可能となる。芸術作品の技術的問題は無限にもつれ合ったものであって、たしかに一気に解きほぐすことはできないが、しかし原理的には内在的に解決しえないものではない。技術は作品の〈論理性〉の度合に従って、その論理性を断ち切るものとして出現する。作品を分断して技術を取り出すことは、低俗な習性の持主にとっては好都合であるとしても、こうしたことは誤りであることに変りはない。なぜなら作品の技術は作品の問題によって、つまり作品が自らに課す難問としての課題によって構成されているから。どの点が作品の技術であり、その技術は十分なものであるかどうかといった問題は、こうした課題からしか読み取ることができないが、それと同様に作品の客観的問題の方も、作品の技術的総体からしか取り出すことができない。作品の技術が理解されることなくして作品が理解されることはないが、それと同様に作品が理解されることなくして、作品の技術が理解されることもない。作品の技術がその作品に特有のものに留まらず、それを超えてどの程度まで普遍的なもの、あるいはモナド的なものとなっているかという問題は歴史に応じて変化するが、しかし拘束的な様式をもつ時代として偶像視されている時代においてもまた、技術は様式が抽象的に作品を支配することなく、作品の個別化の弁証法の一部となるよう配慮するといった形をとって存在していた。芸術と無縁な非合理主義が主張している以上に技術は重要なものであるが、それがどれほど重要なものであるかは次の単純な事実からも、つまり芸術一般を経験しうる能力を持つという前提のもとでは、意識が芸術の総体のうちへ深く立ち入れば立ち入るほど、芸術はそれだけ一層豊かに自らを展開していくという事実からも知ることができる。作品の理解は技術的事実の理解と共に深まる。意識は芸術を殺すといった言い草は作り話にすぎない。芸術にとって致命的なものはひとえに偽りの意識にほかならない。芸術は技巧《メチエ》によって意識にとって近づきやすいものとなるが、それはなによりも技巧《メチエ》が広汎にわたって習得可能なものであることによる。師匠が弟子の仕事に対して加える厳しい文句は、技巧の欠陥を正す最初のモデルとなる。訂正とは技巧《メチエ》そのもののモデルにほかならない。こうしたモデルも前もって与えられた手本と規則を繰り返すものに留まるかぎり、芸術以前のものにすぎない。こうしたモデルは用いられている技術上の手段と、手段によって追求されている問題とを比較検討することによって、前芸術的段階を抜け出す。今日、音楽学校において一般的に行われている作曲の授業は、幼稚な段階ですら乗りこえることが稀であるが、こうした段階においては、教師は五度平行が使用されたりするなら叱責を加え、その代りとしてよりましな声部誘導を用いるよう提案するであろう。しかしこうした教師にしても、もし杓子定規な人間でないなら、こう説明するであろう。五度平行はドビュッシーの場合のように、意図的効果を狙う場合は的確で正しい芸術的方法であること、調性という座標系の外では言うまでもなく、五度平行を禁止すること自体無意味なものとなると。技巧《メチエ》は切り離すことができる限定された形態を乗りこえる。総譜やグラフィックを全体として眺め渡すことができるような経験豊かな目の持主であるなら、一切の分析に先立ってほとんど模倣的《ミメーシス》に、その芸術作品が技巧《メチエ》を持つかどうかを確め、その作品の形式水準を直感的に捉える。しかしこうした状態に留まることは許されない。最初に作品の吐息、つまりアウラのような目に見える技巧《メチエ》について報告を行うことが必要となる。特にこの点において、経験をつんだ目と芸術的能力について半可通が抱く観念とのくい違いが際立ってくる。アウラという契機と技巧《メチエ》とを結びつけることは一見逆説的に見えるが、アウラとはやさしくほとんど愛撫するばかりに作品の輪郭をなでまわし、その輪郭を分節化しながら和らげた手の記憶にほかならない。分析とはこの種のことを報告することであるが、こうした分析もまた技巧《メチエ》それ自体の一部なのだ。芸術作品の綜合的機能はすべての人々によって知られているが、こうした機能とは対照的に分析的契機がなおざりにされてきたことは、驚くべきことと言わなければならない。分析的契機は綜合と対極的なところに、つまり構成要素を無駄なく纏め上げている作品の経済性のうちに見出される。しかし分析的契機は綜合と同様に、芸術作品に客観的に固有なものでもある。的確な演奏を行うために作品をなぞる代りに作品を分析する指揮者は、それによって作品そのものを可能なものとしている条件を反復することになる。分析することによって、技巧《メチエ》についてのより高度な概念を示す指標も手に入れることができる。音楽の場合、たとえば曲の流れといったものをこうした指標として挙げることができるが、それは次のように分析することができる。曲は個々の小節に基づいて考えられているのではなく、そうした小節を乗りこえるものとして、つまり曲線として考えられていること、あるいは推進力は断ち切られて弱められているのではなく、持続し、継続されているというように。芸術の概念のこうした運動こそ、詩神の本拠であるパルナソス山へと真に導くものにほかならない。この点を十分に明瞭なものとするものは、美的決疑論をおいて他にはない。アルバン・ベルクは、リヒァルト・シュトラウスの場合、少くともその技術は賞賛して然るべきではないのかと問われたさい、こうした幼稚な問に対してノーと答えたが、彼の答の真意は、シュトラウスの方法は拘束的なものではないというところにあった。シュトラウスの方法は慎重に一連の効果を計算したものではあっても、その効果が純粋に音楽的に、それぞれが互いのうちから出現するとか、あるいは要求された通りのものとはなっていない。技術的にきわめて高度な作品に対して加えられたこうした技術的批評が、不断に不意打ちをくわせる原理として説明されている着想といったものを、無視したものであることは言うまでもない。こうした着想は、様式を不可欠のものとしている伝統にとって論理、統一を意味していたものを、非合理主義的に断ち切り、このような切断そのものを自らの統一としている。こうした見解に対して次のような反論が加えられることは容易に推測される。このような技術の概念は作品のうちに内在することを放棄し、外部から作品に与えられたもの、つまり一流派の理想によって生み出されたものであり、しかもこうした流派はシェーンベルク一派のように、変奏的技法の展開を要求するあまり、あまりにも時代錯誤的に伝統的な音楽論理を固守するが、その論理は伝統に抵抗するために動員されているにすぎないと。しかしこうした反論は芸術の実状を正しく捉えていない。シュトラウスの技巧に対するベルクの批判は的確なものであるが、それはシュトラウスの論理を拒否するものは、シュトラウス自身を拘束していた手法を用いて作品を完成させることはできないことによる。すでにベルリオーズにおいて意外性という形をとっている断絶と飛躍とは、たしかに意図によって生み出されたものにほかならないが、しかしそれは同時に意図を妨害するもの、つまり飛躍としての音楽的流れを妨げ、それによって飛躍を飛躍の身振りに代えているものにすぎない。シュトラウスの音楽のような徹頭徹尾時間的で力動的なものとして構想されている音楽は、時間的継起を一致したものとして組織化することがないような方法とは両立しえない。そこでは目的と手段とが互いに矛盾したものとなっている。しかしこうした矛盾は手段をすべて動員しようとも収められず、偶然性の賛美という目的まで侵害するものとなっているが、しかしこうした賛美は自由な生を謳歌するものに見えようとも、それは商品生産の無秩序と、商品生産を支配する人々の野蛮さを謳歌するもの以外の何物でもない。芸術の技術の進歩を内容から独立した直線的進歩と見なす見解にしても、連続性についての虚偽の概念を操作するものにすぎなかった。自由を求める技術的運動が虚偽の内容によって触発されることもありうるのだ。技術と内容とは一般的に考えられていることとは逆に、親密に抑制し合うものであって、ベートーベンの以下の命題はこの点について語ったものにほかならない。効果のうちの多くのものは通例、作曲家の天賦の才によるものとされているが、実際は、減七の和音を巧妙に使用した結果にすぎないということを。事実に基づくこうした威厳のある言葉には、創作をめぐるお喋りをことごとく沈黙させるに足るだけの力が備わっている。それはベートーベンがその即物的な態度によってなによりもまず、仮象を欠くものと同様に美的仮象もまた正当に評価していることによる。技術、つまり芸術作品が意図するもの、とりわけ芸術作品の表現的、模倣的層《ミメーシス》と、芸術作品の真実内容との間に不一致が経験されることによって、技術に対して反乱がひきおこされることも往々にして見られる。技術が自らの目的を犠牲にして自立すること、つまり空転するにすぎない能力として自己自身の目的となることの原因は、技術の概念のうちにひそんでいる。絵画におけるフォービズムは、こうした事態に対する反作用にほかならなかった。シェーンベルクの自由な無調性と新ドイツ楽派のきらびやかな管弦楽との関係も、それに類するものであった。同時代のいかなる音楽家にもまして、目的と一致した手仕事の重要性を主張していたシェーンベルクは、『芸術教育の諸問題』原註(4)と題した論文のうちで、きっぱりと独善的な技術信仰を攻撃している。物象化した技術は〈野獣的なもの〉、野蛮なもの、技術的に素朴なもの、反芸術的なものに近いものを、自己を矯正するものとして往々にして引き寄せる。深い意味をこめて新芸術と呼ばれているものは、こうした衝動によって生み出されたものにほかならなかった。この衝動は、衝動としての自己に安住することができず、いたるところにおいて自己を再び技術に置き換えた。しかしこうした衝動はけっして反動的なものではなかった。技術は手段によって充満しているものを意味するのではなく、事柄が事柄自体のうちから客観的に要求しているものに自己を順応させる、貯えられている能力を意味するものにほかならない。技術のこうした理念は、技術が使用する手段を積み重ねられることによってよりも、手段が還元されることによって往々にして助長されることがある。シェーンベルクのけれんみのない『ピアノ曲集作品十一』は、その発端こそ新鮮であって堂々としているものの不器用そのものと言えるような作品であるが、『英雄の生涯』の管弦楽を技術的に転用した作品にほかならない。彼の曲からは実際に『英雄の生涯』の総譜が、たんに断片的にすぎないが、聴き取れるが、そこで用いられている手段は転用が行われているため、すでにそのもっとも手近な目的である想像されたものを音響的に出現させるという目的には、もはや役立たないものとなっている。こうした成熟期のシェーンベルクの第二の技術は、第一の技術である中断という行為に劣るものであるのかどうか、その点は今日、問題にされている。しかし技術をそれ自体の弁証法に巻きこむ技術の自立にしても、純粋な表現欲求にとってはそう見えるとしても、慣れから来るたんなる堕落ではない。技術は内容と密接に結びついているため、正当なそれ独自の生を持っている。芸術は技術と内容というこれらの契機を断念せざるをえなかったものの、しかしつねにこれらの契機に変形を加え、それを必要としていることに変りはない。今日にいたるまで芸術革命は反動的なものであったが、このことは芸術がこうした契機を必要としていることによって説明されたり、弁解されることではないにしても、しかしこの点と結びついていることまで否定することはできない。芸術革命によって加えられる禁止には後退的な契機が含まれているが、そこにはまた、ありあまるほど豊かで錯綜した契機も含まれている。後退的契機はなによりもそのために、たとえ全面的に拒絶されることによろうとも、後退的契機として緩和されることになる。こうした事態は即物化の過程において出現する、さまざまな次元の一つにすぎない。第二次大戦後十年も経つと、作曲家たちは、ブーレーズの『マルトー・サン・メートル』においてはっきり見て取れるように、ウェーベルン以後の厳密な音楽にうんざりし出したが、その際にもこうした過程が繰り返された。この場合、即物化の過程は、無条件に新しいものとして出発しようとするイデオロギー、つまり〈根絶〉のイデオロギーに対する批判として繰り返された。それより四十年前にピカソによって行われた、『アビニョンの女たち』から綜合的キュービズムへの移行も、それと同じ意味を持つものと言えるかもしれない。技術に対するアレルギーの出現と消滅においても、内容における場合と同一の歴史的経験が現れている。内容は、技術とこうしたアレルギーを通して意思を疎通することになる。合目的性というカント的理念はカントにおいては、芸術と自然の内部にあるものとを関係づけるものであるが、この理念には技術にごく近いところがある。芸術作品をしてたんなる現存在には不可能なところまで、合目的的に自らを有機的に組織させるところのものは、芸術作品の技術にほかならない。芸術作品は技術を通して合目的なものとなるにすぎない。技術は無味乾燥なものであるため、芸術作品における技術を強調すると、俗物たちの顰蹙を買うことになる。芸術は散文的実践を恐れるものでありながら、こうした実践に由来するものであることが、芸術そのものからはっきりと見て取ることができる。芸術は幻想的なものとなるという罪を犯しているが、芸術の魅力という絶対的に技術的な局面におけるほどこうした罪を犯している局面は、その他には見られない。なぜなら芸術は技術を通してのみ、つまり自らを結晶化させる媒体を通してのみ、散文的なものから遠ざかるから。技術は芸術作品をして、事実として存在するものの集積以上のものとなすべく注意を払うが、こうしたたんなる集積以上のものが技術の内容にほかならない。

　技術、技巧《メチエ》、手仕事といった表現は、芸術の言語においては同意語にすぎない。このことは言語が、ヴァレリーによって注目され、彼をして憂鬱にさせた時代錯誤的な手仕事的局面を持つことを示している。この局面は、真実がもはや無害なものであることを許されないような時代においては、これらの表現に牧歌的な色合いをそえる。工業的方法は自律的芸術によって真剣に吸収されようとも、しかし自律的芸術にとっては外面的なものにとどまった。大量生産方法は自律的芸術が自らを脅かすこうした生産方式を自らのうちへ取り入れ、それを内在的な形式法則に変えていると好んで証明しているが、そのように都合よく、実際に内在的な形式法則となるようなことはけっしてなかった。ほかならぬ映画においてすら、工業的契機と美的で手仕事的な契機とは、社会的、経済的圧力にさらされて亀裂を示している。芸術の急激な工業化、つまり獲得された技術的水準をそのままの形で芸術に適用することは、芸術において組み入れられることを拒んでいるものとの間に、衝突をひきおこすことになる。技術は、もし工業化の焦点となることを目指して努力するものであるなら、美的には依然として内在的仕上げを犠牲にし、それと共に技術そのものを犠牲にして進むものに留まる。技術がこうしたものに留まるなら、芸術はそれによって、芸術を危険にさらす太古的契機を注ぎこまれることになる。ジャズが若い世代によって熱狂的に愛好されているということは、ジャズの技術的契機ではなく、太古的契機が愛好されていることであって、それはジャズに対する無意識的な抗議であり、同時にジャズが孕む矛盾が暴露されていることに等しいが、こうした事態がひきおこされるのは工業に順応しているか、あるいは少くとも順応しているかに振舞う作品が全体として、芸術上の、作曲上の生産力になすすべもなく遅れをとっていることによる。今日さまざまな媒体において確認されている偶然性を操作する傾向は、おそらくその他の傾向と共に、芸術における手工業的処置につきものの時代にそぐわぬ、いわば余計物的なところを避け、しかも芸術を大量生産の目的合理性にゆだねまいとする試みと言えるかもしれない。技術的時代の芸術に対して提起されている問は、この問はゆとりに欠け、技術的という標題がこの時代を捉えるためには社会的に素朴すぎるために、疑ってかからねばならぬものであるとともに、避けて通ることができないものでもあるが、こうした問そのものに接近するためには、おそらく芸術作品と合目的性との関係を省察することを通して接近するしか、接近のしようがないのかもしれない。芸術作品はたしかにそれ自体合目的なものとして、技術によって規定されている。しかし芸術作品の目標はもっぱらそれ自身のうちにその場を持つものであって、外部に持つことはない。そのため技術もまた内在的に合目的な芸術作品にとって、〈目的を欠く〉ものに留まるが、しかし他方、技術は常に美外的な技術をモデルとしている。カントの逆説的な定式化は二律背反的な関係を表現してはいるが、二律背反を犯している当のカントによって、この関係が概念的に説明されることはなかった。つまりカントの定式化は、芸術作品は自らを必然的に目的形式と結びつける技術化を通して、目的を欠くものとしての自己と矛盾に陥ることになるという、二律背反的な関係を表現しているのである。工芸品の場合でも、たとえば流線型の椅子のような作品は、空気抵抗の減少を目指すという目的に合せて作られているが、椅子そのものがこうした抵抗にあうことは考えられない。これは工芸品における二律背反的関係にすぎないが、それはしかしそのまま芸術作品に対する警告となる。芸術の技術として要約されている、芸術の取り消しようのない合理的な契機は芸術に対して逆らう。しかし合理性が無意識的なもの、つまり実質あるいは何らかのものの息の根を止めるようには、こうした合理的契機が芸術に逆らうことはない。無意識的なものを受け入れる能力を芸術に与えたのは、なによりもまず技術にほかならなかった。しかし芸術作品が合理的に一切の夾雑物を含むことなく仕上げられるなら、絶対的に自律的なものとなり、ほかならぬこうした絶対的な自律性によって、経験的現存在と何ら変らぬものとなるであろう。つまりこうした芸術作品は模倣を行わずに、自らの敵である商品と何ら変らぬものとなるであろう。こうした作品はそれ自体が目的を持たないという点を除くなら、目的にそって完全に合理的に作られた製品ともはや区別のつかぬものとなるであろうし、また区別がつけられないために芸術作品であることも、取り消されることになることは言うまでもない。美内的な合目的性が全体となるなら、芸術は芸術の領域の外部においても合目的なものであるのかという問題の一部として、こうした全体性は問題とされねばならなくなるが、芸術はこうした問題に対して答えることはできない。厳密に技術的な芸術作品は失敗作にすぎないとする判断は、依然として有効であるとしても、自らの技術に制限を加えているような芸術作品は首尾一貫した作品とは言えない。技術は芸術の言語の総体にほかならないが、技術は芸術の言語を解体する。こうした事態を回避することは技術にはできない。技術的生産力の概念はどのようなところにおいてであろうと、呪物化されてはならないが、とりわけそれは芸術において当てはまる。さもなくば芸術は技術至上主義を反映するものにすぎなくなるが、技術至上主義は合理性の仮面をかぶった社会的支配の一形式にほかならない。技術的生産力それ自体は無価値なものと言わなければならない。技術的生産力は作品における自己の目的との関係のうちで、つまり創作されたもの、作曲されたもの、描かれたものの真実内容と関係することによってのみ、相対的な価値を獲得するにすぎない。芸術における手段のこうした合目的性が、作品からすけて見えるようなものでないことは言うまでもない。技術至上主義的な場合においても、目的は隠されていることが稀ではないし、技術が直接、目的と力を競い合うといったことは起らない。楽器編成法の技術は十九世紀の初めに発見され、急速な発展を見せたものであるが、この技術がサン・シモン主義的意味における、技術至上主義的な特徴を帯びていたことはまぎれもない事実であった。作品をすべての次元において統合するという目的との関連は、その後の歴史的段階においてはじめて出現したものであって、こうした目的と関連することによって、管弦楽の技術それ自体もその後、質的に変ってきたことは言うまでもない。芸術においては目的と手段とは絡み合っているため、断定的に判断を下すことによって両者を混同することがないよう、慎重な態度をとることが必要とされている。だがそれにもかかわらず、美外的技術への順応がそのまま美内的な進歩を意味するのかどうかという点については、明らかにされていない。初期の万国博覧会の音楽版とも言うべき『幻想交響曲』は、同時代のベートーベンの晩年の作品と比較して、進歩した作品と見なすことはむずかしかった。この時期以後、媒体としての主観が空洞化するということが——それはベルリオーズにおいては、実際上、作曲の仕上げの欠陥にすぎなかった——通常、技術化にほぼつきものとなっているが、このことは技術化によって事柄に与えられた悪影響にほかならない。工業化に対して自己のうちへ引きこもることによって反応する作品のうちには、〈原因なき結果〉としての効果に執着している作品が往々にして見られるが、技術至上主義的作品がこうした作品以上にアプリオリに、一致したものであるといったことはけっしてない。社会的生産関係によって特徴づけられ、同じく社会的生産関係によって絡みつかれている生産力の状態によっても特徴づけられている時代は、ジャーナリズムによって技術的時代と呼ばれているが、こうした時代における芸術についての言及で的確なのは、芸術と技術的発展とは一致しているといった言及ではなく、むしろ本質的な経験の仕方が変化することによって、芸術のうちに沈澱しているこうした経験の仕方も変化するといった言及なのだ。問は美的形象世界に向けられたものでなければならない。前工業的な形象世界はなすすべもなく没落せざるをえなかった。ベンヤミンがシュールリアリズムにかんする省察の冒頭に置いた命題、つまり〈もはや青い花をまともに夢見るわけには行かない〉[原註(5)]という命題は、鍵となる特性を持っている。芸術は形象世界に対して行われる模倣《ミメーシス》であり、それと同時にこの世界を自由に処理する形式を通して行われる、形象世界の啓蒙でもある。しかし徹頭徹尾歴史的なものである形象世界は、虚構によって捕捉しようとしても、虚構が人間が現実に生きている関係を抹消するような形象世界を作り出すものであるなら、捉えようがない。手に負えぬようなお人好しが思い浮べるような形で、現在の時代に適合しているような芸術が存在しうるのかどうか、存在するとしたらそれはどのようにして可能なのか、こうしたジレンマから抜け出すために役立つのは、いつでも手に取ることができ、芸術の批判的意識に応じて芸術によって使用されることが可能であるような技術的手段などではない。そこから抜け出すために役立つのは、芸術から失われてしまった直接性に固執することがない、真正な経験の仕方をおいて他にはない。美的態度の直接性とはただ一つ、普遍的に媒介された状態にある直接性にほかならない。今日では山男でも計画的にごく辺鄙な土地を選ばぬかぎり、ジェット機の爆音から逃れることはできないが、この事実によって自然はたんに対象的なものに変えられただけでなく、非事実的なものに、たとえば抒情詩などによって称えられるにはふさわしからぬものに変えられたと言ってよい。模倣《ミメーシス》的衝動はこうした事実によって影響を蒙ることになる。自然抒情詩はたんに素材の面から時代錯誤的なものであるだけではない。その真実内容も消滅してしまったのだ。こうした事実はツェラーンの詩の非有機的局面と同様に、ベケットの文学の非有機的局面もまた説明してくれる一助となるかもしれない。自然抒情詩は自然に身をゆだねるものでもなければ、工業に身をゆだねるものでもない。工業による統合はかつて印象主義の一側面であった現実美化の方向へと誘導するものであるが、こうした統合は平和なきものとの平和を実現するためにそれなりに寄与している。芸術は先取りをする反応形式であるとしても、もはや——たとえかつては別の形で行うことができたとしても——手に触れられていない自然を取り入れることもできなければ、こうした自然を焼き尽してしまった工業を取り入れることもできない。そのいずれも不可能であるということがおそらく、美的非具象性を貫く隠れた法則なのかもしれない。工業以後の世界の形象は死者の世界の形象にほかならない。こうした形象なら四十年前、シュールリアリズムが成像《イマーゴ》化することによってパリを救った時と同様に、核戦争の悲惨さを先取りすることによって、核戦争の追放に役立つものとなるかもしれない。シュールリアリズムの形象はパリを雌牛が草を食べているだけの土地として描いたが、後年、爆撃によって破壊されたベルリンのクーアフュルステンダム街は、住民たちの間で雌牛にひっかけて雌牛街と呼ばれていた一時期があった。すべての芸術的技術は技術と技術の目的との関係から眺めるなら、非合理の影によって覆われているが、こうした影は、美的非合理主義が技術を非難する理由としているものとは逆のものであって、技術にとって呪うべきものであると言わなければならない。もちろん唯名論的発展傾向全体の場合と同様、技術についても普遍的契機を除外して考えることはできない。キュービズム、あるいはたんに相互に関連づけられているにすぎない十二音による作曲法は、その理念からするなら、美的普遍性が否定された時代における普遍的方法にほかならない。客観化する技術と芸術作品の模倣《ミメーシス》的本質との間の緊張関係は、束の間のもの、素早く通り過ぎるもの、儚いものを、物象化に対して不死身であって、しかも物象化の同類でもあるものとして、存続させようとする努力を通して解決される。芸術的技術という概念はおそらく、こうした徒労にすぎないシシュフォス的努力を通してのみ、芸術作品にとって特有の技術となったと言えるかもしれない。この概念は力業の概念にごく近い。美的非合理に関する合理的理論であるヴァレリーの理論は、その点を中心として展開されている。その上、持続することはなく素早く通り過ぎて行くものを客観化する芸術の推進力は、芸術史全体を貫く力と言えるかもしれない。ヘーゲルはその点を見誤ったために、弁証法を駆使しながらも、弁証法が持つ真実内容の時間的核心を見落してしまった。十九世紀を貫き、同時に芸術の技術的生産力を解放したものでもある芸術の主観化は、芸術の客観的理念を犠牲にして行われたものではなく、こうした主観化によって芸術は時間化され、それによって過去の古典主義によって作り出されたモデル以上に純粋な、芸術のひな型が作り出されたのである。それによって模倣《ミメーシス》的衝動に最高の評価が与えられることになるものの、こうした評価は最低の評価となる。それは存続すること、つまり客観化によって模倣的衝動《ミメーシス》が最終的に否定されることによる。しかしその罪は芸術の理念のうちに求めるべきものであって、それはいわゆる芸術の没落によって生み出された罪ではない。

美的唯名論は形式のうちにおける過程であって、それ自体が形式となる。こうした形式においてはまた、普遍的なものと特殊なものとが相互に媒介されている。あらかじめ与えられた形式を禁止する唯名論的な禁止は指示ではあっても、規準《カノン》としての指示にほかならない。形式に対する批判は、十分なものとしての形式に対する批判と絡み合っている。完結した形式と開かれた形式とを区別することは、どのような形式論にとっても重要なことであるが、こうした区別は形式に対する批判の原型であると言ってよい。開かれた形式とは、普遍的なものに対する唯名論的批判と和解しようとする、普遍的なジャンル的範疇にほかならない。こうした唯名論的批判は次の経験を、つまり芸術作品によって要求されている普遍的なものと特殊なものとの統一は、原理的に失敗するという経験を支えとしている。あらかじめ与えられた普遍的なものが、ジャンルから流れ出すことがないような特殊なものを、衝突をひきおこすことなく自らのうちへ受け入れるといったことはない。形式の普遍性はそれが永久化されるなら、形式自体の意味と両立しえないものとなる。つまり完結したもの、上を覆うもの、それ自体安定したものとなるという、形式の約束は果されなくなる。なぜならこうした普遍性は、形式と一致することをおそらくけっして許容することがないような、形式にとって異質なものにふさわしいから。形式は自らの瞬間が過ぎ去るなら軋んだものとなるが、軋んだ形式は形式そのものを台無しにする。自らの他者と対立する形で対象化された形式は、もはやすでに形式ではない。バッハの形式感覚は市民的唯名論に対立していた点も少くないが、彼の形式感覚は彼が伝統的形式を尊重したところにではなく、伝統的形式を流動化させたところに、あるいはより正しく言えば、あらかじめ形式を固定化することがなかったという点に、つまり形式感覚それ自体が唯名論的なものであったという点にその本質がある。ラテン系民族は敵意がこめられていないわけではないきまり文句によって、形式的才能に恵まれた民族として賞賛されているが、こうした形式的才能は、形式を形式化されるものに対して不安定な状態に保ち、形式化されるものをたんに抑制する代りに、形式化されるものに感覚的に共感して服従するという点において、つまりたとえいかに成功した形式であろうと、形式を形式として取り扱うことがない能力であるという点において、真の能力であると言ってよい。形式に対する感覚は形式の問題点を教える。つまり音楽の楽章の発端と結末、絵画の選び抜かれた構図、舞台における主人公の死あるいは結婚といった儀式は、恣意的に扱われるなら、作品を失敗に終らせることを教えてくれる。形態化されるものは、形態を与えてくれる形式に敬意を払うことはない。しかし開かれたジャンルという理念は儀式的なものを断念することを含むが――開かれたジャンルそれ自体もロンドのように往々にして全く慣習的なものにすぎないことがあるが――こうした断念を通して必然的なものという虚偽から解放されるなら、このような理念はより一層無防備のまま、偶然性と対決させられることになる。唯名論的芸術作品は組織化の原理を上から自らに押しつける代りに、純粋に根底から自らを組織化することによって芸術作品とならねばならない。しかし盲目的に自己自身に身を委ねる芸術作品は、自らが留まるべき境界を示して拘束する、組織化の力を自己のうちに持たない。しかしこうした力は、外部から芸術作品に与えられる場合、事実上、呪物崇拝的なものにすぎなくなる。解放された美的唯名論は、アリストテレスに対する哲学的批判と同様に、すべての形式を精神的即自存在の残り滓として清算する。こうした唯名論は最終的に、文字通りの事実以外は何一つとして認めることがなくなるが、こうした事実は芸術とは相容れない。稀に見る形式水準をそなえたモーツァルトのような芸術家を取り上げるなら、その大胆不敵であって、そのためまたとなく真正な形式をそなえた作品は唯名論的なものではあっても、しかし間一髪のところで、唯名論による崩壊を免れていることが指摘されるであろう。芸術作品の人工物であるという特性は、純粋に事柄に身を委ねることを求める要求と両立しえない。芸術作品は作られることによって、自己のうちに企画されたものであるという契機を、つまり唯名論的な感性にとっては耐えがたいものである〈演出〉という契機を受け入れる。開かれた形式が不十分なものであること――戯曲に説得的な結末を与えることに苦労したブレヒト流の困難はその好例であるが――そこに芸術の唯名論の歴史的難問《アポリア》の頂点を見ることができる。さらにその上、開かれた形式を目指す全体的傾向によってひきおこされる、質的飛躍も見逃すわけにはいかない。過去の開かれた形式は伝統的な形式に変更を加えて形成されたものにほかならなかったが、しかしこうした過去の開かれた形式は伝統的な形式の輪郭に留まらず、それ以上のものまで保存していた。ウィーン古典楽派のソナタの楽節はたしかに力動的ではあるものの完結した形式であったが、しかしその完結性は不安定であった。一方、ルフランと独唱、つまり〈クープレ〉が意図的に拘束することがないように交替するロンド形式は、断固として開かれている形式にほかならなかった。しかしこの二つの形式の相違は曲の細部においては、さほどはっきり目立っていたわけではない。ベートーベンからマーラーにかけて、〈ソナタ風ロンド形式〉が一般的に用いられてきたが、この形式は開かれた形式の遊戯的なところと、閉ざされた形式の拘束性との間で十分に平衡をとりながら、ソナタの展開部をロンド的なものへと移調したものにほかならなかった。こうしたことを行うことができたのはロンド形式それ自体が厳密に偶然性に身を委ねず、一方においてもっぱら唯名論的時代の精神に従い、また他方において、合唱のルフランと独唱のクープレを交互に用いている中世フランスのロンドの精神を想起しつつ、非拘束的なものを形式として確立する要求に順応したことによる。正当な規格化のために受け入れられたのは、力動的に展開されるソナタ形式よりもむしろロンド形式であったが、それはソナタ形式の力学がその完結性にもかかわらず、自らの類型化を許さなかったことによる。ロンド形式における形式感覚は少くとも表面的には、偶然性を引き寄せるものであったかに見えるが、その実、ジャンルを破壊することにはならないよう、その保証を要求するものであった。バッハにおける、『イタリア協奏曲』の急速奏部《プレスト》のような先駆的形式は、唯名論的時代の後期に属するモーツァルトのロンド形式以上に柔軟で、硬直的なところが少い、相互に巧みに絡み合されている形式であった。開かれた形式という撞着語法的なものに代って、ジャンルに考慮を払うことなく唯名論的命令に従う方法が出現してくると、こうした事態にも質的転換が生ずることになる。転換の結果として出現してきたものは逆説的な形をとって、融和的な先駆者たちの場合以上に完結的なものとなった。真正なものを求める唯名論的衝動は、封建的な嬉遊曲《ディヴェルティメント》の後裔としての遊戯形式に抵抗するものにほかならない。ベートーベンが見舞われた重大な事態は市民的なものと言ってよい。偶然性は形式特性へと移行した。その結果、偶然性は成長しつつある形態化を推し進める一機能にすぎなくなる。音楽的構成の規模の一時的収縮とか、またクレーの最上の絵が持つ小型の寸法といった一見末梢的に見えるものは、こうした偶然性によって説明されるかもしれない。時間と空間との断念は唯名論的形式が危機にさらされるとさらに一歩後退して、両者に対する関心すら失った。アクション・ペインティング、不定形主義《アンフォルメル》絵画、偶然音楽といったものは、こうした時間と空間の断念という契機を、極端なところまで推し進めようとしたものと言うことができる。美的主観は自己にとって偶然的なものを、形式化するという重荷をこれ以上担うことに絶望し、こうした重荷から自己を解放する。美的主観は組織化する責任を、いわば偶然的なものそれ自体に押しつける。獲得されたものはまたしても誤って記録されている。誤って、偶然的なものや異質なものから蒸留されたものと呼ばれている形式法則は、それ自体相変らず異質的なものに留まり、芸術作品に対して拘束力を持つことはない。こうした形式法則は文字通り法則であって、芸術にとっては無縁なものにすぎない。統計にすぎないものが伝統的形式の不在を慰める慰めとなる。こうした状況はそれ自体のうちに、こうした統計にすぎないものに対する批判を形象として含むものにほかならない。唯名論的芸術作品はつねに繰り返し、導く手によって介入することを必要としているが、自己の原理のためにこうした手そのものは隠しておく。仮象的なものは仮象を極端なまでに即物的に批判するという事態に陥ることになるが、こうした批判は、おそらくすべての芸術作品にとって美的仮象が絶対に欠くべからざるものであるのと同様に、不可欠なのかもしれない。偶然としての芸術的成果のうちに、こうしたいわば様式化を行う方法を選択に委ねるといった必然性が、往々にして感じ取られることがある。こうして運命の訂正は、唯名論的芸術作品に対する警告の声にほかならない。唯名論的芸術作品の運命は、運命というよりは運命的呪縛であって、芸術作品は古代において神話を相手取って訴訟を提起して以来、この呪縛の泥沼から自らの手で誇大妄想的にわが身を引きずり出そうとして努力してきた。ベートーベンの音楽はヘーゲル哲学と同様に、唯名論的な動因によって刺激されたものであるが、ベートーベンが形式上の問題から要求される介入に自律性を浸透させたこと、つまり自己自身の意識に到達する主観の自由を浸透させたこと、それが彼の比類のない点なのだ。純粋に自己自身に委ねられている芸術作品の立場からするなら、暴力と映らざるをえなかったものを、ベートーベンは芸術作品の内容によって正当化した。自己自身の法則にとって偶然的なものを自己から遠ざけるような芸術作品は、芸術作品の名に値しない。なぜなら形式はそれ自体の概念からして何かについての形式にすぎず、こうした何かを形式と見なして、たんなる類語反復を行うことは許されないから。しかし形式と形式の他者との関連が不可欠であるということによって、形式は自らの拠りどころを失うことになる。形式は異質なものを必要とすると同様に、純粋なものであろうと意図するが、そのような異質的なものと対立する純粋なものとはなりえない。異質なものに内在するものであるというところに、形式の限界がある。それにもかかわらず市民的芸術全体の歴史を通じて以下の努力以外は、つまり唯名論の二律背反をたとえ解決しないまでも二律背反自体を形態化し、形式を形式の否定によって獲得するという努力以外は、何一つとして可能ではなかった。その点において近代芸術の歴史はたんに類似しているだけでなく、哲学史と重なり合う。ヘーゲルが真実の発展と呼んだものは、こうした運動を行う芸術の歴史と同一のものにほかならなかった。

唯名論的契機が抵抗するにもかかわらず、この契機を抑制して客観化させる強制によって、構造原理は成熟してきた。構造は作品の形式であるが、この形式は出来合いのものとして作品に押しつけられるものでもなければ、また作品の中から出現してくるものでもなく、作品の省察から主観的理性を通して出現してくるものにほかならない。構造概念は歴史的には数学に由来している。構造概念はシェリングの思弁哲学によってはじめて、事柄を含むものに転用された。構造概念は分散した偶然的なものと、形式欲求とを結びつける共通の公分母とされた。こうした構造概念は芸術における構造概念にきわめて近い。芸術はもはや普遍的なものが持つ客観性には頼れず、しかもその概念からして衝動を客観化するものにほかならないために、客観化は機能的なものとなる。唯名論は形式という覆いを打ちくだくことによって、芸術を直接外気にさらしたが、それは外気にさらされた芸術という綱領が比喩的ではないものとして掲げられるようになる、はるか以前のことであった。思想も芸術と同様に力動的なものとなった。唯名論的芸術はもっぱら内在的生成のうちで、つまりそれぞれの作品の過程特性のうちで客観化の機会を知覚するものと概括することも、今日ではほとんど不当とは言えなくなっている。それにもかかわらず力動的な客観化には、つまりそれ自身によって存在するものという芸術作品の規定には、静的な契機が含まれている。動力学は構造化されることによって、完全に静力学へと一変する。構造化された作品は停止状態にある。それによって唯名論の進歩は自己自身の天井に突き当ることになる。力動化の典型が文学においては陰謀であり、音楽においては展開部であった。せわしなく、目的という点からするなら自己自身にとっても不透明である捉われた行為が、ハイドンの展開部においては、今日、主観的ユーモアの表現として統覚的に知覚されているものを、客観的に規定する基礎となった。そこにおける部分的に活発な動機は自己の利益を追い求め、その保証が与えられているかのように――いわば存在論的な残留物を信ずるかのように――信じ、まさにそれを信じることによって、全体の調和を作り出すことに奉仕するものであったが、こうした動機は愚かしい悪魔の後裔である陰謀家たちの、熱心であざとくそれでいて視野の狭い、気取った態度をまざまざと想起させる。悪魔の愚かしさは資本主義のうちで生きつづけているように、力動的な古典主義的作品であることを強調されているような作品のうちにも浸透している。力動的に生成を通して、つまり特殊なものによってひきおこされる過程を通して、芸術作品によって直接的に定立されたものを、つまり芸術作品の前提を結果として確認すること、それが陰謀によって用いられる手段の美的機能にほかならなかった。陰謀家の愚かしさを暴露するのは、不条理という一種の奸智にほかならない。独善的な個人は陰謀家を是認するものとなる。音楽において異常なまで執拗に生き永らえている再現部は、具体的に前提が結果であることを確認するものであるが、それはまた実際には繰り返しえぬものを繰り返すものとして、いわば自らの愚かしさを具体的に示すものでもある。陰謀、展開部といったものはたんなる主観的行為、つまりそれ自身のために行われるたんなる時間的生成ではない。これらのものはそれと同様に作品から生み出されたものであり、盲目的であって自らを食いつくしていく生を代表している。芸術作品は生に対する防波堤であるとしても、こうした生に対してはもはや防波堤ではない。どのような陰謀も文字通りの意味あるいは比喩的意味において、事態はこう進行するのであって、芸術の外においても事態はなんら変りはないと語る。外のことについては何も知ることがない芸術作品は、こうしたありのままの事態を描写することによって、その他者によって浸透され、芸術作品の独自性、つまり客観化を目指す運動は異質なものによって動機づけられることになる。こうしたことが可能なのは、主観的な芸術手段である陰謀や展開部が作品のうちへ移し変えられると、これらの手段が現実において所有する主観的客観化を行うものという特性を受け取ることによる。つまりこれの手段が社会的労働であって愚かしいものであるという特性を、言い換えるなら、潜勢的に余計物であるという特性を非難することによる。余計物であるということが事実上、芸術と現実の社会的営みとを互いに結びつける一致点にほかならない。演劇とか市民的時代のソナタ的作品が〈労働をさせられている〉ところにおいては、つまりごく小さなモチーフに分解され、こうしたモチーフの力動的な綜合を通して対象化が行われているところでは、ごく微妙な部分にいたるまで商品生産のこだまが聞える。これらの技術的方法と、マニュファクチュア時代以後発達してきた物質的方法との連関は、いまだ解明されていないが、こうした連関が存在することは一目瞭然であると言ってよい。しかし現実の営みは陰謀や展開部とともに、たんに作品にとって異質な生として作品の中に入りこんでくるだけではなく、こうした生に固有の法則としても入りこんでくる。唯名論的芸術作品は自己自身について不案内な、経済図表にほかならなかった。そこに近代的ユーモアの歴史哲学的起源が見られる。生はたしかに外部の社会的営みを通して再生産される。生は目的に至る手段にすぎない。しかし生は自己自身が自己の目的と化すところまで、これは真に不条理なことであるが、一切の目的を隷属させる。それは芸術においても繰り返されていることであるが、陰謀、展開部、筋《ハンドルング》、それにこれらのものの堕落した形態である推理小説の犯罪によって、一切の興味が奪われているところに見られる。これらのものに反して、これらのものが目指す解決の方は陳腐なものにすぎなくなっている。現実の社会的営みはそれ自身の定義からして、たんに何かのためのものにすぎないものでありながら、こうした定義に反することによってそれ自体が愚かしいものとなり、美的才能の持主にとっては滑稽至極なものとなる。最大の作曲家の一人であったハイドンは、終楽章を形態化するに際して、空虚なものとしての強弱法《ディナーミク》によってこの楽章を客観化し、こうした強弱法《ディナーミク》を模範的な形で芸術作品の一部として取り入れた。ベートーベンにおいてユーモアと呼ぶにふさわしいものは何であれ、ハイドンと同じ層に根ざすものと言ってよい。それにもかかわらず、陰謀と力学《ディナーミク》とは、それが自己目的となればなるほど——『危険な関係』などにおいては、すでに狂気による陰謀そのものが素材とされているが——これらのものは、芸術においてもまたますます滑稽なものとなり、主観的にこの力学《ディナーミク》に添えられている感情は、小銭をなくしたというだけで憤激するもの、つまり個別化に無関心であるという契機に対してますます憤激するものとなる。芸術はもっとも長期にわたってもっとも強力に、力学的原理から普遍的なものと特殊なものとを調節する恒常性《ホメオスタシス》を手に入れることを期待し、期待することを許されてきたが、いまやこうした力学的な原理に対して異議が提出されている。この原理はまた形式感覚によって呪縛を解かれ、馬鹿げたものとして感じられている。こうした経験は十九世紀の中頃に始る。現代生活の抒情詩人であると同様に、形式の擁護者でもあったボードレールは、『パリの憂愁』の献呈の辞のうちで、僕は僕の空想を、読者はその読書を、その好む時にいつでも中断することが出来ます、という文章によってこの経験を表現している。「僕は読者の気儘な読書欲を、無駄な筋書を際限なく綴ってまで手許《てもと》に引き止めようとは思わないのです。」原註(6)唯名論的芸術が生成を通して組織化したものは、いまやそうした機能の意図が見すかされ、読者を興ざめにするため、無用なものであるという烙印を押されることになる。芸術のための芸術の美学全体の主要証人であるボードレールは、先の文章においては、いわばそのための武器を投げ出しているに等しい。即自存在としての作品がそれ自体のうちから解放する力学的な原理は、彼の嫌悪によって侵害されることになる。爾来、芸術全体の法則は芸術に反対する法則となる。静力学的なアプリオリとしての形式が、唯名論的な市民的芸術作品によって時代遅れのものとなったように、いまや美的力学《ディナーミク》もまた、キュルンベルガーによって初めて定式化された定式によるなら時代遅れとなったが、しかしボードレールのどの一行、どの一句も貫いている戦慄的な経験は、つまりもはやいかなる生も存在しないという経験は、時代遅れのものではない。現代芸術の状況におけるこうした事態は、今日にいたるまで変化することがなかった。仮象に対する批判によって、つまりたんに美的に普遍的なものという仮象に留まらず、永遠に同一なものでありつづける現実の真只中において、進歩が存在するかのように見なす仮象に対する批判によって、過程特性も批判にさらされているのだ。過程は繰り返しにすぎないことが暴露される。芸術は自己自身を恥じねばならない。モダニズムのうちには、静力学か力学《ディナーミク》かといった区別によってもはや区別されることがないような、そうした芸術を求める要求が暗号化されている。ベケットは、発展といった支配的な決まり文句に対しては関心をはらわず、空間を無限に小さなものとし、そのうちに次元を欠く点を作り出してその上で運動することのうちに、彼の課題を見出している。こうした美的構造原理は、静力学を超えたところで持続することを必要としているもの、つまり力学《ディナーミク》を超えたところで足踏みをするもの、それ自体が徒労にすぎないことを告白するものと言えるかもしれない。芸術の構成主義的技術はすべて静力学を目指して運動するものであるが、こうした技術はそれと軌を一にするものと言ってよい。永遠に同一なものという力学《ディナーミク》の目標《テロス》となるもの、それは禍をおいて他にはない。ベケットの文学が直視するのはこうした禍にほかならない。余剰労働が現実の問題となってくるとそれ以後は、意識は放縦に自己自身を満足させながら行われる偏狭な継続を絶対的主観の幻想と見透かし、社会的労働は美的に市民的情熱《パトス》を嘲笑するようになる。芸術作品の力《ディナ》学《ーミク》は労働廃止の希望によっても、凍死の不安によっても阻まれる。こうした希望と不安とは、客観的に力学《ディナーミク》のうちにあらわれてくるものであるが、自らのために力学《ディナーミク》を選ぶことはできない。力学《ディナーミク》のうちにおいて見て取ることが可能となる自由の可能性は、同時に社会的状態によって現実化することを禁止されているものであり、そのため芸術にとってもまた実体的なものではない。そこから両面価値《アンビバレンツ》的な美的構造が生れてくる。芸術は弱体化した主観の後退の全貌を成文化し、絶対的疎外を絶対的疎外とは逆のことを意図するものと言ってよい、芸術の問題とすることができるが、それと同様にそれ自体が静力学と力学《ディナーミク》とを超えたものである、和解的状態の成像《イマーゴ》を先取りすることもできる。構造原理は少からぬ点において技術至上主義と間接的に結びついているため、美的にではあるが、管理された世界に隷属しつづけるものではないかという、疑いを与えかねない。しかしこうした構造原理はいまだ未知のものである美的形式を、つまりその合理的な組織によってすべての管理的範疇を、芸術におけるその反映を含めて廃棄することを暗示する美的形式を、最終の目的とするものかもしれない。

原註

（1）ベンヤミン『書簡』Walter Benjamin, Briefe, hg. von G. Scholem und Th. W. Adorno, Frankfurt a. M. 1966, Bd. 1, S. 126f.〔邦訳、著作集14、七二頁以下〕参照。

（2）アドルノ『ミニマ・モラリア』Theodor W. Adorno, Minima moralia. Reflexionen aus beschädigten Leben, 2. Aufl. Frankfurt a. M. 1962, S. 275ff.〔邦訳、（法政大学出版局刊）三三二頁以下〕参照。

（3）クルト・マウツ『表現主義の抒情詩における色彩言語』Kurt Mautz, Die Farbensprache der expressionistischen Lyrik, in: Deutsche Vierteljahrsschrift für Literaturwissenschaft und Geistesgeschichte 31 (1957), S. 198ff.

（4）シェーンベルク『芸術教育の諸問題』Arnold Schönberg, Probleme des Kunstunterrichts, in: Musikalisches Taschenbuch 1911, 2. Jg., Wien 1911.

（5）ベンヤミン『夢の際物』Walter Benjamin, Schriften, a. a. O., Bd. 1, S. 423.

（6）ボードレール『パリの憂愁』Charles Baudelaire, Le spleen de Paris. Lyrische Prosa, übertr. von D. Roser, München u. Eßlingen 1960, S. S.〔邦訳、全集1、二八二頁〕参照。

社会

主観の解放以前の芸術もある意味においては、主観の解放以後の芸術以上により直接的な形で社会的なものであったということ、その点は疑いようがない。芸術の自律性、つまり社会からの自律は、それ自体もまた社会的構造と癒着していた市民的自由意識の機能にほかならなかった。芸術は自由意識が形成される以前はたしかに社会的支配と、社会的支配の延長としての社会的慣習とに矛盾していたが、しかしその矛盾を内に孕むものではなかった。プラトンの『国家論』における芸術の断罪以来、根底から敵対的な芸術といった理念を構想するものはいなかったが、葛藤は飛び飛びにではあるが存在していたのであって、社会的規制は全体主義的国家出現以前の市民時代における以上に、はるかに直接的な形で作用していた。他方、市民階級は過去の社会がかつて行った以上に完璧に、芸術を自己に統合した。唯名論の圧迫の増大につれて、潜在的にはつねに存在していた芸術の社会的特性がますます表面へ押し出されてきた。社会的特性は長篇小説においては、たとえば高度に様式化され、社会から隔離されたものである騎士叙事詩における場合とは比較にならぬほど、はるかに明瞭なものとなっている。長篇小説においては、流入してくる経験の流れが先天的なジャンルによって裁断されるようなことはもはやない。こうした経験から、つまり根底から形式を構成するという強制は、純粋に美的な立場からしてもすでになによりも内容であり、〈現実主義的〉なものにほかならない。内容と内容の源としての社会との関係は、もはやあらかじめ様式原理によって洗練されたものであることをやめることによって、まず以前よりもはるかに断ち切られることのないものとなるが、このことはけっして文学に限定されたことではない。かつては俗に低級なジャンルと呼ばれていたジャンルそのものからして社会に対して距離を保っていたが、それは日常の市民的関係や事件を主題とした、アッチカの喜劇のようなジャンルの場合にしても変りがなかった。アリストファネスの喜劇に見られるような空想的世界への逃避は、彼の気まぐれではなく、彼の形式の本質的契機にほかならない。芸術はその一面からするなら、精神の社会的労働の成果としての社会的事実であることに変りはないが、自己が市民的なものとなるとともに明確に社会的事実となる。芸術は人工物と経験的社会との関係を対象として取り扱うようになる。こうした発展の冒頭に位置しているのが、『ドン・キホーテ』にほかならない。しかし芸術を社会的なものとしているのは、生産力と生産関係との弁証法を、時代に応じた形で濃縮している芸術創造の方法でもなければ、社会に由来する芸術の素材内容でもない。むしろ芸術は社会と対立する態度をとることによって社会的なものとなるが、芸術は自律的なものとなることによってはじめて、こうした態度をとるものとなる。芸術は既存の社会的規範に従ったり、〈社会的に有用である〉ことを証明する代りに、それ自体が独自なものとして自己を純化することによって社会を批判するが、こうした批判はあらゆる立場の純粋主義者によって非難される底の、芸術のたんなる現存在を通して行われる。純粋なもの、自己の内在的法則によって仕上げられているものが、無言のまま留まらず批判を行うものであり、全体主義的な交換社会を目指して運動している状態によって堕落したものを告発するものであるとするなら、それは純粋なものでも、内在的な法則によって仕上げられたものでもない。全体主義的な交換社会においては、すべてはたんに他者のために存在するにすぎないのである。芸術の非社会的側面は、特定の社会を特定の形で否定するものにほかならない。たしかに自律的芸術は社会の拒否を通じて、それは形式法則によって行われる洗練化と等しいものであるが、同様にイデオロギーの運搬手段としても出現する。芸術はまた社会を恐れ、社会との間に距離を置くことによって、社会をそのままの形で出現させることもある。この点において芸術はまた、たんなるイデオロギー以上のものであると言ってよい。社会は美的形式法則によって非難されるような否定的なものであるばかりでなく、その形態がたとえいかがわしいものであろうと、自己を生み出し、再生産する人間の生の総体でもある。芸術は批判と同様こうした社会の契機からも、社会的過程が自己破壊へ向う過程として出現をみることがなかったというその限りにおいて、自己を解放することはできなかった。また批判とこうした契機とを意図的に区別する力が、判断を欠くものとしての芸術に与えられることもなかった。美的創造力のような純粋な生産力は、ひとたび異質な命令から解放されるや、束縛されたものである生産力の客観的な写しとなるが、しかしそれによってまた、行為のための行為という宿命的な行為の見本ともなる。芸術はもっぱら自らの社会的抵抗力を通してのみ命脈を保つ。芸術は自らを物象化することがないなら商品となる。芸術が社会に対して行う寄与は社会と意思を疎通させることではなく、ごく間接的なもの、つまり抵抗にほかならない。こうした抵抗によって社会的展開は模倣されることなく、美内的展開の力によって自らを再生産するものとなる。急進的モダニズムは自己止揚という罰にもめげず芸術の内在を維持しつづけるが、この場合、社会はもっぱら夢のうちにおける社会のように、かつて夢になぞらえられた芸術さながら曖昧模糊としたものに変えられて、芸術作品のうちへ入りこむ。芸術においては社会的なものであって、直接社会的であるようなものは何一つとしてないが、それは芸術が直接的に社会的なものになろうとする野心を抱いている場合でも変りがない。ごく最近においてもブレヒトなどは社会的問題に関与し、こうした態度を何らかの形で芸術的に表現しようとしたが、逆に作品が狙いとしていた当の社会的現実から、遠ざかることを余儀なくされるという結果に終った。彼はイエズス会士的なしたたかな策略をめぐらし、作品に社会主義リアリズム的粉飾を加えることによって、異端として糾問される事態を免れた。音楽は全芸術に代ってこの間の事情を語ってくれる。音楽の場合、社会は、つまり社会の運動や社会の矛盾はただ影のようにあらわれ、音楽を通して何かを語ることはあっても、しかしそれを理解するためには同化することが必要とされるが、芸術における社会と芸術との関係はすべて、こうした音楽の場合に等しい。芸術は社会を模写するかに見えるところでも社会となるのではなく、なお一層社会らしきものとなるにすぎない。ブレヒトの作品における中国は、シラーとは正反対の動機から生み出されたものであるが、シラーの作品におけるメッシーナに劣らず様式化されている。長篇小説、あるいは演劇の登場人物についての道徳的判断は、よしんばそれが登場人物のモデルたちに対する判断としては正しいものであるとしても、すべて無意味なものにすぎなかった。肯定的人物が否定的特徴を担うことを許されるかどうかといった議論は、埒外の人間にとって馬鹿馬鹿しく聞えるだけでなく、いかなる人間にとっても馬鹿馬鹿しいものであることに変りはない。形式は経験に基づき美外的存在を作り上げている構成要素をその連関から疎外する形で、構成要素を組織する磁石の働きをする。構成要素はただこのような形で組織されることによってのみ、美外的要素を支配できるのかもしれない。逆に、文化産業の実践においては、経験的細部を奴隷的に尊重することと、つまり写真さながらに細部に忠実である完璧な仮象と、経験に基づく構成要素を使用することを通してイデオロギー的操作を行うこととは一体化し、こうした一体化は成功の一途をたどりつつある。芸術において社会的であるのは、社会に抵抗する芸術の内在的運動であって、芸術があからさまに表明する立場ではない。芸術作品は物として経験的現実の一部であるが、芸術の歴史的態度はこうした経験的現実を突き放す。芸術作品について社会的機能が云々されるなら、それは芸術作品としての機能の欠如が云々されていることに等しい。芸術作品は魔法にかけられた現実と異なるものとなることを通して否定的に、存在するもののもとの姿に復している状態を、つまりそれ本来の姿を取り戻している状態を具体化する。芸術作品の魔力は魔法を打ち破る力にほかならない。芸術作品の社会的本質は対他存在としての自己についての省察と、社会と自己との関係についての省察という二重の省察を必要としている。芸術作品の二重特性は芸術作品のすべての現象面において一目瞭然であるが、現象そのものはさまざまに変化し、相互に矛盾し合っている。政治的反動と往々にして結びついてきた、芸術のための芸術という綱領に対して、芸術作品の理念を純粋ではあるがしかし自己自身に満足しきった概念として捉え、呪物化するものであるという非難が進歩的な批評家によって加えられてきたが、それは言いがかりではなかった。呪物崇拝とは、社会的労働の成果である芸術作品が自己の形式法則に従うか、あるいは形式法則を生み出しながら身を固めて、自己自身であるものに対して抵抗することにほかならない。その限りにおいて、どのような芸術作品も偽りの意識であるという烙印を押され、イデオロギーの一つに数えられるものなのかもしれない。芸術作品は自らが語ることとは無関係に、次の点によって形式上からもイデオロギーにほかならない。つまり精神的なものを精神的なものの物質的生産の条件とは無関係なものとして、そのため物質的生産をしのぐより高い質のものとしてアプリオリに定立し、肉体労働と精神労働の分離という太古以来の罪を免除されているかのように欺くことによって。かつて分離という罪によって高級なものとされたものが、今やこの罪によって低級なものへと引き下げられる。芸術作品が形式の上からもイデオロギーとなったため、真実内容を持つ芸術作品は芸術の概念によっては汲みつくされないものとなる。ヴァレリーのような芸術のための芸術の理論家が指摘したのは、この点にほかならない。しかし何らかの罪を犯したからといって、罪を犯した人間まで片づけることができないように、芸術作品もまた呪物崇拝という罪を犯したからといって、片づけられるものではない。なぜなら普遍的に社会によって媒介されている世界においては、世界の罪連関の外側に留まっているようなものは皆無であるから。しかし社会的真実でもある芸術作品の真実内容は、自らの呪物特性を自らの前提条件としている。対他存在の原理は一見、呪物崇拝の敵であるかに見えるが、この原理は交換の原理であって、支配が姿を変えたものにすぎない。支配を欠くものであることを請け合うものは、交換に従わぬものに限られる。つまり使用価値の縮小を請け合うものは、無用のものをおいて他にはない。芸術作品は、もはや交換によって形をそこなわれることがない物たちの代理、つまり利益と品位を汚した人類の虚偽の需要とによって台無しにされることがなかったものの代理なのだ。仮象が全面化した今日においては、即自存在という芸術作品の仮象は、真実の仮面にすぎない。ミルトンが『失楽園』によって得た恥辱とも言える僅かばかりの報酬は、この作品が市場において社会的に有用な労働として認められていなかったことを示しているが、こうした報酬を嘲笑しているマルクスの言葉は有用労働を告発するものであり、芸術を非弁証法的に社会的に呪うことによって継続されている芸術の市民的機能化に反対し、それによって芸術をまたとなく強力に擁護する言葉にほかならない。原註(1) 解放された社会とは、芸術という不払い労働の非合理性を克服し、利益という目的を目指す手段の合理性を克服した社会であると言えるかもしれない。こうした社会は芸術のうちに暗号化されており、それは社会を破壊する芸術の起爆装置と言ってよい。魔術的呪物は芸術の歴史的根源の一つであり、呪物的なものは変ることなく芸術作品に混入しつづけているが、今日の芸術作品における呪物は呪物としての商品から出現したものにほかならない。芸術作品は呪物的なものを自己自身から分離することもできなければ、それを否定することもできない。芸術作品における仮象という強調されている契機は社会的に見ても矯正手段であり、真実のための道具《オルガノン》なのだ。芸術作品は絶対的なものになることはできないが、しかし自己が一致したものであることを、あたかも絶対的なことであるかのように呪物崇拝的に主張することがないなら、最初から無価値なものにすぎなくなる。しかし芸術は自己の呪物崇拝を意識し、開き直って呪物崇拝的なものであると――十九世紀中葉以来主張されているように――主張するや否や、芸術の将来における存続はおそらく疑わしいものとなるであろう。芸術は眩惑的行為をやめるなら存在しえなくなるが、眩惑的行為を弁護することはできない。こうした事態に直面することによって、芸術は難問《アポリア》となる。こうした難問《アポリア》を解決することはないにせよ、その見返りを僅かなりとも与えてくれるものとしては、芸術の非合理は合理であるとする洞察以外にはない。呪物崇拝への政治的介入は現実的には最高にいかがわしいものであろうと、こうした介入を行うことによって呪物崇拝を断念することがないような芸術作品は、不可避的に単純化を行う羽目になり、推奨されてはいるが成果に乏しい単純化を行うことによって、通例、社会的にも偽りの意識に巻きこまれることになる。芸術作品が盲目的に実践に身を捧げようとも、こうした実践は息の短いものにすぎず、芸術作品自体の盲目性を延長したものにほかならない。

芸術の客観化は外部の社会から見るなら芸術の呪物崇拝にすぎないが、それ自体は分業の結果にほかならず、社会的なものにほかならない。そのため芸術と社会との関係を主として芸術の受容という面から追求するといったことはなすべきではない。この関係は受容に先行するもの、つまり創造のうちに存在する。芸術を社会的に解読しようとする社会的関心は影響の追求と分類に耽るのではなく、それに代えて創造そのものに向わねばならない。芸術による影響が芸術作品の社会的原因や、芸術作品の客観的社会的内容と、完全に無関係であることも珍しくない。大昔から芸術作品に対する人間の反応は極端に媒介されたものであって、直接的に事柄と関連したものではなかったが、今日では社会全体と関連づけられている。影響の研究は、社会的なものとしての芸術に接近することはないし、ましてや実証主義的精神によって不当に行われているように、規範に従うよう芸術に対して命令するといったことは許されない。芸術の受容現象を規範的なものに作りかえることは、芸術を他律的なものと見なすことにほかならないが、こうした他律性はイデオロギー的な束縛として、芸術の呪物化に固有なものかもしれないすべてのイデオロギー的なものを、しのぐものとなるかもしれない。芸術と社会とは内容において収斂することはあるとしても、芸術作品にとって外的なものにおいて収斂することはない。この点は芸術史とも関連してくる。個人の集団化は社会的生産力を犠牲にして行われる。芸術史においても現実の歴史が繰り返されているが、芸術史は現実の歴史に由来し、やがてこの歴史から分離される生産力独自の生命の力によって、現実の歴史を繰り返す。芸術による過去の想起は、こうした生産力の生命を基盤にして行われる。芸術は過去に変更を加えることによって過去を維持し、現在のものとする。これが芸術の時間的核心に対する社会的説明にほかならない。芸術は実践を控えつつ、社会的実践を示す図式となる。真正な芸術作品であるなら、どのような作品もそれ自体として変革的なのだ。社会はさまざまな力が一致したものとなり、またさまざまな状態が一致したものに変えられることによって芸術となり、芸術となることによって消滅するが、他方、逆に芸術は、たとえその時代におけるもっとも進歩した芸術であろうと、自らを社会化し、自らを社会的に統合する傾向を自己自身のうちに持つ。こうした社会的傾向は過去の芸術においても確認されているが、それによってこうした芸術が、進歩を喜ぶ常套語によって賞賛されているような、正当なものとして祝福されるべき芸術となるわけではない。受容とは削ぎ取ることであって、その点において受容は社会の限定された否定にほかならなかった。作品はその出現の時代においては、批判的影響を与えることを常としている。時代が経るに従い、作品はなによりも状況の変化によって、中立的なものへと変えられる。中立化は芸術が美的に自律的なものとなることによって支払わねばならない、社会的代償にほかならない。しかし芸術作品は一度、文化財として祭り上げられ、パンテオンのうちに埋蔵されるなら、それ自体の真実内容もまた損われることになる。中立化は管理された世界においては普遍的なものとなっている。シュールリアリズムはかつて芸術を特殊領域として呪物化することに反逆したが、しかしそれ自体も芸術にほかならなかったため、抗議するものとしての純粋な形態を保つことはできなかった。画家ではあってもアンドレ・マソンの場合のように、絵画の質に重きを置くことがなかったような画家たちは、スキャンダルであってしかも社会によって受容されるという、両者の間の一種の和解状態を体現していた。その挙句サルバドル・ダリはラースロあるいはヴァン・ドンゲン並みの二流の、上流社会のための御用画家にすぎなくなった。後者は、数十年のあいだ固定されていた危機的状態を漠然と感じながらも、凝ることによって自らを慰めていたにすぎない世代に属する画家たちであった。こうしたことによって、シュールリアリズムの贋者がつくり出されることになった。作品のうちへ衝撃的に内容を流入させて、形式法則を激しくゆさぶっている現代の流派にしても、あらかじめ世間と妥協することを目論んでいるにすぎない。世間は棘さえ抜き取られるなら、洗練されることがない素材に対しても親しみを感じるため、こうした妥協が成立することになる。全面的な中立化の時代においては言うまでもなく、偽りの和解のための準備が極端に抽象的な絵画の領域においても、シュールリアリズムの場合と同様に整えられている。非具象絵画は新しい豊かな暮しを飾る壁飾として、打って付けのものとなった。こうした和解によって内在的質もまた低下しているのかどうか、その点についてはいまだ定かではない。反動家たちによって熱心に低下の危険が強調されているところを見ると、事態は逆に進んでいるように見える。芸術と社会との関係を局限して、たんに社会的構造問題の一部をなす、社会によって媒介された関係として捉えるなら、それは実際上、観念論的な捉え方となんら異るところはない。自律的なものであってしかも社会的事実であるという芸術の二重特性は、こうした二つの領域がつねに繰り返し強く依存し合いながらも、衝突するところから出現してくる。芸術的創造に対して直接、社会的、経済的に介入が行われることも珍しくない。現在では、たとえば画商と画家との間で取りかわされる長期契約を通して介入は行われているが、画商たちによって肩入れされているものは工芸的意味において独特の調子と呼ばれるもの、あつかましくも彼らの間で罠と呼ばれているものにすぎない。かつてまたたく間に急速に凋落して行ったものにドイツ表現主義があるが、その芸術上の原因は表現主義が当時目指していた作品としての理念と、絶対的な叫びであろうとするそれに特有の理念とが衝突をひきおこしたところにある。表現主義的作品は理念を裏切ることなくしては、完全に成功することはありえなかった。その上、このジャンルは、革命的に激烈なものというその特性が現実化されずソ連が急進的な芸術を迫害し始めると、政治的に古びていったことも原因として作用していた。だが当時受け入れられることがなかった表現主義運動の創始者たちも——彼らが受け入れられるようになったのはようやく四、五十年後のことであった——生きて行くことを余儀なくされていたこと、アメリカ流の表現によるなら商売《コマーシャル》に奔走することを余儀なくされていたことも、表現主義があのように凋落して行った原因として無視することはできない。この点については第一次大戦を生き延びた、大部分のドイツ表現主義の作家たちによって証言されている。社会学的に眺めるなら、表現主義者たちの運命においては市民的な職業概念の方が純粋な表現意欲よりも、つまりたとえ素朴なものであり水増しされたものであるにせよ、表現主義者たちにインスピレーションを与えていた純粋な表現意欲よりも、優位を占めていたという事実が見られる。芸術家も、市民社会においてはすべての精神的生産者と同様に、ひとたび芸術家として登録されるや、たちまちにして仕事を継続することを余儀なくされることになる。役割を終えた表現主義者たちは進んで、見込みのある売れゆきのよいテーマを選んだ。創造への内的強制を欠きながら同時に仕事の継続を経済的に強制されるなら、こうした作品に対する投げやりな態度もまた客観的なものとして作品にまで及ぶことになる。

芸術と社会とを仲立する媒体のうちで、素材という媒体は、つまり社会的対象をあからさまにあるいは隠して取り扱う媒体は、もっとも表面的でもっとも欺瞞的なものと言ってよい。炭坑夫の彫刻はプロレタリア的人物を取り扱っていない彫刻以上に、アプリオリに社会的に多くのことを語っているかのように言われているが、こうした意見が機械的に繰り返されているのは次のようなところにすぎない。つまり芸術が人民民主主義的語法によって厳密に〈意見形成的〉なものと呼ばれ、影響を与える要因として現実の一部と見なされているが、大抵は現実的目的に、創造を強化するという美名のもとで従属させられているところに限られる。ムーニエの理想化された炭坑夫はそのリアリズムを含めて、市民的イデオロギーに従属するものにほかならなかったが、このイデオロギーは当時はまだ目にすることができたプロレタリアートの問題に関して、彼らもまた美しい人間性や高貴な肉体の持主であることを証明することに留まり、それ以上の点にまで突き進むことはなかった。現実暴露的な自然主義もまた、市民的特性の変形である被虐的満足感と、つまり精神分析によって肛門的満足感と呼ばれているものと多くの点で重なり合う。こうした自然主義は自らが鞭打つ貧困や堕落を、ともすれば快楽としてむさぼる。ゾラは血と大地の作家たちと同様に多産を称え、反ユダヤ人的常套句を多用した。自然主義による告発が攻撃的なものであるのか、それとも順応的なものであるのか、それを区別する境界線は素材の層のうちに求めることはできない。失業者によって歌われるアジプロ的コーラスに書きそえられた、醜悪に歌うようにという演奏上の指示は、一九三〇年当時、進歩的意識の現れといったものではほとんどなかったにもかかわらず、そうした政治信念を示す証拠として機能させられていた。しかし芸術上の蛮声や粗野な態度は、現実における蛮声や粗野な態度を告発するものか、それともこうしたものとの同化を示すものなのか、こうした点についてては不問に付されていた。告発ということはおそらく、素材信仰的な社会的美学によってなおざりにされているものにとってのみ、つまり造型にとってのみ可能なことにすぎないであろう。芸術作品において社会的決定を下すものは、芸術作品の形式構造のうちから内容として語りかけてくるものにすぎない。カフカの作品は独占資本主義を遠景として出現させているにすぎないが、管理された世界からこぼれ落ちる屑によって腐敗した産業トラストを告発する長篇小説以上に、彼は正確かつ強力に、全体主義的で社会的な呪縛のもとで人間が見舞われる事態を描きつくしている。形式は社会的内容を含むものと言われているが、このことはカフカの場合、その言語によって具体的に証明することができる。彼の言語の即物性についてはクライスト的なものであるかのような指摘がしばしばなされてきたが、彼と対等の読者たちは、こうしたカフカの即物的な描写も想像的な特性を与えられることによって即物的なものから遠ざかり、そこから描かれている事件と即物性との間に矛盾が生じていることをとうに見抜いていた。しかしこうした対照は、ありえないことが疑似リアリズム的描写によって恐ろしいまでに身近なものに変えられていることによって、たんに創造的なものとなっているだけではない。カフカの形式が持つリアリズム的傾向による批判は、現実政治に関与する者の耳にはあまりにも芸術的なものに聞えるとしても、彼の批判にはそれにもかかわらず社会的局面が含まれているのだ。カフカの作品に見られるこうした傾向のうちには、秩序の理想にとって、つまり指定された場所を守りできうるかぎり単純な生活とつつましい行動を旨とする、それ自体が社会的抑圧を覆い隠すものとなっている理想にとって、容認しうるものも少くない。彼の言語は世の中とはこうしたものであって変ることがないとする態度を示しているが、それは社会的呪縛を現象に変える媒体にすぎない。カフカはこうした態度そのものを名指すことを、もしそうするなら呪縛が解かれでもするかのように賢明に避けている。こうした呪縛は遍在するもの、克服しえないものとしてカフカの作品の空間をみたし、それを特徴づけているが、呪縛そのものは作品のアプリオリであって、作品の主題とはなりえない。彼の言語は実証主義と神話とを組み合せて配列する道具《オルガノン》であり、こうした配列は社会的には今日はじめて、完全に見通すことが可能となったものにほかならない。物象化された意識は存在するものは避けようがないものであり、変ええぬものであることを前提としてそれを立証するが、こうした意識は古い呪縛を引き継ぐものであり、永遠に同一なるものという神話の新しい形態であると言ってよい。カフカの叙事的様式は古代的なものでありながら、物象化の模倣《ミメーシス》を行うものでもある。彼の作品は神話を超越することを断念せざるをえなくなっているが、他方、社会の眩惑をもたらす連関を神話に変え、この連関を具体的方法によって、つまり言語によって明らかにする。狂気といったものは社会にとって自明なものとなっているように、彼の報告にとっても自明なものにすぎない。作品であって、次のことによって自らの義務を果す作品は、つまり自らが取り扱う社会的なものを作品それ自体によってありのままに語り、それによって素材を、第二の自然としての素材であるが、現実を反映する素材に変え、こうした素材の変更を自己にとって重要な名誉として高く評価することによって、自己の義務を果す作品は、社会的には沈黙し続ける。芸術的主観はそれ自体が社会的なものであって、個人的なものではない。芸術的主観が強制的に集団化されるとか、あるいは素材の選択の仕方によって社会的なものとなるといったことはけっしてない。抑圧的な集団主義の時代においては、集団としての多数が問題と問題の社会的真実とを見分ける標識と化しているが、芸術はこうした多数に抵抗する力を、孤立した、集団によって保護されることなく創造するものから、手に入れる。しかしそれによって、シェーンベルクによって構想された作曲アトリエのような集団的な創造形態が、排除されねばならないということにはならない。芸術家は自己の創造において、自己にとって直接なものに対してはつねに否定的に振舞うことによって、社会的で一般的なものに無意識的に従うことになる。芸術家がこうした直接的なものを訂正することにどのように成功しようとも、全体的主観まで訂正することに成功することはないし、いまだ訂正することに成功していない、こうした主観によってつきまとわれつづけている。芸術的に客観的な範疇は、事柄がそれ自体の衝動に従って社会的慣習や規制から自らを解放することを可能にする、そうした社会の解放とともに存在する。社会が解放されたなら、芸術作品は古典主義におけるように、漠然とした抽象的な一般性に甘んじていることは許されなくなる。分裂状態と共に、芸術作品にとって異質なものの具体的で歴史的な状態が、芸術作品をして芸術作品たらしめるための前提条件にほかならない。芸術作品の社会的真実は、芸術作品が分裂状態といった内容に対して自己を開くかどうかということにかかっている。芸術作品の形式法則は分裂を取り除くのではなく、分裂を造型化するように命令することによって、分裂を自らの問題とするが、内容は同じように、芸術作品によって形象化されることによって芸術作品の素材となる。芸術的生産力の発展には科学が深く——その上多くの点においてまだ曖昧なまま——関与している。芸術が科学を通して習得された方法を用いることによって、いかに社会が一直線に芸術のうちへと浸透するようになろうとも、そのために芸術的創造が、それがたとえ完全に構成主義的なものであろうと、科学的なものとなるようなことはない。どのような科学的発見も芸術的創造のうちへ取り入れられるなら、それ本来の特性を失うことになる。その点については、絵画において光学的な遠近法の法則に変更が加えられ、音楽において自然状態の倍音に変更が加えられているところからも、うかがい知ることができよう。芸術が技術によって脅かされ、自ら科学へ移行することを宣言することによって、自らのささやかな場所を維持しようとつとめるなら、それは経験的現実において科学が持つ、相対的な価値を誤解するものにほかならない。他方、非合理主義が好んでそうしているように、美的原理を神聖視し、科学に反対するための切札として用いるといったこともまたなすべきではない。芸術は科学のための、非拘束的で文化的な補完物ではなく、科学に対して批判的であって、緊張した関係を持つ。たとえば現在の精神科学において非難されるべき点、つまり精神の欠如という内在化している不備はつねにほとんど同時に、美的感覚の欠如と重なり合っている。承認ずみの科学は自己自身の営みに心おきなく専念するために、自己が芸術に委ねたものが自己の縄張りに立ち入ってくるなら、必ずや神経を苛立たせて憤激するが、それは理由のないことではない。ものを書くことができるということは、科学的に疑わしいことにほかならないのだ。思惟が粗雑であるということは、事柄の微妙な点が見分けられぬことであり、それが見分けられるということ、つまり多様性、洗練は認識の範疇であると同様に、美的範疇でもある。科学と芸術を混同することは許されないが、しかし両者のいずれにおいても有効な範疇は、絶対的に異るものではない。体制順応主義的な意識はそれとは逆のことを行うことを目論み、一方においては科学と芸術を区別することができず、他方においては、異る二つの領域のうちにも同一の力が働いているという洞察に対して、意図的に目をふさぐ。道徳についても同様のことが言える。物事を乱暴に扱う人間は、人間に対しても残忍な態度をとる可能性がある。粗暴な態度は悪の主観的核心であるが、形式的完成という理想を不可欠のものとする芸術によって、アプリオリに否定されているものにほかならない。芸術は道徳的な命題を示すとか、あるいは道徳的影響を与えることを目指すものではなく、粗暴な態度を否定することによって道徳に関与し、より一層人間にふさわしいものである社会と結びつく。

社会的闘争、つまり階級関係は芸術作品の構造のうちに痕跡をきざみこむ。芸術作品自体がとる政治的立場は、こうした痕跡に較べるなら付随現象であり、おおむね芸術作品の完成にとって重荷となるにすぎず、そのため結局は、芸術作品の社会的な真実内容にとっても重荷となる。政治的信念によって成し遂げられるものは無に等しいのだ。アッチカの悲劇の場合、たとえエウリピデスの悲劇が時代の激烈な社会的闘争において、どの程度まで肩入れをしている作品なのかといった点については、議論は分れるであろう。しかし悲劇的形式に見られる神話的素材に敵対する傾向が、つまり運命による呪縛からの解放と主観性の誕生とが、神話的規定と主観性との衝突という形態を通して敵対関係を、つまり運命と提携した支配と、覚醒し成熟に向いかけている人間性との間の敵対関係を証明するものであり、同様に封建的で門閥的な連関からの社会的解放を証明するものであること、この点については疑問の余地はない。歴史哲学的傾向が敵対的関係と同様に、たんに素材として取り扱われる代りに、先天的な形式的なものとへ変えられることによって、悲劇は社会的実質を与えられることになる。社会は悲劇においては、それが意図的に取り扱われることが少ければ少いほど、それだけ一層真正なものとして出現する。人間の長所であるとともに芸術作品の長所でもあるような党派性は、深部において生きるものであって、こうした深部においては、社会的二律背反は形式の弁証法へと変る。芸術家は社会的二律背反を作品によって綜合することを通して、それを言語に変える手助けをすることによって、社会的に自己の責務を果す。ルカーチですらその晩年には、彼自身がいや応なしにこうした考えに引き寄せられていくのを感じていたように見える。言葉を欠き、沈黙する矛盾を分節化する形態化は、矛盾を分節化することを通して実践の特徴をおびることになるが、こうした実践は現実的実践からのたんなる逃避ではない。こうした形態化は、行動方式であるという芸術の概念そのものを十分に充たすものにほかならない。芸術は実践の一形態であって、直接的な煽動を行うことがなくとも、その許しを乞う必要はない。芸術はよしんば煽動を意図しようとしても、実際には煽動などといったことはできないが、政治的効果といったものは、いわゆる政治参加的芸術のそれにしたところで、きわめて曖昧なものにすぎない。芸術家の社会的立場というものは、芸術家の意識が体制順応的なものへと傾きかけているような場合には、その機能を発揮することがあるにしても、作品の展開過程においてはこうした機能は逆に後退する。モーツァルトはヴォルテールの死に際して聞くにたえぬような見解を述べているが、そのこととモーツァルトの音楽の真実内容とはなんの関係もない。ある時代の芸術作品が意図したものを、その作品の出現した時代から引き出して抽象化することもまた不可能なことは言うまでもない。しかしブレヒトをもっぱら彼の芸術的功績の面から評価するものは、彼の作品の意味を政治テーゼによって判断するものと同様に、ブレヒトを捉えそこなうことになる。芸術にとって本質的な社会的関係とは、芸術作品のうちに社会が内在していることであって、社会のうちに芸術が内在していることではない。芸術の社会的内容は芸術の個別化の原理の外部に移動したものではなく、それ自体が社会的なものである個別化のうちに留まるものであり、そのため芸術自体の社会的本質は芸術にとっても隠されたものにすぎず、それは解釈を待ってはじめて捉えられるものとなる。

しかしその核心にいたるまでイデオロギーによって充たされているような芸術作品であろうとも、真実内容はこうした芸術作品においてすら自らを主張することができる。社会的に不可欠な仮象であるイデオロギーは不可欠なものでありながら、つねにまた真実の歪められた形態にほかならない。美学の社会的意識を俗物的見方と区別する点は、美学が芸術作品のイデオロギー的側面に対して加えられた社会的批判を受け売りせず、その代りに反省するところにある。意図は完全にイデオロギー的なものでありながら、作品そのものは真実内容を持つ作品の典型として、シュティフターの作品をあげることができる。彼の作品においては、保守的、復古的な立場から選び出された素材や道徳談義がイデオロギー的なものであるだけでなく、客観主義的な造型にいたるまで、つまり客観的に造型されている顕微鏡的に繊細な経験が作者が物語ろうとする意味ある正しい生活であることを暗示している部分にいたるまで、イデオロギー的なものなのだ。シュティフターが貴族的で回顧的な市民階級の偶像となったのはそのためであった。彼に半ば秘教的な人気をもたらした表層は、今日では剝れかけている。しかしそれが剝れかけているからと言って、彼の評価が定まったことにはならない。とりわけ彼の晩年における和解を強いられている心情や和解を求める心情が、誇張されすぎているきらいがある。彼の作品における客観性は今日、硬直した仮面的なものに変り、正しく意味あるものとされた生は生を拒絶する儀式的なものにすぎなくなっている。平凡なものは常軌を逸したものとなり、その常軌を逸したところを通して、疎外された主観の隠され、否定されていた苦悩が、その背後の非和解的な状況にいたるまで透けて見える。彼の成熟した散文は、あたかも色彩による幸福に対してアレルギーを抱くかのように、色褪せた鈍い光線によって包まれている。彼の散文は社会的現実といった邪魔者、無作法者を排除することによって単純化され、いわばグラフィック的なものとなっているが、彼の政治的信念は、彼がゲーテから真剣に継承しようとした、彼にとって先天的なものである叙事性と同様に、社会的現実と両立することはできない。こうした散文の形式と、すでに資本主義化していた社会とのくい違いを通して、散文のうちにその意志に反したものが生じてくるが、こうした意志に反したものによって、散文の表現は覆いつくされている。彼の作品はイデオロギー的に過度に誇張されすぎているために、間接的にではあるが、非イデオロギー的な真実内容を与えられることになる。つまり彼の作品は人を力づけるような慰めの言葉や、地方的な安心立命を汲々として追い求めているような文学とは異り、こうした文学を凌駕する作品となることによって、ニーチェをして感嘆させることになる真正の質を獲得している。その上、シュティフターの作品は文学的意図だけでなく、芸術作品によって直接的に具体化されているか、あるいは代表されている意味ですら、芸術作品の客観的内容といかに一致することがないかを示す好例であると言ってよい。彼においては、真に意味を否定するものが内容であるが、しかし意味が芸術作品によって主張され、やがて芸術作品そのものの総体によって止揚されることがなければ、意味を否定するものは内容とはなりえない。現状肯定は絶望の暗号となり、内容のもっとも純粋な否定はシュティフターの場合のように、微量の現状肯定を含むことになる。今日、あらゆる現状肯定をタブー化している芸術作品から出現している輝きも、現状肯定的ないわく言い難いものの出現、つまり存在せざるものがさながら存在するかのように出現したものにほかならない。存在せざるものにより存在するものであるという主張は美的仮象にすぎず、消滅するものであるが、しかし存在せざるものは現象として出現することによって、存在するものとなることが約束されることになる。存在するものと存在せざるものとを結びつけているのが、芸術のユートピア的形姿にほかならない。芸術は絶対的な否定へと向うことを余儀なくされているが、他方、否定がほかならぬ現状肯定を含むことによって、芸術は絶対的に否定的なものではなくなる。現状肯定的な残り滓を含む二律背反的本質は、芸術作品に内在的に伝えられるものであって、芸術作品の社会としての存在物に対する態度を通して、まず芸術作品に伝えられるといったものではけっしてない。それはかすかな微光となって芸術作品を覆いつくしているにすぎない。美は一体全体美しいものであるのか、美は否定という過程を経ることがない現状肯定によって横領されたものにすぎないのではないのか、いかなる美も今日、もはやこの問を避けて通ることはできない。芸術が工芸に対して抱く反感は芸術一般が抱くやましさの変形したもの、つまりどのような和音を耳にし、どのような色彩を目にしようとも疚《やま》しさの変形したものにすぎない。芸術に対する社会的批判は、まず外側から芸術に触れてみることを必要としない。こうした批判は美内的なものとして形成され、その結果として社会的なものとなる。美的感覚は敏感なものとなればなるだけ、社会的動機に従って芸術を見分ける社会的嗅覚に徐々に近づく。芸術のイデオロギーと芸術の真実との相互関係は、悪人対善人といった関係ではない。芸術は一方を欠けば、他方も欠くことになる。こうした相互関係それ自体のうちには、一刀両断のもとで手早く片づけることをそそのかすところがあるのと同様に、それ自体としてイデオロギー的に悪用されかねないところもある。芸術作品のユートピア、つまり自己自身と同一である芸術作品は芸術によって、シラーの長広舌によるなら女性たちによって、この世にまき散らされるこの世のものとは思えぬ薔薇さながらに、一歩誤てば鼻持ちならぬものとなる。社会がますます恥知らずに全体的なものへと移行し、すべてのものと同様に芸術に対しても相対的な価値しか与えぬようになればなるほど、芸術はイデオロギーにすぎないものと抗議するにすぎないものへとますます完全に二極化されて行くが、こうした分極化が芸術にとってよい結果に終ることはむずかしい。絶対的に抗議することは芸術を狭め、芸術自身の存在理由を危うくするが、イデオロギーとしての芸術は稀薄なものとなり、現実を貧弱に権威主義的になぞる写しにすぎなくなる。

芸術は破局のあとで復活した文化においてはさらに自らの純粋な現存在を通して、とりわけ内容と内実とを通してイデオロギー的なものを身につける。芸術は現に出現しているか、あるいはいままさに出現しようとしている恐怖を誤解するものであり、誤解することによってシニズム的なものとなるという罰を受ける。芸術は恐怖に立ち向うところにおいてすら、恐怖から目をそらす。芸術の客観化は、芸術が現実に対して冷淡なものであるという意味を含んでいる。芸術は現実に対して冷淡な態度をとることによって堕落して野蛮の共犯者となるが、しかし客観化を断念し、直接、たとえ論争を通じてであれ、政治に参加したところで同様にこうした野蛮の虜となる。今日の芸術作品は急進的な芸術作品を含めて、どのような芸術作品もそれぞれ保守的側面を持つ。芸術作品は存在することによって精神と文化の領域を、つまり今日、現実的に無力なものであり、災の原理と絡み合ったものであることを露呈しているこれらの層を固定化することに貢献している。しかしこうした保守的側面は社会による統合の傾向に強力に抵抗するものであるが、前衛的な作品における保守的側面は穏健な作品におけるそれ以上に強力に抵抗するものであって、ただたんに滅びてしまえばよいといったものではない。全体主義的社会による完全支配に対する抵抗は、結局のところ精神がもっとも進歩した形態をとって生き永らえ、活動しつづける場合に限って可能なものとなるにすぎない。もし進歩していく精神が人類に人類が清算しかけているものを手渡すものでないなら、理性的な社会制度を作り上げ、それによって野蛮状態を阻止しようとしても、人類は当の野蛮状態へと陥ることになるであろう。芸術は管理された世界における管理を免除されたものであり、制度のうちに組み込まれてはいないが、全体主義的制度によって抑圧されているものを具体化している。ギリシア軍事政権の新しい暴君たちは、政治的な言葉など一言も含むことがないベケットの芝居を上演禁止にしたが、自分たちがなぜこうした挙に出たのか、その理由を百も承知していた。芸術は反社会性によって社会的に認知される。真正の作品は和解を実現するためには、和解を想起させるようないかなる和解の痕跡も消し去らねばならない。それにもかかわらず統一は分裂的な作品ですら欠くわけにはゆかないものであり、古くからの和解を欠くなら、統一は存在しなくなる。芸術作品はアプリオリに社会的に罪を負うものであるが、他方、芸術作品の名にふさわしい芸術作品であるなら、どのような作品もその罪を償おうと努める。芸術作品は綜合を目指す自らの努力がまた非和解的なものでもあるということによって、生き永らえる可能性を持つことになる。芸術作品は綜合されることによって自律的なものとなり、現実と対決するものとなるが、こうした綜合を欠くならどのような作品も現実による呪縛の外部に出ることはできなくなる。精神が持つ分離の原理は呪縛を自己の周囲にひろげるものであるが、この原理はまた呪縛を限定することによってそれを突き破る原理ともなる。

芸術の唯名論的傾向は前もって与えられた秩序的範疇を廃棄するという、その極限に到達しているが、こうした傾向に社会的意味が含まれていることは、エーミール・シュタイガーに至る新しい芸術の敵たちを見れば、一目瞭然と言ってよい。彼らは自らの言葉によって模範像と呼ぶものに共感を寄せているが、こうした共感はそのまま社会的抑圧、とりわけ性的抑圧に対する共感にほかならない。社会的に反動的な態度と芸術的モダニズムに対する憎悪とは結びついているという事実は、権威に隷属的な性格の分析にとって啓発的なことであるが、それは新旧のファシズムの宣伝《プロパガンダ》が証明している事実であり、また経験的な社会調査によっても立証されている。文化財は神聖にして侵すべからざるものに祭り上げられ、まさにそのためにもはやまったく具体的には経験しえないものとされているが、こうした文化財を破壊するものと俗に呼ばれているものに対する憤激は、憤激する人間たちが抱く現実的で破壊的な願望をカムフラージュするものにすぎない。支配的意識にとっては、支配的意識を変革しようとする意識は硬直したものから逸脱しているために、つねに無秩序なものにほかならない。支配的意識の持主たちは新しい芸術を無秩序なものと呼んで激しくののしるが、おおむねそれ以外のことは何一つとして語ることはなく、自らが憎むものについて最低限の情報すら持ち合せぬというひどい過ちを犯して自らの無知をさらけ出している。彼らはまたあらかじめ拒否することを決心しており、自らが拒否するものをまず経験してみようと考えることすらないために、説得しようにも言葉をかけることすらできない。こうしたすべての事態をひきおこした責任が分業にもあることは争えない。専門教育を受けていない人間が、いきなり核物理学の最近の発展を理解しようとしても不可能なように、専門家でもない人間が複雑きわまりない新しい音楽あるいは絵画を理解しようとしても、それは不可能なことであろう。しかし合理性は一方においては、誰によっても原理的に実現可能なものであり、最近の物理学的定理に通ずるものとして信頼され、理解されないまま受け入れられているが、同じ合理性も他方においては、新しい芸術における合理性となると、美的に理解しえない点も科学の秘教的な点と同様に経験によって一掃することが可能であるのに、精神分裂症的で恣意的なものという烙印が押されることになる。芸術はなんであれ、もっぱら首尾一貫した分業を通してのみ、自らの人間的な普遍性を現実化しうるものとなる。それ以外の普遍性はすべて偽りの意識にすぎない。芸術作品としての質を持つ作品は形式的に十分に完成されたものであって、こうした作品は無数に見られる作品のように、つまり一時しのぎに秩序的な面を表に貼りつけているが、その実、その面の下では作品自体の形態が崩壊しかけているような無数の作品のように、客観的に見ても無秩序なものではない。しかし彼らはこうした事実に目をふさぎ、気にかけるものは皆無に近い。市民的特性にはすぐれた洞察に反対し、良貨を駆逐して悪貨に固執する傾向が根強い。イデオロギーは完全に信じ切れないものであることをその基本的要素としているが、そのためともすれば自己蔑視から自己破壊へと突き進む。形成が未熟な意識は「自分が気に入る」ものにしがみつき、文化的粗悪品が消費者を欺くために意図的に生産されているという事実については、シニックに当惑気に苦笑するだけで見過しにする。こうした意識は芸術に対して、快適で拘束することがない暇つぶしとなることを要求する。消費者はこうした欺瞞を耐え忍ぶが、それは彼ら自身の健康なリアリズムという原理が、欺瞞に対しては欺瞞でもって報いる原理であることをひそかに感じていることによる。こうした偽りであり同時に芸術を敵視する意識のうちから、芸術の虚構契機が、つまり市民社会における芸術の仮象特性が発展してくる。世間は欺かれることを欲しているという言葉が、芸術が芸術の消費者に対して与える定言的命令となる。素朴なものと言われているどのような芸術的経験もそのため、腐敗でもって覆いつくされることになる。その限りにおいて素朴なものと言われている芸術経験も、素朴なものとはとうてい言い難い。支配的な意識が頑な態度をとるのは客観的動機に基づいているが、それは社会化された人々が秩序を彼ら自身のものとして必要とし、いかなる犠牲を払っても固守しながらも、その秩序が要求している成熟の概念を前にしまた美的成熟の概念を前にしても、何事もなしえないことによる。社会についての批判的概念は真正な芸術作品の場合、自らに与えうるものではなく固有のものであって、こうした概念は社会が現状を維持するために作り上げざるをえなくなる自画像とは両立しえない。つまり支配的意識は社会的な自己保存の働きを傷つけることなくしては、自己を自己自身のイデオロギーから解放することはできない。美的論争は一見、社会と無関係のものと見えながらも、社会的にも重要なものとなるのはそのためにほかならない。

芸術作品においては、社会はイデオロギー的に、また論争の的となるような真実を伴って〈出現する〉が、両者の関係はそれによって歴史哲学的に神秘化されることになる。思弁は社会と芸術作品との間に、世界精神によって準備された予定調和が存在しているかのような錯覚に陥りやすい。しかし理論は思弁と異り、社会と芸術との関係を前にして降伏することを余儀なくされるようなことはない。芸術作品のうちで実現されたりそこで停止されたりする過程と、芸術作品を拘束している社会的過程とは、同一の意味を持つものとして考えることができる。ライプニッツの定式によるなら、芸術作品は社会に開く窓を持つことなく、社会的過程を表すものにほかならない。芸術作品の要素を全体へと纏め上げている芸術作品の形態は内在的な法則に従うものであるが、この法則は外部の社会の法則と密接な関係がある。社会的生産力は生産関係と同様に事実的なものとしてではなく、たんなる形式にすぎないものとしてであるが、芸術作品のうちにおいても出現してくるが、それは芸術的労働も社会的労働にほかならないことによる。同様に芸術的労働の成果もまたつねに社会的なものにほかならない。芸術作品における生産力そのものは社会的生産力と異るものではなく、芸術作品が現実の社会から遠ざかることをその本質としているために、異るものに見えるにすぎない。芸術作品においては原型を、それがたとえ潜在的なものであろうと、社会的生産活動のうちに持たぬようなことが行われたり、あるいは生み出されたりすることは皆無に近いと言ってよい。芸術作品はそれにとって内在的なもののみならず、その勢力圏の外部にあるものに対しても拘束力を持つが、それは芸術作品が社会と類似しているところに原因がある。芸術作品は実際上例の社会的産物としての、つまりその他の商品が必死になって握りしめている社会のために存在するものという仮象を放棄した、社会的産物としての絶対的な商品であるが、芸術作品のうちには芸術作品をこうしたものとして規定する生産関係が、つまり商品形態が社会的生産関係や、社会的生産関係と生産力との間の敵対関係と同様に入りこんでいる。絶対的商品となった芸術作品は、自己以外のもののために存在するものであることを主張する、商品形態に内在するイデオロギーとなることを免れるかもしれないが、他方、皮肉なことに、絶対的商品としての芸術作品はたんに自己のためのもの、つまり絶対的商品自体を自由に処理しうる人々のためのものにすぎなくなる。イデオロギーのこうした真実への転換は言うまでもなく、美的内容における転換であって、芸術の対社会的態度の直接的な転換ではない。絶対的な商品もまた一貫して売物でありつづけて来たが、〈自然を独占するもの〉に変ってしまった。かつて壺や彫刻がそうであったように、芸術作品が市場において売られているということは芸術作品の悪用ではなく、芸術作品も生産関係に関与しているところから来るたんなる結果にすぎない。完全に非イデオロギー的なものであるような芸術など、おそらくとうてい存在しえないであろう。芸術はたんに経験的現実と対立することによって、非イデオロギー的なものとなるのではない。サルトルが次のように強調するとき、原註(2)それは正しい。フランスにおいてボードレール以後、芸術のための芸術の原理が普及されたが、それはドイツにおいて芸術の美的理想がさながら道徳的矯正手段として普及したことに似ていたし、芸術がドイツにおいて秩序という社会を規制するものの変装した仲間に加えられていたように、この原理は芸術を無力化する手段として市民階級によって進んで受け入れられたにすぎない。芸術のための芸術という原理におけるイデオロギー的側面は、芸術をして経験の断固としたアンチテーゼとするところにあるのではなく、こうしたアンチテーゼが抽象的に安易に使用されているところにある。芸術のための芸術の原理によって打ちたてられる美の理念は、ともかくもボードレール以後の発展においては、形式的、古典主義的なものとされているわけではないが、しかし内容はどのようなものであれ、切り捨てるものとなっている。つまり美の独断的な規準《カノン》に屈することはあるとしても、形式法則の内側において反芸術的にしか屈することがないようなどのような内容も、邪魔者として切り捨ててしまうものとなっている。ゲオルゲはホーフマンスタール宛の書簡の中でホーフマンスタールに、画家ティチアンのペストによる死は註のうちで記すようにと忠告して原註(3)いるが、それはこうした精神に基づく忠告にほかならない。芸術至上主義の美の概念は実際においても空虚で同時に素材に捉われたものとなり、イプセンの「ぶどうの葉むらのような髪」とか、「美による死」といったきまり文句のようなユーゲント様式を準備するものとなる。美は自己自身を規定することにおいては無力であって、たんに自己と異なるものによってしか自己を規定しえない、いわばたんなる気根にすぎないものであるが、虚構としての装飾の運命のうちにまきこまれることになる。美のこうした理念は限定されたものにすぎないが、それはこの理念が社会を醜として追放し、美をこうした社会の直接的なアンチテーゼに変えていることによる。ボードレールやランボーの場合はそれとは異り、いまだそのアンチテーゼを内容から――ボードレールにおいてはパリの心象風景に当るが――引き出し確めていた。アンチテーゼが内容から引き出される場合のみ、距離は限定的に否定する介入となる。美がたちまちにして消費可能なものとなったのは、新ロマン主義的美や象徴主義的な美がまさに自足的なものであり、形式をして形式たらしめる唯一のものである先の社会的契機に対して、取り澄ました態度を示したためにほかならない。美は商品世界を迂回するものにすぎないが、商品世界を超えたものであるかのように欺く。美はこのようにして欺くことによって、商品としての資格を与えられることになる。芸術のための芸術の原理に基づく作品は今日では際物となり、笑いものにされているにすぎないが、こうした作品は美に潜在する商品形態によって、芸術でありながら際物となることを運命づけられていた。ランボーの場合にしても、彼の職人気質のうちでは社会に対して鋭く対立的なところと従順なところとが、つまり古い長持の香とか酒場のシャンソンに対するリルケ的恍惚感とが、結びつけられることなく共存していることが指摘されるかもしれない。結局のところ勝利を収めたのは和解的態度であって、美のための美の原理は救いようがなかった。そのため芸術をめぐる状況は今日、社会的に見ても難問《アポリア》にほかならない。芸術は自律的なものとなることを手控えるなら、既存社会の営みに身をゆだねることになり、厳格に自己のためのものに留まるなら、とりわけ社会にとって無害な部門としてその他の部門と変ることなく、くまなく統合されることになる。こうした難問《アポリア》を通して現れているものは、たとえ何であれ、出現するものはことごとく呑み下してしまう社会の全体性にほかならない。作品が意思伝達《コミュニケーション》を放棄することは、作品の非イデオロギー的本質にとって不可欠の前提条件であるとしても、それはけっして十分な条件ではない。こうした本質を示す中心的標識は表現力、つまり自らの緊張状態を通じて芸術作品をして無言のまま身振りをさせ雄弁なものとする表現力をおいて他にはない。芸術作品は表現を通して自己を社会の傷痕として示す。表現は芸術作品の自律的形態を作り上げている社会的酵素なのだ。その主要証人としてピカソの『ゲルニカ』を挙げることができよう。この絵は厳密に眺めるなら、指示されているリアリズムと一致しえないものであるにもかかわらず、ほかならぬ非人間的な構成によって表現を獲得しているが、この絵をして思弁的誤解を一切寄せつけることがない鋭い社会的抗議にしているのは、こうした表現にほかならない。芸術作品における社会批判的な部分とは苦痛を与える部分、つまり社会的状態の虚偽が表現によって歴史的に規定されて露呈している部分なのだ。真の憤激はこうした部分に対する反応としてひきおこされる。

芸術作品は社会的なものを、つまり自己にとって異質なもの、自らが社会によってからめ取られているという事実を、自己自身の一部に変えることができるが、それは芸術作品そのものもまたつねに同時に社会的なものであることによる。それにもかかわらず、社会からもぎ取られ、それ自体社会的に出現したものである芸術作品の自律性は、他律性へと後退する可能性を孕んでいる。すべての新しいものは蓄積されてきた永遠に同一なるものよりひ弱なものであって、自らを生んだその源へ進んで戻ろうとする。作品の客観化のうちに包み隠されているわれわれは外的なわれわれと、このわれわれは往々にして現実的に過去となったわれわれの残り滓にすぎないにせよ、極端に異るものではない。そのため集団に対して呼びかけを行うことは作品にとってたんなる堕落ではなく、作品の形式法則のうちには、こうした呼びかけをする何かが含まれていると言うことができる。偉大なギリシア哲学は美的効果に、この哲学の客観的な主旋律を通して予想されるよりもはるかに大きな重要性を与えているが、それはこの哲学がたんに政治に取り付かれていたためとは言えないかもしれない。芸術が理論的に考察されるようになって以来、理論的考察は芸術を見下すことによって芸術に劣るものとなり、芸術を権力関係にゆだねようとしてきた。今日、理論的考察において位置決定と呼ばれているものは、美的勢力圏から抜け出すことを余儀なくされている。芸術に社会的位置を指示する安易な優越感は、芸術の形式に内在する状態を単に素朴な自己幻想にすぎないものとして一掃し、芸術が社会において持つ相対的価値によって決定づけられているもの以外の何ものでもないかのように、芸術を取り扱う。プラトンがユートピアと取り違えられた民族共同体の軍事的長所と、一致しているか否かという観点に従って芸術に与えている評点、または現実の頽廃や彼が捏造したものにすぎない頽廃に対する彼の全体主義的な復讐心、さらに作家たちの嘘に対する、つまりプラトンが既存の秩序に従うように呼びかけている芸術の仮象特性以外の何ものでもない、こうした嘘に対するプラトンの嫌悪感といったもの、こうしたものすべてによって芸術の概念は初めて反省されることになるが、同時に汚がされることにもなる。アリストテレスの『詩学』における感情の浄化《カタルシス》は、たしかにもはやさほどあからさまに支配者の利益のために肩入れしてぃないが、だが洗練化という彼の理想は、狙いとする観衆の本能や欲求を肉体的に充たすものではなく、それに代えて美的仮象を代償的満足を与えるものとして復活させ、その仕事を芸術に委託するものであって、感情の浄化《カタルシス》はこうした理想を通して支配者の利益を守るものとなる。浄化《カタルシス》は感情に抵抗して行われる浄化行為であって、抑圧と一致したものにほかならない。芸術神話の一角を形成するものとしてのアリストテレスの浄化《カタルシス》は、今日古びたものとなり、実際にひきおこされている効果にそぐわないものとなってしまった。その代りに芸術作品自体はギリシア人たちが芸術作品の外的効果と見なしていたことを、精神化という行為を通して遂行してきた。芸術作品は形式法則と素材内容との間をぬって進む過程であり、自己自身を浄化《カタルシス》するものにほかならない。洗練化ということはたとえ美的洗練化であろうと、文明の進歩に関与し、芸術内的進歩そのものにも関与していることはまぎれもないが、しかし洗練化のイデオロギー的側面もまたこうした進歩に関与している。古典主義は挙って二千年以上にわたってアリストテレスの権威によって守られつつ、芸術のために威厳を取り戻そうとしてきたが、代替手段としての芸術はそれ自体が虚偽であるため、その洗練化から威厳は奪い取られることになる。浄化《カタルシス》説は今日、文化産業によって結局のところ支配され管理されている原理を、事実上不当にも芸術の原理にすりかえている。祝福に充ちたものとされているアリストテレス的な影響がかつて実際に見られたものであるのかどうか疑問とされてきたが、この点をめぐる疑問は根拠のある疑問であって、その点が疑われること自体、浄化《カタルシス》説の虚偽を示す指標にほかならない。代用品としての芸術は、以前からそのつど抑圧された本能を内に秘めてきたものと言っても差しつかえない。新しさという範疇は芸術作品においてはいまだかつて存在しなかったものと、芸術作品を超越的なものにするものとを代表しているものであるが、この範疇すらつねに衣裳を新たにしようともその下から、永遠に同一なものというしるしをのぞかせている。今日にいたるまで束縛されつづけてきた意識は、おそらく形象を通してすらも新しさを支配することができないのかもしれない。こうした意識は新しさについて夢見ることはあるとしても、しかし新しさそのものを夢見ることはできない。芸術の解放はかつては商品特性を、芸術の即自存在の仮象として受け入れることを通してのみ可能であったが、こうした商品特性も後年の発展とともに大きく変化し、再び芸術作品から脱落してしまった。ユーゲント様式は芸術を生へと連れ戻すイデオロギーによって、またそれと同様にワイルド、ダヌンチオ、メーテルリンクといった文化産業の前奏曲を奏でた人々の場合は、センセーションをひきおこすことによって、こうした事態を生むため少からず寄与した。主観の洗練化が前進することによって、つまり美的刺激の領域が強化され拡大されることによって、美的刺激は自由に処理しうるものとなった。つまり美的刺激は文化市場のために生産することが可能なものとなった。芸術がごく束の間の個人的な反応と一致することは、芸術の物象化と結びついていた。つまり芸術が主観的に身体的なものとますます類似したものとなることによって、客観的なものとしての芸術創造の幅は広げられ、客観的なものから遠ざけられるが、そうなることによって芸術は世間の嗜好にそうものとなった。その限りにおいて芸術のための芸術という合言葉は、芸術がそれとは逆のものであることを隠すカムフラージュ的なものにすぎなかった。デカダンスに対する悲鳴に近い非難も、主観的洗練化には自我の弱体化という局面が、つまり文化産業の顧客の心的状態と同一の局面が含まれているとする指摘に限ってみるなら、真実と言ってよい。文化産業はこうした局面を逆手にとって、利用するすべを心得ていた。際物というのは、教養信仰によって信じられていることとは異り、誠意を欠く順応を通して出現してくるような芸術のたんなる副産物ではなく、芸術においてつねに芸術から飛び出す機会をうかがっているものにほかならない。際物は家の精《コーボルト》のようにどのように定義しようとも、たとえ歴史的に定義しようともすり抜けてしまうものであるが、その反面、存在することがない感情を虚構として作り上げ、それによってこうした感情を中立化することをそのしたたかな特性の一つとしている。際物は浄化《カタルシス》をパロディ化する。しかし際物と同一の虚構はまた芸術としての権利を主張する芸術を作り上げているものであって、虚構は芸術にとって本質的なものであった。現実に存在する感情を記録すること、つまり心理的素材をありのまま再現することは、芸術にとって無縁なのだ。美的虚構と際物の低俗な感情との間に抽象的に一線を引いて区別しようとしても、それは徒労に終る。際物は毒素として、すべての芸術のうちに混入しているのである。この毒素をわが身から切り取るところに、今日の芸術の絶望的な努力の一つが見られる。通俗性という範疇は、こしらえ上げられ高尚なものに仕立上げられた感情を補完する関係にあるが、この範疇は売り物としてのすべての感情に当てはまる。芸術作品における何が通俗的なものなのかを定義することは、エルビーン・ラッによって提出された問に答えることと同様に、至難の業と言わなければならない。それは芸術はその先天的態度からするなら通俗性に対する抗議でありながら、なぜ通俗性に統合されることが可能なのかという問にほかならない。通俗性は、いわゆる高級な芸術によって排除される俗悪性の、たんに部分的にばらばらにすぎないにせよ、代理をつとめている。高級な芸術がいささかもひるむことなく、俗悪性という契機によって霊感を与えられたような場合には、通俗性とは逆のものである重量感を獲得してきた。芸術は如才なく振舞うことによって、つまりとりわけユーモアを通じて歪んだ意識に呼びかけ、こうした意識が真実であることを保証するような場合には、通俗的なものとなった。支配権力が大衆によって作り出し、大衆に教えこむものが、大衆自身に由来するものとされるなら、それは支配権力にとって好都合なことであった。芸術は品位を失った大衆に迎合することなく、可能性としての大衆を相手にするなら、そうすることによって大衆に敬意をはらうことになる。芸術における通俗性とは社会的には、客観的に再生産される低俗なものに主観的に同化することにほかならない。大衆に対して留保されているものに代って、それに対する反感から反動的に大衆によって享受されているものは、大衆に対して拒絶されているものによって生み出され、拒絶されているものの位置を横領するものにほかならない。低級な芸術、つまり娯楽は自明なものであり、社会的にも正当なものであるとされているが、こうした見方はイデオロギーにすぎない。自明なことと見なすこと自体、抑圧が遍在していることの現れにほかならない。チョコレートのポスターによく見られる、まるで悪いことでもしているかのように片目を半分閉じながら、チョコレートを食べている子供の顔は、こうした美的通俗性のモデルであると言ってよい。通俗性のうちでは、抑圧されているものが抑圧するものというしるしをおびて繰り返されている。通俗性は芸術が熱中して、浄化《カタルシス》として賞賛し、自らの功績に数えているほかならぬ洗練化が失敗に終ったことの主観的表現にほかならない。芸術は今日にいたるまで自らが——すべての文化と同様に——いかに成功することが少かったかを感じているために、失敗に終ったにもかかわらず洗練化を賞賛し、それを自らの功績に数え上げる。全体主義的管理の時代においては、文化は自ら野蛮な人々を生み出すものであって、これらの人々はもはや最初から低俗化されることを必要としていない。文化は人類の黎明期以来、主観のうちに沈澱してきた野蛮を、自らの儀式を通して強化するだけで十分なのだ。芸術によってたとえいかに想起されようと、想起されたもの自体は存在せず、それによって憤激がひきおこされる。芸術は翻訳されて芸術の他者の像にすぎぬものとなり、その像が汚されることになる。解放を目指す市民階級の芸術が道化、召使、パパゲーノといった人物によって時たまではあるが、天才的に制御してきた通俗性の原型も今日では、白い歯をのぞかせて微笑む宣伝用の美女といったものによって取って代えられてしまった。こうした美女は賛美されていても、彼女たち自身が賛美されているのではなく、練り歯みがきの商標が賛美されているにすぎないということを、どの国の宣伝も共通点としている。歯が白ければ白いだけ女性の輝きが欺かれることを承知している女性たちは、逆にむしろこれらの美女の歯を見ることによって白すぎる歯を黒くし、天真爛漫に文化の輝きについての真実をさらけ出している。少くともこの種の利害得失は通俗的なものによって利用されている。美的通俗性は非弁証法的に、社会的に低俗なものという不変数をまねたものであるため歴史を持たない。書きなぐりの文字や絵は、永劫回帰を称えているに等しい。どのような素材も芸術によって、通俗的なものとしてタブー化されてはならないであろう。通俗性とは素材と、通俗性によって呼びかけられる人々との間の関係にすぎない。通俗性は全体的なものへと拡大することによって、高貴で上品なものとして控え目に振舞うものまでいつしか呑みこんでしまった。そこに悲劇的なものが清算された原因の一つがある。ハンガリー動乱というブダペストのオペレッタの第二幕の幕切れを最後に、悲劇的なものは死滅してしまった。大衆芸術という商標を与えられているものすべてが、今日では非難されねばならない。しかしそれと同様に高貴なものも、つまり物象化のアンチテーゼであって同時に物象化によって生み出されたものでもある高貴なものも、非難されねばならない。高貴なものはボードレール時代この方、政治的反動と、あたかも民主主義それ自体が、つまり大衆という量的範疇が通俗的なものの原因であり、民主主義の内部に存在する持続的抑圧が原因ではないかのように、ともすれば手を結んできた。芸術における高貴なものに対しては忠誠を誓わねばならないが、それと同様に高貴なものそれ自体も自己自身の罪を、つまり特権と係りを持ってきた自己を反省しなければならない。芸術における高貴なものが最後の拠りどころとするところは、動揺することもなければ、抵抗力も備えているといった形式化をおいてほかにはない。高貴なものも自己を高貴なものとして提出するなら劣悪なものとなり、それ自体が通俗的なものとなる。なぜなら今日にいたるまで高貴なものは存在したことがないから。ヘルダーリンの詩句に歌われて以来[原註(4)]、聖なるものはもはや使用の役には立たぬものとなってしまったが、他方、高貴なものは、いまだ未熟な人間によっても感じられたかもしれないような矛盾によって食いちぎられてきた。つまり社会主義的新聞を政治的な共感を持って読みながらも、同時に言語と信念には、つまり万人のための文化というイデオロギーに従属する底流には、反感を覚えずにはいられなかった未熟な人間にすらも、感じられたかもしれないような矛盾によって。社会主義的新聞が実際に支持していたものは言うまでもなく、解放された可能性としての民衆ではなく、階級社会の補完物としての民衆、つまりこの種の新聞が支持を当てにしている選挙民という、統計によって想像された民衆の宇宙にすぎなかった。

美的態度一般と逆の概念において、往々にして通俗的な色調も帯びることもある野暮という概念であるが、この概念は、野暮なものを呑みこもうとして貪欲に舌なめずりをする通俗的なものとは異り、通俗的なものに対して無関心でいるかあるいは憎悪を抱くかする点で、通俗的なものと区別される。野暮なものを追放するものは美的に高貴なものを生み出す社会的共犯者であるが、こうした追放は直接的に、肉体労働よりも精神労働に高いランクを与えることと重なり合う。芸術が肉体的労働よりもすぐれたものであるということは、芸術の自意識や美的に反応するものにとってはそれに留まらず、絶対的にすぐれていることと等しくなる。芸術はこうしたイデオロギー的契機を訂正する、永久的な自己訂正を必要としている。芸術は自己に訂正を加える能力があるが、それは実践的なものの否定であるところの芸術それ自体が、それにもかかわらず実践であることによる。しかし芸術は実践であるとしても、けっしてたんに自らの生成を通して、つまりどのような人工物も必要としている行為を通して実践なのではない。芸術の内容はそれ自体が運動し同一のものに留まることはないが、客観化された芸術作品は芸術作品の歴史のうちで再び実践的な行動方式となり、現実へと向きをかえる。芸術はその点においては理論となんら変りがない。芸術は変更を加えられ、言うなれば無力化されつつ自己のうちで実践を繰り返し、このようにして実践を繰り返すことを通じてさまざまな立場をとる。ベートーベンの交響曲は秘密の化学的現象にいたるまで、彼について回る多年生植物的に消えては出現する不運を表現するものであり、そのようなものとして市民的創造過程にほかならないが、悲劇的な現状肯定の身振りを通して、つまり現実はこうしたものであり、そうあらねばならないもの、そうあるべきものであり、そのためこれでよしとする身振りを通して、同時に社会的事実ともなる。彼の音楽は市民階級の弁護を先取りするものであり、それと同様に市民階級の革命的な解放過程の一部でもある。芸術作品は深く解読されればされるほど、実践との対立が絶対的なものに留まることはそれだけ一層少くなる。芸術作品もまたそれにとって第一のもの、その基礎とは異るもの、つまりあの対立するものとは異るものであり、この対立を媒介するものであることを概念的に説明するものにほかならない。芸術作品は実践以下のものであって、実践以上のものでもある。実践以下であると言うのは、トルストイの『クロイツェル・ソナタ』において決定的な形で成文化されたように、芸術作品がなすべきことを前にして後退するか、あるいは禁欲主義へ転向したトルストイによって誹謗されたほどの妨害する力を持つことは許されないとしても、おそらくなすべきことを妨げるかもしれないことによる。芸術作品の真実内容と人類の概念とは切り離すことはできない。芸術作品はすべての媒介行為を通して、つまりすべての否定的なところを通して変革された人類の形象となるが、こうした変革を抽象的に行うためにそれ自体静止することはできない。しかし芸術は実践以上のものでもある。それは芸術が実践に背を向けることを通して、同時に実践的なものが持つ愚かしい虚偽を告発することによる。直接的実践は世界の実践的な制度が成功を収めないかぎり、こうした虚偽については何一つとして知ることがないかもしれない。芸術がアプリオリに下す批判は、支配という隠花植物じみた行為に対して下す批判にほかならない。実践をその純粋な形式から見るなら、そこには実践の結果の破棄にいたるかもしれない傾向が見られる。暴力は実践にとって内在的なものであって、どのように洗練されようとも実践のうちに生きつづけるが、他方、どのように攻撃的な作品であろうと、芸術作品は非暴力の側に立つ。芸術作品は実践的営みと実践的人間の総体に対する、つまり野蛮な欲望によって支配され、支配と癒着している限りいまだ人間と呼ぶにはほど遠い人類の野蛮な欲望をその背後に隠し持つ、実践的営みと実践的人間の総体に対する警告にほかならない。芸術対実践という弁証法的関係は、芸術の社会的影響という弁証法的関係と言い換えてよい。芸術作品は政治的に介入すると言われているが、この点については疑ってかからねばならない。実際にこうした介入が行われることがあるとしても、それはおおむね芸術作品にとっては末梢的なことにすぎない。芸術作品が政治的介入を目指して努力することがあるとしても、芸術作品による介入はつねに芸術作品の概念に従って行われる。芸術作品の真の社会的影響とはごく間接的なもの、つまり精神に関与するものにすぎず、こうした関与は隠れた過程をたどることによって社会の変革に寄与することはあるとしても、芸術作品のうちに集約されているものにすぎない。芸術作品はもっぱら自己を客観化することによって、こうした精神に関与するものとなる。芸術作品の影響は、芸術作品が自己の存在を通して呼び出す想起という作用にほかならず、芸術作品の潜在的実践がそれに見合う明瞭な実践に置き換えられるといったことは、皆無に近い。芸術作品の自律性は明瞭な実践の直接性から離れ、遠のいた結果にほかならない。芸術作品の歴史的生成はその起源が作用連関のうちにあることを指示しているが、こうした作用連関が芸術作品のうちから跡形もなく消滅してしまうことはない。どのような芸術作品もそれ自体のうちで過程をたどりそれを完成させるが、こうした過程はそのうちにおいて全体的主観に似た何かが構成される可能性としての実践のひな型として、逆に社会へ影響を及ぼす。芸術においては影響は全く問題とはならず、それとは逆に芸術自体の形態が問題となるが、芸術自体の形態はそれにもかかわらず影響を及ぼす。影響についての批判的分析が、芸術作品が物として自己のうちに隠し持つものについて語ることが少くないのは、そのためであると言ってよい。ワーグナーのイデオロギー的な影響が問題にされる場合などに、それは見られるであろう。芸術作品と芸術作品によってひきおこされる化学的現象とをめぐる社会的な反省そのものは誤りではないが、作用連関と内容との間の緊張に対しては関心をはらわず、芸術作品をその頭越しに抽象的に社会と関係づけるやり方は、誤りであると言わなければならない。さらに芸術作品はどの程度まで実践に介入するのかという問題は、芸術作品によって決定されているだけでなく、むしろそれ以上に歴史的時間によって決定されている。ボーマルシェの喜劇はたしかにブレヒトあるいはサルトル流の政治参加劇ではなかったが、しかしおそらくごく若干にすぎなかったであろうが、政治的影響を及ぼしたこともまた事実であった。それは彼の喜劇の手堅い内容が歴史的傾向と、つまり喜劇によってくすぐられながら自己を発見し自己を楽しんでいた歴史的傾向と調和していたことによる。芸術の社会的影響は二番煎じの影響であり、明らかに逆説的なものにすぎない。つまり芸術の自発性に基づくものは、それ自体が社会的な全体的傾向に依拠したものにほかならない。ブレヒトの作品は、少くとも『聖女ジョアンナ』以後の作品は変革を意図していたものの、ボーマルシェとは逆に、おそらく社会的には無力であったと言えるが、賢明なブレヒトがその点について気づかなかったはずはない。彼の言うところの影響はアングロサクソンの常套句で言われている、釈迦に説法という場合の説法に等しい。彼の異化についての綱領は観客が思考するよう促すものであった。思考する態度を求めるブレヒトの要求は、すぐれた自律的な芸術作品が観衆、聴衆、読者たちから自己にふさわしいものとして期待する、客観的に認識する態度と奇妙なことに重なり合う。しかし彼の教訓的な身振りは多義性こそが思考に点火して、それを発火させるものであるのに、こうした多義性に対して寛容ではない。こうした点において彼は権威主義的であると言わざるをえない。あるいはブレヒトは彼の教訓的作品が影響を及ぼすことがないことを感じ取っていたために、その反動として権威主義的態度をとったと言えるかもしれない。支配する技術を持ち、その点で名人であった彼はこの技術によって、かつて自己の名声を利用して劇場を組織することを計画した時と同様に、影響を無理やりに与えることを目論んだ。それにもかかわらず政治的実践の一部としての芸術作品の自意識がとりもなおさずブレヒトによって、芸術作品のイデオロギー的眩惑に抵抗する力として芸術作品に与えられている。ブレヒトの実践主義は彼の作品の美的な構成要素《フォルマント》となっているが、この要素を作品の真実内容から、つまり直接的な作用連関を離脱したものである真実内容から切り離すことはできない。生のプロパガンダに終始することがないような芸術作品は今日、社会的に無力なものであるということの本当の原因は、芸術作品が全面的に支配している伝達の体系に抵抗するためには伝達の手段を、つまり芸術作品をおそらく一般大衆にとって近寄りやすくするものである、伝達の手段を用いざるをえないというところにある。芸術作品が与える実践的な影響は、意識によってはほとんど捉ええぬような意識の変化のうちにせいぜいのところ見られるものであって、芸術作品は熱弁をふるったところで影響を与えることはできないのだ。元来、煽動的な影響は急速にしぼむものであるが、それはおそらく煽動的タイプの芸術作品は非合理的なものとして、一般的に知覚されるにすぎないためなのかもしれない。この種の作品も芸術作品としての原理を離れることはないが、こうした原理によって直接的実践に向けての点火は、水をかけられることになる。美的形成とは、芸術と現実とを美と無関係に混同することから抜け出すことにほかならない。こうした形成の結果である距離をおく態度は芸術作品の客観的特性をたんに露出させるだけではない。それは主観的な態度にも影響を及ぼし、素朴な同化を切断し受容者と事柄との関係を優先して、経験的、心理的人間としての受容者を骨抜きにする。芸術は主観の断念を必要とする。ブレヒトによる同化美学批判が狙いとしていたのは、こうした断念にほかならなかった。しかし芸術それ自体が客観的に意識を形成するものとして実践であるように、芸術を経験し自己の外へ出る受容者を、芸術はほかならぬこうした行為を通して政治的動物として規定するが、その点においても芸術は実践的なのだ。しかし芸術は押しつけがましいことを一切語らぬ場合にのみ、実践的なものとなるにすぎない。自己と芸術作品とを本質的に対立させるものは、芸術作品による直接的アピールという言葉を概念的に口にしようと、芸術作品によって直接鼓舞されることなどほとんどありえない。芸術作品によって直接鼓舞されることと、作品の認識特性と一致する認識的態度を持つこととは、両立しえない。芸術作品が客観的需要と一致するのは、つまり現実の変革へと移行するかもしれない意識の変革を求めている需要と一致するのは、支配的需要に侮辱を加えることによる、つまり芸術作品自身が自らの性向に従って熟知するものに別の光を与えることによる。影響力の不足に悩む芸術作品が需要に直接順応することを通して、影響力を獲得しようと考えるやいなや、芸術作品は需要という美辞麗句をまじめに受け取り自己自身にそむくならば、人間に元来与えることができるものを人間から奪うことになる。美的需要はある程度まで漠然とした不明瞭なものにすぎない。文化産業が実際行って来たこともまた、文化産業が信じさせようとしその手に乗せられてたやすく信じられているほど、美的需要を大きく変えたわけではなかったと言えないこともない。文化が失敗に終ったという事実は、供給と普及のメカニズムから解放されているような主観的で文化的な需要など、実際には存在してはいないという意味を含んでいる。こうして見ると文化を求める需要そのものからして、その大部分までがイデオロギーにすぎないことになる。つまり客観的のみならず消費者の精神生活においても、たとえ芸術などなくてもやって行けるということになる。消費者は生活条件が変化すれば、摩擦をできうるかぎり避けようとして苦もなく自己の趣味も変更し、変更した趣味に従う。人間から自己を超えることを考える習慣を取り上げるような社会においては、人間生活の再生産の埒外にあるものや、なくとも済ますことができると頭にたたきこまれているものは余計なものにすぎない。芸術に対する最近の反乱のうちにもある程度の真実が含まれている。つまり不条理に持続している不足、拡大され再生産されている野蛮、いたるところに見られる全面的破局への脅威といったものを前にしながら、生命の維持に無関心でいるといった芸術における現象的な面は愚劣であるとして、芸術に反対する傾向は真実であると言ってよい。元来すべてのものを呑み下し、何一つとして排除することがないし、ましてやよりすぐれたものならけっして排除することがないような文化的営為に対して、芸術家は冷淡な態度をとることができるとしても、もし芸術家がそうした態度をとるなら、文化的営為は自己のうちで成功を収めるすべてのものにたとえ若干であれ、自己が客観的に冷淡に取り扱われている事実もまた伝えることになる。マルクスがいまだある程度まで無邪気に全文化的標準という概念を用いて、文化的需要に含めていたものには、弁証法的なところが含まれている。彼によるなら、文化を断念し文化的な祭典に加わることがないものの方が、文化の虎の巻をあてがわれているものよりも、実際は文化に敬意を表すものにほかならないことになる。今日では現実的動機に劣らず、美的動機も文化的需要に対して反対している。芸術作品の理念は、欲求と充足との永遠の入れ替わりを断ち切ろうとし、癒されることがない需要に代用品をあてがって済ますといった無法を犯すまいとしている。美的で社会的な需要理論はどのようなものであれ、古風であることを特徴としている表現によって、美的体験と呼ばれているものを利用している。芸術体験の性質そのものからしても、それを美的体験と呼ぶだけでは不十分なことは読み取ることができるが、この種の名称を用いる限り別の名称を準備したところで、不備が取り除かれることはない。この種の需要理論は作品の体験内容と――雑な言い方をするなら感情的表現と――受容者の主観的体験とは等しいものであると想定し、そうした予想の上に成り立っている。受容者は音楽が興奮した身振りを示すなら、興奮状態に陥るものと仮定されているが、その反面、受容者によって何かが理解されるような場合は、問題が押しつけがましい態度をとればとるほど、受容者は感情的にそれだけいっそう冷淡になるものと仮定されている。芸術とは無縁なことを考え出す科学にしても、自惚れのあまり行った、美的影響や美的体験を脈搏によって測定するという実験以上に、芸術と無縁なことを考え出すことは不可能であろう。作品の体験内容と受容者の主観的体験とはなぜ等しいのか、その根拠は曖昧なまま放置されているのだ。芸術において体験されるあるいは追体験されると言われているもの、つまり一般的な観念によるなら作家の感情と考えられているものはそれ自体、作品におけるたんなる部分的契機にすぎず、決定的な契機でないことは確かなことと言ってよい。作品は心の動きの記録ではなく――こうした記録はつねに聴衆の不評をもっとも買うものであり、結局のところ〈追体験される〉ことがもっとも少いものと言えないこともないが――作品は自律的連関を通してぎりぎりのところまで変更を加えられる。芸術における構造的要素と模倣《ミメーシス》的に表現的な要素との相互作用は、体験理論においてはたやすく隠されるかあるいは偽造されている。作品の体験内容と受容者の主観的体験との一致は真の一致ではなく、たんに一致した部分だけが作品から抜き取られているにすぎない。抜き取られた部分は美的連関から遠ざけられてふたたび経験のうちへ引き戻され、再度他者に変えられるが、こうした他者は作品の他者ではなく、作品のうちにのみ存在するような他者にすぎない。すぐれた作品によって心を打たれるものは、自らのいつもは抑圧されている感情を発散させる手段として作品を利用することはない。感動は瞬間に属するものであって、その瞬間においては受容者は自らを忘れ、作品のうちで自らを失う。感動の瞬間とは精神が震撼させられる瞬間にほかならない。受容者は宙に漂う。美的映像によって具体化される可能性としての真実が、受容者にとって肉体を具えたものとなる。作品との関係におけるこうした直接性、つまり大きな意味における直接性とは機能としての媒介、つまり機能としての浸透し包みこむ経験にほかならない。こうした経験は瞬間のうちに凝縮されているが、それを凝縮するためには断続的に刺激や反応を受け取ることではなく、意識全体を集中することが必要とされる。芸術の真実あるいは虚偽を経験するものとしての芸術経験は、主観的な体験を超えたものと言わなければならない。芸術経験とは客観性によって貫かれた主観的な意識にほかならない。芸術経験はほかならぬ主観的な反応がもっとも強烈なところにおいて、客観性によって媒介される。ベートーベンの場合、その音楽的状況のうちには見せ場となっているものが、その上演出されたものと言えるかもしれないような欠点を伴っているものも少からず見られる。第九交響曲の再現部は交響曲的過程の結果でありながら、最初の提示部を称えるものとして出現する。この部分は、これを見よとばかりに圧倒するように轟く。こうした轟きに対する反応が、圧倒する轟きに対する恐怖をまじえた震撼なのかもしれない。こうした音楽は現状を肯定することによって、虚偽についての真実も語る。芸術作品は判断を下すことなく、いわば指先でもって自らの内容を指示するが、内容が概念的に説明されることはない。受容者の自発的な反応は、作品のこうした直接的な態度を模倣《ミメーシス》するものにほかならない。しかし作品はこうした直接的なものにつきるものではない。先の再現部がその直接的な態度を通してとる立場も、ひとたび全体に統合されるなら批判にさらされることになる。つまりこうしたものとして存在し、それとは別のものとしては存在することがないものの力、それは芸術の瞬間が顕現させることを狙いとしていた力であるが、この力は芸術自体の真実を示す指数であるのかどうかという批判にさらされることになる。判断を欠く作品についての判断に行きつくような豊かな経験は、判断を欠く作品について決定を下すことを要求し、そのため概念を要求する。体験とはたんにこうした経験の一契機にすぎず、それは説得されやすいという性質を持った、誤りやすい契機でもある。第九交響曲のようなタイプの作品は暗示を与える。つまりこの種の作品が自らの組織を通して獲得する作品としての力は、一転して影響へと変る。作品の暗示力は元来、社会から借用され作品から社会へはね返されるものであるが、こうした暗示力もベートーベンに続く発展の過程のうちで、煽動的でイデオロギー的なものへと変ってしまった。精神を震撼させる感動は通常の体験概念ときびしく対立するものであって、自我を部分的に充足させるものではなく快楽とも似ていない。震撼的感動はむしろ自我解体への警告であって、自我は震撼されることによって自らが限定されるものであり、限りあるものであることに気づく。こうした経験は文化産業によって推し進められている自我の弱体化とは、対照的なものと言うことができる。震撼の理念など文化産業にとっては愚の骨頂にすぎないであろう。こうした理念を愚の骨頂と見なすところに、芸術の非芸術化を推し進めるもっとも深い動因がひそむと言えるかもしれない。自我は自己自身にとっても牢獄であるが、こうした牢獄としての自我の外部をほんのわずかでも垣間見るためには、放心することではなく、極端に緊張することが必要とされる。震撼的感動をさらには本能的な態度をその後退から守るのは、こうした緊張にほかならない。カントは崇高の美学において、主観の力を主観の前提として正確に描いている。芸術を前にして主観が破棄されることがあるとしても、こうした破棄は芸術と同様におそらく文字通りに受け取るべきものではないのかもしれない。しかし美的体験と呼ばれているものもまた、体験として心理的には現実的なものであるとしても、美的体験の下に何かがあるかのように想像することは、たとえ芸術の仮象特性をこうした美的体験と読みかえようとも、困難であると言ってよい。体験はようなものといったものではない。自我はたしかに震撼された瞬間においても、現実には消滅することはない。しかし自我のうちに生ずる陶酔は、芸術的経験と両立することはできない。自我はそれにもかかわらず数瞬間の間にすぎないにせよ、自己保存的態度を踏みにじる可能性に、この可能性を現実化するに足るだけの力は欠けているにせよ、現実に気づくことになる。美的震撼は仮象ではない。仮象であるのは、こうした客観に対する震撼の姿勢にほかならない。つまり美的震撼は自らが直接的なものであるため、自らの可能性にすぎないものをあたかも現実化されたものであるかのように感じる。自我は、美的仮象を砕く比喩的ならざる意識によって捉えられる。つまり自我は自らが最終的なものではなく、自己自身が仮象にすぎないのではないのかという意識によって捉えられるのである。このことが芸術を主観に対して芸術本来のものへと変える。つまり芸術は抑圧の内的な代理人である自我原理に対して最終的には批判的な態度をとる、抑圧された自然の歴史的語り手へと変ることになる。自我に逆らう主観的な経験は芸術における客観的真実契機にほかならない。それに反して自己と関連づけることによって芸術作品を体験する者は、芸術作品を体験することはない。体験とみなされているものは、文化的にねじ曲げられた体験の代用品にすぎない。こうした代用品そのものについても、あまりにも単純すぎる観念が作り上げられている。文化産業の製品はこうした製品愛好者の誰彼よりも、浅薄で規格化されたものかもしれないが、これらの製品にしても同時に、愛好家たちが目指す同化をつねに妨げるものであると言えなくもない。文化産業は人間にどのような害を及ぼしているかといった問は、おそらくあまりにも素朴すぎる問と言えるかもしれないが、文化産業の与える影響は、こうした形態の問によって特殊的なものであるかのように暗示されているものの、特殊的なものをはるかに超えた一般的なものなのだ。今日では空虚な時間は空虚なものによって充たされ、偽りの意識すら作り出されることがない。ただすでに存在している意識を現状のまま放置するために、努力が払われているにすぎない。

　芸術に固有のものである客観的実践という契機が主観的意図へと変るなら、芸術対社会というアンチテーゼは、社会の客観的傾向と芸術による批判的反省とを通して非和解的なものとなる。こうした主観的意図に対して与えられている流行の名称が、政治参加《アンガージュマン》にほかならない。政治参加《アンガージュマン》は傾向と呼ばれているものより高度の反省段階であるが、政《アン》治参加《ガージュマン》は、政治に参加するものがあまりにもたやすくさまざまな処置に共感を寄せることがあるとしても、不満が感じられる現状を単純に改革しようとするものではない。政治参加《アンガージュマン》は状況の諸条件の変革を狙うものであって、中味のない提案を行おうとするものではない。その限りにおいて政治参加《アンガージュマン》は制度の美的範疇に好意を寄せる。芸術の論争的な自意識は芸術の精神化を前提としている。芸術はかつて感覚的に直接的なものと同一視されていたが、こうした直接的なものに対して敏感になればなるほど、芸術の粗野な現実に対する態度は、つまり未開状態の延長であって、社会によって拡大され再生産されつつある粗野な現実に対する芸術の態度は、それだけ一層、批判的になる。精神化の持つ批判的で反省的な特徴は芸術と芸術の素材内容との関係を、たんに形式面から際立たせるところにあるのではない。感覚論的趣味美学からのヘーゲルの離反は芸術作品が精神化し、同時に芸術作品の素材内容が強調されるにつれて、こうした事態と並行して進行した。芸術作品はかつて不用意に精神に影響を与えるものとして信頼されるかあるいは証明されていたが、いまや芸術作品そのものが精神化することを通して、精神に対して影響を与えるものと同一視されることになる。政治参加《アンガージュマン》の概念を文字通り馬鹿正直に受け取ってはならない。こうした概念が評価の規範とされるなら、芸術作品に対する姿勢の中で支配的管理という契機が、つまり芸術作品がすべての管理可能な政治参加《アンガージュマン》に先立って反対している契機が繰り返されることになる。しかし政治参加《アンガージュマン》が規範とされようとも、傾向とかさらには傾向のぶざまな後裔に当るような範疇が、趣味美学の満足にならってたやすく息の根を止められることにはならない。これらの範疇が告げるところのものも、ほかならぬ別のものになりたいという憧憬や意思によって火を点じられるなら、そうした局面においてはこれらの範疇の正当な素材内容となる。しかしこのことは、これらの範疇が形式法則となることを免除するものではない。たとえ芸術作品の自意識によって本質的なものと見なされようとも、精神的内容は形式化されることがないなら、いまだ素材に留まり芸術作品によって素材のまま吸収されてしまう。ブレヒトの場合にしても、彼の戯曲から切り離されているようなものは何一つとして教えなかったし、理論化されたならより的確に認識されたかもしれないようなもの、あるいは彼に注目していた観客にとってはよく知られていたもの以外のことは、何一つとして教えることがなかったと言えるかもしれない。つまり彼が教えたこととは、金持は貧乏人より幸福であること、世間では不正が行われていること、形式的平等の名のもとで抑圧が継続されていること、個人的善意は客観的悪意によって逆の結果をまねくこと、善良さは――もちろんこれは疑わしい知恵であるが――悪の仮面を必要とすること、そういった類のことにすぎなかった。しかし彼は思い切りのよい格言風の手法を用いて、けっして新鮮なものとは言えないこうした洞察を情景にふさわしい身振りに置き換えているが、彼の作品に独特の調子を与えているのはこうした手法にほかならない。彼はこうした教訓を通して演劇の革新を行い、心理劇や陰謀劇で占められていた腐り切っていた劇場を崩壊へと導いた。テーゼは彼の戯曲においては、テーゼが内容として要求している機能とは全く別の機能を獲得した。テーゼは本質的なものとなり、演劇に反幻想的な刻印を与え、意味連関の統一を解体するために寄与した。戯曲の質を決定しているものはこうした点であって、政治参加《アンガージュマン》が戯曲の質を決定しているのではない。しかしこの質は政治参加《アンガージュマン》とは不即不離のものであって、政治参加《アンガージュマン》は質の模倣的《ミメーシス》要素となる。ブレヒトの政治参加《アンガージュマン》は芸術作品が歴史的結果として自ら行わざるをえなくなることを、いわば自らの手であらかじめ芸術作品に対して行う。つまりあらかじめ芸術作品を破壊するものにほかならない。政治参加《アンガージュマン》の場合も往々にして見られるように、芸術のうちに閉ざされているものが、自由に処理される部分が増大していくにつれて、つまり作り物である度合が増すにつれて表面に現れてくる。作品が即自的なものとしてなっていた状態に、対自的なものとしてなることになる。作品の内在性は、つまり作品が経験に対していわばアプリオリ的に保つ距離は、もし作品の自覚した実践を通して現実的に変革された状態を眺めるといった視点を欠くなら、失われるであろう。シェイクスピアは『ロメオとジュリエット』によって、門閥を背景とすることがない愛情を宣伝したわけではない。しかし家長の権力やいかなる権力によってももはや切断されたり断罪されることがないような状況への憧憬が、この劇のうちにこめられていなかったなら、相思相愛の二人の愛が数世紀を隔てた今日においてもなお、いささかも色褪せることなく甘美なものでありつづけるといったことは起りえなかったであろう。こうした憧憬は言葉もイメージも欠く、ユートピア的なものにほかならない。芸術作品もまたどのような肯定的なユートピアであれ、ユートピアを認識することを禁止するタブーによって支配されている。実践は作品の影響ではないが、作品の真実内容のうちに包みこまれている。そのため政治参加《アンガージュマン》は美的創造力となることができる。一般的に見て、傾向的なものや政治参加に反対する声は等しく自主性を欠くものと言ってよい。文化を純粋なものとして保とうとするイデオロギー的配慮は、呪物化した文化を通してすべてが現実的に旧態依然のまま保たれて行くことを望む、願望によって引きずられているものにほかならない。傾向的なものや政治参加《アンガージュマン》に対して憤激するものは、その対極に位置するものに対して憤激するものと、つまり俗に象牙の塔という月並なきまり文句を与えられているものに対して憤激するものと、必ずしも折合いが悪くない。現代は熱狂的に自らをマスコミュニケーションの時代と呼びそう宣言している時代であるが、こうした時代においては芸術は象牙の塔に閉じ籠らず、そこから抜け出さねばならないと主張されている。この種の憤激は形こそ異れ、内容においては共通するところが見られる。ブレヒトはその好みから象牙の塔という言葉の使用を避けているが、言われていることの核心は彼のうちにいる実証主義者にとって無縁なものではなかった。こうした二つの態度は今日、強力に互いを否定し合っているが、それは互いが似ていることによる。『ドン・キホーテ』は地方的で重要とは言えないような傾向に、つまり封建時代から市民時代へ持ちこまれてきた騎士道小説を廃止しようとする傾向に、奉仕した作品と言えるかもしれない。だがこの長篇小説はこうしたつつましい傾向に奉仕し、それを担う運搬手段であったために模範的な芸術作品となったのだ。セルバンテスは文学的ジャンル間の敵対関係から出発したが、こうした関係も彼の手にかかると時代そのものの敵対関係となり、結局は形而上的なものとなり、呪縛を解かれた世界における内在的意味の危機を示す真正の表現となった。『若きヴェルテルの悩み』のような政治的傾向を持たぬ作品の場合にしても、ドイツにおける市民意識の解放のために大きく寄与したと見て差しつかえない。ゲーテは社会と、社会によって好ましく思われていないことを経験する人間の感情との衝突の過程を、この人間の破滅にいたるまでたどり、それを造型することによって硬直した小市民根性に対する抗議を、そのことを直接口にすることなく有効に行った。しかし市民意識の根本にひそむ二種類の検閲官的な立場は、つまり芸術作品は変革することを意図してはならないとする立場と、芸術作品は万人のために存在しなければならないとする立場とは、現状を弁護する点において共通している。前者は芸術作品と世間との平和を擁護するものであり、後者は芸術作品が公的意識によって認可された形式に従っているかどうかを、看視するものにほかならない。現状の拒絶という一点において、今日、政治参加《アンガージュマン》の芸術と錬金術的芸術とは収斂する。介入を行うことは物象化された意識によって禁じられているが、それはこうした意識が介入を行うなら、それ自体すでに物象化されている芸術作品に対して、再度物象化を行うことになるためにほかならない。社会に対抗して行われる、物象化された芸術作品の客体化は物象化した意識にとっては、こうした芸術作品が社会的に無力化することと何ら変りがない。芸術作品の外部へ向けられた側面は芸術作品の本質と見なされているが、それはこの側面自体も形成されたものであるという点を、要するに芸術作品の真実内容を考慮することなく行われた、本質のすりかえにすぎない。それ自体が真実でないような芸術作品は、社会的にも真実であるような作品とはなりえない。逆に社会的に偽りである意識が美的に真正な意識となることも、それと同様にけっしてありえない。芸術作品の社会的局面と内在的局面とは重なり合うことはないが、しかし両者は呪物崇拝的な文化信仰や実用主義的立場によって一様に主張されているほど、完全にかけ離れたものではない。作品の真実内容は作品の美的総体によってこの総体を超えたところにあるものを示すものであるが、それはつねにまたその社会的価値でもある。こうした二重性は、芸術領域全体の上位にあるものとして抽象的に一般的規則としうるようなものではない。この二重性は個別的な作品に、それがどのような作品であれ刻印されているものであって、芸術の生命の構成要素にほかならない。芸術はその即自的な点によって社会的なものとなるが、芸術が即自的なものとなるのは芸術のうちで働く社会的な創造力による。芸術作品の社会的な側面と即自的な側面との弁証法は次の場合に限って、芸術作品自体の性状となる。つまり芸術作品が内的なものであろうと、自己を放棄することがないような内的なものは何一つとして許容せず、外的なものであろうと、内的なものの——つまり真実内容であるが——担い手でないようなものは、何一つとして許容することがないといった場合に限って。

自律的な作品であってしかも社会現象でもあるという二重性によって、芸術作品の標識はともすれば不安定なものになりがちである。自律的作品は社会に対して無関心なもの、結局のところ放埒で反動的なものという判断を生みやすいが、逆に社会的に明快に、論証的に判断を下す作品はこうした判断を通して芸術を否定するとともに、自己自身まで否定しかねない。内在的批評とは、こうした二者択一を断ち切る批評と言って差しつかえないかもしれない。社会的に反動的という抗議の言葉はおそらくシュテファン・ゲオルゲにこそ、それも秘密のドイツという彼の格言の出現をまつまでもなく、そのはるか以前にまで遡る彼の芸術にこそふさわしいものと言えるであろう。しかしそれと同様にこうした抗議の言葉は、一八八〇年代後半から九〇年代前半にかけての貧民文学にも、たとえばアルノー・ホルツのそれのような美的には問題にするに値しない駄作にこそ、ふさわしいと言えるかもしれない。しかしこの二つの類型《タイプ》の文学はその本来の概念と照らし合せて対決させてみるべきものかもしれない。ゲオルゲの作品にみられる演技としての貴族的な挙動と、彼の作品によって要求されている自明なものとしての優越性とは矛盾したものであって、彼の作品はこの矛盾によって芸術的に無力なものとなっている。『さらには——天人花《ミルテ》の花房も忘れぬように原註(5)——』といったくだりなどは、弟を殺害させたあとで静かにただ紫衣の裳裾をからげてみせる後期ローマ時代の皇帝をめぐるくだり原註(6)と同様に、人をして苦笑を禁じえなくさせる。ゲオルゲの社会的態度が暴力的であることは社会との同化が失敗に終ったことを示すものであって、こうした暴力的なところは言語による暴力行為となって彼の抒情詩に伝えられているが、ゲオルゲによって追求されている完全に自己自身に立脚した作品という純潔性は、それによって汚されている。偽りの社会的意識は審美主義的綱領にまとめられると金切り声に近いものとなり、それによって自らが虚偽であることを暴露しその罰を受けるという羽目に陥る。ゲオルゲがこうしたすべてにもかかわらず偉大な抒情詩人であることに変りはないが、もし自然主義者とゲオルゲとのあいだの芸術家としての格の違いを見誤るようなことさえなければ、ゲオルゲと対立するものとして自然主義者を引き合いに出して、以上の点を補足するものとして以下のことを確認することができる。自然主義者の戯曲や詩の社会批判的内容はつねにほとんど表面的なものにすぎず、当時すでに形成されつくしていたにもかかわらず彼らによってまじめに受け取られることすらなかったに等しい、社会理論の足元にも及ばぬものであった。彼らに与えられていた貴族的社会主義者といった肩書きは、それを示す十分な証拠にほかならない。社会に対して芸術的な説得を行っていたために、通俗的な理想主義に対して肩入れをする義務があるかのように彼らは感じていたのである。彼らが労働者について抱いていた成像《イマーゴ》はたとえば、彼らはたとえどのように高級な理想を抱こうと労働者階級に属しているという運命によって、その理想の実現を阻まれているといった類のものにすぎなかった。出世して善き市民となることを目指す理想が正当なものとして認められるべきものなのかどうかといった疑問は、作品の外側に放置されている。自然主義的芸術そのものは伝統的な形式範疇を断念している点において、たとえば込み入ったそれ自体として完結したハンドルングやその上、ゾラにおいて往々にして見られるような、経験的な時間の流れを断念している点において革新的な芸術であり、こうした点においてはその概念によって示されている以上に進歩的な芸術であった。ゾラの『パリの腹部』に見られるような容赦することのない、いわば非概念的な経験的な細部の描写は長篇小説につきものの表面的連関を破壊するものであって、ゾラの後年の長篇小説に見られるような、単子《モナド》論的で観念連合的な形式とは似て非なるものと言ってよい。その代り自然主義は、思い切りよく徹底することがないような場合には後退的なものとなる。意図を追求することは自然主義にとっては、自らの原理に反することにほかならない。しかし自然主義の戯曲のうちには、意図が読み取られるような箇所がおびただしく含まれている。登場人物たちは思うことを腹蔵なく語ることを要求されているが、実際は監督する作家の指示に従い、現実の人間なら話すことがないような語り口でもって語っているにすぎない。写実劇において登場人物が口を開く以前に、自らが語ろうとすることを正確に知っているとするなら、そのこと自体すでに写実に反することと言わなければならない。しかしこうしたことを避けるなら写実的戯曲はおそらく、その着想に従って戯曲として組織されることはとうてい不可能となり、その志に反してダダイズム的なものとなるかもしれないが、しかし写実主義が最小限であれ様式化を避けようがないということは、写実主義そのものが不可能なものであることを告白しているだけでなく、自らを潜勢的にではあれ廃棄処分にすることに等しい。写実主義は文化産業のもとにおいて、大衆を欺瞞するものとなっている。ズーダーマンの作品は熱を帯びた調子で一致して拒絶されているが、それは彼のもてはやされていた作品が一級の才能に恵まれた自然主義者なら隠しておくようなことを、つまり一言といえども虚構ではないことを暗示する身振りがその実、現実をねじ曲げた虚構にすぎないことを暴露しているところに、その原因があると言ってよい。しかし舞台で語られる言葉がどのような言葉であれ、虚構によって覆われたものであることは、いかに抵抗しようとも隠し通すことはできない。この種の文化産業の製品がアプリオリに文化財であるとされるなら、文化についての素朴で現状肯定的なイメージが誤って作り出されることになる。二通りの真実が存在することは美的にもありえない。相容れることがないような欠陥にすぎないものも、俗によき造型と呼ばれるものとそれに見合った社会的内容といった中間的な粗悪なものとなることなしに、相互に浸透し合うことが可能であることは、ベケットの劇作法から見て取ることができる。ベケットの戯曲は観念連合的な論理を、つまり最初の主題が後に続く主題あるいは対照的な主題を引き寄せる音楽の場合のように、一つの文章が次の文章あるいは答を引き寄せるといった形の論理を持っているが、こうした論理はどのような経験的現象の模倣もしりぞける。経験的に本質的なところはこうした論理に従って刈りこまれ、その厳密に歴史的な価値に従って取り入れられ、仮象特性のうちへその一部として統合される。仮象特性は意識の客観的状態を表現するものとなり、同時に意識状態に形を与えている現実の客観的状態を表現するものともなる。否定されたものとしての主観、つまり主観の否定性は客観性の真の形態であるが、こうした主観の否定性はもっぱら極端に主観的な形態化を通して描きうるものであって、より高級なものと言われているが仮定にすぎないような客観性を作り出すことを通して描くことはできない。ベケットにおいては主観は解体されて道化的茶番となっているが、それは一見子供じみてはいるものの血のにじむような茶番であって、主観を超えた歴史的真実にほかならない。社会主義リアリズムといった代物こそ、子供じみたものと言わなければならない。『ゴドーを待ちながら』における主題は支配と従属の関係であり、それと共にこの関係の老衰して正気を失った形態、つまり人類は自己保存のためにもはや自己と無縁な労働など行う必要がないのに、無縁な労働を命令する指示は依然として取り消されていないといった位相における、この関係の形態にほかならない。こうしたモチーフは真に、現代社会にとって本質的な法則性に貫かれたモチーフであるが、このモチーフは『勝負の終り』においてさらに深められている。しかしベケットの技術はこのモチーフを二度、片隅へおいやるところに見られると言ってよい。ヘーゲルにおいて独立した一章をなすものが逸話として語られ、しかもこの逸話には演劇術的機能と同じく社会批判的機能も与えられる。『勝負の終り』において は地球の局部的破局が、これはベケットの道化的機智のうちでもっとも血なまぐさい機智であるが、この劇の素材面における前提とされ、同様に形式面における前提とされている。芸術からその構成要素、つまり芸術の起源を打ち砕いたのはこうした前提にほかならない。芸術はもはや立場とは言えぬような立場へと移行する。なぜなら破局を命名したり、あるいは破局という一語でもって、つまりこうした連関においては最終的に滑稽なものとならざるをえないような一語でもって、破局を形成するためにとりうるような立場などもはや存在しないから。『勝負の終り』は解体的な作品でもなければ、無内容な作品でもない。その内容としての限定された否定は形式原理となり、内容一般の否定に至る。芸術は死の脅威にさらされながら実践に対して距離をおくという自らの傾向を通して、つまりすべての内容よりもたんなる形式を優先させ、こうした形式に従うという無邪気さを通してイデオロギーへと変ったが、ベケットの作品はこうした芸術に対して恐るべき解答を突きつけている。彼の作品は力強い作品でありながらそこには喜劇的なものが流れこんでいるが、その理由はまさにこうした点から説明することができる。こうした流入には社会的局面が見られる。力強い作品はいわば目隠しでもされているようにもっぱら自己自身に従って運動するが、それによって運動はこれらの作品にとっては足踏みに近いものとなり、自己をそのような運動をするものと宣言する、つまり作品の譲歩することを許さぬ厳しさが自己をふまじめなもの、つまり遊戯にすぎないものであると宣言する。芸術は今日、自己自身の仮象性を、つまり自己の内部の空洞を外部へさらけ出す場合にのみ、自己自身の存在と和解することができる。芸術は一切の写実的欺瞞と和解することなく芸術自身の状況に従って、もはやいかなる無邪気なものも自己のうちに存在することを許さぬということが、今日の芸術が芸術であるか否かを判断するための、もっとも拘束的な標識なのだ。いまなお可能であるようなどのような芸術においても、社会批判は形式へと高められねばならない、つまりどのような明白な社会的内容もうかがい知ることができないものへと変えられねばならない。

文化領域全体の組織化が進むとともに、芸術に対して社会における場を理論的にそしてまたおそらく実践的にも、指示しようとする欲望もまた高まってくる。枚挙のいとまなく企画されている円卓会議やシンポジウムといったものは、こうした指示を行うことを狙いとしたものにほかならない。芸術がひとたび社会的事実として認識されれば、社会的な位置測定は芸術に対していわば優越感を抱き、芸術を自由に処理するものとなる。価値を問うことがない実証主義的認識は客観的なものであり、美的な個別的立場はたんに主観的なものにすぎないとし、前者は後者の上に位するものであるかのような仮定がしばしば行われている。社会的批判が加えられねばならないのは、この種の努力それ自体にほかならない、これらの努力は全面的な社会化によって捉えられまいとするか、あるいは少くともこうした社会化に対して抵抗するものに対してまで、管理するものが優位に立つことを、つまり管理された世界が優位に立つことを暗黙裡に主張するものと言ってよい。現象を全体から切り離して現象の機能と生存権とを再検討する、局部解剖的視点を絶対視することは本末転倒もはなはだしい。こうした視点に立つなら、美的質と機能としての社会との弁証法は無視されることになる。重点はアプリオリにずらされ、イデオロギー的効果が強調されることはないとしても、少くとも芸術の消費面が強調されることになり、今日の芸術によって社会的反省の対象とされているものは、ことごとく無視されることになる。つまりこうした反省が対象としているものは体制順応的なものにほかならないという決定が、あらかじめ与えられることになる。管理技術の拡大はアンケートとかそれに類した科学的手段と一体化して進められているために、ある種の類型《タイプ》の知識人は、つまり新しい社会的必要性についてはある程度のことは感じ取ってはいても、しかし新しい芸術の必要性については何一つ感じ取ることがないといった種類の知識人は、こうした技術の拡大へと気持を引きつけられることになる。彼らの精神的態度《メンタリティー》は、「ヨーロッパをして発展途上国へ順応させるためのテレビジョンの機能」といった表題を掲げて行われている、絵空事にすぎないような社会教育的講演に見られる精神的態度にほかならない。芸術の社会的反省はこうした精神に従って何らかの寄与をなすべきものではなく、こうした精神を主題として取り上げ、主題として取り上げることによってこの種の精神に抵抗しなければならない。文化のために多くのことが為されれば為されるほど、事態は文化にとってますます悪化していくというシュトイアマンの言葉は、今日もなお依然として有効なのだ。

芸術が社会的に孤立しているという事実と芸術が内在的に困難にさらされているという事実とは、今日の意識においては、とりわけ抗議行動に参加している青年の意識においては事実として捉えられておらず、判断にすりかえられている。こうした事実は歴史的なものであることを示す指標を持っているが、芸術の廃止を意図するものがこの事実を認めることなどおそらくとうていありえないことであろう。美的に前衛的な催しを政治的に前衛的な立場から妨害する行為は、こうした妨害を革命的なものと考え、その上、革命は美の一形態であると考える信念と同様に、幻想的なものにすぎない。審美感の欠乏は文化を超えた状態を示すものではなく、文化以前の状態を示すものであって、政治参加《アンガージュマン》もおおむね才能あるいは緊張力の不足、つまり力の衰えを示すもの以外の何ものでもない。弱体化した自我は洗練化する能力を欠くものであり、そのため最新のトリックを用いて、それはすでにファシズムによって実際に用いられたものであるが、自らをより高度のものであるかのように見せかけ、最小限の抵抗すら行いえぬ自己を道徳的にすぐれたものであるかのように賞賛する。芸術の時代は終ったとか、芸術の真実内容を現実化すること、それも社会的真実内容とそのまま同一視しうるような芸術の真実内容を現実化することが重要なのだ、といった意見が今日聞かれるが、こうした意見は全体主義的なものにほかならない。現在、純粋に材料を読み取ることを要求したり、鈍感さゆえに芸術を断定するための揺るぎない動機を提供しているような作品は、実際のところ材料に対して暴力を加えている作品にすぎない。芸術は禁止されもはや存在すべきではないという決定を下される瞬間に、管理された世界の真只中にあって生存権を取り戻すが、こうした生存権を剥奪するなら、こうした行為それ自体が管理的行為に類似したものとなる。芸術の廃止を意図するものは、決定的な変革の道は閉ざされていないかのような幻想を抱くものにほかならない。誇張された現実主義は非現実的なものにすぎない。真正な作品などもはや出現しえないとたとえいかに宣言しようとも、真正な作品は今日でも誕生しており、その一つ一つの作品によってこうした宣言の誤りであることが証明されている。半ば野蛮化し完全な野蛮化を目指して進行中の社会において芸術の廃止を目論むことは、こうした社会の片棒をかつぐことにほかならない。芸術の廃止を目論むものたちはたえず具体的という言葉を口にしているが、その反面、彼らの判断は抽象的で総括的なものに留まっている。彼らは自由な主観を経過することによって疎外されている物と化した偶然に身を委ねることがなくなった、真に解放された音楽がもつ課題や可能性に対しては、つまり最新の美的行動主義によって抑圧されているきわめて的確であるが未解決に終っている課題や可能性に対しては、盲目的な態度をとる。芸術の必然性の問題は論証しようにも論証することはできない。芸術の必然性を問うことは問うこと自体が誤りにすぎない。それは芸術が完全に必然的なものとされ、自由の王国を問題とするものとなるなら、芸術の必然性は芸術にとって必然的ではないものへと変ることによる。必然性によって芸術を判断するものは、ひそかに交換原理を芸術の上へ延長するものにほかならない。つまりその代りに何かを手に入れようとする俗物的配慮を持ちこむものにほかならない。観照的に俗に情勢といわれるものを尊重して下されている、もはや芸術は可能ではないとする断定はそれ自体が店《たな》ざらしにされた市民的なものであり、すべては一体全体どうなるのかといって、額に皺など寄せてみせる仕草と何ら異るところがない。しかし芸術はいまだ実現されていない即自的なものを代表するものであり、ほかならぬこの種の目的論から抜け出すことを意図するものにほかならない。作品は発展段階という概念によって解消されるところが少くなればなるほど、それだけ一層、歴史哲学的に重要なものとなる。芸術はどうなるのだろうかというせりふは、形をかえた社会的規則の一形態にすぎない。現代の作品のうちには無秩序ではあるにしても、いわば無秩序に終止符を打つ無秩序として性格づけを行うほうがふさわしいような作品も少くない。芸術に対して与えられている清算的な判断は、芸術に取って代ろうとするような製品にうってつけのものであって、こうした判断はルイス・キャロルの赤い女王が口にする、「首をはねろ」という命令に等しい。ポピュラー音楽はこの種の斬首を行われても、つまりポップスとしてのその首を斬り落されたところで、斬り落された頭を別の頭とすげかえて繰り返し登場してくる。芸術はすべてのものを恐れなくてはならないが、自らを不能なものときめつけるニヒリズムのことは恐れる必要がない。芸術は社会的に追放されることによって、ほかならぬ社会的事実へと引き下げられているものの、その上、自らに割り振られる社会的事実としての役割まで引き受けてそれを演じることは拒む。それ自体二面的なものであるマルクスのイデオロギー論は、マンハイム流の全体的イデオロギー論へと変造されて、そのままの形で芸術に転用されている。イデオロギーが社会的に偽りの意識であるとしても、しかし単純な論理に従ったところで、どのような意識もイデオロギーであるということにはならない。ベートーベンの晩年の弦楽四重奏曲を見下して、時代遅れの仮象が群れをなす冥府にすぎないものと見なすものは、これらの曲を知ることもなければ理解することもないような人間にすぎないであろう。芸術が今日可能なのかどうかという問題については、社会的生産関係を基準として上から決定を下すことは不可能であると言ってよい。こうした決定は生産力の状態に従って下されねばならない。しかし生産力の状態のうちには可能ではあるが現実化されていないものが、つまり実証主義的イデオロギーによってテロ行為の対象とされることがないような、芸術という技術も含まれている。ヘルベルト・マルクーゼの文化の現状肯定的な特性についての批判は正当なものであったが、それが正当なものであればあるだけ、こうした批判を下すためには個々の作品のうちへ立ち入ることが義務として課される。さもなくば文化批判は文化に反対する反文化連合の一環へと一変することになりかねないし、こうした批判は文化を文化財に変える態度と同様に悪質なものと言わなければならない。狂暴な文化批判は急進的なものではない。現状肯定的な態度は事実、芸術の一契機であるとしても、現状肯定そのものが文化と同様にかつて完全に虚偽であったことはない。文化は今日、完全に虚偽となっているとしても、それは文化が失敗に終ったためにほかならない。文化は文化以上に始末の悪いものである野蛮を防ぐ防波堤でもある。文化は自然を抑圧するだけでなく、自らの抑圧を通して自然を維持する。農耕から借用された概念である文化という言葉のうちでは、こうした二つの面が共鳴し合っているのである。生は正しい生という展望と共に文化を通して間断なく更新されてきた。真正の芸術作品から聞えてくるのはこうした生のこだまにほかならない。現状肯定的態度は既存のものを栄光でもって包むだけではない。それは現に存在するものに共感を寄せながら、すべての支配権力が目的としている死に抵抗する。その点について疑うことは、死そのものを希望であるかのように賛美することにほかならない。

芸術の二重特性は、つまり経験的現実と共に社会的作用連関からも自らを切り離すものでありながら、しかも同時に経験的現実と社会的な作用連関の一部分をなしているという二重特性は、芸術を美的現象と見なすことによって直接的に明らかになる。美的現象はその両者、つまり美的なものであって社会的事実でもある。美的現象は二面的観察を必要とするものであって、それを一気に一面化して、美的に自律的なものかそれとも社会的なものとしての芸術であるのか、そのいずれか一方に割り切ることは不可能と言ってよい。芸術の二重特性は芸術は芸術として計画されたものであるのかどうかを問うことなく、芸術に外側から耳を傾けるかあるいはそれを外側から眺めさえすれば、必ずその外観から読み取られるものであって、芸術を外部から眺めることは芸術の自律性を呪物化から守るために、芸術によってつねにそのつど求められている態度にほかならない。音楽は喫茶店で演奏される場合とか、アメリカにおいて往々にして見られるように、レストランにおいて電話装置を通して客に伝えられるような場合には、切れ目のない話し声や皿のぶつかり合う音やありとあらゆる物音がその表現につけ加わるために、本来の音楽とは全くの別物となることがある。音楽は音楽としての機能を発揮するためには、聴衆が音楽に対して無頓着でいることと同様に、自らの自律性が損われぬ程度に聴衆によって関心がはらわれることを必要としている。芸術作品の部分を寄せ集めることによってメドレー的作品が作られることがよくあるが、しかし芸術作品はこうしたモンタージュを通してその核心にいたるまで一変する。芸術作品は人の気持をなごませるとか沈黙をかき消すといったことを目的とするなら、芸術作品ではなくなるが、ムード的と呼ばれているものは商品化された否定、つまり灰色の商品世界によって惹起された倦怠感を否定する商品にほかならない。娯楽の領域ははるか以前の時代から計画的に創造行為のうちへ組みこまれてきた領域であるが、こうした領域の存在は芸術がその現象の全体にわたって、娯楽という契機によって支配されていることを示している。自律性と娯楽という二つの契機は敵対的なものにほかならない。社会的目的という契機はどのような芸術作品のうちにも埋没しており、芸術作品は長い過程を経過することによってそこから抜け出し自律的なものとなったが、自律的芸術作品がもしこの契機に従属させられるなら、その急所とも言うべきところを傷つけられることになる。しかしたとえば喫茶店のなかなどで音楽の厳粛さによって突然心を打たれ、精神を集中させながら音楽に耳を傾けるなら、そうした態度は十中八九までその場にそぐわないために、他人の目には滑稽なものとして映るであろう。こうした二つの契機の敵対的関係を通して出現するものは、芸術における芸術と社会との根本的な関係にほかならない。外側から芸術を経験するなら連続体としての芸術は、混成的作品《メドレー》によって意図的にその核心が破壊されるように破壊される。ベートーベンの交響曲の楽章にしても演奏会場の外の通路に立って聴くと、堂々としたティンパニの響き以外のものは何一つとして聴き取ることができない。ティンパニの響きは総譜のままでも権威主義的身振りを与えられていることが読み取られるが、この身振りは社会における権威主義的身振りの借り物であって、それを十分に展開させ洗練化したものにほかならない。なぜなら芸術の二つの特性は互いに対して完全に無関係ではないから。真正の音楽的作品でありながら、誤って背景としての社会的領域のうちへ足を踏み入れているような作品もあるが、こうした作品も社会的領域を使用することによって純粋さを汚しながらも、そうした純粋さを通して思いがけず社会的領域を超越的なものへと変える力を持つことがある。その一方で真正の作品に含まれていながら、ベートーベンのティンパニの響きのように、他律的目的から由来したものであるという社会的側面を洗い落とすことができないでいるような部分もある。モーツァルトの曲に見られる嬉遊《ディヴェルティメント》曲の名残は、リヒァルト・ワーグナーを苛立たせたものであるが、彼は以後ますますこの種の作品に対して神経質になり、嬉遊《ディヴェルティメント》曲と手を切っているような作品に対してまで疑いの目を向けるようになった。社会における芸術家の態度は、大衆的に受け入れられることを考慮する限り、それが自律的なものとなっている時代においても他律的なものへと逆行しかねない。フランス革命以前召使であった芸術家は現在では芸人《エンターテイナー》となっている。文化産業は一流の芸術家《クラックス》たちをジェット族と呼び、給仕人や理髪師のように呼びすてにしている。美的主体としての芸術家と経験的人間としての芸術家との間の相違は廃棄されてしまったが、このことは同時に経験と芸術作品との間の距離は縮められたものの、しかし芸術が自由な生へと立ち戻ったわけではないことを、つまり自由な生はいまだ存在してはいないということを立証しているにすぎない。芸術が経験に近づけられているのは利益を増大させるためであって、芸術は直接なものとなったわけではなく、直接的なものに見えるようにペテンによって仕組まれているにすぎない。芸術の側から見るなら、芸術の二重特性はかつて芸術家が卑しい人間として取り扱われていたことを示すかのように、自らの素姓の卑しさを示す汚点として芸術作品にこびりついているものと言ってよい。しかしこうした卑しさは芸術の模倣的《ミメーシス》本質がひそむ場所でもある。芸術の自律性という品位は、社会に関与していないというやましさから逆に高慢な態度を示すが、芸術の卑しさはこうした品位を否定することによって誠実さを、つまり社会的に有用な労働を嘲笑するものであるという名誉を外側から芸術にもたらすことになる。

社会的実践と芸術との関係は変化を常とするものであるが、ここ四、五十年の間にまたしても根底から変化したと言えるかもしれない。第一次大戦からスターリンの登場に至るまでの間は、芸術的前衛と政治的前衛とはその信念において一致していた。芸術は当時自覚的に人生へ乗り出したものにとってはアプリオリに、歴史的にかつて存在したことがないもの、つまりアプリオリに政治的に左翼的なものであるかのように思われていた。その後、ジュダーノフやウルブリヒトの一味によって社会主義リアリズムの強制が行われ、それによって芸術的創造力は束縛されただけでなく断ち切られてしまった。この一味によってひきおこされた美的面での後退は、芸術をまたしても小市民的に固定化しようとした結果にすぎないことは社会的に見ても一目瞭然としている。それとは逆に第二次大戦後二大陣営への分裂が始まり、戦後二、三十年が経過すると、西における支配者たちと急進的な芸術とのあいだで一時的な講和が結ばれることになった。ドイツにおいては抽象絵画が大企業の手によって奨励され、フランスにおいてはドゴール政府の文化相にアンドレ・マルローが任命される。前衛的な原則も、もし一般的意見との対立点がごく抽象的に把握され原則自体がある程度まで緩和されるなら、往々にしてその機能を一変してエリート的な役割を演じることも不可能ではない。パウンドやエリオットといった名前がこの事実を証明している。ベンヤミンはつとに未来派におけるファシズム的傾向を指摘しているが、原註(7)こうした傾向は末梢的なものにすぎないとしても、すでにボードレールにおけるモダニズム的特徴から見て取ることができる。いずれにせよ晩年のベンヤミンの場合は、彼が美的前衛と袂を分ちながら共産党への入党申込書にサインすることがなかったのは、美的前衛に対する敵意に利他主義に対するブレヒト流の敵意が重なった結果と言えるかもしれない。前衛芸術が特権化した責任は、前衛芸術よりもむしろ社会が負わなければならない。大衆が無意識的に抱いている規範は、大衆を統合する情勢が自己の維持のために必要としている規範と同一のものであって、他律的な生の圧力は大衆が散漫な精神を持つように強制し、強力な自我を持つとか精神を集中して千篇一律ではないものを求めることを妨げる。その結果としてひそかに敵意がはぐくまれることになる。大衆はたとえ特権的な教育を受けたところでとうてい理解しえない、前衛的芸術に対して敵意を抱くが、逆に、ストリンドベルイやシェーンベルク以後の美的に進歩的な芸術家たちは、こうして大衆に対して敵意のある態度を示す。これらの芸術家たちにおいては、美的発見と内容や意図によって表される信念とは軋轢によって引き裂かれ、それによって芸術的一致がいちじるしく損われている。過去の文学の内容を対象としている社会的な解釈は、価値的に千差万別であると言わなければならない。ヴィーコによるカドモスの解釈のようなギリシア神話の解釈は、天才的なものであった。

それに反してブレヒトがおそらく意図していたような、シェイクスピアの戯曲の筋を階級闘争の理念に引きつけて解釈するやり方は、階級闘争を直接主題にしている戯曲を別にすれば、徹底的に推し進めることは困難であるし、それによって戯曲の本質を捉えることはできない。戯曲の本質は社会に対して無関心なこともなければ、純粋に人間的なものでも超時間的なものでもないと言ったところで、こうした言い草はすべてたわごとにすぎない。社会の動きは戯曲の客観的な形式志向を通じて、ルカーチの表現によるなら〈見通し《パースペクティブ》〉を通して媒介されている。シェイクスピアにおいて社会的なのは、個人、情熱といった範疇やキャリバンのもつ市民的即物主義といった特徴であり、おそらくベニスのほら吹き商人といった人物とか、『マクベス』や『リア王』の世界における半ば母権制的な古代といった着想、さらには『アントニーとクレオパトラ』に見られる権力に対する嫌悪とか、退位するプロスペロウの身振りといったものもそうした社会的なものかもしれない。これらのものと較べるなら、古代ローマ史から取られた世襲貴族と平民との葛藤といったものは、事実をたんに事実として伝えているものにすぎない。全歴史は階級闘争の歴史であるというマルクスの命題も、もしそれをわれわれが従うべき拘束的なものととるならいかがわしいものとなるが、シェイクスピアの戯曲によって示されていることは、ほかならぬこうしたいかがわしさ以外の何ものでもないのかもしれない。階級闘争は客観的には、高度の社会的統合と高度の社会的多様化を前提とし、主観的には市民社会に入ってはじめて発達したものの、発育不全のままで終った階級意識を前提としている。階級とはその原子としての個人を社会的に包括する一般概念、つまりその原子としての個人にとって他律的であると同様に、本質的でもある関連を表現している一般概念であるが、こうした階級そのものを構造的に市民的なものと見なす見解は新しいものではない。社会的敵対関係は太古以来存在してきた。市民時代以前は社会的敵対関係はたんに散発的に階級闘争となったにすぎないが、それも市民社会と似た市場経済が形成されていたところにおいてのみ見られたにすぎない。そのため歴史的なものすべてを階級闘争に結びつける解釈からは、マルクスが命題を組み立て類推に用いた際に依拠したモデルが所詮、自由競争的資本主義時代のモデルであったように、かすかではあるが時代錯誤的な匂いが感じられる。社会的な敵対関係は、たしかにシェイクスピアの戯曲のいたるところにおいて透けて見えるかもしれないが、しかしそれは個人を通して明示されているのであって、集団的に示されていることもないわけではないにしても、それは伝統的規準《トポス》に従って説得力のあるものとなっている群集場面に限られる。その限りにおいて、つまり社会的視点を通して見ただけでも、シェイクスピアがベーコンと同一人物であるといったことなどありえないことは、一目瞭然と言ってよい。シェイクスピアというこの市民時代初期の弁証法的劇作家は進歩の視点からというよりも、進歩の犠牲者の視点から世界劇場を眺めていたのだ。このように入り組んだ作品を作者の美的成熟あるいは社会的成熟の結果と見なし、それによって作品を割り切ることは、作品の社会的構造からも困難であるし不可能でもある。芸術においては形式的なものである性格描写をそのまま政治的に解釈することは許されないが、しかし芸術のうちには内容的含意を欠くような形式的なものは一つとしてないし、こうした含意は政治的なものとも繋りがある。真正の新しい芸術によって意図されているような形式の解放のうちには、とりわけ社会の解放ということも暗号化されている。なぜなら形式、つまり個別的なものすべての美的連関は芸術作品のうちで社会的関係を代表しているから。そのため解放された形式は既存のものにとって不快なものとなる。このことは精神分析学によっても支持されている点にほかならない。精神分析学によるなら芸術はすべて現実原理を否定するものであり、父の成像《イマーゴ》に反抗するものであって、その限りにおいて革命的なものにほかならない。このことは間接的にではあるが、非政治的なものも客観的に政治に関与するものであることを意味している。社会的組織がいまだ固められておらず、純粋な形式もまた抗議するものとしていまだ破壊的に作用するものとなっていないなら、その限りにおいて芸術作品と前もって与えられた社会的現実との関係もまた比較的信頼に充ちたものであった。芸術作品は社会的現実にいささかも譲歩することなく、遠慮せずに現実の構成要素をわが物とし、現実と瓜二つのものに留まり進んで現実と意思を疎通しようとしていた。今日では、芸術作品の社会批判的要素は経験的現実そのものに抵抗するものへと変ってしまったが、それは経験的現実が自己自身と瓜二つのたんなるイデオロギーとなってしまったこと、つまり支配の総体へと変ってしまったことによる。芸術はこうした事実を口実として社会に対して冷淡になってはならない、現実の営みをもてあそぶ空虚な戯れやその装飾となってはならないと要求されているが、こうした要求の実現は一に以下の点によって左右されている。つまり芸術の構成やモンタージュが同時にどの程度まで現実を解体したものとなっているか、現実の構成要素を破壊し破壊した要素を自らのうちへ受け入れ、それを自由に組み替えて現実の他者を作り上げているかということによって左右されている。芸術によって経験的現実を止揚することによって、止揚された現実との関連が具体化されているかどうかということが、芸術の美的標識と社会的標識との統一を決定する点であって、そのためこの点には一種の特権すら与えられることになる。芸術はこうしたものとなるなら、政治的実務家たちによって彼らにとって都合の好い申立てをするように要求されることもなくなり、自分は何を目的としているのかといった疑問によって苦しむこともなくなる。ピカソやサルトルは矛盾を恐れることなく政治を選択したが、政治の方は彼らが美的に肩入れしているものを禁止し、彼らに同意することがあるとしても、彼らの名前が宣伝価値を持つ場合に限ってかろうじて同意しているにすぎない。彼らは堂々とした印象を与えるが、それは彼らが客観に根ざしている矛盾を主観的に解消していないこと、つまり一方のテーゼあるいはその逆のテーゼに対して旗幟を鮮明にしながら、それによって解消しようとしていないことによる。彼らの態度を批判することは、それが彼らが賛成票を投じている政治に対する批判である場合に限って適切なものとなる。彼らはわが身を切り刻んでいるのだといった自己満足的な指摘は見当はずれもはなはだしい。彼らが抱く難問《アポリア》は現代の、それも以下のようなごく取るに足りないものとはとうてい言えないような難問《アポリア》なのだ。思想であってその思想を抱くものの利益もまた、たとえその利益が客観的なものであろうと、傷つけることがないような思想はもはや真実ではない。

　芸術の自律的本質と社会的本質とは、今日では形式主義か社会主義リアリズムかといった術語を用いることによって、完全に切り離されている。管理社会はこうした術語を用いることによって、どのような芸術作品の二重特性のうちにも潜んでいる客観的な弁証法を、自らの目的のために解体してしまう。二重特性は黒と白とに二分されることになる。こうした両断は緊張関係のうちにある二つの要素を切り離し、単純に二者択一的なものとして提出するため、誤りであると言わなければならない。個々の芸術家はそのいずれかを選択するように迫られている。こうした場合、政治的指導部が作成する社会的戦略地図が絶対的なものであり正当なものであるとされるため、通常、形式主義に反対する側に軍配があげられることになる。もう一方の側はその役割を分業的なものに限定されることになり、せいぜいのところ素朴な市民的幻想を表現するといった役割を割り振られるにすぎない。文化官僚は愛情をこめて世話をやき、鈍感な芸術家たちを導いて孤立から脱出させるが、こうした配慮はメイエルホリド殺害と表裏一体のものにほかならない。形式主義的芸術対反形式主義的芸術といった対立的な図式は、芸術が実際上ともかくも、公然あるいは秘密の激励演説以上のものとなることを望むようになるやいなや、抽象的にすら守ることは不可能となる。第一次大戦前後の時期かあるいはそれより幾分後の時期においては、近代絵画はキュービズムとシュールリアリズムとの両極に二分されていた。しかしキュービズムそのものは、芸術作品を一貫して純粋に自己のうちに内在するものと見なす、市民的な芸術作品観に対する反逆をその内容とするものであった。逆にマックス・エルンストやアンドレ・マッソンのような、市場とのいかなる共謀もいさぎよしとしなかったすぐれた超現実主義者《シュールリアリスト》たちは、元来芸術という分野そのものに対して抗議しながらも形式的な原則へと接近していった。マッソンの場合には、素材として用いるなら急速に古びたものとなる衝撃の理念が絵画的手法へと置き換えられているが、置き換えられている度合が増すにつれて、いちじるしく非具象的傾向を示すようになった。日常的世界がフラッシュライトによって照らし出され、仮象的で幻想的世界にすぎないことが暴露されるなら、目的とされている非具象的な世界への移行はすでに実現されたも同然であると言ってよい。リアリズムの公然の敵である構成主義も、現実へと覚醒させる言語を通してリアリズム以上に現実の歴史的変革と深く密接に関係している。リアリズムはとうにロマン主義というワニスによって覆われているが、それは対象とのまやかしの和解にすぎないその原理が、いつしかロマン主義的なものへと変貌したためにほかならない。構成主義の衝動は、内容的にはたとえどのように疑わしいものであろうとも、呪縛を脱した世界にふさわしい芸術を作り出そうとする衝動であって、こうした芸術はありきたりの写実的な手段によっては、しかもアカデミズムを欠くような手段によっては、もはや美的に実現されることは不可能であった。今日、非定形派《アンフォルメル》とでも総称されるかもしれないような芸術にしても、所詮、自らを明瞭に形式化することによってのみ美的なものとなるにすぎない。形式的なものとなることがないなら、そのような作品は記録にすぎないものとなるしかないであろう。シェーンベルク、クレー、ピカソといった時代を代表する芸術家たちにおいては、表現的で模倣的《ミメーシス》な要素と構成的な要素とは同程度に強力なものとなっているが、両者の一致は中途で適当に折り合うことによってではなく、その極限を目指すことによって実現されている。しかしこの二つの要素は同時に内容であって、表現は苦悩を否定するものであり、構成は疎外の苦悩に対抗する試み、つまり完全なものとなっているためにもはや暴力的なものでなくなった合理性の地平を望見することによって、疎外の苦悩に対抗する試みにほかならない。思想の場合と同様に芸術においても、形式と内容とは相互に媒介されていると共に区別されている。その限りにおいて進歩あるいは反動といった概念を芸術に適用することは、内容と形式を抽象的に二分してそれに従うことと同様に不可能に近い。こうした二分法によって主張が行われ、それによってその反論も行われている。ある人々は芸術家を社会的に反動的なテーゼを代表しているとか、あるいはその作品の形態によって、つまりもちろん命令に従ってではあるが、それとはわからぬやり方によってひそかに政治的反動を援助しているとして反動的と呼ぶ。それとは別の人々は芸術的創造力の水準に達していないという理由から、芸術家を反動呼ばわりする。しかしすぐれた芸術作品の場合、内容が作者の信念から離れることもありえないことではない。ストリンドベルイがイプセンの市民的、婦人解放的意図を抑圧的に転倒させていることは、まぎれもない事実であるとしても、他方、彼の形式上の革新である演劇的リアリズムの解体と夢幻的経験の再構成といったものは、客観的に批判的なものと言わなければならない。これらの革新は恐怖へ移行していく社会を、ゴーリキーのもっとも勇敢な告発以上に正しく証言しているものにほかならない。その限りにおいてこうした革新は社会的にも進歩的なものであって、市民的で個人主義的な社会によって準備が進められている破局に目覚めかけている、自意識のあらわれなのだ。こうした社会においては絶対的に個別的なものは、ベートーベンのピアノ三重奏曲『幽霊』に見られるように幽霊じみたものとなる。その対極に位置しているのが、自然主義の頂点をなす作品にほかならない。ハウプトマンの『ハンネレの昇天』の第一部が与える恐怖は、何ものによっても和らげられていない恐怖であって、こうした恐怖を通して忠実な現実模写も凄惨な表現へと一変する。命令の蒸し返しにすぎないようなリアリズムによる社会批判も、芸術のための芸術に勝るとも劣ることがないような芸術となる場合にのみ、社会批判として通用するにすぎない。社会に対するこの種の抗議には社会的な虚偽がつきものであるが、こうした虚偽は歴史的に出現したものにほかならない。選び抜かれた素材にしても、たとえばバルベー・ドールヴィリの場合のように今日では色褪せ、時代遅れの素朴なものに見えるが、こうした素朴さこそ彼が目指していた人工楽園にもっともそぐわぬものと言うべきであろう。また悪魔主義にしても、すでにハックスリーが注目しているように滑稽なものへと一変してしまった。ボードレールはニーチェと同様に、自由主義的な十九世紀においては悪が不在であることを惜しんでいるが、悪とは彼らにとっては、今日ではもはやヴィクトリア女王時代におけるようには抑圧されることがなくなってしまった、衝動を包み隠している仮面以外の何ものでもなかった。二十世紀に入ると衝動は抑圧され、その結果、悪は残忍さを帯びて文明的な家畜の群れの中へ侵入してきたが、この種の残忍さを前にするとボードレールの身の毛のよだつような神聖冒瀆も他愛のないものとなり、悲壮さばかりがグロテスクに目立つだけのものにすぎなくなった。芸術としての格は数等上であるとしても、ボードレールはユーゲント様式の先駆けにほかならない。ユーゲント様式につきまとうまがいものめいたところは、生の革新をともなわぬ生との和解の結果であった。美そのものはこのまがいものめいたところのために空虚なものとなり、すべての抽象的な否定がそうであるように、否定されたものによって統合されてしまった。目的によって煩わされることがない美的世界という幻像も、その世界が美的水準に到達することがなかったために、美の不在を証明しているにすぎない。

哲学については、要するに理論的思考については以下のように述べることができる。哲学はたんに概念を自由に駆使するにすぎないため、その限りにおいて自らが前もって行う観念論的な決定のために苦しむことになる。哲学はもっぱら概念を通して概念が目指すものを問題とするが、哲学自体がこうした目標を持つことはけっしてない。それによって哲学は虚偽と罪とを背負わされることになるが、こうした虚偽と罪を反省し、反省することによってできうることなら虚偽と罪との清算を行うこと、それが哲学のシシュフォス的苦役にほかならない。哲学は自らの存在の基体を、本文《テキスト》のうちへ貼りつけることはできない。哲学が基体について語るなら、あらかじめ除外してそうならないようにしている当のものへと基体を変えることになる。新聞紙の切れ端を絵に貼りつけ絵が絵となることを最初に妨害したのはピカソであったが、それ以来、現代絵画も哲学の場合と同様に、自らに対する不満を記録してきた。モンタージュはすべてこうした不信に由来するものと言ってよい。社会的要素に美的権利が与えられるのは、社会的要素が模倣されいわばこの要素に芸術的能力が与えられることによるのではなく、むしろ芸術が芸術をサボタージュすることによって芸術に社会的要素が注入されることによる。経験的断片はそれ自体の連関を保つことを断念することによって内在的な構成原則に従うが、同様に、芸術それ自体は自らを純粋に内在的なものであるかのように示す欺瞞をして自爆させる。芸術は生の素材に対してはっきりとした譲歩を行い、こうした譲歩を行うことによって精神が、つまり芸術をはじめとする思想が他者に加える被害をいささかなりとも償おうとする。つまり精神が自己と関連づけて語らせようとしたために、与えた被害を償おうとする。これが方向を見失った芸術やハプニングを含めた現代芸術における、意味を欠き意図に敵対的である要素がもつ規定可能な意味にほかならない。こうした意味は伝統芸術に対して偽善的で、成上り者的な審判を下すものではなく、芸術の否定すら芸術独自の力によって吸収しようとする試みであると言ってよい。伝統芸術における社会的にもはや可能ではないものも、社会的に不可能であるがために一切の真実を失ったわけではない。こうしたものは歴史的岩層のうちへと沈んで行くが、この岩層は否定することによる以外には生きた意識にはもはや到達しえないものの、しかしこの岩層を欠くならいかなる芸術も存在しえなくなる。それは美とは何であるかを沈黙によって指摘する層にほかならないが、その指摘においては自然と作品とは厳密に区別されることはない。こうした要素は芸術の真実が行きついた攪乱的要素とは正反対のものであるが、しかしこの要素は形式化する力として、自らと優劣を競うものの暴力を承認することによって生き延びていく。こうした理念において芸術は平和に近い。芸術は平和への展望を欠くなら、和解を先取りする場合と同様に虚偽となる。芸術における美は現実的に平和的なものの仮象にほかならない。形式という抑圧的な暴力もまた敵意を抱くものや、分離しようとして努力するものを統一することによってこうした仮象に近づく。

哲学的唯物論から結論として美的リアリズムを引き出すことは誤りと言わなければならない。認識の一形態としての芸術はなるほど現実認識を包含しているかもしれないが、また社会的でないようなものは現実ではない。真実内容と社会的な真実内容とはこのようにして、たとえ芸術の認識特性が芸術の真実内容を、つまり存在するものとしての現実の認識を超越的なものに変えるとしても、媒介されているのだ。芸術は本質を把握することによって社会批判となるが、本質を説明あるいは図解するとか何らかの形で本質の模型を作り上げたりすることによって、社会を批判することはない。芸術は自己自身の総体を通して、現象となることに抵抗する本質を現象として出現させる。観念論に対する認識論的批判は客体を優位に立つ契機と見なすが、こうした批判をそのままの形で芸術の上へ単純に適用することは許されない。芸術における客体と経験的現実における客体とは全く異ったものと言わなければならない。芸術における客体は芸術によって創造された作品にほかならない。作品は経験的現実の構成要素を自己のうちに含むが、同様にこれらの要素を組み替え解体し、自己自身の法則によって再構成したものでもある。芸術は、元来経験的現実の偽造に終るのが常である写真的模写によってではなく、もっぱらこうした変形を行うことによって経験的現実にそれ本来のものを与える。つまり経験的現実の隠された本質を顕現させる力と、本質ならざるものとしてのこうした隠された本質に対する、それにふさわしい戦慄とを与える。客体の優位は美的に芸術の特性によってのみ、換言するなら無意識的な歴史記述としての特性、つまり深層にあるもの、抑圧されたもの、おそらく可能性にすぎないもの、こうしたものを回想《アナムネシス》するものとしての芸術の特性によってのみ主張されるものにすぎない。この世に存在するものを支配から解放するかもしれない客体の優位は、芸術においては客体からの芸術の解放として現れる。客体が芸術において、つまり芸術の他者によって芸術の内容が把握されうるとしても、こうした他者は同時に芸術の内在連関となることを通して芸術に与えられるにすぎない。こうした他者を外部から芸術に押しつけることはできない。芸術は客体の優位による否定を否定する。つまり芸術が自己の形成物の和解的な仮象を通してすら出現させることがある客体の非和解的な点、他律的な点を否定する。

　弁証法的唯物論の論拠は一見かなりの説得力があるように見える。その論拠に立って以下のような批判が行われている。急進的なモダニズムは独在論的立場に立つもの、つまり内主観性のために偏狭にわが身を閉ざすモナド的なものにすぎない。それは物象化された分業が殺人狂的に跳梁跋扈するところにほかならない。そこでは実現されるべきものである人間性は嘲笑されているにすぎない。しかし独在論そのものは、唯物論的批判や唯物論的批判に先行するはるか以前の偉大な哲学によって証明されているように妄想にすぎない。つまり独在論は、自己自身が媒介されていることをイデオロギー的に認めたがらない対自的なものを、直接的なものであるかのように主張して眩惑するものにほかならないと。理論が普遍的で社会的な媒介を洞察することによって独在論を捉え、それを乗りこえるということは真実である。しかし芸術は、つまり芸術そのものの意識となった模倣《ミメーシス》は心の動きに、つまり経験の直接性と結びつけられている。さもなくば芸術は科学と区別がつかなくなるであろうし、せいぜいのところ科学のまがい物となり、おおむねたんなる社会的ルポルタージュとなるのがおちであろう。今日ではすでにごく小グループによる集団的創作といった方法も考えられるものとなっているし、それを必要としている手段《メディア》も少くない。しかし既存のすべての社会において経験が行われてきた場は、モナドとしての個人にほかならない。個別化はそこに含まれている苦悩を含めて社会的法則であるため、社会はたんに個人的にのみ経験しうるにすぎない。直接的な集団的主体といったものを体験の基礎にすえるなら、経験ではないものを経験と見なすことになるであろうし、芸術作品をして虚偽にすぎないものへとおとしめることにもなる。なぜならそうしたものを基礎にすえることは、今日開かれている唯一の経験の可能性を芸術作品から奪うことにほかならないから。芸術が自己自身が媒介されていることを理論的に洞察し、自己を訂正する方向をたどったり、モナド特性を社会的仮象として見抜き、モナド特性のうちから飛び出そうと努めたところで、こうした理論的真実は依然として芸術にとっては外的なものに留まり虚偽に変る。それは芸術作品が内在的に規定されている自己を他律的に生贄にするためにほかならない。ほかならぬ批判的理論によるなら、社会についての単なる意識が社会的に前もって記されている客観的な構造を現実的に乗りこえることはないし、その前提からしてそれ自体も社会的現実の一部分にすぎない芸術作品にしても、客観的構造を現実的に乗りこえるものでないことは確実と言ってよい。弁証法的唯物論は反唯物論的に、芸術作品がこうした客観的構造を乗りこえる能力を持つことを証明し、芸術作品にこうした能力を発揮するよう要求しているが、芸術作品はこうした能力を獲得することがあるとしても、それはせいぜい芸術作品が単子的《モナド》に閉ざされた自己の構造を通して、客観的に前もって自己のうちに記されている構造を、つまり自らの状況をそれ自体が状況の批判となるところまで徹底的に変える場合に限られる。芸術としての認識と芸術以外のものによる認識とを区別する真の境界線は、次の点にあると言えるかもしれない。芸術以外のものによる認識の場合、自己を放棄することなしに自己自身を超えることが考えられるが、しかし芸術の場合は、自らが位置している歴史的立場を踏みしめ自己のうちから実現するのでなければ、確実なものは何一つとして創造することができない。芸術の全神経が歴史的に芸術にとって可能かもしれないものによって支配されていることが、芸術的反応形式にとって本質的なことなのだ。現実性という表現は芸術においてはこうした意味しか持たない。芸術が理論的により高度の社会的真実を求めて、芸術にとって到達可能であり芸術が造型すべきものである経験に留まらず、それを超えたものとなることを意図するなら、芸術は経験に劣るものとなり、自らが尺度としている客観的真実までそこなわれて虚構にすぎなくなる。こうした芸術は主観と客観との断絶を糊塗するものにすぎない。ねじ曲げられたリアリズムは主観と客観とを偽って和解させるものにすぎず、こうしたリアリズムに従うかぎり、未来の芸術をめぐるいかにユートピア的な幻想であろうと再び現実主義的なものとなるが、何かに隷属することがないような芸術については想像することすら不可能となる。芸術は自らの他者を内在的なものとして自己のうちに含んでいるが、それは内在的なものそれ自体が主観と等しく社会的に媒介されているためにほかならない。芸術は、潜在的なものである自己の社会的内容を語らなければならない。つまり自己を乗りこえるために自己の内部へ没入しなければならない。芸術は独在論を批判するものであるが、批判は客観化を目指すものとしての芸術独自の方法に基づく、外化の力を通して行われる。芸術はむき出しの自己に捉われている主観を自己の形式によって超越的なものへと変える。意図的に自己が捉われていることを包み隠そうとしたがるものは、小児的な状態に陥り、他律的状態を自己の倫理的、社会的功績にすりかえかねない。だがこの種のすべての見解に対して次のような反論が加えられるかもしれない。人民民主主義国家もまた、いかに形態が異ろうとおそらく敵対的なものであることに変りはないであろうし、そのためこうした国家においてもまた疎外された立場以外の立場はとりえないであろう。たとえ現実のものとなったヒューマニズムに期待をかけようとも、こうしたヒューマニズムにしても天にも昇る気持でいるような現代芸術などもはや見向きもせずに、おそらくふたたび伝統芸術のうちに楽しみを見出すことになるであろうと。しかしこうした反論に譲歩するなら、そうした主張はどのように異って聞えようとも、個人主義の克服を主張する教義と何ら異るところがないと言ってよい。こうした意見の根底にはおおよそ次のような俗物的なきまり文句がひそんでいると言える。現代芸術はそれを生んだ世界と同様に醜い。世界は醜い現代芸術にふさわしいものであった。事態が変ることはありえないが、しかしこうした事態が永久につづくこともない。実際のところ、こうしたきまり文句は克服については何一つ口にしない。克服について語ることがないような言葉は、指標に見えようとも偽りの指標にすぎない。敵対的状態は、それは若きマルクスによって疎外と自己疎外と呼ばれていたものであるが、新しい芸術を形成した動因の一つであり、しかももっとも弱い動因ではなかったということ、それはまぎれもない事実であると言ってよい。しかし新しい芸術はこうした状態を模写するものでもなければ、再現するものでもなかった。芸術は敵対的状態を告発し、この状態を成像《イマーゴ》へ置換することによってこの状態の他者となったのであり、また自由なものに、つまり生あるものの場合は、なろうとしても敵対的状態によってなることを禁じられているような自由なものとなったのである。過去の芸術は今日、平和的なものに変えられていない社会のイデオロギー的補完物にすぎないが、過去の芸術が平和的なものとなった社会によってふたたび受け入れられることもありうる。しかしそのような場合にしても、新しく誕生してくる芸術が過去の芸術にならって平和と秩序、現状肯定的な模写と調和とを旨とする芸術へと逆戻りするなら、それは自らの自由を生贄にすることにほかならない。変革された社会における芸術の形態について事細かに語ることもまた差し控えねばならない。おそらくこうした社会における芸術は、過去や現在の芸術とは異った第三の芸術となるかもしれない。しかし第三の芸術が芸術によって表現され形式にその実質を与える苦悩を忘れるものであるなら、むしろよりよき時代の出現と共に、芸術一般が消滅してしまうことの方が望ましいであろう。隷属させられることによって肯定的なものへと偽造されることになるのは、人間的内容にほかならない。未来の芸術が自らの願望に引きずられてふたたび肯定的なものになることがあるとしたなら、否定的なものが現実的に存続しつづけているのかもしれないという疑惑もまた痛烈なものとなるであろう。こうした疑惑はつねに鋭く感じられ、後退の危険は絶え間なくその機会を狙っているが、自由は所有の原理からの自由である以上、こうした自由を所有することは不可能なのだ。しかし芸術が蓄積された苦悩の記憶をふり捨てて現実に隷属するなら、歴史記述としての芸術とは果して何であろうか。

原註

（1）マルクス『剰余価値学説史』Karl Marx und Friedrich Engels, Werke, Bd. 26, 1. Teil, Berlin 1965, S. 377.〔邦訳、国民文庫第一冊、二四〇頁〕参照。

（2）サルトル『文学とは何か』Jean-Paul Sartre, Was ist Literatur? Ein Essay, übertr. von H. G. Brenner, Hamburg 1958, S. 20.〔邦訳、（人文書院刊）二六頁〕参照。

（3）ゲオルゲ／ホーフマンスタール『往復書簡』Briefwechsel zwischen George und Hofmannsthal, hg. von R. Boehringer, 2. Aufl., München u. Düsseldorf 1953, S. 42.

（4）ヘルダーリン『あるときわたしはムーサーに……』Hölderlin, a. a. O., Bd. 2, S. 230 »Einst hab ich die Muse gefragt«.〔邦訳、全集2、二六九頁〕参照。

(5) ゲオルゲ『新しき地の愛餐』a. a. O., Bd. 1, S. 14《Neuländische Liebesmahle II》.〔邦訳、(新潮社刊)世界詩人全集11、一一頁〕参照。

(6) ゲオルゲ『おお、いとしきわが母の母君よ』a. a. O., S. 50.《O Mutter meiner Mutter und Erlauchte》.〔邦訳、岩波文庫、一六頁〕参照。

(7) ベンヤミン『複製技術時代の芸術』Walter Benjamin, Schriften, a. a. O., Bd. S. 395ff.〔邦訳、著作集2、四五頁以下〕参照。

補遺

美学はアカデミズムによって狭められ、一専門分野にすぎなくなり、その付けは哲学に回す。美学は哲学に対して自分が怠っていることを、哲学が果たしてくれることを要求する。つまり哲学が、もろもろの現象をその純粋な存在から抜き出し、現象をして自己を考察させることを要求しているのである。それは哲学が学問の中で石化してしまったものについての、反省となることであり、諸学問に先立つ独自の学問となることではない。美学は、こうした要求を哲学に向けるとともに、自己を次のものに屈伏させることになる。美学の対象がどのような対象の場合とも同じく、直接的にまず意図しているもののことである。どのような芸術作品にとっても、完全に経験可能なものなることが出来るためには、思想とともに哲学が必要である。だがこの場合の哲学とは、思想であって、自らの動きにブレーキをかけることがないような、そうした思想以外の何物でもない。理解することと批判することとは一体である。つまり批判するとは、理解されたものを精神的なものとして知覚する、理解能力のことなのだ。この能力は、真と偽を区別するものであり、それがたとえいかに通常の論理的方法から、かけ離れなければならないとしても、こうした区別を行うことは、そうした能力以外の何物でもない。芸術も、強調するなら認識であるが、客体についての認識ではない。芸術作品を理解するもの、それは芸術作品を真実の綜合体として把握するものに限られる。真実の綜合体が芸術作品と虚偽との関係と、つまり自らの虚偽や芸術作品外の虚偽とも、関わりを持つことは避けられない。芸術作品についてのこれ以外の判断は、どのような判断であっても、偶然的なものにとどまるであろう。芸術作品が自己との正確な関係を要求するのは、このことによる。そのため芸術作品とは、以下のものを必要としているものということになる。芸術の哲学がかつて、提供することを意図していたもの。芸術の哲学が伝統的な形態のものでありつづけるかぎり、今日の意識にたいしても、また現在の作品にたいしても、最早提供することがないもの。この二つのものである。

価値から自由な美学など、ナンセンスにすぎない。芸術作品を理解することとは、因みにブレヒトも充分承知していたように、芸術作品の論理性という契機と、それとは逆のものとを、合わせて知覚する謂である。また論理性の切断とこの切断の意味とを、知覚することでもある。『ニュルンベルクのマイスタージンガー』においては、実証的なもののナルシズム的な上演が行われている。これはニーチェの告発である。もしこうした契機を知覚することがないなら、つまり虚偽の契機を知覚することがないなら、誰しもこの作品を理解することは不可能であろう。理解と価値とを分離することが、科学によって行われている。価値を欠くなら、美について理解することは出来ないし、逆に、美の理解を欠くなら、価値が見出されることもない。芸術においては他の何にもまして、価値について語られなければならない。どのような作品も物真似芸人よろしく、私は上手ではありませんかと語っているためである。その問いにたいして答えるのは、価値判断的態度なのだ。

拘束的なものとしての普遍的な原則や規範にたいして、批判的であること、それは今日の美学の試みにとって、前提となっている。他方、こうした試み自体はみずからを、普遍的なものの媒体として保たなければならないし、それを避けることは出来ない。こうした矛盾を取り除くことは、美学にとって手にある。美学はこの矛盾を引き取り、反省することを余儀無くされているが、それは理論的需要による。芸術が反省の時代において、範疇として提出している需要のことである。だがこのような普遍性の強要が行われているとしても、それによって実証的な不変数論が、正当化されることにはならない。強制的に普遍化された規定も、歴史的過程の結果を要約したものにほかならない。

それは、芸術とはかつて何であったのかという、アリストテレス的言語表現の、ヴァリエイションにすぎない。芸術の普遍的な規定は、変化してきた結果としての、芸術の規定である。芸術一般の存在理由が、曖昧になってしまったという歴史的状況から、過去に遡って、芸術概念の手探りが行われている。それは回顧的であることによって、統一体に似た何かへと結晶する、そうした概念にすぎない。この種の統一体は抽象ではない。芸術が展開した結果たどりついた、それ独自の概念にほかならない。そのため理論はいたるところで、具体的な分析を、自己自身を決定するものとして前提に据えることになる。だが証明や例として据えるわけではない。具体的な芸術作品へ没頭することを、哲学的に極端なところまで推し進めた人として、ベンヤミンがいる。原註(1)だが『複製芸術論』はそうした彼にとってすでに、普遍的なものを目指して歴史的展開を行う、切っ掛けとなっている。

原註(1)　参照。ヴァルター・ベンヤミン『著作集』(前出書)第一巻　三六六ページ以下。

美学は芸術的な経験の反省であるとしても、こうした反省はそれが持つ、際立った理性的特性を、示してはならないと要求されている。こうした要求が方法的に最もよくみたされるのは、次の場合である。伝統的な範疇にモデルとして、概念の運動を持ち込み、伝統的な範疇と、芸術的な経験とを対決させる場合である。この場合、なんらかの連続体を構成し、伝統的範疇と芸術的経験という両極を、それによって繋ぐといった真似はしてはならない。理論の媒体は抽象であり、理論は図解的な例を持ち出して、その点を誤魔化してはならない。ヘーゲルの現象学においてかつて見られたように、時折は、精神的な経験という具象と、普遍的な概念という媒体とが触れて点火し、突如として火花が散ることも見られるかもしれない。だが点火によって起こるのは、具体的なものが例として図示されることではなく、事柄自体となることである。こうした事柄は、抽象的な推論によって核心が示されるものであって、抽象的な推論を欠くなら、名前を見出すことさえ不可能となる。この場合、考察は創造の側から行うことが必要となる。作品が示している客観的な問題や欠陥から、考察は行われなければならない。芸術作品においては創造面が優位を占めているが、それは芸術作品の本質が、社会的労働の産物であることによる。それとは対照的に、芸術作品の主観的創造行為は、偶然的なものにすぎない。だが伝統的な範疇が関わってくることは、避けようがない。ただ伝統的な範疇を反省することだけが、芸術経験を理論へと近づけることを許すためである。こうした反省が範疇を表現し、その変更を惹き起こすのであるが、このような変更のなかで、歴史的経験は理論のうちへと侵入する。思想が伝統的な範疇において、史的弁証法の解放を行うなら、伝統的範疇はその悪しき抽象性を失うことはあっても、思想に固有の普遍性まで犠牲にすることにはならない。美学が目指すのは、具体的な普遍性なのだ。個々の作品に関する最高に明敏な分析は、すでに美学である。だが直接、美学となっているわけではない。このことは美学の欠点であるとともに、芸術学と呼ばれているものに対する、美学の優位でもある。伝統的な範疇へと立ち戻ることは、アクチュアルな芸術経験からも正当化されることである。こうした範疇は現在の創造においても消滅することはなく、現在の創造を否定するなかで、繰り返し立ち現れてくる。経験もその最後は美学へと辿り着く。芸術作品において雑然として首尾を欠き、個々の作品において不十分に生れてくるもの、美学はそうしたものを首尾一貫したものへと高め、意識化する。こうした観点のもとでは、非観念論的な美学もまた、〈理念〉を取り扱っていることになる。

芸術と科学は質的に相違している。だがそれによって、科学を芸術認識の道具として、あっさり認めてよいということにはならない。科学が認識に際して持ち出す範疇は、芸術内的範疇とあまりにも大きく食い違っている。芸術的範疇を科学的な概念によって捉え直すなら、それによって説明しようとしているものを、説明することによって追い払うことになりかねないし、それはまた避けようがない。芸術作品においては技術至上主義が、重要性を高めつつある。だがそれに引きずられて、芸術作品を例のタイプの理性の下位に位置づけてはならない。技術至上主義を生み出し、そのうちで存在しつづけているタイプの理性のことである。

芸術作品を主観性によって媒介された、客観的なものとみなす理念は、古典主義の名残としていまなお生きている。

さもなければ芸術は事実上、それ自体としては好まれたものであっても、他人にとってはどうでもよいような、あるいは歴史的には遅れたものであるような、そうした暇潰しにすぎなくなるであろう。芸術は平均化されて、社会的生産物の代用品にかわり果ててしまった。社会の力はもはや、生命維持の営みによって、消費されているわけでは無いが、それにもかかわらずこの社会では、直接的な衝動の充足は制約されている。こうした事態に反対する芸術とは、実証主義への頑固な異議申し立てとしての芸術にほかならない。実証主義は芸術を屈伏させて、他者のための普遍へと変えたがる。芸術も、社会の眩惑連関のなかへ引き込まれている。そのため芸術が、自らが認める気がないものになるといったことも、あり得ないことではない。しかも芸術の在り方は、権力と不可分であって、権力は芸術を堕落させ、断ち切ろうとする。重要な作品から語りかけてくるものは、主観的な理性の全体性を求める要求に逆らうものである。こうした主観的な理性が虚偽であることは、芸術作品の客観性によって明瞭になる。芸術は、客観性を求める芸術作品の内在的な要求から切り離されるなら、次のような反応を決定する刺激の、多かれ少なかれ組織化された体系以外の、何物でもなくなるであろう。つまり芸術がみずからのうちから、自閉的にまた独断的に体系的なものへと書き換える、そうした反応のことであって、こうした反応は、それが惹き起こされる人々のものではない。そうした切り離しが行われるなら、それとともに芸術作品と、単に感覚的な質を持つに過ぎないものとの相違も消滅し、芸術作品は経験の一部となるであろう。つまりアメリカ流の表現を借りて言うなら、綜合テスト（バテリー・オブ・テスト）といったものにすぎなくなる。またプログラム分析器か、あるいは芸術作品またはジャンルに関する、グループの平均的反応についてのアンケート調査といったものが、芸術を説明する的確な手段となるであろう。ただしその場合でもこの点において、実証主義がそれ本来の方法上の首尾一貫性に見合うところまで、あくまで徹底するといったことはない。それは承認ずみの文化の分野に対する、敬意のせいかもしれない。実証主義は認識の学として、どのような客観的な意味にも異を唱え、調書の条文に還元できないようなどのような思想も、芸術の一部に数えあげる。そうすることによって実証主義は、告白こそしないものの、即座に芸術を否定するのである。実証主義は芸術を真面目に受け取ることはない。こうした実証主義の態度は疲れたサラリーマンが、芸術をマッサージの道具がわりに利用するのと変わりがない。もし万が一、芸術が実証主義的基準と一致したものとなるなら、実証主義はそこでは、芸術の超越論的な主体となるであろう。実証主義が目指そうとしている芸術の概念は、文化産業の芸術概念に収斂する。文化産業はその製品を事実上、刺激の体系として組織するが、主観的な投影理論はこうした体系を、芸術とすり替えるのである。ヘーゲルは、受け手の感覚に基礎を置く主観的な美学に反対したが、かれが論拠としているのは、こうした美学の偶然性であった。ヘーゲルの論拠は、このような偶然性に留まることはなかった。影響という主観的な契機は、文化産業によって計算されているが、この計算は統計的な平均値から、普遍的な法則を導き出す。影響契機が、客観的な精神となってしまったのである。だがこのことによって、ヘーゲルの先の批判が弱められることはない。なぜなら当世風の普遍性は、否定的な直接性であって、この直接性は、事柄のどのような真理要求も清算し、また同じく受け手を、次のようにして永久的に欺くためである。集中化された経済的力は受け手に金を投げ与え、その上でその金を再び取りあげ、しかも取りあげる手段が、まるで受け手のためのものであるかのような断言さえ、公然とではないものの、行うことをはばからないのである。こうしたことによって美学はなお一層、芸術作品の客観性へと引き寄せられることになる。それは社会学の場合も同じである。ただしコミュニケーションと称して、主観的な美学を煽りたてる役割を果たしている場合の、社会学のことである。こうしたことにたいして、実際的な研究活動においても抵抗が行われているが、その例として、マレー主題統覚テストを実施しているような、実証的な考えの人々がいる。かれらはテスト用イメージの客観的な表現内容について、どのような分析を行うことにも、抵抗を示す。こうした分析はあまりにも見るものに依存しすぎているため、科学に相応しくないと見做すためである。そうであるならとりわけ芸術作品にたいして、かれらは同じ対応を示すべきであろう。芸術作品はマレー・テストのように、受け手に狙いを定めたものではなく、受け手をして、作品の客観性と対決させるものであるためである。芸術作品は刺激の総計ではないと、単に断言するだけではすまされない。実証主義はそのような断言など、全ての弁護論の場合と同様、いともたやすく片づけてしまうであろう。実証主義はまたこうした断言を、合理化または投影として始末するかもしれないが、こうしたやり口は、社会的地位を手に入れるのに好都合であるにすぎない。それは芸術にたいする、幾百万の教養俗物たちの態度を模範とした、やり口である。あるいは実証主義はさらに過激に、芸術の客観性をアニミズム的残滓として、その失格を計ることも出来るかもしれない。アニミズム的な残滓なら、他のその種の物と同じく、啓蒙に屈伏しなければならないと言うのである。経験と客観性との間に、境界線を引くことを望まない人、芸術に無縁な人々には、芸術にかんする権威を認めようとはしない人、こうした人は内在的に行動し、自らを主観的な反応方法に結びつけなければならない。それは実証主義的な理性が、芸術やその内容をその単なる鏡像として見做すような、そうした反応方法のことである。芸術の経験がなければ、芸術について何一つ知ることはないし、また芸術を問題にすることもできないと言われている。これは月並な言葉であり、実証主義的なアプローチではあるものの、真実でもある。だが実証主義が無視する区別、この区別こそここで言う経験の一部に数えられる。こうした区別を強烈に示す例として、次の二つの態度がある。その一つは、流行歌を何一つ理解せず、種々の心理学的投影用に、スクリーンとして利用する態度である。もう一つは作品を、作品自体の規律に身を委ねて理解する態度である。哲学的美学をして芸術を解放するものへと高めたもの、つまりその美学の用語によるなら、芸術における時間と空間を超越させるものへと高めたもの、それは観照者の自己否定であった。こうした観照者は、作品においては、潜勢的にではあるものの、消滅することになる。観照者に消滅するよう強要するのは、作品であり、作品の指標となるのはどれも、真か偽かということなのだ。みずからにたいして客観的な基準をたてるものだけが、作品を理解する。こうした基準を気にかけることがないものは、消費者である。それにもかかわらず、芸術に相応しい態度であるなら、そこには主観的な契機が保存されている。作品とその構造的な力学を遂行することに、協力しようとする努力が大きいほど、また主体が観察を作品のなかへと向けることが多いほど、主体はそれだけ一層、自らを忘れながら、客観性を知覚することに成功する。受容においてもまた、主観性が客観性を媒介しているのである。主体はどのような美においても、自らが無であることを自覚し、無であることを乗り越えて、他者であるものへと到達する。これはカントがもっぱら崇高さにおいて、確認していることである。こうしたカントの学説も、ただ次の点は、その患部となっている。カントが、こうした無の敵対者を、実証的な無限として説明し、またしても英知的主体へと置き換えている点である。美をまえにしての苦痛は主観的な塊によって、主体にたいして遮断されている、そうしたものを求める憧れなのだ。主体はこのように遮断されているものについて、それが自分自身より真実であることを知っている。経験は、もし暴力を行使することがないなら、こうした塊から解放されることになるかもしれない。だがこうした経験も、主体を服従させることによって、美学的な形式法則を覚えこまされる。観照者は芸術作品を語らせるために、芸術作品と契約を結ぶ。所有関係を、こうした関係一般を離脱したものへと浅薄に置き換えている者、それは、芸術作品のなにかを〈持つ〉と、声高に主張する者である。こうした者は、自己保存の行動様式を、断ち切ることなく延長する者であり、美を次のような関心に従属させるものでもある。それは、カントの凌駕しがたい洞察によるなら、美によって超越させられる関心である。だがそれにもかかわらず主体を欠くなら、美は存在しない。美はただ自らが他者のためのものになることをとおしてだけ、即自的なものになる。そう語られているが、このことは自己措定によって、主体が背負いこんだ負い目なのだ。主体の自己措定は、美を妨げるものとされている。そのために、イメージによってこのことを指摘する、そうした主体が必要とされているのである。黄昏の憂鬱は、憂鬱を感じ取るものの気分ではない。だが憂鬱は、自らを著しく分化させ主体となり、憂鬱にたいして盲目ではいられないような、そうした人だけを捉える。強力で発展させられた主体、つまり全ての自然支配の所産であり、その支配の不正の所産であるもの、そうした者にして初めて、客体から尻込みし自らの自己措定を取り消す力も持つ。だが美的な主観主義の主体は、ひ弱であって、〈外部志向〉的である。芸術作品における主観的契機を過大評価することと、この契機と無関係であることとは、等価物なのだ。主体が芸術作品の本質となるのは、ただ次の場合に限られる。主体が芸術作品に疎遠なものとして、外部から歩み寄り、事柄の代わりに自己を押し込み、そうすることによって疎遠な状態を償うという、そうした場合である。芸術作品の客観性が完全でしかも的確に、認識にたいして与えられるといったことは、勿論ありえない。またそうした客観性が作品において、疑問の余地なく与えられているなどといったことも、絶対にない。作品の問題によって要求されているものと、その解答との間には差異があるが、こうした差異がここで言う客観性を食い潰しているのである。客観性は実証的な事態ではなく、事柄の認識であると同様に、事柄の理念でもある。美的な客観性は、直接的なものではない。こうした客観性を手中におさめた気でいるなら、そうした者は客観性に誑かされているのである。もし美的客観性が非媒介的なものであるとするなら、こうした客観性は芸術の感覚的現象と一体化して、芸術の精神的契機を横領するものとなる。だがこのことは、それ自体にとっても他者にとっても、誤り易いことなのだ。美学とはおおむね、芸術の客観性の条件と媒介を跡付けるものにほかならない。カントによる美学の主観主義的な根拠付けに対して、ヘーゲルは反論した。ヘーゲルの立証の仕方は、事を自分にとって都合良く、あまりにも容易なものにしすぎている。かれによるなら、美学は抵抗なく自らを、客体あるいは客体の範疇へと、ヘーゲルにおいてはいまだ、範疇はジャンル概念と一致しているためであるが、沈めることが可能なものである。それは客体が、かれにとってはア・プリオリに精神であることに等しい。精神の絶対性が失墜するとともに、芸術作品の精神の絶対性もまた失墜する。実証主義に我が身を譲り渡さないこと、また実証主義を最後まで貫き通すこと、こうしたことが美学にとってこのように困難なのは、そのためである。だが精神の形而上学を解体することは、芸術から精神を追放することではない。芸術の精神的契機は、芸術におけるすべてが無差別に、精神であるとされることが最早無くなると、たちまち強化され、具体化される。こうしたことはその上、ヘーゲルによっても意図されることがなかったような、そうした形で行われる。精神の形而上学はかつて芸術を真似て作られた物であるが、芸術の没落後は言わば、精神から芸術へその返還が行われることになる。芸術についての主観的で実証主義的な定理は、適切ではない。このことは、芸術それ自体において明らかにすることは出来ても、それを精神の哲学から演繹することは不可能である。美学的規範は受け取る主体の不変的な反応形式と、一致しなければならないものとされている。だがそうした規範など経験的には無効である。たとえば講壇心理学が新音楽に突きつけている、次のような命題があるが、これもまた無効である。複雑きわまりなく、自然の上音比率から遠くかけはなれているような、同時的な音現象は、耳によって知覚できないという命題である。こうした能力を持つ人間が存在することは、まぎれもない事実である。それなのになぜ全ての人が、こうした能力を持たないとされなければならなかったのか、納得出来ない。能力を持つものと持たないものを分かつ、その境界線は超越的ではなく、社会的なもの、つまり第二の自然による境界線なのだ。こうした見解とは対照的に、経験的に振舞う美学が規範として引用するのは、平均値である。この場合、美学は無意識的にすでに、社会に順応する立場を取っている。この種の美学が満足のいくもの、あるいは不満に充ちたものとして、レッテルを張って呼ぶもの、それはその上、感覚的な自然ではない。社会全体、社会の出版許可、社会の検閲が、そうしたものを予め形成しているのである。芸術的創造は以前より、こうしたことに反抗してきた。口当たりのよいものにたいする嫌悪は、新芸術の動因である。こうした主観的な反応は、意識のなかに入り込んでいる、他律的な社会的取り決めにたいする抵抗なのだ。主観的な反応形式や行動方法における、芸術の基礎と俗に言われているものも、全体として制約されているのである。趣味の崩壊においてさえ、たとえつねに事柄の強制としてあらわれるわけではないとしても、潜在的な強制が支配している。事柄にたいして無関心な主観的反応形式は、美外的である。だがすくなくとも芸術作品における、どのような主観的契機もそれ自体が、同じく事柄からも動機づけられている。芸術家の感受性とは本質的には、事柄に耳を傾け、事柄の目でもって見る能力なのだ。美学がヘーゲルの要請にしたがって、動的な事柄を元として、厳密に自らを構築するのに応じて、つまり美学が客観的なものになるに応じて、次のこともなお一層減少することになる。主観的に基礎づけられている疑わしい不変数を、美学が客観性と取り違えることである。事柄にとって外的であるどのような尺度も、弁証法的精神によって一掃したこと、それはクローチェの功績であった。ヘーゲルの場合、古典主義がそれを一掃する妨げとなった。法哲学の制度論の場合に似て、ヘーゲルは美学においても、弁証法を中断した。ヘーゲル美学をそれ本来のものへ引き戻すこと、それは過激に唯名論的な新芸術の経験をとおして初めて、可能となった。この点については、クローチェもまた尻込みしている。

美学上の実証主義は作品の理論的解読をする代わりに、作品効果の棚卸しを行う。だがその真実契機はせいぜい、作品の呪物化を廃棄しているという、一点にすぎない。こうした呪物化それ自体は、文化産業と美的頽廃の一部分なのだ。実証主義によって指摘されていることとして、どのような芸術作品もそれぞれ純粋ではない、ということがある。これは弁証法的契機でもある。オペラのような多くの美的形式にとって、効果連関は本質的である。ジャンルの内的運動がこうした連関を無理矢理取り消させるなら、オペラのジャンルは、潜勢的にではあるが、不可能になる。芸術作品は純粋に即自的なものとして、捉えられなければならないが、それにもかかわらず一貫してそのようなものとして捉えようとするなら、そうした者は、無邪気に自己措定の手中に捉えられてしまうであろう。また仮象を第二級の現実として捉えて、芸術における本質的な契機を見損なうのが落ちであろう。実証主義とは芸術のやましさなのだ。実証主義は芸術に、自分が直接的には真実ではないことを、想起させるのである。

芸術の投影的特性についての命題は、芸術の客観性を、つまり等級と真実内容のことであるが、無視し、芸術の強調された概念以前の段階にとどまり続ける。だがその反面、この命題には歴史的傾向の表現としての重みがある。その命題が浅薄に芸術作品に付け加えるものは、啓蒙についての実証主義的な戯画に見合う、つまり野放しにされた主観的理性に見合っている。こうした理性は社会的に優位にあるものであって、この優位はそのまま作品のなかにまで持ち込まれる。非芸術化することをとおして、芸術作品を不可能にしようとする、例の傾向は、芸術は存在しなければならないと訴えたくらいでは、断ち切ることは出来ない。またこのような訴えは、どこにも記されてはいないのだ。ただこうした問題においては、完全に首尾一貫した形での投影理論が、つまり芸術の否定ということも、同時に考え合わされなければならない。さもなければ投影理論を文化産業の図式によって、抽象的に中立化するという結果に終わることとなる。だが実証主義的意識にも、偽りの意識なりにいくつかの難点がある。みずからの息が詰まるばかりに窮屈な空間に収まらないものを、芸術のなかへ押し込むために、実証主義は芸術を必要としている。その上、現存するものを信じる実証主義は、芸術と折り合わなければならない。なぜなら芸術は現に存在しているためである。実証主義者たちは疲労したビジネスマン同様、芸術を真面目に受け取らないことによって、このジレンマを切り抜ける。かれらが自分自身の考えによるなら、最早、芸術作品とは言えないような作品にたいしてまで寛容なのは、そのためである。

芸術作品は発生状態に還元されることが、出来ないものである。そのため文献学的方法は、芸術を捉え損なう度合が高い。こうした点を明瞭に示すことは可能である。シカネーダーはバハオーフェン的考えについては、なに一つとして、夢想すらしていなかった。『魔笛』の台本は、千差万別の起源を持つものが、統一されないまま、ごったまぜにしたものにすぎない。だがこのテキストにおいては、母権制と父権制との葛藤、月的本性と太陽的本性との葛藤が、客観的に出現している。こうしたテキストは小賢しい趣味の持ち主によって、粗悪なものとして非難されてきたものの、こうした非難に屈しなかった抵抗力は、そのことによって説明される。このテキストは浅薄と深淵な洞察力との間の、境界線上をゆれ動いている。テキストが浅薄さを免れているのは、夜の女王のコロラトゥア・ソプラノの声位が、〈悪の原理〉を表していないことによる。

美の経験は、個別的な作品においては結晶化される。それにもかかわらずこうした経験で、経験する意識の持続性から、切り離す事が出来るものはないし、また自立したものもない。点的で原子的なものは、そうした持続性に反するものであって、それは人が他人なら誰に対しても、逆らうことに等しい。モナドとしての芸術作品にたいする関係のうちには、次のものの塞き止められた力が入り込まなければならない。個々の作品を越えた美意識において、すでに形成されてきたものの力のことである。これが芸術理解という概念の理性的意味なのだ。美の経験の持続性は、他の全ての経験と、経験されたものについてのすべての知識によって、染めあげられている。こうした持続性が証明され訂正されるのは、いうまでもなく、もっぱら現象と対決することによる。

精神的省察においては、つまり事柄を越えたものと自惚れている趣味においては、ストラビンスキーの『狐』の方法の方が容易に、ベルクの音楽以上に、ヴェーデキントの『ルル』に相応しいものに見えかねない。ベルクの音楽の等級が、ストラビンスキーのそれをいかに高く越えているか、音楽家には知られている。したがって精神的省察に従うことは、美的立場の優越性を犠《いけに》えとすることにほかならない。芸術経験とは、こうした葛藤から構成されたものなのだ。

芸術作品によって惹き起こされる感情は現実的なものであり、その限りにおいて美外的である。こうした感情と較べるなら差し当たりのところ、観照する主体がたどる方向とは逆の方向をたどって認識する、そうした態度の方が正しい態度ということになる。このような態度は、美的現象にも正しく従うものであって、観照者の経験的生活でもって、美的現象を曖昧にすることはない。だが芸術作品は美的であるだけでなく、それを越えるかあるいはそれ以下である。経験的層から出発しながら、物としての特性を持ち、社会的事実であり、また最終的には真実の理念として、超美的なものに収斂する。このことは全く純粋な芸術態度への、批判を内包している。経験的主体は、美の経験が運動しながら離れていくものではあっても、美の経験のなかで超美的なものとして立ち戻ってくる。感動は隔てられた主体を、再びみずからのうちへと引き込む。芸術作品は観照的態度に対して自らを開くものであるが、他方、芸術作品は同時に観照者の距離を、つまり単なる傍観者としての距離を混乱させる。作品の真実はこうした観照者に、観照者そのものの真実となるような、そうした真実として出現する。この移行の瞬間が芸術の最高の瞬間なのだ。こうした瞬間は主観性を、その上、主観的美学さえ、主観性の否定をとおして救うのである。芸術によって感動させられる主体は、現実的な経験をする。ところで芸術作品としての芸術作品の洞察によるなら、こうして行われる経験は、以下のような経験でもある。芸術作品の硬化を自らの主観性によって溶解させ、芸術作品の自己措定のために、制約するものを出現させるといった、経験のことである。主体が感動のなかで芸術作品によって、みずからの真の幸福を持つことになるなら、その場合の主体とは、主体に向き合った主体である。感動の器官が泣くことであるのは、そのためなのだ。泣くことはまた、自らのひ弱さにたいする悲しみの表現でもある。カントは崇高の美学において、その点について若干ではあるが、感じとってはいるものの、崇高の美学を芸術から切り離してしまう。

芸術にたいして素朴さが欠如していること、つまり反省としての素朴さの欠如は、他の点においては素朴さを必要としていること、それは言うまでもない。美意識は自らの経験が、文化的に目下流行しているものによって、規制されることを許さないこと。自発的な反応の力は、たとえ進歩した流派にたいしてであっても、自己を守ること。それが必要とされている素朴さである。個々の人間の意識は、たとえ芸術的にいかに社会によって、つまり支配的な客観的精神によって媒介されていようとも、こうした意識は、支配的な精神が自省するための幾何学的中心でありつづけ、支配的な客観精神を拡大する。芸術に対する素朴さとは、眩惑を生み出すための酵素なのだ。こうした素朴さを全く欠くものは、なお一層、偏狭になり、自らに押しつけられるものの内に捕らわれてしまう。

合言葉としてのイズムは、擁護されなければならないものである。こうしたイズムは、反省が普遍的状態にあることの証明である。また同じく、流派を形成し、かつて伝統がなし遂げたものを継承するものでもある。このような擁護は、真偽の区別をつけようとする市民意識を刺激して、その怒りを招く。全てのことが市民意識によって、計画され意図されたものでありながら、芸術は、それにもこうした意識が強制されているにもかかわらず、愛のように、純粋に自発的で恣意的、無意識的なものであるようにとされている。そのようなことは芸術にとっては、歴史哲学的に拒まれていることである。合言葉をタブーとすることは反動的なのだ。

新しさとはかつて独創性という、個人主義的概念が意味していたことを、継承するものである。新しさを望まず、新しさに非独創的なものであるかのような罪を着せ、全ての進歩した形式が画一的なものであるかのような、そうした罪を着せる人々がいる。この概念はいつしか、こうした人々によって持ち出されるような、そうした代物となってしまった。

後の芸術的発展はモンタージュをその原則として選んだ。芸術作品はそれ以来、その皮膚の下に若干ではあるが、モンタージュを抱えてきた。それを個別的に示すものとしては、ウイーン古典派の大音楽における、パズル的技術などが挙げられるかもしれない。この技術はしかも、同時代の哲学が抱く、有機的発展という理想にも大いに叶うものである。

歴史の構造は現実的なもの、あるいは大事件といったものにたいする先入観によって、歪められている。このことはまた芸術史にもあてはまる。芸術史はたしかに、質的に新しいものにおいてその都度、結晶化される。だがその際同時に、次のようなアンチテーゼもまた、考え合わされなければならない。こうした新しさ、突如として出現を見る質、つまり急変とは、無も同然であるという、アンチテーゼである。このことは、芸術創造についての神話を骨抜きにする。芸術家が遂行することは、最小限の移行であって、極限的なものとしての無からの創造ではない。微分的な新しさが創造性の場なのだ。個々の芸術家は、みずからの関与など無に等しくなるような、そうした全体的客観性を実現する者である。だがそのことが立証されるのは、決定的なものの無限に小さな部分をとおしてである。天才は受け手であり、受動的なものであるとみなされていた。この天才観念においては、暗にその点が指摘されていたのである。芸術作品には、それを最初の規定以上のもの、つまり人工物以上のものとするものがあるが、この指摘はそうした点への展望を開くものでもある。芸術作品の持つ、こうしたものであり、それ以外の物ではありたくないという望みは、そうした特性に逆らう。だがそうした抵抗は、人工物という特性を極端なものへと推し進めることによって行われる。最高の芸術家は、創造者としての高慢さを抹殺しようとする。全てのものはつねになおここにあるものにすぎない。この信念には微量の真実が含まれており、同じことを意味している。ピアノの鍵盤の一枚一枚には、全熱情が隠されている。作曲家はこの熱情を取り出しさえすればよい。だがそのためには、ベートーヴェンが必要とされていること、このこともまた言うまでもないことである。

現代的傾向という点で古びて見えるものは、嫌悪される。ユーゲントシュティルに反対する芸術の状況は、こうした嫌悪にもかかわらず、その嫌悪にとって好ましい程、徹底的には決して変化することはなかった。芸術の状況自体が、こうした事態に由来しているのかもしれない。ユーゲントシュティルとして割り切ることは出来ないのに、この派にあえて含めて数えられている、そうした作品がある。シェーンベルクの『ピエロ』、メーテルリンクやストリンドベルイの多くのそれのような、作品のことである。こうした作品のアクチュアリテートも、減少することがなかった。それも同じ事態に由来するのであろう。ユーゲントシュティルは、不在の意味を芸術のうちから措定しようとする、最初の集団的な試みであった。この試みの挫折は今日にいたるまで、芸術的難問を書き換え、別の形で示す模範例であり続けてきた。ユーゲントシュティルの爆発、それが表現主義であった。機能主義や、目的と関連をもたない芸術という、機能主義の等価物とは、ユーゲントシュティルを抽象的に否定するものである。ベケットを頂点とする、現代の反芸術の謎を解くコード表は、こうした否定を具体化している理念と言えるかもしれない。形而上的な意味の徹底した否定から、美的に意味豊かなものを読み取るという、理念のことである。形式の美的原理それ自体は、形式化されたものの綜合である。それは意味の措定であっても、いまだ意味が内容的に否定されているような措定である。芸術はその限りにおいて、なにを望み語ろうとも、それとは無関係に神学でありつづける。芸術の真実要求と芸術の虚偽との親和は、一つのものである。こうした事態が特殊な形をとって出現したのが、ユーゲントシュティルなのだ。状況は先鋭化し、次のような問い掛けとなっている。芸術は神学の崩壊後、またどのような神学も欠いたままで、そもそも可能なのかどうかという、問いである。ヘーゲルはこうした可能性にたいして、歴史哲学的疑問を示した最初の人であった。こうした問い掛けが強制されつづけるなら、その場合、強制は神託めいた何かを保持することになる。そうした可能性は神学の多年性植物的な点を示す、本物の証拠であるのか、それとも多年性植物的呪縛の反映であるのか、その点は曖昧なまま放置されている。

ユーゲントシュティルは名前が示すように、永遠であることを宣言された青春である。本来実現不可能であることによって割り引きされている、ユートピアなのだ。

新しさにたいする憎悪の根は、市民的存在論の根底に由来している。存在論はこの根底については、口を閉ざしたまま語らない。果敢ないものは果敢ないまま放置せよ、死に決定権を握らせよ。根底とはこうしたことにほかならない。

センセーションの原理は、道づれとして常に、故意に作られた市民的恐怖を伴ってきた。また市民的な活用のメカニズムに順応してきた。

新しさの概念が災いにみちた社会的傾向と、とりわけ市場における新しさの概念と綯いあわされていること、それは確かである。だがそれと同じように、ボードレール、マネ、ワーグナーの『トリスタン』以後は、この概念を中止することも、不可能になってしまった。この概念のいわゆる偶然性や恣意性に反対して、その使用を中止することも試みられてきた。だがその結果は、ただ偶然性と恣意性が、倍加されたということにすぎない。

新しさという威嚇的な範疇からは、絶えず繰り返し、自由への誘惑が輝いている。それは、この範疇の抑制的なところ、平均化するところ、時折は不毛なこともあるところからの輝き以上に、強力である。

新しさの範疇は、既存のものという範疇を抽象的に否定するものとして、後者の範疇と重なりあう。新しさの範疇が不変であること、それがこの範疇の弱点となっている。

モダニズムは歴史的には、質的なものとして登場する。つまり能力を失ったひな形との、差異として登場する。モダニズムが純粋に時間的なものでないのは、そのためである。このことはとりわけ次の事実を説明する助けとなる。モダニズムは一面では、不変的傾向を身につけ、その点でよく非難されるが、その反面、時代遅れのものとして中止させるわけにはいかないという、事実である。モダニズムにおいては、美内的なものと社会的なものとが絡み合っている。芸術は支配装置の型に塡めて作られ、規格化されている生活にたいする、抵抗となる度合がますにつれ、なお一層、混沌を想起させるようになる。混沌が災いとなるのは、忘却されたものとしてである。モダニズムは精神的テロ行為であると言われ、それにたいする悲鳴まで聞こえる。だがそれが嘘であるのはこのことによる。悲鳴は世界のテロ行為を圧倒するばかりになっているが、芸術はテロ行為を拒否するものである。新しさしか耐えることがないような、そうした反応形式はテロ行為にほかならない。だがこのテロ行為は、公的な文化の低能ぶりにたいする恥じらいとして、その治癒に有効である。芸術は人間を忘れてはならないといった、お喋りが聞かれる。また理解出来ない作品を前にすると、どこに語られているものがあるのかといった、質問が行われている。こうしたことを恥ずかしいと思わないではいられない人はたしかに、抵抗しながら、あるいはたとえ真の確信は抱いていないとしても、自らの習慣を犠牲にしなければならないかもしれない。だがこうした恥じらいは、外部から内部へと向かう過程を、切り開いてくれるかもしれないのである。テロ行為にさらされたものが、それでいてたとえ自分自身にたいしてさえ声を合わせてわめくことを、結局は不可能にするのは、こうした過程のためである。

新しさという強調された美的範疇から、工業的行動方式を除外して考えることは不可能である。この行動方式は社会の物質的生産を、ますます支配するものになって来た。展示ということが、ベンヤミンが仮定していたらしいように、そのように両者を媒介するものであるのかどうか、この点は解決されていない。原註(1) だが工業的技術には、つまり同一のリズムの繰り返しと、同一のものが一つの型によって繰り返し生産されることには、同時に、新しさに対立する原理が含まれている。美的新しさがもつ二律背反を貫いているのは、この原理なのだ。

原註(1)　参照。ヴァルター・ベンヤミン『著作集』(前出書)第一巻　三七五ページ以下。

単に醜いだけのものは存在していない。それと同じく、醜いものもその機能をとおして、美となることができた。また同じく、単に美しいだけのものもまた存在しない。最も美しい日没とか、最も美しい娘も、忠実に模写されるなら、俗悪になりかねない。こうしたことはささいなことにすぎない。だがこの場合、美や醜において、直接性という契機は隠蔽されなければならないとしても、隠蔽は過度に熱心に行われてはならない。相違を知覚することが出来る人でも、自分の愛する女の美しさを貶されて、平然としている者は皆無であろう。このことはまた、愛の条件でもある。美と醜とは実体化することも、また相対化することも出来ないのである。両者の関係は段階的に露呈してくる。その際、一方が他方の否定となることももちろん往々にしてある。美はそれ自体歴史的なものであり、身をもぎはなして出現するものなのだ。

経験的に創造する主観性と、それとの、本質的で美的な主体との統一が一体であること、その上、客観的で美的な質との統一まで、一体であること。それがいかに皆無であるか、多くの都市の美が、このことを証明している。ペルージアやアッシジは、形式や渾然一体化した形態という点で、最高のものを示している。だがこうしたものは意図されたものでもなければ、直観的に捉えられたものでもない。ただしこの場合、第二の自然として有機的にみえるものに、計画もまた関与していること、この点は、過小評価してはならない。ここでは山の穏やかな稜線、石の赤味をおびた色調も、つまり美外的なものも幸いしている。美外的なもの自体が、人間労働の材料として、形態を決定する要因の一つとなっているのである。ここでは史的連続性も主体として作用している。これこそ真に客観的な精神なのだ。だがこの精神は、先の決定的要因に導かれているものの、個人としての建築家が、それを脳裏に浮かべることを必要としていない。美の歴史的主体はさらに、個々の芸術家の創造も指揮する。だがこれらの都市の美に、単に外部から作用していると言われているものも、この美にとっては内的なものである。内在的な歴史が現象となり、その現象とともに、美的真実は展開する。

芸術を美と同一のものとして証明することは、不充分である。だが単に形式的すぎることとして、不充分なのではない。変化した結果としての芸術の状態においては、美の範疇は、専ら一つの契機を提出しているに留まる。それに加えて、最も内なる部分にいたるまで変化してきた契機でもある。美の概念自体は醜を吸収して変化してきたものであり、美学は醜を欠くことはできない。醜を吸収するなかで、美は充分逞しくなり、自らに対抗するものをとおして、自らを拡大する。

美的感傷主義に反対する姿勢をとった最初の人が、ヘーゲルである。美的感傷主義は芸術作品の内容を自らの内ではなく、要するに作品それ自体からではなく、その効果から好んで読み取ろうとする。こうした感傷主義の後年の形態が気分という概念であり、この概念の価値は歴史的位置と結びつく。ヘーゲル美学と、芸術作品における気分の契機、あるいは渾然一体性といった契機を、結びあわせることは不可能である。彼の美学を形容する場合、良きにつけ悪しきにつけ、こうしたことが不可能であるということ、それ以上に有効なものはない。ヘーゲルはいたるところでそうしているように、ここでも概念は固定したものであると主張している。この点は芸術作品の客観性を作品の効果と対比し、同じく作品のむき出しの感覚的な正面部分と対比して、指摘する場合に役立つ。こうすることによりヘーゲルは進歩をとげているが、この進歩と引き換えに、芸術に疎遠なものとなるという代償を支払わされる。つまり客観性は物となり、素材が過剰となるという、代償である。こうした進歩は美学を同時に、前芸術的なものへと巻きもどしかねない。市民は絵画やあるいは演劇において、自分が支えにしたいと願い、また支えに出来るような、そうした固定した内容を得ようと意図する。ヘーゲルの進歩は美学を、こうした市民の具体的な行動方法となるところまで、後退させ兼ねないのである。芸術の弁証法はヘーゲルにおいては、ジャンルとその歴史に限定されてはいても、作品の理論に置き換えられるところまでは、充分に徹底したものとなっていない。自然美は精神による規定にたいして、冷淡である。ヘーゲルはそのために迷わされて、芸術において意図としての精神ではないものを、短絡的に貶める。こうした規定の相関概念が物象化なのだ。絶対的な制作の相関概念、それはつねに、固定的な客体としての制作されたものである。芸術における物ではないもの自体、経験的世界に反対する芸術という概念の一部をなしている。ヘーゲルはこうした物ではないものを誤解する。かれは論争的に、芸術における物ではないものを自然美へと、自然美の悪しき曖昧さとして押しやる。だがほかならぬこの契機によって、自然美は、次のような何かを所有する。それはもし芸術作品において失われるなら、芸術作品を元の剝き出しの事実へと押し戻し、非芸術的なものに変えてしまうもののことである。自然経験においては、行動対象から分離することが美的なものを決定している。こうした分離を遂行できない人は、芸術経験のための力をもたない。芸術美は自然美の否定に由来するとともに、自然美を源ともしているというのが、ヘーゲルの思想である。この思想は、次のように言い換えられるかもしれない。美の意識一般をまず打ち立てるこうした行為は、直接的経験のなかで遂行されなければならない。その行為はみずからが構成するものを、予め要求してはならないと。芸術美の観念は自然美と、意思を疎通させているのである。両者は剝き出しの直接性から、みずからを解放することをとおして、自然の回復を意図する。ここで指摘すべきものとして、ベンヤミンの〈アウラ〉概念がある。「上で歴史的対象にたいして提案されたアウラ概念は、自然的対象についてのアウラ概念によって、明らかにされることが望ましい。われわれは後者のアウラ概念を、たとえいかに身近なものであっても、遠方から一回的に出現するものと規定しよう。昼さがりに休息しながら、地平線上の山々の稜線を追うこと、あるいは休息をとる自分の上に影を落とす、一本の枝の枝振りを目で追うこと、それはこうした山々やこうした枝のアウラを、呼吸することを意味している。」原註(1) ここでアウラと呼ばれているものは、芸術経験にとっては熟知の、芸術作品の雰囲気という名でもって呼ばれているものである。こうした雰囲気をとおして、芸術作品のさまざまな契機の連関は、これらの契機を越えるものを指示し、また個々それぞれの契機をして、自己を越えたものを指示させる。こうした芸術の構成物は、実存主義的存在論が、ただ歪めた形においてではあるが、〈渾然一致状態〉という用語によって、的確に捉えている当のものに当たる。こうした構成物は芸術作品における、芸術作品の物めいたところから逃れ、事実として受け入れられることから逃れて行くものである。それはまた、芸術作品の雰囲気を描写する。どのような試みも明らかにしているような、急ぎ立ち去るもの、束の間のものでもある。だがこうした構成物はそれにもかかわらず、このことはヘーゲルの時代においては、ほとんど考えられなかったことであるが、客観化することも可能なものでもある。つまり芸術的技術という形態を通して、客観化が可能なものなのだ。アウラの契機にはヘーゲルの呪いを受けるいわれはない。ヘーゲル以上に執拗な分析なら、この契機を芸術作品の客観的規定として、証明できるためである。芸術作品が自己の彼方を指示するところは、芸術作品の概念の一部をなしているだけではない。それはまたどのような芸術作品であっても、それに特有の全体的配置から見て取れるものでもある。ボードレールとともに始まった発展においては、芸術作品は雰囲気という構成要素を放棄する。だがそのような事態においてもなお、この構成要素は否定され、回避されたものとして、芸術作品のうちに保存されつづける。だがほかならぬこうした要素も、自然を手本にしたものである。芸術作品はどのように物と類似していようとも、それ以上に、こうした要素において深く、自然に似ている。ベンヤミンはアウラ概念を明示するために、自然によって自然のアウラを知覚することを要求している。このようにアウラ概念を知覚することは、芸術作品をして本質的に芸術作品にしているものを、自然によって知ることを意味している。だがそれは主観的な意図が接近することがないような、例の客観的な指示作用なのだ。芸術作品は、強調して客観的なことを語る時、観照者の目を開かせる。この可能性としての客観性は、単に観照者からの投影にすぎないような、そうしたものではない。こうした客観性は、自然から得られる、例の憂鬱あるいは平安の表現を、モデルとするものである。それは自然を行動対象として眺めることを止める時、自然から獲得される表現のことである。ベンヤミンがアウラ概念においてこうした価値を与えているのは、遠くへの移行状態である。実際的目的のために手段となるかもしれないもの、そうしたものとしての自然的対象から距離を置くこと、遠くへの移行状態とは、こうした距離を置くことのモデル、しかもそのモデルの痕跡である。芸術経験と前芸術経験との境とは、厳密には、同化のメカニズムによる支配と、客体にたいする客観的言語による神経支配とを、隔てている境界でもある。読者が芸術作品において出現する登場人物に同化できるかどうか。読者が自分と芸術作品との関係を、こうした点によって規制するなら、それは浅薄さを示す模範的な例でしかない。そのような非芸術的行為の一般的例として、直接的で経験的な人物との偽りの同化がある。こうした偽りの同化は距離を狭め、同時にアウラを〈高級なもの〉として分離しながら消費する。芸術作品にたいする真正の関係もまた、たしかに同化という行為を要求する。つまり事柄の内に立ち入り、ともに行為し、ベンヤミンが言うように、〈アウラを呼吸する〉ことを要求する。だがこうした関係の手段となるのは、ヘーゲルが客体にたいする自由と呼んでいるものである。観照者が自分のうちで生じていることを、芸術作品の上に投影し、芸術作品において自らが立証され、高く越えられ、充足させられるのを見出すこと、そうしたことをしなければならないということではない。必要なのはそれとは逆に、観照者が芸術作品において自らを作品と自分を等しいものとし、芸術作品をみずからの内から完成することである。観照者は作品の規律に従わなければならないと言われている。また芸術作品に対して観照者に何かを与えるよう、要求してはならないとも言われている。このことは単に同じことの別の表現にすぎない。だが美的行動方法ではあっても、芸術作品から遠ざかり、そのため芸術作品における、事件以上であるものに対して盲目であるようなものは、投影的態度と一体なのだ。後者は凡庸な態度であって、現代では全体に潜み、芸術作品を非芸術化している。芸術作品が一方では、他の物のうちの物にすぎなくなり、他方では、観照者の心理を受け入れるための容器となること、このことはこの場合、相関的である。芸術作品も単なる物にすぎなくなるなら、最早、語ることはなくなる。かわって芸術作品は、観照者のための容器にすぎないものとなる。だが気分という概念はヘーゲルの客観美学によるなら、感覚と大いに矛盾するものであり、すこぶる不充分なものである。それはこの概念が、ヘーゲルが芸術作品における真実と呼ぶ当のものを、次のことによって逆のものにしてしまうためである。その際、真と呼ぶものを単なる主観的なもの、観照者の反応方法として翻訳し、さらに作品そのものにおいて、作品をモデルとしてそれを表象することである。

原註(1)　参照。ヴァルター・ベンヤミン『著作集』(前出書)第一巻　三七二／三ページ。

気分は芸術作品においては、次のものを意味している。作品の効果と、個々の契機を乗り越えていくものとしての作品の状態とが、その内で不透明に交じり合っているもののことである。芸術作品は、気分を洗練という装いのもとで、経験に提供する。ヘーゲルの美学はこうした契機にたいして盲目的であり、それをその限界の一つとしている。他方、この美学は、美的主体と経験的主体とを曖昧にすることを避ける。このことは同時に、この美学の品位となっている。

精神は自然を前にするなら、自らが自然であることに気づかない。だがそれ以上に、カントが指摘しようとしているところによるなら、自然にたいする自らの優越性に、気づかなくなる。崇高なものを前にした主体を動かして、涙をおさえきれなくするのは、こうした瞬間なのだ。自然の回想は、反抗的な自己措定を緩和する。「涙が込み上げ、大地は私を取り戻した！」こうした状態のなかで自我は精神的に、自分自身による束縛状態から抜け出すのである。自由を持つものは、きらめくものである。哲学が罪深い誤りとともに、自由とは反対のものにたいしても、つまり主体の独断にたいしても、与えることを留保する自由とは、こうした自由である。主体が自然に呪縛をかけるなら、その呪縛は主体もまた捉える。自由はみずからが自然と類似しているという、そうした意識のなかで活動する。美は主体から現象に押しつけられた自然因果性に、自らを従属させることはない。美の領域が可能性としての自然の領域であるのは、そのためなのだ。

分業は他の任意の社会領域におけるように、芸術においても単なる堕落ではない。芸術が社会的強制によって捉えられ、その強制を反映し、それによって和解の地平を展望させているところでは、芸術は精神化する。だがこうした精神化は、肉体労働と精神労働との分離を前提としている。頑迷な野生状態ではなく、精神化をとおしてだけ、芸術作品は自然支配の網を突破し、自然によって自らを形成する。外への脱出はただ内部からだけ行われるのだ。さもなければ芸術は子供じみたものとなる。精神においてもまた若干の模倣的な衝動が、つまり世俗化された魔力が生き延びている。それは心を動かす魔力でもある。

ビクトリア女王時代の多くの作品においては、これは単にイギリスのものだけに、決してかぎったことではないのだが、性の暴力や性と関連した官能的な契機の暴力が、沈黙をとおして一段と、感じられやすくなっている。シュトルムの多くの短編小説は、この事の証明として挙げられるかもしれない。若いブラームスの精神を正しく見ることは、今日にいたるまでほとんど行われていない。そこには愛情が圧倒するばかりに、込められている箇所が含まれている。こうした愛情はおそらく、愛情を拒まれていたものだけが表現できる、そうした類のものであろう。またこうした観点のもとで、表現と主観性とを、乱暴にも同一視するといったことが行われている。主観的に表現されたものと、表現する主体とは、同一であることを必要としない。大抵の場合、表現する主体ではないものこそ、主観的に表現されたものである。憧憬によって媒介された表現は、全て主観的なのだ。

感覚的満足は時折、禁欲的で権威的に罰されたものであり、歴史的に芸術にとって、直接的に敵対的なものとなったものである。心地よい響き、調和した色彩、口当たりの良さは際物となり、文化産業のマークとなっている。芸術の感覚的魅力は、ベルクの『ルル』やアンドレ・マソンにおいては、内容の担い手あるいは機能ではあるものの、自己目的ではない。そのようなところにおいてだけ、感覚的魅力も正当化される。新芸術の様々な困難の一つとして、それ自体に渾然一体状態が欠如していることがある。渾然一体状態は光沢として自らを露出する要素を、つねに伴っているが、それは、美食家的契機にたいする抵抗と一体化させるためである。事柄は時折、美食家的なものを要求する。他方、感覚中枢は逆説的に、その要求に抵抗する。

芸術を精神的なものとして規定するなら、感覚的契機が否定されるだけではすまなくなる。伝統的美学に決して抵触することがない洞察は、感覚的な材料において現実化されたものだけが、美的に重要であるとする。だがこうした洞察にもそれなりの弱点がある。形而上学的な暴力として、最高の芸術作品に与えることが許されているものは、数千年にわたり、こうした感覚的幸福と溶け合っていたものである。つまり自律的な形象化がつねに抵抗していたものと、溶け合っていた。芸術が断続的にせよ、至福のイメージとなることが出来るのは、専らこうした契機の御蔭なのだ。髪の毛を撫でて慰めてくれる母の手は、感覚的に快い。心は限界まで充たされると、肉体的なものへと一変する。伝統的な美学は感覚的現象に賛成する立場から、伝統的美学の成立以来、その下に埋められてしまったものを感じ取ってきた。だがその受取り方は、あまりにも直接的でありすぎた。例えばベートーヴェンの弦楽四重奏『ラズモフスキー一番』における、緩慢なテンポの第三楽章の変ニ長調の部分である。この箇所などは、四重奏の音色の平衡のとれた快い響がなければ、慰めとしての精神的力をもつに至らなかったものと思われる。内容の現実性は、内容を真実内容にかえるが、こうした現実性が約束するものは、感覚的なものに纏いつくものである。その点において芸術は、形而上学における全ての真実に似て、唯物論的なのだ。今日ではこの点にまで禁止は及んでいる。これはおそらく、芸術の真の危機が含まれている点かもしれない。こうした契機の記憶を失うなら、芸術はもはや芸術ではなくなる。それは芸術がその形態の外部にある、感覚的なものの手に委ねられるなら、芸術でなくなることに似ている。

芸術作品は物である。だが自らの物めいたところを削ぎ落とす、そうした傾向をもつ物である。芸術作品においては、美的なところと物的なところとは、層をなして重なり合っているわけではない。そのため、しっかりとした土台のうえに、芸術作品の精神が出現するといったことも起こることはない。以下の点は芸術作品にとって本質的である。芸術作品の物としての構成がその状態の力によって、作品を物ではないものに作り上げている、という点である。芸術作品の物としての状態は、自己を止揚するための媒体なのだ。物めいたところとその止揚とは、お互い同士媒介し合っているのである。芸術作品の精神は、作品の物としての状態のなかで作られるが、作品の物めいたところは、つまり作品の現存在は、作品の精神に由来する。

形式からするなら芸術作品もまた、次のような場合には物である。芸術作品が自らを客観化し、即自存在に自らを似せ、自己自身のうちに憩うものや、自己自身において規定されたものに似せるという、場合である。このように憩い規定されているものは、経験的な物の世界を自らのモデルとするものであって、しかも綜合化する精神をとおして、この世界を統一する力によって、モデルとするものである。芸術作品が精神化されるのは、専ら芸術作品を物象化することによる。芸術作品の精神的なところと物めいたところとは、互いによって鍛えられる。芸術作品は自らの精神をとおして、自らを乗り越えていくが、こうした精神は同時に、芸術作品に死をもたらすものでもある。芸術作品はそれ自体つねに、自らに死をもたらすものを持つものであった。死をもたらすものを、作品自体の事柄へと作り替えるもの、それは強制的な反省である。

芸術の物特性を際立たせる境界は、幅が狭い。それは特に時間芸術の場合に当てはまる。その物ではないところが直接的に生き延びているのは、テキストが客観化されているにもかかわらず、それが出現する瞬間でしかない。音楽や演劇は、執筆されていると言われているが、この表現には、それ自体に矛盾が含まれている。舞台のうえの俳優の言葉は、嘘に聞こえる。意識はこうしたことからも、その矛盾をたやすく見て取るかもしれない。俳優はあたかも自然に思いついたかのように、何かを語らなければならない。他方、かれらが語ることはあらかじめ、台本によって指示されているためである。だが楽譜やテキストといった形で客観化されているものを、即興的なものへと引き戻すと、それは不可能である。

芸術の危機は、芸術の可能性さえ揺さぶりかねないところまで強化されており、その両極を言わば刺激している。両極の一つとして、芸術の意味が、つまりそれを含む精神的内容がある。そのもう一方は表現と、それを含む模倣的な契機である。両者は相互に依存し合っている。意味を欠くなら、つまり精神化という媒介を欠くなら、表現は存在しなくなり、模倣的契機を欠くなら、意味は存在しなくなる。模倣的契機とは、今日死滅しつつあるかにみえる、例の芸術の言語特性のことである。

自然から美的に遠ざかることは、自然を目指して運動することでもある。観念論のこの点についての判断に、誤りはなかった。自然という目的は、それに合わせて芸術の力の場が、整えられるものであるが、それは力の場を運動させて、仮象と変えることである。つまり力の場における、それ自体が外部の物の世界の一部分であるものを、隠蔽することなのだ。

ベンヤミンのものとして、次の言葉がある。芸術作品は出現するものである、それが芸術作品において、逆説的な印象を与える点となっている。原註(1) この言葉は語り口はともかくとして、けっして秘密めいたものではない。事実、どのような芸術作品も一つの撞着語法なのだ。芸術作品自体の現実性は、芸術作品にとっても非現実的である。芸術作品は、自分が本質的に何物であるのかということについて関心がないし、また同じく、自分にとって不可欠の条件にも関心がない。芸術作品は現実においては、なおさら非現実的である、つまり妄想にほかならない。以前よりこのことに充分気づいていた点において、芸術の擁護者よりもその敵の方が勝っていた。擁護者は芸術の本質的な逆説を、徒に追放してきたにすぎなかった。芸術を本質的な矛盾をとおして規定する代わりに、その矛盾を解体してしまうような美学は無力である。芸術作品の現実と非現実とは、層のように重なりあっているのではなく、言わば芸術作品における全てを貫通しているのである。ただその限りにおいて、芸術作品は芸術作品として現実的であり、非現実でありながら、そうした自己自身に満足する。その点において芸術作品は経験と異なるが、それでいてまたこうした経験の一部分でありつづける。だが芸術作品の非現実的なところは、つまり芸術作品の精神としての規定は、芸術作品が変化の結果手に入れたものであって、それ以上のものではない。芸術作品においては、個別化された形態として存在していないような物は、何一つとして問題にならない。芸術作品は美的仮象となって、現実にたいする態度を持つが、作品は独自の物となることにより、現実を否定する。芸術は現実を客観化することによって、現実への異議申し立てを行うのである。

原註（1）　参照。ヴァルター・ベンヤミン『著作集』（前出書）第一巻　五四九ページ。「根拠をもって美しいと呼ばれている全てのものにおいては、そうしたものが出現することは、逆説的な印象を与える。」

テキストのどこへ立ち入ろうとも、解釈者というものは、溢れて押さえ切れないほどの欠陥を見出すものである。こうした欠陥は、補いようがなく、また補えばかならずといってよいほど、別のものにまでその影響が及ぶことになる。解釈者は次のような矛盾にぶつかる。作品が自己のうちから意図するものと、さらに解釈者が自己のうちから意図するものとの、矛盾である。だがその結果として妥協がはかられるなら、事柄は冷淡に未解決のまま放置されるため、妥協は事柄にとって有害なものとなる。完全に的確な解釈などといったものは、妄想にすぎない。観念的な読書が遊び以上のものとなるのは、とりわけそのためである。読書は感覚的であって非感覚的でもある観照として、矛盾の共存に似たものを許す。その点で、悪名高いロックの普遍的三角形にも較べられる。党派的な対話状態にある芸術作品の逆説は、次のような場合に経験可能なものとなる。芸術家は誕生の最中における仕事にまつわる特別な課題、あるいは困難に、ほとんど素直に目を向けさせられながらも、絶望的ではあっても、どこか高慢なところがある微笑みを浮かべて、こう答える場合である。これこそがまさに芸というものなのだと。芸術家は本質的に不可能なことについて、まったく無知でいる人間を非難し、自分の努力がア・プリオリに徒労に終わるよう、決定されていることを悲しむ。だがそれにもかかわらずこうしたことを試みること、それが名人たち全員に共通する、威厳というものである、たとえそれが誇示であり、俗受けを狙ったものであるとしても。名人芸は、再現の上手下手ということに、自己を限定する必要はない。必要とされているのは、事実のなかで生き延びるということである。名人芸は芸を研くことを通して、事実のなかで生き延びるよう強要されている。芸術の逆説的本質を、つまり不可能なことを可能なこととして、あえて出現させるのが、名人芸というものである。名人たちは芸術作品に殉ずる殉教者なのだ。かれらの成果の多くのなかには、例えばバレリーナやコロラトゥール・ソプラノの場合であるが、何かサディスティックなもの、つまり苦しみが沈澱している。だが苦しみはこうした成果を挙げるのに必要とされたにもかかわらず、その痕跡にいたるまで拭い取られてしまっている。職業的芸術家《アルティスト》という名称はサーカスの芸人から、効果ということに誰よりも背を向けているような、芸術家にいたるまで、共有されているものであるが、それはいわれのないことではない。ここで言う芸術家とは、本来の観念を純粋に満足させるために、芸術のむこうみずな理念を擁護して、戦ってきた芸術家のことである。芸術作品の論理性はつねにまた、芸術作品の敵でもある。こうした不条理は、論理性を裁くための対抗手段を形成してきた。伝統的芸術においてはこうしたことは、すでにとうに見られたし、また対抗手段の形成は、不条理が綱領として掲げられるようになる、それ以前のことであった。このことは、芸術作品における絶対的な首尾一貫性は、引き取りを拒否されているものであることを証明している。真正の芸術作品のあいだでは、足を踏み外しても護ってくれるような、そうした網など張られてはいない。

　生成ということは芸術作品においては、客観化され、均衡状態に到達している。だがこうした客観化は、まさにこのことをとおして、生成を否定し、生成をあたかも生成らしきものへと低下させるものとなる。次のことはおそらくそのために、惹き起こされたことであろう。今日、芸術の反乱の流れのなかで、仮象にたいする、つまり芸術の客観化の形態にたいする、反乱が行われていること。また単にみせかけにすぎない生成に代わって、直接的で即興的な生成を措定するといったことが試みられていること。その反面、他方では芸術の暴力は、つまり芸術の力動的な契機は、もしこうした固定化を欠き、またそれとともに固定化の仮象を欠くなら、全く存在しなくなるのである。

果敢ないものの持続は、芸術の契機であり、同時に、模倣的なものの遺産を永久化している契機でもある。こうした契機としての果敢ないものの持続は、太古にまで遡る範疇の一つに当たる。偶像自体は、内容の相違にもかかわらず、すくなからぬ数の作家達の判断によるなら、再生現象なのだ。フロベニウスは、ピグミー族についてこう報告している。かれらは「日の出の瞬間に動物を描いたが」、「それは殺害の行われた日の翌朝に、儀式において、偶像に血と髪の毛を塗りつけ、高度な意味においてその再生を計るためである……このようにして動物の偶像は永遠化、神格化を表すものとなり、言わば永遠の星として天空へ移行する。[原註(1)]」だが持続の果敢なさの意識が持続に加えられたのは、ほかならぬ持続を作り出す歴史の、初期においてのように思われる。その場合、こうした持続が偶像禁止の精神によって、生あるものにたいする罪として、感じ取られるといったことはまったくない。レシュによるなら、最も初期の時代においては、「人間を描写することにたいする明瞭な恐れ[原註(2)]」が支配している。この場合、次の事なども、念頭におくことも許されるであろう。模写的ではない、美的イメージには、早くから偶像禁止が浸透しており、それはタブーによること。魔術的起源を持つ芸術でさえも、反魔術性をもつことである。「儀式的偶像破壊」とは、こうしたことを指示しているが、それは太古以後に行われたことではない。すくなくとも「動物がもはや徘徊しなくなるようにするためには、破壊の印を、偶像に刻印しなければ」ならなかった[原註(3)]。先のタブーは死者にたいする恐れに由来している。死者をミイラにして、言わば生きたまま保存させたのも、またこの恐れであった。美的持続の理念はミイラから発展してきたと考えられるが、またそうした考えを助長するものも、少なくない。こうした方向を指示するものとして、ニュー・ヘブリディーズ諸島の木彫像に関する、シュパイザーの研究がある[原註(4)]。次はそれに関するクラウゼの紹介である。「肉体の忠実な模倣を目指す発展は、ミイラの模写から出発したものであって、頭蓋骨だけの像の製作、頭蓋骨に柱をそえた像の製作、木あるいは、本生シダによる全身像の製作という段階をたどった[原註(5)]。」シュパイザーの解釈によるなら、この変化は、「死者を保存し、肉体として現存しているかのように欺く段階から、死者の現存を象徴的に暗示する段階への移行である。こうした移行によって、純粋な立像への移行が惹き起こされたのである。原註(6)」さらにかれはこう解釈している。こうした移行はすでに、素材と形式を分離する、新石器時代的な分離へ向かう移行、つまり「意味する」ことを目指す移行であると、考えることも許される。魔法によって呪縛され、腐敗することがない形態を与えられた死体、それは、芸術のモデルの一つなのかもしれない。かつて生きていたものの物象化は、歴史の初めにおいてすでに、出現してくる。それと同じく、自然に呪縛された魔術的なものである医療行為のような、死に対する抵抗の出現も見られる。


原註(1) 引用は、エリク・ホルム『南アフリカにおける壁画』『世界の芸術 石器時代』(バーデン・バーデン 一九六〇)所収 一九七/八ページ。

原註(2) ヴァルター・F・E・レシュ『北アフリカ壁画における動物描写の様式区分にかんする考察』『パイデウマ・文化研究 XI巻』(一九六五)所収。

原註(3) ホルム(前出書)一九八ページ。

原註(4) フェリックス・シュパイザー『ニュー・ヘブリディーズ諸島とバンクス島の民族学資料』(ベルリン 一九二三)。

原註(5) フリッツ・クラウゼ『仮面と祖先像 覆いの主題と形式原理』W・E・ミュールマン、E・W・ミュラー編『文化人類学』(一九六六 ケルン・ベルリン)所収 二二八ページ。

原註(6) シュパイザー(前出書)三九〇ページ。


芸術における仮象の死に見合うものとして、文化産業におけるあくことを知らない幻想主義がある。こうした幻想主義の焦点をハックスレーは、いくつかの〈有料の嘘〉(フィーリーズ)に置き、それによって構成してみせた。仮象にたいするアレルギーと、商業によって仮象の全面的支配が行われていることとは、対位法を形成している。仮象を除去するということは、リアリズムについての卑俗な観念とは逆のものである。リアリズムは文化産業においては、仮象を補完するものとなっている。

近代の始まり以後、自己自身の反省による主体と客体への分裂が生じた。市民的現実はそれとともに主体にたいして常に、理解出来ないものという枠をはめられていたにもかかわらず、非現実的なもの、仮象的なものの痕跡を帯びたものであった。それは市民的現実が哲学にとっては、さまざまな主体的規定を紡ぎ合わせたものであることに似ている。こうした仮象めいたものが苛立たせるものになるのに応じて、意識はなお一層、頑固に現実的なものの現実性を、誇張して演じるようになる。誇張に反対する芸術は、自己自身を仮象として措定するが、こうした措定は、以前の局面におけるよりも、はるかに強調して行われている。現実性が描写や報告において、鋭く際立たせられるといったことは、以前は見られなかったことである。その限りにおいてこうした芸術は、主体によって支配されていながら、そうした世界を現実と見做すことを求める偽りの要求を、つまり商品の世界の要求を、サボタージュしている芸術なのだ。芸術の真実内容がみずからを結晶化するのは、こうしたサボタージュによる。真実内容は仮象を自己措定することをとおして、現実を浮彫りにする。仮象はこのようにして真実に奉仕するのである。

ニーチェは、〈反形而上学的であってしかも職人芸的な〉哲学を要求した。原註(1) その要求に見合うもの、それがボードレール的憂鬱とユーゲントシュティルであるが、それにはかすかながら、次のような矛盾が付きまとっている。芸術は真実がヘーゲル的に発展したものではなく、それ自体がニーチェの排斥する、当の形而上学の一部をなす。それなのに芸術はあたかも先の命令に従い、その強い要請を受け入れているかのように見えるという、矛盾のことである。だが反職人芸的なもののなかでも、首尾一貫した実証主義以上に、反職人芸的なものはない。こうした点は全て、ニーチェによって意識されていた。だがかれは矛盾を展開することなく、そのまま放置した。このことは、ボードレールの嘘崇拝や、イプセンにおける美の気根的で妄想的な概念と、一致する点となっている。啓蒙の動機づけや意味は、啓蒙が完全に首尾一貫したものとなるなら、消滅してしまう。もっとも首尾一貫した啓蒙主義者であったニーチェは、その点を見誤ることはなかった。そこで彼は啓蒙の自己反省を行うかわりに、思想のクーデターを実行する。思想のクーデターとは、次のことの表現にほかならない。啓蒙がその理念を呼び出す真実それ自体は、先の仮象を欠くならば存在しなくなるということである。つまり啓蒙が真実のために根絶したがっている、仮象のことである。芸術は、こうした真実の契機と連帯しているのだ。

原註（1）　フリードリヒ・ニーチェ『三巻本選集』K・シュレヒタ編　第三巻（ミュンヘン　一九五六）四八一ページ。「反形而上学的世界観である。たしかにそうだ、だが職人芸的な世界観である。」

芸術は真実を目指す、たとえその真実が直接的なものではないとしても。真実はその限りにおいて、芸術の内容なのだ。芸術が認識となるのは、真実との関係をとおしてである。芸術自体が真実を認識するのは、芸術が真実を際立たせることによる。だが認識としての芸術は論証的なものでもなければ、芸術の真実が対象を反映したものであることもない。

肩をすくめて疑ってかかる美的相対主義それ自体、物象化された意識の一部にすぎない。こうした相対主義は不充分な自己に向けられた、憂鬱な懐疑であるというよりは、むしろ芸術の真実要求に向けられた悪意である。芸術の真実要求だけが、芸術作品の偉大さを正当化するものであった。こうした偉大さがなければ、相対主義者たちが芸術作品を呪物化することによって、暮らしを立てるといったこともありえないことである。相対主義者の態度とは、外部から受け入れ、消費する態度であって、そうしたものとして物象化されている。こうした態度は芸術作品の運動に立ち入ることがないが、芸術作品の真実にたいする問いかけが的確なものとなるのは、こうした運動においてである。相対主義は事柄にたいして無関心で分裂している、単なる主体の自己反省にすぎない。相対主義がかつて真面目に考えられたことは、美学的にもほとんど皆無である。相対主義にとって、ほかならぬ真面目ということほど、苦手なものはない。新しい作品を攻撃する際に、こうした代物は所詮、判断のつけようがないと、よく言われる。こうしたことを語る人は自惚れた人であり、自分が理解出来なかったということを盾にして、理解出来なかった事柄を退治したつもりでいるのである。人々は絶えず美的論争に巻き込まれている。その際、美学にたいしてどのような態度をとるのかということには、関心が払われることはない。このことはどちらかといえば、相対主義に対する反証ではあっても、相対主義による哲学的反駁に対する反証ではない。美的真実という理念は、その問題性にもかかわらず、その問題性のなかで、その正当性を入手するためである。だが美的相対主義批判が最も強力な支柱として持つものに、技術的問題は決定可能であるという点がある。そう言うとさながら自動的な仕掛けから飛び出すかのように、次のような決まり文句が返ってくる。技術はたしかに範疇的判断は許すが、芸術そのものや芸術の内容は許さないという、決まり文句である。こうした決まり文句は、芸術の内容と技術を独断的に分離する。技術という言葉で要約されているのは、芸術作品の行動方法の総体である。芸術作品がこうした総体以上のものであること、それは確かだ。だが芸術作品が客観的内容を持つのは、その内容が芸術作品の内部に出現する場合に限られること。しかもこうしたことは、もっぱら芸術作品の技術の力によって行われること。このこともそれと同じく確かなことである。技術の論理は美的真実にいたる道なのだ。たしかに流派の規則と美的判断とのあいだには、両者をつなぐ連続性など存在していない。だが道がこのように不連続なのは、一つの強制に従っているためである。つまり作品の最高度の真実問題は、作品の渾然一体性にかんする諸範疇に置き換えられる。[原註(1)] こうした置き換えが不可能なところでは、観念は限界に突き当たる。それは人間としての制約という、趣味判断以前の限界である。

原註(1)『ワーグナー試論』（前出書）の全体が意図していたことは、技術至上主義の実情とその脆さを媒介として、真実批判を行うこと以外の何物でもない。

芸術作品の内在的な渾然一体性とその超美的真実とが収斂したもの、それが芸術作品の真実内容である。こうした真実内容は次の場合には、天からの賜物と言えるかもしれない。超越的な創造者を必要としている、ライプニッツの予定調和的な調和だけがそうであるような、賜物のことであるが。それは、作品の内在的な渾然一体性の展開が、真実内容にとって役に立っていないといった場合のことである。真実内容とは、作品自身になりえない、そうした即自的なもののイメージのことである。芸術作品の努力が客観的真実に向けられているなら、こうした真実は、作品自体の法則性を実現し、それに媒介されて作品の一部となる。作品が自らの内部の暗闇を手探りして進む際に、アリアドネの糸となるのは、次のことである。作品が自己自身を満足させる度合が多ければ多いだけ、それだけ一層、充分に、真実を満足させるものとなるということである。これはしかも自己欺瞞ではない。なぜなら作品が自給自足的なものであるということ、それは作品自身ではないものから、作品にもたらされたものであるためである。現実的なものの範疇の仮象への移行、それが芸術の太古史なのだ。だが現実的なものの範疇は、自律的な形成物においてもさらに運動を継続するが、こうした運動は単にその仮象の法則に従うだけではない。これらの範疇は外部から一定の方向を受け取り、それを保持し続ける。範疇はこう問い掛ける。どうしたら現実的なものの真実が、範疇自体の真実となるのかと。現実的なものの規範は虚偽である。純粋な存在としての範疇は、自らの他者を単に準備するにすぎないような、こうした精神のあり方を批判する。社会的に虚偽で脆くイデオロギー的であるものは、芸術作品の構造に、脆さ、曖昧さ、不充分さとして伝えられる。なぜなら芸術作品の反応方法自体が、つまりその客観的な〈客観性にたいする態度〉は、現実にたいする態度であり続けるためである。原註(1)

原註(1)『ワーグナー試論』の努力は、一人の重要な芸術家の作品を媒介として、超美的なものと芸術的なものとを結びつけることに向けられていた。この試論は多くの作品において方向決定に際して、芸術家の心理的な面にあまりにも頼りすぎてしまった。だがこれは意図においては、唯物論的美学を目指すものであった。芸術の自律的な範疇をして、とりわけ形式的な範疇をして、社会的にまた内容的に語らせようとする美学のことである。この著書の関心は、作品の真実内容を構成する客観的な媒介に向けられており、作品の成立事情や他の作品との類似性に向けられているわけではない。その意図は哲学・美学的ではあっても、知識社会学的なものではない。ニーチェの趣味をワーグナーにおいて苛立たせたものとして、仰々しさ、荘重さ、現状肯定、説得調から、もやもやした酵素的な作曲技術にいたるものがある。だがこれらのものは、テキストが告げている社会的イデオロギーと、一体化したものなのだ。サルトルは反ユダヤ主義の立場からは、良い長編小説を書くことは出来ないと語っている。この命題は、そうした事態を的確に捉えたものにほかならない。(参

照。ジャン・ポール・サルトル（前出書　四一ページ）

芸術作品は芸術作品自体であり、同時にまた常に、芸術作品自体の他者でもある。こうした他者であるということは人を迷わせるが、それは次のことによる。本質的に超美的なものは、美的なものから引き離され、両手で握られたかのように錯覚されると、たちまちにして蒸発してしまうためである。

歴史的傾向とともに最近では、重心の事柄への移行、重心の主体離れ、すくなくとも主体の表れからの離反が行われている。この事実はさらには、芸術作品と現実に存在するものとの区別までも、ここで言う歴史的傾向は主観的起源をもつものであるにもかかわらず、危うくしている。形成された作品はたえずますます、第二級の現存在になりつつある。こうした現存在は作品が持つような、人間的なものを覗かせてくれる窓を持たない。主観性は芸術作品においては、芸術作品を客観化するための道具にすぎなくなり、そうしたものとして消滅しかけている。芸術作品は相変わらず主観的創造力を必要としている。こうした創造力は主体から客体へ向かうものとしてではなく、それが逆転したものとして認識可能となる。こうした方向転換はそれにもかかわらず、芸術作品と現存在とを境界線を引いて区別するという、必然性にほかならない。想像力とは、こうした境界線を引く能力にほかならない。想像力は、それ自体が静止しているものの輪郭を描き、形式、細部、物語、あるいはその他もろもろのことを考え出す力ではあっても、恣意的なものではない。だが芸術作品の真実としては、次のこと以外のことは考えられない。主体によって想像された即自のなかで、超主観的なものが読み取られるということである。こうした超主観的なものを媒介するもの、それが作品なのだ。

芸術作品の内容と芸術作品を構成するものとの媒介は、主観的なものである。こうした媒介はたんに、客観化を目指す労働や努力を、その本質としているだけではない。主観的意図を見下し、その意図の恣意によって与えられるわけではないもの、それと一致しているのは、主体における客観的なものに類似したものである。それは主体の経験ではあっても、意識的意図を抱く以前の状態を持ち場とする、その限りにおける経験である。イメージを欠くイメージ、それがこうしたイメージの沈澱物としての芸術作品であり、先の経験は対象化しながら行われる模写に対する嘲笑にほかならない。こうした経験を支配し、その記述を行うこと、それが真実内容へと至る主観的な道となる。迷わされずこうした経験に忠実に従うこと。それがリアリズムにとって唯一の、相応しい観念であり、今日の芸術にとって、それを避けて通ることができないことは言うまでもない。経験は充分深く導くものとなるなら、その限りにおいて、心理学のような現実の正面部分によって隠されている、歴史の星位までも的確に捉える。伝統的な哲学による解釈は経験を、つまり範疇という装置一式や演繹的連関全体を、まず動機づけているものを、掘り当てなければならない。芸術作品の解釈もまたそれと同じく、こうした経験の核心に、つまり主観的に経験され主体を乗り越えていくものにまで、肉薄する。芸術作品の解釈はそうすることによって、真実内容における哲学と芸術との収斂に従うのである。真実内容とは、芸術作品自体が意味以前の段階において、語るものにほかならない。他方、真実内容が自己を貫くのは、芸術作品が自己のうちで、歴史的経験を配置しながら書き下ろすことによる。またこのことは、それとは別のやり方によっても可能であるとしても、その場合でもかならず、主体を経由して行われなければならない。真実内容は抽象的な即自ではない。重要な作品が虚偽の意識を持ちながら真実であるのは、その身振りによる。それはこうした意識の段階を、自分にとって逃れえないものとして指示する、そうした身振りのことである。だが作品が一直線に理論的真実を目指し、それを内容として持つところでは、こうした真実は存在しない。偽りの意識による純粋な描写が抵抗しきれなくなり、真実の意識へと移行することもあるいは起こるかもしれないが、たとえそうであったとしても事態に変わりはない。

ベートーヴェンの弦楽四重奏『ラズモフスキー一番』における、緩慢なテンポの第三楽章の場合である。ある命題によるなら、この楽章の形而上学的内容が真実でないなどということは、ありえないこととされている。こうした命題は、次のような異論を予測しなければならない。こうした楽章にも真実はなくはないが、それは無力な憧憬にすぎず、それは消滅しかけている、無も同然のものであると。先の命題はそれにたいして、こう返答する。その変ニ長調の箇所において表現されているのは、憧憬などでは絶対にない。この返答は弁護的なニュアンスを含むため、次のような答えの呼び水となる。真実そっくりに見えるものこそ、憧憬の産物なのだ。芸術とはそもそも、それ以外の何物でもないと。この答えへの返答は、次のような主張であろう。そのような勇ましい反論とその論拠も元をただせば、月並みな主観的理性にすぎない。第二の立場における、人間の側へと引きつけて行われた機械的な還元は、あまりにも滑らかで抵抗がなさすぎる。そのため客観的に出現するものの説明としては、充分とは言えない。だがこうした余りにも軽すぎるものを、幻想を欠く深みとして提示することは、正当なのだ。それは軽すぎるものであるとしても、それ自体が首尾一貫した否定となっている、ただそのためにすぎない。他方、悪への屈伏は、悪との同化を推測させる。なぜならこうした屈伏は現象としての音に耳をかさないためである。ベートーヴェンの曲の暴力的な部分は、それがまさに主体から遠く隔たっていることの現れにほかならない。拍子に真実の印を与えているのは、この暴力である。芸術において、救いようのない言葉である真という言葉によって、かつて呼ばれていたもので、ニーチェもいまだ、この言葉を用いて考えようとしていたものがある。それが形容しようとしていたもの、それは、こうした暴力にまつわることにほかならない。

芸術作品の精神は、芸術作品が意味しているものでもなければ、またそれが意図しているものでもない。その精神とは、芸術作品の真実内容である。こうした真実内容は、芸術作品において出現してくるものと、言い換えられるかもしれない。ベートーヴェンのニ短調ソナタ『テンペスト』の第二主題である、あのアダージョは、単に美しいメロディーであるだけではない。たしかにそれ自体としてみるなら、これ以上に曲線的であって、鮮明な輪郭をもち、独創的なメロディーも存在している。このアダージョはまた、自己に対する絶対的な表現力によって、際立っているわけでもない。それにもかかわらずこの主題の出だしは、圧倒する箇所の一部になっている。それはベートーヴェン音楽の精神と呼んで差し支えないものが、描写されているという点においてである。それはまた希望がその真正な特性とともに、描写されている点でもある。この特性は美的に出現するものである希望を、同時に、美的仮象となる以前の段階において、的確に捉えている。出現してくるものの、こうした仮象となる以前の状態、それが美的真実内容なのだ。つまり仮象における、仮象ではないもののことである。真実内容は芸術作品における事例でもないし、また他の事態と並ぶ事態でもないが、それと同じく逆に、真実内容の出現から自立しているものでもない。第二楽章の第一の主題群は、すでに際立った、語りかけるかのような美をもつものとなっているが、それは次のような形態が、巧みにモザイク風に組み合わされたものである。対立し、繰り返しすでにそれが置かれた位置をとおして、互いから切り離されながらも、それにもかかわらず動機として、それ自体において互いに関連しあっているといった、そうした形態である。こうした主題群の雰囲気は、以前なら気分と呼ばれたかもしれないものにあたる。その雰囲気はおそらくそれぞれの気分がそうであるように、出来事を待つ。すると主題群はこの雰囲気を背景として、出来事となる。それに続いて、例のへ長調の主題が、三二分音符の進行に合わせて高潮する、身振りとともにあらわれてくる。こうしたそれ自体は解体していて曖昧であるような、先行部分につづくのが、付随する最高声部のメロディーである。これは第二主題として作曲されたものであって、そのメロディーがその特性を獲得するのは、こうした位置による。それは和解的であって、同時に何かを与えることを約束するものという、特性である。超越させるものも、それが超越させるものを欠くなら、存在することがなくなる。真実内容は、全体的配置によって媒介されているものであるが、それを媒介するものは、こうした配置の外部におけるものでもなければ、また配置やその配置の構成要素にとって内在的なものでもない。全ての美的媒介の理念として結晶化されているものとは、おそらくこのことなのかもしれない。こうした理念が芸術作品をして、その真実内容に関与させることになる。媒介の軌跡は、芸術作品の構造を媒介するものとして、つまりその技術を媒介するものとして構成可能である。芸術作品の技術の認識は、事柄自体の客観性へと導くとしても、事柄の客観性はいわば、渾然一体化した全体的配置をとおして、保証されているのである。だがこうした客観性も、所詮、真実内容以外の何物でもあり得ない。このような契機の地勢図を描くこと、それが美学の責務なのだ。真正の作品においては、自然的なものの支配あるいは材料の支配と、支配的原理をとおして言語を見出す支配されるものとが、対位法化される。こうした弁証法的関係の結果が、作品の真実内容である。

芸術作品の精神とは、作品の客観化されたミメーシス的態度である。つまりミメーシスに逆らい、同時に芸術においてミメーシスの形態となったもののことである。

美的範疇としての模倣は、単純に受け入れられもしなければ、それと同じく単純に消去することも出来ない。芸術はミメーシス的衝動を客観化する。芸術はこうした衝動を、直接的なものとして断念し、否定するが、同じく保存もする。対象の模倣は、客観化のこうした弁証法から、ひどい結論を引き出してくる。対象化されたミメーシスの相関物なのだ。非我にたいして反応することが、非我をまねる行為となる。対象化された現実は、対象化に屈伏し、対象化された意識にたいして出現した、客体との断絶を閉じることを、いたずらに希望するにすぎないものとなる。芸術作品は自己を、他者と、つまり対象的なものと等しいものにしようと意図する。だがそうすることによって芸術作品は、こうしたものとは等しくないものとなる。だが主体は模倣による自己疎外のなかで初めて、自らを強化し、その結果、模倣の呪縛を振り落とす。芸術作品は自己を知るのに、数千年の間、何らかのもののイメージによってきた。こうした事態が歴史をとおして、歴史の批判者をとおして、歴史にとって、非本質的なものであることが暴露される。プルーストなくしてはジョイスはありえないし、プルーストが見下していたあのフローベールなくしては、そのプルーストもありえない。芸術が自立的なものへと自己を形成したのは、模倣をとおしてであり、模倣と無関係になることによるのではない。芸術は模倣によって、みずからの自由のための手段を獲得したのである。

芸術は対象的なものの認識ではないが、同じくその模写でもない。さもなければ芸術は堕落して、例の重複になりかねない。つまりフッサールが論証的認識の領域で、あのように厳しく批判した重複のことである。むしろ芸術は現実に手を伸ばし、現実に触れて驚き手を引くといった、そうした身振りをするものなのだ。芸術の文字とはこうした運動の標識である。芸術作品における芸術の配置は、現実の歴史的本質の暗号であって、現実の模写ではない。こうした行動方法は、ミメーシス的行動方法に類似している。芸術作品自体は現実の模写として登場しながら、ただ周辺部分において、こうした模写となるにすぎない。このような芸術作品は、第一の現実に反応することにより、第二の現実となる。つまり芸術作品は主観的には反省であるが、芸術家が反省したかどうかについては、関心がない。自己を形象を欠く即自的なものにする、そのような芸術作品が初めて、〔本質を的確にとらえるが、そのためには言うまでもなく、発展した美的自然支配が必要とされるのである。編者註(1)〕

編者註(1)「括弧でくくられている部分は、原稿においては線で消されている。だがこの文には、別の結末が与えられているわけではない。」

芸術家は芸術作品のなんたるかを知らないということを、掟としている。もしこの掟が有効であるとするなら、それが今日の芸術においては奪い取れないものとなっている反省と、衝突することは言うまでもない。今日の芸術を芸術家の意識によるものとして考えること、それ以外のことを想像するのは至難と言ってよい。実際のところ、芸術作品について芸術家が無知であることが、往々にして重要な芸術家の作品における欠点となっている。このことはとりわけ芸術がいまだまがりなりにも、それなりの場を占めているような、そうした文化圏に当てはまる。無知は例えば趣味の欠如として、内在的な無知ともなるためである。だが無知と不可欠な反省とのあいだの中立点となっているものに、技術がある。技術はそれぞれの反省を許可するだけでなく、要求さえする。だからといって技術は上位概念を引き合いにだして、作品に豊かな実りをもたらす曖昧さを破壊することもない。

謎特性は戦慄ではあっても、想起させるものとしての戦慄であって、具体的な現在としての戦慄ではない。

過去の芸術はその礼拝的契機と一致していたわけでもなければ、この契機と単純に対立関係にあったわけでもない。過去の芸術は礼拝対象から、一飛びで身をもぎはなしたが、こうした飛躍のなかで礼拝的契機は、姿を変えて同時に保存される。またこうした構造は芸術の歴史の全ての段階において、拡大再生産されてきた。芸術の概念は面倒で扱いづらいものであるが、こうした概念を捉え損ねさせるような、そうした要素は、全ての芸術に含まれている。叙事詩が歴史記述の名残として、悲劇が審理の模写として誤解されているのは、そのためである。また同じくそのために、最も抽象的な絵画が装飾的模様として、あるいは写実的な長編小説が社会科学の先駆として、つまりルポルタージュとして、誤解されることにもなる。

芸術作品の謎特性は、歴史と癒着しつづけている。芸術作品は、かつて歴史をとおして謎となったが、歴史をとおして常に、繰り返し謎となりつつある。また逆に、芸術作品に権威を与えた歴史だけが、芸術作品の存在理由を問うような厄介な問いを、芸術作品から遠ざけてきたのである。

蒼古的な芸術作品とは、芸術作品が沈黙していた時代の芸術作品である。だが芸術作品はもはや語ることがないとしても、その沈黙自体が語っているのである。

全ての前衛芸術がびっくりさせるものという、印を帯びているわけではない。こうした印がもっとも強力なのは、絵画と対象とのどのような関係も切断されているような、箇所ではない。不協和音と仕上げられ否定されている協和音との、どのような関係も切断されているような、そうした箇所である。ピカソを衝撃的な存在にしたもの、それはデフォルマシオンの原理であった。多くの抽象絵画や構成主義的絵画には、こうした衝撃が欠けている。こうした絵画においては、いまだ現実化されていない、今以上に不安を知らない現実の力が、作用しているかどうか、その点は未解決のままである。あるいは次のことを証明しているものも少なくない。抽象的なものの調和といったことが、ヨーロッパの破局後の二十年間における社会的多幸症と同じく、人を欺いているのではないのか。この点も解決されていない。そうした調和は美的にもまた、没落しつつあるように見える。

視点にまつわる問題は、かつて絵画の決定的な動因であったが、それが絵画において今また、出現しかけているのかもしれない。ただし今回は、模写の問題からは解放されている。だがその上で、次の点が問題とされなければならないであろう。潜勢的にではあるとしても、絶対的に非対象的なものは、そもそも表象可能なのかどうか。全ての現象してくるものには、極端な還元を行おうとも、対象的世界の痕跡が埋こまれていないかどうか。こうした思弁も、それが何らかの復古のために利用されるものとなるなら、たちまちにして虚偽となる。認識は次の点をその主観的な限界としている。認識者は自らの状況から未来を推論するという誘惑には、ほとんど抵抗出来ないという点である。定数にたいするタブーは同時にまた、こうした誘惑を妨げるタブーともなる。だが未来を実証的に描きだすことは、定数の輪郭を描くことと同じ程度に、不可能なことである。瞬間の要請のうちへと自らを押しこむのが、美学なのだ。

芸術作品とは何であるのか、それは定義できないことであるが、同じく美学の、こうした定義を求める欲求もまた否定することは許されない。美学はみずからが約束するものを負い目として、放置しておいてはならない。芸術作品は模写されるものを欠くイメージであり、そのためイメージを欠くものでもある。つまり顕現としての存在なのだ。芸術作品は模写という称号と同じく、プラトン的原イメージという称号ももたない。とりわけ欠けているのは、永遠性という称号である。つまり芸術作品は徹頭徹尾歴史的なのだ。芸術の身近にもっとも近づき、芸術へと導く前芸術的態度、それは経験を、イメージの経験へと変身させる態度でもある。キルケゴールは、それをこう表現した。私が捕獲したのはイメージなのだと。芸術作品とは芸術作品を客観化すること、つまりミメーシスを客観化することである。それは経験の図式であって、この図式はみずからを経験するものに同化させる。

最後になると、全ての象が後足で立ち上がる。他方、それぞれの象の鼻のうえでは、一人ずつ踊り子が、優美なポーズをみせながら、身じろぎもせず立ちつくす。こんな活人画がサーカスの一場面として見られる。こうした俗に低級な芸と呼ばれているものの形式は、歴史哲学が次のような芸術において解読するものの、意図こそ欠いているが、原像にほかならない。それは忌み嫌われた形式をもち、その形式からは、被われた秘密について、つまりかつて確立された水準が欺くものについて、サーカスと同程度のことが読み取られるような、そうした芸術のことである。こうした水準を芸術は、芸術の予め凝固した形式へと近づけるのである。

美とは目的の領域において客観化されたものによって行われる、この領域からの脱出にほかならない。

理念とは対象化されず、そのためにまた意図どおりには、的確に与えられることもないような、そうした客観性である。こうしたものとしての理念が芸術において煌めくのは、芸術が目的を欠き、同じく美的に合目的的であることによる。だがその理念が芸術に与えられるのは、もっぱら主体を経由することによる、主体とは合目的性の源である例の合理性にほかならない。芸術とは分極化なのだ。芸術の火花は、自己を疎外し自己のうちへと立ち入る主観性から、作られたものではあっても、合理性によって作られたものではないものへと飛び火する。つまり主体と、かつて哲学にとって即自を意味していたものとの、その両者の間に挟まれている、例の塊へと飛び火するのである。芸術は中間領域にとって、つまり規定されたものの領域にとっては、測りえないものなのだ。

カントが言う目的をかく合目的性とは、次のような原理のことである。経験的現実から、つまり自己保存という目的の世界から、自己保存から遠ざけられた世界へと移住する原理、つまりかつての宗教的原理へと移住する原理である。芸術作品の合目的性は、目的の実際的措定にたいする批判であり、そうした批判として弁証法的なのだ。こうした合目的性は、抑圧された自然に加担する。芸術作品の合目的性は、人間によって措定されたものとは異なるような、合目的性の理念を持つが、それはこうした加担の賜物である。そのような合目的性は言うまでもなく、自然科学によって解体されてしまった。芸術とは自然あるいは直接性を否定することによる、つまり完全な媒介による、自然あるいは直接性の救済にほかならない。芸術は自らを支配されることがないものに似せるが、それはみずからの材料を無制限に支配することによる。カントの撞着語法に隠されているのは、このことなのだ。

人間による自然支配の模写である芸術は、反省をとおして自然支配を否定すると同時に、自然にたいして好意を示す。芸術作品の主観的全体性が、他者に押しつけられた全体性にとどまることはない。主観的全体性は押しつけられた全体性にたいして距離を置き、そのなかで想像力によって他者を再建する。自然支配は美によって中立化されながら、自らの暴力を行使する。自然支配は自己の形態における損なわれた他者を、仮象として再建する。そうした仮象となることをとおして、自然支配は損なわれることがないもののモデルとなる。美的全体とは、虚偽である全体のアンチテーゼなのだ、ヴァレリイの著書のあるところで言われているように、芸術が自己自身以外の誰も頼ろうと思わなくなる場合、それはもっぱら次のことによる。芸術は自己を即自の比喩に、つまり支配されることもなければ、醜悪化されることもないものの、比喩にしたいと思うためである。芸術は自らが住む国の憲法によって、自己を否定する精神なのだ。

自然支配は芸術にとっては偶然的なものでもなければ、文明的過程にあとから融合されることにより、背負いこまされた堕罪でもない。このことを最低限証明する事実として、次のことがある。未開民族の魔術行為は、区別できない形で自然支配的要素を、みずからのうちに含む。「動物の偶像が与える深い影響は、単に次の事実からも説明がつく。偶像はその認識出来る特徴によって心理学的に、対象そのものが与えるのと同一の影響を与える。人間はこのように、心理学的な変化を被ることによって、魔力を感じたように思いこむ。他方、人間は次のような事実から、描写されている野獣を捉え、征服したいという信念を汲み取る。つまり偶像はじっとしたまま、人間の力に身を委ねたままでいる、という事実である。偶像が動物を支配する武力として、未開人にとって出現するのは、こうした信仰によ原註(1)る。」魔術は例の因果的思考の萌芽的形態であり、それによって後に清算されることになる。

原註(1)　カタザ・シュロッサー『未開民族芸術における象徴主義・典型規範からの逸脱における生物学的、心理学的法則性』(キール　一九二五)一四ページ。

芸術は次のようなミメーシス的行為である。自らを客観化するために、最も進歩した合理性を意のままに操る、つまり材料と行動方法を支配するものとして、合理性を意のままに操る、そうしたミメーシス的行為のことである。ミメーシス的行為のこうした矛盾は、ラチオそのものの矛盾にたいする返答なのだ。合理の目的が、もしそれ自体が必然的に非合理的に実現されるものと仮定したとする。そうした仮定は、幸福が合理性の敵であって、それ自体目的であり、しかもこうした合理性を必要としているためである。もしもそのようなことがあるとしても、芸術はこうした非合理的な目的を、自らの問題とする。その際、芸術はさまざまな行動の仕方において、合理性を削りとることなくそのまま利用する。他方、芸術はいわゆる〈技術的世界〉においては、生産関係によって制限を加えられ、それ自体非合理的なものであり続ける。技術的時代においては、芸術は悪となる。この時代の芸術は社会関係としての、つまり普遍的に媒介されているものとしての、時代について欺くためである。

芸術作品の合理性は、経験的な現存在にたいして抵抗することを目的としている。芸術作品を合理的に形成すること、それは芸術作品それ自体を、首尾一貫した形で仕上げることとほぼ同じ意味である。このことによって芸術作品は、芸術作品の外部のものと対照的なものともなる。つまり美的なラチオが由来する、自然支配的ラチオの場と対照的なものとなり、また対自的なものとなる。支配に対して行われる芸術作品の反対は、支配のミメーシスにほかならない。芸術作品は支配的態度に、自らを同化させなければならない。それは支配の世界から、質的に異なる何かを創造するためである。その上さらに芸術作品は、存在するものに対して内在的ではあるが、論争的な姿勢をとる。それはその内に、次のような原理を取り込む姿勢である。存在するものが屈し、存在するものの資格を剝奪して、単に存在するに過ぎないものとしてしまう、そうした原理のことである。美的合理性とは、自然支配的合理性が外部において惹き起こしたことにたいして、償いを目論むものなのだ。

芸術における恣意的で支配的な契機の追放は、支配のためではなく、贖罪のためのものである。つまり主体は自己とその他者とを意のままに処理しても、それは非同一のもののために行われる。

形態化という範疇は、自立させるなら面倒なものとなる範疇であるが、構造を目指すものにほかならない。芸術作品のランクが高まり、形態化の度合もそれだけ一層、捗るということは、芸術作品のなかで意のままに扱われるものが、それだけ一層、少なくなるということである。形態化とは、非形態化を意味する。

論理性や内在的形式が、誤りであることもないわけではない。そうした可能性を突如、照らしだしたのが、モダニズムの統合としての構成をもつ、芸術作品にほかならない。こうした芸術作品はみずからの概念を充たすためには、みずからの概念が意図するところを、ぶちこわさなければならない。クレーの日記には、このことをしっかりと示すスケッチが含まれている。たとえば次のことなどは、実際的に極限を問い続ける芸術家の課題の一つとなっている。一方ではたしかに、結末を目指すものの論理を実現することが行われる。リヒアルト・シュトラウスのような芸術家は、この点では奇妙なことに無神経であった。それでいて他方では、こうした論理を切断し、一時的に中断して、論理から機械的なところ、見極めの付けづらいところを取り除くことが行われる。作品に密着せよという要求は作品に介入し、作品が時限爆弾となるような、そうした事態を回避するようにという要求にほかならない。ベートーヴェンの場合、彼の展開部の後半部分は、意志的行為によるように、介入の身振りでもって始まることをつねとしている。こうした身振りはおそらく、こうした経験の初期における証明かもしれない。芸術作品の実り豊かな瞬間はさもなければ、その作品の死の瞬間へと一変しかねない。

トラークルの詩は、論証的論理と美的論理との相違を証明する手がかりとなるかもしれない。「イメージと小イメージの配列の何という美しさ」。一続きのイメージはたしかに論理や因果律の手続きによる、意味連関とはなっていない。つまり命題学的領域、とりわけ生活上の判断領域を支配しているような、論理や因果律の手続きによるような、そのような意味連関とはなっていない。たとえトラークル的に〈存在している〉と言われているにもかかわらず、そうである。詩人は〈存在している〉ということを逆説として選び、それをして存在しないものが、存在しているかのように語らせる。だが連想は仮象として存在するにもかかわらず、その仮象の構造はこうした連想へと傾斜することを、そのまま単純に放置しておくわけではない。そこには論理的範疇が間接的に、曖昧なものに変えられて紛れ込んでくる。それはそれ自体が音楽的に上昇するかあるいは下降する、個別的な構成要素の曲線、色価の分散といった範疇に類似している。それはまた措定、継続、結末のような、諸特性の関係の範疇にも似ている。イメージの構成要素は、こうした形式的範疇に関与しており、しかも専らこれらのものの関連によって、正当化されるにすぎない。こうした構成要素は詩を組織し、詩をして、単に偶然的で個別的事例にすぎないような、そうした状態を乗り越えさせる。美的形式には連想を呼び起こす点においてさえも、それなりの合理性がある。一つの瞬間が他の瞬間を呼び寄せるようなところには、のっぴきならない力をもった何かが潜む。つまり論理や音楽において、結末が直接的に要求しているような、そうした力のことである。トラークルが煩わしい模倣者に反対して、手段のことについて語る、手紙が残されている。そこでは実際に、自分はこうした手段を学び取ったのであると、記されている。こうした手段には、論理性の契機が欠けていることはない。

形式美学と内容美学　内容美学は論争において、皮肉なことに次の点で優勢を保っている。作品と芸術全体の内実は、つまりこれらのものの目的は形式的なものではなく、内容的なものであるという点である。だがこうした目的が内容的なものとなるのは、もっぱら美的形式の力による。美学は形式を中心的な問題として取り上げなければならないが、形式を語らせることによって、美学はみずからを内容化する。

形式美学の所見を単純に否定してはならない。こうした所見がありのままの美的経験に近づけられるなら、必ずや経験は削り取られることになる。たとえそうであるとしても、ありのままの経験には、数学的比率や対称のような形式的規定も紛れこんでいる。またそこには緊張や均衡のような力学的な形式範疇まで、紛れこんでいるのである。これらの範疇の機能を除外するなら、過去の偉大な作品は捉えることは出来ないし、基準として実体化することなど不可能になる。これらの形式範疇はつねに契機にすぎなかったが、内容的で多様な契機から切り離すことが出来ない契機であった。形式範疇自体が直接的に、有効であったことなど決してない。それはただ形式化されたものとの関係においてだけ、有効であったにすぎない。これらの形式範疇は弁証法の範例なのだ。形式範疇は形式化されるものにおうじて、自らに変更をくわえる。モダニズムの過激化とともに、こうした変更は一貫して否定をとおして行われることになる。形式範疇は間接的なものであるかのような印象をあたえるが、それは、この範疇が回避され、無効にされていることによる。その原型となるのが、マネ以来の絵画構成の伝統的規則との関係である。この点はヴァレリイも見逃さなかった。形成された作品は特殊なものとして、こうした規則の独裁に反対するが、その抵抗の内に規則が感じられるのである。芸術作品における均衡のような範疇は、次の場合においてだけ有意義であるにすぎない。その範疇が均衡の転倒もまた内に含んでいる場合、要するに範疇独自の運動も含む場合である。形式的範疇はこうした弁証法をとおして、自らを再建しより高い段階に立つが、こうした事態はモダニズムの深部にまで及んでいる。不協和音の核心は和音であり、緊張の核心は平衡なのだ。形式的範疇がもし内容的なものを昇華させていなかったなら、こうしたことは想像することさえ出来ないであろう。形式的原理によるなら、芸術作品とは緊張と均衡にほかならない。だがこうした原理は、美的経験にとって敵対的な内容を記録するものである。敵対的内容とは和解を意図している非和解的な現実という、内容のことである。さらには黄金分割のような、静止的で形式的な範疇があるが、この範疇は凝固した材料的なものであり、和解それ自体の材料にほかならない。芸術作品においては調和は昔から専ら、結果としてだけ何かあるものの役に立っていたにすぎない。調和は単に措定されたもの、あるいは主張されたにすぎないものとして、常にすでにイデオロギーであった。やがてようやく獲得されたホメオスタシスもまた、こうしたイデオロギーとなってしまった。それとは逆に芸術における全ての材料的なものは、言わば芸術のア・プリオリとして、形式化することをとおして発展してきた。だがその形式化もやがて抽象的な形式範疇へと、引き下げられてしまった。他方、こうした形式範疇も変化するが、この変化は材料との関係における変化であった。形式化とは、この変化を正しく遂行することを意味する。このことは芸術における弁証法の概念の、内在的な説明となるかもしれない。

芸術作品の形式分析や、それに形式は芸術作品自体において、何を意味しているのかということは、もっぱら具体的な材料との関係においてだけ、意味があるにすぎない。絵画におけるまったく申し分のない対角線、軸、消尽線からなる構造、音楽におけるモチーフの最も巧みな経済性といったものも、こうした絵画あるいは作曲から、特殊的に展開されたものでなければ、どうでもよいものであることにかわりはない。芸術における構造概念の使用も、それ以外のものであるなら、正当とは言えないであろう。さもなければ芸術が呪物となることは、避けられないためである。分析のなかには、全てを含みながら、ある絵画あるいは音楽が美しいと呼ばれる理由を、うちに含んでいないような、そうした分析も少なくない。あるいはこれらのものの存在理由を、導き出せるようなものを含まないような、そうした分析も少なくない。こうした行動方式にたいしてなら、美的形式主義という批判も実際に、当を得たものとなる。だが形式と内容との相互性を、一般的に保証することに留まることなく、むしろ形式を個別的に展開するということになると、それはほとんど行われていない。それにもかかわらず形式要素は、常に元の内容的なものを指示しながら、その内容の傾向を保持しつづける。通俗唯物論とそれに劣らず通俗的な古典主義とは、何らかの純粋な形式が存在するかのような、誤りを犯しているという一点では一致している。唯物論の公式的教条が見落としているものとしてさらに、芸術における呪物的特性についての弁証法がある。形式には、形式に予め与えられているそれぞれの内容から解放されて出現してくるといった、そうした場合がある。形式がみずからのうちから、独自の表現と独自の内容とを受け取るのは、ほかならぬこうした場合においてである。超現実主義は、なかでもクレーは徹頭徹尾、多くの作品でその実践を行ってきた。形式の中に沈澱していた内容の、古びたもののなかからの覚醒、それが超現実主義であり、クレーであった。超現実主義の中でこうした事態に遭遇したのが、クレーが論駁し関係を絶った、ユーゲントシュティルであった。唯一の自我が美的に知覚する世界、それはこの自我のものであり、この自我を孤立化させて唯一の自我に変えるような、そうした世界である。こうした知覚が行われるのは、唯一の自我が世界の慣習を投げ捨てるのと、同じ瞬間なのだ。

緊張の概念が形式主義的なものであるかのような、嫌疑から解放されるのは次の場合である。この概念が不協和音的な経験、あるいは事柄における敵対的関係を示しながら、形式が他者との関係によって内容的なものとなっているものを、〈形式〉の契機と命名する場合である。作品はその内的緊張をとおして、静止的な客体化を行いながらも、自らを力の場として規定する。これが緊張関係の核心であり、その関係を解体する試みでもある。

ホメオスタシスの数式化を企てる学説に、内在的に対抗させることが出来るものとして、美的現象は数式化されないということがある。芸術におけるイコールは、イコールではない。このことは音楽によって明らかにされている。同じ長さの類似のパートを繰り返したところで、抽象的なハーモニー概念が言うようなものが、約束どおりに実際に作りだされることはない。こうした繰り返しは満足させる代わりに、退屈させる。あるいはより主観的でない言い方によるなら、このような繰り返しは形式上、長すぎるものとなる。メンデルスゾーンなどは、こうした経験にしたがって行動した、最初の作曲家の一人と言ってよいであろう。この経験の影響はさらには、機械的な照応にかんするセリー派の自己批判にまで及んでいる。こうした自己批判は芸術の力動化とともに強化されてきた。つまり非同一的なものにならないような、そうした同一性に向けられた疑念とともに、強化されてきた。次のような仮説も立てられないこともない。視覚面におけるバロックの〈芸術意志〉と、ルネサンスとの周知の差異は、同じ経験によって霊感を与えられた結果ではあるまいか。外見からするなら自然的であり、その限りでは抽象的で不変的であるそうした全ての比率も、芸術の内部に入るなら、たちまちにして訂正されることを避けられなくなる。さもなければ芸術的能力を持つものとはなれない。自然の倍音音列の比率で平均律化されたものなどは、こうしたことをもっとも強烈に示す実例である。このような変更は概ね、主観的契機によるものとされている。主観的契機は、この契機にあらかじめ与えられた、他律的な材料の秩序の硬直した状態に、耐えることができないためであると言われている。だがこうした解釈はもっともらしくはあっても、それ自体は依然として、歴史の実体から掛け離れたものであることに変わりはない。芸術におけるいわゆる自然素材や自然比率について、至るところで言及が行われるようになるのは、ようやく後の時代に入ってからのことである。こうした言及は伝統主義が矛盾したもの、信じ難いものとなったことにたいする論難であって、市民的なものなのだ。芸術的材料やそこから言わば紡ぎだされたものである処理方法の、数式化と資格の剝奪とは、それ自体が事実上、解放された主体の成果にほかならない。つまりやがてこの成果に反抗することになる、〈反省〉の成果なのである。素朴な手続きとは、こうした処理方法を知らないものである。芸術において自然の所与や自然法と見做されているものは、一次的なものではなく、美内的なもの、つまり媒介されたものなのだ。芸術におけるこうした自然は、芸術が慕う自然ではない。芸術における自然は、自然科学によって芸術に投影されたものであり、あらかじめ与えられていた構造の喪失を償うものにすぎない。絵画の印象主義においては知覚心理学的構成要素、つまり疑似自然的要素という現代的傾向が、決定的なものとなっている。二次的反省にとってはそのため、自立化した全ての自然的構成要素にたいして、批判をくわえることが必要となっている。これらの構成要素はかつて生まれてきたものであるが、それと同じく今また消滅しかけているのである。第二次世界大戦後、意識は社会は変わらなくとも、最初から始めることも可能であるかのような幻想を抱いていた。そのため根源的現象とよばれるものにすがりつくことが行われたが、それは例の四十マルクと同じように、イデオロギーにすぎなかった。戦後経済の根本的再建は、現金を各人あて四十マルクの新通貨に制限した預金封鎖によって、達成されたかのように言い囃されてきた。全てを御破算にすること、それ自体が既存のものの特性を示す印にほかならない。既存のものと異なるものは、自らが歴史的なものであることを隠さない。だからと言って芸術においては、いかなる種類の数学的関係も存在しないというのではない。だがこうした関係も歴史的に、具体的な形態との関係においてだけ把握されるにすぎず、実体化することは出来ない。

ホメオスタシスの概念は、つまり芸術作品の全体性のなかではじめて作りだされる、緊張を孕んだ均衡という概念はおそらく、芸術作品が明瞭に自立的なものとなる例の瞬間と結びつくものであろう。それはホメオスタシスがたとえ直接ではないとしても、その内で作られ、それが少なくとも読み取られるような、そうした瞬間のことである。こうしたものとなることによって、ホメオスタシスの概念に影が落とされることになるが、この影は現在の芸術における、この理念の危機に見合っている。芸術作品自体が自己を持ち、自己自身を確信する点、つまり芸術作品が〈渾然一体化する〉ほかならぬそうした点において、芸術作品は渾然一体としたものとはならなくなってしまった。幸運に獲得された自立性は自らの物象化を示す刻印となり、芸術作品から開かれたものという特性を、これまた芸術作品自体の理念の一部分であるものを、奪い取るためである。表現主義の英雄的時代においては、カンディンスキーのような画家たちは、そうした反省にすこぶる接近していた。こうした反省は例えば次のような観察に見られる。自分のスタイルを見つけたつもりでいる芸術家は、それによって既に破滅したも同然であるという、観察である。だが事態はかつて記録されたほど、主観的で心理学的なものではなく、芸術自体の二律背反に根差すものとなっている。芸術は開かれた状態を目指そうとしているが、開かれた状態と完結性とを、つまり〈完全性〉とを結びつけることはできない。だが芸術はこうした完結性をとおしてだけ、即自存在というその理想に、つまり用意されたものではないもの、開かれた状態の代表ともいうべきものに接近する。

芸術作品は合力であるといわれている。それは芸術作品はそのうちに死んだもの、未加工のもの、形成されなかったものは、何一つとして残していないということ、こうしたことを契機として持つということである。またこのことにたいして敏感であるということも同じく、どのような批判であってもその批判の決定的な点となっている。どのような作品の質も、この点によって左右されている。同じことがまた文化哲学的推論が作品を離れて、その上を自由に浮遊しているような、いたる所で見られる。そこではこうした契機は萎縮してしまっている。総譜を一瞥する最初の視線、絵をまえにしてランクを判断する本能は、例の仕上げがやり抜かれていることを感じ取る意識、生のものに敏感に反応する意識に導かれたものである。生のものはおうおうにして、芸術作品における慣習的なものと一致する。また浅薄さによって好意的にではあるが、芸術作品の超主観的な点と見做されかねないものとも、一致することが多い。芸術作品は仕上げ抜かれるという自らの原理を一時的に中断して、生のものにたいして自らを開く場合でもまた、ほかならぬそのような場合においてもまた、形成しぬくようにという要請を反映したものとなっている。真に形成しぬかれた作品とは、形式化する手が材料を可能なかぎり心をこめて、撫で摩《さす》っている作品のことである。このような理念が模範的に具体化されているのが、フランスの伝統なのだ。また同じく次のようなことも、良い音楽の条件の一部となっている。一拍たりとも空転したり、軋んだりせず、その縦線の内部では一拍たりとも、自らに対して孤立しているようなものは、存在しないということである。音楽家流に言うなら、楽器の響きが〈聴取され〉ずに登場することはない。つまりパッセージが身を委ねている楽器に特有な特性から、主観的感性をとおして獲得されたもの以外のものは、楽器の響きにおいて何一つとして登場してこないということである。さらには、複合体としての楽器のコンビネーションが、聴取されることも必要である。古い音楽はこうした媒体を作り出さなかったか、あるいはただ散漫に作り出したにすぎなかった。このことは古い音楽の客観的な弱点となっている。支配と隷属による封建的な弁証法は、芸術作品を逃げ場としたが、芸術作品の純粋な在り方には封建的なところがある。

馬鹿げた古い小唄の文句に、「愛はこんな風にエロティックなのよ」というのがある。芸術は美的であるといった言葉などは、さしずめそのひそみにならった替え歌に当たる。またこの言葉は、芸術消費者によって抑圧されているものが発する警告として、真剣に受け止められなければならない。ここで問題とされているのは質であって、質はとりわけ読書という行為にたいして己を開くが、それはまた音楽という行為の場合も同様である。質とは、形象化が全ての形象化されたもののうちに、暴力を行使することなしに残しておく、そうした痕跡の質のことである。それは芸術における文化の和解的なところであって、こうしたものは最も激しい抗議にさえ固有のものとなっている。メティエという言葉は、こうした和解的なものが共鳴している言葉である。メティエを手仕事という言葉でもって、簡単に置き換えることができないのは、そのためなのだ。この契機の重要性は、モダニズムの歴史のなかで増大してきたのかもしれない。バッハの場合、この契機を問題にすることは、最高の形式水準を持つにもかかわらず、若干、時代錯誤的かもしれない。またモーツァルトやシューベルトの場合には、それにまたブルックナーの場合は確実に、充分にあてはまることはない。それとは逆なのが、ブラームス、ワーグナー、そしてとりわけショパンの場合である。ここでいう質は今日では、襲いかかって来る浅薄なものに対抗する、特殊な相違のことであって、それは名人芸の基準となっている。何一つとして生のまま放置することは許されていない。最も単純なものですら、こうした文明的な痕跡を帯びなければならなくなっている。質とは、芸術作品が放つ芸の芳香なのだ。

即物性は装飾的なものと言う概念に反抗するものであるが、この概念にはそれなりの弁証法が含まれている。バロックは装飾的なものと言われているものの、このことは全てを意味しているわけではない。バロックとは絶対的装飾なのだ。この装飾は自らをあたかもどのような目的からも、劇場的なものという目的も含めて解放し、それ独自の形式法則を発展させてきたかのようにみえる。絶対的装飾なら、もはや何かを飾ることはなく、装飾以外の何物でもない。そうなることによってこうした装飾は、装飾批判にたいしてしっぺがえしをくわすのである。高度のランクのバロック的作品にたいする異議として、石膏的なものという比喩が用いられているが、この比喩は異議として用いるには適当ではない。石膏のような扱いやすい材料は、絶対的装飾というア・プリオリ的な形式に、正確に適っているためである。こうした作品において、洗練の度が進むにつれて、偉大な世界劇場は、つまり世俗的劇場は神の劇場へと変貌し、感覚的な世界は神々のための劇へと変貌した。

事物の堅牢さが時間に逆らいながら、受け継がれること、それを期待したのが、手工業的な市民精神であった。芸術の対象を首尾一貫して仕上げるということは、こうした堅牢であるという理念が、移行した結果にほかならない。芸術の圏内においては、何一つとして生のまま放置することは許されない。その結果として、作品は自らを密閉する力を強化され、単なる経験から区別されるものとなる。作品を密閉することは、芸術作品を果敢なさから守るという理念と、提携関係にある。美的で市民的な長所は、堅牢さという長所と同様、逆説的に、非市民で前衛的なものの側へと移行してしまった。

芸術作品における全ての契機を、明瞭なものとし、文節化することが、ごくもっともらしく要求されている。こうした要求は、外見上からは普遍的に妥当するようにみえる。だがこうした要求において示されているのは、美学のどのような定数も定数ではなくなり、弁証法的なものとなりつつあるということである。芸術の二次的な論理は、一次的な論理を、つまり明瞭なものの論理を凌駕することが出来る。勝れた質の芸術作品が明瞭さをなおざりにするのは、様々な関係を可能なかぎり、緊密に組み合わせることを求める要求のためかもしれない。またこうした芸術作品は複合体を、互い同士接近させるのもそのためであって、これらの複合体は、明瞭さを欠くことによって、厳格に互い同士、異なったものとなっていなければならない。芸術作品の契機の境界が消し去られること、それが多くの芸術作品の理念が要求しているものにほかならない。つまり要求されているのは、漠然としたものの経験を実現する理念なのだ。だが芸術作品においては漠然としたものも、漠然としたものとして明瞭に、〈構成し尽くされて〉いなければならない。真正の芸術作品は明瞭性の不足を拒むものの、こうした不足を言外にではあるが、前提としている。それはこうした不足を、自らのうちで否定するためである。芸術作品にとって本質的なのは、曖昧さそれ自体ではなく、否定された明瞭さなのだ。さもなければ芸術作品は、半可通的なものとなるのが落ちであろう。

ミネルバの梟は夕べに、羽ばたき始めるという命題があるが、この命題の真実は芸術において示される。以前は、芸術作品が社会において存在することや、それがはたす機能について、疑問の余地などなかった。また自らにたいして確信を抱く社会と、そうした社会における芸術作品の立場とのあいだには、一種の合意が支配していた。美的意味という観念はその限りにおいて、問われることはなかった。こうした観念は予め与えられたものであり、自明なものと見做されていた。範疇が哲学的反省によって捉えられるようになったのは、ようやく次のような時に至ってのことである。それは範疇がヘーゲルの用語によるなら、もはや実体的でも直接的に現在のものでもなく、疑問の余地のないものでもなくなってしまった時である。

芸術における意味の危機は、抵抗出来ないものとなった唯名論を起動力として、内在的に促進されたものである。こうした危機の進行は芸術外的経験と並行している。なぜなら意味を決定する美内的連関は、存在の意味と世間の推移が反映したものにほかならないためである。存在の意味と世間の推移とは、作品のア・プリオリにあたるが、このア・プリオリは、表現されることがないために、なお一層効果的に作用する。

作品の内在的生としての連関は、経験的生の写しなのだ。こうした連関には経験的生が、つまり意味が写し出されている。だがこのことによって意味連関の概念は、弁証法的なものとなる。芸術作品は内在的に、しかも普遍性に視線を向けることもなく、徐々に概念へと導かれてきた。こうした過程が初めて露出するのは、理論的には次のような時代である。芸術の歴史において意味連関自体が、そしてそれとともに意味連関の伝統的な概念が、ぐらつきだす時代のことである。

至るところにおいてそうであるように、美的にもまた、手段の合理化の内には、手段を呪物化するという目的が潜んでいる。手段の処理方法が純粋なものとなるに応じて、手段が自己目的となる傾向も、客観的にますます増大して行く。これが最近の発展における厄介な点となっている。だがそれは任意の人間学的に不変のものから、離反が行われた結果でもなければ、感傷的に嘆げかれているような、素朴さが失われた結果でもない。目的にかわって、つまり形成された作品にかわって、こうした作品の可能性が出現してくる。つまり出現してくるのは作品そのものではなく、それに代わって作品の図式、つまり空虚なものなのだ。冷淡さはその結果にほかならない。芸術において主観的理性が強化されるとともに、こうした図式は主観的に考案されたものとなる。つまり形成される作品自体から独立して、考案されたもの、恣意的なものにすぎなくなる。用いられる手段は、手段がしばしば予め標題として指示されていることがあるが、用いられている材料と同様に、自己目的となる。意味喪失による虚偽とは、こうしたことにほかならない。意味の真偽は、意味の概念それ自体において区別されなければならなくなっている。それと同じく意味の偽りの没落ということも存在している。実証性をとおして指示されるような意味の没落は、偽りの没落にすぎない。しかも意味の没落の指示は、純粋な素材と純粋な処理を崇拝し、それをとおして存在しているものを、肯定し賛美することにより行われている。またその場合における素材と処理との分離は、偽りの分離にほかならない。

今日、実証性が阻まれているのは、過去の実証性にたいして下された、判定の結果である。憧憬は実証性が阻まれているために、目を見開くものであり、こうした判定を関知しない。

美の輝きはたんに現状肯定的なイデオロギーであるばかりでなく、強制を知らない生を反映したものでもある。そうした輝きは没落に抵抗するものであって、こうした抵抗によって希望が美の輝きに住みつくことになる。輝きはたんに文化産業の腐敗した魔力であるだけではない。作品の等級が高ければ高いだけ、その輝きもまた豊かになる。灰色の輝きなどはなおさらであって、テクニカラーなどはそれにたいして太刀打ち出来ない。

メーリケの棄てられた娘の詩は、告発の域を大きく越えており、悲哀感そのものとなっている。「突然、そんな時わたしの身に起こるの、／不実な方、深夜、貴方のことを夢見ることが」。この詩句は隠しようがないような、恐ろしい経験を語っている。眠りでさえ、すでに慰めとして無力であると感じて、目覚めてはみたものの、改めて知るむきだしの絶望感。それにもかかわらずこの詩自体には、それなりの現状肯定的な契機が含まれている。こうした契機は、感情こそ本物であるにもかかわらず、形式の内部に籠められているものである。だが形式の方はクニッテル詩句を取り、それをとおして安定した均衡による慰めとなることに抵抗している。この民謡の虚構は念入りであって、それはこの娘を多くの娘たちの一人として、語らせているところに見られる。伝統的美学はこの詩を賞賛したが、それはおそらく、この詩が典型的なものという質を持つためであろう。だがそうした賞賛が与えられてからというもの、孤独という密やかなものによって包まれた世界は、見失われてしまった。明け初めた暁の薄明のなかにいるかのように、独りぼっちの人には、社会は親切に囁きかけてくるが、そうした状況のことである。涙が涸れると、それとともに、こうした慰めもまた聞こえなくなってしまった。

芸術作品はそれを包む全体の、その各部分を寄せ集めたものとしての物であっても、たんにそうしたものに留まらない。芸術作品はそれに特有な形で、物象化に関与している。なぜなら芸術作品の客観化とは、外部にある物の客観化を模倣したものであるから。もし芸術作品が写しであるなら、それはこの点においてであって、個別的に存在するものの模倣によるのではない。古典性の観念であって、かならずしも文化イデオロギーではない観念がある。こうした古典性の観念は、先のような客観化が広く成功を収めているような、そうした芸術作品のことを意味している。その限りにおいてこうした芸術作品は、物象化が最も著しい作品ということになる。客観化された芸術作品は自らの力学を否定し、その否定をとおしてたえず、自己自身の観念に抵抗する。美的客観化がたえず呪物となるのは、そのためである。呪物は永久的な反乱を誘発する。ヴァレリイの見解によるなら、何らかの芸術作品であって、古典的であろうとする理想を、回避出来るものなどない。だがそれと同じくどのような真正な芸術作品も激しく、この理想にたいして抵抗する。芸術はなによりもこうした点を、その生命としているのである。芸術作品は客観化へ向かう強制をとおして、硬直する傾向がある。硬直化ということは、完全な芸術作品という原理に内在するものなのだ。芸術作品は即自存在として、それ自体において好んで静止しようとするが、そうすることによって自らを閉ざすことになる。だが芸術作品は単に存在しているにすぎないものを、越えたものとなることを目指すものでもあるが、それは専ら開かれたものとなることによる。芸術作品は過程である。だが過程が客観化をとおして、芸術作品のなかで死滅すること、このことが全ての古典主義を数学的比率に近づけることになる。作品の古典主義にたいして、主観は反乱を起こす。主観は古典主義によって抑圧されているためである。作品の真実要求によってもまた、反乱は惹き起こされる。真実要求は古典主義の理想と衝突するためである。慣習化ということは、芸術作品の客観化にとって外的なものではない。つまり堕落の所産ではない。慣習化は、芸術作品のうちで機会を窺っているものである。芸術作品はその客観化をとおして、全体を覆いつくす拘束性を獲得するが、こうした拘束性が芸術作品をそのつど、支配的である普遍的なものに似たものとする。夾雑物を残さず完成させることという古典主義的理想は、純粋で支配されることがない、そうした直接性を求める憧憬同様、幻想にすぎない。古典主義的芸術作品という形容は、不的確である。それは古代風の模範は、模倣出来ないためばかりではない。全能の様式化原理は自らを心の動きと一体化させることを、自らに特有の要求としていながら、こうした動きと自らを、一体化することが出来ないためでもある。どのような古典主義も、議論の余地がないような状態を獲得したとしても、こうした状態には詐取されたものが含まれることになる。最も強力で最も古典主義的な芸術家の一人によって、自らの原理における欺瞞にたいして行われた反乱、こうした反乱が刻印された作品、それがベートーヴェンの晩年の作品である。ロマン派的潮流と古典主義的潮流の回帰するリズム、芸術史においてはこれ以外にもこうした波は実際に確認することができるが、このリズムは芸術自体の二律背反的特性を示している。そうした特性が最も明瞭に示されているのは、次のような関係においてである。時間を乗り越えたいとする形而上的要求と、たんなる人間による作品にすぎず、果敢ないものであるという事実との関係のことである。だが芸術作品は絶対的なものとして、自らを主張しなければならないために、相対的なものとなる。完成された形で客観化された芸術作品が存在するとしても、そうした作品は、絶対的な形で即自的に存在するものへと移行し、もはや芸術作品ではなくなるであろう。芸術作品は、もし観念論が芸術作品にたいして要求しているものになるなら、つまり自然になるなら、破棄されてしまうであろう。プラトン以来、市民的意識の自己欺瞞の一つになっているものとして、次のような考えがある。客観的な二律背反は、極端なもの同士の中間的なものによって、克服されるかもしれないという考えである。だが中間的なものとは、二律背反的なものについて欺き、二律背反的なものによって引き裂かれているものである。観念からするなら、芸術作品は古典主義同様、曖昧なものである。芸術がその沈黙との限界にまで接近するのは、質的な飛躍による。飛躍は芸術の二律背反によって遂行される、実行行為なのだ。

ヴァレリイはさらに古典的という観念を磨き上げ、ボードレールの観念原註(1)を糸口にして、その展開をおこなっている。成功をおさめたロマン主義的芸術作品を指して、彼は古典的な作品と呼んだ。古典性もこうした拡張を行うなら、ずたずたにされる。現代芸術がこの事実を記録したのは、四十年も以前のことであった。新古典主義が正しく理解されるのは、ただ現代芸術と関係づけ、この関係を破局との関係として捉える場合に限られる。破局は超現実主義において、直接的に描写されている。超現実主義は古代のイメージを、プラトン的天上から突き落とす。古代のイメージはマクス・エルンストにおいては、亡霊として立ち現れ、十九世紀後半の市民の間を徘徊することになる。古代のイメージはこれらの市民たちにとっては、中立化されて文化財化されたものであり、真の亡霊にほかならない。古典古代は、超現実主義的運動にとってその主題となる。それによってこの運動は、ピカソとこのグループの外部にいたその他の人々に、一時的ではあるものの、接近する。そうした所では古典古代は、地獄への美的な道案内役をつとめている。それはかつてキリスト教において古典古代が、地獄への神学的な道案内であったことに似ている。散文的日常のなかに、古典古代を具体的に顕現させるというやり方には長い前史があるが、こうしたやり方によって、古典古代の非魔術化が行われてきたのである。現在化された古典古代も、かつては超時代的に規範的なものとして表象されていたものの、現在では歴史的な相対的価値を受けいれる、そうした容器に過ぎなくなってしまった。つまり輪郭がぼやけて無力化した、市民的理念という相対的価値のことである。こうした古典古代の形式がデフォルマシオンなのだ。そうしたデフォルマシオンとして、コクトオ流の無秩序をもとめる秩序という、実証的に脹らまされた新古典主義解釈がある。また幻想と連想からのロマン主義的解放としての、数十年間におよぶ超現実主義がある。これらは、現象を贋造して、無邪気なものへと変える。こうした解釈はまずポオがそうしているように、非魔術化の瞬間の恐怖を、魔術として引用する。非魔術化の瞬間を永遠化すること、それは不可能なことであった。このことが原因で超現実主義の継承は復古的なものとなるか、あるいは革命的身振りの無力な儀式になるかの、いずれかになるしかなかった。ボードレールの真実性が立証されたのである。強調されたモダニズムは、商品というものを知らない至福の野で咲き誇るものではない。それは商品を経験することをとおして、研ぎ澄まされたものなのだ。他方、古典性自体は、商品となってしまった、つまり立派ではあってもこけおどしにすぎないような、そうした絵にすぎないものとなってしまった。ブレヒトは嘲笑して文化財のことを、石膏で作られて、番人どもに保管されている代物と呼んでいる。そうした嘲笑の根は、同じものである。このブレヒトにも後年、古典性に関する実証的な観念が忍び込んでいる。このことはかれによってトゥイ呼ばわりされて、嘲笑されたストラビンスキーの場合と、似ていなくはない。それは裏切り的な行為であるとともに、不可避的なことでもあった。ソビエトが硬直化して、権威主義的国家へと変貌したことに見合う事実である。古典性にたいするヘーゲルの態度は、アンビバレントなものであった。それは存在論か力学かという二者択一を前にした、かれの哲学の態度に等しい。ヘーゲルはギリシア芸術を永遠で凌駕しがたいものとして賛美し、かれがロマン主義的と呼ぶ芸術作品によっては、古典的芸術作品は凌駕しがたいことを認識した。歴史の評決を認可したのは、ほかならぬヘーゲルであったが、歴史は不変ということにたいして、反対することを決定していた。芸術全体は流行遅れではないのかというかれの嫌疑は、こうした経緯への予感によって、染め上げられているのかもしれない。厳密にヘーゲル学派的に見るなら、古典主義とその近世において昇華された形態とが受け入れた運命は、それ自身に相応したものであった。内在的批判は、規範的な作品の脆さから、その真実内容の内部へと追及の手を伸ばす。その最も雄大な対象に見合った、最も雄大なモデル、それがベンヤミンの『親和力論』である。内在的批判は最初は見通すことができないような規模にまで、拡大されて行われなければならないと、そこでは述べられている。芸術がかつて古典主義の理想とする拘束性を、これほどまでに厳密に受け取ったことは一度もなかった。芸術は自分自身を、これほどまで厳密に受け取ったことも、皆無であった。また厳密なものとして受け取った場合は、なお一層、自らに暴力を加え、その暴力をとおして自らを傷つけてしまった。芸術の自由は、事実的なものがもつ呪われた必然性に対抗するものである。だがこうした自由は完全な渾然一体状態としての古典性と、けっして一体化されることはない。渾然一体状態は、避けようもないものの強制に、みずからが透明で純粋なものとなることによって対抗する。だがそれと同じく、こうした状態は、そうした強制から借りうけたものでもある。最高の定義は最高の不備である、という言葉がある。これは美的格言でもある。古典主義により首尾一貫したものとなった芸術が、ますます揺るぎなく唯一の現実となるなら、芸術はなお一層、硬化して、経験的現実との間には、乗り越えようのない仕切など、存在しないかのように欺くことになる。芸術は芸術が必要としているものとの関係のなかで、現在の姿の芸術となると言われている。この思弁的考えには一切根拠がないわけではない。芸術は厳密に即物的に、強いて言うなら、古典主義的に行動すればするだけ、それだけ一層、疑わしいものとなる。だからといって芸術がこうした事態を、自らにとってより容易なものとしたところで、そのようなことは芸術にとって何の役にも立たない。

原註（1）参照。ポール・ヴァレリイ『著作集』第二巻（前出書）五六五／六ページ。

ベンヤミンは必然性の範疇の芸術への適用を批判した。[原註(1)] ある種の芸術作品にたいして、発展という意味において必然的なものであったといった、精神史的言い逃れが行われている。ベンヤミンの批判は、こうした点に向けられたものであった。事実、このような必然性の概念が発揮する機能は、片手間の弁護論的なものにすぎない。嵩ばかり大きな駄作について、ほかに褒めようがないので、これなしには前進はあり得なかったといった、証明が行われるわけである。

原註(1)　ヴァルター・ベンヤミン『ドイツ悲劇の起源』（前出書）三八／九ページ。

芸術の他者は芸術の概念にとって、歴史的に固有のものでありつづけてきたが、こうした他者が芸術をいまにも圧迫しかねないものになってしまった。それはニューヨークのいくつかの新ゴチック風教会の建物や、レーゲンスブルクの中世の佇まいを残す市中心部が、交通の障害となってしまったことに似ている。芸術とは輪郭のはっきりした広がりをもつものではない。それは瞬間的で脆い均衡であり、その点で、心理学における自我とエスとの均衡に較べられる。粗悪な芸術作品が粗悪なものとなるのは、ただ次のことによる。芸術作品が芸術の要求を主観的に否定しておきながら、その当の要求を客観的に持ち出しているということである。それはクルッ・マーラー女史が、重要な手紙のなかで指摘している通りである。粗悪な芸術作品の粗悪な点を具体的に示している批判は、批判であると同時に、実際上は芸術作品にたいして、その作品以上に敬意を表しているわけである。粗悪な芸術作品は芸術作品であって、芸術作品ではない。

形成された作品であって、芸術として作られたものではないもの、あるいは芸術が自律的なものとなる、それ以前の時代において作られたもの、こうした作品も歴史の経過のなかで芸術となることが出来る。今日、芸術として問題視されているものについてもまた、同じことが当てはまる。だからといって勿論、こうした問題視されているものが、ある発展のあやしげな前段階をなすとか、その発展から生まれてくる何かあるものにとって、役に立つというわけではない。それよりもむしろ美に特有の質が出現してくるということがある。たとえば超現実主義の場合である。ここではそうした質はかつて芸術を敵視する態度によって、否定されたものであった。だがこうした態度も、みずからが意図していたような政治権力になれた訳ではない。マソンのような重要な超現実主義者たちの発展曲線は、そうした事態に見合うものである。だが同じく、かつて芸術であったものが、芸術であることをやめるということも起こり得る。伝統的芸術も本来の質を低下させることと引き換えに、思いどおりに処置できるものとなるなら、それはそのまま自分自身にはねかえってくる。絵画や彫刻のなかには、後継者達によって本来の内容を変えられ、工芸品にされてしまったものも、数しれないくらいある。一九七〇年には、立体派風の絵を描いていたものが、ポスター風の作品を提供し、それが宣伝に転用されるということがあった。今では独創的な人々でさえ、バーゲンセールに無関係というわけには行かなくなっている。

伝統を救うために可能なこととしてはただ、伝統を内面性による呪縛から切り離すことしかないのかもしれない。過去の偉大な芸術作品は、けっして内面性に解消されることはなかった。こうした作品は大抵、内面性を外化することをとおして爆破している作品なのだ。元来、どのような芸術作品も外的に出現するものであり、そうしたものとして内面性にたいする批判となっている。それによってまた芸術作品は、例のイデオロギーに反対するものとなる。伝統を主観的な記憶の宝庫と同一視している、イデオロギーのことである。

芸術を起源から解釈することはいかがわしい。こうした解釈は生の伝記研究、精神史による影響の研究、起源概念の存在論的な洗練化といった、そうした段階に分けて行われているが、その全段階がいかがわしいのである。こうしたことが行われているにもかかわらず、起源はまた、問題の外部においては根底的なものではない。作品は人工の物である。このことは作品にとって含意となっている。どのような作品においてもそこで配列されているものは、かつて作品の起源であったものにたいして、語りかけているものなのだ。どのような作品においても、その作品の起源と等しい部分とは、変えられて作品となった結果としての部分から、際立って見えてくるものである。こうした二律背反は、作品の内容にとって本質的である。作品の内在的力学は外部における力学の結晶化であり、しかもそれは、外部における力学の解決不可能な、特性によって行われる結晶化にほかならない。芸術作品が個人的才能から独立し、また才能に対立していながら、モナドとして統一することが出来ないといった場合がある。こうした場合の芸術作品は、現実的で歴史的な圧力に従っているのである。そのような圧力は芸術作品自体において、芸術作品を乱す力となる。芸術作品はただ過程としてだけ、的確に知覚されるが、それはとりわけそのためなのだ。だが個々の作品が力の場であるとするなら、つまりその諸契機を力学的に配列するものであるなら、芸術全体もそうした配列するものであることに変わりはない。芸術はそのため、もっぱらその契機によって規定することができる。つまり媒介されたものとして規定できても、一気に規定するわけにはいかない。芸術作品を芸術ではないものと対照的なものにするもの、それもまたこうした契機の一つである。芸術作品の客観性にたいする態度は変化する。

歴史的傾向は深く美的基準の内部にまで及んでいる。誰かがマニエリストであるかどうかを決定するのは、この傾向なのだ。サンサアーンスはドビュッシーを、マニエリストと呼び非難する。新しさが誇張《マニール》に見えることは、よくあることである。傾向の認識を待ってはじめて、新しさが誇張以上のものであるのかどうか、決定されることになる。だが傾向はまた審判を下すものではない。傾向においては、正しい社会意識と誤った社会意識とが混ざりあっている。傾向自体が批判に曝されているのである。傾向と誇張との間をぬって進む過程は、所詮また閉ざされたものではなく、たゆまぬ訂正が加えられることを必要としている。誇張は同じく、傾向にたいする異議申し立てでもある。それは傾向が誇張の偶然的で非拘束的なところを、形成された作品が商品であることを示す目印として、暴露することに似ている。

絵画はものの見方を変え、それをとおして対象も変えてしまったのである。こうした意見を主張したのは、プルーストであり、彼の後はカーンヴァイラーであった。この言葉が告げている経験は、どれほど本物であるとしても、これではあまりにも観念論的に形式化されすぎている嫌いがある。これとは逆の事態もまた、あるいはまったく想像できないわけではないためである。対象自体が歴史的に変化し、そうした変化に意識が順応し、その上で絵画がこうした状況を示す暗号を発見したという、事態のことである。立体派は社会的世界合理化の一段階における、反応形式として解釈されないこともない。それは社会的世界の制度を計画をとおして、幾何学化する段階のことである。立体派は経験に対立するこうした状態を、経験のなかへと持ち込む試みとして、解釈されるかもしれない。印象主義もまた同じような努力を払っているが、それは一つ前の工業化の段階であって、この段階では計画は煉られていても、いまだ徹底したものではなかった。印象主義にたいする立体派の質的新しさとは、次の点であろう。印象主義は商品世界において硬直化した生を、その世界自体の力学の力を借りて覚醒させ、そうすることによって救おうと努めた。他方、立体派はこの種の可能性に絶望して、世界にとっては異質である世界を幾何学化することを、新しい法として、つまり秩序として先取りした。そうすることをとおして美の経験に、客観性を保証するためである。立体派は歴史的にも現実的なものの先取りであった。つまり第二次世界大戦において爆撃された都市の、航空写真を先取りしたものである。芸術は生が生きていないという事実にたいして、立体派をとおして初めて弁明を行った。立体派の場合、この事実がイデオロギーとなることは免れようがなかった。立体派は、かつて経験されたことがなかったものの代わりに、合理化された秩序を提出し、そうすることをとおしてこの秩序を立証する。このことがおそらくピカソとブラックをして、立体派を乗り越えて行くことを余儀なくさせた原因であろう。だからといってかれらの後の作品が、立体派時代のものを凌ぐものとなったわけではない。

芸術作品の歴史にたいする態度それ自体、歴史的に変化する。ルカーチは最近の文学、とりわけベケットについてのインタビューのなかで、こう発言したことがある。「まあ、十年か、十五年もしてごらんなさい。こうした作品がどう言われることになるか。」ルカーチがとったのは、実業家としての父親の態度であった。長い目で見ることによって、息子の熱狂が収まるのを待とうというわけである。こうした態度には持続的なものという尺度が、要するに芸術にたいする所有範疇という尺度が、暗黙裡に含まれている。それにもかかわらず芸術作品は、歴史の疑わしい判決にたいして無関心というわけではない。時代精神とだけともに泳ぐ、ほかならぬそのような作品に対抗して、質が地歩を固めたといったことも、歴史的には時折見られる。大きな名声を獲得した作品が、そうした名声にまったく値しない代物であったなどということは、稀なことであった。だがこうした正当な名声へ向けての展開は、作品にとって厳密な展開と、つまり作品自体の法則性による展開と等しいものであった。作品自体の法則性による展開とは、解釈、注釈、批評をとおしての展開のことである。正当な名声への展開が直接的に、世論を拠り所とすることはない。こうした世論は結局は、文化産業によって推進されたもの、事柄との関連においていかがわしい公的な判断にすぎない。世間では次のように取り沙汰されている。知識人にたいして敵意を抱くジャーナリスト達や、あるいは古臭い趣味の音楽学者の判断の方が、たったいま出現してくる作品を知覚し、理解するものの判断よりも、十五年後は有力になるというのである。だがこうしたことは、破廉恥な迷信にすぎない。

作品にとっての後世、つまり作品自体の歴史という局面からの作品の受容は、理解してもらえないという事実と、理解されようとする意図との、その狭間《はざま》で行われる。そこから生まれる緊張が芸術の風土なのだ。

新音楽の初期の成果のなかには、中期のシェーンベルクとウェーベルンの作品も含めて、触れえないものという特性を持つものも少なくない。こうした特性は作品の一部として客観化された結果、独自の生となるため、聴取者にとって手に負えないものとなる。統覚はその既得権を守るため、このように形成された作品にたいして、あらかじめ不正を働きかねない。

全体を部分に一義的に優先させるという哲学的構造は、認識批判的にも維持できないように、芸術にとっても無縁なものである。重要な作品においては細部が跡形もなく消滅して、全体性となるといったことは決してない。たしかに細部が自立化すると、こうした細部は連関にたいして無関心になり、連関を包摂する図式へと引き下げる。するとたちまち後退がはじまり、前芸術的な段階へと導かれることになる。だが芸術作品はもっぱらその細部の自立性という契機をとおして、図式的なものからみずからを区別し創造的なものとなる。どのような真正な作品も、求心的力と遠心的力との合力である。音楽においてひたすら美しい箇所だけを追い求めるような、そうした耳の持ち主は半可通なのだ。だが美しい箇所を、つまり一つの形成された作品のなかで変化する、発明と構造から作られた密度を、知覚する能力を欠く人、それは耳に欠陥のある人である。全体の内部に見られる、強化されているものと二次的なものとの区別は、ごく最近の音楽的発展にいたるまで芸術手段であった。部分的全体による全体の否定自体、全体によって要求されたものである。こうした可能性も今日では消滅しかけているが、それは次のような形象化の勝利である。どのような瞬間においても、中心にたいして等距離を保とうとしながら、だらけることがないような、そうした形象化のことである。こうしたことのなかには、分節化の手段が萎縮してしまうという、致命的な可能性もまた現れてくる。芸術と感動とは、つまり高揚の瞬間としての魅惑する瞬間とは、根底から切り離すことは出来ない。さもなければ芸術は失われて、どうでもよいものとなりかねないためである。だがこうした契機は、全体の機能もまた著しくそうであるように、本質的には部分的なものにすぎない。全体は美の経験にたいして、そのような直接性として自らを示すことはない。つまりそれを欠くならこうした経験はそもそも構成されることがなくなるような、そうした直接性のことである。美的禁欲は細部に反対し、受容者の細部に拘泥する、原子論的な行動方法に反対するものである。こうした禁欲には無力なところもまた含まれているが、さらに芸術自体から、その酵素の一つを抜き取る危険もある。

自立した細部は全体にとって本質的なものである。このことは美的に具体的な細部が、全体に対して反発するものであることによって証明される。だがこうした細部には上から計画的に指示されたものの痕跡が、実際は自立性を欠くものの痕跡であるが、こびりついている。シラーの『ヴァレンシュタインの陣営』には、ポッ・ブリッツ（いまいましい）という言葉を、グステル・ホン・ブラーゼヴィッツという女名と、韻をふんで用いられている箇所がある。これは抽象性を払拭して、それ以上ないほど生気に乏しいものとなってしまった古典主義を、凌駕するやり口である。『ヴァレンシュタイン』のような作品を堪え難いものとして断罪しているのは、こうした局面なのだ。

現在、作品における細部は、全体のうちで統合されることによって、消滅する傾向を示している。それは計画の圧力のもとで、惹き起こされるわけではなく、全体が細部自体を、その没落へ向けて拉致していくためである。だがこうした細部に特徴をあたえるのは意味であって、意味が細部を無差別的なものから区別する。無差別的なものとは、細部が自己を越えて辿り着こうと意図するものであって、細部に内在している、細部の綜合を決定するものである。細部の統合化を許すもの、それは細部が持つ死の衝動なのだ。細部の分裂的なところと、みずからの統一を用意するものとは、細部の力学的可能性として、互いに対立しているが、極端な形で対立しているわけではない。一方においても他方においても、細部は単に措定されたものとして、またそのため不充分なものとして、相対化される。統合の解体は統合の核心部分に内在し、統合をとおして出現をみる。だが全体は、それが細部において吸収するものが多ければ多いだけ、それ自体が言わば細部的なものとなる。つまり他の契機のなかの契機となり、個別的なものとなる。消滅を願う細部の要求は、全体へと転嫁される。しかもそれもほかならぬ、全体が細部を消しさるという、そうした理由からである。もし細部が真に全体において消滅を遂げ、全体が美的細部となるとしても、全体の合理性は細部の合理性を失うことになる。細部の合理性とは、細部と全体との関係以外の、つまり細部が手段となるように規定していた、そうした目的との関係以外の、何物でもなかったためである。綜合がもはや何かについての綜合であることをやめるなら、そうした綜合は無となる。技術的に統合されて形成された作品の虚しさは、どうでもよいことが類語反復的に繰り返されることによって、こうした作品が解体されていることを示す徴候なのだ。完全に着想を欠くもの、機能を喪失しながら機能的に作用するものは不透明なものであるが、不透明というこうした契機は不透明なまま、一転して次のような宿命となる。芸術がたえずそのミメーシス的遺産として、みずからのうちに抱え込んできた宿命のことである。このような事情を説明する例が、音楽における着想の範疇である。シェーンベルク、ベルク、それにウエーベルンですらも、この範疇を犠牲にすることはなかった。クレネクやシュトイアーマンがかれらを批判するのはその点による。実際上、構成主義は着想に、つまり計画を欠く恣意的なものには、もはやいかなる場所もあたえていない。シェーンベルクは自分でも立証しているように、かれの十二音的作品の根底に着想を据えていた。だがこうした着想も、次のような境界に基づくものにすぎない。かれの構成主義的方法が守り、かれにおける不充分な点と、見做すことも可能であった境界のことである。だがもし着想という契機が完全に廃棄されたとする。つまり作曲家にたいして、全体的な形式を着想することさえもはや禁止し、材料によって予め規定されることを、余儀無くさせたとする。もしそのような事態になるなら、作曲家はみずからの客観的な関心を喪失し、沈黙することになるであろう。だがこうした事態に直面するなら、着想の回復をもとめる要求もまた、最もらしくみえるかもしれない。しかもこうした要求には、無力さがつきまとうことになる。プログラム化されたものの抵抗力を求めて、プログラム化を行うことは、芸術においては困難である。統合されたものは抽象性が過剰であることから、構成はつとめて、着想、造形的な部分的な形態、特性化を求めることになる。だがこうした構成は、回顧的なものという非難に身を曝すのが落ちである。そうした構成においては二次的な美的反省が、まるで忌まわしい合理化にたいする恐れから、主観的な決意を行い、そうすることによって単に合理化の強制を、無視しているにすぎないようにみえる、という非難である。カフカによって脅迫神経症的に形をかえて描写されている状況、たとえどのような行為を行っても、行われることは誤りであるといった状況、それが芸術そのものの状況となってしまったのだ。着想を容赦することなく追放する芸術は、無差別的なものとなるように断罪されている。だが着想は繰り返し提出されたところで、色あせ影に似たものとなり、虚構も同然のものとなるにすぎない。シェーンベルクの『月に憑かれたピエロ』のような真正の作品にとっては、着想はすでに技巧的で非本来的なもの、切断されたものとなり、萎縮してある種の最低限の生を生きるにすぎなくなってしまった。だが新しい芸術作品において細部の重量を問うことは、極めて重要である。それはこうした作品の全体性における場合に劣らず、つまり組織化された社会の洗練化が行われている場合に劣らず、細部においては、組織化された社会が具体化されているためである。こうした社会は、美的形式の洗練化における土台にほかならない。個人は社会においては、利益という点で社会と大きく対立するが、そうした個人も単なる社会的事実であるだけでなく、社会それ自体でもある。個人は社会によって再生産され、社会を再生産するものであり、そのため社会にたいしてもまた自己を主張する。芸術作品における芸術作品と細部との関係もまた、それに似ている。芸術は普遍的なものと個人的なものとの社会的な弁証法が、主体的精神を媒介として出現したものにほかならない。芸術はこうした弁証法を遂行するだけでなく、形式をとおして弁証法の反省を行う。芸術の視線はその範囲内において、こうした弁証法の彼方を目指す。芸術による特殊化とは、社会が個人に対して絶え間無く加えてきた不正を、形象によって繰り返し償うものである。だが芸術はそうした償いによって、次のような事態を阻止する。芸術は我が身を置く社会から、具体的な可能性として読み取ることが出来ないものは、何一つとして実現出来ないという事態のことである。現代社会は構造変革からすこぶる遠い所にある。個人にそれ本来のものを与えてくれ、またそれとともにおそらくまた、個人化という呪縛を消滅してくれるような、そうした構造変革のことである。

構造と表現の弁証法　この二つの契機は変化して、互い同士入れ換わる。近代芸術の合言葉はこうしたことの結果にすぎない。近代の芸術作品にとっては、その努力の狙いを両者の中間に置くようなことは、もはや許されていない。許されているのは、こうした極端なものとなることである。それは極端なものにおいて、極端なものを通して、過去の美学にとって綜合を意味していたものに匹敵する、そうしたものを探究するためである。これが合言葉である。このことはモダニズムを質的に規定するための、すくなからぬ寄与となる。様々な多元的可能性が、現代芸術の出現を見る直前まで存在しており、それは十九世紀を通して異常なまでに肥大し続けてきた。こうした可能性に代わって出現したのが、分極化である。芸術的な分極化とは、社会が要求していると考えられるものの表明にほかならない。原註(1)物質的な生活関係と、この関係に依拠する人間間の関係の形成においては、組織が不可欠であるとされている。もしそうであるとしても、こうしたところでも、組織に委ねられているものは余りにも少なく、悪しく無秩序的である個人的領域に委ねられているものが、余りにも多い。そこから芸術にとっても、充分な活動の余地がうまれてくる。社会的な生産関係によっては、到底容認されないような、そうした計画のモデルさえも展開することが可能となる。他方、世界の非合理的な管理は強化され、つねに心許ないものであった特殊なものは、存在することすら覚束ないような、そうした事態にまで追い込まれてしまった。特殊なものが残されているところでも、特殊なものは機能を変えられ、普遍的なものによる全面的支配の、補完的なイデオロギーへと変わりはてている。普遍的なものを拒む個人的な関心も、普遍的に現実化された合理性へと収斂してしまう。だがこうした関心がそのような合理性となるのはようやく、次のような場合のことであろう。それは合理性が個人化されたものを、抑圧することをやめる場合であって、その場合にはたちまち、そうした合理性も実現されるであろう。合理性は個人的なものを発展させてこそ、その生存権を与えられるためである。だが個人的なものの解放が成功するのは専ら、全ての個人が依拠している普遍的なものもまた、同じく解放される場合に限られるであろう。公的なものの理性的な秩序を、社会的にも確立することが可能となるのは、ただ次のような場合に限られている。他の極端なものにおいて、つまり個人的な意識のなかで、肥大化していながら不充分であるような組織にたいして、抵抗が貫かれるような場合のことである。個人的な領域はある意味において、組織化された領域にたいして遅れた領域となっているが、組織は実際のところ、個人のためにこそ存在しなければならない。組織は非合理であるため、個人的分野をいまだある程度まで放置している。もし支配の前進を出し抜くものがあるとするなら、こうしたものにとって組織の後進性は逃げ場となる。タブー化されている表現に抵抗の権利を、美的なものとして与えているもの、それはこうした非時代的なものの力学なのだ。それは全体を相手に、その虚偽を衝くような抵抗のことである。公的なものと私的なものとを分離することは、イデオロギーによる乱暴な行為にほかならないが、それにもかかわらず芸術においてもまた所与となっている。ただし所与としての分離と結びつかないものは、何一つとして分離状態を変えることはできないという、そうした形における所与である。社会的現実においては無力な励ましにすぎないものも、美的にははるかに具体的にその身代わりとなる機会をもつのである。

原註（1） テオドール・W・アドルノ『個人と社会 一九五三年のダルムシュタット討論会開会講演』F・ノイマルクト編『個人と組織』（一九五四）所収、二一ページ以下。

芸術作品にとって、次のことは不可避である。全体を組織化する芸術作品の統一契機によって、自然支配的な理性をみずからのうちで受け継ぐことである。だが芸術作品が現実支配を拒否したとしても、こうした原理はそれ自体が隠喩的であり、隠喩的以外の仕方では命名できないような、そうした方法を使って復帰してくる。つまり影のように、あるいは姿を隠して復帰してくるのである。芸術作品における理性は、身振りとしての理性である。芸術作品は理性と同じく綜合化を行うが、それは概念、判断、結論による綜合化ではない。これらの形式は、それが登場してくるところにおいては、つまり芸術においては、たんなる下位手段にすぎない。芸術作品の綜合は、芸術作品において出現してくるものをとおして行われる。芸術作品の綜合的機能は内在的であって、芸術作品自身を統一するものにほかならない。こうした機能は、たとえ所与的で規定されているにせよ、直接的に外的なものと関連するものではない。綜合的機能が関連しているのは、散在した状態にあり、概念を欠き、断片に近い状態にあるような材料である。芸術作品はこうした材料を、その内部において処理しなければならない。綜合化する理性を変更し、同じくこうした変更を受容すること、芸術作品はそれをとおして啓蒙の弁証法を解決し、みずからの一部に変える。だがこのような理性はその形態のうちになお、芸術作品の美によってその形態が中立化されているとしても、かつて外部において理性に内在していた力学を、幾分なりとも持ちつづける。たとえいかにこうした力学から切り離されていようとも、同一のものとしての理性原理は、外部と内部において外的な力学に似た展開を惹き起こす。芸術作品は外部に開く窓を欠くものとして、文明に関与しているのである。芸術作品をして自己を拡散的なものと区別させているものは、現実原理としての理性の成果とも合致している。芸術作品においても現実原理が生きているのと同様に、この原理に対抗するものもまた生きている。芸術は自己保存的な理性の原理にたいして、訂正を加えるものであるが、こうした訂正は芸術をたんに、自己保存的な理性と対立させるだけではない。芸術作品自体の内在的訂正は、理性にたいする訂正を代表するものでもある。芸術作品の統一は、理性がものに加える暴力に由来している。他方、こうした統一は同時に芸術作品において、芸術作品の諸契機の和解を打ち立てるものである。

モーツァルトは束の間のもの、遠心力的なものとして形式化されているものと、形式との間のバランスの典型にほかならないとされている。この点に関しては異をとなえることは難しい。だがこうしたバランスがかれにおいて極めて真正なものとなっているのは、もっぱら次の理由による。かれの音楽を構成する細胞ともいうべき主題とモチーフは、つまりかれの音楽を構成するモナドは、乖離するものであるということである。こうしたモナドは、たとえどれほど対比という視点から、つまり精密な分節化という視点から着想されたものであるとしても、乖離しようとする。それは手の拍子がモナドを結びつけているところにおいても変わりがない。かれにおける非暴力的なところは、次のことによるものである。かれはバランスのなかにおいてさえ、細部の質的あり方を侵害することがない。またかれを形式の天才とよぶことを許し、根拠あるものとしているのは、形式の取り扱い方においてかれにとって自明であるような、そうした名人芸などではない。それは形式を支配的契機なしに使用し、こうした形式をとおしていわばゆるやかに、ばらばらなものを結びつける能力である。非暴力的なところとは、これらのことによるものである。かれの形式とは乖離しようとしているものの均衡であって、こうしたものを整理整頓したものではない。それがもっとも完全な形で出現しているのが、大形式の場合はオペラであって、それはたとえば『フィガロの結婚』第二幕のフィナーレなどに見られる。その形式は構成されたものでもなければ、綜合でもない。それは器楽音楽の場合のように、次のような図式に関連づけてみる必要のない形式である。つまり綜合のもとで捉えられたものを、綜合するものとして正当化される図式のことである。『フィガロ』のフィナーレのような形式はそのようなものではなく、部分を結びあわせて配置しただけのものにすぎない。こうした部分の特性は、変化する演劇術上の状況からその都度、取り出されてくるのである。このような曲は彼の最も大胆な器楽曲の楽章の多くと同じく、とりわけ彼の二、三のヴァイオリン協奏曲に見られるように、たとえはっきりと目に見えるわけではないとしても、深部からの解体の傾向を示している。それはベートーヴェン晩年の弦楽四重奏曲において見られるのと、同じ傾向である。モーツァルトの古典性が古典主義として非難されることをまぬがれているのは、その古典性が解体寸前の状態にまで、追い込まれていることに、しかももっぱらそのことによる。こうした解体はやがてベートーヴェンの後期の作品によって、ほかならぬその点が批判され、克服されることになる。なぜならベートーヴェンの作品は、むしろ主観的綜合による作品であって、こうした綜合がモーツァルトの解体に見合うところまで、徹底的に行われているためである。解体は統合的な芸術の真実にほかならない。

モーツァルトは外見からするなら、規範が目につく調和主義的美学をさももっともらしく、引き合いに出すことを好むかに見える。モーツァルトをしてそうさせているものは、流行の言い回しによるなら、それ自体として形式的なものにほかならない。つまり次のようにして統一できないものを統一する、かれの能力なのだ。纏まりを欠くもろもろの音楽的特性が、引き寄せてその前提とするものには考慮をはらうが、だがこうしたものが雲散霧消させられて、命令によって連続体へと作り替えられないようにすることである。モーツァルトはこうした局面のもとでは、ウィーン古典派の作曲家たちのなかで、確立されていた古典性の理想から、最も遠いところに位置していた作曲家ということになる。モーツァルトがより高度の秩序に従う理想に、それはとりもなおさず真正の理想ということを意味するのかもしれないが、到達するのは、こうしたことによることはいうまでもない。こうした契機があるために、音楽に対して非対象的なものであるのにもかかわらず、空虚な遊びとしての形式主義か、それとも深みがあるものとしての形式主義かという見分け方も、適用することが可能となる。深みという言葉は悪名高い用語ではあるが、この場合これに勝る用語は見当たらない。

芸術作品の形式法則となるのは、次のことでしかない。芸術作品の全契機と芸術作品の統一性とは、これらのものに特有の状態に従って、組織されなければならないということである。

芸術作品は多様なものの統一ではなく、一なるものと多との統一である。芸術作品は出現してくるものと一致しないこと、それを決定しているのはこのことなのだ。

統一とは仮象にほかならない。芸術作品の仮象はそれと同様に、芸術作品の統一をとおして構成されるものでもである。

芸術作品のモナド的特性は、モナド的無秩序状態に陥るという社会の罪がなければ、形成されることが無かったものである。だが芸術作品が、それをして独在論を超越させる例の客観性を獲得するのは、専らこうした特性による。

芸術は普遍的法則を持たない。だが芸術の局面におけるどのようなものにおいても、客観的に拘束する禁止項目をもうけるなら、こうした項目はおそらく効力を発揮するものとなるであろう。そうした禁止項目を放射しているのが、規範的な作品なのだ。こうした作品が存在することは、このような作品は今後は最早不可能であると言いながら、その不可能なことを直ちに行うように、命令することにほかならない。

かつて形式はある程度まで直接的に、前もって与えられていたが、その限りにおいて形成された作品がこうした形式によって、具体化されることも可能であった。具体化される形式とはヘーゲルの用語によるなら、実体的な形式とでも形容されるものかもしれない。こうした実体的な形式は正当なものである批判により、全唯名論的な運動の流れのなかで、骨抜きにされることが多くなった。それにつれてそれだけ一層、いわば現に存在するものとして、具体的に形成された作品の束縛となることも多くなった。かつて客観化された生産力であったものも、変化して美的生産関係となり、生産力と衝突するものとなったわけである。芸術作品が、芸術作品となろうと努めてきた際、手段となったもの、つまり形式は、それ自体が自律的なものである創造を必要とする。こうしたことはすぐさま芸術作品を脅かすものになる。美的客観性を持つ手段としての形式への集中は、芸術作品をして客観化されなければならないものから遠ざけてしまう。作品の可能性という観念が最近ではモデルを排除し、同程度の高さにおいて作品を排除しているのは、そのためなのだ。目的を手段をもって置き換えること、それは作品の危機の現れであり、同じく全社会的なものの現れでもある。不可欠な反省も過度に行われるなら、反省される当のものは廃棄されることになる。反省はみずからをもう一度、反省してみることがないなら、その場合、反省は次のような形式と複雑な形でからみ合い、そうしたものとして支配的なものとなる。それは単に措定されたにすぎず、形式化されたものにたいして無関心であるような、そうした形式のことである。最大限調和のとれた形式原理でも、それが目ざす肝心の真正の作品を伴わないなら、何の役にもたたない。今日、芸術の唯名論は先鋭化してしまったが、それが辿り着いたのはこうした単純な二律背反にほかならない。

ジャンルはかつて、前もって与えられていたが、その限りにおいて新しさも、ジャンルにおいて謳歌していた。新しさは徐々にジャンルへと移行し、ますますジャンルそれ自体となりつつある。それはジャンルには新しさが欠如しているためである。重要な芸術家は唯名論的状況にたいして答えても、新しい作品によって答えるというよりは、むしろこうした作品の可能性を示すモデル、類型によって答えるようになってしまった。こうしたこともまた芸術作品の伝統的な範疇を、その土台から徐々に崩している。

様式が疑わしいものであることを明白に示すものとして、ドビュッシーの『ペレアスとメリサンド』のような、ごく近い過去のモダニズムの、最高に様式化された領域がある。この叙情的なドラマは何事にも譲歩せず、模範的な純粋さを貫きながら、その様式化の原理を追求している。その結果生まれてきた不一致は、例の血の気の乏しいものにつきものの罪などでは決してない。様式化原理をもはや遂行できない者が、血の気の乏しいものを罪としてあげつらうのである。目につきよく知られているものに、単調さがある。それを厳しく拒否する姿勢が、対比の形成を正当であっても浅薄に妨げる姿勢であり、あるいは対比形成を還元して暗示に留める姿勢である。分節化を損なっているのは、つまり部分としての纏まりによる形式の構成を損なっているのは、こうしたことなのだ。だが形成される作品は形式統一を最高の標識としているため、分節化は損なわれれば損なわれるほど、なお一層、求められる。そこで様式化は行われても、次のことは避けて行われるようになる。様式的統一が、単に多様なものの様式的統一にすぎないものになりかねないということである。たとえばとりわけ声部のいつ果てるともない詩篇頌読がある。こうした頌読は古い音楽用語法が、前節に対するものとして後節と言う用語で表現してきたものを必要としている。つまり前節の約束を履行、充足、拡散することである。太古の昔に失われたものが想起されたかのような感情のために、こうした後節を犠牲にするなら、なすべき事柄はあたかも約束が守られなかったかのように、中断されてしまう。趣味は全体的なものであり、そうしたものとして音楽の演劇的な身振りには抵抗する。他方、作品は舞台を断念したいとは思わない。完璧な趣味は技術的手段もまた貧困化させるものともなる。そうした趣味に従うなら、持続的に単声的な楽曲は見すぼらしいものとなり、オーケストラは灰色一色によって塗りつぶされながら、同時に色価に固執する羽目となる。様式化がこのように困難であること、それは芸術と文化との困難な関係を指示するものにほかならない。分類学的な図式によって、芸術を文化の一部門へ算入することが行われているが、こうした図式は不充分である。『ペレアス』は異論の余地なく文化であるが、文化を解約しようとする憧憬に欠けている。このことは無言で神秘的なまでに寡黙な主題に一致している点であるが、まさにこうした一致を通して主題が手探りしている当のものを、捉え損ねている点でもある。芸術作品は文化を満足させるために、文化からの超越を必要とする。それが過激なモダニズムを、強力に動機づけている点にほかならない。

ゲーレンの指摘の一つは、普遍と特殊の弁証法に光を投げかけてくれる。ゲーレンはコンラート・ローレンツに関連づけながら、美に特有の形式、つまり自然美の形式やさらにはまた装飾を、〈触発因的質〉として解釈する。〈触発因的質〉とは、過大な刺激に喘いでいる人間から負担を取り除く役割を与えられているもののことである。ローレンツによるなら、全ての触発因に共通の特性とは、単純さと対をなしているあり得ないものということである。ゲーレンはこの点について、次のような推測をおこない、その推測を芸術へ転用する。「純粋な響き、〈スペクトルの色調〉や全音階的和音……にたいするわれわれの喜びは、音響的分野において与えられる触発因による、〈あり得ない〉ような効果と、正確に類似したものにほかならない。原註(1)」「自然形式を〈様式化する〉芸術家の創造力は、つまり対称化と単純化によって、あり得ないような普遍的な触発因的質を、最大限取り出してくる創造力は無尽蔵である。原註(2)」ここでいわれている単純化が、形式に特有なものと呼ぶことが許されるものを、構成するものであるとするなら、その場合、形式における抽象という契機は、あり得ないものと結びあわされ、それによって同時に普遍とは逆のものとなる。つまり特殊化の契機となる。芸術は特殊という理念に従うものである。報告する出来事が日常的なものではなく、特殊なものであることを売りものとする物語、それは根本において、こうした理念に従うものにほかならない。このような特殊という理念には、あり得ないということが含まれている。それは一見普遍的にみえるものにたいして、つまり装飾や様式化の幾何学的に純粋な形式にたいして与えられている、そうした形容としてのあり得ないものに等しい。あり得ないもの、つまり超自然力を美的に世俗化したものとは、普遍と特殊が一体化したものと言えるかもしれない。つまり単なる現存在にたいして適用された、あり得ないものとしての美的規則性なのかもしれない。精神とは特殊化の敵であるばかりでなく、あり得ないものによって特殊化を決定するものでもある。後になって初めて弁証法的反省によって、証明されることになるものとしての精神、こうした精神は全ての芸術において具体化するものであり、抽象的なものではなかった。

原註(1)　アーノルト・ゲーレン「負担を取り除かれた態度、とりわけ美的態度の二、三の範疇について」『人類学と社会学研究』(ノイヴィート・ベルリン　一九六三)所収　七〇ページ。

原註(2)　(前出書)六九ページ。

芸術にとってその社会的運命は、単に外部から与えられたものではなく、それと同様に芸術の概念の展開でもある。

芸術はみずからの二重特性にたいして、無関心ではいられない。芸術が純粋に内在的であることは、芸術にとって内在的な負担となる。自足ということは芸術によって要求されたものでありながら、芸術を不毛なものにしかねない。メーテルリンクに反対してヴェーデキントが指摘したのは、この点であった。ヴェーデキントは芸術的な芸術家を嘲笑したのであって、ワーグナーが『ニュルンベルクのマイスタージンガー』における論争で、テーマとしたのもこのことであった。ブレヒトの態度は同じ動機を持つものであり、そこには反知識人的なニュアンスが籠められていた。内在的な領域を抜け出して、民衆の名を借りて煽動を行うことはたやすい。それは野蛮なものに、色目を送ることに等しい。それにもかかわらず芸術は、死にものぐるいになって、みずからの領域から脱出することに憧れを抱くが、それは自己保存のためである。なぜなら芸術が社会的であるのは、たんにそれ独自の運動によるだけではない。つまり芸術はみずからにとって異質な社会にたいして、いわばア・プリオリ的に抵抗するものとして、社会的であるだけではないためである。異質な社会は常に芸術の具体的な形態に従い、そうした形でもまた芸術の中に入りこんでいるのである。その都度可能なものを問い、可能なものの重荷を支えることが出来る形式の芽を問う問い、それは社会状態によって直接的に予め指示される。芸術が主観的な経験をとおして自らを構成する限り、社会的内容は本質的なものとして、芸術に侵入することになる。だがそれは文字通りの侵入ではなく、侵入は変更をくわえられ、正体を被われ影のようにして行われる。芸術作品と夢とのあいだには、真の親近性がある。だが夢と親近性があるのは、このように変更されたものとしての芸術作品であって、心理学的なものとしての芸術作品ではない。

文化は塵に等しいものである。芸術はこうした文化の様々な分野の一つでありながら、真実が出現するものとして重大なものでもある。呪物崇拝の二重特性に籠められているのは、この点なのだ。

芸術においては次の点が、魔法にかけられたようにその姿を変えられている。その対他存在である支配的な基準は仮象である。すべての物の尺度として据えられているものは、交換関係である。だが他者、つまり物事の即自性は、自己自身を措定するやいなや、イデオロギーとなる。次の二者択一は面倒である。一つは、何ガソコカラ私ノ手ニ入ルノカと問う態度であり、もう一つは、ドイツ的とは事柄を事柄自体のために行うことを意味しているとする、態度のことである。前者に見られる対他性が虚偽であること、それは次の点において明らかである。俗に人間のために行われていると言われている事柄は、そう言われているだけなお一層、徹底して人間を欺くものにすぎないということである。後者における事柄自体という即自存在にかんする命題は、エリート的なナルシズムと溶け合ったものであって、それによって同じく悪に奉仕するものとなっている。

芸術が記録し客観化する経験の層は、たしかに現実との関係の根底に潜むものであるが、この関係においてはほとんど物によって、被われているのも同然である。美的経験はこうした経験の記録であり、客観化であるため、形而上的経験としても、社会的経験としても説得的なのだ。

美の領域と実際的な目的との間の距離は、美内的には美の対象と、観照する主体との間の隔たりとして現れてくる。芸術作品は介入することがないが、それと同じく主体もまた美の対象にたいして、介入することはできない。距離は作品の内容に近づくための、第一条件である。このことを指摘するものとして、カントの無関心という観念がある。それは次のことを、美的な態度から要求する観念である。対象に手を伸ばすとか、対象を飲み下すような、そのような真似はしてはならないということである。ベンヤミンのアウラの定義は、こうした美内的契機を的確に捉えたものにほかならない。原註(1) だが彼はこの契機を、発展の過去の時期に属するものに分類し、技術的再生産という現在の時期にはそぐわないものとして説明した。かれがこの定義において行っているのは、自分を攻撃する側と一体化することであって、歴史的傾向の誤った先取り、それもあまりにも唐突な先取りにほかならない。こうした傾向はしかも芸術を、経験的な目的領域へと呼び戻す傾向でもある。遠いものであるということは現象として、芸術作品の単なる現存在を芸術作品において超越させる点なのだ。絶対的に身近なものとしての芸術作品とは、絶対的に統合された芸術作品にほかならない。

原註(1) 参照。ヴァルター・ベンヤミン『著作集』(前出書)第一巻 三七二/三ページまたは四六一ページ以下。同じくベンヤミン『新しい天使』(前出書)二三九ページ。

品が悪くて堕落した、統括する形で管理された芸術と、真正な芸術とを対比した場合、前者はアウラを持たない芸術であるということには、決してならない。このような敵対的分野の対立は終始、一方の側が他方の側によって互いに媒介され合うものとして、考えなければならない。現在の状況においても、作品はアウラ的契機にたいして、それを欠いてはいるものの、敬意を払っている。この契機を破壊しながら保存すること、つまり気分という名のもとで、作用連関のためにこの契機を動員することは、娯楽の分野に限定されて行われている。娯楽芸術とは次の二つのことを偽造したものである。その一つは美的なものの事実的層が、媒介するものを欠くことによって、娯楽芸術においては単なる事実に過ぎなくなること。つまり情報やルポルタージュ的なものにすぎなくなっていることである。もう一つは、形成された作品からアウラ的な契機が切り離され、契機それ自体として手を加えられ、消費可能なものとなっていることである。商業映画におけるどのようなクローズアップも、アウラの嘲笑にほかならない。こうしたクローズアップは離れたものを、形成された作品の配置から切り離して、わざわざ身近なものに変え、そうすることによってこれでもかとばかりに、利用しつくすといった営みなのである。アウラは感覚的刺激と同様に、規格品としてのソースとして呑みこまれる。文化産業は個々の感覚的刺激や、みずからの全製品の上に、こうしたソースをだぶだぶになるまでかけるのである。

幸福の約束というスタンダールの言葉が語っているのは、次のことである。芸術は現存在の賜物であるが、現存在においてユートピアを予告しているものを強調することによって、こうした賜物となるということである。だがユートピアを予告するものは、絶えず減少しかけており、現存在はますますたんなる現存在にすぎないものへと変わりかけている。芸術は現存在に等しいものに、ますますなることが出来なくなっているが、それはそのためである。既存のものによる、また既存のものにおける全ての幸福は代用品であり、贋物にすぎない。そのため芸術は約束を破棄し、約束を破棄することによって、約束にたいする信義を守らなければならない。だが人間の意識は、とりわけ大衆の意識は、敵対的社会において特権化されている教養によって、こうした弁証法の意識から切断され、幸福の約束にしがみついている。それももっともなことである。だがかれらがしがみついている約束とは、直接的な形態の、素材として形態の約束にほかならない。文化産業が狙いとしているのは、その点なのだ。文化産業が行っていることは、幸福を求める気持を育て上げ、その挙句、ばっさりと刈り取ってしまうことに等しい。文化産業にもそれなりの真実契機がある。それは文化産業が実体的な需要を、社会的に進行しつつある無力状態から生み出された需要を、みたしているということである。だが文化産業流に需要をみたすことによって、文化産業は絶対的な虚偽となる。

芸術は支配的なものとなった功利主義の真っ只中において、なにはともあれ現実的に、若干ではあるがユートピアを他者として持つものである。それは社会による生産と再生産の過程にかかわりのある、そうした営みから抜き取られたもの、現実原理に従わないものとしてのユートピアなのだ。それはユートピアの感情であり、そうした感情は『売られた花嫁』において、巡業の馬車が村に入っていく場面などで感じとられる。だが綱渡り師達を見物するというだけで、もういくばくかの費用が掛かることになる。他者は永遠に同一なものによって飲みくだされ、しかもそのなかで仮象として自己を維持する。仮象は唯物論的意味においてもまた、仮象である。芸術は仮象の構成要素全てを、同一であるものから蒸留しなければならないが、精神もまたその例外ではない。その上で芸術はこうしたすべての要素を変化させなければならない。芸術は同一であるものと、まったく異なったものであり、そうしたものであることを通してアプリオリに、同一であるものの批判なのだ。芸術が順応している所においてもまた、そのことに変わりはない。それにも拘わらず芸術はそれが前提とし、自ら批判を下すものの真っ只中において、自らを運動させる。どのような芸術作品も自らにたいして、無意識にではあるが、次のように問わなければならない。自分はユートピアとして、可能なものであるのか否かと。またもし可能なら、どのようにして可能なのかと。それも常にみずからの構成要素を配置する仕方をとおして、問わなければならないのである。芸術作品は超越化を行う。だがこうした超越化は同一であるものと単純にそして抽象的に、相違したものとなることによって行われるものではない。それは芸術作品が同一なものを受け入れ分解して、再び合成することによる。人々が美的創造と呼んでいるものは、こうした構成のことにほかならない。芸術作品の真実内容は、次のことによって判断されなければならない。芸術作品が永遠に同一であるものの配置を組み換えて、どれだけ掛け離れた他者を作り出すことが出来るかということである。

芸術作品における精神と、芸術作品にかんする反省における精神とは、疑いの目でもって見られている。こうした精神は作品の商品特性に悪影響を及ぼし、市場での換金性を危険にさらしかねないためである。集団的な無意識はこうした点において、とりわけ敏感である。その反面、公的な文化や文化財に対する疑いや、またこうしたものに触れることは楽しみであるかのように言いふらす、そうした巧みな宣伝による保証といったものへの疑いも、根深いものがある。またそうした疑いによって養われた感情も、たしかに拡大しているように見える。人間の内面は両面価値的なのだ。こうした内面性は公的文化が与えることを約束しているものを、騙し取られている。それは公的文化が約束するものは、公的文化の堕落を明るみに出すためである。両面価値的内面性は、こうした事実を厳密に知れば知るほど、それに応じて、以下のようなあるものにイデオロギーとして固く嚙みつくこともまた、ますます執拗に行われることになる。つまり芸術についての大衆的な経験それ自体においては、おそらくまったく存在しないも同然と言ってよいもののことである。こうしたこと全てを染めあげているもの、それは生の哲学からの知恵の残り滓にほかならない。つまり意識とは生を殺すものであると見做す、智恵のことである。

かつて嘘であり虚偽であるとして見通されたものであるのに、そうしたものに臆病な犬儒主義を振りまきながらしがみつくこと、それは市民的な習慣である。こうした習慣が芸術にたいしてとる態度は、次の図式によっている。私に気に入るものは、劣るものでまやかしかもしれないし、またでっち上げられたインチキかもしれない。だがそうしたことは指摘されたくないし、また余暇においてまでも努力したり、怒ったりすることは勘弁してほしい。芸術における仮象の契機は歴史的に発展し、このように頑固で主観的なものになってしまった。その結果として、文化産業の時代においては、芸術は総合的な夢として、経験的現実に組み込まれ、芸術にかんする反省の場合と同様に、芸術に内在する現実は切り取られてしまう。その背後に潜むのは、結局のところ、既存の社会の存続と、こうした社会の自己自身についての意識とは、一体化できないという事実である。またこうした意識は痕跡にいたるまで、それがどのようなものであっても、芸術においては罰せられることになる。この局面のもとにおいてはイデオロギーは、つまり虚偽の意識は、社会的に不可欠となる。その際、真正な芸術作品は観照者の反省においてはその上、敗北するのではなく、勝利を収めるのである。芸術消費者という言葉があるが、その言葉尻をとらえて言うなら、消費者にたいしては、次のような指示を行うべきかもしれない。消費者が気楽に口にしているような作品認識は、感覚的な第一印象に甘んじているものにすぎない。そうした作品認識など捨てて、もし完全な作品認識を獲得するなら、作品からより多くのものが得られるようになるということである。芸術経験は芸術認識さえ迷わされることがないなら、それによって比較にならないほどはるかに豊かなものとなる。作品において知的に認識されたものは結果的に、そうしたものの感覚的に知覚される部分もまた明らかにする。こうした主観的な反省が正当化されるのは、次のような内在的な反省過程を、言わばもう一度、遂行することによる。美的な対象において客観的に起こるものではあっても、芸術家によってはけっして意識される必要はなかったような、そうした過程のことである。

芸術は実際上、どのような近似値的なものも許さない。芸術史、とりわけ音楽史の観念の一部分をなしているものとして、小大家とか中位の大家といった観念がある。こうした観念は、それ自体が作品の生にたいして鈍感であるような、そうした意識の投影されたものにほかならない。芸術の歴史は劣るものから中間的なものを経て、勝れたものへと進むといったような、連続したものではない。成功しなかったものはつねにそれだけで、劣ったものにすぎない。それは芸術の理念には、成功して渾然一体となったものとなるということが、理念として含まれているためである。芸術作品の質について論争が際限なく継続され、往々にして不毛なものでありつづけてきたが、論争の動機となったのはその点にほかならない。ヘーゲルの命題によるなら、芸術とは真実が出現するものであって、客観的に不寛容なものである。イデオローグーたちは言い逃れとして、社会的命令に従って多元論を、つまり諸分野の平和的共存ということを持ち出すが、芸術はこうした多元論に対しても寛容ではない。その上とりわけ堪え難いものとして、審議機関などが常に持ち出してくる、例の〈優れた娯楽〉と称する評価がある。こうした機関は芸術のひ弱な良心よりも、芸術の商品特性を重視しようとするために、こうした評価をくだすわけである。新聞紙上で次のような文句を読んだことがある。コレットはドイツでは娯楽作家として扱われているにすぎないが、フランスでは最高の名声を享受している作家である。それはフランスでは、娯楽作品か真面目な芸術かといった区別は行われず、区別はたんに優れた芸術と劣った芸術とのあいだで、つけられているからであると。事実、コレットはライン川の向こうでは、神聖な牛の役割を演じている作家である。それとは逆にドイツにおいては、古参教師的な教養信仰がはびこり、高級芸術か低級芸術かといった硬直的な二分法を盾にとって、その背後で身を守ることが、好んで行われているのが実情である。芸術家であっても、公的な基準に従うならば、低級な部類に属することになるような芸術家たちがいる。しかもこうした芸術家たちのなかには、とうに破壊されてしまった水準観念を充たしているにすぎないような、多数の芸術家以上に、豊かな才能を示している人々がいる。そうした芸術家はそれにもかかわらず、かれらがもつ固有のものを無視されてしまうのである。ヴィリー・ハースの見事な定式化によるなら、存在しているのは上等な下級文学か、下等な上級文学かの、その何れかにすぎないのである。音楽の場合も、それと事情に変わりはない。それにもかかわらず娯楽か自律的芸術かという区別は、事柄の質という面からするなら、実質的な区別なのだ。ただしこうした区別が擦り切れてしまった水準概念や、その概念の下で規制されることなく活動しているものにたいして、かたくなな態度をとるなら、その実質も失われることになる。そうした区別にとっては、可能なかぎり細心に相違を見分けることが、必要とされていることはいうまでもない。その上、文化の分野もいまだ十九世紀においては、文化の独占時代におけるように、仮借ない分裂状態に陥っていたわけではない。次の定式化は、無責任なものであり、一面ではスケッチ風なもの、一面では形にはまったものになりかねないものである。だがそれを承知の上でこの定式化によるなら、以下のような作品もないわけではない。仕上げには難がありながらも、効果が計算されているために、二次的な美的流通分野においてそれなりの場を占め、しかも微妙な質によって群を抜いているといった、作品のことである。こうした作品もその娯楽的価値が将来、蒸発することにでもなるなら、その作品価値は当初におけるものを、越えることにならないとも限らない。低級芸術と高級芸術との関係にもまた、それなりの歴史的力学がある。かつて消費にあわせて裁断されていたものも、後年の、上から合理化しぬかれた消費を前にするなら、往々にして人間性の残像であるかのような、そうした印象さえ与えかねない。完全に形成されておらず、完全に展開されていないということ、こうしたこと自体も普遍的な基準にはならない。それればかりか次のような場合には正当化されるのである。作品自体が自己を自己自身の形式水準へと高め、そうすることによって自己を訂正するが、ありのままの作品以上のものとしては、出現することがないといった場合のことである。プッチーニの並外れた才能とはこうしたものであり、それは『マノン・レスコウ』や『ラ・ボエーム』のような、仰々しさのない初期の作品に見られる。それに較べ後期のより野心的な作品は、実体と提出されているものとのあいだに不均衡が見られ、それによって際物へと変質し、前者よりはるかに説得力に欠けたものとなっている。理論的な美学のどのような範疇も、硬直的に、不動の基準として使用することはできない。個別的な作品に関する内在批評の場合でも、美的客観性の把握しか行われないなら、範疇が抽象的なものとなることは避け難いし、こうした抽象性は誤りの原因ともなる。内在批評にまですすむことがない美の理論の場合は、次のことは責務である。みずからの規定について二次的反省を行い、それをとおしてすくなくとも、みずからの自己訂正のモデルを描きあげることである。ここでオッフェンバックとか、ヨハン・シュトラウスの名を挙げておくことにしよう。カール・クラウスはこれらの人々を、現象としてとくに強調したが、文学の領域において彼が同じく強調したのが、ネストロイのような人々のそれであった。クラウスをしてそうさせたもの、それはこちこちの古典主義者たちによる、公的文化にたいする反感にほかならない。言うまでもなく、次のような人々のイデオロギーにたいしては、絶えず疑いの目を向けることが必要である。真正な作品の規律を実現することは手に負えないために、売れる作品を逃げ口上としてきた人々のことである。だが諸分野の分離は、歴史的沈澱物として客観的なものであるとしても、絶対的なものではない。洗練されて自律的なものとなっているような、最高の作品においてさえ、対他的なものという契機が、つまり拍手を求める地上的なものの残り滓が潜んでいる。完全なもの、美自体も、わたしは美しいのだろうかと語り、そう語ることによって自らを傷つける。逆に二目と見られない惨めな際物であっても、芸術として出現することが避けがたいものなら、それにとって厭わしいことであっても、その妨害をするわけにはいかない。厭わしいものとは、即自的なものという契機であり、みずからが裏切っている真実要求のことである。コレット女史は有能であった。彼女は小ロマン『ミツウ』のような、上品な作品でも成功を収めたし、また『無邪気な放蕩女』における女主人公の脱出の試みのような、いわくありげな作品でも成功を収めた。全体として見るなら、彼女は格調が高く、洗練された言語を持ったヴィキー・ボームといった存在であった。彼女が提供したのは、厭味なまでに心を元気づけ、贋物ではあっても具体的であるような、そうした天性である。彼女は『ミッウ』におけるように、堪え難い結末さえ臆面もなく持ち出す。冷感症の女主人公は正当な夫の腕の中で、皆の祝福を受けながら、彼女本来の姿を取り戻すといった結末のことである。読者はコレットの家庭小説によって喜ばされたが、それは高級売春の変種としての家庭小説にほかならない。フランス芸術はすべての新しい芸術にとって、養分であった。こうした芸術を非難する言葉として最も的確なものは、フランス語は際物に相当する言葉を知らないという、言葉である。ところがドイツにおいては、ほかならぬこの点が賞賛されている始末なのだ。真面目な芸術と娯楽作品という、美的領域間の内部抗争は中止されているが、こうした中止は文化が中立化して、どっちつかずのものとなったことの、証明にほかならない。精神であって、文化の精神にとって拘束的なものは、もはやなくなってしまったため、文化は精神のすべての部門を、知識人向け、教養を欠く層向け、その中間的層向けにわけて、選り取りみどりのものとして提供する。娯楽や緊張の緩和剤であることを名目としているもの、こうしたものを求める社会的需要は、社会そのもののうちから生み出されたものにほかならない。こうした社会によって構成員となることを余儀なくされているものたちにとり、そうした物によってかれらの生活の重荷と単調さを凌ぐ以外には、他の方法を知ることは難しい。またこうした社会の構成員は、かれらに割り当てられている管理された余暇において、文化産業が押しつけてくるもの以外のものは、たとえそうしたものがあるとしても、殆どなに一つとして受け入れることはないであろう。実際上、コレット流長編小説に見られる疑似的個人主義化といったものもまた、こうした文化産業の一部に数えられるものである。だが需要があるからといって、娯楽がよりましなものとなるわけではない。娯楽は真面目な芸術の残り滓まで売り払い、無害な物にしてしまう。またみずからの構成にしたがって、寡黙なもの、抽象的に標準化されたもの、渾然一体とは無縁なものとなる。娯楽は高尚な娯楽やまたその上、品良く振舞う娯楽も含めて、低俗なものとなってしまった。こうしたことになったのは、交換社会が芸術的創造もまた捉え、それを標本化して商品にかえてしまうことになった、それ以後のことである。低俗な芸術とは、距離を軽蔑することによって人間の品位を引き下げ、すでに品位を下げられている人間の意に従う、そうした芸術にほかならない。こうした芸術は、世間が芸術を変化させた結果を、証明することはあっても、その態度をとおして、世間にたいして反逆することはない。文化的商品であって、人間を自らの品位低下と同化させるものが、低俗なのだ。こうした商品は顔に愛想笑いを浮かべている。社会的需要と美的質とを直接結びつけるような関係は、建築のようないわゆる目的芸術の領域においてすら存在していない。ここ数世紀のドイツにおいて建物の建築が、第二次大戦後ほど、切実であったことはなかったかもしれない。それにもかかわらず、ドイツの戦後建築は無残なものである。真の必要は真の楽しみというヴォルテールの言葉があるが、この言葉は美に関しては当てはまらない。芸術作品の等級づけを、社会的需要に応じて行うことは可能であり、また意味がある。だがそれも等級づけが、全社会的理論に媒介されて行われる場合に限られる。等級は住民がまさに必要としており、まさにそのためなお一層、かれらにとって強要することが容易であるようなもの、そうしたものによって媒介されてはならない。

際物の定義としてその契機のいくつかが提供されているが、こうした契機の一つとして次のことが挙げられる。現存していない感情を存在するかのように装うこと。またそうすることによって美的現象同様、こうした感情の中立化を行うこと。また際物とは、次のようなものであるとも語られている。それは真面目に取ることが出来ないか、あるいはそう取られまいとする芸術のことであって、それでいてその出現したものは、美的に真面目なものであることを主張しているといった、そうした芸術であると。だがこうした点はどれほど啓発的であっても充分ではないし、またこの場合、際物のなかでも、無神経で非感傷的な際物全部を考えれば、それだけで済むという話では決してない。ありもしない感情が語られていると言われている。だが感情とは言っても、それは誰のものなのか。作者の感情なのか。だが作者の感情であるとするなら、再構成することも出来なければ、こうした感情と一致しているか否かなどということなどなおのこと、基準にするわけには行かなくなる。どのような美的客観化も、直接的な感情の動きから離れて行われる。それともこうした感情は登場人物のものであって、作者はそうしたものとして、その感情にあれこれ語らせるのであろうか。こうしたことは常に、ドラマの登場人物自体と同様に虚構にすぎない。先の定義を意味あるものにするためには、おそらく芸術作品の表現自体を、真偽を確かめるための索引として利用し、それを取り出して観察することが必要となるであろう。だが表現の真正さについて鑑定することは、とほうもなく面倒な事態を生み出さずにはおかない。たとえば表現手段の真実内容は歴史的に変化することなども、こうした面倒の一つに数え上げられる。真正さの判断は、ただ決疑論的にしか決着がつけられないし、また決着をつけたところで、一切の疑問が解消されることにはならない。事態はことほど左様なまでに面倒なのだ。際物は芸術とも、また芸術の変種とも質的に異なる。際物は次のような矛盾のなかで、前もって形成されたものである。自律的な芸術はミメーシス的衝動を意のままに扱うが、衝動の方はこうした勝手な振舞に対して、反対するという矛盾である。芸術作品となることはすでに、ミメーシス的衝動にたいして、不正を働くことにほかならない。こうした不正は芸術を廃棄し、芸術を虚構の図式でもって置き換えることによって完成される。際物批判においては何一つとして疎かにしてはならないが、その批判はこうしたことにとどまらず、芸術それ自体にまで及ぶ。芸術が際物とア・プリオリ的に類似している。この点にたいして反抗することが、芸術の初期の歴史における芸術にとって本質的な、発展法則の一つであった。このことは作品の衰退とも関係がある。かつて芸術であったものも際物になる可能性がある。こうした衰退の歴史は、おそらく芸術訂正の歴史であり、芸術の真の進歩なのかもしれない。

流行は利益への関心に明白に依存し、資本主義的営みと緊密に結びついているものである。その例として美術品取引がある。業者が画家の金銭上の面倒をみる代償として、画家は業者からするなら市場価値があると見做される様式にしたがって、期待通りのものを提供するよう、密かに、あるいは最近では公然と要求される。資本主義的な営みとの絡み合いは、所謂芸術上の流行にまで及び、自律性を直接的に断ち切るものとなってしまった。このような事態を前にするなら、芸術における流行も、額面通りに受け取る訳にはいかなくなる。それは弁護に見せ掛けて宣伝を行っている類の、イデオロギー上の代理人の熱意にたいする場合と同じである。だが次の事実は、たしかに流行にとっては腹立たしいことかもしれないが、その救いとなることでもある。利益体系と結託していることをほとんど否定しないようなこうした流行も、利益体系からは侮辱されているという事実である。流行は内面性、超時間性、深みといった美的タブーに手を触れ、それを一時中止させる。こうした中止のお蔭で、流行から次のことが読み取られるようになる。芸術とこうしたタブーとされていた物との関係は、つまりこれらのものは一切の疑問を超越しているわけでは決してないものであるが、こうした物との関係も、程度の低い口実にされていたにすぎなかったということである。芸術はそれが申したてているようなものや、理念に従ってなるべきものとはなってはいない。流行とはこうした事実の、芸術による永遠の告白にほかならない。流行はその営みにおいては強力ではあるものの、お喋りな裏切り者として憎まれ者でもある。流行の二重特性は、その二律背反の際立った徴候なのだ。流行を芸術からきれいに分離しようとしても、事は市民的芸術信仰にとって好都合なようには捗らない。美的主体は論争をとおして自らを、社会と社会の管理的精神から分離してきた。それ以来、芸術はこうした客観的な精神と、それがたとえどれほど虚偽であっても、流行をとおして意思疎通を行ってきた。過去の流行は意図を欠くもの、無意識的なものであったと、おそらくそれだけでもすでに不当なことかもしれないが、信じられていた。今日の流行は最早そうしたものとは、無縁なものになってしまった。流行は完全に操作されたものであるが、需要に直接的に対応するものではない。もちろん需要は流行のなかに沈澱していること、また需要との合意それ自体を欠くなら、流行が今日、自己を貫徹することは無かったであろうということ、それは言うまでもないことである。だが巨大な独占の時代においては、操作それ自体が、支配的な社会的生産関係の典型となっている。そのため流行が強要するものもまた、社会的に客観的なものを代表することになる。ヘーゲルは『美学』のもっとも壮大な箇所の一つにおいて、異質なものをわがものとすることを、芸術の使命として定義した[原註(1)]。他方、流行は精神におけるこうした和解の可能性を見失ったものであり、疎外そのものを受け入れる。芸術にとって流行とは他者となることがなく、そのままで有り続けるような、そうした社会的存在の具体的なモデルであり、こうした存在に陶酔したように、身を委ねるものにほかならない。芸術は、もし我が身を売り払うつもりであるのでないのなら、流行に抵抗しなければならない。だが芸術はまた流行にたいして、その神経支配を行わなければならない。世間の流れにたいして、それ独自の事実内容にたいして、眼を閉じないためである。流行にたいするこうした二重の関係を、反省の形と叙情詩的作品という形で、初めて実際的に取り上げたのがボードレールであった。コンスタンタン・ギイにたいする彼の讃辞は、それを示す最も鮮やかな証拠となっている[原註(2)]。この現代生活の芸術家は、ボードレールにとっては、完全に果敢ないものにかかずらわって自己を失いながら、そうすることによって自制力を持ち続けているといった、芸術家である。最上級の芸術家で、伝達ということを非難した最初の芸術家であるボードレールも、自己を流行から締め出すところまで、徹底しているわけではない。ランボーの手になるパリの文学キャバレー調の詩が、一つならず存在している。これは異質なものから容赦なく関係をたった、過激に敵対的な芸術であって、純粋に対自的である主体という虚構さえも、容赦することなく攻撃した。こうした虚構はただ自己自身にだけ責任を負う率直さという、忌まわしい幻想を振りまくものであって、大抵は偏狭な偽善の隠れ蓑にすぎないためである。時代は社会的客観性を前にして、主体的な精神がますます無力化の度合いを増大させつつある時代である。こうした時代においては流行は、次のことを告知するものにほかならない。主観的な精神には過剰なまでに、社会的客観性が含まれているということである。それはまた次のことも告知している。流行は主観的な精神にとって苦痛となるところまで無縁でありながら、主観的な精神は純粋に自己の内に本質を持つものであるとする、そうした幻想にたいする矯正手段となるということである。流行がその軽蔑者にたいして持ち出さなければならない、最も強力な反証となるのは、次の事実である。流行は重大な、歴史で充たされている個人的な心の動きに関与していること。ユーゲントシュティールは孤独という様式が、普遍性と関与しているという逆説の、範例にほかならないことである。だが流行は軽蔑されているが、その原因はエロティックな契機にある。それは芸術が洗練という点において、完全には成功することがなかったことを、芸術に想起させる契機となっている。芸術は流行をとおして、みずからが断念しなければならないものとともに眠り、そこから力を引き出す。それは断念することによって、つまり芸術にとって不可欠な行為の下で、萎縮している力のことである。仮象としての芸術とは、見えない肉体を被っている衣装なのだ。そうであるなら流行とは、絶対的なものとしての衣装ということになる。この点において流行と芸術とは、お互いに相手を理解し合うのである。流行の流れという観念は、救いようがない観念である。ちなみに流行とモダニズムとは、同じことを指す言葉であるが、芸術において流行あるいはモダニズムとして誹謗されたものには、おおむね次のものにおけるよりも、多くの真実が含まれていた。近寄り難いまでに勿体ぶり、そうすることによって神経の欠如をさらけだし、芸術家としての資格を失っているもののことである。

原註（1） 参照。この部分の証明は、本書一七六ページ、原註（3）にあり（編者注）。
原註（2） 参照。シャルル・ボードレール『現代生活の描き手』『全集』（前出書）一一五三ページ以下。

遊びは芸術の概念においては、芸術を直接的に高めて、実践や実践の目的という直接性を乗り越えさせる、そうした契機にほかならない。だが遊びは同時に、それとは逆の方向に向かうよう塞き止められたものでもある。つまり動物状態とまでは言わないとしても、幼年期へ向かう方向のことである。遊びにおいて芸術は後退する。目的合理性を断念することをとおして、同時に目的合理性以前の段階へと後退するためである。芸術は成熟せよという歴史的強制は、芸術の遊戯特性に、完全にこの特性が免除されることはないにしても、逆行するものである。それに反して逆行して純粋に遊びの形式に戻ることは通常、後退的かあるいは太古的な社会傾向に奉仕するものとなる。遊びの形式は例外なく、そうしたことを繰り返す形式なのだ。こうした形式は、それが積極的に努力して求められる場合、強制としての繰り返しと結びつけられている。繰り返しの形式は繰り返しの強制に順応し、それを規範として承認するものである。これはシラー的イデオロギーと厳しく対立する点であって、芸術はそれに特有の遊戯特性において、自らを拘束と結びつける。拘束と結びつくとともに、敵対的なものが芸術のなかへ入り込むことになる。最近行われている芸術の非芸術化という行為は、他の全ての契機を犠牲にして、密かに遊戯契機を利用したものにほかならない。シラーは遊戯衝動を目的から自由であるために、真に人間的なものであると見做して讃えた。忠誠心に富んだ市民シラーは、自由の逆であるものを自由として宣言するわけである。その点でシラーはかれの時代の哲学と一致している。遊びの実践にたいする関係は、シラーの『人間の美的教育』において捉えられている以上に、錯綜したものである。全ての芸術は、かつて実践的であった契機を洗練したものにほかならない。他方、芸術における遊びであるものは、実践を中立化することをとおして、ほかならぬ実践という呪縛に自らを縛りつける。つまり永遠に同一なものを強制するものに、自らを縛りつけるのである。芸術における遊びであるものは、心理学的に見るなら死の衝動に依拠するものであって、従順さを解釈しなおして幸福と解く。芸術における遊びは最初から規律的なものであり、模倣の儀式をとり行うことにより、表現のタブー化を執行する。芸術が完全に遊戯化しているところでは、表現はその片端さえ残されなくなる。遊びは運命と密かに結託したものにほかならない。遊びは神秘的にのしかかるものの代表であり、芸術とはこうしたものを振り落そうとするものである。血のリズムの公式は、遊戯形式としての舞踏をあらわすために、好んで利用されてきた。こうした公式は、抑圧的な局面が一目瞭然になっているものである。賭事は芸術と対照的なものであるが、遊戯形式として芸術にまで入りこんでいる。所謂遊戯衝動は昔から、優勢であった盲目的な集団性と融合していた。ベケットにおけるように遊びは、それが自らの恐怖を意識するようなところにおいてだけ、芸術においで何らかの形で和解に関与する。完全に繰り返しを欠く芸術が考えられないように、完全に遊びを欠く芸術もまた考えられない。だがそうであっても、芸術がみずからにおける名残としての恐怖を、否定的なものとして規定することは、可能なことである。

ホイジンガーの名著『ホモ・ルーデンス』は、遊びの範疇を改めて美学の中心に据えた作品である。文化は遊びとして誕生するという言葉は、その中心をなすが、この作品はそれにつきるものではない。「〈文化の遊戯要素〉という表現でもって言わんとしたことは……文化的生の様々な活動のうちで、遊びには重要な位置が留保されているということではない。また文化は一つの発展過程をとおして、遊びから出現してくるということでもない。それも元来遊びであったものが、最早遊びではなく、いまや文化と呼ばれることができるようなあるものへと、後に移行したかのような仕方で、出現するなどといったことではない。示さなければならないのはむしろ次のことである。……文化は最初から、遊びとして行われてきたということである。」原註(1)ホイジンガーの命題は次のような批判を免れることは出来ない。この命題は根本的に、文化をその起源によって規定するものであるとする、批判のことである。それにもかかわらずかれの定理には、真実と虚偽とが含まれている。かれのように遊びの観念を抽象的に把握するなら、こうした観念は特殊なものを名指すことがあるとしても、特殊なものは行動方式として特殊であって、それ以上のものではないことになる。行動方式は、たとえどれほど自己保存的実践から遠ざかることがあるとしても、行動方式であることに変わりはない。ほかならぬ芸術の遊戯契機は実践の残像であり、その程度は仮象の契機の場合より、はるかに高い。こうした点はかれによって見落されている。どのような遊びにおける行為も、内容的には目的との関連を放棄しているものの、形式にしたがって、つまり自らが遂行することにしたがって、固く保持されているような、そうした実践である。遊びにおける繰り返しの契機は、拘束的な労働の残像にほかならない。それは芸術外で支配的な遊びの形態であるスポーツが、実践的な行動を想起させ、また人間を次のような実践の要請にたえず馴らさせるという、そうした機能を果たしていることに似ている。それはとりわけ肉体的嫌悪が果たす機能を、反射的に副次的な快楽に変えるという要請であるが、この場合、人間がそうした実践からの密輸入品に気付くことはない。ホイジンガーの説によるなら、人間は言葉を用いて遊ぶだけでなく、言葉自体もまた遊びとして出現してくるとされている。この説は実際上の強制を無視しており、そこには独断的なところも、若干ではあるが感じられる。こうした強制は言語に含まれているものであって、言語は元来、こうした強制を追い払うものであるとしても、それは後のことにすぎないのである。その上、ホイジンガーの言語理論は奇妙なことに、ヴィットゲンシュタインの理論へと収斂する。ヴィットゲンシュタインもまた、言語と言語外のものとの本質的な関係を誤解している。それにもかかわらずホイジンガーの遊戯理論は、かれをさまざまな洞察へと導くものとなっている。芸術を魔術的な実践へと還元する方法や、宗教的で形而上的なものへと還元する方法には、近づくことを阻まれているような、そうした洞察のことである。かれは遊びの名のもとに美的行動方式を要約し、そうした行動方式を主観の側から、真であって同時に偽りであるものとして認識した。かれがユーモアについて打ち立てた説は、異常なまでに迫力に充ちているが、それはその賜物なのだ。「未開人の最も神聖な神話への信仰には、ユーモア理解力といったある種の要素が最初から、結合していたのではあるまいかと、そう自問したくなる[原註(2)]」「半ば冗談であるという要素は、真の神話から切り離せない。[原註(3)]」未開人の宗教的祝祭は、完全な恍惚状態のなかで幻想に耽るといったものではない。……〈本当ではない〉と感じる裏側の意識もまた、欠けていないのである。[原註(4)]」「とにかく魔術師であれ、魔術をかけられたものであれ、いずれにせよ、人々は自分自身知りながら同時に欺かれる。だが人々は欺かれた人でありたいと思っているのだ。[原註(5)]」この局面のもとで、つまり真実は虚偽でもあるという意識のもとで、どのような芸術もユーモアと関わりあっている。とりわけ正体不明のモダニズムに、それは当てはまる。トーマス・マンはカフカにおいてこの点を強調した[原註(6)]が、この点はベケットにおいても一目瞭然になっている。ホイジンガーは次のように定式化する。「信仰と不信心は一体であって切り離し難い。つまり聖なる厳粛さには大袈裟な所作や〈楽しみ〉が結びついている。こうしたことは遊びの観念それ自体において、最もよく理解される。」原註(7) 遊びについてのこの定式によって述べられていることは、おそらくどのような芸術にもあてはまることであろう。「遊びの魔術」についてのホイジンガーの解釈は、それに較べて弱い。かれの解釈はその上、「信仰と不信心」は一体であるという、遊びについての彼自身の弁証法的定義にも抵触してしまっている。かれがこうした一体性について強調しているところによるなら、結局のところ、動物、子供、未開人、芸術家の遊びは段階的に区別されても、区別は質的なものではないために、一体であるということになる。だがこうしたかれの強調は、理論の矛盾を感じとる意識をぼやかすものであって、矛盾がもつ美的に構造決定的な本質についての、ホイジンガー自身の認識にさえ遅れをとっている。


原註(1)　ヨハン・ホイジンガー『ホモ・ルーデンス　遊びにおける芸術の起源』H・ナホト訳（ラインベク　一九六九）五一ページ。

原註(2)　（前出書）一二七ページ。

原註(3)　（前出書）一四〇ページ。

原註(4)　（前出書）二九ページ。

原註(5)　（前出書）三〇ページ。

原註(6)　トーマス・マン『新しさと古さ　五十年間の小論集』（フランクフルト・アム・マイン　一九五五）五五六ページ以下。

原註(7)　ヨハン・ホイジンガー（前出書）三一ページ。


シュールリアリズムの衝撃とモンタージュ　合理化された世界で出来るものは、そうしたものであるにも拘わらず歴史を持つ。このことは逆説にほかならないが、こうした逆説が衝撃をあたえるものは、とりわけ次のことによる。資本主義的なラチオが歴史的なものであることによって、それ自体が非合理的なものであることを露呈することである。意識は合理的なものが非合理であることを、驚きをもって認めることになる。

実践とは、生活苦を軽減するための手段の総体であると言われている。つまり実践は享楽、幸福と、またこれらの手段を洗練化する自律性と一体であるとされている。実用主義はこうした一体であるものを切断してしまう。実用主義とは流行の言い回しによるなら、享楽へ辿り着かせることがないもののことである。実用主義はその点において、次のような社会の意志に似ている。完全雇用が労働廃棄という理想にとって代わって、理想とされている社会のことである。合理主義であって、次のような信念を持つものは、非合理主義的なものにほかならない。目的と手段という関係としての実践を越えたところへ目をやり、実践をその目的と対決させることを、自らにたいして禁止する信念のことである。実践もまた呪物特性に関わりがある。このことは実践の概念に反するものの、対他的なものの概念にとって不可欠なこととなっている。対他的なものの概念は絶対化されるやいなや、実践にとって色あせてしまう。こうした他者は理論の中心であると同様に、芸術の力の中心でもある。実用主義は芸術にたいして、非合理的であると言って非難するが、非合理性は実用主義自体の訂正手段にほかならない。

芸術と社会との関係が持ち場としているのは、両者が始まり展開する過程であって、直接的な態度決定ではない。つまり今日政治参加と呼ばれているものではない。こうした関係は次のように理論的に把握しようとしても、そうした試みもまた徒労にすぎないものとなる。芸術にたいして非体制順応的な態度決定を、歴史をとおして不変なものとして構成し、こうした態度決定を現状肯定的なものと対比させる試みのことである。芸術作品のなかには、元来、切断されている非体制順応的な伝統に、ただ暴力的にしか組み込むことができないような、そうした芸術作品もなくはない。こうした芸術作品の客観性はそれにもかかわらず、その深部にいたるまで社会に対して批判的なのだ。

今日、芸術の没落がなめらかな口調で、ルサンチマンも込めて喧伝されているが、それは虚偽であり、順応の一部をなすものといって差し支えない。また芸術は洗練されたものであることをやめて直接的で瞬間的な快楽という利益を与えることが出来るものに、なるべきであるとも言われている。だがこうした利益など美内的には芸術以前のものであり、しかも現実的にも期待されていることを、叶えることが出来ない代物である。最近出現した立場に、教養のある無学とでも呼ぶべきものがある。つまり市街戦の美にたいして示されている熱狂のことであって、それは未来派的行為、ダダイスト的行為の再現にほかならない。場当り的政治が耽る劣悪な耽美主義は、衰弱しかけている美的力の補完物にすぎない。ベートーヴェンに代わって、ジャズやロックンロールが推薦されている。だが文化の現状肯定的な嘘はこうしたものによって解体されることにはならない。野蛮と文化産業の利益追求的関心に、口実が提供されるのが関の山である。これらの製品は活力があって、粗悪ではない質を持つものであるかのように言われているが、こうした製品の質はほかならぬ例の権力によって選別され、統合されるものにほかならない。全面的に否定しなければならないとされている権力のことである。そうした製品の質はそれだけ一層、粗悪なのだ。

芸術は終焉に近づいているか、あるいはすでに終焉に到着しているかの、いずれかであるという命題がある。この命題は歴史をとおして繰り返されてきたが、それはとりわけモダニズム以後、目につく。ヘーゲルはこの命題を哲学的に反省はしているものの、この命題の発見者というわけではない。この命題は今日では、反イデオロギー的なものであるかのように振舞っているが、これはつい最近まで、歴史的に没落しかけているグループのイデオロギーであった。こうしたグループにとって、芸術の終焉はすべてのものの終焉であるかのように思われた。モダニズムにたいする共産主義による破門宣告は、おそらくこの命題の展開における節目とも言うべきものであろう。この破門によって内在的に美的な運動は、社会進歩の名のもとに、中止させられる羽目になった。だがこうしたことを思いついた共産党指導部の意識は、古臭くて小市民的なものにすぎなかった。弁証法的な節目ごとに、規則のように芸術の終焉が声高に論じられる。弁証法的節目とは、新しい形態が先行する形態にたいして、突然、論争を挑む形で出現してくる局面のことである。ヘーゲル以後、没落の予言は芸術的経験の一部を形成するよりは、むしろ頭ごなしに有罪宣告を行う文化哲学の、その一翼を担って来た。こうした哲学による判決は、全体主義的な処置を行うための準備にほかならなかった。芸術の内部においては、事態は常にそれとは異なって見える。ベケットは点であって、わめき立てる文化哲学にとっては零に等しいものにすぎない。だがそれは原子と同様に、その内に無限の豊かさを含んでいる点でもある。もし人類というものがいつか実現されることがあるなら、こうした人類はそれ自体として完結した内在的な文化など、最早、必要としないであろう。このことは考えられなくもないことである。だが今日切迫しているのはそうしたことではなく、偽りの芸術廃止であって、こうした廃止は野蛮を運んでくる運搬手段にすぎない。〈必要なのは持続すること〉である。つまり言語道断な事態に終始符を打つということは、次の二律背反を公式化したものにほかならない。芸術は外部から出現することは不可能であり、内在的に継続が行われなければならないという、二律背反のことである。それは芸術はみずからの没落を、我が物とするものであるということであって、これは新しい質なのだ。芸術は支配的な精神にたいする批判として、自己自身にたいしてさえ歯向かう、そうした能力をもつ精神にほかならない。芸術の自己反省は芸術の発端にまで遡るものであり、芸術において具体化されるものである。だが芸術の終焉の命題も三十年前は、間接的にではあるが、例えばベンヤミンの再生産理論においては、相対的な政治的価値を所有していたものの、今ではこうした価値も失われてしまった。その上、ベンヤミンは対話においては、機械的再生産について必死の弁護を行うが、では今日的な絵画は放棄するのかという段になると、それは拒否したのである。こうした絵画の伝統は固く守り、暗黒時代とは異なる時代のために保存しておかなければならない。これがその際のベンヤミンの言葉であった。芸術は野蛮なものへと機能を変えつつある。こうした事態に直面させられると、それにもかかわらず、依然として沈黙を守り続ける方が相応しいことなのかもしれない。それは少なくとも次のようなことをするよりまともなことであろう。つまり敵側に寝返りその発展のために押っ取り刀で駆けつけることである。それは既存のものにその圧倒する力のために、組み入れられることに等しい。知識人によって宣言されている芸術の終焉は、偽りの終焉にすぎない。芸術の目的を問い、いまここにおいて行われている実践と対比して、芸術を認知することが行われているという点からも、それは明らかである。だが完全に機能化されている世界における芸術の機能とは、芸術は機能を持たないということである。芸術が直接的に介入出来るとか、あるいは介入の切っ掛けくらいは与えることが出来ると考えること、それは全くの迷信にすぎない。芸術の道具化とは、道具化にたいする芸術の異議申し立てを無視することにほかならない。芸術が実践理性にたいして、それが理性ではないことを認めさせるのは、みずからの内在性を尊重する場合に限られる。芸術のための芸術という原理は事実上、どうしようもないところまで古びてしまった。芸術がこうした原理に抵抗するとしても、芸術を芸術にとって外的な目的へと譲渡することによって、抵抗が行われるならそれは抵抗にはならない。際物であることがたちまちにして露顕してしまう。美の純粋な領域のような幻想は棄てさること、それによって抵抗は行われるのである。芸術はみずからが持場とする経験を、ばらばらの断片のまま受け取り、それを規定しながら否定する。そしてこの断片を集めて本質へと移行させるが、こうした本質は形をなさないものである。ボードレールは芸術のための芸術という合言葉を発表した際、そうこの言葉を解釈していたのである。芸術の廃棄ということが、どれほどまで時代に即応していないものであるのか。それを示すものとして、次のような様々な芸術の可能性がある。それは具体的に開かれたものでありながら、往々にして呪縛されでもしているかのように、誰によっても手をつけられることがなかった可能性のことである。芸術は抗議ということから解放されているかのように、そのように振舞っているところにおいてさえも、抗議するように拘束され続ける。その上、抗議するものとなるよう、その方向づけまで行われているのである。終焉などどこにも見当たらないと断言するなら、それはたしかに怠惰な弁護論となるのが落ちであろう。芸術に相応しい態度があるとするなら、それは眼を閉じ奥歯をじっとかみしめて、こらえるといった態度なのかもしれない。

芸術作品は経験的現実から自己を防御するものである。このことを明確な綱領として掲げたのは、秘教的な文学であった。こうした文学の良質の作品であるなら、どのような作品を前にしても、例えばツェランの作品などが考えられるが、次のように問うことも許されるであろう。こうした作品は秘教的と言われているが、実際上、どの程度までそうであるのかと。ペーター・ションディの指摘によるなら、このような作品の完結性と理解しがたさとは、一体化したものではない。仮定しなければならないことがあるとするなら、それはこうした一体性ではなく、秘教的なものと社会的な契機との関連の方であろう。物象化した意識とは、高度に工業化された社会における統合に見合う、その成員における統合の姿にほかならない。こうした意識は文学の素材内容と、所謂情報価値にとらわれているために、文学における本質的なものを、受け取ることが出来ない。人間がそもそも芸術に触れることが出来るのは、もっぱら衝撃による。疑似科学的なイデオロギーがコミュニケーションと呼んでいるものに、一撃をあたえる衝撃のことである。芸術自体が非のうちどころがないものとなるのは、芸術がコミュニケーションに参加することがない、そうした場合に限られる。秘教的な方法を直接的に動機づけているのは、たしかに創作されたものを、素材内容と意図から切り離そうとする、増大して来た強制である。こうした強制は、文学へと送り込まれた反省にほかならない。文学は存在の目的に適うものなら何でも、自らの力の中に取り込もうと努める。それはまた同時に、文学の内在的な運動法則に適うことでもある。秘教的文学という観念はユーゲントシュティールの時代に属するものであって、ユーゲントシュティールにおいて権限をもっていた、様式意志という観念と、若干ではあるが、共通するところがある。通常は創作された結果として、歴史的に初めて文学から出現してくるものを、自らのうちから制作する、その過程にある文学、秘教的文学とはこうした文学と見做せばよいのかもしれない。この文学にはまた妄想的なものという契機が、つまり強調された内容を意図へと変化させるという、契機も含まれている。秘教的な文学において主題となり、この文学自体によって取り扱われているもの、それは芸術が目指していたわけではないが、かつて芸術において出現するかも知れなかったものなのだ。その限りにおいてヴァレリイの言う、芸術創造と創造過程の自己反省とのあいだの相互作用といったものは、すでにマラルメにおいて前もって形成されていたことになる。芸術とは無縁なものは全て放棄する芸術というユートピアのために、マラルメは非政治的であり、そのため極端なまでに保守的であった。だが今日すべての保守的な人間によって、もったいぶって説教されているような、その種の発言は拒否し、政治的対極であるダダイズムとも接触があった。両者を結びつけるものは、文学史の上からも無くはない。マラルメ以後、秘教的文学は八十年以上の歴史を持ち、そのなかで変化を遂げてきたが、こうした変化はまた社会的傾向の反映でもあった。象牙の塔にまつわる決まり文句も、窓を持たないものとして形成された作品には近づきようがない。秘教的文学もその発端においては、偏狭固陋で人を茫然とさせる、充ち溢れるばかりの例の芸術信仰から、解放されていなかった。世界はあたかも美しい詩句のために、あるいは完全な美文のために創造されたかのように説く、芸術信仰のことである。現代ドイツ叙情詩における秘教的文学の重要な代表者となると、パウル・ツェランである。かれの詩においては秘教的なものが逆転して、そのまま経験内容となっている。かれの詩は、経験から遠ざかると同様に、洗練からも遠ざかる苦悩を取り上げ、それを前にした芸術の恥じらいによって貫かれている。ツェランの詩は極限的な恐怖を、沈黙をとおして語ろうと意図する。その詩の真実内容自体が、否定的なものになっているのである。こうした詩は人間たちのなかでもよるべのない人々、そうした人々の下に置かれている言葉を模倣したものであり、さらには全有機物の下に置かれている言葉、つまり石や星の死の言葉を模倣するものである。有機的なものは、最後の残り滓にいたるまで除去されている。ベンヤミンがボードレールについて行ったもので、かれの叙情詩はアウラのない叙情詩だという形容がある。そう形容されたものは、ツェランにおいてはそれ本来のものとなる。際限のない秘密主義をツェランの過激主義は利用しているが、こうした秘密主義がはびこった結果、かれの力の一部となっている。命をもたないものの言語、それはどのような意味も失った死にたいする究極の慰めにほかならない。無機的なものへの移行、それは単に素材としてのモチーフにおいてだけ、追求が可能なことではない。恐怖から沈黙へといたる軌跡を、完結された形象において、再構築することも可能なのだ。ツェランも行っていることには、カフカが表現主義絵画にかんして行ったことに、遠くはあるが、類似したところがある。風景を非対象化することによって無機的なものへと近づけ、この過程を超越化させながら、言語的過程へと変えている点である。

リアリズム芸術を標榜しているものも、芸術として出現することをとおして、現実に意味を注入することになる。幻想を排除して現実を模写すること、それを請け負うのが、リアリズム芸術というものである。現実を前にしてこうしたことを請け負うことは、とりわけイデオロギー的なのだ。今日ではリアリズムは不可能になっている。それは美内的ばかりでなく、同じく芸術と現実との歴史的相関関係からも、引き出すことが出来る結論である。

客体の優位ということと美的リアリズムとは対立するが、その対立は今日ではほとんど矛盾も同然のものとなっている。しかもリアリズムの尺度に従ってもそうなる。ベケットは社会主義的リアリスト達よりも、現実主義的である。後者はその原理をとおして、現実の偽造をおこなっているためである。もしこうした人々も現実を十二分に厳粛に受け止めるなら、わが身を現実に近づけることになるであろう。ルカーチはルーマニア監禁当時、現実を厳しく非難してこう語ったと言われている。カフカは現実主義的作家であることが、今にして判ったと。

客体の優位ということを、次のようなことを試みることによって混乱させてはならない。芸術を主観的に媒介するものから切り離して、芸術に外部から客観性を浸透させるという試みのことである。芸術は実証可能な否定を禁止しているものの、見本なのだ。それは否定の否定が肯定となること、つまりそれ自体が非和解的である客体との和解となること、そうしたことを禁止する見本ということである。

禁止はその核心に、正しさの基準を内包しているといわれている。このことは一見、否定の否定は肯定であるという観念にたいする哲学的批判と、食い違っているように見える。原註(1) だが食い違いは外見だけであって、この観念は哲学理論においては、またこの理論によって被われている社会的実践においても、知性による否定作業のサボタージュを意味する。弁証法の観念論的図式においては、反対命題はそれ自体の批判をとおして、より高い段階において、正当化されなければならないが、こうしたサボタージュはその反対命題を制約してしまう。またこうした次元に従うなら、たしかに芸術と理論は相違するとしても、それは絶対的な相違ではない。芸術の特異体質は、つまり否定の美的な代理であるものは、もし肯定的規則へと高められるなら、たちまちにして特定の芸術作品や芸術的経験に対して、凝固したもの、いささかではあるにせよ、抽象性を帯びたものとなる。さらには芸術作品の諸契機の絡み合いは犠牲にされ、その犠牲の上でこれらの契機は機械的に、上位概念に変えられることになる。前進した手段も基準化されるなら、それをとおして容易に復古的なものを身につけ、構造的契機と結合する。構造的契機は特異体質が反抗するものでありながら、その特異体質自体が今や規則となってしまうのである。芸術における全てはニュアンスに依拠しているが、禁止とも戒律ともつかないような、そうしたニュアンスにもまた依拠している。思弁的な観念論は、つまり実証的否定についてのヘーゲル説に到達した観念論は、絶対的な自己同一性の理念を、芸術作品から借用していると言えないこともない。芸術作品は事実、その経済原理からして、また制作されたものとして、直接的に現実を目指す理論以上に、それ自体としてははるかに渾然一体となっており、論理的意味においてより実証的でもある。自己同一原理は反省が進行するなかで初めて、芸術作品においてもまた幻想的なものであることが、立証されることになった。それは他者が、芸術作品の自律性を規定するものとなっているためである。そのかぎりにおいて芸術作品もまた、実証的な否定を知らないことは言うまでもない。

原註（1）参照。テオドール・W・アドルノ『否定の弁証法』（前出書）一五九ページ以下。

客体の優位とは美的に形成された作品においては、創造するものや受容するものにたいする、事柄自体の優位、つまり芸術作品の優位を意味している。「私が描いているのはイメージであって、椅子ではない。」かつてシェーンベルクはそう語った。外的優位とはこうした内在的優位をとおして、美的に媒介されているものである。外的優位ももし直接的に、つまりその都度世界から描写されたものとしての優位であるというのなら、それは芸術の二重特性を回避するものにならないでもない。実証的な否定の観念もまた芸術作品においては、外部における場合とは別の意味を獲得する。つまりこうした実証性を美的に問題にすることができるのは、次の場合に限られている。歴史的に時宜に適った禁止の基準が客体の優位に奉仕するとしても、その奉仕が渾然一体となった作品を作り出すために、行われるという場合である。

芸術作品は様々な矛盾を全体的なものとして示し、敵対状態を全体性として示す。芸術作品には敵対的な状態を表現をとおして、超越化させる力があるが、それは直接的な先入観によるものではなく、もっぱらこうした媒介によるものである。客観的な矛盾は主体に溝を作る。こうした矛盾は主体によって措定されたものでもなければ、その意識から生み出されたものでもない。芸術作品の内的連関における客体の真の優位というのは、こうしたことにほかならない。主体は美的な対象において消滅するが、これは実りある消滅なのだ。それはもっぱら主体自体が客体によって媒介されたものであり、同時に表現の苦悩する主体として、直接的なものであるためでもある。様々な敵対関係は分節化されるが、それは技術による分節化である。分節化された結果は作品の内在的な構成として現れるが、解釈はこうした構成から、外部における緊張関係にまで突き進むことが出来る。緊張とは模写されるものではなく、事柄を形式化するものである。美的形式概念を決定しているのは、単にこのことにすぎない。

古き良き時代と呼ばれている時代においてさえ、芸術は蓄積されてきた恐怖を想起させるものであった、これは否定出来ない事実なのだ。さもなければ芸術の形式など、下らぬものになりかねない。

芸術の起源にかんする諸理論　補説

芸術の起源を芸術の本質として捉え、それによって美学を基礎づけようとするなら、そうした試みは避けようもなく、期待はずれの結果に終わる[原註(1)]。起源を歴史以前に置いてその概念を考えるなら、起源を求める問いは、堅固な事実性という、例の根底とは疎遠なものとなり、存在論風の問いと見分けがつかなくなる。例の根底とは起源という威信を持つ言葉が、観念連想として引きずっている根底のことである。根源的哲学者は単純な語義が聴き取れるかのように主張するが、時間的構成要素を無視して、起源を問題にすることはその上、そうした単純な語義にたいして暴行を加えることに等しい。だが芸術を歴史的に前史、あるいは太古史における起源へと還元することも芸術の特性を、つまり変化してきた結果としての特性を締め出すことになる。芸術について伝えられてきた証言も、それが最古のものでありさえすれば、最も真正なものであるということにはならない。またそうした証言も、なんらかの形で芸術の輪郭の言い換えとなっていなければ、芸術とは何かが、もっとも明瞭になっているものということにはならない。芸術とは何かということは、むしろこうした証言においては、曖昧にされているにすぎないのだ。材料面から見て重要なこととして、次のことがある。伝承されてきた最古の芸術は、つまり洞窟の壁画のことであるが、すべて視覚的領域に属しているということである。これと同時代の音楽や文学について知られていることとなると、皆無か皆無に近い有様である。だが材料面はともかく、前史における視覚的なものと、質的に区別されるかもしれないような、そうした契機については、なんの指摘もおこなわれていない。芸術の歴史的起源を問うことは、美学的にはどうでもよいことにすぎない。美学者たちのなかでクローチェは、ヘーゲル的意味においてであるが、こうした判断を下したおそらく最初の人であろう。「なぜならこの〈精神的な〉現実性が、それ〔換言するなら歴史〕の対象であるため、芸術の起源という歴史的問題を自らに提出することは、こうした現実性からも、どれだけ馬鹿げたことであるかが認識される。……表現は意識の一形式にほかならない。そうであるなら自然の所産であって、人間の歴史によって前提とされているような、そうしたあるものの歴史的起源など、どうしたら求めることが出来るのであろうか。範疇とは何かについて、どうしたらその歴史的起源を示すことが出来るであろうか。どのような発生であれ、またどのような事実であれ、その理解は、こうした範疇があればこそ、行われるのである。原註(2) 事柄は発展をとおして初めて、現在の姿になったものであるため、最古のものをこうした事柄自体の概念と、混淆しないように心がけること、このことはそれなりに正しい。だがクローチェも論拠においては、それと同程度に疑わしい。かれは芸術を一挙に、「人間の歴史によって前提とされ」ているような、そうした表現と同一視する。そうすることによって芸術はかれにはとってまたしても、歴史哲学にとって芸術が、最終的にしかなることを許されていないものとなってしまう。「範疇」、つまり意識の不変的な形式となる。こうした形式は、たとえクローチェがこの形式自体を純粋な活動性、あるいは自発性として説明しようとしても、形式からするなら静止的なものにほかならない。クローチェの観念論はベルグソンと横に連絡するかれの美学同様、芸術と芸術自体ではないものとの、つまり主体の純粋な自発性ではないものとの、本質規定的な関係を、彼にとって曖昧にしてしまっているわけである。このことは起源問題にたいするかれの批判にとって、手痛い障害となる。もちろん専門に分岐した経験的研究もそれ以来、この問題に取り組んできたが、こうした研究からは、クローチェの評決を修正するような、その切っ掛けすら摑むことは難しい。その責任を前面に乗り出してきた実証主義に取らせることは、あまりにも安易すぎるやり方と言わなければならない。実証主義は身近な事実によって反論されることを恐れるあまり、一義的な理論を形成する勇気など、もはや持たない。実証主義は収集した事実を動員して、堅実な学問はもはや大規模な理論を、容認しないといったことを立証するばかりである。そのなかでもとりわけ文化人類学などは、流行の分業にしたがって前史的な発掘品の解釈に、専念する学問であるが、この学問はフロベニウスに発する傾向によって、萎縮させられてしまっている。それは太古的謎であるようなものは全て、宗教によって説明するという傾向のことである。発掘品はこうした概括的な処置に抵抗しているというのに、お構いなしにそうした説明が行われている。起源問題については科学は沈黙しているが、このことはこの問題にたいする哲学的批判に応じた結果なのだ。それにもかかわらず科学の沈黙は、たんなる学問の無力の証言でも、学問が実証主義的タブーによるテロ行為に曝されていることの、そうした証言などでもけっしてない。幻滅を感じている学問もまた、解釈まで断念するつもりはない。そこでこうした学問による解釈にとっては、相対主義が特徴的となる。たとえばそうしたものとして、メルヴィル・J・ハースクビッツの『人とその仕事』における解釈がある。原註(3)芸術はどこから来たのか、芸術は元来何であり、何であり続けてきたのか。現在の学問はこうした問いにたいして、一元論的な解答をあたえることを断念しているが、真実契機が出現してくるのは、ほかならぬその点においてなのだ。統一体としての芸術はその印からして、かなり後年の段階に属すものである。そこから次のような疑問を抱くことも許される。こうした統合は一貫して、観念が向けられている事柄の統合であるというよりは、むしろ観念における統合ではないのか。たとえば今日ドイツ文学研究者のあいだで一般化している、言語芸術作品といった用語がある。これは強制された用語法であって、言語によって媒介されているというだけで、文学をひとしなみにあつかい、芸術として概括する。芸術は啓蒙の過程の流れのなかで、統一化されてきたものである。それはたしかにまぎれもない事実であるが、こうした概括の仕方は疑わしい。芸術の最古の発現形態はきわめて曖昧なものであって、芸術としての等級を持つものと持たないものとを、そこで区別することは困難であるだけでなく、徒労でもある。後の時代においてもまた、芸術は統一化の過程に組み入れられるとともに、こうした過程にたいして同時にたえず抵抗してきた。芸術自体の概念もまた、この事実にたいして無関心ではいなかった。有史以前の世界の薄明のなかで不鮮明にみえるもの、それが漠然としているのは、それが遠くのものであるという、たんにそのためばかりではない。こうしたものは若干の漠然としたものを、つまり概念には妥当しないものを救いあげているためでもある。それは前進する統合が、その命を倦むことなくつけ狙って来たもののことである。最古の洞窟の壁画にたいして、それがまるで自然主義的なものであるかのような、そうした証明が好んで行われてきた。こうした壁画はほかならぬ動的なものにおいてさえ、極端なまでに対象にたいして忠実であることを立証している。これはおそらく取るに足りないと、そうとばかり言い切れないような点かもしれない。こうした壁画はあたかも、ヴァレリイが最終的に要求していたものを、つまり規定されることがないもの、物における物の形を持たないもの、そうしたものをすでに事細かに、模倣しようとしているものであるかのようにさえ見えてくる。原註(4)もしそうであるなら、壁画の衝動とは模倣の衝動でも、自然主義的なものでもなく、最初から物象化にたいする、異議申し立てにほかならなかったということになる。壁画が多義的であったことの責任は、認識が限定されていたことに、あるいは単にそうした認識にだけ、求めればすむことではない。多義性はむしろ前史自体に特有のものである。一義性が存在するようになるのはようやく、主観性が止揚されるようになった、それ以後のことにすぎない。

古いのは自然主義的描写の方か、それとも象徴的で幾何学的な形式なのか。かつて戦わされた論争は所謂、起源問題の谺とも言えるものである。こうした論争の背後には、口にこそ出されることはなかったものの、次のような希望もまた、かくされていたのかもしれない。この論争が芸術の本質に関してもまた、判断を下すものとなるかもしれないという希望のことである。こうした希望は人を欺きかねない。自然主義は旧石器時代においても、この時代よりも古いものとして存在している。これはアーノルト・ハウザーが、かれの『芸術の社会史』の皮切りとしている命題である。「記念碑は……自然主義が先行することをはっきりと指示しており……、その結果、自然から遠く離れて現実を様式化する芸術に、芸術の起源を見る学説は、維持することがますます困難になりつつある。原註(5)」宗教に起源を求める、新ロマン派的学説にたいする論難的なニュアンスを、ここからは聴き取ることができる。だが自然主義という命題には、その上で直ちに、この重要な歴史家自身によって限定が加えられることになる。ハウザーは二つの根本命題を、依然として通常たがいに対照をなすものとして使用しながらも、この命題を時代錯誤的なものとして批判する。「見えるものと見えないもの、見られたものと意識されたものという二元論は、それにとっては〔換言するなら旧石器時代の絵画にとっては〕、完全に無縁なものでありつづけている。原註(6)」ハウザーは原始芸術における未分化なものという契機についての洞察や、さらにはまた現実と仮象の領域との、未分化という契機についての洞察まで獲得する。原註(7)かれは自然主義が先行するという点に固執しつづけるが、かれが固執するのは、「類似したものの相互依存性原註(8)」といったことを教える、魔術理論のためである。ハウザーにとっては、類似性と模写性とはほぼ同じものであり、模写性とは実際的に魔術を行使することにほかならない。ハウザーはこの点によって、魔術と宗教を鋭く区別する。魔術は専ら直接的な食料調達行為とされる。こうした鋭い分離と、原始的な未分化にかんする定理とを合致させること、それはもちろん容易なことではない。その代わりにこの分離は、模写性を始源へ置くことにとっては好都合なのだ。もっとも模写に功利主義的で魔術的な機能を見ようとする、こうした仮説に反対するエリク・ホルムのような、それとは別の研究者たちもいないではない。[原註(9)] それにたいしてハウザーはこう主張した。「旧石器時代の狩人にして画家であった人物は、偶像によって物それ自体を所有し、模写することによって模写されたものを支配する力を、獲得すると信じていた。」[原註(10)] レシュもまたこうした見解に、慎重にではあるものの傾いているようにみえる。[原註(11)] カテザ・シュロッサーは自然の雛形からの離反を、旧石器時代的描写方法の最も目立つ特性と見做す。だがこうした離反はハウザーの場合とは逆に、「太古的非合理主義」に帰属させられるのではなく、むしろローレンツとゲーレンの意味において、生物学的ラチオの表現形式として解釈される。[原註(12)] 魔術的功利主義か自然主義かという命題は、あきらかに材料にかんしては、ホルムがいまだに従っている宗教哲学的命題と同様に、維持できなくなってしまった。ホルムは象徴化という観念を明瞭な形で利用しているが、こうした観念は例の二元論を、最も古い歴史段階にまで遡るものとして、拡大することを必要としている。ハウザーがようやく、新石器時代のものと見做しているにすぎない、二元論のことである。ハウザーによるなら、二元論は芸術における統一的組織化に役立つものであるが、その一方で二元論においては、区別が行われるようになり、そのため避けようもなく、身分秩序的で制度的であることが不可避となる、社会構造が出現をみることになる。つまりその内部ではすでに生産が行われている、社会構造のことである。祭儀と統一的な形式の基準が形成されたのも、同じ時期のことであった。それとともに芸術は聖なる領域と世俗的領域とに、つまり偶像と装飾陶磁器とに分裂した。こうした元来アニミズム的である局面の構造に並行しているものとして、アニミズム前的な局面がある。あるいは今日の学問が好む呼び方によるなら、〈非感覚的な世界観照〉の局面ということになる局面がある。この局面を特徴づけているのは、〈全ての生物にとって本質的な統一性〉ということである。だがもっとも古い現象は客観的に不透明であるということが、その構造にも反映されている。本質的統一性のような観念は、もっとも初期の段階について、形式と素材は分裂したものであると想定し、それを前提とするものである。あるいは少なくとも分裂しているものとする仮定と、統一されたものであるとする仮定との間で、動揺しているものである。こうしたことになった責任は、統一という観念にあるように見える。この観念は今日、全てを曖昧なものとするように使用されている。一であるものと、多とのあいだの関係もまたその例外ではない。哲学が初めて統一についての反省を行ったのは、プラトンの『パルメニデス』の対話においてであった。統一とは、この対話における統一のように実際は、単に多の統一としてだけ考えられなければならない。太古の未分化は、こうした統一ではない。それは統一が対極的な契機としての意味しかもたないような、そうした二分法以前の段階のものなのだ。これはフリッツ・クラウゼの『仮面と祖先の肖像』のような研究が陥った、困難でもある。クラウゼによるなら、最古の非アニミズム的表象においては、「形式は素材に結びつけられたものであり、素材から切り離すことはできない。本質の変化はそのため、ただ素材と形式とが変化することによってしか可能ではない、つまりただ肉体が完全に変身することによってしか可能ではない。存在相互への直接的な変身はこうしたことに由来している。[原註(13)]」クラウゼは通常の象徴概念に反対して、つぎのような説を詳細に展開しているが、その点は確かに正しい。仮面儀式における変身は象徴的なものではなく、発展心理学者ハインツ・ヴェルナーの用語によるなら、〈形式化という魔術〉であると。[原註(14)] かれはまたこうも述べている。インディアンにとっては、仮面はたんにそれをつけるなら、その力がつけた人へと移行するような、そうした悪霊であるだけではない。仮面をつけた人自身も具体的に悪霊へと移行し、自我として抹消されてしまうのである。[原註(15)] こうした意見にたいしては、次のような疑問が頭を擡げてくる。種族に帰属するどのような人にとっても、また仮面をつけた人にとっても、こうした人自身の顔と仮面との間の区別は、直接的に明瞭にならないのかどうか。またそれとともに新ロマン派的構想によるなら、差異さえ感じられないとされているが、こうした差異もまた、直接的に明瞭にならないのかどうかという疑問である。顔と仮面とが一体であることはないが、それと同様に仮面をつけた人が具体的に、悪霊として知覚されることもありえない。こうした現象には、同化を妨げる契機が内在しており、その点で次のクラウゼの主張とも食い違っている。しばしば完全に様式化されることもある形式も、また仮面をつけた人を部分的に覆い隠すという行為も、「仮面による仮面の担い手の本質的変化」を把握することにたいして、影響を及ぼすことはないという主張のことである。[原註(16)] 勿論、現実に変身が行われるかのように信じる信仰も、若干程度なら同じく、この現象にも含まれているかもしれない。それは遊んでいる子供達が、自分と演じられている役割との区別を、鋭く区別することはできないが、いつでも現実へ呼び戻されることに似ている。表現もまた元のままのものであることは皆無に近く、それは変化の結果にほかならない。表現はアニミズムから出現したものと、言えるかもしれない。ある種族に属している人間がトーテムの動物、あるいは恐れられている神を模倣して、自己と神との同化を行う。こうした場合に表現は形成されるが、そうした表現は対自的に存在している個人の他者である。表現は外観上、主観性の一部をなすようにみえる。だが他方、表現には、つまり外化には同じく非我が内在しており、おそらくは集団的なものも、そこには内在しているのかもしれない。表現へと目覚める主体は主体の認可を求めるが、それによって表現はすでに亀裂を証言するものなのだ。主体が自らを強化して自意識となるとともに、表現は初めて自立してこうした主体の表現となる。だが表現はみずからを何物かへと、作り替えようとする身振りを維持し続ける。模写するということ、それはこうした行動方法の物象化として解釈できるかもしれない。それはまさに次のような心の動きとは敵対的なものにほかならない。つまりたしかにそれ自体はすでに、痕跡としてではあるが、客観化されている表現であるような、そうした心の動きのことである。模写によるこうした物象化は、同時に、解放的でもある。物象化は表現を主体にとって、操作可能なものとすることにより、表現の解放に役立つ。人間もまたかつては泣くことも笑うこともない動物と同様に、おそらく表現を持たなかったものと思われる。他方、動物の形態というものは、おそらく動物たちは感じとらなかったにせよ、客観的に何かあるものを表現している。こうしたことを想起させるものとして、ゴリラに似た仮面があり、さらには芸術作品がある。表現は、つまり芸術の自然的契機それ自体からしてすでに、単に自然にすぎないものの他者にほかならない――客観的な多義性については、それこそ多種多様な解釈が可能である。その上、前史の芸術現象は、異質な契機が相互にまじりあったものであるかのように見做されている。だがこうした見方は時代錯誤的なものにすぎない。むしろ指摘しておかなければならないのは、次のことであろう。ばらばらなものの呪縛から自らを解放する強制によって、社会は同時により強固なものへと組織化されて行き、分離と統一といったものが、言わば、成立をみたということである。ハースクビッツの要約は啓発的である。それによるなら、芸術を原初の象徴的、あるいはリアリズム的〈評価原理〉から導き出そうとする発展理論は、先史芸術や原始芸術の多様で矛盾した現象を前にするなら、到底まともに維持出来るものではないとされている。原始的な慣習主義と、それは様式化という意味であるが、旧石器時代的リアリズムとのあいだの強烈な対立からは、その都度、一つの局面が分離されてくる。たとえば次のような局面である。太古においては、今日生きながらえている未開民族の場合と同じく、慣習主義かリアリズムかという、そのいずれかの原理による一方的な支配は、一般的には認識されないこと。旧石器時代の彫刻はおおむね極端に様式化されたものであり、同時代の洞窟壁画の〈写実的な〉描写と対照的なものである。だがこうしたリアリズムにはまた、異質な要素の浸透が認められるが、これらの要素はいうなればカットとでも呼べるものであり、それは遠近法的に規定されたものとして解釈することも、象徴的に規定されたものとして解釈することもできない。それと同じように今日の未開人の芸術もまた複雑である。それがここで言う局面である。様式化の著しい形式は、写実的な要素を決して抑圧するものではなかった。こうしたことはとりわけ彫刻において見られる。美の理論は起源の問題に沈潜する際、とかく典型的な行動方法といったものを頭に浮かべ、それに誘惑されかねない。こうした行動方法は現代の解釈学的意識によって、堅固な支えが見出されるものであるかのように、錯覚されているものである。だが起源の問題に沈潜するなら、それはまたたく間に正体が見破られ、お払い箱にされるといった代物にすぎない。

旧石器時代以前の芸術で、保存されているものはない。たとえ大部分が魔術的であるにせよ、すでに美的なものとなっているにせよ、芸術が作品とともに始まるものでない、この点には疑問の余地はない。洞窟の壁画も、一つの過程のさまざまな段階を示すものではあっても、それが初期の一段階を示すといったことはけっしてない。先史的偶像に先行するものとして、ミメーシス的行動方法が存在していたに相違ない。それは自己自身を他者と同一化する行為のことであるが、こうした行為と直接的な影響力を信じる迷信とは、完全に一致するものではない。ミメーシス的行動方式と迷信とを区別する契機が、もし長期間にわたって準備されていなかったとするなら、洞窟の壁画に見られるような、自律的な完全な形成という目をみはるばかりの特徴は、説明の仕様のないものとなってしまうであろう。美的行動方法は一切の客観化に先立って、魔術による実際的行為から、かつて分離したものであること、それはたとえ決着のつけようがないことであるとしても、これはまず間違いがないところである。だがそうであるとしても、こうした行動方法にはその後も魔術的なものの残り滓が、若干ではあるが、固有なものとして残されてきた。同じことは次の場合にも見られる。生物学的層にまで遡るミメーシスが、機能を失ってしまったにもかかわらず、刻みこまれたまま保持されているということである。ここに見られるのは、上部構造の崩壊は下部構造より緩慢であるという命題の、前奏曲とも言うべきものにほかならない。全体の発展によって追い越されたものであるということ、それは全ての芸術が持つ特徴である。芸術はそれによっていかがわしいものとなり、完全に歩調を合わせてこなかったという負い目に、つまり後退的なものであるという負い目によって、苦しめられる。だが美的行動方法は、完全に痕跡にすぎないというわけではない。美的行動方法は芸術のうちに保存され、芸術が絶対的に必要としている行動方法であって、そこには太古以来、文明によって暴力的に切り取られてきたもの、抑圧されてきたものが、集められているのである。そこにはまた、人間から強制的に取り上げられたものの下で苦しむ、人間の苦悩もまた籠められているが、こうした苦悩はすでにミメーシスの原始的形態のうちにも、充分現れているものでもある。こうした契機を非合理的なものとして、一掃してはならない。芸術は最古の何らかの伝承されてきた遺物を初めとして、以後、その深部にいたるまで、あまりにも深く合理性を注入されてきた。後にイデオロギーによって、遊戯衝動の永遠の天性として賛美されたものに、頑固なまでに美的な態度がある。だがこうした態度が証言しているのはむしろ、合理性は今日にいたるまで、完全なものであったことはないということにすぎない。またこうした合理性はそのままの形を保つなら、人間にとって、つまり人間の可能性にとって、その上さらには〈人間化された天性〉にとっても、何の役にも立たない代物にすぎないということでもある。美的態度において支配的になっている合理性の基準にしたがって、非合理と見做されているもの、こうしたものは目的のかわりに手段を目指す、例のラチオの部分優先的な本質に対する告発である。芸術が指摘するのは目的であり、範疇的構造を抜き取られた客観性にほかならない。芸術はこうした指摘をおこなうことによってその合理性を、つまりその認識特性を持つ。美的行動方法とは、物によって現にあるがままの物以上のものを知覚する能力である。それは視線であるが、存在するもののなかでイメージへと変身するような、そうした視線なのだ。こうした行動方法は苦もなく不適切なものとして、現存するものによって否定されかねない。だがその反面、現存するものが経験可能なものとなるのは、専らこうした方法によるのである。ミメーシスにおける合理性についての最近の曖昧な観念は、哲学の条件としての感激についての、つまり強調されたものとしての認識についての、プラトンの学説にたいする裏切りにほかならない。だが同じくプラトンは、こうした認識を単に理論的に要求しただけでなく、

『パイドロス』においてはその決定的な展開点において、その描写も行っている。こうしたプラトン説も零落して、教養財に変わり果ててしまったが、その真実内容まで失われてしまったわけではない。美的態度とは物象化した意識にたいする、つまりいつしか横柄にかまえ全体性を名乗るようになった意識にたいする、弱められていない矯正策である。美的行動方法が持つ光へ肉薄し呪縛から身をもぎはなす点、それが現れるのは逆行的に、この方法の出発点である人間、つまり非芸術的なものである。人間研究の価値は美的態度の分析にとって、いくら評価しても評価しきれないものと言ってよい。合理性の支配が望まれているところからしても、ほかならぬその点からしても人間は以前とくらべて、けっして進歩を遂げてもいなければ、発達もしていないということになる。ここで言う進歩あるいは発達した人間とは、ある特別な資質や代替可能な資質が取り去られた、たんにそうした場合の人間のことではない。むしろ現在では人間はその構造全体が、歪められて病的になってしまった。具体主義がその病名である。何事にも自分を精神的に投影してみなければ気がすまない人間、こうした人間は愚者にすぎない。けっしてこうした人間になってはならない人間、それが芸術家なのだ。まったく投影を行わないもの、こうした人間は存在するものを理解することなく、存在するものの繰り返しと偽造を事とする人間である。こうした人間はその際、アニミズムの前触れ的なものにぼんやりと現れていたものまで、つまりばらばらな細部全体が相互に行う意思疎通まで踏みにじってしまう。こうした意識は、想像されたものと現実性とをごったまぜにする意識同様、虚偽にすぎない。理解が行われるのは専ら、観念が自らが理解しようとするものを、超越化させる場合に限られる。こうしたことの見本を示しているのが芸術である。知性であっても、このような理解を追放するような知性は、直接的に蒙昧となり、対象を捉えそこねる。それは対象を隷属させるためにほかならない。芸術は呪縛の内部に留まっていても、次のような合理性が無力なものとなるなら、それによって正当化される。美的行動方法が抑圧されているか、あるいはある種の社会化の過程の強制のもとで、自己をもはやまったく構成することが無くなっているかする、合理性のことである。首尾一貫した実証主義とは、すでに〈啓蒙の弁証法〉という点からして、愚かしさへの移行にほかならない。それは芸術を解さないもの、つまり去勢に成功したものという意味での愚かしさのことである。感情と知性とを念入りに選り分け、両者の均衡がとれているのを見ると、よろこんでもみ手することが行われている。これは俗物の智恵といった代物であって、おうおうにして陳腐な言葉もそうであるように、数千年来の分業のなかで、主観性自体が分業的なものとなったことを示す、カリカチュアなのだ。人間の素質においては、感情と知性とは絶対的に異なるものではなく、分離されながらも依然として、相互に依存し続けるものである。感情という観念によって要約されている反応の仕方も、次のような場合には、たちまちにしてつまらない感傷的なものとなり、特別に保護されたものにすぎなくなる。こうした反応の仕方が思考と関連をもつことにたいして自らを閉ざし、真実にたいして盲目的に振舞う場合のことである。だが思想はミメーシス的な態度を、洗練することから尻込みするなら、同義反復的なものに近いものとなる。感情と知性を両者にとって致命的な形で分離すること、それは変化の結果であり、取消可能なことである。ミメーシスを欠くラチオは、自己自身を否定するものとなる。目的、つまり存在理由の理由とは質的なものであり、質を作り出す能力であるのと同じく、ミメーシスの能力でもある。もちろん理性の自己否定には、それなりの歴史的必然性が含まれている。開かれている自己を客観的に失いかけている世界は、開かれた自己を自らの観念としている精神を、最早必要としていない世界である。またこうした世界は開かれたものの痕跡にすら、耐えることができないのである。現在における経験喪失という事態は、その主観的側面からするなら、次の事実と、広範囲にわたって一致するものと言えるかもしれない。ミメーシスは変化させられる代わりに、憤激の的とされて抑圧されているという事実のことである。今日、ドイツ・イデオロギーの多くの分野で、相変わらず芸術的とよばれているもの、それはこうした抑圧が原理に高められたものであり、非芸術的なものへと移行したものにほかならない。だが美的態度とは直接的なミメーシスでもなければ、抑圧されたミメーシスでもない。それはミメーシスによって生み出される過程であって、ミメーシスはその過程のなかで修正を受け保存されることになる。こうした過程は個人の芸術にたいする関係において出来するものであり、同じく歴史的な大宇宙においても出来するものでもある。どのような芸術作品の場合でも、その内在的な運動において凝固したもの、つまりそれ独自の緊張と緊張の可能性としての均衡のなかで凝固したもの、それがここでいう過程なのだ。結局のところ美的態度とは、何らかのかたちで身を震わせる、そうした能力として定義されるものなのかもしれない。あたかも鳥肌立つことが、最初の美的イメージであるかのように、そのように身を震わせる能力のことである。自己を戦慄の盲目的不安から解放しながら、後に主観性と呼ばれることになるもの、それは同時に戦慄自体の展開にほかならない。生とは主体においては、主体が戦慄することなのだ。つまり全体的な呪縛に対する、戦慄を超越化させる反応以外の何物でもない。戦慄を欠く意識とは、物象化された意識のことである。戦慄とはそのうちで主観性が活動していても、すでに存在することがない状態のことであるが、だが他者によって触れられている状態にほかならない。美的行動方法はみずからをこうした戦慄に従属させるのではなく、代わって戦慄によって自らを形成する。このような美的行動方法における主体と客観性との本質的な関係、エロスと認識との縁結びを行うのはこうした関係なのである。

原註（1）　該当する諸テーマの批判的展望に関して、著者はフランクフルト大学哲学ゼミナールの、レナーテ・ヴィーラント嬢の協力を得たことを、深く感謝する。

原註（2）　ベネディット・クローチェ『表現科学としての美学と一般言語学』（H・ファイスト、R・ペーター ス訳　チュービンゲン　一九三〇）一四〇ページ。

原註（3）　参照。メルヴィル・ハースコビッツ『人と仕事』（ニューヨーク　一九四八）四八二ページ。

原註（4）　参照。ポール・ヴァレリイ『著作集』（前出書）第二巻　六八一ページ。

原註（5）　アーノルト・ハウザー『芸術と文化の社会史』第二版（ミュンヘン　一九六七）一ページ。

原註（6）（前出書）三ページ。

原註（7）　参照。（前出書）五ページ。

原註（8）（前出書）八ページ。

原註（9）　参照。エリク・ホルム『南アフリカの洞窟芸術』（前出書）一九六ページ。

原註（10）　アーノルト・ハウザー（前出書）四ページ。

原註（11）　ヴァルター・F・E・レシュ（前出書）一〇八／九ページ。

原註（12）　参照。コンラート・ローレンツ「可能な経験の生来的形態」『動物心理学』、第五巻二五八ページ。アーノルト・ゲーレン（前出書）六九ページ以下。

原註（13）　参照。フリッツ・クラウゼ（前出書）二三一ページ。

原註（14）　ハインツ・ヴェルナー『発達心理学入門』（ライプチニ　一九二六）二六九ページ。

原註（15）　参照。フリッツ・クラウゼ（前出書）二三四／五ページ。

原註（16）（前出書）二二四ページ。

旧序文

伝統的美学の古さ

古さという表現は、哲学的美学の概念に由来しているが、それと同じく体系の概念、あるいは道徳の概念にも由来している。古臭いとする感情が抱かれるのは、芸術創造の現場や美の理論にたいして無関心な社会に、けっして限定されることはない。ほかならぬアカデミックな世界においてさえ、ここ数十年来、美学関係の研究発表は目にみえて減少してきた。最近の哲学辞典はその点について、次のように指摘している。「他の哲学的専門分野で、美学ほど不確かなものを前提としている分野もめずらしい。風見の旗よろしく、美学は『哲学、文化、科学理論からの、どのような突風によっても、その都度、翻弄されてきた。美学の営みはある時は形而上学的に、ある時は経験的に、またある時は規範的に、またある時は記述的に行われて来たし、またある時は芸術家の側から、ある時は享受者の側から行われてきた。美学は今日は芸術に美の中心を認め、芸術にとって自然美は、そのたんなる前段階にすぎないものとして、解釈すべきであるとされる。だがこうした美学も明日になると、芸術美の内に、たんに二番煎じの自然美しか見なくなるといった具合なのだ。』」モーリッツ・ガイガーは美学のジレンマをこのように記述しているが、ここに見られるのは、十九世紀中葉以来の状況の特性描写にほかならない。美の理論は多元的なものであり、往々にして完全に展開されることすらなかった。こうした美の理論の多元性には、二重の原因がある。その原因の一つは原理上の困難に由来している。つまり芸術に関しては一般的に哲学的範疇の体系をとおして、推論を行うなどといったことは不可能であるという困難である。もう一つの原因は次の点にある。美学の発言は認識理論的な立場を前提として持ち、それに伝統的に依存してきたということである。問題を孕んでいる認識理論の問題が解決されないまま直接、美学に持ち込まれて繰り返される。なぜなら美学がその対象をどう解釈することが出来るのかという問題は、次の問題に依存しているためである。それが前提とする認識理論は原理的に、どのような対象概念を持っているのかという問題である。だがこうした伝統的な依存状態は、事柄自体によって前もって与えられ、すでに美学という用語に含まれてしまっているのだ。原註(1)」この記述によって状態は適切に描写されてはいるものの、その反面、充分には説明されてはいない。他の哲学関連分野も、認識理論や論理学を含めて、同じように議論の余地がある。ただこうした分野の場合、関心が美学の場合のように、麻痺していない点だけが異なっている。美学という専門分野が置かれている状況は特別であり、気を滅入らせる。美の理論に過激な唯名論を導入したのは、クローチェであった。それは重要な観念が所謂原理的な問いから抜け出し、特殊な形式問題と材料に没頭することになった時期と、ほぼ同時期に当たる。この時代に生れたその種の作品としては、ルカーチの『小説の理論』、ベンヤミンの見事な出来栄えを示す強調すべき論文『親和力論』と、『ドイツ悲劇の起源』がある。三編中の最後の憂鬱症を取り扱った作品は、クローチェの唯名論にたいする援護射撃とも言うべきものであるが、この作品は次のような意識状態を斟酌したものにほかならない。原註(2)美学の伝統的な大問題、とりわけ形而上学的内容に関連する問題については、もはや不変的な原則から解明することを期待することがないような、そうした意識状態のことである。しかもそれは、従来、単なる例としてしかみなされてこなかった領域において、その解明を望んでいるといった、そうした意識状態でもある。哲学的美学が陥ったのは、次のような容易ならぬ二者択一であった。愚かしくてありきたりの不変性を取るか。それとも恣意的で大抵は慣習的な観念から引き出されてくるような、そうした判断を取るかという、二者択一のことである。上から考えるのではなく現象に身を委ねること、それはヘーゲル的綱領にほかならない。こうした綱領は美学においては唯名論をとおして初めて、見て取れるものとなった。ヘーゲル自身の美学はこうした事態とは対照的に、その古典主義的な構成要素に相応しく、抽象的で不変的なものを多く保持しており、それも弁証法的方法と一致させることが出来る以上に、はるかに多く保持していた。ヘーゲルの美学は首尾一貫したものであったが、こうした首尾一貫性は同時に伝統的理論としての美の理論の可能性を、疑わしいものにかえてしまった。なぜなら具体的なものという理念は、どのような芸術作品も、それどころかどのような美の経験もとりわけ拘泥するものであって、次のような認識理論や倫理の領域における哲学的合意の場合に似た形では、芸術を取り扱う際、特定の現象から遠ざかることを許さないためである。こうした領域においては全く偽りであるにもかかわらず、極めて長いこと、特定の現象から遠ざかることは可能に思われていた。もし美的に具体的なもの一般について教義が作られるなら、そうした教義からは対象が強要して教義が関心を抱くようになる当のものが脱落すること、そうした事態となることは避けられないであろう。美学がこうした事態にたいしてほとんど立ち向かわなかったこと、そこに美学が時代遅れになった原因がある。美学は自らの形式をとおして、次のような普遍性となることを誓約しているかに見える。芸術作品にとって結果的に不適切なものとなり、またこのことを補完することであるが、移ろいやすい永遠の価値を目指す普遍性のことである。美学にたいするアカデミックな不信は、美学に内在するアカデミズムに原因がある。美的な問題にたいする無関心の動機となっているもの、それはなにより も保証されていないものや未解決なものを恐れる、制度化された学問に特有の不安にほかならない。それは美学が限定された狭い分野であることを恐れる不安でもなければ、問題提起がそれが目指すものに遅れを取ることを恐れるような、そうした不安でもない。学問によって要求されている美学の態度とは、全体を見通す思弁的な態度である。しかし、こうした態度を進歩をとげた芸術と一致させることは、不可能になってしまった。進歩した芸術は往々にしてカフカの場合のように、もはや思弁的態度などほとんど許さないのである。原註(3)今日の美学はこうしたことによって、とりわけそれが扱うものとは、似ても似つかぬものになっているため、傍観者的に享受する者、あるいは味見をする者であるかのような、そうした嫌疑をかけられている。思弁的な美学によって意図的ではないものの、その尺度として前提とされているもの、それが例の趣味にほかならない。観照者が距離を保ちながら選択を行いつつ作品に立ち向かっていく際、持つとされる趣味のことである。こうした趣味は主観性に拘束されているものであって、そのためそれ自体、理論的に反省されなければならないものであろう。こうした趣味は最近のモダニズムにたいしては、無力なものであり、それだけでなくとうに、その時々の進歩したものにたいしても、無力なものであったと言って差し支えないであろう。美的趣味判断に代えて事柄自体を措定すること、ヘーゲルはそう要求した。このヘーゲルの要求は、こうした事態を先取りするものにほかならなかった。原註(4)彼の要求はそのため、無関心な観照者の趣味と一体化した態度から、生れてきたわけではない。ヘーゲルをしてこうした要求を行わせる能力を与えたものは、体系であった。かれの認識がその対象から距離を、十二分に大きく取っているようなところでは、体系は認識にさえも生命を吹きこみ、それを実り豊かなものにしているのである。厳しい言い方かもしれないが、ヘーゲルとカントは芸術についていささかも理解することなしに、大きな美学を書くことが出来た最後の人々であった。こうしたことが可能なのは、芸術自体が次のような包括的な規範によって、自らの方向を決定していたような、そうした場合に限られていた。それは個別的な作品においては問題とはされず、液化されて個別的な作品に内在する問題性へと変えられ、ただそうしたものとしてしか存在することがない規範のことである。なんらかの形で重要な作品であって、次のようなものなどおそらく皆無だったであろう。独自の形態を通してこうした規範を媒介し、それによって規範もまた、潜勢的にではあるが、変化させていないといった作品のことである。規範はきれいに除去されてしまったのではなく、残された若干の部分をとおして、個々の作品を睥睨していたわけである。偉大な哲学的美学者たちは芸術の明瞭に普遍的な面を概念化したが、その限りにおいて彼らは芸術と一致していた。それは次のような精神状態に見合うことであった。哲学と芸術のような哲学以外の精神の形態とが、いまだ切り離されていなかった精神状態のことである。哲学と芸術においては同一の精神が支配していたということ、このことが芸術を実体的に取り扱い、それでいて作品に身をゆだねることはしないということを、哲学にたいして許していたのである。こうした美学者たちもたしかに、次のような不可避的な試みにおいては一様に挫折した。芸術とその普遍的規定とは、不同であるということによって動機づけられた試みであって、こうした規定を詳細に説明して考察するという試みのことである。やがて思弁的な観念論者たちにおいては、この上もなく苦しい誤った判断が、結果として出現した。ア・ポステリオリをア・プリオリとして立証すること、それはカントにとって義務として行う必要などないことであった。かれは誤りを犯すことが比較的に少なかったが、それはまさにそのためにほかならない。カントは十八世紀を哲学的に、前批判的と呼ぶことを躊躇わなかった。そのかれも芸術観においては、この世紀に捉われていた。つまりかれは主観が完全に解放される、一時代前の時代の人であった。原註(5) それにもかかわらずカントはヘーゲルほど芸術とは無縁な主張を行って、面目を失うような真似はしなかった。その上、カントは後の過激なまでに現代的な可能性にたいしてさえ、それを認める余地をヘーゲル以上に残し

ていた。ヘーゲルはカント以上に、そこまで勇敢に芸術に抵抗したわけである。原註(6)

この二人の後に続く人々は、繊細な感覚の持ち主たちであったが、ヘーゲルによって要求された事柄自体か、それとも概念かという問題においては、どっちつかずという拙い態度をとった。かれらの芸術にたいする関係は美食家的であり、芸術の構造にかんしては無力であったものの、その両者を結合した。ゲオルク・ジンメルは美的に個別的なものへ向けて、決定的な転回を遂げた人であるが、それにもかかわらずここでいう繊細な感覚の持ち主の典型であった。芸術認識という風土を形成しているのは、次の態度のうちのいずれかである。概念を使用することに対して頑なまでに禁欲的な態度。あるいは事柄のまっただなかで、無意識的な意識であろうとする態度のことである。傍観者的にものわかりの良い者、良い気分で感情移入する者、芸術がこうした人々によって理解されることなど決してない。このような無責任な態度は作品の本質的な部分にたいして、つまり作品の拘束性にたいして特にとりわけ冷淡なためである。美学が創造的であるのは、ただ次のような場合に限られていた。美学が自分と経験との間の距離を無視することなく尊重し、窓のない観念を用いて、その観念の他者の内容に分け入るといった場合のことである。あるいは個々の芸術家のまき散らされた証言の場合のように、美学が具体的に身近に、創造の内側から判断を下す場合である。こうした証言は人格の表現として重要なのではない。そうした表現は芸術作品にとっては規範にならないためである。それが重要なのは、往々にして主体へ還元されることがないものであって、事柄から押し寄せてくるような経験を、若干ではあるが、書き留めているためである。この種の証言は芸術の社会的慣例によって命じられるまま、素朴なものの見方から、悪影響を被っていることが多い。芸術家は職人特有の怨から、美学にたいしてかたくなな態度をとるか、あるいは素人臭いことを嫌うくせに、素人臭い補助的理論を考案したりする。芸術家の発言が美学に対して持ち出される場合には、解釈することが必要となる。職人的教訓であって、論争によって美学にとって代わろうとする体のものは、形而上学に共感を示すことがあるような場合でさえも、実証主義的な傾向を持つ。どうしたらもっとも巧みにロンドを制作することができるのか。こうしたことに対する助言も、職人的教訓が何一つ知らない理由から、ロンドを書くことなど最早、不可能な事態にでもなれば、たちまちにして無用の長物となる。職人仕事の大摑みの規則も、それを習慣的なものを煮詰めたもの以上のものにしようとするなら、哲学的な転回を必要とする。こうした規則がそのような移行が行われる以前に、中断されるといった場合があるが、そうした際には曖昧な世界観を援用することが、ほぼ通例に近い形で行われている。死にもの狂いで蘇生させられた専門分野であって、それ以上のものであろうとする美学であるなら、こうした美学には観念論的な体系の死後においては、以下のような困難がつきまとうことになるであろう。それは現象を身近にしている制作者と、次のような概念的力とを結びつける困難のことである。すなわち固定的な上位概念によって、つまり〈ご託宣〉めいたものによって導かれることがないような、そうした概念的力のことである。そのような美学であるなら、概念という媒体を用いるように指示されているとしても、芸術作品の単なる現象学以上のものになるであろう。それに較べて次のような試みは所詮、徒労に留まる。唯名論的な状況が強制されているなかで、かつては多分、経験的美学とでも呼ばれたかもしれないものへと、移行しようとする試みのことである。例えばこのような学問化の厳命に従って、経験的な記述から分類化と抽象化を行いつつ、普遍的に美的な規範を目指して上昇することが意図されたとする。だがそのような場合にその手元に残るのは、中身の薄いものにすぎない。こうした代物は思弁的な体系が持つ、説得力があり事柄を含む範疇とは、比較することさえ出来ないであろう。芸術的実践の現場に適用されるとしても、この種の蒸留物は昔からその都度、芸術のお手本が役に立っていた程度にしか、役に立てないであろう。すべての美的問いは最終的には、芸術作品の真実内容についての問いに辿り着く。作品がその特有の形態をとることによって、客観的に精神として自己の内に孕むことになるもの、それは真実なのか。ほかならぬこうした点も経験主義にとっては、追放すべき迷信なのだ。経験主義にとっては、芸術作品など問題とする資格のない刺激の束にすぎない。芸術作品はそれ自体として何であるのか。この点はもし判断から抜け落ちるなら、単に投影的なものにすぎなくなるであろう。投影的なものにすぎないなら、芸術作品にたいする主観的な反応の観察、測定、一般化だけが、行うことが出来る唯一のことということになる。それとともに、元来美学の対象を形成してきたものも、こうした処置からは脱落してしまう。美学はもっとも深いところで前美学的である分野によって、置き換えられてしまうのであって、文化産業の美学として、社会的に立証された美学とは、こうした美学にほかならない。ヘーゲルの業績にたいして、所謂、高度な学問によって行われていることは、その批判ではなく、世間に順応するために忘却することにすぎない。芸術は経験主義にとり手に負えないものであって、唯一人、真の自由な人であったジョン・デューイを除くなら、経験主義はその上、芸術については多くの注意を払うことさえなかった。ただし認識においてそのルールに合わないものを、経験主義が文学の一種と見做したことだけは、その例外であって、その理由は次のように説明されるかもしれない。芸術は本質的に経験主義のルールを解消するものであり、存在するものではあっても、存在には、つまり経験には、解消されることがないものであるためであると。芸術において本質的なのは、芸術におけるものであっても事実ではないもの、つまりすべての物に対する経験主義的な尺度によっては、割り切れないものである。原註(7) 芸術において存在しながらも事実としては存在しないもの、こうしたものを考察することが、美学を強要しているのである。

素朴さの機能転換

美学をめぐる客観的な困難に主観的に加わるものとして、この上もなく広範に広がっている抵抗感がある。美学は無数の人々にとって、余計ものとみなされている。芸術はこうした人々にとっては、余暇における市民的日常の補充物として、日曜日の楽しみとなっているが、美学はそうした楽しみを妨げる。こうした抵抗は芸術とは全く無縁なものであるにもかかわらず、芸術と密接に結びついている人々にとっては、表現のための助けともなる。なぜなら合理化と社会化が進行している社会において、芸術は抑圧され支配されている自然の利益の知覚にほかならないからである。だが企業はこうした抵抗をさらに制度化して、抵抗を自分に都合よく利用する。企業は芸術を囲いこんで、非合理主義の保護地域とし、思考に対して、その外部に留まるよう命令する。その際に企業が結託するものとして、美の理論の成れのはてであって、自明なものへと引き下げられた、次のような観念がある。芸術は判りやすくなければならないとする観念のことである。その一方、芸術はいたるところにおいて、概念と関わり合っているのである。芸術において判りやすさとを優先すること、それ自体が問題的でありその上、素朴に次のような指示と取り違えられている。芸術については考えてはならない。なぜなら地位を確立した芸術家もまた、そのようなことは行わなかったと伝えられているためである。こうした信仰の派生物が、素朴さについての摑みどころのない概念である。最も有名な新カント派学者の一人である人物の、美学の標題にも登場してくるものとして、純粋感情という名称があるが、こうした感情の領域においては、論理性に似たものは全てタブーとされている。だが芸術作品には首尾一貫性という契機があり、こうした契機は美外的論理、あるいは因果性と関係があり、こうした関係自体はただ哲学的美学によってだけ、規定することができると言われているのである。原註(8) 感情はそれによって、感情とは逆の物となる。つまり物にされてしまう。芸術は実際上、もう一つのこの世界であり、この世界に似てもいるが、それと同程度に似てもいない。管理統制主義的文化産業の時代においては、美的素朴さは、その機能を転換させてしまったのである。かつて芸術作品の古典性を担う台座として据えられて、賞賛されていたものも、つまり気高い高貴さといったものも、顧客獲得手段として思いのまま利用可能なものとなってしまった。消費者は素朴さを立証され叩きこまれる。こうした消費者は飲み込まなければならないものについて、また飲みやすくするために錠剤として詰め込まれたものについて、馬鹿な考えを起こさなくするため、そうした考えを遠ざけるよう仕向けられる。昔の純真は文化消費者の純真に置き換えられてしまった。こうした消費者は感謝しながら、産業の形而上学的な良心ともども、元来、回避仕様がないものである粗悪品を買い取らされる。素朴さは立場として取られるやいなや、最早、存在しなくなるものである。芸術とそれについての意識による経験との間の微妙な関係は、次のような教育を本質とするものと言えるかもしれない。芸術作品とされるものを受容者に実質的に与えるが、それと同じく消費財としての芸術にたいして抵抗するために、その訓練を行う教育のことである。今日の芸術はすでに制作者においてさえ、こうした教育から切り離されて遠いものとなっている。今日の芸術はその埋め合わせをつけることを余儀なくされているが、その埋め合わせとして行われているのが、芸術まがいのものに手を加えて、最も洗練された行動方法をとらせるという、永続的な試みである。芸術家の素朴さは変質し、文化産業にたいする素朴な順応性にすぎなくなってしまった。素朴さが直接的なものとして、芸術家の本性であったことなど決してない。素朴さとは芸術家が前もって整理された社会的関連の中で振舞う際に示す、こうした関連を自明なものとして受け取る態度、つまり体制順応主義の一部にすぎない。素朴さを計る尺度となっていたものは、芸術的主観によってある程度まで断ち切られることなく受け取られてきた、社会的諸形式であった。素朴さとは、つまりその正と不正とは、次のことと絡みあったものにほかならない。主観はどの程度までこうした社会的形式を認めるのか、あるいはそもそも自明性をいまだ要求することを許されているものは、どの程度までこうした形式に逆らうものであるのか、ということである。現存在の表面が、つまり現存在が人間に向けるどのような直接性もイデオロギーとなって以来、素朴さは、素朴さ自体とは逆のものへと一変してしまった。つまり物象化された世界にたいする、物象化された意識の反射にすぎなくなってしまった。芸術創造であって、生の硬直化に抵抗する衝動を惑わされることがないもの、こうした創造が要するに、真に素朴な芸術的創造にほかならない。だがこうした芸術創造も慣習的な世界のルールによるなら、素朴さを欠くものと呼ばれるものになってしまった。だがそう呼ばれてはいるものの、こうしたものには言うまでもなく、素朴さが保存されているのであって、それは現実原理に迎合しないものが、芸術の態度において生きながらえているのと、度合において変わりはない。現実原理に迎合しないものとは子供めいた何か、つまり世間の規範によるなら、幼児的と呼ばれるもののことである。確立されたものとしての素朴さによって指示されている方向は、それとは逆のものである、つまり世間の規範を目指すものなのだ。ヘーゲルは、ヨッホマンはさらにより鋭く、この点を認識していた。かれらが芸術の終焉を予言したのは、そのためであったが、この点においてかれらは古典主義によって囚われていた。芸術の素朴な契機と反省的な契機とは、実際はつねに内的に絡み合ったものであった。それは程度において、台頭する工業資本主義下で目覚めた憧憬が認めようとしていたものを、はるかに越えていた。ヘーゲル以来の芸術の歴史はかれの美的終末論が、早とちりにすぎなかったことを教えてきた。かれらの誤りは素朴さについて、慣習的な理想を引きずっていたための誤りであった。モーツァルトは市民的家庭環境のなかで、寵児として飛び跳ねる幸運児という役を演じさせられている。そうしたモーツァルトでさえも、かれの父あての書簡が一ページごとに示しているように、写し絵のかれとは比較にならないほどはるかに反省的であった。もちろんこの場合反省的とはいっても、材料について反省的であるという意味であって、材料を無視してそのうえを浮遊するといった、抽象的な意味においてではない。もう一人の家庭用偶像として、ラファエロがいる。かれの作品は純粋に具象的であるが、それが客観的条件として、どれほど反省を含んでいるか。このことは絵画構成の幾何学的均衡をみるだけで、一目瞭然としている。反省を欠く芸術などといったものは、反省的時代が耽る回顧的幻想にすぎない。過去の芸術には理論的考察と学問的成果とが融合しているが、両者は往々にして芸術に先行するものであった。もっとも重要な芸術家で、かつてこうした事態に怯んだ芸術家はいない。その例としてピエル・デラ・フランチェスカの空気遠近法、あるいはオペラの起源となったフィレンツェのカメラータたちの、美学上の様々な考察を指摘しておく。後者は後に聴衆のお気に入りとして、素朴さというアウラを纏わされることになった形式の、模範例を提供している。その反面、オペラは理論から誕生したものであり、文字通りの発明であった。原註(9) 類似のこととして、十七世紀における平均律の導入を挙げることができる。こうしたものを導入することによるだけで、五度圏にわたる転調が可能となり、それによってバッハ音楽が誕生することになった。彼は『平均律ピアノ曲集』という題名を掲げて、平均律の使用を仄めかし、それによって平均律に対する感謝の気持ちを表した。さらに十九世紀における印象主義絵画の方法がある。これは網膜についての先行者たちの科学的研究を、正しくあるいは誤って解釈し、その上で行われた分析にもとづく方法であった。もちろん芸術における理論的要素と反省的要素も変化せず、そのままの状態に置かれることは稀であった。往々にして芸術による理解が、それが参照した科学の誤解に過ぎなかったことも、ないわけではない。最近におけるこうした例となるのは恐らく、電子工学であろう。創造的な衝動が、合理的なものに由来しているとしても、こうしたことがそれにとって大きな損害をもたらすようなことはなかった。印象主義者たちの生理学的定理はもしかすると、次のような経験を隠すための隠れ蓑にすぎなかったのかもしれない。大都市や大都市のダイナミックなイメージによって、ある時は心を奪われ、ある時はそれにたいして社会批判的であったような、そうした経験のことである。物象化した世界に内在する力学を発見し、こうして発見されたものでもって、大都会において極めて明白になっている物象化に、印象主義者たちは抵抗しようとしていたのである。十九世紀においては自然科学的説明は、自分自身を意識せずに、芸術の原動力として作用していた。芸術と自然科学とは類似していたが、それは次の事実に由来していた。十九世紀においてもっとも進歩した芸術は、ラチオにたいして反応していたものであり、こうしたラチオは自然科学において働くラチオ以外の、何物でもなかったという事実のことである。芸術の歴史においては、芸術の科学的定理はつねに死滅をとげるものである。だが芸術の実際面はこうした定理を欠くなら、形成されることはありえなかったであろうが、それと同じくこうした面は逆に、そうした定理からは充分に説明されることもない。このことは受容という面にとっても、さまざまな結果をもたらすことになる。受容であっても、適切なものとなると、受容されるもの以上に非反省的であることは不可能である。自分が見るものあるいは聞くものが何であるか、それを知らないものは作品と直接交渉するという特権を、享受することがないだけでなく、作品を知覚する能力にも欠けた人にすぎない。意識は知覚の上に築かれるといった、ヒエラルヒーの一部をなす層のようなものではない。そうではなく、美的経験のすべての契機は相関的なのだ。芸術作品であって、層の上下関係を本質としているような、そうした作品は存在しない。こうした上下関係は第一に、文化産業による計算の結果であり、物象化された意識から作り出された結果にすぎない。そうしたことを示す例としては、たとえば複雑で長大な音楽などで観察される、次のようなことがある。こうした音楽においては最初から知覚されているものと、意識をとおして、つまり反省された知覚をとおして規定されているものとがあって、両者は境界によって分けられてはいるものの、その境界は変化するということである。束の間に消え去る音楽のパッセージの意味を理解することは、往々にして次のことによって左右されている。こうしたパッセージの、現在は出現していない全体における、場と結びついて変化する価値を、聞く人が知的に知っているかどうかということである。つまり直接的なものと言われている経験自体、純粋な直接性を越えて行くような、そうした契機によって左右されるものなのだ。芸術作品に対する理想的な知覚とは、このようにして媒介されたものが知覚されることによって、直接的なものに変わることになる知覚のことであろう。素朴さとは目的であっても、起源ではない。

非和解的なものとしての伝統美学とアクチュアルな芸術

だが美学にたいする関心は衰えてきた。その責任はたんに専門分野としての美学だけではなく、それと同じく、おそらくはそれ以上に、対象の方にもあるように思われる。美学は沈黙を守りつつ、芸術一般の可能性を内包しているかのように見える。美学が目指すのはなによりも、であるということより、どのようにということである。こうした態度はあやふやなものになってしまった。カントの認識理論は、かつて数学的自然科学における事実から出発したものであったが、美学はもはやそのように芸術という事実からは、出発することはできない。芸術ではあっても、自らの概念に固執し消費を拒否するような芸術は、反芸術的なものへと移行して行く。芸術は自己自身にたいして不快感をいだいている。現実における大災害を経験し、また未来の大災害に直面して、存続することが道徳と釣り合わなくなっているためである。こうした感情は伝統的にこのような疑念とは無縁であった美の理論にも、伝えられることになる。哲学的美学はヘーゲルという高みに到達した時、芸術の終焉を予測した。美学はたしかにその後こうした予測を忘れてしまったが、芸術の方はその間ますます深く終焉を感じてきた。芸術はその上、次のことも感じてきた。芸術はかつてそうあったもので、現在はもはや留まることができないものに、もし留まり続けるなら、台頭しつつある社会においては、それが持つ機能が変化したため、全く異なったものとなるだろうということであろう。芸術的意識は次のような考察には不信感を抱くが、それには根拠がないわけではない。自らの単なる主題設定や、考察から期待されるような態度を通して、あたかもそうしたものにはいまだ、堅固な土台があるかのように振舞う考察のことである。そうした土台はかつて存在していたことがあるのかどうか。またたとえ存在していたとしても、そのような土台はすでにつねに次のような、イデオロギーとなっていなかったかどうか。つまり現在の文化企業はその芸術分野とも ども、明白にイデオロギーへと移行しているが、そうしたイデオロギーのことである。こうした点は回顧的に眺めるなら、疑わしいものとなる。芸術の可能性をめぐる問いは、きわめてアクチュアルなものとなっている。芸術はそもそも可能なのかどうか、もし可能ならどのようにしたら可能なのか。こうしたかなり過激と言われているような形態の問いですら、芸術が嘲笑するところまで、事態は進んでしまった。そうした問いに代わって登場してくるのが、今日における芸術の具体的な可能性にかんする問いである。芸術にたいする不快感は停滞している社会的意識が、モダニズムにたいして抱く類の不快感であるだけではない。それはいたるところに広がり、芸術的に本質的なもの、つまり前進した創造物にまで波及している類の不快感でもある。芸術自体は自らの否定のうちに、逃げ場を求めている。つまり自らの死をとおして生き延びようと意図している。そこで劇場においては玩具めいたもの、覗き箱めいたもの、きんぴかの衣装にたいしてさえ、ある種の抵抗が行われ、有刺鉄線を用いたところで、それが世界を模倣するものであるなら、抵抗がある。幸福な世界の再来を願う、純粋なミメーシス的衝動は芸術に命を吹き込み、古代から芸術を緊張させ、その反神話的、啓蒙的構成要素となってきた。こうした衝動も完全な目的合理性の体制のもとでは増大して、体制と癒着し堪え難いものになり果ててしまった。芸術は幸福同様、幼児的なものであるかのような嫌疑を招いている。芸術や幸福にたいする不安であって、すべての合理性の存在理由を誤解している不安は、その上、後退でもある。なぜなら自己保存原理の運動は、それが自己を呪物化することがない限り、それ自体の力が遠心的なものであることから、幸福の欠如に繋がるためである。これは強力な芸術を弁護する点であって、弁護としてこれを凌ぐものはない。後年の長編小説には芸術の芸術であることに対する、気後れのようなものが見られるが、終始現場にいたかのように装う虚構をいやがる衝動などは、そうした気後れに関連がある。こうした事態に従うものとしてさらに、プルースト以来の物語の歴史がある。だがこのジャンルもベストセラー・リストにおいては、〈フィクション〉という小見出しのもとで一括され、それによってはからずも自らがいまだ、虚構にすぎないことを告白させられてしまう。それは美的仮象が、いかに社会的には存在しない物となってしまったかという、事実の告白である。音楽は次のような契機を逃れようとして苦労してきた。ベンヤミンがかなり壮大に、技術的再生産時代前の全ての芸術を定義した際に用いた契機、つまりアウラのことである。アウラは音楽に由来する魔力であり、その音楽がたとえ反音楽的音楽であり、たとえどこで誕生した音楽であろうと変わりなく、音楽独自の質に先行するものにほかならない。音楽の実験はこうした種類の特徴を用いて行われるが、そのやり方は過去の音楽の、訂正可能な遺物によって行われているものと、同じではない。こうした芸術の特徴は音楽自体の概念とともに成長して癒着し、その一部となってきたかのように見える。だが芸術は仮象を虚偽へと売りわたさないために、自らの始まりについての反省を自らのうちから完成させ、出来ることならそれを解毒剤よろしく、みずからの内に取り込まなければならない。こうしたことがますます多く行われるなら、それに応じて芸術はなお一層、不当な要求にたいして、つまり外部から自己省察を行うように求めてくる要求にたいして、疑いの目をむけるようになる。美学にとっては次のような欠点はつきものである。美学がみずからの概念を用いて、芸術の状況の後を、途方にくれながら追いかけることである。それは芸術が自らの変化の結果にたいして無関心でいながら、概念に揺さぶりをかけ、それでいて概念を自分から遠ざけることが、できないでいるといった状況である。美の理論も含めて、理論であって、普遍性という構成要素を欠くことが、可能な理論など存在していない。そのため理論はともすれば、不変的なものの味方をする気にもなるが、それは現代性を強調する芸術なら、攻撃しないわけにはいかないような、そうした種類の不変的なものにほかならない。精神科学は好んで新しさを、永遠に同一なものへと還元したがるものの、それは病的な好みである。たとえばシュールリアリスムをマニエリスムへと還元するといった、好みのことである。こうした好みには芸術現象の歴史的場における価値にたいする、感覚が欠如しており、こうした価値はその現象の真実を探るための、索引であることに気がつかない。そうした感覚の欠如は例の抽象的な規則を好む、哲学的美学の傾向と一致している。だがこうした規則において不変的であるのは、次のこと以外にはない。こうした規則は形成される精神によって、たえず繰り返し虚偽として、罰せられてきたということである。永遠の美的規範として修復されるもの、それは変化した結果であり、果敢ないものにすぎない。失われることがないものを求める要求は、古びてしまったのだ。カフカの『変身』あるいは『流刑地にて』においては、対象にたいする安定した美的距離は、衝撃的なかたちでぐらつかされている。こうした作品の散文に、カントの無関心の満足といった体の、承認ずみの基準を適用することは、ゼミでしか通用しないような、一端の学者気取りの学生たちでさえ、躊躇するであろう。カフカの文学の偉大さを経験したことがあるものなら、その種の芸術論議がこうした点にとってどれほどそぐわないかを、感じないわけにはいかない。現代演劇における悲劇的なものと喜劇的なものといった類の、ジャンルの問題も難問であって、さまざまな論議がかわされている。現代演劇はこうした難問を交えて成長してきたものであって、その点でカフカの『パラーベル』における、中世の遺跡に立てられた巨大な安アパートに等しいが、事情はここでも変わりはない。ベケットの作品は悲劇と見做すことも、喜劇と見做すことも許されない。だからといってこれらの作品は、講壇美学者にとって好都合であるとしても、悲喜劇といったタイプの混淆形式などではなおさらない。これらの作品はむしろこうした範疇それ自体にたいして、次のような神経支配に忠実に従って、歴史的判決を執行しているのである。たとえば喜劇の有名な台本も、もはや笑いの種にはならなくなってしまったとか、あるいはたびたび到来した過去の粗野な状態に置き換えてしか、笑えないものとなってしまったという、そうした神経支配のことである。新しい芸術には自己省察をとおして、新しい芸術自体の範疇を主題化するという傾向が見られる。こうした傾向に従った作品が、『ゴドーを待ちながら』とか『勝負の終わり』のような作品にほかならない。後者の、たとえば主人公たちが笑うことを決心する場面などが、その一例であるように、こうした作品において見られるのは、主人公たちが滑稽であるということよりも、喜劇の運命が悲劇化されていることである。舞台における笑いがこうした笑いであるなら、それによって観客の笑いも消滅する。ヴェーデキントはすでに、政治風刺雑誌

『ジンプリチスムス』の発行者に当てつけた捩《もじ》り的作品を、風刺の風刺と命名している。御用哲学は歴史的展望によって、何事にも驚かないという満足感を与えられ、優越的に振舞うが、こうした優越は偽りである。こうした哲学はすべてのものを永遠に同一なものと見做して、そこから永遠の価値を引き出し、それを自家薬籠中のものとして取り扱い、そうすることによって次のような利益を引き出す。全くの他者であって、既存のものに苦痛を与えるものを片付け、それでいてこうしたものを、先取りするかのようにして、蒸す返すという利益のことである。こうした態度は社会心理学的に反動的な態度や、制度的に反動的な態度と、結託したものにほかならない。美学がもう一度、芸術に接近出来ることがあるとするなら、それはただ批判的な自己意識がたどる過程を、美学もまたたどる場合に限られるであろう。かつて美学にも芸術に接近する能力があったが、それはこれとは異なる能力であった。

芸術作品の真実内容と呪物崇拝

だが痕跡を見つけられて愕然としながら、芸術は美学を自分より後れたものであるかのように疑うが、その反面、密かに次のことを恐れないわけにはいかない。もし美学が時代錯誤的なものであることをもはやめるなら、伸びきって今にもひきちぎれそうになっている芸術の生命の糸を、切断するものになるかもしれないことである。次のことを判断出来るのは、そうした場合の美学に限られている。美学は存在と内容を形而上学に負っているが、芸術はこうした形而上学が崩壊したあとも生き延びるのか、もし生き延びるとするなら、どのようにして生き延びるのかということである。芸術の形而上学は芸術の存続を左右する、決定機関となってしまったわけである。神学的意味は、どのように変更が加えられたものであっても見当たらないこと、このことは芸術において先鋭化し、芸術自体の意味の危機として現れている。作品は意識の状態から結論をなお一層、容赦することなく引き出すようになればなるほど、みずからをますますすれすれのところまで、意味が欠如した状態に近づけて行く。作品はそうすることによって、歴史的現在にふさわしい真実を獲得するのである。もしこうした真実が否定されるなら、芸術は断罪されて無力な慰めや、既存の悪に同意するものへと変わらざるをえなくなる。同時にその間、意味を欠く芸術はみずからの存在権を失いだす。それは最近の局面にいたるまでいずれにせよ、破られないできた全てのものによる権利である。芸術はなんのために存在するのか。この問いにたいしては次のようにしか答えようがない。それはゲーテが言うところの、全ての芸術が沈澱物として含んでいる、非合理なもののためであると。ゲーテは高みに登り、そこから芸術を告発する。芸術は呪物を少なくとも起源の一つとするものであるが、それと同様に、芸術はその容赦することがない進歩をとおして、呪物崇拝へと後退し、盲目的な自己目的となり、自らを虚偽として人目に曝す。つまり芸術の客観的な真実内容が、芸術の意味として揺らぎ始めると、芸術はたちまち自分を、言わば集団的な妄想観念として曝物にするわけである。精神分析はみずからの原理を最後まで考え抜くなら、すべての実証主義と同じく、芸術の破棄を要求しなければならなくなるであろう。精神を分析することによって、芸術を患者から追い出そうとしかねないのが、精神分析なのだ。芸術が専ら精神的経済を洗練化しているものとして、つまりそうした経済の手段として認可されるにすぎないなら、芸術の真実内容は否認されて、芸術はせいぜい敬虔な虚偽として、その存在を継続するにすぎないものとなるであろう。だが他方、全ての芸術作品の真実はこうした呪物崇拝を欠いても、存在することがなくなるが、その呪物崇拝もいまや芸術作品の虚偽になりかけている。芸術作品の質とは本質的に、その呪物崇拝の程度によって左右されるものである。つまりそれを左右するのは、創造の過程が自らが制作したものに払う畏敬の念であり、また制作したものを楽しむことを忘れさせる、真面目な気持ちにほかならない。呪物崇拝とは芸術作品自体がその一部をなす現実にたいして、芸術作品が行う眩惑のことである。作品はただこうした呪物崇拝をとおしてだけ、現実原理の呪縛を精神的なものとして超越化する。

美学を強要するもの

この種の視点に立つなら、美学は時代後れのものであるというよりは、むしろ現代にふさわしいものであることが判明する。芸術は自分がまごつくと、美学が規範を指示してくれるよう求めるが、こうしたことは芸術の要求ではない。芸術が要求しているのはおそらく、美学によって反省の力が形成されることであろう。こうした反省を自力で遂行することは、芸術にとってほとんど不可能なためである。現代の芸術家たちは、材料、形式、形象化といった言葉を気楽に書きしるしているが、これらの言葉の流行の使用法には、どこか決まり文句めいたところが見られる。これらの言葉から決まり文句めいたところを取り除くこと、それが美学の芸術実践的な機能である。だがこうした機能はとりわけ作品の展開によって、要求されているものにほかならない。作品が自己自身にたいして同一であることは、超時代的なことではなく、作品は生成することによって現在の姿のものとなる。作品自体の存在は生成でもあるためである。作品の生成は精神の形式をとおして遂行されるが、作品は注釈や批評のように、こうした精神の形式を引用する。だが作品は自らの真実内容に到達することがない限り、ひ弱なものであり続ける。作品が真実内容となることが出来るのはもっぱら、自らを研ぎ澄まして美学となることによる。作品の真実内容は哲学を必要としている。真実内容において初めて哲学は芸術に収斂するか、あるいは芸術において消滅する。そこにいたる軌道となるのは、作品にとって内在的な反省であって、哲学学説を外部から適用することではない。哲学が作者によってであれ、理論家によってであれ、作品に注入されるものであるなら、それがどのような哲学であっても、作品の真実内容はこうした哲学と厳しく区別されなければならない。両者はほぼ二百年この方、一致することが出来ないものとなっていた。だがこの真実もまた、疑ってかからなければならない。[原註(10)] 他方、文献学がたとえ他の点ではどれほど賞賛に値するものであるとしても、美学は次のような文献学の要請は厳しく拒絶する。芸術作品の真実内容を手に入れることは、文献学にまかせろという、要請のことである。伝統美学とアクチュアルな美学とが、非和解的になってしまった時代においては、哲学的な芸術理論には選択の余地はなく、以下のように考えるしかない。これはニーチェの言い換えにすぎないが、没落しかけている範疇を移行する範疇として、限定的に否定して考えることである。流行の美的範疇を根拠をあげて具体的に解体すること、アクチュアルな美学の形態として残るのは、もっぱらこうしたことに限られている。このような解体は同時にこれらの範疇の真実を、変貌した真実として解放する。芸術家は永続的な反省を行うことを強要されているが、こうした反省から偶然的なものを取り去らなければならない。反省を恣意的で素人めいた補助的仮説へと、変質させないためである。こうした仮説は素人細工を合理化すること、あるいは意図されたことを無責任に、世界観として宣言することではあっても、遂行されたことがそれによって正当化されることはない。現代芸術の技術至上主義的な立場といったものももはや、だれにとっても素朴に身をゆだねて差し支えないものではなくなってしまった。さもなければ芸術は手段を通して、つまり生産を行う行動方式を通して、目的つまり形成された作品に身を委ねるのではなく、その代用品に完全に自己を売り渡すものとなる。こうした趨勢は徹頭徹尾、全社会的趨勢と調和したものにほかならない。なぜなら目的、つまり人間の理性的制度は出来損ないであり、手段を、つまり生産のための生産を神格化し、完全雇用や完全雇用に依拠しているものを、神格化するためである。美学は哲学の分野において、流行後れになってしまったものの、他方、最も進歩した芸術家は美学の不可欠なことを、それだけ一層、強く感じている。たとえばブーレーズである。かれが念頭においている美学は、通常のスタイルの規範的な美学ではなく、歴史哲学的に決定された芸術理論であることは間違いない。かれの言葉に〈美的方向決定〉という言葉があるが、かれの言わんとしていることをもっとも手っ取り早く言い換えるなら、芸術家の自己意識ということであろう。ヘーゲルの洞察によるなら、素朴な芸術の時代が過ぎさるなら、芸術は反省をみずからの一部としてそれを推し進め、反省がもはや自らにとって外的なもの、異質なものとして、みずからの頭上に浮遊することが、なくなるようにしなければならない。こうした美学が要するに、今日の美学にほかならない。だがブーレーズの考察の要となっているのは次の点である。かれもまた前衛的芸術家のあいだで流行となっている見解によって、混乱させられてしまったことである。こうした見解によるなら、技術的な行動方式も使用方法に注釈がつけられるなら、それだけですでに芸術作品となる。問題は芸術家が何を作るのかということだけなのだ。どのようにとか、たとえどのように進歩した手段であれ、どのような手段を用いて作ろうと意図していたのか、などといったことではない。そう語られている。原註(11)またブーレーズにとっては、芸術の創造過程がアクチュアルであるなら、そうした局面のもとでは歴史的状態にたいする洞察は創造にとっての的確な結論と同時に出現する。またこうした状態によって媒介されることによって、伝統にたいするアンチテーゼ的関係もまた、同じくそうした結論と同時に出現するのである。事柄に無縁な美学は、職人的教訓と美学を独断的に分離する。こうした分離に対して、シェーンベルクは当然のことながら批判を加えているが、こうした批判はかれの世代の芸術家やバウハウスの世代の芸術家にとっても、当然過ぎることであった。それなのにこうした批判はブーレーズによって、手仕事、つまりメチエという点から取り消されてしまう。そうした批判を貫いたものとして、さらにシェーンベルクの和声学があるが、かれがそれを貫くことが出来たのは、もっぱら次のことによっている。かれの著書はとうにかれ自身のもので無くなってしまった手段に限定して、和声学の記述を行っているということである。かれにしても、もしかれがかれ自身の手段の説明を行うような羽目にでもなっていたなら、伝達すべき手仕事の規則を、教授法としてもちあわせていないため、それに代わって美的考察を行うことを、おのずから余儀なくされたものと思われる。シェーンベルクの和声学は、モダニズムは致命的に老化したのではないのかという問いにたいして、全体的で技術的な作品から緊張が欠けたためであると答えている。こうした和声学にもっぱら美内的にだけ対抗することは、技術批判においてはたえず超技術的なものも現れてくるにせよ、不可能に近い。現在ではなんらかの形で物の数に入れられているような芸術ですら、こうした芸術を許容している社会においては、取るに足りないものにすぎない。この事実は芸術そのものに悪い影響を及ぼして、それ自体として取るに足りないものである芸術に、さらに傷をつけることになる。だが芸術は取るに足りないものとなるよう決定されているにもかかわらず、こうした点はそれと同じく別のものになることもできるし、さもなければ存在できなくなるのである。最近において技術的基準とみなされているものは、芸術の等級について判断を下すことをもはや許さず、往々にして判断を下すことを、趣味の古びた範疇として追放してしまう。何の役に立つのかといった問いを向けることが、不適当であるような、そうした作品は無数に存在している。これらの作品の存在はブーレーズの指摘によるなら、ただ文化産業との抽象的な対立の賜物であって、内容によるわけでもなければ、内容を実現する能力によるわけでもない。こうした作品は決着のつけようがないものであるが、決着をつけることはおそらくただ、次のような美学にだけゆだねられていることであろう。自らが最も前進した傾向にも屈することがないような力を持つことを示し、同じく反省の力において、こうした傾向に追いつき凌駕するような、そうした美学のことである。趣味という概念はその内で、芸術の真実を求める要求が、無残にも死にかけているものにすぎないが、芸術はこうした概念を断念しなければならない。既成の美学の罪として槍玉にあげられていることに、次のことがある。美学は主観的な趣味判断から出発したため、前もって芸術からその真実要求を奪いとるという罪である。ヘーゲルはこうした真実要求を重視し、芸術を楽しい玩具やあるいは役に立つ玩具とは、対照的なものであることを強調した。かれは趣味の敵であったが、それはこのためである。だがそのかれにしても美学の材料部分においては、それが持つ偶然性に捉われ、それを突き出ることは出来なかった。ヘーゲルは美の客観性と趣味判断とは、難問であることを告白しているが、それはカントにたいする敬意の表明にほかならない。

ヘーゲルは確かに趣味判断の美的分析を、かれの契機に従って遂行する。だがそのかれもこの契機を同時に、潜勢的で概念を欠いて客観的である契機として考えていた。どのような強調された理論も、唯名論的威嚇にさらされ、こうした威嚇は意志から単純には追放することができないということ、かれは契機を客観的なものとして考えることによって、こうした事実を指摘したわけである。だがその際、かれは同時に、次のような契機も認めたのである。そのうちでこうした理論が自らを乗り越えて行くことになる、契機のことである。かれの対象の精神的運動は、こうした契機にたいしていわば目を閉じてしまったが、かれが次のような芸術の最も深い動きを助けて観念に至らせたのは、こうした対象の精神の運動による。それはかれの死後、百五十年後に出現をみた芸術のことである。これは芸術の客観性を開かれたもの、被われることがないものにおいて模索する芸術にほかならない。もし遂行されなければならないものがあるとするなら、それはカントやヘーゲルの理論において、第二の反省をとおして約束が履行されることを、待望しているもののことであろう。哲学的美学の伝統に対して解約を通告すること、それは伝統的美学を助けて、それ本来の状態へと導くことに、つながらなければならないであろう。

形而上学の逃げ場としての美学

美学の困難は次の点において内在的に出現してくる。美学を構成することは上から行うことも、下から行うことも不可能であること、つまり概念から行うことも、概念を欠く経験から行うことも、不可能であるという点である。こうした悪しき二者択一に直面している美学にとって、役に立つものとしては、ただ次のような哲学の洞察しかない。事実と概念は相互に対極的なものとして、対立しているのではなく、重なり合う形で互いをとおして、媒介されたものであるという、洞察のことである。美学はこの点にかかりきりになることを、余儀なくされる。批判は方向を喪失してしまったことが明らかになり、芸術にたいして偽りの判断か、あるいは偶然的な判断を下し、それによって無力化しているが、それ以来、芸術は改めて美学を必要としているためである。だが芸術に無縁な指示であることも、前に置かれたものを無力に分類するにすぎないものであるといったことも、美学にとって許されないことである。そうであるならこうした美学は、弁証法的なものとして以外には考えられないことになる。弁証法的方法をもし規定するなら、次の規定は全体として不適当なものではあるまい。例の演繹的なものと帰納的なものとの分裂に、安住することがない方法という規定のことである。こうした分裂は固く物のように硬直した思考を支配しつくすものであり、ドイツ観念論における最も初期の弁証法の定式化が、つまりフィヒテの定式化が、自己をはっきりと対立させているものにほかならない。原註(12) 美学は芸術の後塵を拝してはならないが、それと同じく、哲学の後塵も拝してはならない。ヘーゲル美学はきわめて重要な洞察に充ちてはいるものの、体系の他の材料に関する部分と同様に、主要著書の弁証法についての観念を、正当に評価することはなかった。これは簡単に取り返しのつくことではない。美の弁証法においては、次のような精神の形而上学を、前提にすえることはできない。帰納法の出発点である個別的なものと、演繹法の出発点である普遍的なものとは一体であることを、ヘーゲルやフィヒテにおいて保証しようとしていた、形而上学のことである。強調された哲学から消滅してしまったもの、美学はよしんば哲学的な分野であるとしても、こうしたものを蒸し返すことはできない。そうした現状により近づいているものとして、例のカントの理論がある。それは美学において、必然的なものの意識と、必然的なものが歪められていることについての意識とを、結合しようと努めた理論である。こうした理論の歩みは、言わば盲目的なものにすぎない。それは暗闇を手探りしながら進むが、その実、みずからが目指すものに潜む、強制によって導かれているのである。これが今日の美学全体を互いに結びつけている、結び目にほかならない。美学はこの結び目を解こうと努めているが、その努力は完全に無力というわけではない。なぜなら芸術とは仮象であると概括するなら、芸術とは現に次のようなものであり、またもっとも新しい現代との境界線以前まで、そうしたものであったためである。仮象を欠く形而上学が、常にひたすらそうありたいと意図していたもののことである。シェリングは芸術を指して、哲学の手段であると宣言した。その際、かれは偉大な観念論的考察がいつもは沈黙していたか、あるいは自己保存の利益のために否定していたことを、心ならずも告白してしまった。シェリングは結局のところ自らの同一性命題を、周知のようにヘーゲルほど容赦することなく、展開しつくすことはなかったが、このこともまたその告白に見合うことである。キルケゴールはその後、ヘーゲルにおいてはこうした美的傾向が、巨大なかのようにすぎないことを認めた。原註(13) キルケゴールによるなら、これはヘーゲルの大論理学の細部にいたるまで、はっきりと指摘できることである。芸術は現存在であり、広範囲にわたって感覚的なものであり、精神として規定されることがあるとしても、観念論が美外的現実について単に主張しているように、規定されるにすぎない。素朴なきまり文句に、芸術家を観念論者と罵るものがある。あるいはその都度、好みに応じて、芸術家は俗に絶対的と呼ばれている理性を問題としているために、芸術家を馬鹿よばわりするものもある。こうした決まり文句は、そうした経験を被い隠してしまう。芸術作品はそれ本来の状態からして、客観的なものである。芸術作品はまた精神的なものであるが、それは芸術作品が精神的な過程から生成してくるものであるということ、たんにそのことによるわけではない。さもなければ芸術作品は飲み食いされるものと、原則的に区別がつかなくなる。例の東欧圏に端を発した現代の美学論争は、対象を欠いた論争にすぎない。こうした論争は、形式法則が精神的なものとして優位に立つということを、社会的現実についての観念論的見解と取り違えてしまう。芸術が経験的現実にたいする矛盾となるのは、ただ精神としてにすぎない。こうした矛盾は運動し、その結果として既存の世界制度を限定的に否定するのである。芸術が弁証法的に構成されるのは、次の場合に限られる。精神は芸術に内在するが、芸術がその精神を絶対的なものとして所有したり、あるいは保証するといったことは、行われない場合のことである。芸術作品はたとえいかに存在する物に見えようとも、こうした精神が他者へと移行する、その中間の過程が結晶化されたものにほかならない。こうした点に、ヘーゲル美学との差異が内包されているのである。ヘーゲル美学においては芸術作品の客観性とは、それに固有の他者へと移行し、こうした他者と同一である精神の真実のことである。ヘーゲルにとっては精神とは、かつて全体性と一体化し、芸術における全体性とも一体化したものにほかならない。だがこうした精神も観念論の一般的な正命題が崩壊したあとでは、芸術作品における単なる一契機にすぎなくなってしまった。この契機はたしかに、芸術作品をして芸術にするものであるが、この契機と対立するものを欠くなら、全く存在することがなくなるもので ある。精神は自分に対立するものを食いつくすことはないが、それは歴史がかつて殆ど、次のような純粋な芸術作品を知らなかったことに似ている。精神的なものと非精神的なものとの同一性を要求する、芸術作品のことである。作品における精神は構造的には、純粋なものではない。形成された作品であって、こうした同一性を具体化しているかのように見える作品、こうした作品が最も重要な作品であるということはない。芸術作品において精神と対立しているものは、それにもかかわらず精神の材料や客体における、自然的なものというわけではけっしてない。こうしたものは芸術作品において、単にもっとも自然らしいものを形成しているにすぎない。芸術作品は自己と対立するものを、自己自身の内に孕んでいる。芸術作品の材料はその取り扱い方と同じく、歴史的、社会的に、予め形成されたものである。また芸術作品におけるそれと異質なものは、芸術作品における統一に抵抗するものであり、またこうした抵抗するものは、統一が行われるために必要とされているものでもある。それは統一を無抵抗なものを相手にした、みかけ倒しの勝利による統一ではなく、それ以上のものにするためにほかならない。その限りにおいて美的反省は、自己が芸術の歴史と一体であることを発見するが、不協和音的なものをたえず中心へずらし、その結果、協和音的なものとの差異を解消してきたのが、芸術の歴史であった。美的反省はそれによって苦悩に関与する。苦悩は美的反省の過程を統一することによって、言語を求めて手探りするが、消滅することはない。ヘーゲル美学は真面目なものであることによって、単に形式的にすぎないような美学から自己を区別した。かれの美学は調和主義的特徴を持つにもかかわらず、つまり理念が感覚的に出現することを信じていたにもかかわらず、この区別を認識し、芸術を欠乏の意識に加えたためである。芸術の終焉を最初に見て取ったヘーゲルは、芸術を存続させている最も有力な動機について、つまり次のような表現を待ちかねている、持続する欠乏それ自体について、指摘を行った人でもあった。言葉を欠く欠乏に代わって、芸術作品が代理として遂行する表現のことである。だが精神という契機は芸術作品に内在するということ、このことが述べているのはほぼ次のことに等しい。精神という契機は芸術作品を生み出した精神と、たとえそれが時代の集団精神であるとしても、それとさえ同一視することはできないということである。芸術作品における精神を規定することは、美学の最高の使命である。こうした規定は哲学によって、精神の範疇を予め与えられることを禁止されているので、なお一層、切実なものとなる。常識には芸術作品の精神を、作者が芸術作品に注入した精神と同一視する傾きがある。だがこうした常識にしても間髪を入れず、次のことを発見しないわけにはいかない。芸術作品は芸術作品の材料の抵抗をとおして、こうした材料それ自体の要求をとおして、つまり歴史的に現在的なモデルと行動方式とをとおして、根本的にすでに次のような精神において、同時に構成されたものであるということである。この場合の精神とは、省略した形で客観的と呼ばれ、またヘーゲルの場合とは異なる形で客観的と呼ばれるかもしれない、精神のことである。こうした精神によって行われる構成は、芸術作品を主観的精神へ還元することが、無効になるところまで推し進められているのである。芸術作品を精神へと還元すること、それは芸術作品の精神を問うことを、芸術作品の生成の問題から遠ざけることにほかならない。素材と労働との相互関係は、ヘーゲルが主人と下男の弁証法において展開したものに似ているが、こうした相互関係が含蓄のある形で再生産されているところ、それが芸術である。精神現象学における主人と下男の弁証法をめぐる件りは、封建時代という局面を歴史的によびだすものとなっているが、芸術それ自体にはその単なるありかたからして、アルカイックなものがこびりついている。この点の反省は芸術存続の権利を求める反省から、切り離すことができない。その点を知っているという点においては、今日、穴居人めいた人々の方が、不動の文化意識をもつ素朴な人々に勝っている。

客体理解としての美の経験

美の理論はア・プリオリな構造にたいしては冷淡になり、抽象化の度合を増大させているとして、警告されている。こうした美の理論が舞台としているのは、美的対象の経験なのだ。美的対象は単純に外部から認識できないものであって、理論から次のことを要求する。抽象化のどのような水準においてであれ、理論がこうした対象を理解するということである。理解という概念はディルタイ派とか感情移入のような範疇のせいで、哲学によって非難されている。だがもしこの種の定理自体の活動を停止させ、芸術作品の理解を、芸術作品の客観性をとおして厳しく決定された認識として、捉えるよう要求したとする。こうした場合には、山のような困難があらわれ、収拾がつかなくなる。なによりもまず容認しなければならないものとして、次のことがある。もし認識が層にわけて遂行されるところが、どこかにあるとするなら、それは美学であるということである。だがこうした層の始まりを、経験におけるものとして決定しようとしても、そうした決定はたんに恣意的なものにすぎないであろう。認識の源が美的洗練化を越え、その背後にまで深く遡るものであるなら、こうした認識は生きた知覚と、区別がつかなくなる。認識はそうした知覚に酷似したものであり続けるものの、その反面、認識は直接なものから遠ざかることによって初めて、現にあるがままの認識となる。認識は直接的なものへとたえず逆行しかねない。それは教養から排除された人々の態度に似ている。こうした人々は演劇の筋あるいは映画の筋を報告する際、現在形を用いる代わりに、自分に引きつけて完了形で語る。だがこうした直接的なものの痕跡を一切欠くなら、芸術経験は空疎なものとなってしまう。それはこうした契機の虜になっている、経験の場合に等しい。そうした場合の芸術経験はアレクサンドリア詩形と同じく、自らの直接的存在の要求をめざすのではなく、その脇を掠めるものである。こうした要求はどのような芸術作品も、意図しようとすまいと告げているものにほかならない。美的なものの前芸術的な経験は虚偽である。こうした経験は自らを芸術作品と同化させ、また逆に芸術作品を自己に同化させるが、それは経験的な生における同化と同じか、あるいは程度においてこうした生を越す同化であり、そのため虚偽なのだ。要するにこうした同化は例の態度による同化、つまり主観主義が美的経験の手段と見做していた態度による、同化にほかならない。美についての前芸術的態度は、概念を持たずに芸術作品に接近するため、趣味の圏内に囚われ続け、作品にたいして歪んだ関係を持つ。こうした態度は歪んだ関係を持つ点において、作品を哲学的格言の例として悪用する場合に似ている。ひ弱で同化を喜ぶ繊細な人々にとっては、芸術作品は固くて歯が立たない。だが厳しい思考は受容性という契機さえ、自分から騙しとってしまうが、この契機を欠くなら、そうした思考さえ存在しなくなるのである。前芸術的経験は美的なものである投影を必要としている。まさにそのために投影において主観的なものを、ア・プリオリに優位に置くことを、つまり主体へ向けて復帰運動することを必要としている。原註(14)前芸術的経験は観照者の自己否定に似た何かを要求する。何かとはつまり、美的客体が自分から語り沈黙するものに、語りかけるかあるいはそれを知覚するという、観照者の能力のことである。美的経験は観照者と対象との間に、まず距離をもうける。無関心な観照という観念には、こうしたことが共鳴しているのである。芸術との関係が次のことによって支配されているような人々、それは浅薄な人々である。たとえば自分を芸術作品に登場する人物と、置き換えることができるかどうか、またそれをどの程度行うことができるかということである。文化産業の全部門はこうした点に基礎を置き、顧客をそこに固定する。芸術経験はそれが持つ対象が多くなればなるだけ、つまりある意味においてこうした対象に、身近に接近すればするだけ、それだけ一層作品からますます遠ざかることにもなる。芸術への熱狂は芸術とは無縁である。美の経験はこのことによって、ショーペンハウアーも知っていたように、頑固な自己保存という呪縛を突破する。要するに自我が自己の利害にたいして、つまり自己の再生産にたいして、もはや幸福を感じなくなるような、そうしたモデルとしての意識状態を突破するのである。――長編小説あるいは戯曲の筋の流れを、それを動機づけているものとともに的確に知覚する人や、あるいはある絵画において描かれている事柄を的確に知覚する人も、それを知覚するだけでは形成された作品を、いまだ理解したことにはならない。このことは理解ということには、これらの契機が必要とされていることと同様に、啓発的である。正確な芸術学的描写とか、その上、分析であって、全ての本質的なものがお蔭を被っているような、そうしたものが存在している。例えば音楽についての、ある種の主題分析などのことである。もし第二の層となるものがあるとするなら、それは作品の意図を理解することであろう。つまり作品が自己の内から示そうとするもの、伝統的美学の用語によるなら、作品の理念ということになるが、そうしたもののことである。こうした理念としては、たとえばイプセンの『野鴨』における、主観的な道徳感にもとづく責任感といったものがある。だが作品の意図はその内容と等しくないし、また意図の理解といっても暫定的なものにすぎない。意図を理解したところで、次のことについては判断のつけようがないためである。意図が現実化されて、作品の構造となっているかどうか。また作品の形態が作用と反作用に決着を与えているかどうか。つまり往々にして敵対関係となっているものにたいして、それは芸術作品において客観的に、芸術作品の意図をこえたところで支配しているものであるが、決着を与えているのかどうか。意図を理解するということは、いまだ作品の真実内容までは把握することがないとしても、今挙げた点なら、それを越えたものまで把握する。どのような作品の理解も本質的であるのは、そのためにほかならない。理解は伝記のような偶然的な過程にとどまるものではないし、例の怪しげな体験の類でもけっしてない。つまり作品における全てを魔法のように、一気に解決するものとして用いられている体験のことである。だが体験は対象へ至るための一つの門ではある。芸術作品の完全な理解をとおして、その内容を精神的なものとして知覚すること、理解するということはこうしたことを、その理念としている。これは精神的なものと素材、現象、意図との関係に、関連のある点である。またそれと同じく、精神的なものに固有の真と偽とも、芸術作品に特有の論理にしたがって、つまり芸術作品において真偽を区別することを教える論理に従って、関連している点でもある。芸術作品は次のような場合に初めて理解される。芸術作品についての経験が真実なのか偽りなのかという、二者択一に到達するか、あるいはその前段階としての、正しいか誤りかという、二者択一に到達する場合である。批判は美的経験に外部から接近せず、その経験に内在する。芸術作品を真実の複合として理解すること、それは芸術作品を虚偽と関連づけることである。なぜなら芸術作品の外部にある、虚偽に関わることがないような、つまり時代の虚偽のことであるが、そのような芸術作品など存在しないためである。視点を真実におき、それをめざして運動することがないような美学は、自らの使命を前にして萎縮してしまうような美学は、おおむね美食家的なものにすぎない。真実の契機は芸術作品にとって本質的なものである。そのため芸術作品とともに、芸術作品にたいする正統的な関係もまた認識と関り合いがある。芸術作品を非合理主義に委ねること、それはより高いものの名前を口実にして、芸術作品における高度なところを、冒瀆することにほかならない。芸術作品の認識とは、独自の認識する状態に従うものである。つまり芸術作品とは認識の方法ではあっても、その認識は対象についての認識ではない。この逆説はまた、芸術経験の逆説でもある。その媒体となるのが、理解できないものであって自明なものにほかならない。そのように振舞うのが芸術家たちなのだ。芸術家たちの理論はおうおうにして偽教典的で、頼りないものにみえるが、その客観的理由はここにある。芸術哲学の使命とは思弁的な態度が余儀なく試みてきたも同然の、理解できないものという契機を、説明することをとおして一掃することではない。むしろ理解できないものそれ自体を理解すること、それがその使命なのだ。こうした使命は自己自身を問題の特性として保持する。芸術の哲学が芸術にたいして暴力を振うものとなるという事態から守るのは、ただこのことしかない。理解できるものかどうかということを問題とする問いが、最も先鋭化するのは、問いがアクチュアルな創造に向けられた場合である。なぜならもし理解ということを主観的なものとして捉え直したり、その上で相対的なものとして断罪することさえなければ、理解可能性という範疇は、芸術作品における客観的に理解可能なものを、必要としているためである。こうした客観的に理解可能なものが、理解不可能な表現をこころみ、理解不可能な記号を用いて、自らの理解可能な点を自ら混乱させたとする。その場合、理解にまつわる受け継がれてきたヒエラルヒーは、崩壊する羽目になる。こうしたヒエラルヒーが占めていた位置を代わって襲うのが、芸術の謎特性についての省察にほかならない。俗に不条理の文学と呼ばれている文学においてあらわれていることに、次のことがある。理解、意味、内容は等価物ではないということである。もっともこの場合、不条理という集合概念はレッテルとして、あまりにも異質なものにまで張りつけられているので、手早い意思疎通から誤解が生れ、誤解以上の悪い結果さえ生じているのが、現状である。意味の不在までも意図となっている始末なのだ。その上、意味さえ不在なら、どこでも同じ結果が生れてくるとは限らない。たとえばイオネスコの『犀』のような作品がある。これは常識の持ち主にたいして、人間が犀へ変身することもあることを、信じるように要求する作品である。だがそれにもかかわらずここからは、以前なら理念と呼ばれたかもしれないものが、実に明瞭に取り出される。ここに見られるのは、犀の泣き声を獣の泣き声としてしか聴き取れないような、規準化された意識にたいする抵抗にほかならない。順応が巧みな人々が持つよく機能する自我は、支配的である目的合理性に完全に同調することがない人々よりも、こうした抵抗を行う能力において劣ると言われている。極端に不条理なものを目指す意図は、形而上学的意味の欠如した状態を、意味を放棄する芸術言語へと翻訳するという、芸術上の必要から生れたものかもしれない。このことはたとえばサルトルのような人にたいする反論となる。サルトルにおいてはこうした形而上学的な経験自体が作品によって、すこぶる手堅いが主観的なものとして、主張されているためである。否定的で形而上学的な内容はベケットにおいては、創作されたものを形式でもって冒している。だがそれによって出来上がった作品が、まったく理解不可能なものになることはない。その作者によって論拠を与えられた拒絶をいわゆる象徴を用いて、苦しまぎれの説明をするといったことが行われているが、こうしたことは美的伝統に忠実なやり口ではあっても、そうした伝統自体すでにお払い箱になった代物にすぎない。否定的なものとしての形而上学的内容と、美的内容を曖昧なものとすること、それを支配しているのは一つの関係ではあっても、同一性ではない。形而上学的な否定は、みずからのうちから形而上学的な肯定を生み出すような形式は、もはや許すことがない。だがそれにもかかわらずこうした否定は、形式を規定する美的内容となることはできるのである。

作品内在的分析と美の理論

美学は移行して芸術経験という観念となってしまったが、この観念は理解することを必要としている観念として、実証主義とはそりがあわない。だがそれにもかかわらず芸術経験の観念は、作品内在的な分析という流行の観念とも、けっして一致することがない。作品内在的な分析は文献学に反対する芸術経験にとっては、自明のものであり、学問における決定的な一歩を印すものであること、この点にはなんの疑問もない。アカデミックな取組方を示している音楽の分野のような、芸術科学の諸分野は独善的で無気力な状態にあるが、それがようやく目覚めてこうした状態を脱するのは、次のような場合である。作品内在的分析という方法を遅ればせながらも採り入れること。全てのことに関わりながら、芸術作品の構造問題は除外するといったことが行われているが、こうした真似は止めること。そうした場合のことである。だが芸術科学が芸術とは疎遠な状態から、みずからを治療する際に、作品内在的な分析を用いようとしたこと、それ自体は科学の応用であった。そのため作品内在的分析は、自分が乗り越えようとしている、当の実証主義の諸傾向を身につけてしまった。作品内在的な分析が事柄に集中する際の厳しさは、芸術作品における次のようなもの全てに対する拒否を、緩和するものでもある。作品において存在していないもの、つまり二乗された事実となっていないもの、つまり出来事ではないもののことである。音楽における動機と主題の分析は、お喋りに等しい議論にとっては良薬となるものの、往々にして迷信に陥っていることもある。こうした迷信によるなら、作品内在的分析とは作品を基本的な材料へ解体し、それを変更することをとおして、次のものを予め把握したものにほかならない。やがて非概念的に、またこうした禁欲と相関的なことであるが、好んで悪しき非合理性に組み入れられることになるもののことである。作品内在的な観照は頑固な職人芸的なものから、完全に遠くかけ離れたものではない。職人芸的な所見は不充分な技術的洞察として、おおむね内在的に訂正可能なものであるとしても、それに変わりはない。哲学的美学は作品内在的な分析の理念と、密接な関係があり、こうした分析が到達することがないような場所を、その持ち場としている。そうした美学の第二の省察は、作品内在的な分析が衝突するような事態をして、省察を乗り越えさせ、強調された批判をとおして、真実内容へと肉薄しなければならない。作品内在的な分析それ自体は、窮屈なものである。そのため芸術にかんする社会的な意識などは確かに、息をつくことさえできなくされてしまう。芸術は一面では独立させられて社会に対抗し、他面においてはそれ自体が社会的であること、このことが芸術経験にたいして法則を定める。芸術においてたんにその素材だけを経験し、素材を美学へと持ち上げるもの、こうした人は浅薄である。だが芸術を単に芸術としてだけ知覚し、そうすることを特権とするもの、そうした人は自分から芸術の内容を奪うことになる。なぜなら内容はどうでもよいものに変えられ、同意反復的なものとなり、そうされることによって芸術になっているためである。観照が芸術作品に限定されるなら、そうした観照によって行われる芸術作品の把握は、失敗におわる。芸術作品の内的な連関はたとえどれほど媒介されたものであろうと、それ自体が芸術ではないものを必要としているためである。

美の経験の弁証法

経験だけでは、美を正当化する根拠として充分ではない。こうした経験には歴史哲学的に、境界が予め指示されているためである。経験がこの境界を乗り越えるなら、その場合の経験とは名ばかりのものとなり、同化による価値評価にすぎなくなる。名高い芸術作品を含めて過去の数多くの芸術作品は、直接的には最早経験出来ないものであり、こうした直接性を捏造したところで、作品を捉えることは失敗に終わる。歴史のテンポは等比級数的法則にしたがって、早まると言われている。この言葉がもし的を射ているとするなら、芸術作品は歴史的にはいまだけっして長いと言えない、こうした過程にすでに巻き込まれてしまっていることになる。芸術作品は自発的に近寄れるものであるかのような、頑固な仮象を身に付けているが、芸術作品の認識を可能にするためには、まずこうした仮象を破壊しなければならないであろう。経験不可能な状態に置かれた芸術作品は、太古的である。経験の境界は固定的なものではなく、また連続的に引かれているものでもない。むしろ切断され、力動的であって、照応させることをとおして雲散霧消させることも可能なものである。太古性とは経験出来ないものの経験として、贈与されたものにほかならない。だが経験可能なものを不可能なものから区切る境界線は、モダニズムに起点を置くように強要する。こうした境界線を引くこと、それはあるいは過去に対して光りを投げかけることかもしれない。他方、アカデミックな慣習は遠い過去に自己を限定するものでありながら、過去からはねかえされる。こうした慣習は同時に、距離を侵害するものであり、それによって過去を取り返しがつかないものとする自分の言葉に、自ら違反する。だが結局のところ芸術は、社会を最も極端な形で拒否する場合においてさえ、社会的本質を持つものであって、こうした本質が同時に理解されることがないなら、芸術は理解されたことにはならない[原註(15)]。そうしたことをとおして、芸術は特権的なものではなくなる。特権が失われるのは、範疇間を鬼火さながらに右往左往する行動のせいである。芸術経験は自らのうちから、つまり次のような矛盾から運動状態に入る。美の領域が本質的に内在的であるということ、それでいてこのことは、この領域内容を空虚なものにするイデオロギーでもあること、それがここで言う矛盾である。美の経験は自分自身を、踏み越えていかなければならない。こうした経験は極端なものを通りぬけていくものであって、極端と極端の間の悪しき中間に、安住するものではない。芸術経験は哲学的動機から推論するのではなく、代わってそれを変貌させるが、こうした動機を断念することはない。また自らのうちにおける社会的契機を、悪魔であるかのように追い払うこともない。たとえばベートーヴェンの交響曲の場合である。この音楽の所謂、純粋に音楽的過程といわれているものを、理解することがないものは、この曲を理解することはできない。だがそこで鳴り響くフランス革命の谺に気付くことがない人もまた、それと同様に、この曲を理解することはできないのである[原註(16)]。こうした二つの契機は、現象のなかでたがいにどのように媒介しあっているものなのか。この問題は哲学的美学にとって、扱いづらいが避けて通ることもできないといった、そうした主題の一つに数えられている。単なる経験ではなく、経験に充たされた思想によって初めて、こうした現象は理解可能なものとなる。美学が自らを適合させなければならないのは、概念を欠いて美的であるような、そうした現象ではない。芸術にとって内在的なものである、外部と内部との対立の意識は、芸術経験の一部をなしているためである。美の経験の記述、つまり理論と判断といったものは、あまりにも不充分でありすぎる。必要とされているのは、単に伝えられる思想を経験することだけでなく、作品を経験することである。だがそれとは逆に、芸術作品であって、直接的所与として自己を正確に描写しているような作品など、存在していない。それ自身のうちから純粋に理解されるような芸術作品など、皆無なのだ。全ての作品は自らの論理と首尾一貫性によって、それ自体として完全に形成されたものであり、同じく精神と社会との連関を示す、契機の集まりでもある。精神と社会という二つの契機は、科学的な用語法によるなら、きれいに分離することはできないものである。内在的な渾然一体状態にしても、外的なものについての正しい意識が関与している。一つの作品の精神的または社会的な立場を決定すること、それはただその作品を内在的に純化することを通して、行われるにすぎない。芸術的真実であって、干渉を受けることなく正当化されるようなものは、存在していない。正しい意識を持つ芸術作品であって、美的質によってそれ自体が証明されるような、そうした作品も存在することがない。東欧圏の際物的作品には、次のような政治的主張が、虚偽にすぎないことについて、若干ではあるが証言しているものがある。東欧圏では社会的真実が獲得されているかのように述べている、主張のことである。美的理解のモデルとなるのは、芸術作品のなかで運動する態度である。意識が作品という圏内から飛び出すなら、理解はたちまち危険に曝されてしまう。もしそうであるなら理解は他方で、自らをたえず繰り返し、いわば内部と外部において、こうした動的な思想につきものの抵抗にもかかわらず、動的なものとして保たなければならない。たんに内部にだけ留まる人、そうした人に対して芸術はその目を開かない。たんに外部にだけ留まる人、そうした人は芸術作品との親和を欠いているため、歪曲する。美学はこの二つの立場の間を、思いつくまま右往左往している。美学がこうした状態を抜け出してそれ以上のものとなるのは、両者の絡み合いを事柄において展開することによる。

普遍と特殊

市民的意識は観照が芸術作品の外部から行われると、たちまちそれは芸術に無縁なものであるかのような、嫌疑を抱きがちである。それはこうした意識それ自体が芸術作品との関係においては、芸術作品の外部で奔走することを、常としていることに似ている。指摘しておかなければならないこととして、次のことをめぐる疑惑がある。芸術経験は全体として、公的な芸術信仰にとって好ましいほど、けっして直接的なものではないという疑惑である。芸術作品があたえるどのような経験も、芸術作品の環境、その環境と結びつく価値と関連がある。つまり文字どおりの意味と転用された意味における、場と関連している。あまりにも熱心で素朴な観照は、こうしたことを語りたがらないが、自らにとって神聖なものを誤解しているにすぎない。事実、どのような芸術作品も秘教的な作品も含めて、その形式としての言語をとおして、閉ざされたモナドとしての状態を越えたものとなっている。どのような作品も経験されるためには、思想を、たとえそれがどのような痕跡的なものであるにせよ、必要とする。またこうした思想は一時的にも、停止されることがないものである。そのため作品は元来、分業的な命令に従って中断することがない、そうした思考する態度としての哲学を必要としている。思想は普遍的なものであるため、芸術作品によって要求されるどのような反省もまた、外部についての反省にほかならない。こうした反省が実り豊かなものであるかどうか。それを決定するのは、反省をとおして作品の内部から輝き出てくるものなのだ。次のことは美学の理念に、あらかじめ含まれていることである。硬化することから理論をとおして芸術を解放すること、つまり芸術にとって避けようがないものである分業をとおして、芸術が襲われる硬化から解放することである。芸術作品を理解すること、それは芸術作品を説明することから自立したことではない。この場合の説明とはたしかに、成立論的な説明ではなく、複合としての芸術作品とその内容についての説明であり、説明することと理解することとは一体ではないとしても、両者は互いから自立したものではない。自発的に事を遂行することが持つ説明的ではない層は、理解ということとの一部をなしている。それと同程度に、説明的な層もまた、こうした理解の一部をなす。理解ということは、伝統的なタイプの芸術理解を越えていくものである。説明するということは望むと望まざるとにかかわらず、新しく未知のものを、作品における最上の部分がそれにたいして抵抗を示すとしても、既知のものへと引き戻すということもまた含む。こうした還元は芸術作品を冒瀆するものであるが、そうした還元なくしては、芸術作品は存続することさえできなくなるであろう。芸術作品の本質的な部分は、つまり捉えられない部分は同化する行為に、つまり摑みとるということに依拠している。こうした部分はそれをとおして偽造され、既知の古いものとなる。その限りにおいて作品の生命自体は矛盾だらけなのだ。美学はこうした矛盾を意識しなければならない。だが美学が次のように振舞うことは禁止されている。こうした伝統に背く態度があたかも、合理的手段を免除されているかのように、振舞うことである。美学は普遍的な概念を媒体として、そのなかで活動する。こうした活動は過激なまでに唯名論的な状態に直面しても、変わらないし、美学が芸術と、特殊というユートピアを共有しているにもかかわらず、それに変わりはない。このことは美学の危機であるだけでなく、また事実に根差した根拠をもつ点となっている。現実的なものを経験する場合、普遍は本来媒介されたものであるが、芸術の場合、特殊がそうした媒介されたものに当たる。カントの定式化においては、非美学的な認識が、普遍的な判断の可能性を問題としていたが、現在ではどのような芸術作品も次のことを問題としている。普遍の支配下において特殊が何らかの形で可能であるとしたら、どのようにして可能なのかということである。このことは美学を、たとえ美学の方法は抽象的概念によって包括するような、そうした方法となることはできないとしても、概念に結びつける。この場合の概念はいうまでもなく、特殊を目的としている概念のことである。概念の運動についてのヘーゲルの学説が、もし正当なものとなる場があるとするなら、それは美学である。かれの学説は普遍と特殊の相互作用を取り上げている。それは外部から特殊に普遍を擦りつけるといったものではなく、特殊の力の中心に普遍を探し求めるといった相互作用である。普遍は芸術のスキャンダルに等しい。芸術は現にあるがままのものとなることによって、自分がなろうと意図しているものにはなれなくなる。個別化、つまり芸術独自の法則には、普遍によって境界線が引かれたものなのだ。芸術は境界線のそとへと引き出すことはあっても、境界線のうちへ引き入れることはない。芸術が反映する世界は、現にあるがままのものであり続けるが、それは世界が芸術によって、たんに反映されるにすぎないためである。ダダは言葉を指示する身振りに変え、言葉から概念をふりはらおうとした。だがそのダダの身振りにしても、ダダイズムが合言葉として選んだダダという、子供っぽく繰り返される指示代名詞同様、普遍的なものであった。芸術は絶対的にモナド的なものでありたいと夢想している。だがその反面、芸術は幸か不幸か普遍によって貫かれている。芸術は絶対的な何らかのものという点へと収斂していかなければならないが、こうした点を越えて行かなければならないものでもある。表現主義を客観的に期限つきのものとしたのは、そのことであった。芸術は芸術家がたとえ迎合的に順応することが、より少なかったとしても、その場合でも同じく、表現主義を越えて行かなければならなかったであろう。芸術家たちは表現主義にとり残されてしまったのである。芸術作品はその具象化の軌道を辿りながら普遍を、つまりジャンル、類型、慣用語法、公式を問題視し、それを取り除こうとしている。そうしたところではどこでも、排除されたものはその否定をとおして、芸術作品の内に含まれ続けることになる。こうした事態がモダニズムの本質を規定しているのである。

現象学的起源研究批判

だが普遍的なものの生を特殊化の真っ只中において洞察することは、普遍性を押しやって、例の静的な即自存在の仮象を越えたものとする。美の理論が不毛であったことにたいして、主として責任があった仮象のことである。定数を批判することは定数をたんに否定するだけでなく、定数をそれ自体の変数に置き換えて、考えることにほかならない。美学はその対象とかかわらなければならないとしても、その場合の対象とは原現象としての対象ではない。現象学とその後継者は、美学にたいして挑戦を行っている。かれらが言うところの美学によって要求されている、上からあるいは下から行われるやり方にたいして、かれらは一様に反対するためである。現象学によるなら、美学とは芸術の美学として、芸術をその哲学的な概念から展開するとか、比較による抽象化をとおして、芸術へと高まるといったことを望まないものである。美学が望んでいるのは、芸術とは何かを語ることなのだ。こうした本質が美学の根源であり、美学の真と偽を決定する標識であるとされる。だが芸術から魔法の杖によって誘い出されたかのように、そうした本質として顔を覗かせているもの、それは極端に希薄なものであり続け、芸術的表示にたいしてごく僅かなものしか提供することがない。それ以上のものを望むものは、物とかかわらなければならないが、こうした物であることと純粋な本質を求める規則とは、両立することはできない。芸術の現象学は前提を持たないことを前提とし、その前提のために挫折する。芸術にたいして純粋に本質的なものであることを、誓わせようと試みたところで、芸術の方はそうした試みを嘲笑する。芸術とは昔からそうしたものであったと、言われる体のものではなく、変化してきた結果にほかならない。芸術作品の個別的起源を問うことが行われているが、こうした問いも芸術作品の主観的な契機を含む客観性を前にするなら、その成果は覚束なくなる。他方、本来の意味における芸術作品の起源といったものを、引き合いにだすこと、それもまた同じく不可能である。芸術が芸術でなくなってしまったこと、それはこうした芸術にとっては偶然的なことではなく、法則なのだ。芸術は芸術作品の純粋な観念について、規定を獲得したものの、芸術はこうした規定をかつて完全に充たしたことはなかったし、現在では規定をねじ曲げているにすぎない。ヴァレリイによるなら、もっとも純粋な芸術作品が最高の作品であるといったことなど、けっしてない。だからと言って芸術を模倣衝動、表現欲、魔術的イメージのような、芸術的態度の原現象へと還元しようと意図するなら、芸術の一部だけを恣意的に捉えるといった結果に終わるであろう。これらの契機はともに働き、芸術の内部に入り、芸術の内部で生きつづけている。だがその契機のうちのどれ一つを取ったところで、それだけで完全なものなど、皆無である。美学はいたずらに、芸術の根源的な本質を追い求めて出発する必要はない。必要なのはこうした種類の現象を、歴史的形勢のなかで思考することである。個別的な範疇は切り離されるなら、芸術の理念を思考するものとはならない。切り離された個別的な範疇は、それ自体が活発な症候群にほかならない。こうした範疇はそれ自体が高度に媒介されたものであって、思考により媒介されることを必要としている。芸術の具体的な概念に最終的にたどりつくもの、それは所謂、根元性を標榜するような直観ではなく、切り離されることがない個別的範疇である。原註(17)

ヘーゲル美学にたいする態度

美を理念の感覚的現れとする原理は、ヘーゲル美学の中心的原理であるが、この原理は理念の概念を、絶対的精神の概念として前提にすえる。絶対的精神の全体的な要求が酬いられること、つまり哲学が絶対的なものの理念を概念とすることが出来ること、そうした場合だけ、こうした原理はその力を持つにすぎないというのである。その時代を理性が現実化されたものと見做す見解は、やがて馬鹿馬鹿しいお笑い草になってしまった。こうした歴史的局面においては、ヘーゲルの解釈もかつては真の洞察を豊かに披瀝していたにもかかわらず、色褪せてたんなる慰めにすぎなくなってしまった。ヘーゲルの観念は歴史と真実とを幸運にも、媒介させたものであったが、こうした観念自体の真実を、歴史の不幸から切り離すことはできない。ヘーゲルによるカント批判は、おそらく今後とも残るであろう。ヘーゲルによるなら、美はいちいの木の庭園以上のものでなければならない。だがこうした美は単に形式的なもの、主体的な直観の機能に還元されるものではなく、その基礎は客体のうちに、探し求められなければならない。ヘーゲルはその達成のために努力を払ったものの、だがその努力は水の泡となってしまった。かれの努力は超美学的に主体と客体との全体における一致を、不当にも要求するものであるためである。個々の思想家がたまたま無力であったのではなく、無力であったとしても、それは次のような難問によって決定された無力なのだ。文学の哲学的解釈は今日、文学的言葉や創作されたものを、神話学的なものに高めることを行っている。だがほかならぬそうしたところにおいて、解釈はこうした創作されたものへと、つまり解釈されなければならない作品の構成へと立ち入ることはせず、こうした作品をむしろ哲学的命題を展開するための、舞台に仕立て上げているにすぎない。哲学を適用すること、それはア・プリオリに忌まわしい行為である。そうした行為を行う哲学は、作品を用いて作品を具象化する体裁をとりながら、自己自身以外のものは何一つとして読み取ることがない。それがここで言う難問である。美の客観性においては、美の範疇もまた、ただ一つの契機にすぎない。こうした客観性はもし反省のために、それがどのように当を得た反省であるとしても、規準でありつづけるなら、あらかじめ美学にたいして準備されている概念的な構造には、もはや属すことはなくなる。また美の客観性はその時、問題はないが同時に保証されることもないもの、元来、浮遊しているにすぎないものとなる。美の客観性が見出される所としては、ただ次のような事態についての分析があるにすぎない。それは事態についての経験のうちへ、哲学的思弁の力が持ち込まれても、その力は固定的な起点を頼るものではないといった場合における、分析のことである。哲学的思弁の美にかんする教えは、教材として保存がきかないものであり、しかもまた振り払うこともできないものでもある。それは要するに、いわゆる芸術経験の直接性による。芸術についての例の意識はあらかじめ暗黙のうちに、つまり哲学は元来、こうした直接性のうちに潜むのである。それなのに形象について素朴な観照が行われる場合、哲学は免除されるものと誤って信じられている。芸術はすでに展開ずみの、芸術言語の内部にだけ存在するものにすぎない。主体やその所謂体験といったものの空白部分のうえに存在するといった代物ではない。体験は欠くことは出来ないものでありながら、美的認識の最終的な正当性の根拠ではないのは、そのためなのだ。主体へ還元することもできず、完全に直接的に所有することもできない、こうした契機が意識を必要とし、それとともに哲学を必要としているのである。哲学はすべての美の経験に内在する。ただしそれは哲学が芸術にとって無縁なものでも、野蛮なものでもないような、そうした場合に限られる。芸術は自分が説明されることを待ち受けている。芸術は方法的には次のことを通して実現される。美の理論の歴史的に伝えられてきた範疇と契機とを、芸術経験と対決させることである。その場合、こうした範疇と契機は両者とも相関的に、互いによってみずからを訂正することになる。

美学の開かれた特性／形式美学と内容美学（I）

ヘーゲル美学は実行されなければならないことについて、それに忠実な弁明を行っている。ただ演繹的な体系が対象に身を委ねるという、例の態度の妨げとなっているが、こうした献身自体、体系によって要求されたものにほかならない。ヘーゲルの著作は思考を義務として課している。だからといって解答を引き出すことを、思考すること以上長時間行うように拘束されているわけではない。美のもっとも強力な観念、つまりカントやヘーゲルの美の観念は、体系の成果であった。これらの観念は体系の崩壊によって揺さぶられたものの、そのために水泡に帰すことはなかった。美学は一つの流れであるが、その連続性は科学的思考の連続性ではない。哲学と親密な関係を持っていた個々の美学も、共通の公式をその真実として、許容するようなことは行ってはいない。そうした公式はむしろ公式の葛藤のうちに、求めなければならない。美学者は他の美学者から問題を受け継ぎ、いまや平和裡に、こうした問題を処理しなければならないかのように語られている。だがこうしたことは学問的幻想にすぎず、そうした幻想は放棄しなければならない。客観性の理念は依然として、説得力のある美的反省であるなら、どのような反省にとってもその規範でありつづけている。だがこうした理念が持ち場としているのは、美的形成物であるなら、どのようなものも持つ矛盾そのものであり、同じく哲学的観念が持つ、それと美的形成物相互の関係における矛盾でもある。美学は雑音以上のものとなるために、開かれたもの、庇護されることがないものとなることを目指している。このことは学問によって保護されることによって与えられる、どのような安全性も犠牲にすることを、美学に義務として課すことになる。偏見にとらわれることなく、こうした犠牲を払うよう要求した人としては、実用主義者デューイの右にでるものはない。美学は芸術についてその上から、またその外側において判断を下すものではない。美学は芸術の内在的傾向を助けて、理論的意識に到達させなければならない。そのため美学は安全地帯に、我が身を移住させることはできないが、こうした美学はどのような芸術作品も、それがなんらかの形で自己満足に陥っているなら、虚偽として罰する。芸術作品において拡大されて使用される場合は、その最高の頂点を形成するが、次のような演奏家に教えこまれるならろくなことにならないといった、教訓がある。それは下手くそなくせに大家気取りでいる演奏家のことであって、こうした教訓はこうした人にはミスタッチや、楽譜に誤った書き込みをする原因ともなりかねない。教訓とはこうしたことである。芸術作品の開かれた点、つまり芸術作品が持つ、既に確立ずみのものにたいする批判的な関係は、質を左右するものではあっても、全体を失敗に終わらせる可能性を含んでいる。美学は自らの形態をとおしてこの点を欺くなら、たちまちにして対象から、自らを疎外させることになるということである。芸術家が行っていることが一角のものとなるかどうか、その点を確実に知っている芸術家など皆無である。つまり芸術家の幸福や不安は、流行の学問につきものの自明なものとは、すこぶる無縁なものにほかならない。これらのことは主観的に、全ての芸術が客観的なものであることを示している。つまりすべての芸術が概念によって、説明できるものであることを、示しているのである。完璧な芸術作品などというものは、どのような形でも存在しないに等しいとする洞察があるが、こうした洞察は芸術の焦点を指摘しているのだ。美学はその客体がこのように庇護されたものではないということを、客体の客観性と自己の客観性とを求める要求に、結びつけなければならない。美学はそれなのに科学を理想とすることによって、その暴力に曝されることになり、結合しなければならないものを逆説と見做すだけで、それを前にしてあとずさりしている。だがこの逆説こそ、美学の生の構成要素にほかならない。美学における規定されている点と開かれた点との関係を、あえて説明するとするなら、多分、次のようなものとなるであろう。芸術作品の内部へいたる経験と観念の道は、無限といえるほど多いこと。だがこれらの道も真実内容に収斂するということである。こうしたことは芸術の実践にとっては、周知のことにすぎない。理論はその他の場合以上にはるかに緻密に、こうした芸術実践の後を追わなければならないといわれているが、それはそのためにほかならない。こうしたことの例として弦楽四重奏の第一ヴァイオリン奏者が、試演の際にある音楽家に語った言葉がある。後者は積極的に弦楽四重奏の演奏に参加していた音楽家ではあったが、共演者というわけではない。あなたは何か気がつくことがあったら、いつでも批判や提案を行って結構ですし、むしろ是非ともそうしてくださいという言葉である。この種のことを守ることは、それがどのようなものであっても、的確なものでさえあるなら、その限りにおいてそこから始まる作業の過程は、最終的に同一のものへと、つまり正しい解釈へと導いてくれるのである。その上、たがいに矛盾した出だしも美学においては正当なものなのだ。

そうしたものの例として、たとえば形式における出だしと、相対的に確かな素材層における出だしとの場合がある。主観の態度としての美的態度のすべての変更は、ごく最近にいたるまで一面において、対象の変化でもあった。その全ての変化においていくつかの新しい対象的な層が出現し、芸術によって発見され、芸術に適用されているが、その他の層は死滅してしまった。具象絵画が死滅した局面にいたるまで、それはさらに立体派においても変わりはないが、作品へいたる道は純粋な形式から見出されたと全く同様に、対象的側面からも見出された。アビ・ヴァールブルクとその学派の仕事は、このことを立証している。ベンヤミンがボードレールにおいて遂行した類の主題分析も、ある条件下においては美的に、つまり特殊な形式問題にたいしては、公的で一見、芸術に近いかに見える形式分析以上に、創造的なものとなることができる。形式分析にはたしかに頑固な歴史主義よりも、多くの点で一日の長があったし、その点においては現在でも変わりはない。だが形式分析も形式の概念を、その他者との弁証法から抜き出して停止させるなら、それによってそれ自体が硬化しかねない。ヘーゲルが立っていた点はそれとは対極的なものでもあったものの、こうした化石化の危険を免れることはなかった。ヘーゲルは形式と対比して、内容にアクセントを割り振っている。それはヘーゲルの不倶戴天の敵であったキルケゴールでさえも、高く評価した点である。そのアクセントは空虚で投げやりな遊戯にたいする、抵抗を示しているだけではない。つまりかれにとって全てを左右するものであった。真実と芸術との関係を示しているだけではない。むしろヘーゲルが行ったことは、同時に芸術作品の素材内容をその形式との弁証法から抜き出し、その外部においてそれを過大評価することであった。それとともに芸術にとって無縁で浅薄なものが、ヘーゲル美学の中に入りこむことになった。弁証法的唯物論はかつてマルクスもそうであったように、その点においてはヘーゲルを疑うことはなかった。やがて浅薄さはこうした弁証法的唯物論の美学において、災いにみちた側面を曝けだすことになるのである。たしかにヘーゲル以前の美学は、カント美学もそうであるが、芸術作品を芸術作品として強調し、そうしたものとして把握していない。こうした美学は芸術作品を貶め、言わば洗練された嗜好品として放逐する。芸術作品はそもそも形式的構成要素をとおして、はじめて芸術作品となる。カントによる形式的要素の強調はヘーゲル以上に、芸術の真実内容に敬意をはらうものにほかならない。ヘーゲルは真実内容をかれ自身のうちから考えても、その内容を芸術自体から展開することはない。洗練にまつわる契機としての形式契機は、ヘーゲルにとってはいまだ十八世紀的なものであって、同じく進歩したもの、現代的なものである。形式主義をカントに遡るものとすることは正しいが、その形式主義も結局、カントより二百年後には反知性的反動の好餌とされ、煽動的な合言葉の対象に変えられてしまった。それにもかかわらずカント美学には、その根本的着想において弱点のあることも、紛れのない事実である。それは美学がいまだ形式美学と、内容美学と呼ばれていたものとに分かれて、論争がかわされるようになる、それ以前の段階の美学につきものの弱点にほかならない。こうした弱点は着想と、美的判断力に特有の事態との関係にも影響を及ぼす。カントはあたかも自明であるかのように、認識理論の場合と同じく、かれが十八世紀風に〈美の感情〉と呼ぶものにたいして、主観的で超越的な根拠を求めている。だが『純粋理性批判』によるなら、人工物は構成されたものであり、それ自体は客体の分野に属するものである。客体の分野とは超越的な問題性のうえに漂う、一つの層にほかならない。すでにカントにおいてはこうした層においてなら、芸術理論は客体の一つとして、また同時に歴史的なものとして、可能であるとされている。芸術にたいする主観的な態度とは、カントが仮定しているような、形成された作品にたいする反応の仕方によるものではない。こうした態度はなによりもまず、芸術自体の客観性の契機であって、それを通して芸術の対象は、他のものから区別されるのである。主体は芸術の形式とその内容のうちに潜む。つまり添え物にすぎないかのように、または全く偶然的なものであるという刻印をうたれて、人間が芸術に反応するところに潜んでいるのである。芸術はたしかに次のような過去の状態を指示している。事柄と事柄にたいする反応とを区別して、固定的に捉える二分法が、いまだ支配していない状態のことである。このことが原因となって、次のような誤解が惹き起こされている。それ自体もまた物の対象化と相関関係にある反応形式が、ア・プリオリなものであるかのように、受け取られていることである。社会の生活過程におけるように、芸術においてもまた、さらに美学にとっても、創造は受容よりも優位にあると仮定されている。この場合、こうした仮定には伝統的で素朴な美的主観主義にたいする、批判が含まれているのである。行われなければならないのは、体験とか創造的な人間とか、それに類したものを引き合いに出すことではない。客観的に展開される創造の合法則性にしたがって、芸術を考えることである。次のような事情を考えあわせるなら、この点はとりわけ強調されなければならない。ヘーゲルによって指示された、芸術作品によって惹き起こされる感情という問題点は、操作されて計りしれないものへと成長した結果、それと癒着して区別がつかなくなっているという事情のことである。主観的な作用連関は往々にして、文化産業の意志に従って転倒され、そもそも反応は惹き起こされるものでありながら、それとは逆の惹き起こすものに変えられている。他方、作品はこうしたことにたいする解答として、たえずますますそれ自体の内へと引き籠もって、構造的なものとなり、それによって効果が偶然的なものにすぎないかのように、そう受け取られることに寄与している。その反面、時折は調和とはいかないまでも、若干の釣り合いが構造と効果のあいだで、存続していたこともあった。こうしたことに応じて芸術経験は、作品にたいして感情的ではなく、認識的な態度をとるよう要求する。主体は作品とその運動のうちに、契機として潜んでいる。主体は外部から作品に狙いをつけるものであって、作品の規律に従わないものであるなら、その限りにおいて作品にとって無縁なものであり、社会学でなら正当であるような、そうした対象にすぎなくなる。

規範と合言葉／形式美学と内容美学（II）

今日の美学はカントとヘーゲルとの間の葛藤を、乗り越えなければならないが、葛藤を綜合することによって滑らかにしてはならない。形式による満足というカントの観念は、美的経験にとっては遅れたものであり、再建しようとしてもそれは不可能である。内容にかんするヘーゲルの説は、あまりにも生でありすぎる。音楽にも十二分に規定されている内容がある。つまり音楽の内部で起こるもののことであるが、音楽はヘーゲルが検証したような、その種の内容は嘲笑する。ヘーゲルの主観主義はあまりにも全体的でありすぎ、かれの精神はすべてである度合が、あまりにも著しい。そのため精神をその他者と区別することや、それとともにこうした他者の規定も、かれの美学においては有効なものとはなっていない。全てのものはかれにとっては、主体として立証されるものであるため、主体に特有なものは、つまり芸術作品の契機としての精神は退化し、弁証法以前の素材契機に屈伏してしまう。かれにたいしては次のような非難も、手控えてはならないように思われる。ヘーゲルは美学においては、壮大きわまりない洞察を提出しているにもかかわらず、かれが戦ってきた当の相手である、反省哲学の手中に陥ってしまっているという非難である。ヘーゲルは自らの観念に違反して、素朴な見解に従っている。内容あるいは素材は美的主体によって形成されるか、あるいは一般的な言い方をするなら、〈加工〉されるかの、そのいずれかであるとする見解のことである。ヘーゲルには元来、素朴な見解を反省を通して、反省に対する切り札として使うことを好むところがある。ほかならぬ芸術作品においては、ヘーゲル的な言い方をするなら、内容と素朴とはつねにまた、すでに主体となっていなければならない。芸術作品はもっぱら内容と素材の主観性をとおしてだけ、客観的なものとなる、つまり他者となる。なぜなら主体それ自体が、客体によって媒介されたものであるためである。主体自体の、潜勢的で客観的な内実は、芸術的な形象化によって出現する。芸術の内容にかんする観念で、論拠の確かなのはこのことをおいて外にはない。公的なマルクス主義美学は芸術と同様、弁証法も理解することがなかった。形式それ自体は内容によって媒介されている。だがその媒介は、形式があたかも自分にとって異質なものに出合うかのようにして、行われるわけではない。また内容も形式によって媒介されているのである。両者は媒介しあいながらも、いまだ区別されるものでありつづける。だが芸術作品の内在的な内容は、つまりその材料と材料の運動とは、切り離すことが出来る内容とは、根本的に異なる。切り離すことが出来るものとは、作品の筋あるいは絵画の題目のことであるが、ヘーゲルはこれらのものをいとも無邪気に、内容と同一視してしまう。ヘーゲルの思考はカントと同じく、美的現象の背後から開始される。つまりカントの場合は、現象の深部の充実したものから開始されるが、ヘーゲルの場合は、そうしたものに特有の美的なものからである。ある絵の内容とは、その絵が描写しているものに限られない。その絵が含む全てのものも、つまりさまざまな色彩構成要素、構造、関係として含まれている全てが内容である。音楽を例にとるなら、その内容はシェーンベルクの言葉によるなら、一つの主題の歴史ということになる。それに加えて対象もまた契機として、内容の一つに数えられるかもしれない。文学の場合は内容としてさらに、ハンドルングあるいは語られている物語などがあげられるであろう。だが同じく、作品においてこうしたものが出合うすべてのものもまた、内容なのだ。つまり作品を組織化し、作品を変化させるもののことである。形式と内容は、互いにごちゃ混ぜにしてはならないが、次のような形で対比することからも、充分に解放されなければならない。両者を固定化し、不充分なものを両極的なものに仕立てて行われる対比のことである。ブルノ・リーブルックスの洞察として、次のものがある。ヘーゲルの政治と法哲学を多く含む点においては、専門学科としての政治や法哲学のためのかれの講義、あるいは著書よりも、むしろその論理学の方が上であるという洞察である。この洞察は美学にも当てはまる。ヘーゲルによるなら美学は第一に、弁証法をそこなわないように、推し進められなければならないものである。ヘーゲルの『論理学』はその冒頭で、次のような命題を展開している。反省の範疇は出現と生成の結果であり、それにもかかわらず妥当するものであるという命題である。ニーチェは『偶像の黄昏』において神話の解体を行ったが、これもまた同じ精神によるものである。ニーチェによるなら真実であって生成の結果ではないようなものなど、あり得ない。これは美学も従わなければならない点であろう。美学において永遠の規範として確立されたもの、それは生成の結果としてのうつろいやすいものである。つまり失われないことを求める自らの要求によって、老化してしまったものにほかならない。だがこうしたものにたいして、歴史的運動から台頭してくるアクチュアルな要求や規範が、偶然的で非拘束的なものであるということはない。これらのものはその歴史的内容によって、客観的なものである。美学におけるはかないものとは、その固定的なところ、つまりその骨格なのだ。美学はその歴史的内容の客観性を引きださなければならないとしても、それは歴史的に、つまり歴史の歩みによって不可避のものとして、引きださなければならないということではない。美学はそうした客観性を歴史の歩み自体の形態から、把握しなければならない。陳腐な思考モデルに従っている美学は、歴史のなかで自らを動かしたり、変化させたりすることはない。歴史は美学の真実内容に、内在するものにほかならない。そのため状況の歴史哲学的分析にとっては、次のことが課題となる。かつてア・プリオリと見做されていたものを、厳密な意味において暴露することである。合言葉は状況を読みとったものにすぎないが、一般的な規範以上に客観的である。合言葉は規範にたいして、哲学的慣習に従って申し開きをしなければならないためである。おそらく次の点は、指摘しておかなければならないであろう。偉大な美的宣言の真実内容や、あるいはそれに類似した形で形成された作品の真実内容は、かつて哲学的美学が行っていたものの代わりとして、登場してきたものであるということである。現在という時期に相応しい美学があるとするなら、それは極端に時間的なものが持つ、こうした真実内容の自意識ということになるであろう。こうした自意識は勿論、状況分析にたいする対位法として、伝統的な美的範疇とこうした分析とを対決させることを要求する。そうした美学だけが芸術運動と観念の運動とを、相互に関係づけるのである。

方法論、《第二の反省》、歴史

今日、美学の試みにとっては、習慣にならって一般的な方法論を、予め決定しておくといったことは不可能になってしまった。このことは方法論の一部となっていることである。こうなった責任は、美的対象と美的観念との関係にある。方法が強調されているが、それにたいしては論理的に首尾一貫して対応することが必要である。だがその場合でも、承認ずみの方法にたいして、別の方法を持ち出し、それに対置するといったことは避けなければならない。ゲーテの礼拝堂との比較によるなら、こう言うことができる。作品の内部に立ち入らない限り、美的事柄における客観性の問題は、単なる主張に留まる。たとえそれが芸術的内容の客観性であれ、芸術的内容の認識についての客観性であれ、変わりはない。こうした意見にたいしては、鸚鵡がえしに、次のような反論が騒々しく行われるのが普通である。客観性が語られているが、ここで問題とされているのは、単なる主観的な意見にすぎない。客観的に方向づけられた美学が、最終的にたどりつく美の内容は、投影以外の何物でもないという反論である。こうした意見にたいする有効な解答としては、芸術的な内容は客観的なものであることを、芸術作品自体に即して証明することしかない。詳細に証明することは、方法を正当化することであり、それは方法を前提におくことを、予防することでもある。美が客観的なものであるということ、もしそれが抽象的な普遍的原理として証明の前提とされるなら、このことはどのような体系によっても譲られていないために、常に不利な立場におかれるであろう。こうした客観性の真実とは最初のものにおいてではなく、後になって構成される。つまりそれは展開されるなかで構成されるものである。美の客観性は不充分な原理に対抗する原理として、これ以外のものは何一つもたない。詳細な証明それ自体はいうまでもなく、原則を批判的に反省することを必要としている。このことは証明が無責任でがむしゃらな思考に陥ることへの、歯止めとなる。だが芸術作品を理解する精神は対象化された精神によって精神が、傲慢になることを防ぐものであるが、芸術作品自体からしてすでに、こうした精神にほかならない。芸術作品を理解する精神が主観的な精神から要求するもの、それは主観的精神自身の自発性である。芸術の認識とは対象化された精神を、反省という媒体をとおして再び流動化し、流動体へと置き換えることを意味する。だが美学は次のような信念に陥らないように、用心しなければならない。美学は概念という回り道を避け、魔法によるかのように一気に、芸術とは何かを語ることによって、芸術との親和力を獲得するかのように錯覚する、信念のことである。この場合の思考は媒介されたものであるが、思考の媒介と芸術作品の媒介とは質的に異なる。芸術において媒介されたもの、つまり作品を単にここにあるものとは異なるものにするものは、反省によって再度、媒介されなければならない。つまり概念という媒体によって媒介されなければならない。だがこうした媒介が成功を収めるのは、概念を芸術的細部から遠ざけることによってではなく、概念を細部に差し向けることによる。例えばベートーヴェンのソナタ『告別』の第一楽章における、この楽章が終わる直前に与えられる、またたく間に消え去るが、三小節以上持続する連想がある。これは馬のだく足を引用したものであるが、どのような概念も即刻、恥じ入らせ、またたく間に消え去る箇所となっている。つまりそれはこの楽章のコンテキストにおいてすら、固定的なものとして確認することが不可能な、消滅の響きである。だがこうした響きは帰郷の希望について、次のような普遍的反省にとって明らかになる以上に、多くのものを語っている。それはこの響きのはかないが、生き延びて行く本質について行われる、反省のことである。もし哲学が美的全体構造において、このような顕微鏡的な像を、その内部の最深部にいたるまで、確認することに成功するなら、そうした哲学にして初めて、自らの約束を果たしたことになるであろう。だがそのような哲学になるためには、哲学自身がそれ自体として形成しぬかれた、媒介された観念にならなければならない。哲学がそれに代わって、呪文めいた始源的言葉なるものを用いて、芸術の秘密を呪縛してかかるなら、その場合、哲学は無にひとしいものを手元に残して、類語反復を繰り返すだけのものとなるであろう。こうした哲学が語るのはせいぜい、肝心な本質が蒸発しているような、そうした形式的特徴にすぎない。本質らしいものがあるとしても、それは言語の身振りと起源への配慮によって横領されたものにほかならない。哲学は謎に対して的確に答える、オイディプスほどにも成功を収めていない。その上、英雄オイディプスの幸運も眩惑にすぎなかったことは、すでに証明ずみである。芸術の謎めいたところはどのような芸術の場合でも、その配置によってだけ、しかも芸術の技術的な行動方法の力を借りて、分節化されるにすぎない。そのため概念は芸術解読の困難となるだけでなく、困難を解決するチャンスもまた与えてくれる。芸術はその固有の本質からして、つまりそれが行う特殊化において、単に特殊なものにとどまらず、それを越えたものとなる。その上、芸術の直接性は媒介されたものであって、その限りにおいて概念の同類なのだ。単純な常識は次のことを望むが、それは正しい。美学が殻に閉じこもり自らを転倒させる唯名論に耽らないこと、つまり作品の個別的分析に、それがいかに不可欠であるとしても、専念しないということである。美学にとって、独自性を目指す自由を萎縮させられるということは、あってはならないことである。だがその反面、美学にとって好機を迎えている第二の反省は、芸術作品から引き離された媒体において運動する。美学は理想を元のままに保つことにたいして、いささかの諦念も抱くことがないなら、具象化を行っているかのような妄想に駆られて、その犠牲になるのが落ちであろう。それは芸術の具象化であり、またその点においても、まったく疑問の余地がないわけではないが、理論の具象化であることだけはけっしてない。美学は抽象化したり、分類したりする行動にたいする、異議申し立にほかならない。それにもかかわらず美学は抽象化を必要としており。その上、対象として分類的なジャンルまで持っている。芸術作品のジャンルは、かつて抑圧的なものとなってしまったが、だからと言って元来、純粋な声の息のようなものではない。たとえ普遍的な概念にたいして反対することが、芸術本質的原動力であるとしても、そのことに変わりはない。どのような芸術作品も、たとえそれが完全な調和として姿を現すことがあるとしても、それ自体は一つの問題連関にほかならない。こうした問題連関として、芸術作品は歴史に関与し、その関与をとおして、唯一つのものとしての自己を乗り越える。どのような芸術作品の問題連関もモナドでありながら、その外部に存在するものが沈澱しているが、モナドを構成しているのはこうした外部のものである。美的に個別的なものとその概念とは、歴史の領分において互いに意思を疎通しあう。歴史は美の理論にとって固有のものである。美の理論の範疇は極端なまでに歴史的なのだ。美の理論の展開が強制的なものになっているのは、そのためである。こうした強制的なところは仮象的な相を持つため、批判に曝されているが、だがそれは次のような美的相対主義を断ち切るのに、充分な力を具えている。芸術を、芸術作品が結合されることなく並列したものとして、想像することを余儀なくされている、相対主義のことである。ある芸術作品について、あるいはその上、芸術全体について、それは〈必然である〉と言うことは、認識理論的にみてもおかしい。芸術作品であって、無条件に存在しなければならないようなものは、皆無である。だがそれと同じく、芸術相互の関係は制約された関係であって、芸術はその内的構成をとおして継承される。こうした種類の連関の構造、それがいまだ芸術ではないものへと導くものであり、美学が初めてその対象を持つことになるかもしれないものへと、導くのである。芸術の具体的な歴史的在り方、それは具体的な要求を告知している。美学は反省とともに始まる。ただそうした反省をとおしてだけ、芸術とは何かについての展望も、なんらかの形で開かれてくる。なぜなら芸術と芸術作品とは、それがなることができるものでしかないためである。芸術作品であって、その内在的な緊張を余すところなく、解消できるような芸術作品などない。歴史が結局のところ、いまなおこうした解消の理念を把握しているのである。美の理論が現存する芸術作品とその概念を説明しても、それに満足できないのは、そのためにほかならない。美の理論は芸術作品の真実内容に向けられている。このことが美の理論を哲学として推進させ、作品を乗り越えさせる点となっている。芸術作品の真実に関する意識は、ほかならぬ哲学的意識として、美的反省の一見もっともはかなく見える形式に、つまり宣言に接している。方法的原理となるのは、最新の現象からすべての芸術にむけて、光を投げかけることであって、その逆ではない。それは歴史主義や文献学の慣習には、従ってはならないということである。歴史主義や文献学は市民精神に従い、心の底から何であれ、変化することを望まないためである。ヴァレリイのものとして、新しいものにおける最上のものとは、古くからの需要に見合うものであるという命題がある。もしこの命題が真実であるなら、真正の芸術作品とは、過去の芸術作品にたいする批判にほかならない。美学はこうした批判を分節化することによって、規範的なものとなる。だがこのことは逆に、美学にも跳ねかえってくる。普遍的な美学が単にまやかしとして示してきたにすぎないこと、そうしたものがもし若干なりとも、かなえられることがあるとしたら、それはこのような美学によるしかないであろう。

原註(1) イーヴォ・フレンツェル執筆〔項目〕美学 A・ディーマー、I・フレンツェル編『哲学』、フィッシャー辞典第十一巻(フランクフルト 一九五八年)三五ページ。

原註(2)　ヴァルター・ベンヤミン『ドイツ悲劇の起源』(前出書)二六／七ページ。

原註(3)　参照。テオドール・W・アドルノ『プリズム』(前出書)三〇四ページ。

原註(4)　参照。ヘーゲル(前出書)第一部。四三ページおよび随所。

原註(5)　カント美学の形式主観主義に由来する満足説を度外視するなら、カント美学の歴史的限界がもっとも明瞭にあらわれているのは、かれが次のように説く件である。崇高が帰属するのは唯一つ自然であって、芸術ではないと。かれは自分の時代を哲学的時代と呼んで特徴づけているが、この時代の限界は次のように性格づけられる。この時代はかれのことを意に介さず、かれの評決についてはおそらく、ある程度の正確な知識さえもたずに、崇高の理想に依拠していたということである。とりわけそうした人間として、ベートーヴェンがいたが、因みにヘーゲルはそのベートーヴェンにさえ、言及していないのである。こうした歴史的限界はまた、過去にたいする時代精神の限界でもある。この時代はバロックと、ルネサンスにおいてバロック的傾向を示していたものとを、最近の過去として軽蔑していた。次のことは根の深い逆説となっている。カントが崇高を描写している件以上に、若いゲーテと市民的革命精神に接近しているところは、どこにもないということである。カントと同年代の同時代人である若い詩人たちは、カントと同じように自然を感じとっていた。またこれらの詩人たちはかれらが感じたものに対して、言葉を見出した際、かれらは崇高の感情を、道徳的な本質のものとしてよりは、芸術的なものであることを要求した。「覆い被さり、まるで威嚇するような厳しい岩壁。空高く積み重なりながら、稲妻と雷鳴を伴って接近してくる雷雲。全力を挙げて破壊する火山。後には荒廃しか残さない嵐。怒り狂うはて知れぬ大海。大河の高い滝等々。その巨大な威力と較べるなら、我々の抵抗力など取るに足りないものにすぎなくなる。だがその光景はわれわれの身が安全でありさえすれば、恐ろしいものであるだけなお一層、魅力的なものとなる。そこでわれわれはすすんでこうした対象を、崇高と呼ぶことにしよう。こうしたものは日常的な平凡な状態に置かれている精神力を強めて、それを乗り越えさせ、われわれのうちにまったく種類の異なる抵抗能力のあることを、発見させてくれるためである。こうした能力を与えられるなら、われわれも勇気をふるい起こし、一見、万能であるかにみえる自然に対抗して、競うことも可能になる。」(カント『判断力批判』§二八)

原註(6)　「崇高はそれにたいして、形式を欠く対象においても見出されるものである。ただしそれは、次の場合に限られる。無限定なところがこうした対象において、あるいはその対象を切っ掛けとして表象され、しかもその上、全体性までもが、合わせて考えられる場合のことである。」(前出書)一〇四ページ。〔『判断力批判』§二三〕

原註(7)　参照。ドナルト・ブリクマン『自然と芸術　美的対象の現象学』(チューリヒ　ライプチヒ　一九三八)随所。

原註(8)　参照。W・ホン・レーナイゼン編「アルトゥール　ショーペンハウアー全集」第二巻『意志と表象の世界II』(ダルムシュタット　一九六一)五二一ページ以下。

原註（9）　参照。ハンス・グートマン『文士たちがオペラを制作した』雑誌『始まり《アンファング》』十一号（一九二九）二五六ページ以下。

原註（10）　参照。テオドール・W・アドルノ『文学ノート　III』（第二版　フランクフルト　一九六六）一六一ページ。

原註（11）　参照。ピエール・ブーレーズ『美学的方向づけの必要性』、M・ホルクハイマー編『証言　テオドール・W・アドルノ還暦記念論文集』（フランクフルト　一九六三）所収。五一〇ページ。

原註（12）　参照。F・メディクス編『ヨハン・ゴットフリート・フィヒテ　六巻本選集』（ダルムシュタット　一九六二）第三巻　三一ページ。〔知識学への第一序説〕

原註（13）　参照。テオドール・W・アドルノ『ヘーゲルにかんする三つの研究』（前出書）一三八ページ以下と一五五ページ。

原註（14）　参照。マクス・ホルクハイマー、テオドール・W・アドルノ『啓蒙の弁証法』（前出書）一九六ページ以下。

原註（15）　参照。テオドール・W・アドルノ『文学ノート　I』（六版　フランクフルト　一九六六）七三ページ以下。

原註（16）　参照。テオドール・W・アドルノ『音楽社会学入門　十二の理論的講義』（第二版　ラインベク　一九六八）二二六ページ。

原註（17）　参照。テオドール・W・アドルノ『哲学と音楽との現在の関係』『芸術哲学』（ローマ　ミラノ　一九五三）所収〔E・カステリ編『哲学報告』〕五ページ以下。

編者後書き

芸術にたいするアドルノの次のメタファーは、そのままかれの絶筆となった哲学上の、この著作にも当てはまる。「断片とは、死の作品への介入である。死の介入は作品を破壊することにより、作品から仮象という傷も取り去る。」『美の理論』の本文は、一九六九年夏時点のものであって、編者たちは可能な限り忠実に、この本文を公表することにした。これは、進行中の作品の本文であって、いわゆる著書とは趣が異なる。本書をこのような形で校了することは、アドルノにとって思いもよらないことであった。死の数日前、かれはある手紙のなかで、最終稿は「さらに途方もない努力を必要としております」、と書いている。「しかしそれも今では本質的には、構成のための努力でして、著書の実質にかんしては、ほとんどそのような努力は必要ではありません。」アドルノの説明によるなら、実質は「俗な言い方になりますが、それ自体すでに全て出来上がっております。」最後まで残されていた作業日程を、一九七〇年半ばまでに終えるのが、アドルノの目論見であった。もしそれが遂行されていたなら、本文内部において夥しい部分の位置変更や省略などが、行われたはずである。現在、補遺として印刷されている断片を、本文へ組み入れる作業もまた残されていた。その際、旧序文と新しい序文との置き換えも行われたことと思われる。要するにアドルノは言葉の細部において、改善の余地がさらに多くあることを発見したのであろう。かくてこの作品は全体としては、トルソに留まることになった。アドルノの意志によるなら、これは、『否定の弁証法』や、計画中の道徳哲学にかんする著書と並んで、かれが次のように語っているものを、「描写する筈」の著書であった。「私が秤にかけなければならいもの」と、かれが言うもののことである。この言葉は秤にかけられるもう一方の、『キルケゴール』から『ベルク論』にいたる、かれのその他の著作にとっては、あるいは不当なものと言えるかもしれない。それを少しでも正当化できるものとしては、せいぜいのところ、これが著者自身の言葉であるということくらいしかない。だがこれは同時に次のことを、漠然とではあるが、教えてくれる言葉でもある。ここで介入が行われたのは**どの**著書であるのか、つまり**どの**著書が撤回されたのか、ということである。これはたしかに次のような意味の言葉ともとれないことはない。「断片的なものは」成長し、「表現として作品の一部」となり、仮象という欠点を表現から取り除くということである。因みにここでいう表現とは、アドルノ哲学を深部から動機づけている例の批判としての表現、つまりそれ自体として完結したもの、閉ざされた体系的なものに対する例の批判としての表現のことである。アドルノの洞察によるなら、全ての精神は仮象という欠点に巻き込まれることを、避けることはできない。たとえそうであるとしても、こうした意味での断片性は、『美の理論』の本文が証言しているような、破壊するものとしての断片性に較べて、あまりにも軽すぎる。断片という概念は二重の意味で、アドルノによって使用されている。その一つは創造性を意味する。体系的なものを目指す理論は、みずからの真実内容を手渡すために、崩壊して断片とならなければならない。この種の意味の断片は、『美の理論』には当てはまらない。『美の理論』は切断されたものであるとしても、切断は死による介入にほかならない。これは著書が形式の法則を完全に実現する、それ以前に行われた介入である。アドルノ哲学全体にとって、次のことは本質的な点である。死による破壊を容認し、そこから無理やり意味を作りだしてはならないということである。『キルケゴール』と『ベルク』とは伝記的な作品であり、作品のランクという点でも肩を並べるものであり、ともに断片であった。だが断片であるにもかかわらず、この二つの著作はアドルノにとって、すこぶる重大な意義を持つ作品であった。かれは最後まで、次のような意見とは妥協するつもりはなかった。ベンヤミンの『パリの街路』研究は、救いようがない作品であるとか、ベルクの『ルル』の器楽編成は、完成不可能であるとする意見のことである。この版の『美の理論』が断片的特性を持つ作品であることは、欺くことも出来なければ、またそのように欺くことは、試みてみることさえ許されない。だがこうした特性と和解することもまた、それと同じく不可能なことである。この作品が未完であることは、単なる偶然の結果にすぎないため、こうした状態に甘んじることもまた、ありえないことである。それにもかかわらず断片状態のものに手を触れ、それを補充するといった試みもまた差し控えなければならない。それが、アドルノ自身が比較を絶した形で実践した、真の誠実さというものなのだ。

アドルノがフランクフルト大学で再び教鞭をとることになったのは、一九四九年から五〇年にかけての冬学期のことであった。一九五〇年の夏、すでにかれは美学の講義を行っている。続く数年間、かれはさらに四たび、同じ題目を講義で取り上げているが、その最後の講義は、六七年夏学期と、六七年から六八年にかけての冬学期に分けて行われた。その際、『美の理論』はその大部分が、すでに執筆ずみであった。美学にかんする著書の計画がいつ固められたのか、正確なところは調べがつかなかった。アドルノはおりにふれこの書物について、『私が生涯にわたって全身で推し進めてきた』仕事の一つであると語っていた。書かれる予定の美学のために、メモが用意されていたが、その日付は一番古いものでもせいぜいのところ、五六年六月以後のものであった。五九年に死亡したかれの友人、ペーター・ズールカンプは、アドルノの美学をかれの出版社のために、獲得することを希望していた。この提案はアドルノの計画を具体化する上で、励みになったものと思われる。アドルノにとってそれ以上に重要であったのは、言うまでもなく自分の理念を統合して美学として纏め上げたいとする、考えであった。つまりそれまで音楽や文学を素材として、書き散らしてきた夥しい数の仕事を、理論として展開してみたいと考えたわけである。これらの仕事は、全く脈絡を欠くものとしてではないとしても、おうおうにして思いつき程度のものとして、受け取られてきた。アドルノ哲学においては、内容的思考が優位を占めているが、このことがアドルノにおける哲学的意識の統一を見てとる上で、妨げとなっていたのかもしれない。アドルノの意味においては芸術の素材に関する仕事は、理論の「適用」ではなく、「美の理論**それ自体の**統合的契機」を形成するものである。六一年五月四日、アドルノは「美の理論」第一稿の口述を開始した。この稿は相対的に短く分けられた、個条書から出来上がっていた。この作業はすぐさま、『否定の弁証法』の仕事によって中断されてしまった。『否定の弁証法』が六六年夏に完成されると、その後をうけて六六年十月二十五日に、アドルノは美学の新しい版のための仕事に着手した。個条書による分割に代わって、章割りによる分割方式がとられた。大きな努力が「図式化」のために、つまり著書の細部を処理するために払われた。六七年一月末にはすでに、本文自体の約四分の一が、口述原稿として出来上がっていた。六七年にはさらに丸一年にわたって、口述が継続された。いわば片手間仕事として、『デュルケム・序文』や『ルドルフ・ボルヒァルト詩集・前書き』のような仕事の執筆もまた、アドルノは行った。日記の記述によるなら、『美の理論』は六七年十二月二十五日に、「手を入れない口述原稿」として完成された。だがこの記入は、はやとちりにすぎなかったらしい。六八年一月八日付の手紙に次のように記されているためである。「生原稿はほぼ仕上がりました。」一月二十四日になると、ついにこう記される。「その間に私の大きな美学上の著作の第一稿を、私は完成させました。」口述版には序文と並んで、次のような題名を持つ七つの章が含まれている。「状況」「過去の芸術の姿あるいは太古史」「唯物論」「唯名論」「社会」「合言葉」「形而上学」。六一年の本文は少数の項目を除いて、新しい版に吸収された。だがこの新しい版もまた変更され、本書の底本となったその最終稿からは、その姿を窺おうとしても不可能に近い。最終的な完成原稿作成について、最初の口述と関係づけて、アドルノは手紙で次のように述べている。「その後で初めて肝心な仕事が始まります。つまり最終的な編集のことです。第二版の仕事は私の場合は常に、決定的な作業過程となるものでして、第一の版は単なる素材として扱われるに過ぎません。あるいは……。これらの版は、組織的に行われる自己欺瞞とでも言うべきものであって、こうした欺瞞をとおして私は自分を操作し、自分を自分の問題の批判者としての立場に据えるのです。これは私の場合、最も創造的なものであることが常に証明されてきた、そうした立場となっております。」このことが『美の理論』の批判的編集に際しても、立証されたことは言うまでもない。今回の第二稿もまた、単に暫定的なものに過ぎなかったわけである。

口述がおわった後、作業は停滞状態に陥った。アドルノは委託された社会学の仕事に取り組んでいた。第十六回ドイツ社会学者大会の開会講演とか、論文集『ドイツ社会学における実証主義論争』序文といった類の、仕事である。それと同じ頃、アルバン・ベルクにかんする著書もまた成立した。「主要業務」からこのように離れることを、アドルノは常に効果的な息抜きとして感じていた。だが増加する仕事は、こうしたものに留まらなかった。学生運動との対話あり、大学改革にかんする論議ありで、拘束されることが多くなり、多忙をきわめるようになった。『理論と実践との傍注』は、前者との対話のなかから生れた論文であって、その少なからぬ部分をこの対話に負っている。だが後者による拘束は何の成果も生むことがなく、たんなる時間と労力の浪費に終わった。六八年九月初めになってようやく、美学の仕事は継続することが可能になった。まず本文全体にたいして、批判的な書き込みが行われた。書き込みは、本格的な訂正のための準備にすぎなかった。口述されたものは、その間タイプで打ち直されていたものの、それも手で書き直され、徹底的な訂正が加えられた。この本格的な訂正に際しては、一行たりとも変更を免れた文章はなく、その位置が元のままに据え置かれた文も、皆無に近かった。夥しい節が新たに付け加えられた。こうした節であっても、その一部を大幅に容赦なく消し去られたものも、少なくなかった。アドルノがこの作業過程を開始したのは、六八年十月八日である。だがこの過程の進行中に、章立てによる構成は、再び放棄されることになった。それに代わって登場したのが、切れ目なく続く本文であって、区切りはないわけではないものの、段落によって付けられているにすぎない。この本文は六九年三月五日に完結を見た。だが旧稿のうち、三つの章は本文から外されたままであった。訂正はこれらの章にも及び、そのうちの二つの章「合言葉」と「状況」については、同じく三月中に訂正が行われたが、最後の章「形而上学」の訂正は、五月十四日に完了された。これに続く数週間をかけて、さらに数多くの挿入が行われた。挿入部分の位置を決めるとか、アドルノをいまだ満足させることがなかった節を、部分的に置き換えるといったことが残されていたが、こうしたことは、次の第三の作業過程において行われる筈であった。日時が記されている本文で、その最後にあたるものは、六九年六月十六日のものである。

本書の表現形態は、その受容をすくなからず困難にしている元凶と言えるかもしれない。こうした表現形態は、『美の理論』の断片的性格に由来する、その単なる結果といったものではない。第二稿の作業の最中、アドルノはかれにとっても予期しなかった課題に直面している。それは本文の配置に関わりがあり、とりわけ表現と表現されたものとの関係にも、関わりがある課題である。この点について弁明している、アドルノの手紙がある。「興味深いのは次の点です。仕事の最中、思考の**内容**からある種の結果が、形式にたいしてとめどなく、自分のなかで出現してくることです。こうした結果は、わたしがとうから予期していたものですが、いまさらながらわたしを驚かせております。問題は、全く単純に次の点に限られております。哲学的には〈第一のもの〉など、何一つとして存在しないというのがわたしの定理ですが、このわたしの定理から、今や次のような結論が出現してくることです。論証的な連関を、通常の段階的な順序をたどることによって構築すること、それは不可能なこと。全体の組み立ては、一連の部分的な複合体によって行われねばならないということ。しかもこうした複合体は、言わば重さにおいて等しく、同心円状に配置されているものであって、同じ円周上に位置するものである。つまり理念を表さなければならないものとは、こうした複合体の円周上の順序ではなく、それら相互の位置関係であるということです。」これとは別の手紙においては、最初、次という順序が、問題とは一致しないということが判明したことです。そのためわたしがこれまで従ってきた、『美の理論』の表現上の困難が、次のように語られている。「困難は以下の点にあります。著書には殆ど不可欠の、伝統的な意味での処理方法が、(『否定の弁証法』においても、従っておりますが) 遂行不可能であることも判明しました。この著書の執筆は、言わば同じ重さを持つ並列的な部分を、同心円的なものと見做す形で、行われなければなりません。こうした部分は同一の一点を中心として、その回りに円をなす形で配列されたものであって、中心はこれらの部分の相互関係をとおして表現されます。」『美の理論』の最終稿が代表している類の並列的表現形態に、アドルノはいまだ満足するつもりはなかった。こうした表現形態にはさまざまな問題があるが、それは客観的に決定された問題にほかならない。つまり客観性にたいする思考態度の表現なのだ。哲学上の並列とは、純粋な傍観というヘーゲルの綱領を、次のような別のやり方を用いて、正当化する試みである。予め形成された主観的なものがもつ暴力を通して、事物を歪めないこと。そうしたことを避けて、事物が持つ言葉を欠くところを、つまり非同一的なところを抑制して、事物をして語らせること、こうしたやり方のことである。アドルノはヘルダーリンを用いて、並列的方法が内包するものを叙述したことがある。自分の方法に最も密接な関わりがあるのは、後年のヘルダーリンの美学的テキストである。そうアドルノは自分自身の方法について、かつて記している。かれの理論は理論でありながら、言葉では語りえないものによって点火される理論である。こうしたものによる理論の点火とは、再現不可能なもの、つまり非概念的なものにおける、同一化する思考によって歪められた部分を、理論によって償いをつけることにほかならない。このような理論が抽象性との葛藤に陥ることは、避けられない。理論は理論として抽象的なものとなることを、余儀なくされているためである。アドルノの美学はその哲学的内容によって、並列的な表現形式となるよう決定されている。だがこの形式は難問にほかならない。これは問題の解決を要求している形式である。だがその問題は理論という媒体によっては、最終的に解決することが不可能な問題であり、しかもこのことはアドルノにとっても、疑問の余地のないことであった。だが拘束するものであって、同時に次のことによって拘束されつづけるのが、理論というものである。思考の労働と努力とは、解決不可能なものの解決を、放棄するようなことは行わないということである。これは逆説である。もし受容という努力にモデルとなるものがあるとしたら、こうした逆説こそ、そうしたモデルとなるかもしれない。『美の理論』の本文にたいしてポロスを行うなら、つまり直接的に接近しようと試みるなら、そうした試みはさまざまな困難によって、阻まれることになるであろう。それはたしかに、推敲がさらに重ねられたなら、減少したものと思われる困難である。推敲を重ねることによって、困難は除去されないまでも、なによりも明確さの度合が高められたことは、間違いないところであろう。第三の作業過程は『美の理論』のために、理論としての拘束力を持つ形態を発見する過程となる筈であった。アドルノの意図によるなら、この過程の開始の時期は、休暇からの帰郷の直後に置かれていた。だがこの休暇はかれにとって最後の、長い休暇となってしまった。

ここに収めた版は批判的、歴史的な版として、受け取られることを要求するものではない。だがここに収められている版は、最終稿の完全な本文である。除外された部分もあるものの、それは口述原稿に含まれていたが、第二作業過程において、本文に組み込まれることがなかった節にすぎない。アドルノがはっきりと抹消を行っていないような場合でもまた、こうした節はかれによって排除されたものと、みなされなければならないため、削除が行われた。相当数のかなり短い断片が、未訂正のまま残されていた。これらの断片は先の節の場合とは逆に、深い意味が込められているため、補遺として纏めそこに収めた。旧序文は訂正が施されているものの、アドルノによって放棄されたものである。この序文は付録として印刷された。これは重要な問題を含んでいるため、除外することは忍び難かったためである。正書法の面における癖は、手をふれずそのまま保存することにした。それは句読法についても当てはまる。句読点は相当数が、言葉のリズムに従って付けられており、アドルノが印刷の際に、通常の規則に近いものに改めるつもりでいたことは、疑いない。訂正は手書きで行われているため、アドルノ自身にとっても判読不能な状態に置かれていた。時たま、構文的に不統一な表現、あるいは省略された表現が残されたのは、そのためである。こうした表現は訂正しても、訂正は控え目に行われた。判読は行われても、こうした文法上の処置に留め、それを越えたものとならないよう、極力手控えた。こうしたことは編者たちが従うべき、命令であるように思われた。繰り返しとか、時たま矛盾などの誤りが明らかになることも、少なくなかった。だがどれほど頻繁に誤りが判明しても、この命令は守られた。アドルノなら変更したであろうと、編者たちが確信をもって言い切れるような、そうした表現や節も夥しい数に上る。だがこうした部分も変更することなく収録されている。意味が誤解される恐れがある場合に限って、誤解を防ぐ必要上から、判読のうえ訂正が加えられた。

一方ならぬ困難となったものとして、本文の配列がある。訂正済の本文を土台として使用したものの、すでに言及済の三つの章を、つまり改作こそされてはいるものの、全体から切り離されてしまった章を、この本文に組み込まなければならなかった。「状況」にかんする部分（三一ページから六〇ページ）、つまり最初の稿において第一章をなしていた、現代性の歴史哲学の部分は、相対的に前の位置に置かなければならなかった。ただ現代芸術の最先端からだけ、過去の芸術に光が投げかけられることになる。この洞察が『美の理論』の中心をなしているためである。あるメモによるなら、「状況」と「合言葉」（六〇ページから八〇ページ）を一つに纏めることが、アドルノの意図であった。編者たちもこの言葉にならうことにした。「形而上学」の章（二一九ページから二三二ページ）は、「謎特性」にかんする章に連続させて組み込むことにした。こうした組み込み方は思考の流れからして、無理のないことが判明したためである。一連の段落については、細部にかんして位置を変更しなければならなかった。こうした位置変更のうち大多数は、すでにアドルノ自身によって、傍注という形で考慮されていたものである。編者たちは位置の変更を試みた際、その全てにおいて、本書の平行的表現原理が強調され、それがなお一層、明確なものとなるよう努めた。演繹的でヒエラルヒー的な連関による表現のために、この原理を再び犠牲にするといったことは、決して行わなかった。編者たちが補遺として纏めて処置した断片は、一部は挿入用に後から書き足されたものであり、一部は所謂、写しである。つまりこれらの節は旧本文の一部でもあったものが、切り離されたものであって、それを置く最終的な位置は、別に決められる筈であった。これらの断片を本文に統合することは、試みたものの、不可能であることが判明した。アドルノがこれらの断片の位置を、ある程度、正確に記している場合も、ないわけではない。だがそれは、ごく稀なことにすぎなかった。組み込むのに相応しい場所については、ほとんど常にといってよいくらい、同時に数ヵ所が候補として考えられた。その上、これらのテキストを組み込むとするなら、橋渡しとなるような文章を纏めることも、不可欠となったであろう。編者がそうしたことを行うことは、越権行為に思われた。補遺の構成は編者の責任において行われた。柱も同様に、編者によって付け加えられたものである。だがその作成に際しては、しばしば〈ヘッディング〉を、つまり内容を手短に示す見出しを、参考にすることが出来た。アドルノはその原稿の大半において、各ページごとにこうした見出しを添えていたのである。

フリードリヒ・シュレーゲルの次の断片は、『美の理論』のモットーとして用いるのに、相応しいであろう。「芸術の哲学と呼ばれているものには通常、次の一つのうちのどちらかが欠けている。哲学かあるいは芸術のいずれかが。」本書をサミュエル・ベケットに献呈すること、それがアドルノの意図であった。

アドルノの長年の秘書、エルフリーデ・オルブリヒに、編者一同、感謝の気持ちを捧げる。本文の解読と筆写は、彼女の手になるものである。

一九七〇年　七月

訳者あとがき

『美の理論』は第二次大戦後のドイツを代表する思想家Th・W・アドルノがその一九六九年の突然の死の直前まで執筆を続けた遺作であり、彼の批判理論が到達した最終地点を示す代表作と言ってよい。その死の直後に企画された全集の第一回配本分として、『美の理論』が出現したさい、読者は彼の思想に関心を寄せてきた人々をも含めて、少なからず驚かされることになった。彼の最後の著作が美学であったということ、それ自体はとりたてて問題とするほどのことではなかった。社会学者アドルノは芸術分野においても造詣が深く、芸術一般あるいは個別的に音楽、絵画、文学をめぐってすでに夥しい数のエッセイを発表していたし、自らもピアノを弾き、またかつてはアルバン・ベルクのもとで学び作曲家として世に出ることを夢見ていた時期があったことも、かなり広く知られていた。そんなわけでアドルノが美学に関する著述を行うことは、全く予想できないことではなかったのである。驚かされたのはむしろその内容であった。一九六〇年代におけるアドルノの名声はなによりもまず、「全体は虚偽である」という反体制的立場から、大戦後のドイツ社会に対して容赦することのない鋭い批判を加えるラディカルな批判者としての名声、つまりいわゆる「フランクフルト学派」の理論的指導者としてのそれにほかならなかった。『美の理論』はアドルノの批判理論が大きな変貌をとげたことを示している。アドルノは『美の理論』において、自らの社会批判のよって立つ基盤がそれとは対極的なものである美的なもの、つまり概念としての言葉によっては捉ええない曰く言い難いものであることを明らかにしているのである。それはあたかも、彼が自らの上に張りめぐらされているラディカルな体制批判者アドルノという固定観念に挑戦し、それを根底から打ち砕こうとしているかのように見える。この挑戦は彼の思想の深化を意味するものであるが、また同時に彼の思想全体に対する再検討の試みと言えるかもしれない。こうしたアドルノの試みに対して、相反する評価が加えられることになった。その一つは、アドルノの美学は二十世紀を代表するすぐれた美学的著述であるという高い評価であったが、もう一つは社会批判に倦み社会に絶望した挙句、アドルノは美の世界へ逃亡したのだといった、嘲笑に近い評価であった。

『美の理論』は美についての哲学的考察という側面から眺めるなら、たしかにカント、シェリング、ヘーゲルといった、さらにはそこにルカーチを加えてもよいが、ドイツ観念論美学の系譜に連なるアカデミックな美学の一つの成果と見なすことも不可能ではないが、この系列のうちに位置づけるならかなり異質のものに見えてくる。アドルノにおいても形式と内容、普遍と特殊、美と醜、自然美と芸術美、芸術と芸術のジャンル、精神と自然といった、伝統的美学によって取り上げられて来た一連のテーマが満遍なく集められ、徹底的に論じられているが、伝統的美学における場合とは対照的に、そこには結論めいたものは一切見当らない。ここでも芸術の様々な側面（契機）が、たとえば表現、構造、意味、模倣、作品、素材、形式、内容といった側面が取り上げられ、相互に関連づけられて社会批判的観点から弁証法的に、厳密に執拗なまでに分析が加えられている。だが分析はあくまでも分析に留まり、これらの契機をめぐって下されてきた定義がいかに不正確なものであり、矛盾に充ちたものであるかを、あるいは対立的概念あるいは定義がそのうちに一方を含むことを指摘することに終始する。だが批判哲学者アドルノのうちには、言葉それ自体に対する深い不信感が潜むように見える。概念としての言葉はそれ自体が対象を解体して支配する手段であり、もし無批判的に用いられるなら、定義を求め体系を目指すことになる。定義あるいは体系的なものは保守的なものであり、体制的なイデオロギーの一種にほかならない。したがって言葉は真実のものであるためには、定義あるいは体系的なものへ向かう自らの傾向を断ち切らなければならない。必要なのは体系あるいは定義の批判的解体であって、それを新しい形で提出することではない。美の部分像あるいは全体像を直接的に見て取れるように提出するのではなく、イデオロギーとしての美の全体像を解体し、その廃墟の上に美の幻像をいわば虹として出現させるところに、本書の狙いがあると言ってよいであろう。伝統的美学は美とは何であるかを、定義を積み重ねることを通して体系的に論じてきた。したがって美学という言葉は最初から完結した思想体系の存在を予想させる。本書が美学ではなく、美の理論と命名されているのは美学そのものへの批判なのである。

　アドルノの美学はその傾向から言うならマルクス主義的美学、あるいは社会学的美学の一つに数えられるかもしれないが、とりわけルカーチの美学と基本的な考え方において重なり合う点が多い。たとえば、個別的なものである芸術作品は個別的なものであることを通して普遍的なものを媒介する、芸術作品においては社会の全体が出現している、芸術作品はイデオロギーを批判する、芸術の社会性を決定するのは芸術の自律性であって直接的な政治参加ではない、といった点である。しかしこうした共通性を通して、同時に両者の間に存在する決定的な対立点もまた明らかになる。たとえば両者の反映論の相違がある。ルカーチにおいては芸術作品は鏡として歴史的過程を反映し、労働者階級の歴史的使命を映し出すものであるが、それに対してアドルノにおいては芸術作品は鏡ではあっても、何物も映し出すことがない鏡と見なされる。アドルノは芸術作品をライプニッツ流のモナドと捉え、それをモデルとして芸術作品と社会との関係を考える。モナドとしての芸術作品は外部の社会を映し出す窓を欠くが、社会を意識することなく社会を表象する。なぜなら芸術はそれ自体が社会の一部であり、その縮図にほかならないからである。それ自体が社会の一部分であるなら、芸術作品は外部に目を向けることが少なく、より深く自己自身に沈潜すればするほど、それだけ一層社会を歪めることなく、より正確に反映する。そこから芸術作品は自然を模倣するのではなく、自己を模倣するのであるという模倣観が引き出されてくる。自己自身に沈潜する芸術とは芸術のための芸術にほかならない。アドルノの反映論はルカーチのそれとは対照的に、芸術至上主義的作品こそ最も正しく社会を反映する作品であるという逆説に至ることになる。アドルノはルカーチが推すような、いわゆる社会主義リアリズム文学を一切認めない。また評価する場合も、作品の自律性という観点から評価を下すことになるが、その例がブレヒトにほかならない。

　アドルノの美学とルカーチ、あるいはマルクス主義的美学との相違はたんに芸術観上のそれにとどまらず、その背後には両者を決定的に分かつ歴史観上の相違が存在する。歴史を階級闘争の過程と見なすルカーチとは対照的に、アドルノは自然史的観点から、歴史を人類が自然の強制から自己を解放する過程として捉える。人間は理性を道具として用いて自然の呪縛を打ち破り、自然を征服することを通して自己を解放して来た。この点から眺めるなら歴史とは合理主義の前進の軌跡にほかならない。だが外なる自然を征服することは、同時に人間の内なる自然を抑圧することでもある。人間の幸福は欲望という自然の声に応じるところにあるのに、道具としての理性は自然の声に対して耳を塞ぐように命令する。合理主義とは人間の自然を抑圧するものにほかならず、そのため抑圧された自然は合理主義に対して反抗し、その反抗が非合理主義という形をとって出現してくる。したがって合理主義の前進はまた非合理主義の前進にほかならない。高度の合理主義は極端な野蛮状態を生み出す。そこから歴史とは人類退化の過程にほかならないというニーチェ的結論が引き出されることになる。アドルノにとってはアウシュビッツあるいは広島の悲劇は、たんなる歴史的エピソードでなく、こうした歴史そのものがたどりついた必然的結果であり、したがってこうした悲劇はいつかまた繰り返されるかもしれないものなのだ。アドルノの思想にはこの点において強いペシミズムが見られる。

マルクス主義の強い影響下にありながら、マルクスあるいはマルクス主義者とは対照的にアドルノは階級闘争を否定し、労働者階級に対して希望はおろか、いかなる期待を寄せることもない。彼によるなら労働者は階級として存在せず、個別的に管理社会のうちに組みこまれているたんなる一原子にすぎない。階級闘争もまた管理社会を目指す運動と、つまりかつて社会主義国と呼ばれていた国々において見られたような、資本主義国のそれとは形態こそ異なるものの、本質的には何ら変わるところのない社会を目指す運動と見なされる。階級闘争を否定するに留まらず、アドルノは現状の変革のために提出される一切のビジョンすらも拒否する。それがたとえユートピア的なものであろうと、体制そのものである言葉で語られている限り、現状を反映し、既存社会の継続を目指すものであると考えるからである。だが他方、アドルノを厭世家ときめつけることは必ずしも正しくないように思われる。アドルノもまたユートピアについて語っているからである。ただ彼のユートピアはビジョンなきビジョン、表象を欠き言葉では語りえない社会、つまり現状の否定という行為そのもののうちにしか存在しえないユートピアなのだ。それはもっぱら沈黙を通して語られるものであって、それをなしうるのは芸術をおいて他にはない。語りえぬものとして美とユートピアは重なり合う。つまり美を語ることはユートピアを語ることにほかならないのである。

アドルノとルカーチの美学の相違は、両者が作品評価の基準とする作品からもはっきりと見て取ることができる。両者は文学史から傑作と呼ばれている作品を選び出し、それを基準として芸術を考えるという点においてはきわめて良く似ている。傑作でなければ芸術作品と見なさないわけである。だがルカーチが基準とする作品は、ゲーテ、バルザック、スコット、トルストイ、トーマス・マンといった古典主義的、写実主義的傾向を持つ作品であるのに対して、アドルノが挙げるのはルカーチがデカダンス芸術と呼んで批判する作品、ボードレール、ランボー、マラルメ、ヴァレリー、プルースト、カフカ、ベケットといった、モダニズム的傾向を示す作品にほかならない。ルカーチは過去の作品を基準として選び、それを規範として現代の作品を断罪するが、アドルノは基準として選んだ作品を規範へと高めることはない。モダニズムの芸術をモデルとして芸術作品を探究し、そのうちに過去から現代に至る芸術作品に共通する否定的な力を、つまり社会を否定する力を取り出そうとする。こうした最新の芸術作品のうちに芸術作品の起源を見出そうとするアドルノの方法は、皮肉なことに若きルカーチの方法に、たとえば『小説の理論』に見られるものに近いところがある。アドルノは、一八四八年以降に出現するモダニズム芸術のうちに、つまりボードレールのうちに芸術外的なものから自己を解放し、自律性を獲得した芸術を見出す。彼によるなら芸術は近代において保護者に奉仕することをやめ、自己自身のために存在することを始めるが、こうした芸術の自立は市民階級の封建的身分支配からの解放と軌を一にしている。外的変化は芸術の内部にまで及ぶ。モダニズム以前の芸術は外的秩序に依存し、それを利用して自らの世界を支えて来たが、いまや芸術は自らの力で内的秩序を作り上げねばならなくなる。芸術は自らの内的論理に従って自らを支える構造を作り上げる事態に直面したのである。モダニズム芸術は芸術のための芸術となることによってそれ以前の芸術から区別される。モダニズムにおいては芸術とは芸術作品のことであって、芸術のための芸術というスローガンは、自立した人工的な作品を作り上げることを目指すものにほかならない。そのためモダニズムにおいては作品を作る技術が重要視されることになる。アドルノは芸術作品における技術と社会的生産力としての技術とを区別せず同一視して、モダニズム芸術における文学的技巧のうちに、高度に発達した社会的生産力の反映を見ている。こうしたアドルノの技術観はきわめて特異なものと言わなければならない。アドルノはさらに社会的生産力の反映としての芸術的技術を通して、芸術作品は社会的生産関係を表現すると考える。ここにもまたきわめてアドルノ的な技術観が見られるが、これもまた今日様々な形で取り上げられ、論議の的とされている点にほかならない。ところで資本主義的生産力はその社会におけるあらゆるものを商品化する。だがすべてを同一化する社会において芸術作品もまた例外ではないが、それは同時に絶対的な商品となることによって商品であることを否定する。芸術作品における技術は商品としての芸術作品の生産を目指す技術であるとともに、つまり買手のためのものであるとともに、技術のための技術、つまり自己自身を目的とする技術、実際的な目的を持つ技術を否定する技術なのであるから。かつて芸術は魔術であったと言われているが、魔術は技術ではあるものの、自然支配の道具としての自己を否定し、自然と化すことによって自然との和解を目指す技術であった。芸術作品はモダニズム芸術において技術的なものとなることによって呪物化し、逆に反技術的なものとしてのその本質を、かつて魔術であったというその起源を露呈するわけである。こうしたアドルノのモダニズム芸術観は、非合理的なものとしての芸術についての合理的な認識を目指す点において、ヴァレリーの芸術観にきわめて近いと言ってよいであろう。

『美の理論』の内容を手際良く簡潔に要約し、その核心的部分を取り出して紹介するということは容易ではない。アドルノの他の著作を参照しつつ、外的にその全体的輪郭をたどる程度のことが関の山ではあるまいか。いささか弁解的になるが、それは要約者自身の能力の問題であるというよりは、むしろ要約されることを拒むアドルノの文体そのもののうちにその原因があるように思われる。美に関するテーマを一見恣意的に取り上げ自由奔放に論じて行くアドルノの文体の流れは、一切の定義の解体を目指す精神の運動によって支えられ運ばれて行くので、その一局面を捉えて定着したところで、定着したものはたちまち次の局面において再び解体されてしまう。そのためそこでは何かを捉えても、それは何一つ捉えたことにはならない。一つのテーマについて矛盾した定義が見られることも稀れではないが、定義それ自体が目的とされているわけではないために、矛盾は矛盾であっても問題とはならない。それは精神の運動に弾みを与えてさらに先へと押し進める動因に変えられる。アドルノのうちに言葉に対する不信感が見られると言ったが、それは同時に言葉に対する深い信頼感のあらわれでもあるように思われる。美はただ直接的に経験しうるものであって、概念としての言葉によっては捉えることはできない。だがアドルノのうちには、言葉はあらゆるものについて語りうるという牢固たる信念が棲みついているらしく、もっぱら語りえぬものを目指してそれを執拗に正確にあますところなく語りつくそうとする。そこからアドルノのシジュフォス的な努力を思わせる文体が生まれてくる。アドルノによるなら、芸術は真理を内に含むが、自らの真理については何一つ語ることはできない。それを語りうるものは哲学をおいて他にはない。だが哲学は真理について語ることはできても、それを語るなら真理を解体し真理から遠ざかる。哲学にとっては、つまり理論にとっては、語りうるものは基盤の上に立つものに限定されており、基盤それ自体を自らのうちに取り入れることは不可能なのだ。美の理論もまた芸術に代って美について概念的に語ることを目指すが、美についての真理を内に含むことはない。したがって美の理論という言葉自体が一個の矛盾にほかならないことになる。美についての理論にとって取りうる唯一の道は、すべての概念を極限に至るまで追いつめて矛盾として示すこと以外にはない。語りえぬものを語るという矛盾もその極限に至るなら、概念としての言葉は意味を失い、美的なものへと変貌し、語りえぬものが沈黙を通して表現されるのではあるまいか。アドルノの理論的追求の根底には、こうした祈りにも似た何かがひそむように思われるが、そこには彼が兄事したベンヤミンに共通する言語観、あるいは哲学観が見てとれる。したがって美の理論は理論でありつづけることを通して、美的なものへの変貌を目指す理論と言えるかもしれない。理論が美的なものとなることは不可能であるが、不可能なことが可能となる瞬間を目指してアドルノの理論はシジュフォス的努力をつみ重ねる。それはアドルノの理論の基盤が美的なものとして出現する瞬間を目指す努力と言ってよい。もしそのようなものとして基盤が出現するなら、アドルノの思想がその生涯にわたってたどって来た軌跡も自らの起点へと収斂し、完結することも不可能ではない。だが当然のことのように、そのような瞬間が訪れることはついぞない。その意味において『美の理論』はあくまでも未完の理論に留まる。だが語りえぬものを語りつくそうとする努力にとって、本来完成ということはありえないのだ。

『美の理論』は著者の突然の死という外的事情によって、未定稿のまま残された。完成を目指す努力は中断という形で完成されたわけである。かなり以前の時期から美学的著作の構想を抱いていたアドルノは、二つの原稿を作成し、それを破棄したあとで本書の底本となった第三稿を準備し、この原稿にさらに加筆訂正を行うべく計画していた。第三稿の一部として利用するため夥しい断章が作られ残されている。これらの断章はアドルノ全集第七巻に補遺として収められているが、『美の理論　補遺』はその全訳である。

『美の理論　補遺』は、『補遺』『芸術の起源についての諸テーゼ』『旧序文』『編者後書き』の四つの部分から全体は構成されている。その内『補遺』部分は、編者ティーデマンが後書きで触れているように、本文に組み込まれる予定であったにもかかわらず、断片として残された部分に当たる。したがってこれらの断章は、元来完成予定であった、将来の『美の理論』の、その一部となる筈の部分であって、その点からして補遺は、本文と不可分であり、あわせて読まれるべきものと言ってよい。

『補遺』におけるアドルノの文章は、それ自体は簡潔明晰であり、段落ごとに一つの観念をあたえるように纏められている。個々の断章は、アフォリズム的なものとして読めないこともない。纏まりをもった断章をつくりあげ、それと対比する形で断章が作られ、その断章により前の断章を解体する。このような形成と解体との幾重にも入り組んだ繰り返し、そこにアドルノの文体の特徴が見られるが、それはまた彼の難解さの原因となっている。

『美の理論』は、美についてのあらゆる固定観念を根底から解体し、その解体の過程をとおして、美の姿を現出させようとする。『補遺』の断章は、こうした解体の過程から切り離して取り出された断片である。それは解体の対象であるとともに、解体行為そのものでもある。だがそうした二面性にもかかわらず、『補遺』は美をめぐる契機について、その一面をアフォリズム的に明晰な形で提示してくれる。そのため『補遺』は部分的に、これはアドルノの意に反することかもしれないが、『美の理論』に関する、著者自身による解説と受け取れないこともない。ここでは直接的に現前してくるものとしての経験的な美と、間接的にしか語りえない美の実体との関わり合いが、技術を媒介として結び付けられて提示されている。『補遺』によるなら、錯綜した迷路を思わせるアドルノ『美の理論』も、そのように要約可能なものに見えてくる。外に向けたモナドと言える『美の理論』に、『補遺』は外側から光を投げかけてくれるのである。

同じことは『旧序文』にも、当てはまる。この序文は、著者自身の手で、新しい序文と置き換えられ、本文から除外された部分にあたる。したがって補遺の部分とは、『旧序文』は、その性格が大きく異なる。アドルノはここでは美にかんして、通常の美学あるいは美学研究との関わりのなかで彼の考えを語っている。『旧序文』は、美学的著書に相応しい序文と言ってよい。そこからはアドルノの旧美学に対する考えかたが、明瞭に読み取られるのである。それに反して、『旧序文』において取り上げられている問題は、『美の理論』の本文においてはより一般的に取り扱われ、具体性に乏しいものとなっている。本文が目指しているのは、美についての観念を提示することではなく、そうした観念を解体して、美の実体にぎりぎりのところまで肉薄することである。『旧序文』は美学あるいは美学的な研究の批判に終始している。『美の理論』は、『旧序文』におけるアドルノを乗り越えてしまったと、言って差し支えないであろう。アドルノがこの序文をカットして、置き換えたのは、そのためと思われる。

全集版の『編者後書き』は、『美の理論』本文と、断章との関連について、さまざまな情報を与えてくれる。アドルノの執筆方法と著者に関する貴重な情報がここからえられる。なかでもアドルノの執筆方法をめぐる、アドルノ自身の言葉の紹介などはアドルノの思想を理解する上で、不可欠なものといってよい。

『美の理論』の翻訳出版後、すでに二十年近くの年月が経過した。その間東西ドイツを隔てていたベルリンの壁は崩壊し、分裂ドイツは西ドイツによる東ドイツ併合という形で統一されて終わった。本書にも色濃くその影を落としている東西のイデオロギー上の対立も、なしくずしのまま消滅した。しかし芸術が置かれている状況は、それによって解消され克服されたわけではない。統一後も社会の統合化は一層進行し、芸術を取り巻く状況はますます悪化しているとさえ言いうる。『美の理論』による状況にたいする批判は、こうした状況の変化にもかかわらず依然として有効であり、逆にその正当性を証明しつつあるように見える。例えば美を理論的に論ずることを、野暮とする風潮に対する一般的な傾向がある。こうした状況に対して、そこに文化産業の意図を見いだすアドルノの指摘は、古びてはいない。こうした傾向はドイツにおける以上に、伝統的に美を感覚的に捉える日本においては強力であり、事実上タブーとさえなっているといっても過言ではない。邦訳の出版は、それ自体がこうした状況に対する批判となる。邦訳出版の際、その反響は皆無とはいわないものの、殆どなかったが、その意義はなお変わることがないように思われる。

『美の理論』の翻訳出版後経過した二十年という歳月はあまりにも長く、その間隠されていた欠陥も、おのずから露出してくる。当時は、十分に力を尽くしたつもりでいたが、今となって見ると旧訳には不備な箇所が目につく。今さらながら己の力不足を痛感せざるをえない。今回長らく品切れ状態であった旧訳に、再び日の目を見る機会が与えられた。しかし旧訳を前にしても、訳者としてはしばしば嘆息するばかりであった。二十年前の集中力はもはや取り戻す術のないことがあらためて確認された。もし不備な箇所を取り除こうと努めたとしても、誤りに誤りを重ねるという愚をおかすのが関の山であろう。こうした事から今回、旧訳には一切手を触れていない。不可避なことであると言い訳したい気持ちもないわけではないが、その責任はひとえに訳者が負うべきものと考えている。

『ヴァルター・ベンヤミン』に引き続き、本書の刊行に際して阿部晴政さんのお世話になったことを記し感謝したい。

二〇〇七年　三月

美の理論

一九八五年 一 月二五日 初版発行
二〇〇七年 九 月三〇日 新装完全版初版発行
二〇一九年一二月二〇日 新装版初版印刷
二〇一九年一二月三〇日 新装版初版発行
著 者 テオドール・W・アドルノ
訳 者 大久保健治
装 幀 中島浩
発行者 小野寺優
発行所 株式会社河出書房新社
住所 〒一五一―〇〇五一
東京都渋谷区千駄ヶ谷二―三二―二
電話 (〇三)三四〇四―一二〇一(営業)
(〇三)三四〇四―八六一一(編集)
http://www.kawade.co.jp/
印刷 三松堂株式会社
製本 小泉製本株式会社
Printed in Japan
ISBN978-4-309-24938-4